女九明年命伍拾　生

男明德年参拾陆岁

男思祖年命拾柒岁　白丁

男明孝年命伍岁　白丁

[illegible]

[illegible] 西 南 北

敦煌社會歷史文獻釋録第一編

策劃、主編：郝春文

英藏敦煌社會歷史文獻釋録

第一卷

〔修訂版〕

上册

郝春文、杜立暉、宋雪春、游自勇、武紹衛、董大學、聶志軍、李鳳艷、韓鋒、侯愛梅　編著

原第一卷編著：郝春文

助編：史睿、劉屹、朱俊鵬、張華宇

社會科學文獻出版社
SOCIAL SCIENCES ACADEMIC PRESS (CHINA)

圖書在版編目（CIP）數據

英藏敦煌社會歷史文獻釋録. 第一卷：全2册／郝春文等編著. -- 修訂本. -- 北京：社會科學文獻出版社，2018.6（2018.8重印）

（敦煌社會歷史文獻釋録. 第一編）

ISBN 978-7-5201-2621-2

Ⅰ.①英… Ⅱ.①郝… Ⅲ.①敦煌學-文獻-注釋 Ⅳ.①K870.6

中國版本圖書館CIP數據核字（2018）第086132號

敦煌社會歷史文獻釋録　第一編

英藏敦煌社會歷史文獻釋録　第一卷〖修訂版〗（上下册）

編　　著／郝春文　杜立暉　宋雪春　游自勇　武紹衛
　　　　　董大學　聶志軍　李鳳艷　韓　鋒　侯愛梅

出 版 人／謝壽光
項目統籌／宋月華　李建廷
責任編輯／李建廷　王曉燕

出　　版／社會科學文獻出版社・人文分社（010）59367215
　　　　　地址：北京市北三環中路甲29號院華龍大厦　郵編：100029
　　　　　網址：www.ssap.com.cn
發　　行／市場營銷中心（010）59367081　59367018
印　　裝／三河市東方印刷有限公司

規　　格／開　本：889mm×1194mm　1/32
　　　　　印　張：26.875　字　數：582千字
版　　次／2018年6月第1版　2018年8月第2次印刷
書　　號／ISBN 978-7-5201-2621-2
定　　價／138.00圓（上下册）

本書第一卷修訂版　係
國家社會科學基金重大項目（10&ZD080）
本卷初稿完成於在耶魯大學麥克米倫中心任客座教授期間

敦煌社會歷史文獻釋録

修訂版説明

《英藏敦煌社會歷史文獻釋録》第一卷於二〇〇一年由科學出版社出版。由於經費方面的原因，自第二卷以後的各卷改由社會科學文獻出版社出版，現在已經出版了十五卷。這樣，只有第一卷和其他各卷出版社不同，開本的大小和顔色也不一樣，放在一起，反差較大。近二十年來，敦煌文獻整理和研究進步很大，也有一些針對第一卷的釋文進行討論的論文，我們的整理細則也發生了一些的變化。這些因素促成了編纂第一卷修訂版的計劃，修訂版改由社會科學文獻出版社出版，這樣整套書的出版社、開本、設計樣式和顔色也就都統一了。此次修訂，增加了一些漏收的文書、補充了一些可以綴合的文書、吸收了近二十年學術界的研究成果，所有文書都按最新的細則重新整理。所以，這個修訂版，其實等於重做，篇幅也增加了三分之一左右。

藉此機會，我想把第一卷出版後的一些情況也向讀者略作説明。

本書第一卷出版以後，這個課題於二〇〇四年獲得國家社科基金一般項目的資助，二〇〇五獲得上海市哲學社會科學規劃重大課題資助。二〇一〇年，又被列爲第二批國家社科基金重大項目，這是國家社科基金首次面向基礎研究領域以公開招標的形式確定的重大項目，也是我校和敦煌學領域的第一個國家重大課題。此外，本書各卷的出版都得到了國家古籍整理出版專項經費的資助。我們課題組成員對全國社科規劃辦、國家古籍整理出版領導小組、上海市社科規劃辦以及參與評審的專家都充滿感恩之情，這些資助保證了我們的課題得以在高質量的前提上不斷推進。爲解決文書整理遇到的難題，課題組利用國家社科基金重大項目資助的經費，曾在二〇一二年、二〇一四年和二〇一六年三次組團赴英國倫敦英國國家圖書館查閱敦煌文書原件，辨認出了很多在國内因黑白圖版模糊不清而無法辨識的文字和朱筆校改，極大地提高了本書的質量。

爲了保證編纂質量，獲得國家重大項目資助以後，我們課題組的工作模式和程序也發生了很大變化。一是自二〇一一年二月開始舉辦研讀英藏敦煌社會歷史文獻的讀書班，每周一次，讀書班的成員爲課題組成員和相關專業的在讀研究生。讀書班是以大家集體會讀某件文書的方式，使參加者瞭解並逐漸掌握整理文書的程序、體例和方法，同時解決整理工作中遇到的難題。通過這樣的訓練，課題組成員對於整理的體例、細則、方法都有了親身體會，這有助於保持課題最終成果的一致性，最大限度地避免因衆手修書帶來的體例不一問題。讀書班的舉辦不僅對提高文書整理質量有很大的幫助，也培養了出土文獻整理人才。二是設立中心組。從二〇一一年九月起，課題組設立了讀書班中心組，成員包括各子課題負責人及讀書班的骨幹成員。中心組成員的任務包括：第一，通讀各卷初稿，發現不合體例之處等各種問題；第二，將全部釋文核對一次圖版，找出問題。在中心組成員工作的基礎上，最後再由我統稿。中心組成員的確定引入競爭機制，採取動態方式，長期無貢獻者退出，讀書班中成績優異者可進入中心組。這樣一種方式，保證了課題組的人才來源，使每件被收録的敦煌文獻至少經過六人以上人次的審讀，最大限度地減少了錯誤。

我們現在採用的編纂流程也比開始嚴密多了。第一道程序是由我確定各卷收録的文書，編成每卷的工作文本，並確定負責整理每件文書的責任人。二是各責任人按工作體例和細則對所負責的文書重新整理，其中包括依據文書圖版核對釋文，並將新的整理稿交我審查。三是由我對各責任人交來的每件文書逐一進行審查，指出不合體例與整理細則之處，退還給責任人進行修改。責任人按我修改意見修改後再將文本交給我。四是由我統一將各責任人整理的文稿經再次審查修改合格後提交中心組進行審讀。中心組成員審讀後將對每件文書的具體意見返還各文書的責任人，由各文書的責任人匯總中心組成員的意見，並提出初步處理意見交我。我則對中心組成員的每條意見採納與否進行裁決，或提出新的處理意見。各責任人再按我的意見整理出各件文書新的清本。五是將新的清本提交編委審讀，編委的意見返還後，由某位課題組成員匯總並提出初步處理意見交我裁決，並依據我的裁決整理出交付出版社的清本。六是逐字審讀出版社的二校樣。二校樣審讀分爲課題組成員審讀和我的單獨審讀，課題組成員的任務一是通讀二校樣，二是將校樣的釋文與文書圖版再核對一次。我的任務則是逐字審讀二校樣。最後由我再次裁決課題組成員審讀的結果，並把裁決結果和我審讀的結果整合在一起，交付出版社改正。整個流程包括六道程序，至少要將釋文與文書圖版核對四次以上，經我統稿四次以上。這樣嚴密的程序應該説對提高書稿的質量起到了重要作用。特别是中心組審讀書稿，現在已經成爲本書編纂的中心環節，每卷書稿中心組成員都會提出大量的質疑和討論，我們中心組對各卷問題討論的記録，其總字數都超過了各卷實際出版的字數。

本項目的階段性成果採用繁體豎排的格式出版，書中使用了很多特殊格式和符號，所以編輯工作難度很大。近二十年來，先後有科學出版社的閆向東、孫莉、黄文昆和社會科學文獻出版社的雁聲、張敏、陳振藩、宋月華、山川、魏小薇、李建廷、王曉燕等編輯爲出版此書付出了辛勤的勞動。如果没有這些責任編輯兢兢業業的細緻工作，本書的出版質量就無法達到現有的水平。我們課題組成員對各卷的責任編輯都充滿感激之情。首先應該感謝科學出版社的閆向東，他是主動找到我，提出由他們出版社出版這套書。當時黄文昆先生剛剛退休，被科學出版社聘任，本書的編排版式是由黄先生確定的，這樣的版式後來被社會科學文獻出版社所沿用。由於我不能承諾提供出版資助，本書的二、三卷書稿的出版遇到了困難。是社會科學文獻出版社的雁聲編輯主動找到我，説他們出版社可以不要出版補助；她還説出版社不能用有社會效益和傳承文化的著作來賺錢。她的見識和誠意深深地打動了我，於是從第二卷起本書就改由社會科學文獻出版社出版了。從二〇〇六年起，本書的出版策劃改由人文分部主任宋月華女士負責。十多年來，現在已是人文分社社長的宋女士一直支持本書的出版工作。爲編好這套書，人文分社先後引進了兩位熟悉古籍整理的編輯。

爲各卷書的編纂付出辛勤勞動的還有本書的編委。編委的任務是在課題組完成初稿後通讀一遍書稿，提出修改意見。雖然各位編委都是忙人，但我們每卷給編委限定的審讀都只有一個月時間。多數情況下編委都能在限定時間内退還書稿，並能提出很好的修訂意見。編委審讀對提高各卷的書稿質量具有重要作用，我們課題組成員對編委的支持和幫助也會永遠銘記於心。

作爲項目的首席專家，我還應該感謝所有參與過這個項目的課題組成員，包括史睿、劉屹、朱俊鵬、張華宇、金瀅坤、趙貞、周尚兵、陳于柱、游自勇、聶志軍、董大學、宋雪春、王曉燕、杜立暉、趙晨昕、韓鋒、王秀林、李芳瑶、侯愛梅、張鵬、武紹衛、王蘭平、趙玉平、王義康、么振華、石冬梅等。所以要用『所有參與過』這樣的表達方式，是因爲課題組的成員實際上是流動的，不斷有人退出，又不斷有人加入。以上名單是按出場先後排列的，有的人負責的部分尚未出版，所以實際上尚未出場。這些人在整理工作中的貢獻差異很大，有的只參加過幾件文書的整理，有的則協助我完成過兩卷甚至更多的工作。課題組成員絶大部分是我的學生，其中有十幾位是以博士後的身份參加這項工作的。讓這麽多年輕人參加這項工作，一方面是因爲這個項目工程浩大，個人難以獨立完成；同時也有培養人才的考慮，希望後繼者能夠成長起來，逐漸接替我的工作，使我能夠逐漸超脱直至最後淡出。但至少到現在，我的願望尚未實現，至今我在課題組中仍處於中心地位，仍是唯一參與各卷全部流程的編纂者，仍需要每卷統稿四次以上。倒是我的學生們，不少人在當了教授、副教授以後就逐漸淡出了。雖然如此，我還是要感謝這些年輕人。大家能有合作的機會就是緣分，我還是十分珍惜這樣的緣分的。雖然我經常用『靡不有初，鮮克有終』來激勵剛加入這個項目的學生，但對他們的陸續淡出其實我也是能夠理解的。在當今的評價指標體系中，耗費大量時間整理敦煌文書和在權威期刊發表論文，孰優孰劣是很清楚的。我自己在最近二十年寫得論文就很少，很慚愧還搭上了很多學生的寶貴光陰。當然，我也並不認爲我帶領一群學生在做犧牲。這個問題説到底還是個價值取向和價值認知問題。現在的學術評價體制具有很强的短期性和功利性，不利於青年人安心創作無可替代的原創性成果。因爲創作這樣的成果往往需要十年、二十年、三十年甚至一生的不懈努力。所以，我希望我們的青年學者能在一定意義上超脱目前的評價體制，以『爲往聖繼絶學』的志向從事學術研究。多想想你能在學術史上留下些什麽？你的成果過一百年、一千年甚至一萬年還會不會有人參考！至少在我看來，在所謂權威核心期刊發表的論文在五十年或者一百年後還有没有人看是需要歷史檢驗的。但我們這套書，我可以肯定，即使過一萬年，只要人類還存在，只要歷史學還存在，就一定會有人看的。這就是我能在諸多學生離我而去，還能堅持下去的原因。我是以鍥而不捨、堅韌不拔、百折不撓的精神來從事這一神聖事業的！不管別人如何，我已經是過河的卒子，只能向前了！

雖然我從事敦煌文獻的整理和研究已有三十多年，卻越來越感到這項工作是無底洞，我們掌握的知識和信息遠遠不能滿足整理和研究工作的需要。所以，三十多年的歷練並未讓我達到駕輕就熟的境界，反而更加感到從事此項工作永遠要保持如臨深淵、如履薄冰、如臨大敵、戰戰兢兢的謹慎態度，稍有不慎，就會留下遺憾甚至錯誤。

即使我們盡了最大的努力，由於此書涉及的領域十分廣泛，再加我們的水平有限，所以在釋文、説明、校記中仍難免會存在錯誤、缺點和不足，我們仍然一如既往地期待著讀者的批評和幫助。

郝春文

二〇一八年一月於北京

前言

《英藏敦煌社會歷史文獻釋録》是《敦煌社會歷史文獻釋録》的組成部分和第一期工程。這裏的所謂敦煌社會歷史文獻，是指佛教典籍以外的全部敦煌文獻。對我來説，編著《敦煌社會歷史文獻釋録》的想法已醖釀很久。

二十世紀初，在敦煌莫高窟藏經洞出土的六萬多件古代文獻，對研究我國中古時期的政治、經濟、軍事、宗教、民族、歷史、社會、民俗、語言、文學、音樂、舞蹈、科技及中西交通等都具有十分重要的參考價值。但長期以來，與敦煌文獻所藴藏的豐富文化内涵相比，學術界對它的瞭解太少了。很多很多非常有價值的資料一直未能得到充分的研究和利用。僅以唐史的研究而言，不少學者在搜集研究資料時可以遍讀與唐代有關的文獻，卻很少有人將敦煌文獻列入自己的閲讀範圍。結果是其他方面的有關材料幾乎被網羅殆盡，唯獨遺漏了敦煌文獻中的相關材料。這是有的非常優秀的著作存在美中不足的原因之一。在敦煌文獻發現已近百年的時候，這批材料仍不能爲各學科一般研究者充分利用，對它的整理和研究仍局限於少數專門研究敦煌文獻的學者，這種情況應該説是不正常的。

當然，並不是我們的研究者不想瞭解、利用這些資料，而是客觀條件不允許。如所周知，敦煌文獻發現以後，大部分被先後掠至英、法、俄、日等國，這無疑爲我國學者全面瞭解、充分利用敦煌文獻造成了極大困難。早年，羅振玉等先輩學者只能靠從伯希和（Paul. Pelliot）處抄録與其贈送的少量敦煌文獻照片從事整理和研究工作。二十世紀二十年代以後，劉復、王重民、向達、姜亮夫等前輩學者又遠渡重洋，赴巴黎、倫敦調查、整理、研究敦煌文獻。上述前輩學人在非常艱苦、困難的條件下取得了令人欽佩的研究成果，在調查、介紹敦煌文獻方面也作了很多工作，使國內學者對敦煌文獻的瞭解逐漸增多。但在很長一個時期内，看不到原件仍是阻礙我國學者真正瞭解、充分利用敦煌文獻的主要原因。自二十世紀五十年代以來，情況開始發生變化。先是北京圖書館通過交換，在一九五七年得到了大英博物館收藏的敦煌漢文文獻斯六九八〇號以前部分的縮微膠片；七十年代，又購得法國國立圖書館收藏的全部敦煌文獻縮微膠片。至此，我國學者已可在國内通過縮微閱讀器查閱大部分敦煌漢文文獻資料。但實際上查閱、利用這批資料的仍限於少數專門研究者。這主要是因爲：其一，上述兩套縮微膠片在國内流傳不廣，除國家圖書館外，全國只有少數高校和科研機構有條件購置。對多數學者來説，查閱敦煌文獻仍有諸多不便。其二，由於敦煌文獻多爲寫本，其中保存了大量的唐宋時期的俗體字和異體字，還有不少寫本使用河西方音。這就要求閱讀某件文書的學者不僅要掌握該文書有關學科的專門知識，還應當對敦煌的歷史、敦煌俗字及河西方音等整理敦煌文獻所需的專門知識有相應的瞭解。否則，即使有條件直接查閲敦煌文獻，在閲讀過程中也會遇到重重困難。這是多數學者在有條件查閲敦煌文獻的情況下也未將其列入閲讀範圍的主要原因。

所以，只有對敦煌文獻進行徹底整理，將其全部釋録成通行的繁體字，纔能爲一般學者掃除閲讀上的障礙。另一方面，排印的録校本價格相對較低，爲一般研究者所能承受，因而印數可以多一些，流傳得也就可以廣一些。此外，排印的録校本將原來的手寫文字轉换成規範的繁體字，爲讀者解决了因手寫造成的認字問題，從而大大提高了閲讀敦煌文獻的速度。這樣看來，編著《敦煌社會歷史文獻釋録》，是將其推向學術界的必要步驟，是一件弘揚祖國傳統文化的盛事。

對佛教典籍以外的全部敦煌文獻進行釋録無疑是一項巨大的工程。這項工程的啟動需要一定的條件和時機。我對這一工程的設想萌生於二十世紀八十年代中期，可惜當時條件不夠成熟，時機尚未到來。最大的困難是：當時英藏漢文敦煌文獻的大部分和法藏敦煌文獻的全部雖然均有縮微膠片，但不少膠片攝影技術欠佳。其中英藏部分好一些，大部分文字清晰可辨，也有一些文字模糊，很難辨識。法藏部分膠片品質較差，模糊不清者甚多，間有漏拍。顯然，依據這樣的膠片進行全部釋録是不可能的。另一方面，當時敦煌學界對敦煌文獻的分類釋録工作剛剛開始，整理、録校敦煌文獻的方法尚不夠完備、成熟，仍處於探索階段。在這樣的條件下，我所能做的，只能是一面等待時機的成熟，一面著手進行前期準備工作。

所謂前期準備工作，就是對數十年來學術界研究敦煌文獻的情況進行全面、系統的調查，在摸清每一號研究情況的基礎上，編製『敦煌文獻繫號研究資料索引』。在北京，比我更早著手從事這項工作的，是我的好友北京大學榮新江教授。我們之所以都要搜集有關敦煌文獻研究情況的信息，實屬事出有因。進入二十世紀八十年代以後，學術界對敦煌文獻的研究全面展開，每年發表的論文和專著都很多。時至今日，不僅一般學者無法對每號敦煌文獻的研究情況瞭如指掌，即便是專門研究敦煌文獻的學者，也不能憑印象説出每號敦煌文獻的研究信息。另外，對敦煌文獻研究信息的調查，又比我們在從事某項課題研究時調查有關該課題的研究情況要難得多。其區别在於，對某項課題研究信息的調查，我們可以主要通過查閲書目和論文索引來解決；但對某號敦煌文獻研究信息的檢索，光靠查閲書目和論文索引却不能解決。因爲各號敦煌文獻的研究信息，多數不能從書名和論文標題中反映出來。也就是説，要全面瞭解每一號敦煌文獻的研究情況，就必須仔細閲讀全部研究敦煌文獻的專著和論文。也正是由於調查研究信息所存在的種種困難，纔造成了近年在敦煌文獻研究中重複勞動逐漸增多的現象。爲了使我們的研究避免低水準的重複，盡可能地吸收前人的研究成果，我們纔不約而同地搜集有關敦煌文獻的研究信息。起初我們搜集這些信息都是爲了自己研究時參考。對我來説，還有一個潛在的目的，就是在編著《敦煌社會歷史文獻釋録》時，要充分參考這些信息，以便將讀者領到該號的學術前沿。

至二十世紀八十年代後期，隨著敦煌學的深入發展，現有縮微膠片的品質愈來愈不能適應研究工作的需要。於是，採用先進技術，重拍、精印敦煌文獻圖版本的設想開始在一些學者中醞釀。一九八七年，張弓和宋家鈺先生受中國社會科學院歷史研究所和中國敦煌吐魯番學會『敦煌古文獻編委會』的委託，與英國國家圖書館和倫敦大學亞非學院達成了重新拍攝、合作編印英藏敦煌文獻中佛經以外的漢文文獻的協議。我有幸被邀參與了《英藏敦煌文獻》的編纂工作。當我在一九八九年第一次見到重新拍攝的英藏敦煌文獻照片時，心情異常激動。新照片與原來的縮微膠片相比，圖片清晰度大爲提高。原來縮微膠片中模糊不清的文字，現在絶大部分可辨認出來。依據這樣的照片印製的圖版進行文字録校要比以前依據縮微膠片困難小得多，我當時就意識到，編著《英藏敦煌社會歷史文獻釋録》的基本條件已經具備，編著《敦煌社會歷史文獻釋録》的設想可以先從釋録英藏敦煌文獻入手。

但在當時我的前期準備工作尚未完成。而且，這樣一個大的科研項目在啟動之初需要一定數量的資金投入，以供購買、複製必需的參考書和論文。出版的可能性也是必須考慮的問題。這樣，我只能一面繼續準備，一面多方爭取資金和出版方面的支援。

近幾年來，敦煌文獻圖版的編輯、出版情況令人振奮。《英藏敦煌文獻》十五卷已接近出齊，《上海博物館藏敦煌吐魯番文獻》、《天津藝術博物館藏敦煌文獻》、《北京大學圖書館藏敦煌文獻》、《甘肅藏敦煌文獻》和《浙藏敦煌文獻》已經出版。《俄藏敦煌文獻》、《法藏敦煌西域文獻》和《中國國家圖書館藏敦煌遺書》也正在出版。這些新出圖版全部印製精良、文字清晰。爲敦煌文獻研究者辨識、釋録敦煌文獻提供了極大便利。但上述圖版本均定價甚高，不僅一般研究者不敢問津，多數高校和科研單位也無力購置。所以，不少專門研究敦煌文獻的學者爲查閲這些新印敦煌文獻圖版仍不免往來奔波。對一般讀者而言，再清晰的文字圖版也不能解決他們閲讀這些古代寫本本身所遇到的困難。這表明編輯出版文字清晰的敦煌文獻圖版雖然十分必要，並爲編著録校本創造了良好的條件，但它卻不能替代録校本，無法滿足學術界一般研究者的需要。

適應這種需要，近年陸續出版了一大批敦煌文獻的分類釋録本。這些分類釋録本多爲作者全面整理、深入研究某類敦煌文獻的成果，既推動了敦煌文獻研究的深入，又爲學術界瞭解、利用敦煌文獻提供了方便。同時，還爲全面釋録敦煌文獻積累了經驗。在此基礎上，近年已出現了一些從理論上總結整理、釋録敦煌文獻的文章。但分類釋録也存在明顯的局限。其一，分類釋録本不能反映敦煌文獻的全貌。由於敦煌文獻的内容極爲豐富，對其進行分類和歸類一直是目録學家和敦煌文獻研究者深感棘手的問題。在經過數十年的努力之後，目前被研究者納入分類整理範圍的仍然只是其中的一部分，還有大量的文獻没有解決分類和歸類問題。所以，在可以預見的將來，分類釋録本之和難以包括全部敦煌文獻。其二，目前出版的分類釋録本很難完備。首先，多數分類釋録本的作者並未通讀現已公佈的全部敦煌文獻，只是通過各種目録著作來調查某一類文獻。而現在有關敦煌文獻的各種目録都是極不完備的，並不能完全反映各類文獻的全部信息。對這些分類釋録本的作者來説，其釋録本存在遺漏是不可避免的。其次，應該承認，部分分類釋録本的作者確實通讀了現已公佈的敦煌文獻，但他們所能見到的仍非全部敦煌文獻。因爲目前敦煌文獻的公佈正在進行之中，如俄藏敦煌文獻目前只公佈了一部分。所以，這類分類釋録本仍很難避免遺漏。最後，即使個别分類釋録者通讀了全部敦煌文獻，他所收集的文獻也只反映他個人的認識，如果要對某類文獻進行深入的研究，光靠分類釋録本提供的材料顯然是不夠的。其三，分類釋録本之間存在交叉和重複。這是因爲，在今天的研究者看來，不少文書具有雙重性質或多重性質，這就導致了一些文書在已出版的釋録本中存在交叉與重複的現象。其四，分類釋録本的品質也不平衡。少數分類釋録本的作者因缺乏整理敦煌文獻的知識，對敦煌的歷史瞭解不夠，因而在文字釋録和内容的解釋方面都存在不少問題。其五，分類釋録還易使人們忽略敦煌文獻的整體性。敦煌文獻就其内容來説雖然涉及許多學科，但又是一個不可分割的整體。各類文書之間存在密切的内在聯繫。近年，敦煌學界在分類釋録方面取得了巨大成績，某些類别的文獻之整理與研究已達到很高水準，而在探尋各類文書之間的聯繫方面則存在明顯不足。這就暴露了分類整理、研究的局限。而《敦煌社會歷史文獻釋録》則正好可以彌補分類釋録存在的種種不足。可見，分類釋録雖然很有必要，卻不能取代對全部敦煌文獻的釋録工作。這兩種録校方式可以共存、互補。

一九九六年春，我的《英藏敦煌社會歷史文獻釋録》一至三卷被列入北京市培養跨世紀理論人才『百人工程』項目，不僅獲得了經費資助，還得到了出版資助的承諾。這好比是『上帝之手』的第一次推動，《敦煌社會歷史文獻釋録》工程從此開始正式啟動。它的第一期工程就是《英藏社會歷史敦煌文獻釋録》的前三卷。而此時我對敦煌文獻研究信息的調查工作也已經基本完成了。

當然，編著《敦煌社會歷史文獻釋録》決不是一件輕而易舉的事情。這首先是因爲，對敦煌文獻進行整理、釋録不同於一般的古籍整理。由於敦煌文獻絶大部分是寫本，相當數量殘缺不全，釋録者不僅需要辨認手寫文字，還要確定文書的性質、名稱、年代等。辨認文字一方面需要查閲大量的工具書，另一方面更需要長期工作經驗的積累；而對文書性質、名稱、年代的考證，不但是正確使用文書的前提，也常常是正確釋録文書文字的必要條件。所以，對敦煌文獻進行整理、釋録是一項十分艱苦的創作性勞動，這一點雖是所有敦煌文獻研究者的切身體會，但卻尚未形成學術界、出版界的共識。直到今天，學術界、出版界中仍有人將對敦煌文獻進行整理、釋録等同於一般的古籍整理。

從理論上説，整理、釋録、研究敦煌文獻需要兩個方面的知識，一是整理敦煌文獻所必需的知識，二是被整理的敦煌文獻所屬學科的專門知識。以前，人們比較强調後一方面的知識，這當然是對的。在研究敦煌文獻的早期，整理、釋録敦煌文獻的方法尚在摸索之中，經驗尚待積累，當時人們首先關心的是對文書内容的理解和利用，對文書文字的釋録要求並不嚴格。在這樣的歷史條件下，以王重民爲代表的老一輩敦煌學家憑藉他們所具有的廣博的知識，在整理、研究敦煌文獻方面取得了巨大的學術成就。進入二十世紀八十年代以後，隨著敦煌學的深入發展，整理、録校敦煌文獻的方法日趨嚴密、成熟，對釋録敦煌文獻文字的要求也逐漸提高。所以，前一方面知識愈來愈顯得重要起來。近年出版的一些受到批評的敦煌文獻分類釋録本，有的就是由該類文獻所屬學科專家録校，因缺乏整理敦煌文獻的專門知識，在文字釋録方面留下了許多遺憾。這表明現在光靠後一方面的知識來整理、釋録某類敦煌文獻已不能適應學術發展的需要了。

本書的編纂原則是充分運用整理、釋録敦煌文獻的專門知識，將手寫的敦煌文獻整理、釋録爲通行的繁體字，使其成爲各學科一般研究者可閱讀的文獻，爲學術界提供準確的、值得信賴的敦煌文獻釋文。同時，盡可能地解決涉及的文獻的定性、定名、定年等問題，並在每件文書之後著録近百年來學術界研究該文書的有關論著目録，爲人們使用、研究提供方便。爲達到這一目的，我們在工作中一是堅持精益求精的原則，所有文書釋文都與文書圖版、原件作過反覆核查。二是全面吸收以往的釋録成果和經驗，使每件文獻都能反映出學術界整理、録校的最新成果。三是多向各學科、各方面的專家請教，以彌補我們在一些學科專業知識的不足。

我們的釋文和已往的釋文不同的地方，酌情用校記説明。有的文書已有多家釋文，難以將諸家不同處一一具列，遇此情況，我們一般只説明我們的釋文和目前最好的或最新的釋文的區别。由於前三卷的大部分初稿完成於英國倫敦，在那裏不時會出現找不到最好的或最新的釋文的情況，也只能是能找到哪家釋文就參照哪家的釋文。

本書一至三卷的編纂程序是：先由史睿、劉屹、朱俊鵬、張華宇等分别依據敦煌文獻圖版録出初步釋文，我在此基礎上依據圖版進行校改、補充遺漏的文書，並撰寫説明、校記、添加參考文獻（史睿和劉屹也撰寫了少量文書的説明和校記的初稿），草成書稿。然後我持此草稿依次核對敦煌文獻原件，據之校改釋文，修改説明和校記，完成本書初稿。初稿完成後，複印分發給各位大陸編委審讀，提出修改意見。最後，由我綜合各位編委的意見，完成定稿。

經過幾年的努力，《英藏敦煌社會歷史文獻釋録》第一至三卷終於完成了，以後我們將每年完成一至二卷。我們的最終目標是，不僅要完成英藏社會歷史文獻的釋録工作，而且要完成世界各地收藏的全部敦煌社會歷史文獻的釋録工作。

本書將採用紙質圖書和電子版兩種方式出版，電子版不僅包括紙質圖書的全部内容，還有多種檢索功能，並附有文書原件圖版。

由於此書涉及的領域十分廣泛，再加我們的水平有限，所以在釋文、説明、校記中都會存在錯誤、缺點和不足，我們誠懇地期待著讀者的批評和幫助。

在本書的策劃和編纂過程中，曾得到我的導師寧可先生和周紹良先生等許多學術界長輩和朋友的關心。北京市社科聯領導張文啟同志和我校科研處的有關領導也一直在支持和關心這個項目。我們不僅能夠時時得到他們的鼓勵和支持，還聽到了不少好的建議，其中有的已被我們採納。本書每件文書後所附的參考文獻，有少量係榮新江先生搜集的資料（凡參考文獻後有（R）標誌者，均係榮新江搜集）。

由系和學校推薦，經專家評審，這個項目被列入了第一批北京市跨世紀優秀人才工程資助計劃；由北京市科幹局推薦，北京市和國家留學基金委共同資助我赴英國倫敦工作一年，到英國國家圖書館查閲敦煌文獻原件。這個項目還得到了英國國家圖書館中文組全體成員的熱情支持和幫助。組長吴芳思博士（Dr Frances Wood）是我赴英工作的邀請人，我在英國期間，不斷得到她的具體幫助，她還不時召集全組會議，商討如何支持與配合我的工作。由於她的精心組織和安排，英國國家圖書館爲我提供了最好的工作條件；魏泓博士（Dr Susan Whitfield）在幫我聯繫赴英和向國際學術界宣傳這個項目等方面都給予了極大的支持和幫助，她還和吴芳思博士幫我從英國國家圖書館申請到了部分資助；秦思源（Colin Chinnery）先生則每日爲我從書庫中提取敦煌文獻原件，並解決了我工作中遇到的如打印、聯網等許多具體問題；葛翰（Graham Hutt）先生親自到機場迎接我這位素不相識的來客，並幫我辦理閲覽卡，領我熟悉英國國家圖書館的環境。這些幫助使我很快解除了對英國、倫敦、英國國家圖書館的生疏之感。

在英國倫敦工作的一年，對於我和我的項目都至關重要，一至三卷所收録的絶大部分文書釋文都與原件核對過，解決了許多靠閲讀縮微膠捲和圖版無法解決的問題，從而使本書的品質得到了提高。同時，與英國、歐洲的同行有了更多的直接接觸；對英國、歐洲同行的學術成果有了更多的瞭解。

謹向幫助、支持和關心此書的有關領導和專家，學術界的前輩、國内外朋友和同仁表示衷心的感謝！

郝春文

一九九七年於北京

凡例

一　本書係大型文獻圖集《英藏敦煌文獻》的文字釋録本。其收録範圍、選擇内容均與上書相同。但增收該書漏收的部分佛教典籍以外文獻；對於該書未收的佛經題記，因其具有世俗文書性質，亦予增收；對於該書所收的部分佛經，本書則予以剔除。凡屬增收、剔除之文書，均作説明。

二　本書的編排順序係依收藏單位的館藏編號順序排列。每號文書按正背次序排列，背面以『背』（V）表示。文書正背之區分均依文書原編號。發現原來正背標錯的情況，亦不改動，但在校記中加以説明。

三　凡一號中有多件文書者，即依次以件爲單位進行録校。在每件文書標題前標明其出處和原編號碼。

四　每件文書均包括標題、釋文兩項基本内容；如有必要和可能，在釋文後加説明、校記和有關研究文獻等内容。

五　文書的擬題以向讀者提供盡量多的學術信息爲原則，凡原題和前人的擬題符合以上原則者，即行採用；不符者則重新擬題。

六　凡確知爲同一文書而斷裂爲兩件以上者，在校記中加以説明；若能直接綴合，釋文部分將逕録綴合後的釋文。

七　本書之敦煌文獻釋文一律使用通行繁體字釋録。釋文的格式採用兩種辦法，對有必要保存原格式的文書，以忠實原件、反映文書的原貌爲原則，按原件格式釋録；没有必要保存原格式的文獻，則採用自然行釋録。原件中之逆書（自左向右書寫），亦不改動；一件文書寫於另一件文書行間者，分别釋録，但加以説明。保存原格式的文書，原文一行排不下時，移行時比文書原格式低二格，以示區别。

八　釋文的文字均以原件爲據，適當吸收前人的研究成果。如已發表的釋文有誤，則逕行改正，並酌情出校。

九　同一文書有兩種以上寫本者，釋録到哪一號，即以該號中之文書爲底本，以其他寫本爲參校本；有傳世本者，則以寫本爲底本，以傳世本爲參校本。

一〇　底本與參校本内容有出入，凡底本中之文字文義可通者，均以底本爲准，而將參校本中之異文附於校記，以備參考。若底本有誤，則保留原文，在錯誤文字下用（　）注出正字；如底本有脱文，可據他本和上下文義補足，但需將所補之字置於［　］内；改、補理由均見校記。

一一　原件殘缺，依殘缺位置用（前缺）、（中缺）、（後缺）表示。因殘缺造成缺字者，用

□表示，不能確知缺幾個字的，上缺用　　表示，中缺用　　表示，下缺用　　表示，一般佔三格，但有時爲了保持原文格式，可適當延長，視具體情況而定。

一二　凡缺字可據别本或上下文義補足時，將所補之字置於□内，並在校記中説明理由；原文殘損，但據殘筆劃和上下文可推知爲某字者，逕補；無法擬補者，從缺字例；字跡清晰，但不識者照描，在該字下注以『（？）』，以示存疑；字跡模糊，無法辨識者，亦用□表示。

一三　原書寫者未書完或未書全者，用『（以下原缺文）』表示。

一四　原件中的俗體、異體字，凡可確定者，一律改爲通行繁體字；有些因特殊情況需要保留者，用（　）將正字注於該字之下。

一五　原件中的筆誤和筆劃增減，逕行改正；出入較大的保留，用（　）在該字之下注出正字，並在校記中説明理由。

一六　原件中的同音假借字照録，但用（　）在該字之下注出本字。

一七　原件有倒字符號者，逕改；有廢字符號者，不録；有重疊符號者，直接補足重疊文字；均不出校。有塗改、修改符號者，只録修改後的文字；不能確定哪幾個字是修改後應保留的，兩存之。有塗抹符號者，能確定確爲作廢者，不録；不能確定已塗抹的文字，則照録。原寫於行外的補字，逕行補入行内；不能確定補於何處者，仍照原様録於夾行中。

一八　原件中的衍文，均保留原狀，但在校記中注明某字或某字至某字衍，並説明理由。

一九　文書中的朱書和印跡，均在説明中注明。

二〇　本書收録與涉及的敦煌文獻，在標明其出處時，使用學界通用的略寫中文詞和縮寫英文詞，即：

『斯』：倫敦英國國家圖書館藏敦煌文獻斯坦因（Stein）編號

『北敦』（BD）：北京中國國家圖書館藏敦煌文獻編號

『Ch BM』：倫敦英國國家博物館藏敦煌絹紙畫編號

『Ch IOL』：倫敦英國印度事務部圖書館藏敦煌文獻編號

『S. P』：倫敦英國國家圖書館藏敦煌文獻木刻本斯坦因（Stein）編號

『伯』：巴黎法國國立圖書館藏敦煌文獻伯希和（Pelliot）編號

『Дх』：聖彼得堡俄羅斯聯邦科學院東方文獻研究所藏敦煌文獻編號

『Φ』：聖彼得堡俄羅斯聯邦科學院東方文獻研究所藏敦煌文獻弗魯格（Флуг）編號

本册目録

斯一〇　毛詩鄭箋及注音（邶風燕燕—靜女）

釋文

（前缺）

□頏者〔一〕，興戴□　□[燕燕于]飛〔二〕，下上其音。飛而上曰上音，飛[而下曰下]音〔三〕。箋云：下上其[音]　□[寔勞]我心〔四〕。寔〈歲雨反〉〔五〕，是〔六〕。仲氏任〈毛而林，鄭而鴆〉只，其心塞〈桑則反〉[淵]〔七〕。□□[箋]云〔八〕：温，謂顔[色和也]〔九〕；[淑]〔一〇〕，[善]也〔一一〕。[先君]之思□〔一二〕□[日月喻國君與]夫[人也]寧不我顧〔一三〕？□何[能有所定乎]〔一四〕？□[乃如之]人〔一五〕，逝不相好。不及我以好〔一六〕。[箋云]〔一七〕：[其所以接及]我者〔一八〕，不以相好之恩〔一九〕，甚於己薄〔二〇〕。[胡]能有定〔二一〕？□[皆]出東方〔二二〕。箋云：自，從也。[言夫人當]盛之時〔二三〕，與君同位也〔二四〕。乃[如之]人〔二五〕，德音無良。音，聲〔二六〕。良，善也〔二七〕。□□□[君之]行如此〔二八〕，何能[有所定]〔二九〕，[使是無]良可忘也〔三〇〕。[日]居月諸〔三一〕，東[方自]出〔三二〕。父兮母兮，畜〈香六反〉我不卒〔三三〕。□報我不述〔三四〕。述，循也。箋云：不循者〔三五〕，不循禮〔三六〕。

《日月》四章，章六句。

□不能止也〔三八〕。止〔三九〕，猶正也〔四〇〕。終風且暴，顧我則笑。興也。終日風爲終風。暴，疾也。笑，侮之也〔四一〕。而又暴疾興者〔四二〕，諭州吁之爲不善〔四三〕，如終日風之不休止〔四四〕。其間又有甚惡〔四五〕，其在莊姜之傍〔四六〕，視莊姜則反笑之，是無敬心之甚也〔四七〕。謔〈向略反〉浪笑敖〈五號反〉，言戲謔不敬也〔四八〕。中心是悼〔四九〕。□傷也〔五〇〕。終風且霾〈埋〉，雨土〔五一〕。惠然肯來。言時有順心〔五二〕。箋云：肯，可也。有順心然後可來至我傍〔五三〕，不欲見其戲謔〔五四〕。莫往莫來，悠悠我思。人無子道以來事己。己亦不得以母道往加之〔五五〕。箋云〔五六〕：我思其如是〔五七〕，心悠悠然〔五八〕。終風且曀〈宴計反〉〔五九〕，不日有曀〈宴計反〉〔六〇〕。陰而風曰曀〔六一〕。箋云：有，又也。既竟日風且復曀，不見日〔六二〕，而又曀〔六三〕，諭州吁之闇亂甚〔六四〕。寤言不寐，願言則嚏〈帝〉。嚏，咳（欬）〈肯代反〉也〔六五〕。箋云：言〔六六〕，我也〔六七〕；願，思也。嚏讀僞（爲）不敢嚏咳之嚏〔六八〕。我憂悼而不能寐〔六九〕，汝思我心如是〔七〇〕，則嚏也〔七一〕。今俗人言嚏云〔七二〕：人道我〔七三〕，我則嚏〔七四〕。古之遺語〔七五〕。曀曀其陰，如常陰曀曀然〔七六〕。虺虺〈勳鬼反〉其雷。暴若震雷之聲〔七七〕，虺虺然〔七八〕。寤言不寐，願言則懷〔七九〕。懷，傷也。箋云：懷，安也。汝思我心如是〔八〇〕，我則安〔八一〕。

《終風》四章，章四句。

《擊鼓》，怨州吁也。衛州吁用兵暴亂，使公孫文仲將〈子亮反〉而平陳與宋，國人怨其勇而無禮也。將者，將兵伐鄭〔八二〕。平，成也。將伐鄭，先告陳與宋，成其伐事〔八三〕。《春秋傳》曰：宋殤公之即位〔八四〕，公子馮出奔鄭〔八五〕，鄭人欲納之。及衛州吁立，將修先君之怨於鄭，而求寵於諸侯，以和其民人〔八六〕。使告於宋曰：君若伐鄭，以除君害，君爲主，弊（敝）邑以賦與陳蔡從〔八七〕，則衛國之願也。宋人許之。於是陳蔡方睦於衛，故宋公、陳侯、蔡人、衛人伐鄭。在魯隱公四年〔八八〕。擊鼓其鏜〈湯〉〔八九〕，踴躍用兵〔九〇〕。鏜鏜然〔九一〕，擊鼓聲〔九二〕。使衆皆踴躍用兵〔九三〕。箋云：此用兵謂治兵之時〔九四〕。土國城曹〔九五〕，我獨南行。曹〔九六〕，衛邑〔九七〕。箋云：此言衆民皆勞苦〔九八〕，或役土功於國〔九九〕，或[脩]治曹城〔一〇〇〕，而我獨見使從軍南行伐鄭，尤勞苦之甚〔一〇一〕。從孫子仲，平陳与宋。孫子仲，公孫文仲〔一〇二〕。平陳於宋〔一〇三〕。箋云：子仲〔一〇四〕，字也〔一〇五〕。平陳於宋，謂使告於宋曰〔一〇六〕：君爲主，弊（敝）邑以賦與陳蔡從〔一〇七〕。不我以歸，憂心有忡〈勑中反〉。憂心忡忡然〔一〇八〕。箋云：以猶與〔一〇九〕，我南行〔一一〇〕，不我與歸期〔一一一〕。兵者〔一一二〕，凶事。懼不得歸，豫憂之〔一一三〕。爰居爰處，爰喪〈[息浪]反〉其馬〔一一四〕。有不還者，有亡其馬者〔一一五〕。箋云：爰，於也。不還謂死也、〔傷〕〔也〕〔一一六〕、病也，今於何居乎！於何處乎〔一一七〕！於何喪其馬乎〔一一八〕！于以求之，于林之下。山木曰林。箋云：于，於也。求不還者及亡其馬者，當於山林之下〔一一九〕。軍行必依山林〔一二〇〕，求其故處，近得之〔一二一〕。死生契闊〈苦活反〉，與子誠（成）說〈說、悅，二〉〔一二二〕。契闊〔一二三〕，勤苦〔一二四〕；說，數〔一二五〕。箋云：從軍之士與其伍約死生也〔一二六〕，相與處勤苦之中，我與子成相說愛之恩〔一二七〕，志在相救活也〔一二八〕。執子之手，与子偕老。偕，俱也。箋云：執其手，與之約束（誓）示信也〔一二九〕。言俱老〔一三〇〕，庶幾俱免患難〔一三一〕。于嗟闊兮，不我活兮。不與我相救活也〔一三二〕。箋云：州吁〔阻〕〔兵〕〔安〕〔忍〕〔一三三〕，阻兵無衆，安忍無親，衆畔親離〔一三四〕。軍士棄其約，離散而相遠〔一三五〕。故于嗟歎之。闊兮者〔一三六〕，汝不復與我相救活〔一三七〕，傷之也〔一三八〕。于嗟洵〈血縣反〉兮〔一三九〕，不我信〈[毛]□各二，鄭息〉兮〔一四〇〕。洵〔一四一〕，遠也〔一四二〕；信，極也。箋云：歎其棄約，不與我相信〔一四三〕，亦傷之〔一四四〕。

《擊鼓》五章，章四句。

《凱風》，美孝子也。衛之淫風流行，雖有七子之母，猶不能安其室〔一四五〕。故美七子能盡其孝道，以慰其母心〔一四六〕，而成其志爾〔一四七〕。不安其室，欲嫁去〔一四八〕；成其志者，言孝子自責之意〔一四九〕。凱風自南，吹彼棘心。興也。南風謂之凱風，樂〈洛〉夏〈暇〉之長養萬物〔一五〇〕。棘，難長養〔一五一〕。箋云：興者，以凱風諭寬人之母〔一五二〕；棘，猶七子〔一五三〕。棘心夭〈英驕反〉夭，母氏劬勞。夭夭，盛貌〔一五四〕；劬勞，病〔苦〕也〔一五五〕。箋[云]〔一五六〕：[夭夭]以諭七子少長〔一五七〕，母養之，病苦〔一五八〕。凱風自南，吹彼棘薪。棘薪，其成就也〔一五九〕。母氏聖善，我無令人。聖，叡也。箋云：叡作聖。令〔一六〇〕，善也。母乃有叡智之善德〔一六一〕，我七子無善人〔一六二〕，不能報之〔一六三〕，故母不安我室，欲嫁去也〔一六四〕。爰有寒泉，在浚之下。浚，衛邑〔一六五〕。在浚之下，言有益於浚〔一六六〕。箋云：爰，曰也〔一六七〕。日有寒泉在浚之下〔一六八〕，浸〈子衽反〉潤之，使浚之民佚（逸）樂〔一六九〕，以興七子不能如也。有子七人〔一七〇〕，母氏勞苦。睍〈下顯反〉睆〈胡板反〉黄鳥〔一七一〕，載好其音。睍睆，好貌也〔一七二〕。箋云：睍睆，以興顔色悦〔一七三〕。『載好其音』者〔一七四〕，興辭令順〔一七五〕，以言七子不能如〔一七六〕。有子七人，莫慰母心。慰〔一七七〕，安〔一七八〕。

《凱風》四章，章四句。

《雄雉》，刺衛宣公也。宣公淫亂〔一七九〕，不恤國事，軍旅數〈朔〉起，大夫久役，男女怨曠，國人患之〔一八〇〕。淫亂者，荒放於妻妾、蒸〈之仍反〉於夷姜〔一八一〕，國人久處軍役之事〔一八二〕，故男多曠，女多怨也。男曠而苦〈庫〉其事，女怨而望其君子〔一八三〕。雄雉于飛，泄〈以世反〉泄其羽〔一八四〕。興也。雄雉見雌雉，飛而鼓其翼，泄泄然〔一八五〕。箋云：興者，論宣公整而（其）服而起〔一八六〕，奮迅其形貌〔一八七〕，志在婦人而已〔一八八〕，不恤國之政事也〔一八九〕。我之懷矣，自詒伊阻。詒，遺也〔一九〇〕；伊〔一九一〕，維也〔一九二〕；阻，難也。箋云：懷，安也。伊當作翳〈烏雞反〉〔一九三〕，翳猶是〔一九四〕。君之行如是，我安其朝而不去。今從軍旅，久役不得歸，此自遺以患難〔一九五〕。雄雉于飛，下上其音。箋云：下上其音〔一九六〕，興宣公大小其聲音〔一九七〕，怡悦婦人。展矣君子，實勞我心。展，誠也。箋云：誠矣，君子於君也〔一九八〕。君之行如是〔一九九〕，實使我心勞苦〔二〇〇〕。君若不然，則我無軍役之事〔二〇一〕。瞻彼日月，悠悠我思〈四音，注中如字〉。瞻，視也。箋云：我視日月之行〔二〇二〕，迭往迭來。今君子獨久行役而不[來]〔二〇三〕，使我心悠悠然思之〔二〇四〕。女怨之辭。道之云遠，曷云能來。箋云：曷，何也。何時能來望之〔二〇五〕。百爾君子，不知德行〈下孟反，下同〉。箋云：爾，女也。汝衆君子〔二〇六〕，我不知人之行何如者〔二〇七〕，可謂爲德行〔二〇八〕。而君或有所留〔二〇九〕。女怨，故問此焉。不忮不求，何用不臧。忮，害〔二一〇〕；臧，善也。箋云：我君子之行，不疾害也〔二一一〕，不求備於一人也〔二一二〕。其行何用爲不善〔二一三〕，而〔君〕獨遠使之在外〔二一四〕，不得來歸也〔二一五〕。亦女怨之辭也〔二一六〕。

《雄雉》四章，章四句。

《匏〈苻交反〉有苦葉》，刺衛宣公也〔二一七〕。公與夫人並爲淫亂。夫人謂夷姜也〔二一八〕。匏有苦葉，濟〈祖戾反〉有深涉。興也。匏謂之瓠〈胡故反〉〔二一九〕，瓠葉苦不可食〔二二〇〕。濟，渡也，由膝以上爲涉。箋云：瓠葉苦而渡處深，謂八月之時，陰陽交會〔二二一〕，始可以成婚禮〔二二二〕，納采問名〔二二三〕。深則厲〔二二四〕，淺則揭〈憩〉。以衣涉水爲厲〔二二五〕，謂由帶以上爲揭〔二二六〕。揭，褰衣也。遭時制宜〔二二七〕，如遇水深則厲〔二二八〕，淺則揭矣。男女之際，安可以無禮儀〔二二九〕？將無以自濟也。箋云：既以深淺記時〔二三〇〕，因以水深淺諭男女之才性〔二三一〕、賢與不肖及長幼也〔二三二〕，各順其人之宜〔二三三〕，爲之求配偶〔二三四〕。有瀰〈莫婢反〉濟盈，有鷕〈以小反，以水反〉雉鳴。瀰，深水也；盈，滿也。深水〔二三五〕，人所難也〔二三六〕。鷕，雌雉聲也〔二三七〕。衛夫人有淫泆之志〔二三八〕，授人以色，假〈皆訝反〉人以辭，不顧禮義之難〔二三九〕，至使公有淫婚之行〔二四〇〕。箋云：有瀰濟盈，謂遇（過）於厲〔二四一〕，喻犯禮深也。濟盈不濡〈辱朱反〉軓（軌）〈範，凡之上聲〉〔二四二〕，雉鳴求其牡〈莫厚反〉。濡，漬也〔二四三〕。由輈〈張流反〉以上爲軓（軌），違禮義如不由其道〔二四四〕，猶雉鳴而求〔其〕牡矣〔二四五〕。飛曰雌雄〔二四六〕，走曰牝牡。箋云：濟深水者必濡其軓（軌）〔二四七〕。言不濡者〔二四八〕，喻夫人犯禮而不自知〔二四九〕；雉鳴反求其牡〈母〉，喻夫人所求非所求也〔二五〇〕。雝雝鳴雁〔二五一〕，旭〈許玉反〉日始旦。雝雝，雁聲和〔二五二〕，納采用雁。旭日始出，大昕之時〔二五三〕。箋云：雁者，隨陰陽而處〈杵〉，似婦人之從夫〔二五四〕，故婚禮用焉〔二五五〕。自納采至請期用昕，親迎用昏〔二五六〕。士如歸妻，迨〈殆〉冰未泮。迨，及〔二五七〕；泮〔二五八〕，散也。箋云：歸妻，使之來歸於己，〔謂〕請期〔二五九〕。冰未散，正月中以前〔二六〇〕。二月，可以爲婚也〔二六一〕。招招舟子，人涉卬〈昂，五剛反〉否〈甫久反〉〔二六二〕。招招，號召之貌也〔二六三〕。舟子，舟人，主濟渡者。卬，我也。箋云：舟人之號召當渡者〔二六四〕，猶媒人之會男女之無夫家者〔二六五〕，使爲配疋也〔二六六〕。人皆從之而渡〔二六七〕，而我獨否也〔二六八〕。人涉卬否〈不〉，卬須我友。人皆涉，我友未至，我猶待而不涉〔二六九〕。以言室家之道，非得所適，貞女不行；非〔得〕禮儀〔二七〇〕，婚姻不成〔二七一〕。

《匏有〔苦〕〔葉〕》四章〔二七二〕，章四句。

《谷風》〔二七三〕，刺夫婦失道也。衛人化其上，淫於新婚而棄其舊室〔二七四〕，夫婦離絶，國俗傷敗焉。新婚〔二七五〕，新所與爲婚禮也〔二七六〕。習習谷風，以陰以雨。興也。習習，和舒之貌〔二七七〕。東風謂之谷風。陰陽和而谷風至，夫婦和則室家成，室家成則繼嗣生也〔二七八〕。僶〈武忍反、黽，二〉俛同心〔二七九〕，不宜有怒。言僶俛者〔二八〇〕，思與君子同心〔二八一〕。箋云：所以俛（僶）俛者〔二八二〕，以爲見譴〈輕戰反〉怒者，非夫婦之義〔二八三〕。采蘴〈豐〉采菲〈敷尾反〉〔二八四〕，無以下體〔二八五〕。蘴，須〈宣喻反〉〔二八六〕；菲〈敷非反〉，芴〈勿〉也。下體，謂根莖也〔二八七〕。箋云〔二八八〕：此二菜者，蔓菁與葍〈蒲北反、富，二〉之類也〔二八九〕，皆上下可食。然而其根有美時〔二九〇〕，有惡時，采之者不可以根惡之時并〈併〉棄其葉〔二九一〕。

喻夫婦以禮義合，顏色相親〔二九二〕，亦不可以顏色衰棄其相與之禮也〔二九三〕。德音莫違，及爾同死〔二九四〕。箋云：莫，無也〔二九五〕；及，與也。夫婦之言，無相違者，則可與汝長相與處至死〔二九六〕，顏色斯須之有〔二九七〕？行道遲遲，中心有違。遲遲，舒行〔二九八〕；違，離〈力智反〉也。箋云：違〔二九九〕，徘徊也。行於道路之人〔三〇〇〕，至將離別〔三〇一〕，尚舒行，心徘徊然〔三〇二〕。諭君子之於己不能如〔三〇三〕。不遠伊邇〔三〇四〕，薄送我幾（畿）〈祈〉〔三〇五〕。幾（畿），門内也〔三〇六〕。箋云：邇，近也。言君子與己決別〔三〇七〕，不能遠也〔三〇八〕，惟近耳。送我〔裁〕至門内〔三〇九〕，無恩之甚〔三一〇〕。誰謂荼苦，其甘如薺。荼，苦菜〔三一一〕。箋云：荼〔三一二〕，誠苦也〔三一三〕。君子於己之苦毒又甚於荼也〔三一四〕。比方之於荼〔三一五〕，則甘如薺也〔三一六〕。燕〈燕顯反〉爾新婚〔三一七〕，如兄如弟。燕，安〔三一八〕。涇以渭濁，湜〈殖，成力反〉湜其沚。〈止〉。涇渭相入而清濁異。箋云〔三一九〕：小渚曰沚。涇水以有渭故見濁〔三二〇〕。湜湜，持心（正）貌〔三二一〕。諭君子得新婚〔三二二〕，故謂己惡也〔三二三〕。己之持心（正）守物（初）如沚然〔三二四〕，不動搖也〔三二五〕。此絶去所經見也〔三二六〕，因取以爲論〔三二七〕。燕爾新婚〔三二八〕，不我屑以〔三二九〕。屑，潔也。箋云：以〔三三〇〕，用也。君子不復潔用我當室家〔三三一〕。無逝我梁〔三三二〕，無發我笱〔三三三〕。逝，之也〔三三四〕；梁〔三三五〕，〔魚〕〔梁〕〔三三六〕；笱，所以捕魚〔三三七〕。箋云：諭禁新婚〔三三八〕。汝無之我家〔三三九〕，取我室家之道〔三四〇〕。我躬不閲，遑恤我後〔三四一〕。閲，容也。箋云：躬，身也〔三四二〕；遑〔三四三〕，暇也〔三四四〕；恤，憂也。我躬（身）尚不能自容〔三四五〕，何暇憂我所生子孫〔三四六〕。就其深矣，舫之舟矣（之）〔三四七〕。就其淺矣，泳之遊之〔三四八〕。舟，船也。箋云：船（舫）〔三四九〕，泭〈孚〉也。潛行爲泳。言深淺者〔三五〇〕，諭君子之家事無難易〔三五一〕，吾皆爲之也〔三五二〕。何有何亡，僶俛求之〔三五三〕。有謂富〔三五四〕，亡謂貧〔三五五〕。箋云：君子何所有乎？何所亡乎〔三五六〕？吾皆俛（僶）俛勤力爲求之也〔三五七〕。有求多，亡求有也〔三五八〕。凡民有喪〔三五九〕，匍匐救之。箋云：匍匐，言盡力〔三六〇〕。凡民有凶禍之事〔三六一〕，鄰里尚盡力往救之。況我君子〔三六二〕，受我家事〔三六三〕，無難易乎〔三六四〕？故當俛（僶）俛〔三六五〕。以疏論親〔三六六〕。不我能畜〈香六反〉〔三六七〕，反以我爲讎〈市由反〉。畜，養也。箋云：畜，驕也。君子不能以恩驕樂〈洛〉我〔三六八〕，反憎惡我〔三六九〕。既阻我德，賈〈工户反〉用不售〈市又反〉。阻，難也〔三七〇〕。箋云：既難卻我，隱蔽〈并袂反〉我之善〔三七一〕，〔我〕修婦道而事之〔三七二〕。覬其察己，猶見路（疏）外〔三七三〕，如賣物之不售〔三七四〕。昔育恐育鞫〔三七五〕，及爾顛覆。育，長也〔三七六〕；鞫，窮也。箋云：『昔育』〔三七七〕，育，稚〔三七八〕。及，與也〔三七九〕。昔幼稚之時〔三八〇〕，恐至長老窮匱，故願與女顛覆盡力於衆事〔三八一〕，難易無所避〔三八二〕。既生既育，比〈匕〉予于毒。箋云：生謂財業〔三八三〕，育謂長〔老〕也〔三八四〕。于，於也。既有財業矣，又既長老矣，其視我如視毒螫〈尸石反〉〔三八五〕。言惡己之甚也〔三八六〕。我有旨蓄〈勑六反〉〔三八七〕，亦以御〈言呂反〉，圉馭，次下句同〉冬。旨，美也〔三八八〕；御，禦也。箋云：蓄聚美菜者，以禦冬月之無之時〔三八九〕。燕爾新婚〔三九〇〕，以我御窮。箋云：君子但以我御窮苦之時〔三九一〕，至於富貴〔三九二〕，則棄我如旨蓄〔三九三〕。有洸〈光，古黃反〉有憒（潰）〈繢〉〔三九四〕，既詒〈怡〉我肄〈以世、以自反，二〉。洸洸，武也；潰潰，怒也；肄，勞也。箋云：詒，遺也。君子洸洸〔三九五〕、潰潰然，無溫潤之色〔三九六〕，而盡遺我以勞苦之事，欲困我也〔三九七〕。不念昔者，伊余來塈〈許氣。反〉塈，息也。箋云：君子忘舊，不念往者年稚〔三九八〕，我始來之時安息我〔三九九〕。

《谷風》六章，章八句。

《式微》，黎侯寓于衛也〔四〇〇〕，其臣勸以歸〔四〇一〕。寓，寄也。黎侯為狄人所逐，棄其國而寄於衛。衛處〈杵，下同〉之以二邑，因安之。可以歸而不歸〔四〇二〕，故其臣勸之〔四〇三〕。式微式微，胡不歸？式，用也。箋云：『式微式微』者〔四〇四〕，微于微也〔四〇五〕，君胡不歸乎〔四〇六〕？禁君留止于此之辭〔四〇七〕。式微〔四〇八〕，聲〔四〇九〕。微君之故，胡為乎中路〔四一〇〕？微，無也；中路，衛下邑〔四一一〕。箋云：我若無君，何處此乎〔四一二〕？〔臣〕有極諫之辭〔四一三〕。式微式微，胡不歸？微君之躬，胡為乎泥中？泥中，衛下邑〔四一四〕。

《式微》二章，章四句。

《堥〈毛〉丘》〔四一五〕，責衛伯也〔四一六〕。狄人迫逐黎侯，黎侯寓于衛，衛不能修方伯連率〈色類反〉之職也〔四一七〕。黎之臣子以責於衛〔四一八〕。衛，康叔之封爵稱侯，侯命（令）曰伯者〔四一九〕，時為州伯〔四二〇〕。周之制，使伯從（佐）牧〔四二一〕。《春秋傳》曰：五侯九伯。侯為牧〔四二二〕。堥丘之葛兮，何誕之節兮。興也。前高後下曰堥丘。諸侯以國相連屬，憂患相及，如葛之蔓延相連及〔四二三〕。誕，闊節也〔四二四〕。箋云：土氣緩則葛生闊節。興者，諭此時衛伯不恤其職〔四二五〕，故其臣於君事亦疏廢〔四二六〕。叔兮伯兮，何多日也。日月已逝〔四二七〕，而不我憂。箋云：叔伯，字〔四二八〕。呼衛之諸臣。叔與〈羊諸反〉伯與期來迎我君而復〈服〉之〔四二九〕。可來而不來，汝日數〈所具反〉何一多〔四三〇〕。先叔後伯，臣之命不以齒也〔四三一〕。何其處也，必有與也。言與仁義〔四三二〕。箋云：此我君何以久處於此乎〔四三三〕？必以衛有仁義之道故也。又責衛今不行仁義〔四三四〕。何其久也，必有以也。必有（以）以（有）功意（德）〔四三五〕。箋云：我君何以久留於此乎？必以衛有功德故也。又責〔衛〕今不務功德〔四三六〕。狐裘蒙〈武容反〉戎〈辱容反〉，匪車不東。大夫狐倉裘。蒙戎，以言亂也。不東，言不來東〔四三七〕。箋云：此〔刺〕衛諸臣形貌蒙戎然〔四三八〕，但爲昏亂之行。女非有戎車乎？何不來東迎我君而復之。黎國，在衛西，今所寄在衛東〔四三九〕，故言不東也〔四四〇〕。叔兮伯兮，靡所與同。無救患恤同〔四四一〕。箋云：衛之諸臣行如是，不與諸伯之臣同，言其非之特甚。瑣兮尾兮〔四四二〕，鶹離之子〔四四三〕。瑣尾，少好之貌。鶹離之鳥〔四四四〕，少好長醜。始而愉〈湯侯反〉樂，終以微弱。箋云：衛之諸臣，初有小善，終無成功，似鶹離也。叔兮伯兮，褎〈以救反，羊秀〉如琉耳〔四四五〕。褎，盛服〔四四六〕；琉耳，盛飾〔四四七〕。大夫褎然有尊盛之服而不能稱服〔也〕〔四四八〕。箋云：琉耳，〔塞〕〔耳〕〔也〕〔四四九〕。言衛之諸臣顏色褎然，如塞耳無所聞〔四五〇〕。如人耳聾〔四五一〕，恒多笑而已也〔四五二〕。

《堥丘》四章，章四句。

《簡〈皆限反〉兮》，刺不用賢也。衛之賢者仕於伶官，皆可以承事王者〔四五三〕。伶〔官〕〔四五四〕，樂官也。伶氏世掌樂官而善焉，故後世多號樂官爲伶官。簡兮簡兮，方將《萬》舞。簡，大也；〔方〕〔四五五〕，〔四〕〔方〕〔也〕〔四五六〕；將，行也。以干羽爲《萬》舞，用之宗廟山川，故〔言〕於四方〔四五七〕。箋云：簡，擇也〔四五八〕；將，且〔四五九〕。擇人者〔四六〇〕，爲且祭祀，當用《萬》舞〔四六一〕。《萬》舞，干舞〔四六二〕。日之方中，在前上處〈杵，下同〉。教國子弟，以日中爲期。箋云：在前上處者，在前列上頭〔四六三〕。《周禮》：太胥掌學士之板〔四六四〕，以待致教諸子〔四六五〕。春入學，舍〈赦〉菜合舞〔四六六〕。碩人俁俁，公庭《萬》舞。碩人，大德也。俁俁，容貌大也。《萬》舞非俱（但）在四方〔四六七〕，親在宗廟公庭。有力如虎，執轡如組。組，織組〔四六八〕。武力比於虎，可御亂〔四六九〕。御衆組有文章〔四七〇〕，言能治衆組〔四七一〕。動於近，成於遠也。箋云：碩人有禦亂禦衆之德〔四七二〕，可任爲王臣也〔四七三〕。左手執籥，右手秉翟。籥，六孔；翟，羽也〔四七四〕。箋云：碩人多才藝〔四七五〕，又能籥舞，言文武道備。赫如渥〈烏角反〉赭〈章社反〉，公言錫〈析〉爵。赫，赤貌；渥，厚也〔四七六〕。祭有畀〈方寐反〉〔四七七〕、韗〈許願、于郡，二〉〔四七八〕、胞〈苻交反〉翟、閽〈兒門反〉、寺〈時志反〉〔四七九〕，惠下之道。見惠不過一散〈桑早反〉。箋云：碩人容色赫然〔四八〇〕，如厚漬之丹〔四八一〕。君徒賜其〔一〕爵而已〔四八二〕，不知其賢而進〔用〕之散〔四八三〕，受五升也〔四八四〕。山有蓁〈側巾反〉〔四八五〕，隰有苓〈零〉。蓁，木名；下濕曰隰；苓，大苦也〔四八六〕。箋云：蓁也，苓也，生各得其所。以言碩人處非其位也〔四八七〕。云誰之思，西方美人。箋云：我求（誰）思乎〔四八八〕？思周室之賢〔四八九〕，以其宜薦碩人，與〈預〉在王位也〔四九〇〕。彼美人兮，西方之人兮。乃宜在王室。箋云：彼美人謂碩人〔四九一〕。

《簡兮》三章，章六句。

《泉水》，衛女思歸也。嫁於諸侯，父母以終〔四九二〕，思歸寧而不得，作詩以自見也〔四九三〕。『以自見』者，己（見）見（己）志也〔四九四〕。國君夫人，父母在則得歸寧爾〔四九五〕，沒則使大夫寧於兄弟。衛女思歸〔四九六〕，雖非禮，思之至也〔四九七〕。毖彼泉水，亦流于淇。興也。泉水始發〔四九八〕，毖然流入淇水〔四九九〕。箋云：泉水流而入淇，猶婦人出嫁於異國。有懷于衛，靡日不思。思〔五〇〇〕。箋云：懷，至；靡，無也。以言我有所至念於衛，無一日而不所至念者，諸姬〔五〇一〕、諸姑及伯姊也〔五〇二〕。孌〈力軟反〉彼諸姬，聊與之謀。孌，好貌也〔五〇三〕；諸姬，同姓之女；聊，願也。箋云：聊，且略之辭；諸姬〔五〇四〕，未嫁之女。我且欲略與之謀婦人之禮〔五〇五〕。觀其志意，親親之恩也。出宿于濟〈箋禮〔五〇六〕，反〉飲餞〈慈箭反〉于禰〈年禮反〉〇濟、禰〔五〇七〕，地名也〔五〇八〕。祖而舍〈釋〉軷〈蒲末反〉，飲酒於側曰餞〔五〇九〕，重始有事於道也。禰，地名。箋云：濟、禰者，所嫁國適衛之道所經見〔五一〇〕，故思宿餞焉也〔五一一〕。女子有行，遠父母兄弟。箋云：行，道也。婦人出嫁之道〔五一二〕，遠于親親，故禮緣人情，使得歸寧爾也〔五一三〕。問我諸姑，遂及伯姊。父之姊妹稱姑，先生曰姊。箋云：寧則又問姑及姊，親其類也。先姑後姊，尊姑也。出宿于干，飲餞于言。干、言也〔五一四〕，所適國郊〔五一五〕。箋云：干、言猶言濟〔五一六〕、禰，未聞遠近異同〔五一七〕。載脂載舝〈行瞎反〉，還〈旋〉車言邁。脂舝其車以還，我則行〔五一八〕。箋云：言還車者，嫁時乘來，今思乘以歸。遄臻于衛，不瑕有害〈毛如字，鄭何割〉〇遄，疾也〔五一九〕；臻，至也〔五二〇〕；瑕，遠也。箋云：瑕，猶過也；害，何也。我還車疾至於衛而反〔五二一〕，於行無過差，有何不可而止我？我思肥泉，茲之永歎〈湯丹反〉〇所出同所歸異爲肥泉。箋云：茲，此也，自衛而來所渡水，故思此而長歎。思須與曹〔五二二〕，我心悠悠。須、曹，衛邑〔五二三〕。箋云：自衛而來所經邑，故又思之也〔五二四〕。駕言出遊，以寫我憂。寫，除也。箋云：既不得歸〔五二五〕，且欲乘車出遊，以除我憂也〔五二六〕。

《泉水》四章，章六句。

《北門》，刺仕不得其志也〔五二七〕。言衛之忠臣不得其志爾。『不得其志』者，君不知己志而遇困厄〔五二八〕。出自北門，憂

斯一〇

心殷殷〈隱、殷，二〉。興也。北門，背明向暗〔五二九〕。箋云：白（自）〔五三〇〕，從也。興者，喻己仕於暗君〔五三一〕，猶行出北門〔五三二〕，心爲之憂，殷殷然也〔五三三〕。終窶〈其矩反〉且貧，莫知我艱。窶者，無禮〔五三四〕；貧者，困於財。箋云：艱，難也。君於己祿薄，終不足以爲禮；又困於財〔五三五〕，無知己以爲難者〔五三六〕。言器（君）既然矣〔五三七〕，諸臣亦如之。已焉哉，天實爲之，謂之何哉！箋云：謂勤施人事〔五三八〕，君不知志〔五三九〕，故自決歸之於天。我勤身以事君，何哉？忠之不至〔五四〇〕。王事適我，正（政）事一埤〈頻移反〉益我〔五四一〕。適，之也〔五四二〕；埤，厚也。箋云：國有王命，役使之事，則不以之彼，必來之我。我有賦稅之事〔五四三〕，則減彼而一二以益我〔五四四〕。以言君政教偏〈補見反〉〔五四五〕，己兼其苦也〔五四六〕。我入自外，室人交徧〈遍，下同〉讁〈根革反〉我。讁，責也。箋云：我從自外〔五四七〕，在室之人更迭徧來責我，使己去〔五四八〕，言室人不知己之志也〔五四九〕。已焉哉，天實爲之，謂之何哉？王事敦〈都迴反、都溫反，二〉我，政事一埤遺〈與季反〉我。敦，厚也〔五五〇〕；遺，加也。箋云〔五五一〕：敦猶投擲也〔五五二〕。我入自外，室人交徧催〈徂雷反，祖迴反〉我〔五五三〕。催，沮〈慈呂反〉也。箋云：催〔五五四〕，譏刺之言〔五五五〕。已焉哉，天實爲之，謂之何哉？

《北門》三章，章七句。

《北風》，刺虐也。衛國並爲威虐，百姓不親，莫不相攜持而去之〔五五六〕。北風其涼，雨〈云付反〉雪其雱〈普黃反〉〔五五七〕。興也。北風，寒涼之風〔五五八〕；雱，盛貌也〔五五九〕。箋云：寒涼之風，病害萬物。興者，諭君政教酷暴〔五六〇〕，民散亂〔五六一〕。惠而好我，攜手同行〈如字〉。惠，愛也〔五六二〕；行，道也。箋云：彼性仁愛而又好我者〔五六三〕，與我相攜持同道而去。疾時政也。其虛其耶〈余、徐，二〉，既亟〈居力反〉只〈紙〉且〈子餘反，下同〉。虛，徐也〔五六四〕；亟，急〔五六五〕。箋云：耶，讀如徐。言今在位之人，其故威儀虛徐寬仁者，今皆爲急刻之行也〔五六六〕。所以當去，以此〔五六七〕。北風其喈，雨雪其霏〈孚非反〉。喈，疾貌也〔五六八〕；霏，甚貌也〔五六九〕。惠而好我，攜手同歸。歸，歸有德〔五七〇〕。其虛其耶〈詳餘反〉，既亟〈己力反〉只且。莫赤匪狐，莫黑匪烏。狐，赤；烏，黑，莫能別也。箋云：赤則狐〔五七一〕，黑則烏〔五七二〕。猶今君臣相承，爲惡如一。惠而好我，攜手同車。攜手就車。其虛其耶，既亟只且。

《北風》三章，章六句。

《靜女》，刺時也。衛君無道，夫人無德。德〔五七三〕，君及夫人無道德〔五七四〕，故陳靜女遺我彤管之法〔五七五〕，德如是，可以易之爲人君之妃〔五七六〕。靜女其姝，俟我于城隅。靜，貞靜〔五七七〕，女貞靜而有法度〔五七八〕，乃可說〈悅〉也。姝，美色〔五七九〕；俟，待也。城隅，以言高而不可踰。箋云：女德貞靜，然後可畜〈香六反〉美色，然後可安。又能服從，待禮而動，自防如城隅，故可愛也〔五八〇〕。愛而不見，搔〈自刀反〉首踟躕。言志往而行止〔五八一〕。箋云：志往謂踟躕。行止，愛之而不往見〔五八二〕。靜女其孌，貽我彤管〔五八三〕。既有靜德〔五八四〕，又有美色，又能遺我以古人之法，可以配人君〔五八五〕。古者，夫人必有女史彤管之法〔五八六〕，史不記過，其罪煞〔五八七〕。后妃群妾以禮御於君所〔五八八〕，女史書其日月〔五八九〕，授之以環，以進退之。生子月娠〈辰字，或誤爲娠〉〔五九〇〕，則以金環退之〔五九一〕，當御者以銀環進之〔五九二〕，著于左手。既御著于右手〔五九三〕。□箋云〔五九四〕：彤管，筆赤管〔五九五〕。彤管有煒〈于尾反〉，悅懌〈悅懌，上毛容雪，鄭束銳；下羊石、舒石反〉女美〔五九六〕。煒，赤貌。彤管以赤心正人者〔五九七〕。箋云：悅懌當作說釋〔五九八〕。管煒煒然〔五九九〕，女史以說釋妃妾之德美〔六〇〇〕。自牧〈目〉歸荑〔六〇一〕，□匪女之爲美〔六〇二〕，〔美〕人之詒〔六〇三〕。非爲其徒說美色而已〔六〇四〕，美其人能遺我法則〔六〇五〕，作新臺于河上而要之〔六〇六〕。（下缺）

説明

此件首尾均缺，已斷裂爲三大片、一小片和若干小碎片，原件之上下沿多有殘損，中間亦有破損。起《邶風·燕燕》之『燕燕于飛，頡之頏之』之傳，訖《靜女》『匪女之爲美，美人之詒』之傳，所存内容爲《毛詩鄭箋》（邶風燕燕—靜女）。此件書法頗工，有烏絲欄，傳、箋採用雙行夾注格式，間有朱筆句讀。紙背有小字寫的字音，偶爾注有字義，書於所注正面之經、傳、箋文字的對應位置（有的與正面所注之字位置有所偏離）。紙背文字與正面文字同出於一人之手。

王重民以此件不避唐諱爲由定其爲六朝寫本（參看《敦煌古籍敘録》，三二頁）。潘重規考出與此件相類的斯二七二九爲隋劉炫所撰的《毛詩音》，認爲這種注音方式就是《隋書·經籍志》著録的《毛詩音隱》之類，並推斷此件與斯二七二九爲同時之作（參看《敦煌詩經卷子研究論文集》，七一、八一頁）。許建平則認爲，此件卷背注音是抄寫人據某種《毛詩音》移録，並非是與正文文字合成有機整體的《毛詩鄭箋音隱》，只是它用以注音的方法與六朝的音隱類著作相同而已（參看《敦煌〈詩經〉卷子研讀劄記二則》，七一頁）。

現知與此件内容有重合的敦煌寫本還有伯二五三八，起『鄁柏舟故訓傳第三』，訖『我猶待』；斯五四一背起『而不涉』，訖『故其臣於君事亦疏廢也』。兩件可以綴合（參看《敦煌經部文獻合集》，六二四頁，該書稱斯五四一背爲『斯五四一』）。

以上釋文以斯一〇爲底本，用伯二五三八+斯五四一背（稱其爲甲本）和流行較廣的《十三經注疏》中之《毛詩正義》（北京：中華書局，一九八〇年）（稱其爲乙本）參校。爲方便讀者，將紙背注音移至正面所注之字的下面，仍用小字，置於尖括弧中，以與傳、箋區别。

校記

〔一〕『頏』，乙本同，甲本作『亢』，均可通；『者』，甲、乙本無。

〔二〕「燕燕于」，據甲、乙本補。

〔三〕「而下曰下」，據乙本補。此句甲本脱。

〔四〕「音」，據殘筆劃及甲、乙本補；「寔」，據底本經下之傳文補，甲、乙本作「實」，「寔」通「實」；「勞」，據甲、乙本補。

〔五〕「寔」，甲、乙本作「實」，「寔」通「實」。

〔六〕「是」，甲本同，乙本作「是也」。乙本此句後有「本亦作寔」。

〔七〕「淵」，據殘筆劃及甲、乙本補。

〔八〕「箋」，據殘筆劃及甲、乙本補。

〔九〕「色」，據殘筆劃及甲、乙本補；「和也」，據甲、乙本補。

〔一〇〕「淑」，據甲、乙本補。

〔一一〕「善」，據甲、乙本補。

〔一二〕「先君」，據殘筆劃及甲、乙本補。

〔一三〕「日月喻國君」，據甲、乙本補；「與」，據殘筆劃及甲、乙本補；「人」，據甲、乙本補；「也」，據乙本補，甲本作「之也」，《敦煌經部文獻合集》認爲「之」係衍文，當删。

〔一四〕「能有」，據殘筆劃及甲、乙本補；「所定乎」，據甲、乙本補。

〔一五〕「乃如之」，據甲、乙本補；「人」，甲、乙本作「人兮」。

〔一六〕「好」，甲本作「好也」，乙本作「相好」。

〔一七〕「箋」，據甲、乙本補；「云」，據殘筆劃及甲、乙本補。

〔一八〕「其所」，據殘筆劃及甲、乙本補；「以接及」，據甲、乙本補；「我」，乙本同，甲本脱。

〔一九〕『恩』，甲、乙本作『恩情』。
〔二〇〕『薄』，甲、乙本作『薄也』。
〔二一〕『胡』，據殘筆劃及甲、乙本補。
〔二二〕『皆』，據甲、乙本補。
〔二三〕『言夫人當』，據甲、乙本補。
〔二四〕『也』，甲、乙本無。
〔二五〕『如之』，據殘筆劃及甲、乙本補；『人』，甲、乙本作『人兮』。
〔二六〕『聲』，乙本同，甲本作『聲也』。
〔二七〕『也』，乙本同，甲本無。
〔二八〕『君之』，據甲、乙本補。
〔二九〕『有所定』，據甲、乙本補。
〔三〇〕『使是無』，據甲、乙本補；『也』，乙本同，甲本無。
〔三一〕『日』，據甲、乙本補。
〔三二〕『方自』，據甲、乙本補。
〔三三〕『不卒』，據甲、乙本補。
〔三四〕『報我不』，乙本同，甲本作『寧不我』，《敦煌經部文獻合集》認爲甲本誤。
〔三五〕『不』，據殘筆劃及甲、乙本補；『者』，甲、乙本無。
〔三六〕『禮』，甲本脱，乙本作『禮也』。
〔三七〕『月』，據殘筆劃及甲、乙本補；『四』，據殘筆劃及甲、乙本補。

〔三八〕『止』，甲本同，乙本作『正』。
〔三九〕『止』，甲本同，乙本作『正』。
〔四〇〕『正』，甲本同，乙本作『止』。
〔四一〕『之也』，據乙本補，甲本作『慢之』。
〔四二〕『而又暴』，據甲、乙本補；『疾』，據殘筆劃及甲、乙本補。
〔四三〕『諭』，甲、乙本作『喻』，均可通。
〔四四〕『日』，甲、乙本無；『不』，甲、乙本作『無』。
〔四五〕『其』，甲本同，乙本作『而其』；『間又』，據甲、乙本補；『有』，甲本無，據乙本補；『甚惡』，據甲、乙本補。
〔四六〕『其』，據甲、乙本補；『在』，據殘筆劃及甲、乙本補；『莊姜』，乙本同，甲本作『姜莊』；『傍』，甲、乙本作『旁』，均可通。
〔四七〕『也』，甲本同，乙本無。
〔四八〕『也』，甲本同，乙本無。
〔四九〕『悼』，據殘筆劃及甲、乙本補。
〔五〇〕『也』，甲、乙本無。
〔五一〕『土』，甲、乙本作『土也』。
〔五二〕『心』，甲、乙本作『心也』。
〔五三〕『傍』，甲、乙本作『旁』，均可通。
〔五四〕『謔』，乙本同，甲本作『謔之也』。

〔五五〕『不得以母道往加』，據甲、乙本補。
〔五六〕『云』，據甲、乙本補。
〔五七〕『我思其』，據甲、乙本補。
〔五八〕『然』，乙本同，甲本作『然也』。
〔五九〕『宴』，《敦煌遺書散録二則》據殘筆劃校補。
〔六〇〕『日』，乙本同，甲本脱。
〔六一〕『風』，乙本同，甲本脱。
〔六二〕『日』，甲、乙本作『日矣』。
〔六三〕『噎』，甲、乙本作『噎者』。
〔六四〕『諭』，甲、乙本作『喻』；『之』，甲本同，乙本脱；『甚』，甲本同，乙本作『甚也』。
〔六五〕『咳』，當作『欬』，據甲本改，乙本作『跲』，《敦煌經部文獻合集》認爲當從乙本。
〔六六〕『言』，據甲、乙本補。
〔六七〕『也』，甲本同，乙本無。
〔六八〕『僞』，當作『爲』，據甲、乙本改，甲、乙本此字前有『當』字；『咳之嚏』，乙本同，甲本無。
〔六九〕『憂』，甲本同，乙本作『其憂』。
〔七〇〕『汝』，乙本同，甲本作『女』，『女』通『汝』。
〔七一〕『則』，甲、乙本作『我則』。
〔七二〕『言嚏』，甲本無，乙本作『嚏』。
〔七三〕『我』，乙本同，甲本脱。

〔七四〕「我則」，甲、乙本脱；「噎」，甲本同，乙本脱。

〔七五〕「古」，甲、乙本作「此古」；「語」，甲、乙本作「語也」。

〔七六〕「常」，乙本同，甲本無；底本原有三個「噎」字，前兩個一在行末，一在次行行首，此爲當時的一種抄寫習慣，可以稱作「提行添字例」，第二個「噎」字應不讀，故未録，《敦煌經部文獻合集》認爲衍一「噎」字。

〔七七〕「聲」，乙本同，甲本脱。

〔七八〕「然」，乙本同，甲本作「然也」。

〔七九〕「言」，乙本同，甲本作「我」，誤。

〔八〇〕「汝」，甲、乙本作「女」，「女」通「汝」。

〔八一〕「安」，甲、乙本作「安也」。

〔八二〕「伐鄭」，甲、乙本作「以伐鄭也」。

〔八三〕「成」，甲、乙本作「以成」；「其伐」，乙本同，甲本無。

〔八四〕「位」，甲、乙本作「位也」。

〔八五〕「馮」，乙本同，甲本作「憑」，《敦煌經部文獻合集》認爲「憑」爲「馮」之後起增旁字。

〔八六〕「人」，甲、乙本無。

〔八七〕「弊」，甲本同，當作「敝」，據乙本改，「弊」爲「敝」之借字；「與」，乙本同，甲本作「興」，誤。

〔八八〕「公」，甲、乙本脱；「年」，乙本同，甲本作「年也」。甲、乙本此句前有「是也伐鄭」。

〔八九〕「鏜」，乙本同，甲本作「鐺」，「鐺」同「鏜」。

〔九〇〕「踴」，甲、乙本作「踊」，「踊」或作「踴」。

〔九一〕第一個「鏜」，甲、乙本無；第二個「鏜」，乙本同，甲本作「鐺」，「鐺」同「鏜」。

〔九二〕『聲』，甲本同，乙本作『聲也』。

〔九三〕『衆』，乙本同，甲本脱；『踴』，甲、乙本作『踊』，『踊』或作『踴』；『兵』，甲、乙本作『兵也』。

〔九四〕『此』，乙本同，甲本無；『之時』，甲本作『時之者也』，乙本作『時』。

〔九五〕『曹』，甲本同，乙本作『漕』。

〔九六〕『曹』，甲本同，乙本作『漕』。

〔九七〕『邑』，甲、乙本作『邑也』。

〔九八〕『苦』，甲、乙本作『苦也』。

〔九九〕『國』，乙本同，甲本作『曹』，誤。

〔一〇〇〕『脩』，據殘筆劃及甲、乙本補；『治』，甲本同，乙本作『理』；『曹』，甲本同，乙本作『漕』。

〔一〇一〕『尤』，甲、乙本作『是尤』；『勞』，乙本同，甲本無；『甚』，乙本同，甲本作『甚也』。

〔一〇二〕『公』，甲本同，乙本作『謂公』；『仲』，甲、乙本作『仲也』。

〔一〇三〕『宋』，乙本同，甲本作『宋也』。

〔一〇四〕『子』，乙本同，甲本無。

〔一〇五〕『字』，乙本同，甲本作『宋』。

〔一〇六〕『於』，甲、乙本無。

〔一〇七〕『弊』，甲本同，當作『敝』，據乙本改，『弊』爲『敝』之借字；『從』，乙本同，甲本作『從也』。

〔一〇八〕『然』，乙本同，甲本作『然也』。

〔一〇九〕『以』，乙本同，甲本脱；『與』，甲本同，乙本作『與也』。

〔一一〇〕『我』，甲本同，乙本作『與我』。

〔一一一〕此句甲本作「不與歸」，乙本作「不與我歸期」。
〔一一二〕「者」，甲、乙本無。
〔一一三〕「之」，乙本同，甲本作「也」。
〔一一四〕「息浪」，《敦煌遺書散録二則》據殘筆劃校補。
〔一一五〕「有」，乙本同，甲本脱；「者」，乙本同，甲本脱。
〔一一六〕「傷也」，據甲、乙本補。
〔一一七〕「於」，乙本同，甲本脱。
〔一一八〕「乎」，乙本同，甲本作「乎也」。
〔一一九〕「山」，乙本同，甲本脱；「之」，乙本同，甲本脱。
〔一二〇〕「山林」，乙本同，甲本作「此川」，誤。
〔一二一〕「之」，乙本同，甲本作「之也」。
〔一二二〕「誠」，當作「成」，據甲、乙本改，「誠」爲「成」之借字；「説」，乙本同，甲本作「悦」。
〔一二三〕「契」，乙本同，甲本作「挈」，「挈」爲「契」之借字。
〔一二四〕「苦」，甲、乙本作「苦也」。
〔一二五〕「數」，甲、乙本作「數也」。
〔一二六〕「軍」，乙本同，甲本作「事」，誤；「士」，乙本同，甲本作「土」，誤；「伍」，乙本同，甲本作「五」，「五」爲「伍」之借字；「死」，甲本同，乙本作「死也」。
〔一二七〕「愛之」，乙本同，甲本作「憂心」，誤。
〔一二八〕「在」，甲本同，乙本作「有」；「救活也」，甲本作「存救」，乙本作「存救也」。

〔一二九〕「束」，當作「誓」，據甲、乙本改，「束」爲「誓」之借字。
〔一三〇〕「老」，甲本同，乙本作「老者」。
〔一三一〕「庶」，乙本同，甲本脱；「患難」，甲本作「於難之也」，乙本作「於難」。
〔一三二〕「與」，乙本同，甲本脱；「相救」，甲、乙本作「生」。
〔一三三〕「阻兵安忍」，據甲、乙本補。
〔一三四〕「畔」，甲、乙本作「叛」，「畔」通「叛」。
〔一三五〕「而」，甲本同，乙本無。
〔一三六〕「者」，甲、乙本無。
〔一三七〕「汝」，甲本同，乙本作「女」，「女」通「汝」；「復」，甲、乙本無。
〔一三八〕「也」，乙本無，甲本作「者」。
〔一三九〕「洵」，乙本同，甲本作「絢」，《敦煌經部文獻合集》認爲「洵」誤。
〔一四〇〕「毛」，《敦煌遺書散録二則》據殘筆劃校補。
〔一四一〕「洵」，乙本同，甲本作「絢」，均可通。
〔一四二〕「也」，甲本同，乙本無。
〔一四三〕「信」，甲、乙本作「親信」。
〔一四四〕「之」，乙本同，甲本作「之也」。
〔一四五〕「能」，乙本同，甲本無。
〔一四六〕「尉」，甲、乙本作「慰」，「尉」古有「慰」義。
〔一四七〕「成」，乙本同，甲本脱。

〔一四八〕『嫁去』，甲本作『去嫁』，乙本作『去嫁也』。
〔一四九〕『言』，甲、乙本作『成言』；『子』，乙本同，甲本脱。
〔一五〇〕『養萬物』，甲本作『也』，乙本作『養者』。
〔一五一〕『養』，乙本同，甲本作『養者也』。
〔一五二〕『諭』，甲、乙本作『喻』；『寬』，乙本同，甲本作『危』，誤；『人』，甲、乙本作『仁』，『人』有『仁』義。
〔一五三〕『子』，甲本作『子之』，乙本作『子也』。
〔一五四〕『盛』，乙本同，甲本作『成就』。
〔一五五〕『苦』，據甲、乙本補。
〔一五六〕『云』，據甲、乙本補。
〔一五七〕『夭夭』，據殘筆劃及甲、乙本補；『諭』，甲、乙本作『喻』。
〔一五八〕『苦』，甲、乙本作『苦也』。
〔一五九〕『也』，甲本同，乙本作『者』。
〔一六〇〕『令』，乙本同，甲本脱。
〔一六一〕『乃』，乙本同，甲本無；『智』，甲本同，乙本作『知』，『知』有『智』義。
〔一六二〕『子』，乙本同，甲本作『自』，『自』爲『子』之借字。
〔一六三〕『不』，甲、乙本無；『之』，甲、乙本作『之者』。
〔一六四〕『嫁去』，甲、乙本作『去嫁』。
〔一六五〕『邑』，甲、乙本作『邑也』。

〔一六六〕「浚」，乙本同，甲本作「浚也」。

〔一六七〕「也」，乙本同，甲本無。

〔一六八〕「曰」，乙本同，甲本作「月」，「月」爲「曰」之借字；「泉」，甲本同，乙本作「泉者」。

〔一六九〕「佚」，當作「逸」，據甲、乙本改，「佚」爲「逸」之借字。

〔一七〇〕「子七」，乙本同，甲本作「七子」，《敦煌經部文獻合集》認爲甲本作「子七」，誤。

〔一七一〕「黄」，乙本同，甲本作「皇」，「皇」爲「黄」之借字。

〔一七二〕「也」，甲本同，乙本無。

〔一七三〕「悦」，甲本作「悦也」，乙本作「説也」。

〔一七四〕「載」，甲、乙本無。

〔一七五〕此句甲本作「其和順也」，乙本作「興其辭令順也」。

〔一七六〕「如」，甲本作「如之」，乙本作「如也」。

〔一七七〕「尉」，甲、乙本作「慰」，「尉」古有「慰」義。

〔一七八〕「安」，甲本同，乙本作「安也」。

〔一七九〕「宣公」，甲、乙本無，《敦煌經部文獻合集》認爲係衍文。

〔一八〇〕此句後乙本有「而作是詩」。

〔一八一〕「姜」，甲本作「姜之等也」，乙本作「姜之等」。

〔一八二〕「處軍役」，乙本同，甲本作「役軍旅」。

〔一八三〕「子」，乙本同，甲本作「子也」。

〔一八四〕「𣴑𣴑」，甲、乙本作「泄泄」，《敦煌經部文獻合集》認爲「𣴑」爲「泄」之換旁俗字。

〔一八五〕『𢿱𢿱』，甲、乙本作『泄泄』。

〔一八六〕『諭』，甲、乙本作『喻』；『整』，乙本同，甲本脱；第一個『而』，甲本脱，當作『其』，據乙本改；『起』，乙本同，甲本脱。

〔一八七〕『迅』，乙本作『訊』，均可通。此句甲本脱。

〔一八八〕『志在婦人而』，乙本同，甲本脱。

〔一八九〕『也』，甲、乙本無。

〔一九〇〕『也』，甲本同，乙本無。

〔一九一〕『伊』，乙本同，甲本脱。

〔一九二〕『維也』，乙本作『維』，甲本脱。

〔一九三〕『翳』，甲本同，乙本作『緊』。

〔一九四〕『翳』，甲本同，乙本作『緊』；『是』，甲、乙本作『是也』。

〔一九五〕『患難』，甲本作『患難之事』，乙本作『是患難』。

〔一九六〕此句乙本同，甲本脱。

〔一九七〕『大小』，甲本同，乙本作『小大』；『音』，甲、乙本無。

〔一九八〕『於君』，甲本作『訴於君子』，乙本作『愬於君子』，底本疑有脱文；『也』，乙本同，甲本無。

〔一九九〕『之』，乙本同，甲本無。

〔二〇〇〕『苦』，甲本無，乙本作『矣』。

〔二〇一〕『則』，底本原作『實則』，但『實』字旁有朱筆删除符號，故未録，《敦煌經部文獻合集》未察；『事』，乙本同，甲本作『事也』。

〔二〇二〕『我視』，甲本作『視』，乙本無。

〔二〇三〕『來』，據殘筆劃及甲、乙本補。

〔二〇四〕『然』，乙本同，甲本脱。

〔二〇五〕『之』，甲、乙本作『之也』。

〔二〇六〕『汝』，甲本脱，乙本作『女』，『女』通『汝』。

〔二〇七〕『行』，甲、乙本作『德行』，《敦煌經部文獻合集》認爲『德』字係衍文；『何如者』，乙本同，甲本作『如何者』。

〔二〇八〕『行』，甲本同，乙本作『行事』。

〔二〇九〕『而』，甲本同，乙本無；『留』，乙本同，甲本作『留也』。

〔二一〇〕『害』，乙本同，甲本作『害也』。

〔二一一〕『害也』，甲本作『苦也』，乙本作『害』。

〔二一二〕『也』，甲本同，乙本無。

〔二一三〕『行』，乙本同，甲本脱；『用』，乙本同，甲本脱。

〔二一四〕『君』，據甲、乙本補。

〔二一五〕『也』，甲、乙本無。

〔二一六〕『也』，甲、乙本無。

〔二一七〕『也』，乙本同，甲本無。

〔二一八〕『也』，甲本同，乙本無。

〔二一九〕『故』，《敦煌經部文獻合集》認爲底本作『姑』，誤。

〔二二〇〕「食」，甲、乙本作「食也」。

〔二二一〕「陰」，乙本同，甲本作「時陰」；「交會」，乙本同，甲本作「始交」。

〔二二二〕「以」，乙本同，甲本無；「成」，甲、乙本作「爲」；「婚」，甲、乙本作「昏」，均可通，《敦煌經部文獻合集》認爲「婚」爲「昏」之後起字。

〔二二三〕「采」，乙本同，甲本作「綵」，均可通，《敦煌經部文獻合集》認爲「采」「綵」爲古今字；「名」，乙本同，甲本作「名之」。

〔二二四〕「厲」，乙本同，甲本作「勵」，「勵」爲「厲」之借字。

〔二二五〕「衣」，乙本同，甲本作「水」，誤。

〔二二六〕「爲揭」，甲、乙本作「也」，據文義應以甲、乙本爲是。

〔二二七〕「制」，乙本同，甲本右側書一「亂」字。

〔二二八〕「水深」，乙本同，甲本作「深水」。

〔二二九〕「儀」，甲本同，乙本作「義」，均可通，《敦煌經部文獻合集》認爲「義」爲古「儀」字。

〔二三〇〕「淺」，乙本同，甲本作「涉」，誤。

〔二三一〕「諭」，甲、乙本作「喻」。

〔二三二〕「與」，乙本同，甲本脱；「也」，乙本同，甲本無。

〔二三三〕「各」，乙本同，甲本作「容」，誤。

〔二三四〕「配偶」，甲本作「配偶也」，乙本作「妃耦」，《敦煌經部文獻合集》認爲「妃耦」爲正字，「配偶」係借字。

〔二三五〕「水」，乙本同，甲本脱。

〔二三六〕「人」，乙本同，甲本作「衣」，誤；「所」，甲、乙本作「之所」。

〔二三七〕『雉』，乙本同，甲本脱。

〔二三八〕『泆』，甲、乙本作『佚』，『佚』爲『泆』之借字。

〔二三九〕『義』，乙本同，甲本作『儀』，均可通。

〔二四〇〕『公』，甲本同，乙本作『宣公』；『婚』，甲、乙本作『昏』，均可通。

〔二四一〕『遇』，當作『過』，據甲、乙本改。

〔二四二〕『軏』，當作『軌』，據甲、乙本改。傳、箋文同此，不另出校。

〔二四三〕『也』，乙本同，甲本作『之』，誤。

〔二四四〕『如』，甲、乙本無。

〔二四五〕『其』，據甲、乙本補。

〔二四六〕『雄雌』，甲、乙本作『雌雄』。

〔二四七〕『濟』，甲、乙本作『渡』；『其』，乙本同，甲本無。

〔二四八〕『言』，乙本同，甲本作『而』。

〔二四九〕『知』，乙本同，甲本作『知也』。

〔二五〇〕『也』，甲本同，乙本無。

〔二五一〕『雍雍』，甲本同，乙本作『雝雝』，『雍』通『雝』。傳文同此，不另出校。

〔二五二〕『和』，甲、乙本作『和也』。

〔二五三〕『大』，甲本同，乙本作『謂大』；『時』，甲本作『也』，乙本作『時也』。

〔二五四〕『之』，甲本同，乙本無。

〔二五五〕『婚』，甲、乙本作『昏』，均可通。

〔二五六〕「親」，乙本同，甲本脱。

〔二五七〕「及」，乙本同，甲本作「及也」。

〔二五八〕「泮」，乙本同，甲本作「伴」，「伴」爲「泮」之借字。

〔二五九〕「謂」，據甲、乙本補；「期」，甲、乙本作「期也」。

〔二六〇〕「前」，甲、乙本作「前也」。

〔二六一〕「可」，乙本同，甲本脱；「爲」，甲、乙本無；「婚」，甲、乙本作「昏」，均可通；「也」，乙本作「矣」，甲本無。

〔二六二〕「卬」，乙本同，甲本作「昂」，「昂」通「卬」。傳文同此，不另出校。

〔二六三〕「也」，甲本同，乙本無。

〔二六四〕「之」，甲、乙本作「之子」。

〔二六五〕第二個「之」，甲本同，乙本無。

〔二六六〕「使」，甲本同，乙本作「使之」；「配」，甲、乙本作「妃」；「疋」，甲本同，乙本作「匹」；「也」，甲本同，乙本無。

〔二六七〕「人」，乙本同，甲本脱。

〔二六八〕「而」，甲本同，乙本無；「也」，甲本作「之也」，乙本無。

〔二六九〕「猶」，甲本同，乙本作「獨」；「待」，甲本同，乙本作「待之」。甲本伯二五三八止於此句之「待」字，斯五四一背始於此句之「而」字。

〔二七〇〕「得」，據甲、乙本補；「儀」，甲本同，乙本作「義」。

〔二七一〕「婚」，甲本同，乙本作「昏」，均可通；「成」，乙本同，甲本作「成也」。

〔二七二〕「苦葉」，據甲、乙本補。

〔二七三〕甲本該行天頭處書有「絲」字，應係另筆添加，與甲本無關。

〔二七四〕「婚」，甲、乙本作「昏」，均可通。傳文同此，不另出校。

〔二七五〕「婚」，甲本作「昏」，乙本作「昏者」。甲本此行間及天頭處各書有兩個大字「令」，係另筆添加，應與甲本無關。

〔二七六〕「禮」，乙本同，甲本作「者」；「也」，甲本同，乙本無。

〔二七七〕「之」，甲、乙本無；「貌」，乙本同，甲本作「貌也」。

〔二七八〕「室家成」，乙本同，甲本脱；「則」，甲、乙本作「而」；「也」，甲本作「者也」，乙本無。

〔二七九〕「僶俛」，甲、乙本作「黽勉」，均可通，傳文同此，不另出校。甲本該行天頭有「絲」字，下句「有」字左側有「色」字，均係另筆添加，應與甲本無關。

〔二八〇〕「者」，乙本同，甲本無。

〔二八一〕「心」，甲、乙本作「心也」。

〔二八二〕第一個「俛」，當作「僶」，據底本經文改，甲、乙本作「黽」；第二個「俛」，甲、乙本作「勉」；「者」，乙本同，甲本無。

〔二八三〕「義」，甲、乙本作「宜」，《敦煌經部文獻合集》認爲「宜」爲正字，「義」爲借字。

〔二八四〕「蘴」，甲、乙本作「葑」，均可通。傳文同此，不另出校。

〔二八五〕「下」，據甲、乙本補；「體」，據殘筆劃及甲、乙本補。

〔二八六〕「須」，甲、乙本作「須也」。

〔二八七〕「謂」，甲、乙本無。

〔二八八〕「箋」，據甲、乙本補。

〔二八九〕「蕾」，乙本作「藟」，「藟」同「蕾」，甲本作「當」，誤。

〔二九〇〕「根」，乙本同，甲本作「根莖」。

〔二九一〕「以」，乙本同，甲本作「用」，誤，《敦煌經部文獻合集》認爲「用」「以」義同，疑不確；「之」，甲本同，乙本無。

〔二九二〕「相」，乙本同，甲本脱。

〔二九三〕「以」，乙本同，甲本作「用」，誤；「也」，甲本同，乙本無。

〔二九四〕「同」，乙本同，甲本脱。

〔二九五〕「也」，甲本同，乙本無。

〔二九六〕「汝」，甲本同，乙本作「女」，「女」爲「汝」之本字；「至」，乙本同，甲本作「室」，誤。

〔二九七〕「有」，乙本同，甲本作「有也」。

〔二九八〕「行」，甲本作「貌也」，乙本作「行貌」。

〔二九九〕「違」，甲本同，乙本脱。

〔三〇〇〕「於」，乙本同，甲本脱。

〔三〇一〕「離」，甲本同，乙本作「於」。

〔三〇二〕「心」，甲本同，乙本作「其心」。

〔三〇三〕「諭」，甲、乙本作「喻」；「之」，甲、乙本無；「如」，甲本作「用」，乙本作「如也」。

〔三〇四〕「邇」，乙本同，甲本作「爾」，「爾」有「邇」義。箋文「邇」字同此，不另出校。

〔三〇五〕「幾」，當作「畿」，據甲、乙本改，「幾」爲「畿」之借字。傳文同此，不另出校。

〔三〇六〕「内」，乙本同，甲本脱。
〔三〇七〕「決」，甲、乙本作「訣」，「決」有「訣」義。
〔三〇八〕「也」，甲、乙本無。
〔三〇九〕「裁」，據甲、乙本補；「至」，甲本同，乙本作「於」。
〔三一〇〕「甚」，乙本同，甲本作「甚也」。
〔三一一〕「菜」，乙本作「菜也」，甲本作「也」，脱「菜」字。
〔三一二〕「荼」，乙本同，甲本脱。
〔三一三〕「也」，甲、乙本作「矣」。
〔三一四〕「君」，甲、乙本作「而君」；「也」，甲、乙本無。
〔三一五〕「於」，甲、乙本無。
〔三一六〕「則」，乙本同，甲本脱；「也」，甲本作「之者也」，乙本無。
〔三一七〕「燕」，甲本同，乙本作「宴」，「宴」通「燕」，以下同，不另出校；「婚」，甲、乙本作「昏」，均可通。
〔三一八〕「安」，甲本同，乙本作「安也」。
〔三一九〕「箋」，乙本同，甲本作「毛」，誤。
〔三二〇〕「濁」，甲、乙本作「渭濁」。
〔三二一〕「心」，當作「正」，據甲、乙本改；「貌」，乙本同，甲本作「貌也」。
〔三二二〕「諭」，甲本同，乙本作「喻」；「婚」，甲、乙本作「昏」，均可通。
〔三二三〕「也」，乙本同，甲本無。
〔三二四〕「心」，甲本同，當作「正」，據乙本改；「物」，當作「初」，據甲、乙本改。

〔三二五〕『也』，甲本同，乙本無。
〔三二六〕『也』，甲、乙本無。
〔三二七〕『爲』，甲本無，乙本作『自』；『諭』，甲本作『喻己也』，乙本作『喻焉』。
〔三二八〕『婚』，甲本同，乙本作『昏』，均可通。
〔三二九〕此句乙本同，甲本作『不以我屑』，《敦煌經部文獻合集》認爲應以底本及乙本爲是。
〔三三〇〕『以』，乙本同，甲本作『以以』，後一『以』係衍文，當删。
〔三三一〕『君』，甲、乙本作『言君』；『家』，乙本同，甲本作『家也』。
〔三三二〕『無』，甲、乙本作『毋』。
〔三三三〕『無』，甲、乙本作『毋』。
〔三三四〕『也』，乙本同，甲本無。
〔三三五〕『梁』，乙本同，甲本脱。
〔三三六〕『魚』，據乙本補，甲本作『於』，『於』爲『魚』之借字；『梁』，據甲、乙本補。《敦煌經部文獻合集》將甲本『梁』與下文『笱』斷爲一句。
〔三三七〕『所』，乙本同，甲本脱；『魚』，甲、乙本作『魚也』。
〔三三八〕『諭』，乙本同，甲本作『喻』；『婚』，甲本同，乙本作『昏也』。甲、乙本此句前有『毋者』。
〔三三九〕『汝』，甲、乙本作『女』，『女』通『汝』；『無』，甲、乙本作『毋』。
〔三四〇〕『我』，甲、乙本作『我爲』。
〔三四一〕『遑恤』，乙本同，甲本作『皇衈』，均可通。
〔三四二〕『也』，甲本同，乙本無。

〔三四三〕『遑』，乙本同，甲本作『皇』，均可通。
〔三四四〕『也』，甲本同，乙本無。
〔三四五〕『躳』，當作『身』，據甲、乙本改。
〔三四六〕『我』，乙本同，甲本無；『所』，甲、乙本作『後所』；『孫』，甲本同，乙本作『孫也』。
〔三四七〕『舫』，甲、乙本作『方』，均可通；『矣』，當作『之』，據甲、乙本改。
〔三四八〕『遊』，甲、乙本作『游』。
〔三四九〕『船』，當作『舫』，據底本經文改，甲、乙本作『方』。
〔三五〇〕『深淺者』，乙本同，甲本脱。
〔三五一〕『諭』，甲、乙本作『喻』；『之』，乙本同，甲本無。
〔三五二〕『也』，甲本作『者也』，乙本無。
〔三五三〕『僶俛』，甲、乙本作『黽勉』，均可通。
〔三五四〕『富』，甲、乙本作『富也』。
〔三五五〕『貧』，甲、乙本作『貧也』。
〔三五六〕『所』，乙本同，甲本脱。
〔三五七〕『皆』，甲、乙本作『其』；第一個『俛』，當作『僶』，據底本經文改，甲、乙本作『黽』；『也』，甲、乙本無。
〔三五八〕『也』，甲本同，乙本無。
〔三五九〕『民』，乙本同，甲本作『人』。箋文同此，不另出校。
〔三六〇〕『力』，甲、乙本作『力也』。

〔三六一〕『凡』，甲、乙本作『凡於』。

〔三六二〕『我』，甲、乙本作『我於』。

〔三六三〕此句甲本作『之家』，乙本作『家之事』。

〔三六四〕『無』，甲、乙本無。

〔三六五〕第一個『俛』，當作『僶』，據底本經文改，乙本作『黽』，甲本作『勉』。

〔三六六〕『論』，甲、乙本作『喻』；『親』，甲本作『親之也』，乙本作『親也』。

〔三六七〕『畜』，甲本同，乙本作『慉』，『慉』通『畜』。傳、箋文同此，不另出校。

〔三六八〕『不』，乙本同，甲本作『木』，誤。

〔三六九〕『我』，乙本同，甲本作『我也』。

〔三七〇〕『也』，甲本同，乙本作『云』，誤。

〔三七一〕『蔽』，乙本同，甲本作『弊』，『弊』爲『蔽』之借字。

〔三七二〕『我』，據甲、乙本補；『修』，乙本作『脩』，甲本作『循』，誤。

〔三七三〕『路』，當作『疏』，據甲、乙本改。

〔三七四〕『售』，乙本同，甲本作『售也』。

〔三七五〕『恐』，乙本同，甲本作『恕』，誤；『鞠』，甲本同，乙本作『鞫』，均可通。傳文同此，不另出校。

〔三七六〕『也』，甲本同，乙本無。

〔三七七〕『昔』，乙本同，甲本脱；『育』，乙本同，甲本作『育者』。

〔三七八〕『稚』，甲本作『穉也』，乙本作『稚也』。

〔三七九〕『也』，乙本同，甲本作『者』。

〔三八〇〕『昔』，乙本同，甲本脱；『稚』，乙本同，甲本作『穉』；『之』，乙本同，甲本無。
〔三八一〕『願』，乙本無。
〔三八二〕『避』，甲本作『避之者』，乙本作『辟』，『辟』通『避』，《敦煌經部文獻合集》認爲『辟』『避』爲古今字。
〔三八三〕『業』，甲本作『時業也』，乙本作『業也』。
〔三八四〕『老』，據甲、乙本補。
〔三八五〕第二個『視』，甲、乙本無。
〔三八六〕『惡』，乙本同，甲本作『思』，誤；『之』，甲本同，乙本無；『也』，乙本同，甲本無。
〔三八七〕『蓄』，乙本同，甲本作『畜』，均可通，《敦煌經部文獻合集》認爲『蓄』爲正字，『畜』爲借字。
〔三八八〕『也』，甲本同，乙本無。
〔三八九〕『禦』，乙本同，甲本作『御』，均可通；第二個『之』，甲本同，乙本無；『時』，甲、乙本作『時也』。
〔三九〇〕『婚』，甲、乙本作『昏』，均可通。
〔三九一〕『但』，甲本同，乙本作『亦但』；『苦』，甲本同，乙本作『若』，誤。
〔三九二〕『至』，乙本同，甲本脱。
〔三九三〕『蓄』，乙本同，甲本作『蓄也』。
〔三九四〕『憒』，當作『潰』，據甲、乙本及傳、箋文改，『憒』爲『潰』之借字。
〔三九五〕『洸洸』，甲本同，乙本作『洸洸然』。
〔三九六〕『潤』，乙本同，甲本作『閏』，『閏』爲『潤』之借字。
〔三九七〕『困』，甲、乙本作『窮困』；『也』，甲、乙本無。
〔三九八〕『者』，甲本同，乙本作『昔』；『稚』，乙本同，甲本作『穉』。

〔三九九〕第二個「我」，乙本同，甲本作「我也」。

〔四〇〇〕「也」，甲、乙本無。

〔四〇一〕「歸」，甲、乙本作「歸也」。

〔四〇二〕「而不歸」，乙本同，甲本脱。

〔四〇三〕「之」，乙本同，甲本作「之也」。

〔四〇四〕「式微式微」，乙本同，甲本作「式微」。

〔四〇五〕「于」，甲、乙本作「乎」，均可通；「微也」，乙本作「微者也」，甲本脱。

〔四〇六〕「胡」，甲本同，乙本作「何」。

〔四〇七〕「止」，乙本同，甲本脱；「辭」，乙本同，甲本作「辭也」。

〔四〇八〕「式微」，乙本作「式」，甲本脱。

〔四〇九〕「聲」，甲、乙本作「發聲也」。

〔四一〇〕「路」，甲、乙本作「露」，「露」爲「路」之借字。傳文同此，不另出校。

〔四一一〕「下」，甲、乙本無；「邑」，甲、乙本作「邑也」。

〔四一二〕「處」，甲、乙本作「爲處」；「乎」，乙本同，甲本無。

〔四一三〕「臣」，據甲、乙本補；「有」，甲、乙本作「又」，「有」通「又」。

〔四一四〕「下」，甲、乙本無；「邑」，甲、乙本作「邑也」。

〔四一五〕「砦」，甲、乙本作「旄」。以下同，不另出校。

〔四一六〕「衛」，乙本同，甲本脱。

〔四一七〕「衛」，乙本同，甲本脱；「也」，甲、乙本無。

〔四一八〕『衛』，甲、乙本作『衛也』。

〔四一九〕『侯』，據甲、乙本係衍文，當删；『命』，當作『今』，據甲、乙本改。

〔四二〇〕『州』，乙本同，甲本脱；『伯』，甲、乙本作『伯也』。

〔四二一〕『從』，當作『佐』，據甲、乙本改。

〔四二二〕『牧』，甲、乙本作『牧也』。

〔四二三〕『及』，甲、乙本作『及也』。

〔四二四〕『節』，甲、乙本無。

〔四二五〕『諭』，甲、乙本作『喻』。

〔四二六〕『廢』，甲、乙本作『廢也』。甲本斯五四一背止於此句。

〔四二七〕『已』，乙本作『以』。

〔四二八〕『字』，乙本作『字也』。

〔四二九〕『期』，乙本作『女期』，《敦煌經部文獻合集》認爲底本脱『女』字；『來』，乙本脱。

〔四三〇〕『汝』，乙本作『女』，『女』通『汝』；『一』，乙本作『其』；『多』，乙本作『多也』。

〔四三一〕『也』，乙本無。

〔四三二〕『義』，乙本作『義也』。

〔四三三〕第一個『此』，乙本無；『久』，乙本無。

〔四三四〕『又』，乙本無。

〔四三五〕『有以』，當作『以有』，據乙本改；『意』，當作『德』，據乙本改。

〔四三六〕『衛』，據乙本補；『德』，乙本作『德也』。

〔四三七〕『東』，乙本作『東也』。
〔四三八〕『此』，當作『刺』，據乙本改，『此』爲『刺』之借字。
〔四三九〕『寄』，乙本作『寓』。
〔四四〇〕此句乙本脱。
〔四四一〕『救患』，據殘筆劃及乙本補；『同』，乙本作『同也』。
〔四四二〕『瑮』，乙本作『瑣』，『瑣』爲『瑮』之本字，《敦煌經部文獻合集》認爲『瑮』爲『瑣』之俗字。傳文同此，不另出校。
〔四四三〕『鷗』，乙本作『流』，『流』爲『鷗』之借字。傳、箋文同此，不另出校。
〔四四四〕『之鳥』，乙本作『鳥也』。
〔四四五〕『琉』，乙本作『充』，『充』爲『琉』之借字。傳、箋文同此，不另出校。
〔四四六〕『服』，乙本作『服也』。
〔四四七〕『飾』，乙本作『飾也』。
〔四四八〕第二個『服』，當作『也』，據乙本改，《敦煌經部文獻合集》認爲係涉上一『服』字而誤。
〔四四九〕『塞耳也』，據乙本補。
〔四五〇〕『如』，據乙本補；『塞』，乙本作『見塞』；『所聞』，乙本作『聞知也』。
〔四五一〕『如』，乙本無；『人』，乙本作『人之』。
〔四五二〕『也』，乙本無。
〔四五三〕『者』，乙本作『者也』。
〔四五四〕『官』，據乙本補。

〔四五五〕『方』，據乙本補。

〔四五六〕『四方也』，據乙本補。

〔四五七〕『言』，據乙本補。

〔四五八〕『也』，乙本無。

〔四五九〕『且』，乙本作『且也』。

〔四六〇〕『擇人』，乙本作『擇兮擇兮』。

〔四六一〕『用』，乙本脱；『舞』，乙本作『舞也』。

〔四六二〕『舞』，乙本作『羽也』。

〔四六三〕『頭』，乙本作『頭也』。

〔四六四〕『太』，乙本作『大』，均可通；『板』，乙本作『版』，『版』同『板』，《敦煌經部文獻合集》認爲『板』爲『版』之後起换旁字。

〔四六五〕『致教』，乙本作『致』。

〔四六六〕『菜』，乙本作『采』，『菜』通『采』，《敦煌經部文獻合集》釋作『采』。

〔四六七〕『俱』，當作『但』，據乙本改。

〔四六八〕『組』，乙本作『組也』。

〔四六九〕『可』，乙本作『可以』。

〔四七〇〕『組』，乙本無，《敦煌經部文獻合集》認爲係衍文。

〔四七一〕『組』，乙本無，《敦煌經部文獻合集》認爲係衍文。

〔四七二〕兩個『禦』，乙本均作『御』，均可通，《敦煌經部文獻合集》認爲第二個『禦』應作『御』。

〔四七三〕「也」，乙本無。

〔四七四〕「羽」，據殘筆劃及乙本補，乙本「羽」前有「翟」字。《敦煌經部文獻合集》認爲此處殘缺「翟羽」二字，按此處應殘缺「羽」字。

〔四七五〕「人」，據殘筆劃及乙本補；「多」，據乙本補；「藝」，乙本作「多藝」。

〔四七六〕「厚」，乙本作「厚漬」。底本此行天頭處寫有「淳厚，殊脣反」，「殊脣」乃「淳」之反切，《敦煌經部文獻合集》認爲此係抄寫者另列異本對「渥」的解釋。

〔四七七〕「界」，底本作「畁」，爲「界」之俗寫，此據乙本釋作「界」。

〔四七八〕「韡」，乙本作「煒」，均可通。

〔四七九〕「寺」，乙本作「寺者」。

〔四八〇〕「色」，據殘筆劃及乙本補；「赫」，據乙本補。

〔四八一〕「漬」，乙本作「傳」，誤；「之」，乙本無。

〔四八二〕「一」，據乙本補。

〔四八三〕「用」，據乙本補。

〔四八四〕「也」，乙本無。

〔四八五〕「蓁」，乙本作「榛」，「蓁」通「榛」，《敦煌經部文獻合集》認爲「蓁」乃「榛」之借字。傳、箋文同此，不另出校。

〔四八六〕「也」，乙本無。

〔四八七〕「也」，乙本無。

〔四八八〕「求」，當作「誰」，據乙本改。

〔四八九〕『賢』，乙本作『賢者』。

〔四九〇〕『也』，乙本無。

〔四九一〕第二個『人』，乙本作『人也』。

〔四九二〕『以』，乙本無，《敦煌經部文獻合集》漏録。

〔四九三〕『作詩』，乙本作『故作是詩』。

〔四九四〕『己見』，當作『見己』，據乙本改。

〔四九五〕『得』，乙本無；『爾』，乙本無。

〔四九六〕『思』，乙本作『之思』。

〔四九七〕『恩』，乙本作『思』。

〔四九八〕『發』，乙本作『出』。

〔四九九〕『入』，乙本作『也』；『水』，乙本作『水名也』。

〔五〇〇〕『無』，乙本作『我無』；『一』，乙本無；『而』，乙本無；『思』，據殘筆劃及乙本補，乙本『思』後有『也』字。

〔五〇一〕『諸』，乙本作『謂諸』。

〔五〇二〕『及』，乙本無；『也』，乙本無。

〔五〇三〕『也』，乙本無。

〔五〇四〕『姬』，乙本作『姬者』。

〔五〇五〕『且』，據乙本補。

〔五〇六〕『出宿于』，據乙本補；『濟』，乙本作『泲』，『泲』爲『濟』之古字。以下同，不另出校。

〔五〇七〕「禰」，乙本無，《敦煌經部文獻合集》認爲該字應於句末釋之，當删，近是。
〔五〇八〕「也」，乙本無。
〔五〇九〕「側」，乙本作「其側」。
〔五一〇〕「見」，乙本無。
〔五一一〕「焉也」，乙本無。
〔五一二〕「出」，乙本作「有出」。
〔五一三〕「爾也」，乙本無。
〔五一四〕「也」，乙本無。
〔五一五〕「郊」，乙本作「郊也」。
〔五一六〕第二個「言」，乙本無。
〔五一七〕「異同」，乙本作「同異」。
〔五一八〕「則行」，乙本作「行也」。
〔五一九〕「也」，乙本無。
〔五二〇〕「也」，乙本無。
〔五二一〕「反」，乙本作「返」，「反」有「返」義，《敦煌經部文獻合集》認爲「反」「返」爲古今字。
〔五二二〕「曹」，乙本作「漕」。傳文同此，不另出校。
〔五二三〕「邑」，乙本作「邑也」。
〔五二四〕「也」，乙本無。
〔五二五〕「歸」，乙本作「歸寧」。

〔五二六〕「也」，乙本無。
〔五二七〕「其」，乙本無。
〔五二八〕「厄」，乙本作「苦」。
〔五二九〕「向」，乙本作「鄉」，「鄉」爲「向」之借字；「暗」，乙本作「陰」。
〔五三〇〕「白」，當作「自」，據乙本改。
〔五三一〕「於」，據乙本補；「暗」，乙本作「闇」，均可通。
〔五三二〕「出」，乙本作「而出」。
〔五三三〕「也」，乙本無。
〔五三四〕「禮」，乙本作「禮也」。
〔五三五〕「困」，乙本作「近困」。
〔五三六〕「以」，乙本作「以此」。
〔五三七〕「器」，當作「君」，據乙本改。
〔五三八〕「勤施」，乙本作「勤也詩」，疑有誤。
〔五三九〕「不知」，乙本作「無二」。
〔五四〇〕「不」，乙本無，《敦煌經部文獻合集》認爲「不」係衍文，近是。
〔五四一〕「正」，當作「政」，據乙本改，「正」爲「政」之借字。
〔五四二〕「也」，乙本無。
〔五四三〕「我」，乙本無。
〔五四四〕「而一二」，乙本作「一而」，《敦煌經部文獻合集》認爲「二」係衍文。

〔五四五〕「以」，乙本無；「教」，乙本無。
〔五四六〕「也」，乙本無。
〔五四七〕「自外」，乙本作「外而入」。
〔五四八〕「去」，乙本作「去也」。
〔五四九〕「不」，乙本作「亦不」；「也」，乙本無。
〔五五〇〕「也」，乙本無。
〔五五一〕「箋」，據乙本補。
〔五五二〕「也」，據乙本補。
〔五五三〕「催」，乙本作「摧」，「摧」爲「催」之借字。傳、箋文同此，不另出校。
〔五五四〕「催」，乙本作「摧者」。
〔五五五〕「譏刺」，乙本作「刺譏」。
〔五五六〕「之」，乙本作「焉」。
〔五五七〕「霶」，乙本作「雱」，「霶」同「滂」，「滂」或作「雱」，《敦煌經部文獻合集》認爲「霶」爲「雱」之後起字。傳文同此，不另出校。
〔五五八〕「涼」，據乙本補。
〔五五九〕「也」，乙本無。
〔五六〇〕「諭」，乙本作「喻」。
〔五六一〕「民」，乙本作「使民」。
〔五六二〕「也」，乙本無。

〔五六三〕『彼』，乙本無。

〔五六四〕『徐』，乙本作『虚』，誤。

〔五六五〕『急』，乙本作『急也』。

〔五六六〕『爲』，乙本作『以爲』；『剋』，乙本作『刻』，《敦煌經部文獻合集》認爲『剋』爲『刻』之借字，疑不確；『也』，乙本作『矣』。

〔五六七〕『此』，乙本作『此也』。

〔五六八〕『也』，乙本無。

〔五六九〕『也』，乙本無。

〔五七〇〕『歸』，乙本無；『德』，乙本作『德也』。

〔五七一〕『狐』，乙本作『狐也』。

〔五七二〕『烏』，乙本作『烏也』。

〔五七三〕『德』，乙本無。

〔五七四〕『君』，乙本作『以君』。

〔五七五〕『我』，乙本作『我以』。

〔五七六〕『妃』，乙本作『配』。

〔五七七〕『静』，乙本作『静也』。

〔五七八〕『女』，乙本作『女德』。

〔五七九〕『色』，乙本作『色也』。

〔五八〇〕『也』，乙本作『之』。

〔五八一〕『止』，乙本作『正』，誤。箋文同此，不另出校。
〔五八二〕『愛』，乙本作『謂愛』。
〔五八三〕『貽我彤管』，據乙本補。
〔五八四〕『靜德』，據乙本補。
〔五八五〕『君』，乙本作『君也』。
〔五八六〕『夫人』，乙本作『后夫人』。
〔五八七〕『煞』，乙本作『殺之』。
〔五八八〕『群妾以禮御於君所』，據乙本補。
〔五八九〕『女史』，據乙本補。
〔五九〇〕『娠』，乙本作『辰』，《敦煌經部文獻合集》認爲『娠』爲誤字，似是。
〔五九一〕『之』，據乙本補。
〔五九二〕『當御』，據殘筆劃及乙本補。
〔五九三〕『右手』，據乙本補。
〔五九四〕『箋』，據乙本補。
〔五九五〕『管』，乙本作『管也』。
〔五九六〕『悦』，乙本作『説』，『説』通『悦』，《敦煌經部文獻合集》認爲『説』『悦』爲古今字。箋文同此，不另出校。
〔五九七〕『管以赤心正』，據乙本補；『者』，乙本作『也』。
〔五九八〕第二個『懌』，乙本無，據文義係衍文，當删。

〔五九九〕『管』，乙本作『赤管』；『煒煒然』，據乙本補。

〔六〇〇〕『女史』，據乙本補；『以』，乙本作『以之』；『美』，乙本作『美之』。

〔六〇一〕『荑』，據殘筆劃及乙本補。

〔六〇二〕『匪女』，據乙本補；『之』，據殘筆劃及乙本補。

〔六〇三〕『美』，據乙本補。

〔六〇四〕『其徒説美色而已』，據乙本補。

〔六〇五〕『美其人能遺我』，據乙本補；『則』，據乙本補。

〔六〇六〕『作新臺于』，據乙本補；『河上而要』，據殘筆劃及乙本補；『之』，據乙本補。

參考文獻

Descriptive Catalogue of the Chinese Manuscripts from Tunhuang in the British Museum, The Trustees of the British Museum, London 1957, p. 230；《敦煌詩經卷子研究論文集》，香港：新亞研究所，一九七〇年，六五至七二頁（録）；《敦煌古籍敘録》，北京：中華書局，一九七九年，三一至三三頁（録）；《十三經注疏》，北京：中華書局，一九八〇年，二九八至三〇六、三〇八至三一一頁；《敦煌寶藏》一册，臺北：新文豐出版公司，一九八一年，六四至六六頁（圖）；《莫高窟年表》，上海古籍出版社，一九八五年，一六一至一六二頁；《敦煌古籍敘録新編》二册，臺北：新文豐出版公司，一九八六年，二五九至二七〇頁（圖）；《敦煌學研究論著目録》，臺北：漢學研究資料及服務中心，一九八七年，三七五頁；《英藏敦煌文獻》一卷，成都：四川人民出版社，一九九〇年，一至一五頁（圖）；《英藏敦煌文獻》二卷，成都：四川人民出版社，一九九〇年，二〇至二一頁（圖）；《敦煌音義匯考》，杭州大學出版社，一九九六年，一六一至

一八四頁（圖）；《敦煌吐魯番研究》一卷，北京大學出版社，一九九六年，三一三至三一五頁；《魏晉南北朝敦煌文獻編年》，臺北：新文豐出版公司，一九九七年，二七六頁；《法藏敦煌西域文獻》一五册，上海古籍出版社，二〇〇一年，二二三至二二六（圖）；《敦煌學輯刊》二〇〇四年一期，七一至七六頁；《敦煌文獻叢考》，北京：中華書局，二〇〇五年，一〇八至一一〇頁；《敦煌學輯刊》二〇〇六年一期，一三九至一四七頁；《敦煌經部文獻合集》二册，北京：中華書局，二〇〇八年，六二四至六二七、六二九至六九九頁（録）；《英國國家圖書館藏敦煌遺書》一册，桂林：廣西師範大學出版社，二〇一一年，六八至七五頁（圖）。

斯一九+Дx 三九〇三 算經

釋文

（前缺）

右孫子數，錢滿載，天不容，地不載，故以載爲極末也。

凡度之所起，起於忽。從蠶口中吐絲爲一忽。忽者，嘷忽之拔也。十忽爲一絲，十絲爲一豪，十豪爲一氂，十氂爲一分，十分爲一寸，十寸爲一尺，十尺爲一丈，四丈爲一疋，五丈爲一端，十丈爲引，方丈曰堵。五尺曰步，六尺爲尋，七尺爲常，八尺爲一仞。五尺爲一步，二百卌步爲一畝，一百畝爲一頃。一疋有四丈、〔四〕〔十〕〔尺〕〔一〕、四百寸、四千分、四萬氂、卌萬豪、四百萬絲、四千萬忽。一丈有十尺、百寸、千分、萬氂、十萬豪、百萬絲、千萬忽。一尺有十寸、百分、千氂、萬豪、十萬絲、百萬忽。一寸有十分、百氂、千豪、萬絲、十萬忽。一分有十氂、百豪、千絲、萬忽。一豪有十絲、百忽。一絲有十忽。又據『大唐令』文：諸〔度〕以北方秬黍中者〔二〕，一黍之廣〔爲〕〔分〕〔三〕。凡斗量所起，起於圭〔粟〕〔四〕。十粟爲一圭，十圭爲一抄，十抄爲一撮，十撮爲一勺，十勺爲一合，十合爲一升，十升爲一斗，十斗爲一斛。〔一〕〔斛〕有十斗〔五〕、百升、千合、萬勺、十萬撮、百萬抄、千萬圭。一斗有十升、百合、千勺、萬撮、十萬抄、百萬圭。一升有十合、百勺、千撮、萬抄、十萬圭。一合有十勺、百撮、千抄、萬圭。一勺有十撮、百抄、千圭。一撮有十抄、百〔圭〕〔六〕。一抄有十圭。或云六粟爲一圭，今云廿粟爲一圭。方一尺，深一尺六尺寸二分〔七〕，受一石。秤之所起，起於黍。黍者，如一黍之重。十黍爲一絫，十絫爲一銖，廿四銖爲一兩，十六兩爲一斤。卅斤爲一鈞，四鈞爲一石。一石有四鈞、一百廿斤、一千九百廿兩、四萬六千八十銖、卌六萬八百絫、四百六十萬八千黍。一鈞有卅斤、四百八十兩、一萬一千五百廿銖、一十一萬五千二百絫、一百一十五萬一千黍。一斤〔有〕十六兩〔八〕、三百八十四銖、三千八百卌絫、三萬八千四百黍。一兩有廿四銖、二百卌絫、二千四百黍。一銖有十絫、百黍。一絫有十黍。

九九八十一，　自相乘得六千五百六十一。　九人分□〔九〕

八九七十二，　自相乘得五千一百八十四。　八人□

七九六十三，　自相乘得三千九百六十九。　七□

六九五十四，　自相乘得二千九百一十六。／六人分之／，／人得四百八十六／。

五九卌五，　自相乘得二千廿五。　五／人分之／，／人得四百五／。

四九卅六，　自相乘得一千二百九十六。　□／人得三百廿四／。

三九廿七，　自相乘得七百廿九。　三人分＼之＼〔一〇〕，＼人得二百卌三＼。

二九十八，　自相乘得三百廿四。　二人＼分之＼，＼人得一百六十二＼。

九九一凡總得三百九十六〔一一〕，自相乘得一十五萬六千＼八十（百）一十六＼〔一二〕。＼九人分之＼，＼人得一萬七千四百廿四＼〔一三〕。

八八六十四，　自相乘得四千九百（十）六〔一四〕。　＼八人分之＼，＼人得五百一十二＼。

七八五十六〔一五〕，　自相乘得三千一百卌六。　＼七人分之＼〔一六〕，＼人得四百卌八＼。

（後缺）

説明

此件由斯一九和Дх三九〇三綴合而成，綴合後的文本首尾均缺，起『右孫子數』，訖『人得四百卌八』。另，杏雨書屋藏羽三七R與此件爲同一寫本，但不能直接綴合（參見金少華《跋日本杏雨書屋藏敦煌本〈算經〉殘卷》，《敦煌學輯刊》二〇一〇年四期，八一至八三頁）。此件背抄有『雜寫』『好住娘讚』等。

現知敦煌文獻中保存的與此件內容相同的文獻尚有伯三三四九＋斯五八五九，該件首部略殘，尾缺，下殘，起首題『算經一卷并序』，訖『三畝餘一百廿步』，則此件亦應擬題爲『算經』。金少華指出這兩種『算經』有多處錯誤完全相同，可能屬於同一系列抄本（參見《跋日本杏雨書屋藏敦煌本〈算經〉殘卷》，八三頁）。

參照伯三三四九+斯五八五九『算經』，起『右孫子數』前缺失的内容爲億、兆等大數，這些内容既被稱作『孫子數』，説明此件採用了《孫子算經》中的相關内容。

許康推測伯三三四九寫於唐代或五代（參見《敦煌算書透露的科學與社會信息》，《敦煌研究》一九八九年一期，九八頁）。從一些跡象來看，此件寫於五代時期的可能性更大。其一，此件中有『又據「大唐令」文』，而唐人稱《唐令》，多稱『開元令』或『某某年令』。其二，此件中又有『令云廿粟爲一圭』，以與『大唐令』文中之『十粟爲一圭』相區別。透露出算書的時代在『大唐令』之後。其三，此件中量度單位之抄（或寫作杪），在成於唐代的《隋書·律曆志》中寫作『妙』，而在成於後晉時的《舊唐書·食貨志》即寫作『抄』，似乎表明此件之時代與《舊唐書》成書時代相近。總括以上數端，似乎可以確定此件的時代在五代時期。

此件所記之度量衡制，與傳世諸書多有不合，仍有進一步比勘、分析之必要。

以上釋文以斯一九+Дх三九〇三爲底本，用伯三三四九+斯五八五九（稱其爲甲本）參校。因兩件綴合處呈不規則形狀，爲便於區分，在釋録綴合處的文字時，以標點爲單位，用『/』表示保存在Дх三九〇三上的文字，即兩個『/』之間的文字，是保存在Дх三九〇三上的文字。

校記

〔一〕『四十尺』，《跋日本杏雨書屋藏敦煌本〈算經〉殘卷》據文義校補。

〔二〕『度』，甲本亦脱，據《通典》卷六《賦税下》補。

〔三〕『爲分』，甲本亦脱，據《通典》卷六《賦税下》補。

〔四〕『圭』，甲本同，當作『粟』，據《夏侯陽算經》『辯度量衡』條改。

〔五〕『一斛』，據文義補。

〔六〕『圭』，據文義補。

〔七〕第二個『尺』，據文義及《夏侯陽算經》『言斛法不同』條係衍文，當删。

〔八〕『有』，據文義補。

〔九〕『分』，據殘筆劃及文義補。

〔一〇〕『三人分』，據甲本補。

〔一一〕『九九一』，《〈英藏敦煌社會歷史文獻釋録〉（第一卷）録文考訂》校改爲『一九九』，按此處是九九至二九的總和，並非乘法表，不煩校改。

〔一二〕『十』，當作『百』，據甲本改。

〔一三〕『廿四』，據文義補。

〔一四〕『百』，當作『十』，據文義改。

〔一五〕『七八五十』，據殘筆劃及甲本補。

〔一六〕『七』，據殘筆劃及甲本補。

參考文獻

Descriptive Catalogue of the Chinese Manuscripts from Tunhuang in the British Museum, The Trustees of the British Museum,

London 1957, p. 266；《敦煌論集》，臺北：學生書局，一九六九年，三一九至三二〇頁；《敦煌詞話》，臺北：石門圖書公司，一九八一年，九三頁；《敦煌寶藏》一册，臺北：新文豐出版公司，一九八一年，一二九頁（圖）；《中國科技史探索》，上海古籍出版社，一九八二年，二一二至二一六頁；《一九八三年全國敦煌學術討論會文集・文史遺書編上》，蘭州：甘肅人民出版社，一九八七年，四〇九至四一〇頁；《通典》，北京：中華書局，一九八八年，一〇八頁；《唐令拾遺》，長春出版社，一九八九年，七七七至七八一頁；《敦煌研究》一九八九年一期，九六頁；《英藏敦煌文獻》一卷，成都：四川人民出版社，一九九〇年，一六頁（圖）；《英藏敦煌文獻》九卷，成都：四川人民出版社，一九九四年，一七九頁（圖）；《俄藏敦煌文獻》一一册，上海古籍出版社，一九九九年，八九頁（圖）；《法藏敦煌西域文獻》二三册，上海古籍出版社，二〇〇二年，二七七至二七九頁（圖）；《文教資料》二〇〇四年五月號下旬刊，一一一頁；《文教資料》二〇〇七年十一月號下旬刊，八七頁；《敦煌學輯刊》二〇一〇年四期，八一至八三頁；《英國國家圖書館藏敦煌遺書》一册，桂林：廣西師範大學出版社，二〇一一年，一四三頁（圖）；《温州大學學報・自然科學版》二〇一一年二期，一至五頁。

斯一九背＋Дх三九〇三背　一　雜寫（勑河西節度使牒等）

釋文

寫鍾金光明最勝王經一卷
該該該該尊賢才
該割割〔一〕
勑河西節度使牒右　蓋補充衙前政兵馬使牒
（中空數行）
該針該該該〔二〕

説明

以上内容係時人隨手所寫於《算經》卷背，其後抄有『好住娘讚』。底本的大部分文字是倒書，爲了方便讀者閱讀，《敦煌寶藏》和《英藏敦煌文獻》均將倒書的圖版正過來影印，此卷釋文之正、倒方向均以《英藏敦煌文獻》影印的圖版爲准。

校記

〔一〕以上三行爲倒書。

〔二〕此行爲倒書。

參考文獻

《敦煌寶藏》一册，臺北：新文豐出版公司，一九八一年，一三〇頁（圖）；《英藏敦煌文獻》一卷，成都：四川人民出版社，一九九〇年，一六頁（圖）；《英國國家圖書館藏敦煌遺書》一册，桂林：廣西師範大學出版社，二〇一一年，一四四頁（圖）。

斯一九背＋Дх三九〇三背　二　好住娘讚

釋文

／好住娘／〔一〕。／娘娘努力守空房／〔二〕，好住娘〔三〕。

如（兒）欲入山脩道起（去）〔四〕，好住娘〔五〕。

／兄弟努力好看娘／〔六〕，／好住娘／〔七〕。

如（兒）欲入山坐禪起（去）〔八〕，好住娘〔九〕。

迴頭頂禮／五臺山／〔一〇〕，／好住娘／〔一一〕。

／五臺山上松／百（柏）樹〔一二〕，好住娘〔一三〕。

〔正〕〔見〕松百（柏）共天連〔一四〕，好住娘〔一五〕。

上到高山／望四海／〔一六〕，／好住娘／〔一七〕。

／眼中淚洛（落）數／千行〔一八〕，好住娘〔一九〕。

下到高山清（青）草離（裏）〔二〇〕，好住娘〔二一〕。

/柴（豺）狼也（野）于（獸）鏡（競）來前/〔二二〕，/好住娘/〔二三〕。

耶娘憶兒腸欲斷〔二四〕，好住娘〔二五〕。

（後缺）

説明

此件由斯一九背和Дх三九〇三背綴合而成，綴合後的文本尾缺，首部略殘，起『好住娘』，訖『耶娘憶兒腸欲斷，好住娘』，其内容爲『好住娘讚』。『好住娘讚』，又作『辭娘讚』『辭娘讚文』『辭阿娘讚』等（參見《全敦煌詩》，六四五四頁）。任二北認爲，『好住娘』三字意在慰母安居，故事或與《目蓮救母變文》有關（參見《敦煌曲初探》，七六頁）。

敦煌文獻中保存與此件相關的寫本共八件，分別爲伯二九一九背，起『辭孃讚』，訖『今身努力猛拋卻，好住孃』；斯一四九七，起『好住孃讚』，訖『且須亂草似一束，好住孃』；斯五八九二，起『辭娘讚文』，訖『今身努力覓後姻，好』；斯四六三四背，起『辭阿孃讚文』，訖『待我成佛報娘恩』；伯二七一三，起『辭娘讚』，訖『辭娘讚一卷』；BD八一七四（乃七四），起『辭孃讚文』，訖『辭孃讚』；BD六三一八（鹹一八），起『辭孃讚文』，訖『今身努力猛泡（拋）看，好住孃』；Дх二七八背，起『好住娘，且須師僧戒伴』，訖『今身努力孟（猛）絶（拋）看，好住娘』。

以上釋文以斯一九背+Дх三九〇三背爲底本，用伯二九一九背（稱其爲甲本）、斯一四九七（稱其爲乙本）、斯五八九二（稱其爲丙本）、斯四六三四背（稱其爲丁本）、伯二七一三（稱其爲戊本）、BD八一七四（稱其爲己本）、BD六三一八（稱其爲庚本）參校。因兩件綴合處呈不規則形狀，爲便於區分，在釋録綴合處的文字時，以標點爲單位，用『／』表示保存在Дх三九〇三背上的文字，即兩個『／』之間的文字，是保存在Дх三九〇三背上的文字。

校記

〔一〕『好住』，據甲、丙、丁、己、庚本補，乙本無；『娘』，戊本同，乙本無，甲、丙、丁、己、庚本作『孃』。此句前甲本有『辭孃讚』，乙本有『好住孃讚』，丙本有『辭娘讚文』，丁本有『辭阿孃讚文』，戊本有『辭娘讚説言』，己、庚本有『辭孃讚文 好住孃』。

〔二〕兩個『娘』，乙、丙、丁、戊本同，甲、己、庚本作『孃』；『努』，甲、乙、丙、戊、己、庚本同，丁本作『怒』，『怒』爲『努』之借字；『守』，據甲、乙、丙、戊、己、庚本補，丁本作『受』，『受』爲『守』之借字；『空』，據甲、乙、丙、丁、戊、己、庚本補；『房』，據殘筆劃及甲、乙、丙、丁、戊、己本補，庚本作『坊』，『坊』爲『房』之借字。

〔三〕『好住娘』，底本原作『娘好住』，『娘』『好』右側各有一墨點，疑似倒乙符號，故釋作『好住娘』。『娘』，丁、戊本同，甲、乙、丙、己、庚本作『孃』。

〔四〕『如』，己本同，當作『兒』，據甲、乙、丙、丁、戊、庚本改，『如』爲『兒』之借字；『起』，當作『去』，據甲、乙、丙、丁、戊、己、庚本改，「起」爲「去」之借字。

〔五〕「好住」，甲、乙、丙、戊、己、庚本同，丁本脱；「娘」，丙、戊本同，丁本脱，甲、乙、己、庚本作「孃」。

〔六〕「兄」，據甲、乙、丙、丁、戊、己、庚本補；「弟」，據甲、丙、戊、己本補，乙本似「第」，但因寫本中「弟」「第」形近易混，故可視作「弟」，丁本作「嫂」，均可通，庚本脱；「努」，據甲、乙、丙、戊、己、庚本補，丁本作「怒」，亦可通；「娘」，丁、戊本同，甲、乙、丙、己、庚本作「孃」。

〔七〕「好住」，據甲、乙、丙、丁、戊、己本補，庚本脱；「娘」，丙、丁、戊本同，甲、乙、己、庚本作「孃」。

〔八〕「如」，當作「兒」，據乙、丙、丁、己、庚本改，「如」爲「兒」之借字；「坐禪」，乙、丙、丁、己本同，庚本作「修道」；「起」，當作「去」，據乙、丙、丁、己、庚本改，「起」爲「去」之借字。此句甲、戊本脱。

〔九〕「好住」，據乙、丙、丁、己本補，庚本脱；「娘」，丙、丁本同，乙、己、庚本作「孃」。此句甲、戊本脱。

〔一〇〕「五臺山」，據甲、乙、丙、丁、戊、己、庚本補。

〔一一〕「好」，據甲、乙、丙、丁、戊、己、庚本補；「娘」，丙、丁、戊本同，甲、乙、己、庚本作「孃」。

〔一二〕「百」，庚本作「白」，當作「柏」，據甲、乙、丙、丁、己本改，「百」「白」均爲「柏」之借字。《全敦煌詩》認爲乙本殘佚「松柏樹」，按乙本未殘。

〔一三〕「好住」，乙、丙、丁、戊、己、庚本同，甲本脱；「娘」，丙、丁、戊本同，甲本脱，乙、己、庚本作「孃」。

〔一四〕「正」，丁、庚本亦脱，據甲、丙、己本補，戊本作「政」，「政」爲「正」之借字；「見」，丁、庚本亦脱，據甲、丙、己本補；「百」，庚本同，當作「柏」，據甲、丙、丁、戊、己本改，「百」爲「柏」之借字；「連」，甲、丁、戊本同，丙、己、庚本作「蓮」，「蓮」爲「連」之借字，本書第七卷認爲丁本作「理」，誤。此句乙本脱。

〔一五〕「好住」，甲、丙、戊、己、庚本同，乙、丁本脱；「娘」，甲、丙、戊本同，乙、丁本脱，己、庚本作「孃」。

〔一六〕「山」，甲、乙、丙、己、庚本同，丁本脱；「望」，據甲、乙、丙、丁、戊、己本補，庚本作「賀」，誤；「四」，據乙、丙、丁、戊、己、庚本補，甲本脱。

〔一七〕『好住』，甲、乙、丙、戊、己、庚本同，丁本脱；『娘』，甲、戊本同，丁本脱，乙、丙、己、庚本作『孃』。

〔一八〕『洛』，戊、己、庚本同，當作『落』，據甲、乙、丙、丁本改，『洛』爲『落』之借字。

〔一九〕『好住』，甲、乙、丙、戊、己、庚本同，丁本脱；『娘』，丙、丁、戊本同，甲、乙、己、庚本作『孃』。

〔二〇〕『高山』，甲、乙、丙、戊、己、庚本同，丁本作『山坡』；『清』，乙、丙、丁、己、庚本同，當作『青』，據甲本改，『清』爲『青』之借字；『離』，乙、丙、己、庚本作『利』，當作『裏』，據甲、丁、戊本改，『離』『利』均爲『裏』之借字，《全敦煌詩》認爲丙本作『科』，誤。

〔二一〕『好住』，甲、乙、丙、戊、己、庚本同，丁本脱；『娘』，丁本脱，據丙、戊本及前文文例補，甲、乙、己、庚本作『孃』。

〔二二〕『柴』，乙、丙、丁、戊、己、庚本同，當作『豺』，據甲本改，『柴』爲『豺』之借字；『也』，丁本脱，當作『野』，據甲、乙、丙、戊、己、庚本改，『也』爲『野』之借字；『于』，庚本同，乙、己本作『手』，丙、丁本脱，當作『獸』，據甲、戊本改，『手』爲『獸』之借字；『鏡』，丁本脱，戊本作『竟』，當作『競』，據甲、乙、丙、己、庚本改，『鏡』『竟』均爲『競』之借字，《全敦煌詩》認爲底本、庚本作『竟』，誤；『來』，甲、乙、丁、戊、己、庚本同，丙本作『相』；『前』，丁本同，甲、乙、丙、戊、己、庚本作『親』。

〔二三〕『娘』，丙、丁、戊本同，甲、乙、己、庚本作『孃』。丁本後有『生離肝膽寸寸絶，今晨一别永長離，共娘暫别一相劫，早晚卻得相見時』。

〔二四〕『耶』，據殘筆劃及甲、乙、丙、戊、己、庚本補，丁本作『佛』；『娘』，據殘筆劃及乙、丙本補，甲、戊、己、庚本作『孃』，丁本作『道』；『憶』，據殘筆劃及甲、乙、丙、戊、庚本補，丁本作『不』，己本作『臆』，『臆』均爲『憶』之借字；『兒』，據乙、戊、己本補，丁本作『遠』，甲本作『汝』，丙本作『如』，『汝』『如』均爲

『兒』之借字；『腸』，據甲、戊、己本補，丁本作『迴』，乙、丙本作『長』，『長』爲『腸』之借字；『欲斷』，據甲、乙、丙、戊、己本補，丁本作『心至』。此句之前，甲本有『乳哺知（之）恩未曾報，好住孃。誓願成佛保（報）孃恩，好住孃』，乙本有『謂（喂）甫（哺）之恩未曾報，好住孃。誓願成佛報娘恩，好住孃』，丙本有『浮（乳）哺之恩未增（曾）報，好住娘。誓願成佛報阿孃，好住娘』，丁本有『乳部（哺）之〔恩〕未曾報，待我成佛報娘恩』，戊本有『乳哺之恩未曾報，好住娘。誓願成佛賓（報）娘恩，好住娘』，己本有『浮（乳）哺之恩未增（曾）報，好住孃。誓願成佛〔報〕阿孃恩，好住孃』，庚本有『乳哺之恩未曾報，好住孃。誓願成佛報孃恩，好住孃』。

〔二五〕『好住』，甲、乙、丙、己、庚本同，丁本無；『娘』，丁本無，甲、乙、丙、己、庚本作『孃』。

參考文獻

《敦煌曲初探》，上海文藝聯合出版社，一九五四年，七六頁；《敦煌曲校録》，上海文藝聯合出版社，一九五五年，一九八至九九頁（録）；《敦煌寶藏》一册，臺北：新文豐出版公司，一九八一年，一三〇頁（圖）；《固原師專學報》一九八七年四期，五二至五七、七五頁；《英藏敦煌文獻》一卷，成都：四川人民出版社，一九九〇年，一六頁（圖）；《英藏敦煌文獻》三卷，成都：四川人民出版社，一九九〇年，八二頁（圖）；《英藏敦煌文獻》六卷，成都：四川人民出版社，一九九二年，一八一頁（圖）；《敦煌文學概論》，蘭州：甘肅人民出版社，一九九三年，一四五至一四七頁；《英藏敦煌文獻》九卷，成都：四川人民出版社，一九九四年，一九六至一九七頁（圖）；《俄藏敦煌文獻》六册，上海古籍出版社，一九九六年，一七四頁（圖）；《法藏敦煌西域文獻》七册，上海古籍出版社，二〇〇一年，三三九頁（圖）；《法藏敦煌西域文獻》一六册，一〇六頁（圖）；《全敦煌詩》一四册，北京：作家出版社，二〇〇五年，六四五四至六四六一頁（録）；《國家圖書館藏敦煌遺書》八四册，北京圖書館出版社，二〇〇八年，一六三至一六四頁

（圖）；《國家圖書館藏敦煌遺書》一〇一册，北京圖書館出版社，二〇〇八年，一二六至一二七頁（圖）；《英國國家圖書館藏敦煌遺書》一册，桂林：廣西師範大學出版社，二〇一一年，一四四頁（圖）、『條記目録』四頁（録）。

斯二一〇　漢書匡衡傳

釋文

（前缺）

寡聞少見者戒於雍蔽〔一〕，勇猛剛强者戒於大暴〔二〕，仁愛温良者戒於無斷，湛靜安舒者戒於後時〔三〕，廣心浩大者戒於遺忘〔四〕，必審己之所當戒，而齊之以義，然後中和之化應，而巧僞之徒不敢比周而望進〔五〕。惟陛下戒所以崇聖德〔六〕。

臣又聞室家之道脩〔七〕，則天下之理得〔八〕，故《詩》始《國風》〔九〕，《禮》本《冠婚》〔一〇〕。始乎《國風》，原情性而明人倫也〔一一〕；本乎《冠婚》〔一二〕，正基兆而防未然也〔一三〕。福之興莫不本乎室家〔一四〕，之（道）道（之）衰莫不始乎梱内〔一五〕。故聖王必慎妃后之際〔一六〕，别適長之位〔一七〕。禮之於内也〔一八〕，卑不踰尊〔一九〕，新不先故〔二〇〕，所以統人情而理陰氣也〔二一〕。其尊適而卑庶也〔二二〕，適子冠乎阼〔二三〕

（後缺）

説明

此件殘缺嚴重，僅存三整行、九殘行，翟理斯考出其内容爲《漢書》卷八一《匡衡傳》中之匡衡上疏的一部分（參看 *Descriptive Catalogue of the Chinese Manuscripts from Tunhuang in the British Museum*, p. 241），其文字與傳世本《漢書》略有差異。據池田昌廣研究，羽四三二與此件屬於同件，但不能直接綴合（參看《敦煌秘笈の漢書殘卷》，一一九至一二一頁）。

以上釋文以斯二〇〇〇爲底本，用中華書局標點本《漢書》（一九六二年）（稱其爲甲本）參校。

校記

〔一〕『寡聞少見』，據甲本補；『蔽』，據殘筆劃及甲本補。

〔二〕『勇猛剛强者戒於大』，據甲本補；『暴』，《敦煌遺書總目索引》釋作『恭』，誤。

〔三〕『湛静』，據殘筆劃及甲本補；『安舒者戒』，據甲本補。

〔四〕『浩』，《敦煌遺書總目索引》釋作『好』，誤。

〔五〕『不』，《敦煌遺書總目索引》釋作『又』，誤。

〔六〕『惟』，甲本作『唯』；『崇聖』，據甲本補；『德』，據殘筆劃及甲本補。

〔七〕『臣又聞室家』，據甲本補。

〔八〕『得』，據甲本補。
〔九〕『故詩始國風』，據甲本補。
〔一〇〕『禮本』，據甲本補。
〔一一〕『性而明人倫也』，據甲本補。
〔一二〕『本乎』，據甲本補；『冠』，據殘筆劃及甲本補。
〔一三〕『也』，據甲本補。
〔一四〕『福之興莫不本乎室』，據甲本補；『家』，據殘筆劃及甲本補。
〔一五〕『之道』，當作『道之』，據甲本改；『乎梱内』，據甲本補。
〔一六〕『故聖王必慎妃后』，據甲本補；『之際』，據殘筆劃及甲本補。
〔一七〕『别適』，據甲本補。
〔一八〕『禮之於内也』，據甲本補。
〔一九〕『卑不踰尊』，據甲本補。
〔二〇〕『新不先故』，據甲本補。
〔二一〕『所以』，據殘筆劃及甲本補；『情而理陰氣也』，據甲本補。
〔二二〕『其尊適而卑庶也』，據甲本補。
〔二三〕『適』，據甲本補；『阼』，據甲本補。

參考文獻

Descriptive Catalogue of the Chinese Manuscripts from Tunhuang in the British Museum, The Trustees of the British Museum,

London 1957, p. 241 ；《漢書》一〇册，北京：中華書局，一九六二年，三三三九至三三四〇頁；《敦煌寶藏》一册，臺北：新文豐出版公司，一九八一年，一三〇頁（圖）；《敦煌遺書總目索引》，北京：中華書局，一九八三年，一〇九頁（録）；《英藏敦煌文獻》一卷，成都：四川人民出版社，一九九〇年，一七頁（圖）；《英國國家圖書館藏敦煌遺書》一册，桂林：廣西師範大學出版社，二〇一一年，一四五頁（圖）；《杏雨》第十六號，杏雨書屋武田科學振興財團，二〇一三年，一一九至一二二頁。

斯三二背　一　殘片（僧奴狀）

釋文

（前缺）

□即日僧奴

加〔一〕

債身（？），昨者

文字到日

（中缺）

子，僧奴便

弩（？）靴（？）覓〔二〕

（中缺）

□是好也，今因（？）

□□

（中缺）

□發遣來者，便□

□居。不宣，謹狀。

（後缺）

說明

此號正面爲《金光明最勝王經》卷一，首尾均缺，背面粘貼有用廢紙剪成的殘片，用於修補經卷。從紙質、筆體來看，這些殘片分屬兩件不同的文書，此件包括四片，所存内容並不連續，其中第三片《敦煌寶藏》《英藏敦煌文獻》《英國國家圖書館藏敦煌遺書》均未收，現予增收。

校記

〔一〕『加』，據殘筆劃及文義補。

〔二〕『駑靴』，《英國國家圖書館藏敦煌遺書》『條記目録』釋作『努訛』；『覔』，《英國國家圖書館藏敦煌遺書》『條記目録』釋作『覔取』，按底本『取』字右側有刪除符號，應不録。

參考文獻

Descriptive Catalogue of the Chinese Manuscripts from Tunhuang in the British Museum, The Trustees of the British Museum, London 1957, p. 54；《敦煌寶藏》一册，臺北：新文豐出版公司，一九八一年，一七八至一七九頁（圖）；《英藏敦煌文獻》一卷，成都：四川人民出版社，一九九〇年，一七至一八頁（圖）；《英國國家圖書館藏敦煌遺書》一册，桂林：廣西師範大學出版社，二〇一一年，一九六至一九七頁（圖）、『條記目録』七頁（録）。

斯三二背　二　殘片（書信）

釋文

（前缺）

[缺]□□□□□□□□[缺]

[缺]□人往，空付草書，起居[缺]

[缺]□月日，伏對。

（後缺）

説明

此件係用於修補經卷的廢紙文書的第二件，《敦煌寶藏》《英藏敦煌文獻》《英國國家圖書館藏敦煌遺書》均未收，現予增收。

斯三六　金剛般若波羅蜜經題記

釋文

咸亨三年五月十九日左春坊楷書　吴　元　禮　寫。

用　麻　紙　十　二　張。

裝　潢　手　解　善　集。

初　校　書　手　蕭　禕。

再　校　書　手　蕭　禕。

三　校　書　手　蕭　禕。

詳　閲　太　原　寺　大　德　神　符。

詳　閲　太　原　寺　大　德　嘉　尚。

詳　閲　太　原　寺　主　慧　立。

詳　閲　太　原　寺　上　座　道　成。

判　官　少　府　監　掌　冶　署　令　向　義　感〔一〕。

使太中大夫守工部侍郎永興縣開國公虞昶監〔二〕。

說明

此件《英藏敦煌文獻》未收，現予增收。咸亨三年即公元六七二年。此件對於瞭解唐代寫、校佛經制度具有一定價值。

校記

〔一〕「向」，《敦煌遺書總目索引新編》釋作「尚」，誤。

〔二〕「太」，《敦煌遺書總目索引》《莫高窟年表》《敦煌遺書總目索引新編》均釋作「大」，誤。

參考文獻

Giles, *BSOS*, 8.1（1935），p. 15；*Descriptive Catalogue of the Chinese Manuscripts from Tunhuang in the British Museum*, The Trustees of the British Museum, London 1957, pp. 23–24（録）；《敦煌寶藏》一册，臺北：新文豐出版公司，一九八一年，一九一頁（圖）；《敦煌遺書總目索引》，北京：中華書局，一九八三年，一〇九頁（録）；《敦煌禪宗文獻の研究》，東京：大東出版社，一九八三年，四〇三頁（録）；《莫高窟年表》，上海古籍出版社，一九八五年，二四五頁（録）；《敦煌大藏經》一五卷，臺北：前景出版社，一九八九年，五一一至五一七頁（圖）；《中國古代寫本識語集録》，東京大學東洋文化研究所，一九九〇年，二一五頁（録）；《敦煌遺書總目索引新編》，北京：中華書局，二〇〇〇年，一頁

（録）；《英國國家圖書館藏敦煌遺書》一册，桂林：廣西師範大學出版社，二〇一一年，二〇九頁（圖）、『條記目録』七頁（録）。

斯四四　大般若波羅蜜多經卷第五九九勘經題記

釋文

兑了。

説明

以上文字大字書寫於《大般若波羅蜜多經》卷第五九九天頭，表示此紙佛經已經作廢，可兑換新紙重抄。此件《英藏敦煌文獻》未收，現予增收。

參考文獻

Descriptive Catalogue of the Chinese Manuscripts from Tunhuang in the British Museum, The Trustees of the British Museum, London 1957, p. 13（録）；《敦煌寶藏》一册，臺北：新文豐出版公司，一九八一年，二〇六頁（圖）；《英國國家圖書館藏敦煌遺書》一册，桂林：廣西師範大學出版社，二〇一一年，二二五頁（圖）、『條記目録』九頁（録）。

斯五〇　金光明最勝王經卷第九題記

釋文

僧人善惠題。

説明

此件《英藏敦煌文獻》未收，現予增收。

參考文獻

Descriptive Catalogue of the Chinese Manuscripts from Tunhuang in the British Museum, The Trustees of the British Museum, London 1957, p. 59（録）；《敦煌寶藏》一册，臺北：新文豐出版公司，一九八一年，二三〇頁（圖）；《敦煌遺書總目索引》，北京：中華書局，一九八三年，一〇九頁（録）；《敦煌大藏經》五二卷，臺北：前景出版社，一九八九年，三七一至三八二頁（圖）；《中國古代寫本識語集録》，東京大學東洋文化研究所，一九九〇年，三八二頁（録）；《敦煌遺書總目索引新編》，北京：中華書局，二〇〇〇年，二頁（録）；《英國國家圖書館藏敦煌遺書》一册，桂林：廣西師範大學出版社，二〇一一年，二四九頁（圖）、『條記目録』一〇頁（録）。

斯五三　藥師琉璃光如來本願功德經題記

釋文

□壽妻爲身染患，敬寫此經。

説明

此件《英藏敦煌文獻》未收，現予增收。

參考文獻

Descriptive Catalogue of the Chinese Manuscripts from Tunhuang in the British Museum, The Trustees of the British Museum, London 1957, p. 98（録）；《敦煌寶藏》一册，臺北：新文豐出版公司，一九八一年，二六〇頁（圖）；《敦煌遺書總目索引》，北京：中華書局，一九八三年，一一〇頁（録）；《敦煌大藏經》五六卷，臺北：前景出版社，一九八九年，四九八至五〇一頁（圖）；《中國古代寫本識語集録》，東京大學東洋文化研究所，一九九〇年，三八三頁（録）；《敦煌遺書總目索引新編》，北京：中華書局，二〇〇〇年，二頁（録）；《英國國家圖書館藏敦煌遺書》一册，桂林：廣西師範大學出版社，二〇一一年，二七九頁（圖）、『條記目録』一〇頁（録）。

斯五六　大般涅槃經卷第廿六題記

釋文

道舒受持。

説明

此件《英藏敦煌文獻》未收，現予增收。

參考文獻

Descriptive Catalogue of the Chinese Manuscripts from Tunhuang in the British Museum, The Trustees of the British Museum, London 1957, p. 49（録）；《敦煌寶藏》一册，臺北：新文豐出版公司，一九八一年，二九四頁（圖）；《敦煌遺書總目索引》，北京：中華書局，一九八三年，一一〇頁（録）；《敦煌大藏經》二五卷，臺北：前景出版社，一九八九年，三三三至三五六頁（圖）；《中國古代寫本識語集録》，東京大學東洋文化研究所，一九九〇年，一六一頁（録）；《敦煌遺書總目索引新編》，北京：中華書局，二〇〇〇年，二頁（録）；《英國國家圖書館藏敦煌遺書》一册，桂林：廣西師範大學出版社，二〇一一年，三一五頁（圖）、『條記目録』一一頁（録）。

斯六三　太上洞玄靈寶無量度人上品妙經

釋文

（前缺）

疾除罪簿〔一〕，落滅惡根〔二〕，元始符命〔三〕，時刻昇遷〔四〕，北都寒池，部衛形魂。制魔保舉，度品南宫，死魂受練，仙化成人。生身受度，劫劫長存。隨劫輪轉，與天齊年。永度三徒，五苦八難，超陵三界〔五〕，逍遥上清。上清之天，天帝王（玉）真〔六〕，無色之景梵行。太黄皇曾天，帝鬱繿玉明〔七〕。太明玉貌天，帝須阿那田。清明何童天，帝元育齊京。玄胎平育天，帝劉度内鮮〔八〕。元明文舉天，帝醜法輪。上明七曜摩夷天，帝恬懀延。虚無越衡天，帝正定光。太極濛翳天〔九〕，帝曲育九唱〔一〇〕。赤明和陽天，帝理禁上真。玄明恭華天〔一一〕，帝空謡醜音。曜明宗飄天〔一二〕，帝重光明。竺落皇笳天，帝摩夷奴辯〔一三〕。虚明堂曜天〔一四〕，帝阿那婁生。觀明端靜（靖）天〔一五〕，帝鬱密羅千。玄明恭慶天，帝龍羅菩提〔一六〕。太焕極瑶天，帝宛黎無延。元載孔昇天，帝開真定光〔一七〕。太安皇崖天，帝婆婁阿貪。顯定極風天，帝命招真童〔一八〕。始黄孝芒天，帝薩羅婁王。太黄翁重浮容天，帝閔巴狂。無思江由天，帝明梵仙〔一九〕。上摖阮樂天，帝勃勃監。無極曇誓天，帝飄弩弓隆。皓庭霄度天，帝慧覺昏。淵通元洞天，帝梵行觀生。太文翰寵妙成天，帝那育醜瑛。太素秀樂禁上天，帝龍羅覺長。太虛無上常融天，帝總監鬼神。太釋玉隆滕勝天〔二〇〕，帝眇眇行元。龍變梵度天，帝運上玄玄。太極平育賈弈天，帝大擇法門。三十二天〔二一〕，三十二帝〔二二〕。諸天隱諱，諸天隱名。天中空洞，自然靈章。諸天隱韻，天中之音，天中之尊，天中之神，天中大魔，天中之靈，九和十合，變化上清，無量之奧，深不可詳。敷落神真，普度天人。今日欣慶受度，歷關（開）諸天〔二三〕，請滅三惡，斬絶地根，飛度五户，名列太玄，魔王監舉，無拘天門。東斗主算，西斗記名，北斗落死，南斗上生，中斗大魁，總監衆靈。青帝護魂，白帝侍魄，赤帝養氣〔二四〕，黑帝通血，黄帝中主，萬神無越。青天魔王，巴元醜伯〔二五〕。赤天魔王，負天擔石。白天魔王，反山六目。黑天魔王，監醜朗馥。黄天魔王，横天擔力。五帝大魔，萬神之宗。飛行鼓從，總領鬼兵，麾幢鼓節，遊觀太空。自號赫奕，諸天齊功。上天度人，嚴攝北酆。神公受命，普掃不祥。八威吐毒，猛馬四張，天丁前驅，大師杖幡，擲火萬里〔二六〕，流鈴八衝〔二七〕。敢有干試〔二八〕，拒遏上真〔二九〕，金鉞前戮，巨天後刑〔三〇〕，屠割鬼爽，風火無停，千千截首，萬萬剪形，魔無干犯，鬼無妖精。三官北酆，明檢鬼營，不得容隱，金馬驛呈。普告無窮，萬神咸聽，三界五帝，列言上清。

元洞玉曆，龍漢延康，眇眇億劫，混沌之中。上無復色，下無復淵，風澤洞虚，金剛乘天。天上天下，無幽無冥，無形無影，無極無窮。溟涬大梵，遼廓無光，赤明開圖，運度自然。元始安鎮，敷落五篇。赤書玉字，八威龍文。保制劫運，使天長存。梵氣彌羅〔三一〕，萬範開張，元綱流演，三十二天〔三二〕。輪轉無色，周迴十方。旋斗歷箕，迴度五常。三十五分，總氣上元〔三三〕。八景冥合，氣入玄玄〔三四〕。玄中太皇〔三五〕，上帝高真。汎景太霞，嘯詠洞章。金真朗郁，流響雲營〔三六〕。玉音攝氣，靈風聚煙。紫虛鬱秀〔三七〕，輔翼萬仙。千和萬合，自然成真。真中有神，長生大君。無英公子，白元尊神。太一司命，桃康合延，執符把録，保命生根。上遊上清，出入華房，八冥之内，細微之中。下鎮人身，泥丸絳宫，中理五氣〔三八〕，混合百神。十轉迴靈，萬氣齊仙〔三九〕，仙道貴生，無量度人。上開八門，飛天法輪。罪福禁戒〔四〇〕，宿命因緣。普受開度，死魂生身。身得受生，上聞諸天。諸天之上，各有生門。中有空洞，謡歌之章，魔王靈篇，辭參高真。

第一欲界，飛空之音。人道眇眇，仙道莽莽，鬼道樂兮，當人生門。天道貴生〔四一〕，鬼道貴終〔四二〕。仙道常自吉〔四三〕，鬼道常自凶。高上清靈爽，悲歌朗太空。唯願仙道成，不欲人道窮。北都泉曲府，中有萬鬼群。但欲遏人算，斷截人命門。阿人歌洞章〔四四〕，以攝北羅酆。束送妖魔精〔四五〕，斬馘六鬼鋒。諸天氣蕩蕩〔四六〕，我道日興隆。

第二色界，魔王之章。落落高張，明氣四騫〔四七〕。梵行諸天，周迴十神。無量大神，皆由我身。我有洞章，萬遍成仙。仙道貴度，鬼道相連。天地眇莽〔四八〕，穢氣氛氛〔四九〕。三界樂兮，過之長存。身度我界，體入自然。此時樂兮，薄由我恩。龍漢蕩蕩，何能别真？我界難度〔五〇〕，故作洞文。變化飛空，以試爾身。成敗懈退，度者幾人。笑爾不度，故爲歌音。

第三無色界，魔王歌曰：三界之上，眇眇大羅。上無色根，雲層峨峨〔五一〕。唯有元始，晧（浩）劫之家〔五二〕。部制我界，統承玄都。有過我界，身入玉虛。我位上王，匡御衆魔。空中萬變，穢氣紛葩〔五三〕。保真者少，迷惑者多〔五四〕。仙道難固，鬼道易邪〔五五〕。人道者心，諒不由他。仙道貴實，人道貴華。爾不樂仙道，三界那得過？其欲轉五道，我當復奈何！

此三界之上，飛空之中，魔王歌音，音參洞章。誦之百遍，名度南宮。誦之千遍，魔王保迎。萬遍道備，飛昇太空，過度三界，位登仙公。有聞靈音，魔王敬形。勑制地祇，侍衛送迎。拔出地户，五苦八難。七祖昇遷，永離鬼官。魂度朱陵，受練更生。是謂無量，普度無窮。有秘上天文，諸天共所崇。泄慢墮地獄，禍及七祖翁。

道言：此一章並是諸天上帝及至靈魔王隱秘之音，皆是大梵之言，非世上常辭〔五六〕。言無韻麗，曲無華宛，故謂玄奥，難可尋詳。上天所寶，秘於玄都紫微上宫。依玄科，四萬劫一傳。若有至人賫金寶，質心依具格〔五七〕，告盟十天，然後而付焉。

道言：夫天地運度，亦有否終；日月五星，亦有虧盈；至聖神人〔五八〕，亦有休否；末學之夫，亦有疾傷。凡有此災，同氣皆當〔五九〕，齊心脩齋，六時行香，十遍轉經〔六〇〕，福德立降，消諸不祥。無量之文，普度無窮。

道言：夫末學道淺，或仙品未充〔六一〕，運應滅度，身經太陰，臨過之時〔六二〕，同學至人，爲其行香，誦經十遍〔六三〕，以度尸形如法，魂神逕上南宫。隨其學功，計日而得更生〔六四〕，轉輪不滅，便得神仙。

道言：夫天地運終，亦當脩齋、行香、誦經。星宿錯度，日月失昏，亦當脩齋、行香、誦經。四時失度，陰陽不調，亦當脩齋、行香、誦經。國主有災，兵革四興，亦當脩齋、行香、誦經。疫毒流行，兆民死傷，亦當脩齋、行香、誦經。師友命過，亦當脩齋〔六五〕、行香、誦經。夫齋戒〔六六〕、誦經，功德甚重。上消天災，保鎮帝王；下攘毒害，以度兆民。生死受賴，其福難勝。故曰無量，普度天人〔六七〕。

道言：凡有是經，能爲天地、帝主〔六八〕、兆民行是功德〔六九〕，有災之日，發心脩齋〔七〇〕，燒香誦經十過，皆諸天記名，萬神侍衛，右别至人，尅得爲聖君金闕之臣。諸天記人功過，豪分無失。天中魔王，亦保舉爾身。得道者乃當洞明至言也。

諸天中大梵隱語無量音　　道君撰《元始靈書》中篇〔七一〕：

亶樓阿薈〔七二〕，無和觀音，須筵明首，法攬菩曇〔七三〕，稼那阿奕，忽訶流吟，華都曲麗，鮮菩育臻，笞洛大梵〔七四〕，散煙慶雲，飛灑玉都，明魔上門，無行上首，迴蹠流玄，阿陀龍羅〔七五〕，四象吁員〔七六〕。南焰洞浮〔七七〕，玉眸詵詵〔七八〕，梵形落空〔七九〕，九靈推前。澤洛菩臺〔八〇〕，緣羅大千〔八一〕，眇莽九醜，韶謠緣宣。雲上九都，飛生自騫，那育郁〔馥〕〔八二〕，摩羅法輪〔八三〕。泓持無鏡〔八四〕，攬姿運容〔八五〕，馥朗廓弈，神纓自害（宮）〔八六〕。刀利禪猷，婆泥砦通，宛藪滌色，太眇之堂〔八七〕。流羅梵萌，景蔚蕭嵎，易邈無寂，宛首少郁（都）〔八八〕。阿濫郁竺，華漠筵由，九開自辯，阿那品首。無量扶蓋，浮羅合神。玉誕長桑，柏空長（度）仙〔八九〕。玃無自育，九日道乾〔九〇〕，坤母東覆，形攝上玄。陀羅育邈，眇氣合雲〔九一〕，飛天大醜，總監上天。沙陀劫量，龍漢瑛鮮，碧落浮黎，空歌保珍。惡弈無品，洞妙自真，元梵恢漠，幽寂度人。

道言：此諸天中大梵隱語，無量之音。舊文字皆廣長一丈，天真皇人昔書其文，以爲正音。有知其音，能齋而誦之者，諸天皆遣飛天神王，下觀其身，書其功勤，上奏諸天，萬神朝禮，地祇侍門，大勳魔王，保舉上仙。道備，剋得遊行三界，昇入金門。

此音無所不辟，無所不攘，無所不度，無所不成。天真自然之音也。故誦之，致飛天下觀，上帝遥唱，萬神朝禮，三界侍軒，群妖束首，鬼精自亡。琳琅振響〔九二〕，十方肅清，河海靜默，山嶽吞煙，萬靈振伏。招集群仙，天無氛穢，地無妖塵，冥慧洞清，無量玄玄也〔九三〕。

太上洞玄靈寶無量度人上品妙經〔九四〕

説明

此件首缺尾全，起『疾除罪簿』，訖尾題『太上洞玄靈寶無量度人上品妙經』。翟理斯（Giles）據紙張推斷其爲公元八世紀初之寫本（*Descriptive Catalogue of the Chinese Manuscripts from Tunhuang in the British Museum*, p. 221），爲大淵忍爾、吉岡義豐等所接受。大淵忍爾曾對該道經的源流、版本系統有所説明（《敦煌道經·目録編》，五九頁）。

現知敦煌文獻中保存的此經共有十七件（參見王卡《敦煌道教文獻研究：綜述·目録·索引》，九九至一〇二頁），其中伯二六〇六首缺尾全，起『能言説經四遍』，訖題記『清都觀道士劉辯校』，有尾題；伯二三五五首尾均缺，起『形，鬼精滅爽』，訖『帝開真定光』；伯二四四六首缺尾全，起『有干試』，訖尾題『太上洞玄靈寶無量度人上品妙經』；斯三一〇九首缺尾全，起『鬱秀』，訖題記『道士□道士茂林』，有尾題；斯五三一五首缺尾全，起『常自吉』，訖『大量玄玄也』；伯二六五一首缺尾全，起『貴生貴道』，訖尾題『太上洞玄靈寶無量度人經』；伯二四五八首缺尾全，起『□耶』，訖尾題『太上洞玄無量度人經』；BD四〇九九（麗九九）首尾均缺，起『復位』，訖『天帝摩夷』；Дх一九四六＋一九七九、Дх五〇三一、Дх三六四九B、Дх七九六八、斯六〇七六、斯八七二〇、斯一〇七一四、石谷風藏本四八等均爲殘片。王卡認爲斯六〇七六與石谷風藏本四八、伯二三五五與斯一〇七一四均可綴合（參見《敦煌道教文獻研究：綜述·目録·索引》，一〇〇頁），但伯二三五五與斯一〇七一四似不能綴合。

以上釋文以斯六三爲底本，用對此件有校勘價值的伯二六〇六（稱其爲甲本）、伯二三五五（稱其爲乙本）、伯二四四六（稱其爲丙本）、斯三一〇九（稱其爲丁本）、斯五三一五（稱其爲戊本）、伯二六五一（稱其爲己本）、伯二四五八（稱其爲庚本）、BD四〇九九（稱其爲辛本）參校。

校記

〔一〕『疾除罪』，據甲、乙、辛本補；『簿』，據殘筆劃及甲、乙、辛本補。

〔二〕『落滅』，據殘筆劃及甲、乙、辛本補；『惡根』，據甲、乙、辛本補。

〔三〕『元始』，據甲、乙、辛本補；『符』，據殘筆劃及甲、乙、辛本補。

〔四〕『刻』，辛本同，甲、乙本作『剋』，均可通。

〔五〕『陵』，甲、辛本同，乙本作『淩』。

〔六〕『王』，當作『玉』，據甲、乙、辛本改。

〔七〕『帝』，甲、乙、辛本同，《英藏敦煌社會歷史文獻釋録·斯63號〈太上洞玄靈灵寶無量度人上品妙經〉校正》認爲原件『帝』字前有『天』字，應據補，按原件『天』字屬上，『帝』字前無另外之『天』字。《中華道藏》將『帝』字斷入上句，下文『太明玉貌天』至『帝大擇法門』句，《中華道藏》均將『帝』字上屬至『天』字後。

〔八〕『劉』，甲、辛本同，《中華道藏》釋作『剛』，誤。

〔九〕『濛』，辛本同，甲、乙本作『蒙』。
〔一〇〕『唱』，辛本同，甲、乙本作『昌』。
〔一一〕『天』，甲、乙本同，辛本脱。
〔一二〕『曜』，辛本同，甲、乙本作『耀』。
〔一三〕『奴』，甲本同，乙本作『如』。
〔一四〕『曜』，甲、乙本作『耀』。辛本止於此句。
〔一五〕『静』，當作『靖』，據甲、乙本改，『静』爲『靖』之借字。
〔一六〕『提』，甲、乙本作『題』。
〔一七〕乙本止於此句。
〔一八〕『命』，甲本脱。
〔一九〕『仙』，甲本作『先』。
〔二〇〕『滕』，甲本作『騰』。
〔二一〕『三十』，甲本作『卅』。
〔二二〕『三十』，甲本作『卅』
〔二三〕『關』，當作『開』，據甲本改。
〔二四〕『氣』，甲本作『炁』。
〔二五〕『元』，底本似『无』，因『元』『无』二字形近，在手書中易混，故據文義逕釋作『元』。
〔二六〕『擲』，甲本作『𢹂』，誤。
〔二七〕『衝』，甲本作『衡』，誤。

〔二八〕丙本始於此句之『有』字。

〔二九〕『拒』，丙本同，甲本作『巨』，『巨』爲『拒』之借字。

〔三〇〕『刑』，甲本同，丙本似『形』，但因寫本中『刑』『形』形近易混，故可釋作『刑』。

〔三一〕『氣』，丙本同，甲本作『炁』。

〔三二〕『三十』，丙本同，甲本作『卅』。

〔三三〕『氣』，丙本同，甲本作『炁』。

〔三四〕『氣』，丙本同，甲本作『炁』。

〔三五〕『太』，丙本同，甲本作『大』，『大』通『太』。

〔三六〕『響』，丙本同，甲本作『嚮』，『嚮』通『響』。

〔三七〕丁本始於此句。

〔三八〕『氣』，丙、丁本同，甲本作『炁』。

〔三九〕『氣』，丙、丁本同，甲本作『炁』。

〔四〇〕『戒』，丙、丁本同，甲本作『誡』。

〔四一〕己本始於此句。

〔四二〕『鬼』，甲、丙、丁本同，己本作『貴』，『貴』爲『鬼』之借字。

〔四三〕戊本始於此句。

〔四四〕『阿』，甲、丁、己、戊本同，丙本作『何』。

〔四五〕『東』，甲、丙、丁、戊本同，己本作『速』，『速』爲『東』之借字。

〔四六〕『氣』，丙、丁、己本同，甲、戊本作『炁』。

〔四七〕『氣』，丙、丁、己本同，甲、戊本作『炁』。
〔四八〕『眇』，甲、丙、丁、戊本同，己本作『妙』，『妙』通『眇』。
〔四九〕『氣』，丙、丁、己本同，甲、戊本作『炁』。
〔五〇〕『我』，甲、丙、丁、戊本同，己本作『我家』，疑誤。
〔五一〕『層』，甲、丙、丁、戊本同，己本作『嶒』，『嶒』爲『層』之借字。
〔五二〕『晧』，丙、丁、己本同，當作『浩』，據甲、戊本改，『晧』爲『浩』之借字。
〔五三〕『氣』，丙、丁、己本同，甲、戊本作『炁』。
〔五四〕『惑』，丙、戊、己本同，甲、丁本作『或』，『或』通『惑』。
〔五五〕庚本始於此句。
〔五六〕『常』，甲、丁、戊、己、庚本同，丙本脱。
〔五七〕『具』，甲、丙、丁、己、庚本同，戊本作『舊』，《英藏敦煌社會歷史文獻釋録·斯63號〈太上洞玄靈寶無量度人上品妙經〉校正》認爲『舊』誤。
〔五八〕『聖』，甲、丙、丁、戊、庚本同，己本脱。
〔五九〕『氣』，丙、丁、己、庚本同，甲、戊本作『炁』。
〔六〇〕『遍』，甲、丁、戊、己、庚本同，丙本作『過』。
〔六一〕『或』，甲、丙、丁、己、庚本同，戊本無。
〔六二〕『過』，甲、丙、丁、戊、庚本同，己本脱。
〔六三〕『遍』，甲、丁、戊本同，丙、己、庚本作『過』。
〔六四〕『而』，甲、丙、丁、戊、己本同，庚本脱。

〔六五〕「亦當」，甲、丙、丁、戊、庚本同，己本脱。

〔六六〕「戒」，丙、丁、己、庚本同，甲、戊本作「誡」。

〔六七〕「度天人」，甲、丙、丁、戊、庚本同，己本脱。

〔六八〕「主」，甲、丁、戊、己、庚本同，丙本作「王」。

〔六九〕「民」，甲、丙、丁、戊、庚本同，己本作「人」，蓋爲避唐太宗諱而改。

〔七〇〕「脩」，丙、丁、己、庚本同，甲、戊本作「行」。

〔七一〕「撰」，丙、丁、戊、己、庚本同，甲本作「譔」，均可通。

〔七二〕「樓」，丙、丁、戊、己、庚本同，甲本作「婁」；「曾」，甲、丙、丁、戊本同，己、庚本作「會」。

〔七三〕「攬」，丙、丁、戊、己、庚本同，甲本作「覽」。

〔七四〕「洛」，丙、丁、戊、己、庚本同，甲本作「落」。

〔七五〕「羅」，甲、丙、戊、己、庚本同，丁本脱。

〔七六〕「象」，甲、丙、戊、己、庚本同，丁本作「象象」，第二個「象」字，據文義係衍文。

〔七七〕「焰」，丙、丁、己、庚本同，甲、戊本作「爓」。

〔七八〕「玉」，丙、丁、戊、己、庚本同，甲本作「王」，誤；「詵詵」，甲、丙、丁、己、庚本同，戊本作「洗洗」。

〔七九〕「形」，甲、丙、丁、己、庚本同，戊本作「刑」，但因寫本中「刑」「形」形近易混，故可釋作「形」；「落」，甲、丙、丁、己、庚本同，戊本作「洛」，「洛」爲「落」之借字。

〔八〇〕「洛」，丙、丁、戊、己、庚本同，甲本作「落」。

〔八一〕「緣」，丙、丁、己、庚本同，甲、戊本作「緑」。

〔八二〕「郁」，丙、丁、戊、己、庚本同，甲本先寫作「都」，後改作「郁」，《中華道藏》仍釋作「都」，誤；「馥」，據甲、丙、丁、戊、己、庚本補。

〔八三〕『羅』字前尚殘存其上部結構『罒』，蓋抄者誤寫而廢除者，不録。

〔八四〕『泓』，丙、丁、己、庚本同，甲、戊本作『霐』。

〔八五〕『攬』，丙、丁、戊、己、庚本同，甲本作『覽』；『姿』，丙、丁、己、庚本同，甲、戊本作『資』。

〔八六〕『害』，丙本同，當作『宫』，據甲、丁、戊、己、庚本改。

〔八七〕『太』，丙、丁、己、庚本同，甲、戊本作『大』，『大』通『太』；『眇』，甲、丙、丁、戊、庚本同，己本作『妙』，『妙』通『眇』。

〔八八〕『郁』，當作『都』，據甲、丙、丁、戊、己、庚本改。

〔八九〕『長』，當作『度』，據甲、丙、丁、戊、己、庚本改。

〔九〇〕『道』，丙、丁、戊、己、庚本同，甲本作『導』，均可通。

〔九一〕『氣』，丙、丁、己、庚本同，甲、戊本作『炁』。

〔九二〕『響』，丙、丁、戊、己、庚本同，甲本作『嚮』，『嚮』通『響』。

〔九三〕『無』，丙、丁、己、庚本同，甲、戊本作『大』，誤。

〔九四〕此句甲、丙、丁本同，己本作『太上洞玄靈寶無量度人經』，庚本作『太上洞玄無量度人經』，戊本無。此句後甲本有尾題『清都觀道士劉辯校』，丁本有另筆所書的尾題『道士□道士茂林』。

參考文獻

《東洋思想史研究》一九五〇年四卷，一至一一二頁；*Descriptive Catalogue of the Chinese Manuscripts from Tunhuang in the British Museum*, The Trustees of the British Museum, London 1957, p. 221；《敦煌道經目録》，京都：法藏館，一九六〇年，八至一〇頁；《スタイン將來大英博物館藏敦煌文獻分類目録・道教之部》，東京：東洋文庫，一九六九年，三頁；《敦煌道經・目録編》，東京：福武書店，一九七八年，五九頁；《敦煌寶藏》一册，臺北：新文豐出版公司，一九八一年，三四五至三四八頁（圖）；《英藏敦煌文獻》一卷，成都：四川人民出版社，一九九〇年，一八至二一頁（圖）；《英藏敦煌文獻》五卷，成都：四川人民出版社，一九九二年，一一至一二頁（圖）；《英藏敦煌文獻》七卷，成都：四川人民出版社，一九九二年，三七至三八頁（圖）；《法藏敦煌西域文獻》一二册，上海古籍出版社，二〇〇〇年，三三五至三三七頁（圖）；《法藏敦煌西域文獻》一四册，上海古籍出版社，二〇〇一年，八三至八五、一二四至一二六頁（圖）；《法藏敦煌西域文獻》一六册，上海古籍出版社，二〇〇一年，二一一至二一六頁（圖）；《法藏敦煌西域文獻》一七册，上海古籍出版社，二〇〇一年，一〇二至一〇三頁（圖）；《敦煌學輯刊》二〇〇二年二期，一四五至一四八頁；《中華道藏》三册，北京：華夏出版社，二〇〇四年，三二七至三三〇頁；《敦煌道教文獻研究：綜述・目録・索引》，北京：中國社會科學出版社，二〇〇四年，九九至一〇二頁；《國家圖書館藏敦煌遺書》五五册，北京圖書館出版社，二〇〇七年，四一八至四二〇頁（圖）；《英國國家圖書館藏敦煌遺書》一册，桂林：廣西師範大學出版社，二〇一一年，三七四至三七七頁（圖）；《敦煌本〈太上洞玄靈寶無量度人上品妙經〉輯校》，成都：四川大學出版社，二〇一二年，六八至一九五頁。

斯七一　摩訶般若波羅蜜經卷第四題記

釋文

菩薩戒弟子張洪元敬寫，流通供養。

説明

此件《英藏敦煌文獻》未收，現予增收。

參考文獻

Descriptive Catalogue of the Chinese Manuscripts from Tunhuang in the British Museum, The Trustees of the British Museum, London 1957, p. 20（録）；《敦煌寶藏》一册，臺北：新文豐出版公司，一九八一年，三九九頁（圖）；《敦煌遺書總目索引》，北京：中華書局，一九八三年，一一〇頁（録）；《敦煌大藏經》一四卷，臺北：前景出版社，一九八九年，五一九至五二九頁（圖）；《中國古代寫本識語集録》，東京大學東洋文化研究所，一九九〇年，一五五頁（録）；《敦煌遺書總目索引新編》，北京：中華書局，二〇〇〇年，二頁（録）；《英國國家圖書館藏敦煌遺書》一册，桂林：廣西師範大學出版社，二〇一一年，三九頁（圖）、『條記目録』二頁（録）。

斯七五　老子道德經序訣

釋文

老子道德經序訣　　　　太極左仙公葛玄造

老子體自然而然，生乎太無之先，起乎無因，經曆（歷）天地終始[一]，不可稱載。終乎無終，窮乎無窮，極乎無極，故無極也。與大道而輪化，爲天地而立根。布氣於十方，抱道德之至純，浩浩蕩蕩，不可名也。焕乎其有文章，巍巍乎其有成功，淵乎其不可量，堂堂乎爲神明之宗[二]。三光持以朗照，天地稟以得生，乾坤運以吐精，高而無民，貴而無位，覆載無窮，是教八方諸天，普弘大道。開闢以前，復下爲國師，代代不休，人莫能知之。匠成萬物，不言我爲，玄之德也。故衆聖所共尊。道尊德貴，莫之命而常自然[三]，惟老氏乎[四]！周時復託神李母，割左腋而生[五]，生即皓皓然[六]，號曰老子。老子之號，因玄而生[七]，在天地之先，無衰老之期，故曰老子。世人謂老子當始於周代。老子之號，始於無數之劫，甚窈窈冥冥，眇邈久遠矣。世衰，大道不行，西遊天下。關令尹喜曰：大道將隱乎？願爲我著書。於是作《道德》二篇五千文上下經焉。夫五千文，宣道德之源[八]，大無不苞（包）〔九〕，細無不入，天人之自然經也。余先師有言：精進研之，則聲参太極；高上遥唱，諸天懽樂〔一〇〕，則攜契玄人；靜思期真，則衆妙感會；内觀形影，則神氣長存；體洽道德，則萬神震伏〔一一〕。禍滅九陰，福生十方。安國寧家，熟（孰）能知乎〔一二〕？無爲之文，惡之不辱〔一三〕，飾之不榮〔一四〕，撓之不濁，澄之不清〔一五〕，自然也。應道而見，傳告無窮〔一六〕，常者也。故知常曰明。大道何爲哉？弘之由人，斯文尊妙，可不極精乎！粗述一篇，唯有道者寶之焉〔一七〕。

河上公〔一八〕，莫知其姓名也。漢孝文皇帝時，結草爲菴於河之濱〔一九〕，常讀《老子道德經》。文帝好《老子》之言，詔命諸王公大臣州牧二千石朝直衆官，皆令誦之。有所不解數句，時天下莫能通者。聞侍郎説河上公誦《老子》，乃遣詔使賫所不了義問之。公曰：道尊德貴，非可遥問也。文帝即駕從詣之。帝曰：普天之下，莫非王土；率土之賓〔二〇〕，莫非王臣。域中有四大，王居其一也。子雖有道，猶朕民也。不能自屈，何乃高乎？朕足使人富貴貧賤。須臾，河上公即俯（拊）掌坐躍〔二一〕，冉冉在虚空之中，如雲之升，去地百餘丈，而止於玄虚。良久，俛而答帝曰：余上不至天，中不累人，下不居地，何民之有？陛下焉能令余富貴貧賤乎〔二二〕？帝乃悟，知是神人。方下輦，稽首禮謝曰：朕以不德，忝統先業，才不任大，憂於不堪。雖治世事，而心敬《道德》。直以闇昧，多所不了〔二三〕，惟蒙道君弘愍，有以教之，則幽夕睹太陽之耀光〔二四〕。河上公即授素書《老子道德經章句》二卷〔二五〕，謂帝曰：熟研此，則所疑自解。余注是經以來〔二六〕，千七百餘年，凡傳三人，連子四矣，勿示非其人。文帝跪受經。言畢，失公所在。論者以爲〔二七〕：文帝好老子大道，世人不能盡通其議（義）〔二八〕，而精思遐感，仰徹太上道君，遣神人特下〔二九〕，教之便去耳。恐文帝心未純信，故示神變，以悟帝意，欲成其道真。時人因號曰河上公焉。

太極左仙公葛玄曰：老子以上皇元年正月十二日丙午太歲丁卯，下爲周師，到無極元年太歲癸丑五月壬午，去周西度關。關令尹喜宿命合道〔三〇〕，豫占見紫雲西邁〔三一〕，知有道人當度，仍齋絜（潔）燒香〔三二〕，想見道真，以其年十二月廿五日老子度關也。喜見老子，迎設禮〔三三〕，稱弟子〔三四〕。老子曰〔三五〕：汝應爲此宛利天下，棄賢世傳弘大道，子神仙者矣。以廿八日日中〔三六〕，授《太上道德經》。義洞虚無，大無不包〔三七〕，細無不入，聖王不能盡通其義。昔漢孝文皇帝好大道〔三八〕，縱容無爲之堂，歎凡聖無能解此玄奥，精思遠感〔三九〕，上徹太上道君〔四〇〕，遣真人下授文帝希微之旨，道人即信誓傳授。至人比字校定，外儒所雜傳多誤〔四一〕，今當參校此正之〔四二〕，使與玄洞相應，十方諸天人神仙、天地鬼神所宗奉文同，無一異矣。吾已於諸天神仙大王校定〔四三〕，受傳天人至士賢儒，當宗極正真，弘道大度，何可不精得聖人本文者乎？吾所以有言此，欲正玄妙於天地人耳。今説是至矣、明矣，夫學仙者，必能弘幽賾也。

道士鄭思遠曰：余家師葛仙公受太極真人（下缺）

説明

此件首全尾缺，起標題『老子道德經序訣』，訖『余家師葛仙公受太極真人』。《老子道德經序訣》包括《老子道德經序》和《太極隱訣》，是『五千文』本《道德經》的第一部分，但自隋唐以來也脱離《道德經》而單行。

現知保存有《老子道德經序訣》的敦煌文獻尚有十件（參見王卡《敦煌道教文獻研究：綜述・目録・索引》，一五八至一五九頁），其中伯二四〇七可以肯定是《老子道德經序訣》之單行本，該件起標題『老子道德經序訣』，訖『孰能知乎』；伯二四六二起『余富貴貧賤乎』，訖『太極隱訣』，後接抄《玄言新記明老部卷第一》；伯二五九六+伯二四三五起『之不榮』，訖『咽液三也』，後接抄《道經上》；伯二五八四起『文宣道德之源』，訖『咽液三也』，後接抄《道經上》；斯一五八五起『明之宗』，訖『應道而見，傳告』；伯二三七〇起『躍，冉冉在虚空之中』，訖『咽液三也』，後接抄《道經上》；伯二三二九起『合道』，訖『咽液三也』，後接抄《老子道經上》；散六六七（原羅振玉貞松堂藏）起『所不了』，訖『咽液三也』，後接抄《道經上》；Дх四三五二、Дх五一三六、Дх二七六一爲三殘片，王卡將其綴合爲一（參見《敦煌道教文獻研究：綜述・目録・索引》，一五八頁），綴合後Дх四三五二+Дх五一三六+Дх二七六一起『老子□：汝應爲此宛利天下』，訖『無應仙之相好者不傳也』。以上各件均爲殘本，首部完整者僅有斯七五與伯二四〇七兩件，伯二五八四和伯二五九六+伯二四三五則完整保存了《老子道德經序訣》的後半部分，可據之合成完整的《老子道德經序訣》。《老子道德經序訣》也被保存在多種傳世典籍中，據王卡統計，唐宋以來摘存這件文獻的古籍達三十種。

以上釋文以斯七五爲底本，用伯二四〇七（稱其爲甲本）、伯二四六二（稱其爲乙本）、伯二五九六+伯二四三五（稱其爲丙本）、伯二五八四（稱其爲丁本）、斯一五八五（稱其爲戊本）、伯二三七〇（稱其爲己本）、伯二三二九（稱其爲庚本）、散六六七（稱其爲辛本）、Дх四三五二+Дх五一三六+Дх二七六一（稱其爲壬本）參校。

校記

〔一〕「曆」，甲本同，當作「歷」，據文義改，「曆」爲「歷」之借字。

〔二〕戊本始於此句。

〔三〕「命」，甲本同，戊本作「命也」。

〔四〕「惟」，甲本同，戊本作「唯」。

〔五〕「割」，甲本作「剖」，戊本作「部」，誤。

〔六〕第二個「晧」，甲、戊本無，據文義係衍文，當删。

〔七〕「生」，甲本同，戊本作「出」，誤。

〔八〕丁本始於此句。

〔九〕「苞」，當作「包」，據甲、戊本改，「苞」爲「包」之借字。

〔一〇〕「懽」，甲、丁本同，戊本作「歡」，「懽」同「歡」。

〔一一〕「震」，甲、丁本同，戊本作「振」，「振」爲「震」之借字。

〔一二〕「熟」，甲、丁、戊本同，當作「孰」，據文義改，《中華道藏》逕釋作「孰」。甲本止於此句之「乎」字。

〔一三〕「惡」，丁本同，戊本作「汙」。

〔一四〕丙本始於此句。

〔一五〕「清」，丙、丁本同，戊本作「清湛」。

〔一六〕戊本止於此句之「告」字。

〔一七〕「唯」，丙本作「惟」。

〔一八〕「公」，丁本同，丙本作「公者」。

〔一九〕「濱」，丁本同，丙本作「賓」，「賓」爲「濱」之借字。

〔二〇〕「賓」，丙、丁本同，《中華道藏》釋作「濱」，雖義可通而字誤。

〔二一〕「俯」，當作「拊」，據丙、丁本改，「俯」爲「拊」之借字，《中華道藏》校改作「捬」，按「捬」同「拊」。己本始於此句。

〔二二〕乙本始於此句。

〔二三〕辛本始於此句。

〔二四〕「夕」，丙、丁、己、辛本同，乙本作「夜」。

〔二五〕「章」，乙、丙、丁、辛本同，己本作「帝」，誤；「卷」，乙、丙、丁、己、辛本同，《中華道藏》認爲底本作「弓」，誤。

〔二六〕「余」，丙、丁、己、辛本同，乙本作「自余」。

〔二七〕『爲』，丁、己、辛本同，乙、丙本脱。

〔二八〕『議』，丁、己、辛本同，當作『義』，據乙、丙本改，『議』爲『義』之借字。

〔二九〕『特』，底本原作『持』，按寫本中『特』『持』形近易混，故據文義逕釋。

〔三〇〕庚本始於此句。

〔三一〕『豫』，乙、丙、丁、己、辛本同，庚本作『預』，『預』通『豫』。

〔三二〕『絜』，庚本同，當作『潔』，據乙、丙、丁、己、辛本改，『絜』爲『潔』之借字。

〔三三〕『迎』，丙、丁、己、庚、辛本同，乙本作『奉迎』。

〔三四〕『稱』，丙、丁、己、辛本同，乙、庚本作『自稱』。

〔三五〕壬本始於此句。

〔三六〕『廿』，乙、丙、丁、己、庚、辛、壬本同，《中華道藏》釋作『二十』；第二個『日』，乙、丙、丁、己、庚、辛本同，壬本脱；『中』，丙、丁、己、庚、辛、壬本同，乙本作『中時』。

〔三七〕『包』，丁、己、庚、辛本同，乙、丙本作『苞』，『苞』爲『包』之借字。

〔三八〕『文』，乙、丙、丁、己、辛、壬本同，庚本脱。

〔三九〕『精』，丙、丁、己、庚、辛、壬本同，乙本作『而精』。

〔四〇〕『君』，乙、庚本同，丙、丁、己、辛、壬本脱。

〔四一〕『儒』，乙、丙、丁、己、庚、辛本同，《中華道藏》釋作『人』，誤；『所』，丙、丁、己、庚、辛本同，乙本作『所行』；『誤』，乙、丙、庚、壬本同，丁、己、辛本作『設』，誤。

〔四二〕『校』，乙、丙、丁、己、庚、辛本同，壬本作『授』，誤。

〔四三〕『王』，丙、丁、己、庚、辛本同，乙本作『聖』。

參考文獻

《中國文化研究匯刊》四卷下，一九四四年，九五至一二四頁；《中國文化研究匯刊》五卷下，一九四五年，七一至一〇二頁（録）；《道教と佛教》，東京：日本學術振興會，一九五九年，四〇至七〇頁；《東洋學報》四二卷一號，一九五九年，三至四〇頁；《東洋學報》四二卷二號，一九五九年，五三至八五頁；《敦煌道經目録》，京都：法藏館，一九六〇年，五八至五九頁；《道教史の研究》，岡山大學，一九六四年，三四四至四三四頁；《スタイン將來大英博物館藏敦煌文獻分類目録・道教之部》，東京：東洋文庫，一九六九年，三一頁；《武内義雄全集》五卷，《老子篇》，東京：角川書店，一九七五年，三六至四八頁；《敦煌道經・目録編》，東京：福武書店，一九七八年，二四六至二五〇頁；《敦煌道經・圖録篇》，東京：福武書店，一九七九年，五〇九至五一〇頁（圖）；《敦煌寶藏》一册，臺北：新文豐出版公司，一九八一年，四〇七至四〇九頁（圖）；《講座敦煌・四・敦煌と中國道教》，東京：大東出版社，一九八三年，四一至四三頁；《世界宗教研究》一九八三年三期，一一五至一二二頁；《敦煌叢刊初集》七册，臺北：新文豐出版公司，一九八五年，二二九至二三三頁（圖）；《敦煌古籍敘録新編》一二册，臺北：新文豐出版公司，一九八六年，二五六至二六一頁（圖）；《英藏敦煌文獻》一卷，成都：四川人民出版社，一九九〇年，二一至二二頁（圖）；《英藏敦煌文獻》三卷，成都：四川人民出版社，一九九〇年，九五頁（圖）；《老子道德經河上公章句》附録二，北京：中華書局，一九九三年，三一三至三一九頁；《俄藏敦煌文獻》一〇册，上海古籍出版社，一九九八年，三〇頁（圖）；《俄藏敦煌文獻》一一册，上海古籍出版社，一九九九年，二〇三頁（圖）；《俄藏敦煌文獻》一二册，上海古籍出版社，二〇〇〇年，二八頁（圖）；《法藏敦煌西域文獻》一二册，上海古籍出版社，二〇〇〇年，五九至六〇頁（圖）；《法藏敦煌西域文獻》一三册，上海古籍出版社，二〇〇〇年，四七至四九、二三六至二三七頁（圖）；《法藏敦煌西域文獻》一四册，上海古籍出版社，二〇〇一年，六至七、一五六至一五七頁（圖）；《法藏敦煌西域文獻》一六册，上海古籍出版社，二〇〇一年，一二三至一二四頁（圖）；《敦煌道教文獻研究：綜述·目録·索引》，北京：中國社會科學出版社，二〇〇四年，一五八至一五九頁；《中華道藏》九册，北京：華夏出版社，二〇〇四年，一八五至一八七頁（録）；《敦煌本〈老子〉研究》，北京：中華書局，二〇〇七年，一〇六至一〇九頁；《英國國家圖書館藏敦煌遺書》二册，桂林：廣西師範大學出版社，二〇一一年，四九至五一頁（圖）。

斯七五背　雜寫（不）

釋文

不

説明

以上文字倒書於《老子道德經序訣》卷背，《敦煌寶藏》《英藏敦煌文獻》均未收，現予增收。同卷背尚有蔣孝琬朱筆數碼及『老子道德經序訣』，未録。

參考文獻

《英國國家圖書館藏敦煌遺書》二册，桂林：廣西師範大學出版社，二〇一一年，四九至五一頁（圖）。

斯七六　食療本草

釋文

（前缺）

疣蟲〔一〕、白蟲。按《經》〔二〕：久食損齒，令黑。其皮炙令黄，擣爲末，和棗肉爲丸，日服卅丸〔三〕，後以飯押〔四〕，斷赤白痢。又，久患赤白痢，腸肚絞痛，以醋石榴一個擣令碎〔五〕，布絞取汁〔六〕，空腹頓服之，立止。又，其花、葉陰乾，擣爲末，和鐵丹服之，一年白髮盡黑，益面紅色，仙家重此，不盡書其方。

木瓜，温。右主治霍亂〔七〕、澀痹〔八〕、風氣。又，頑痹人若吐逆下，病轉筋不止者，取枝葉煮湯，飲之，愈。亦去風氣〔九〕、消痰〔一〇〕。每欲霍亂時，但呼其名字。亦不可多食，損齒〔一一〕。又，臍下絞痛，可以木瓜一片，桑葉七枚炙，大棗三個中破，以水二大斗（升）〔一二〕，煮取半大斗（升），頓服之，即〔差〕〔一三〕。

胡桃，平。右不可多食，動痰〔一四〕。案《經》〔一五〕：除去風，潤脂肉，令人能食。不得多食之，計日月漸漸服食〔一六〕。通經絡氣血脈〔一七〕，黑人髭髮，毛落再生也。又，燒至煙蟲〔一八〕，研爲泥，和胡粉爲膏，拔去白髮，傅之〔一九〕，即黑毛髮生。又，仙家壓油，和詹〔糖〕香塗黄髮〔二〇〕，便黑如漆，光潤。初服日一顆〔二一〕，後隨日加一顆，至廿顆〔二二〕，定得骨細（肉）肉（細）潤〔二三〕。又方，一切痔病〔二四〕。案《經》〔二五〕：動風，益氣，發固疾〔二六〕。多喫不宜。

軟棗，平。多食動風，令人病冷氣，發咳嗽。

棐子〔二七〕，平。右主治五種痔，去三蟲，殺鬼毒惡疰〔二八〕。又，患寸白蟲人〔二九〕，日食七顆，經七日滿，其蟲盡消作水，即差〔三〇〕。按《經》〔三一〕：多食三升、二升佳，不發病。令人消食，助筋骨，安榮衛。補中益氣，明目〔三二〕，輕身。

蕪荑，平。右主治五内邪氣，散皮膚支節間風氣〔三三〕。能化食，去三蟲，逐寸白，散腹中冷氣。又，忠（患）熱瘡〔三四〕，爲末，和豬脂塗，差。又方，和白沙蜜治濕癬。又方，和馬酪治乾癬，和沙牛酪療一切瘑（瘡）〔三五〕。案《經》〔三六〕：作醬食之，甚香美，其功尤勝於榆人〔三七〕，唯陳久者更良〔三八〕。可少喫，多食發熱、心痛，爲其味辛之故。秋天食之宜人，長喫治五種痔病。又，殺腸惡蟲。

榆莢〔三九〕，平。右療小兒癇疾。又方，患石淋，莖又暴赤腫者〔四〇〕，榆皮三兩熟擣，和三年米醋，滓封莖上，日六七遍易。又方，治女人石癰，妒乳腫。案《經》〔四一〕：宜服丹石人，取葉煮食，時服一頓亦好。高昌人多擣白皮爲末，和菹菜食之〔四二〕，甚美。消食，利關節〔四三〕。又，其子可作醬，食之甚香，然稍辛辣。能助肺氣，殺諸蟲〔四四〕，下心腹間惡氣〔四五〕，内消之。陳滓者久服尤良。又，塗諸瘡癬，妙。又，卒冷氣心痛，食之，差。

吴茱萸，温。右主治心痛，下氣，除咳逆，去藏中冷〔四六〕。能温脾氣，消食。又方〔四七〕，生樹皮，上牙疼痛癢等立止。又，取茱萸一斗（升）〔四八〕，清酒五升，二味和煮，取半升，去滓，以汁微煖洗〔四九〕。如中風賊風〔五〇〕，口偏不能語者，取茱萸一升，美清酒四升，和煮四五沸，冷服之半升，日二服，得小汗爲差。案《經》〔五一〕：殺鬼毒尤良。又方，夫人衝冷風欲行房，陰縮不怒者，可取二七粒，〔嚼〕之良久〔五二〕，咽下津液，并用唾塗玉莖頭，即怒。又，閉目者名欓子，不宜食。又方，食魚骨在腹中，痛，煮汁一盞，服之即止。又，魚骨刺在肉中不出，及蛇骨者，以封其上，骨即爛出。又，奔豚氣衝心兼腳氣上者，可和生薑汁飲之，甚良。

蒲桃〔五三〕，平。右益藏氣〔五四〕，强志，療腸間宿水，調中。按《經》〔五五〕：不問土地，但取藤收之釀酒，皆得美好。其子不宜多食，令人心卒煩悶，猶如火燎。亦發黄病。凡熱疾後〔五六〕，不可食之，眼闇〔五七〕、骨熱，久成麻癤病。又方，其根可煮取濃汁飲之，〔止〕嘔噦及霍亂後惡心〔五八〕。又方，女人有娠〔五九〕，往往子上衝心，細細飲之，即止，其子便下，胎安好。

甜瓜，寒。右止渴，除煩熱〔六〇〕。多食令人陰下癢濕，生瘡。又，發瘧黄，動宿冷病。患癥瘕（癖）人不可食瓜〔六一〕。其瓜蒂，主治身面四支浮腫〔六二〕，殺蟲，去鼻中息肉〔六三〕，陰癉黄〔六四〕，及急黄。又，生瓜葉，擣取汁，治人頭不生毛髮者，塗之即生。案《經》〔六五〕：多食令人羸惙虚弱，脚手少力。其子熱，補中焦，宜人。其肉止渴，利小便，通三焦間擁寒（塞）氣〔六六〕。又方，瓜蒂七枚，丁香七枚，擣爲末，吹鼻中，少時治癰氣〔六七〕，黄汁即出，差。

越瓜，寒。右主治利陰陽，益腸胃，止煩渴，不可久食，發痢。案〔六八〕：此物動風，雖止渴，能發諸瘡，令人虚，脚弱〔六九〕，虚不能行〔七〇〕。小兒夏月不可與食，成痢，發蟲，令人腰脚冷，臍下痛。患時疾後不可食。不得和牛乳及酪食之〔七一〕。又，不可空腹和醋食之，令人心痛。

胡瓜，寒。不可多食，動風及寒熱。又，發痁瘧，兼積瘀血。案〔七二〕：多食令人虚熱上氣，生百病，消人陰，發瘡，及發痃氣，及脚氣，損血脈，天行後不可食。小兒食發痢。滑中，生甘（疳）蟲〔七三〕。又，不可和酪食之，必再發。又，擣根傅胡刺毒腫〔七四〕，甚良。

冬瓜，寒。右主治小腹水鼓脹。又，利小便，止消渴。又，其子主益氣，耐老，除心胸氣滿，消痰止煩。又，冬瓜子七斗（升），絹袋盛〔之〕〔七五〕，投三沸湯中，須臾〔出〕〔七六〕，曝乾。又〔七七〕，内湯中〔七八〕，如此三度，乃止，曝乾，與滑（清）苦酒浸之一宿〔七九〕，曝乾爲末，服之方寸匕，日二服，令人肥悦。又〔八〇〕，明目，延年不老。案《經》〔八一〕：壓丹石〔八二〕，去頭面熱風。又，熱發者服之良〔八三〕，患冷人勿食之，令人益瘦。取冬瓜一顆〔八四〕，和桐葉與豬食之一冬，更不食諸物，其豬肥長三四倍矣。又，煮食之，能鍊五藏精細〔八五〕。欲得肥者，勿食之，爲下氣。欲瘦小輕健者，食之甚健人。又，冬瓜人三升〔八六〕，退去皮殼，擣爲丸，空腹及食後各服廿丸〔八七〕，令人面滑靜如玉，可入面脂中用。

瓠子，冷。右主治消渴，患惡瘡〔八八〕、患腳氣，虛腫者不得食之，加甚。案《經》〔八九〕：治熱風，及服丹石人始可食之〔九〇〕，除此，一切人不可食也。患冷氣人食之，加甚。又發固疾〔九一〕。

蓮子，寒。右主治五藏不足〔九二〕，傷中氣絶，利益十二經脈，廿五絡血氣〔九三〕。生喫動氣，蒸熟爲上。又方〔九四〕，去心，曝乾爲末，著蠟及蜜，等分爲丸服，令不肥〔九五〕，學仙人最爲勝。若雁腹中中者〔九六〕，空腹服之七枚，身輕，能登高陟遠。採其雁之或糞於野田中〔九七〕，經年猶生〔九八〕。又〔九九〕，或於山巖石下息糞中者，不逢陰雨，數年不壞。又，諸飛鳥及猿猴藏之於石室之内，其猨鳥死後，經數百年者，取得之服，永世不老也。其子房及葉皆破血。又，根停久者，即有紫色。葉亦有褐色，多採食之，令人能變黑如瑿。

燕覆子〔一〇〇〕，平。右主利腸胃，令人能食，下三焦，除惡氣。和子食更良。江北人多不識此物，即南方人食之。又，主續五藏音聲及氣〔一〇一〕，使人足氣力。又，取枝葉煮飲服之，治卒氣奔絶，亦通十二經脈，其莖爲〔蓪〕草〔一〇二〕，利關節擁塞不通之氣〔一〇三〕，今北人只識蓮草〔一〇四〕，而不委子功。

樝子，平。右多食損齒及損筋。唯治霍亂轉筋〔一〇五〕，煮汁飲之。與木瓜功相似，而小者不如也。昔孔安國不識，而謂之不藏〔一〇六〕。今驗其形小，況相似。江南將爲果子，頓食之，其酸澀也〔一〇七〕。亦無所益〔一〇八〕，俗呼爲樢梨也〔一〇九〕。

藤梨，寒。右主下丹石，利五藏〔一一〇〕。其熟時，收取瓤，和蜜煎作煎〔一一一〕，服之，去煩熱，止消渴。久食發冷氣，損脾胃〔一一二〕。

羊（楊）梅〔一一三〕，温。右主〔和〕藏腑〔一一四〕，調腹胃，除煩潰（憒）〔一一五〕，消惡氣，去痰實。不可多食，損人筋。然斷下痢。又，燒爲灰，斷下痢。其味酸美，小有勝白梅。又，取乾者，常含一枚，咽其液，亦通利五藏，下少氣。若多食，損人筋骨，甚酸之物，是土地使然。若南人北，杏亦不食；北人南，梅亦不啖。皆是地氣鬱蒸，令煩潰（憒）〔一一六〕，好食斯物也。

覆盆子，平。右主益氣輕身，令人髮不白。其味甜酸。五月麥田中得者良。採其子於烈日中曬之，若天雨即爛，不堪收也。江東十月有懸鉤子，稍小，異形，氣味一同。然北地無懸鉤子，南方無覆盆子，蓋土地殊也。雖兩種則不是兩種之物，其功用亦相似。

藕，寒。右主補中焦〔一一七〕，養神，益氣力，除百病。久服輕身，耐寒，不飢，延年。生食則主治霍亂後虚渴〔一一八〕、煩悶、不能食。長服生肌肉，令人心喜悦。案《經》〔一一九〕：神仙家重之，功不可説。其子能益氣，即神仙之食，不可具説。凡産後諸忌，生冷物不食，唯藕不同生類也〔一二〇〕，爲能散血之故。但美即（肥）而已〔一二一〕，可以代糧。蒸食甚補益下焦〔一二二〕，令腸胃肥厚，益氣力。與蜜食相宜，令腹中不生蟲。仙家有貯石蓮子及乾藕經千年者，食之不飢，輕身能飛，至妙。世人何可得之？凡男子食，須蒸熟服之，生喫損血。

鷄頭子，寒。主温〔一二三〕，治風痹〔一二四〕、腰脊强直、膝痛，補中焦，益精，强志意，耳目聰明。作粉食之，甚好。此是長生之藥。與蓮實同食，令小兒不長大，故知長服當亦駐年。生食動少氣。可取蒸，於烈日中曝之，其皮殼自開。挼卻皮，取人食〔一二五〕，甚美。可候皮開，於臼中舂取末〔一二六〕。

菱實，平。右主治安中焦，補藏腑氣〔一二七〕，令人不飢。仙方亦蒸熟曝乾作末，和米食之〔一二八〕，休糧。凡水中之果，此物最發冷氣。不能治衆疾。損陰，令玉莖消衰。令人或腹脹者，以薑酒一盞，飲即消。含吴茱萸子，咽其液，亦消。

石蜜，寒。右心腹脹熱，口乾渴。波斯者良。注少許於目中，除去熱膜〔一二九〕，明目。蜀川者爲次。今東吴亦有，並不如波斯。此皆是煎甘蔗汁及牛膝（乳）汁〔一三〇〕，煎則細白耳。又，和棗肉及巨勝人作末爲丸〔一三一〕，每食後含一丸，如李核大，咽之津，潤肺氣，助五藏津。

沙糖，寒。右功體與石蜜同也。多食令人心痛，養三蟲，消肌肉，損牙齒，發疳匿

（匪）〔一三二〕，不可多服之。又，不可與鯽魚同食，成疳蟲。又〔一三三〕，不可共笋食之，笋不消〔一三四〕，成癥病，心腹痛，重不能行李（履）〔一三五〕。

芋，平。右主寬緩腸胃，去死肥（肌）〔一三六〕，令脂肉悦澤。白淨者無味，紫色者良，破氣。煮汁飲之，止渴。十月已後〔一三七〕，收之曝乾，冬蒸服，則不發病，餘外不可服。又，和魚煮爲羹〔一三八〕，甚下氣，補中焦，〔久〕〔食〕令人虛〔一三九〕，無氣力。此物但先肥而已。又，煮生芋汁，可洗垢膩衣，能潔白〔一四〇〕。又（下缺）

説明

此件首尾均缺，失題，王國維考出其爲唐孟詵所撰、張鼎增補之《食療本草》（參見《觀堂集林》二一卷，一至二頁）。此書的體例是先列藥名，次述該藥之藥性、主治、功效及禁忌，次列單方驗方，部分藥物還記述了採集、修治、地域差别和生活用途。一些藥物附有按語，馬繼興認爲這些按語當係張鼎補入的文字（參見《敦煌古醫籍考釋》，四一五頁），並推斷此件之抄寫時代在五代以前（參看《中國出土古醫書考釋與研究》）。

此件之藥名及『又方』『又』字等均用朱筆書寫，按語中之『按經』或『案經』二字之上多有朱點，其説明部分文字之首亦間有朱點，而記述藥名的文字字體略大，記述藥性的文字之字體略小。

此卷係由數種不同的紙粘接而成，紙的顏色及紙張的大小原來都不一樣。現在被人們當作正面的《食療本草》抄寫在烏絲欄内，上下留有較寬的天地，書法正規，所存部分均爲一人所書，内容連貫，間有朱筆。背面則内容、筆體、時代均不一致，有的紙張明顯被剪裁過，以至有的字只剩下了一半，有的文字在粘接紙張時被蓋住了一些。這表明背面的内容實際早於正面，時人是將人們已用過的廢紙剪裁整齊粘接起來，利用其背面來抄寫《食療本草》的。

早年翟理斯著録此件時，曾正確地將《食療本草》著録爲背面（參見 *Descriptive Catalogue of the Chinese Manuscripts from Tunhuang in the British Museum*, p. 247），大概在大英博物館製作縮微膠片時，改將《食療本草》作爲正面。現在，人們已經接受了這一改變，甚至原件的卷存方式都以《食療本草》爲正面了。

校記

〔一〕《敦煌古醫籍考釋》認爲此條係「石榴」之内容。

〔二〕「按」，《敦煌醫藥文獻輯校》釋作「案」，雖義可通而字誤。

〔三〕「卅」，《敦煌古醫籍考釋》《敦煌中醫藥全書》《敦煌醫藥文獻輯校》《英藏敦煌醫學文獻圖影與注疏》《中國出土古醫書考釋與研究》均釋作「三十」。

〔四〕「押」，《敦煌古醫籍考釋》《敦煌醫藥文獻輯校》《中國出土古醫書考釋與研究》均釋作「壓」，誤。

〔五〕「醋」，《英藏敦煌社會歷史文獻釋録·斯七六號〈食療本草〉補校》認爲是「酸」之誤，《英藏敦煌醫學文獻圖影與注疏》指出「醋」即「酸」之意，近是。

〔六〕「取」，《敦煌醫藥文獻輯校》漏録。

〔七〕「右」，《中國出土古醫書考釋與研究》釋作「上」，誤。以下同，不另出校。

〔八〕「澀」，《敦煌醫藥文獻輯校》釋作「澁」，誤，《英藏敦煌社會歷史文獻釋録・斯七六號〈食療本草〉補校》認爲是「濕」之誤。

〔九〕「亦」，《中國出土古醫書考釋與研究》釋作「不亦」，誤。

〔一〇〕「痰」，《敦煌中醫藥全書》釋作「疾」，誤。

〔一一〕「齒」，《中國出土古醫書考釋與研究》據《政和本草》補作「齒及骨」。

〔一二〕「斗」，當作「升」，據文義改，《敦煌古醫籍考釋》《敦煌中醫藥全書》《敦煌醫藥文獻輯校》《英藏敦煌醫學文獻圖影與注疏》《中國出土古醫書考釋與研究》均逕釋作「升」。以下同，不另出校。

〔一三〕「差」，據《嘉祐本草》注引「孟詵云」補，《敦煌醫藥文獻輯校》校補作「瘥」。

〔一四〕「痰」，《敦煌中醫藥全書》釋作「疾」，誤，《中國出土古醫書考釋與研究》補作「痰飲」。

〔一五〕「案」，《中國出土古醫書考釋與研究》釋作「按」，雖義可通而字誤。

〔一六〕「計」，《敦煌中醫藥全書》釋作「汁」，誤。

〔一七〕「氣」，《敦煌中醫藥全書》據《醫心方》校改作「潤」；「血」，《敦煌古醫籍考釋》認爲「血」前脱「潤」字。

〔一八〕「至」，《敦煌中醫藥全書》釋作「盡」，校改作「至」，誤；「盡」，《敦煌中醫藥全書》釋作「至」，校改作「盡」，誤。

〔一九〕「傅」，《敦煌中醫藥全書》校改作「敷」，按不改亦可通，《敦煌古醫籍考釋》《敦煌醫藥文獻輯校》《中國出土古醫書考釋與研究》釋作「敷」。

〔二〇〕「糖」，《英藏敦煌社會歷史文獻釋録・斯七六號〈食療本草〉補校》據文義校補。

〔二一〕「日」，《敦煌中醫藥全書》認爲底本脱，誤。

〔二二〕「廿」，《敦煌古醫籍考釋》《敦煌醫藥文獻輯校》《中國出土古醫書考釋與研究》釋作「二十」。

〔二三〕『骨』，《英藏敦煌醫學文獻圖影與注疏》校補作『骨肉』；『細』，當作『肉』，《英藏敦煌社會歷史文獻釋録·斯七六號〈食療本草〉補校》據文義校改；『肉』，當作『細』，《英藏敦煌社會歷史文獻釋録·斯七六號〈食療本草〉補校》據文義校改，《英藏敦煌醫學文獻圖影與注疏》校改作『膩』；『潤』，《英藏敦煌醫學文獻圖影與注疏》校補作『光潤』。

〔二四〕此句前《敦煌古醫籍考釋》《中國出土古醫書考釋與研究》校補『能差』二字，《英藏敦煌社會歷史文獻釋録·斯七六號〈食療本草〉補校》認爲當補『治』字。

〔二五〕『案』，《中國出土古醫書考釋與研究》釋作『按』，雖義可通而字誤。

〔二六〕『固』，《英藏敦煌醫學文獻圖影與注疏》校改作『痼』，按『固』通『痼』，不煩校改，《敦煌古醫籍考釋》《敦煌醫藥文獻輯校》《中國出土古醫書考釋與研究》逕釋作『痼』。

〔二七〕『棐』，《敦煌古醫籍考釋》《敦煌中醫藥全書》《敦煌醫藥文獻輯校》釋作『榧』，雖義可通而字誤。

〔二八〕『毒惡疰』，《英藏敦煌社會歷史文獻釋録·斯七六號〈食療本草〉補校》認爲當作『疰惡毒』。

〔二九〕『人』，《敦煌中醫藥全書》認爲係衍文。

〔三〇〕『差』，《敦煌醫藥文獻輯校》釋作『瘥』，《敦煌中醫藥全書》釋作『差』，校改作『瘥』，均誤。以下同，不另出校。

〔三一〕『按』，《敦煌中醫藥全書》《敦煌醫藥文獻輯校》釋作『案』，雖義可通而字誤。

〔三二〕『目』，《中國出土古醫書考釋與研究》認爲底本作『日』，並校改作『目』，誤。

〔三三〕『支』，《英藏敦煌醫學文獻圖影與注疏》校改作『肢』，按『支』通『肢』，不煩校改，《敦煌醫藥文獻輯校》逕釋作『肢』。

〔三四〕『忠』，當作『患』，《敦煌中醫藥全書》據文義校改，《敦煌古醫籍考釋》《敦煌醫藥文獻輯校》《中國出土古醫書考釋與研究》逕釋作「患」。

〔三五〕「㾦」，當作「瘡」，《敦煌古醫籍考釋》據相關醫學文獻校改，《敦煌中醫藥全書》逕釋作「瘡」。

〔三六〕「案」，《中國出土古醫書考釋與研究》釋作「按」，雖義可通而字誤。

〔三七〕「人」，《敦煌中醫藥全書》校改作「仁」，按「人」通「仁」，不煩校改，《敦煌古醫籍考釋》《敦煌醫藥文獻輯校》《中國出土古醫書考釋與研究》逕釋作「仁」。

〔三八〕「唯」，《敦煌醫藥文獻輯校》《英藏敦煌醫學文獻圖影與注疏》釋作「惟」，雖義可通而字誤。

〔三九〕「莢」，《英藏敦煌社會歷史文獻釋録·斯七六號〈食療本草〉補校》疑其爲「英」之誤。

〔四〇〕「又」，底本係朱筆。

〔四一〕「案」，《中國出土古醫書考釋與研究》釋作「按」，雖義可通而字誤。

〔四二〕「葅」，《英藏敦煌醫學文獻圖影與注疏》校改作「菹」，按「葅」同「菹」，不煩校改，《敦煌古醫籍考釋》《敦煌醫藥文獻輯校》逕釋作「菹」。

〔四三〕「關」，《敦煌中醫藥全書》釋作「開」，校改作「關」，誤。

〔四四〕「殺」，《敦煌醫藥文獻輯校》釋作「共」，誤。

〔四五〕「下」，《敦煌古醫籍考釋》《中國出土古醫書考釋與研究》據《嘉祐本草》認爲其後脱「氣，令人能食。又」等字。

〔四六〕「藏」，《英藏敦煌醫學文獻圖影與注疏》校改作「臟」，按「藏」通「臟」，不煩校改，《敦煌古醫籍考釋》《敦煌醫藥文獻輯校》《中國出土古醫書考釋與研究》逕釋作「臟」。

〔四七〕「方」，《敦煌醫藥文獻輯校》漏録。

〔四八〕「取」，《中國出土古醫書考釋與研究》據《嘉祐本草》認爲其前脱「患風瘙癢痛者」等字。

〔四九〕「煖」，《敦煌醫藥文獻輯校》釋作「暖」，誤。《英藏敦煌社會歷史文獻釋録・斯七六號〈食療本草〉補校》認爲「煖」應在「汁」前。

〔五〇〕第一個「風」，據《證類本草》卷一三引「孟詵云」係衍文，當删。

〔五一〕「案」，《敦煌醫藥文獻輯校》釋作「又案」，誤，《中國出土古醫書考釋與研究》釋作「按」，雖義可通而字誤。

〔五二〕「嚼」，《敦煌古醫籍考釋》據《嘉祐本草》校補。

〔五三〕「蒲桃」，《敦煌醫藥文獻輯校》校改作「葡萄」，按「蒲桃」即「葡萄」，不煩校改。

〔五四〕「藏」，《英藏敦煌醫學文獻圖影與注疏》校改作「臟」，按「藏」通「臟」，不煩校改，《敦煌古醫籍考釋》《敦煌醫藥文獻輯校》《中國出土古醫書考釋與研究》逕釋作「臟」。

〔五五〕「按」，《敦煌中醫藥全書》《敦煌醫藥文獻輯校》釋作「案」，雖義可通而字誤。

〔五六〕「後」，《敦煌醫藥文獻輯校》漏録。

〔五七〕「闇」，《敦煌醫藥文獻輯校》校改作「暗」，按「闇」有「暗」義，不煩校改，《敦煌古醫籍考釋》《敦煌中醫藥全書》逕釋作「暗」。

〔五八〕「止」，《敦煌古醫籍考釋》據《嘉祐本草》校補。

〔五九〕「娠」，《敦煌中醫藥全書》釋作「妊」，誤。

〔六〇〕「熱」，《敦煌中醫藥全書》漏録。

〔六一〕「瘕」，當作「癖」，《英藏敦煌社會歷史文獻釋録・斯七六號〈食療本草〉補校》據《本草綱目》校改。

〔六二〕「支」，《敦煌中醫藥全書》校改作「肢」，按「支」通「肢」，不煩校改，《敦煌古醫籍考釋》《敦煌醫藥文獻輯校》逕釋作「肢」。

〔六三〕「息」，《英藏敦煌醫學文獻圖影與注疏》校改作「瘜」，按「息」通「瘜」，不煩校改，《敦煌醫藥文獻輯校》逕釋作「瘡」。

〔六四〕「陰」，《英藏敦煌社會歷史文獻釋録·斯七六號〈食療本草〉補校》疑「陰」後脱「黄」字；「癉」，《敦煌醫藥文獻輯校》校改作「疸」，按「癉」字可通，不煩校改。

〔六五〕「案經」，《敦煌中醫藥全書》釋作「謹案」，《中國出土古醫書考釋與研究》「案」釋作「按」，雖義可通而字誤。

〔六六〕「擁」，《敦煌醫藥文獻輯校》釋作「壅」，誤；「寒」，當作「塞」，《敦煌古醫籍考釋》據《嘉祐本草》校改。

〔六七〕「時」，《敦煌中醫藥全書》疑當校改作「許」，《中國出土古醫書考釋與研究》釋作「時時」，誤；「癰」，《敦煌醫藥文獻輯校》釋作「壅」，誤。

〔六八〕「案」，《中國出土古醫書考釋與研究》補作「按經」，按不補亦可通。

〔六九〕「腳」，《英藏敦煌醫學文獻圖影與注疏》據《證類本草》認爲係衍文，當删，《英藏敦煌社會歷史文獻釋録·斯七六號〈食療本草〉補校》認爲「腳」應屬下句。

〔七〇〕「虚」，《英藏敦煌社會歷史文獻釋録·斯七六號〈食療本草〉補校》《英藏敦煌醫學文獻圖影與注疏》認爲係衍文，當删。

〔七一〕「和」，《敦煌醫藥文獻輯校》漏録；「食」，《敦煌中醫藥全書》釋作「令人食」，誤。

〔七二〕「案」，《敦煌中醫藥全書》釋作「按」，雖義可通而字誤，《中國出土古醫書考釋與研究》補作「按經」，按不補亦可通。

〔七三〕「甘」，當作「疳」，據文義改，「甘」爲「疳」之借字，《敦煌古醫籍考釋》《敦煌醫藥文獻輯校》《英藏敦煌醫學文獻圖影與注疏》《中國出土古醫書考釋與研究》逕釋作「疳」。

〔七四〕「傅」，《英藏敦煌醫學文獻圖影與注疏》校改作「敷」，按「傅」有「敷」義，不煩校改，《敦煌古醫籍考釋》《敦煌醫藥文獻輯校》《中國出土古醫書考釋與研究》逕釋作「敷」，《敦煌中醫藥全書》認爲底本無，校補作

「敷蜂」，誤。

〔七五〕「之」，《敦煌古醫籍考釋》據《嘉祐本草》校補。

〔七六〕「出」，《敦煌古醫籍考釋》據《嘉祐本草》校補。

〔七七〕「又」，《敦煌中醫藥全書》認爲係衍文。

〔七八〕「内」，《敦煌中醫藥全書》校改作「納」，按「内」同「納」，不煩校改。

〔七九〕「滑」，當作「清」，《敦煌古醫籍考釋》據《嘉祐本草》校改，《敦煌中醫藥全書》《中國出土古醫書考釋與研究》逕釋作「清」。

〔八〇〕「又」，《敦煌中醫藥全書》認爲係衍文。

〔八一〕「案經」，《敦煌中醫藥全書》釋作「謹案」，《中國出土古醫書考釋與研究》「案」釋作「按」，雖義可通而字誤。

〔八二〕「壓」，《中國出土古醫書考釋與研究》據《嘉祐本草》補作「食之壓」。

〔八三〕「良」，《敦煌中醫藥全書》認爲底本無並校補，誤。

〔八四〕「取」，《敦煌醫藥文獻輯校》釋作「又取」，誤。

〔八五〕「錬」，《敦煌古醫籍考釋》《敦煌醫藥文獻輯校》釋作「煉」，誤；「藏」，《英藏敦煌醫學文獻圖影與注疏》校改作「臟」，按「藏」通「臟」，不煩校改，《敦煌古醫籍考釋》《敦煌醫藥文獻輯校》逕釋作「臟」；「精細」，《敦煌中醫藥全書》疑爲衍文。

〔八六〕「人」，《敦煌古醫籍考釋》《敦煌中醫藥全書》《敦煌醫藥文獻輯校》《英藏敦煌醫學文獻圖影與注疏》《中國出土古醫書考釋與研究》均釋作「仁」，雖義可通而字誤。

〔八七〕「廿」，《敦煌古醫籍考釋》《敦煌中醫藥全書》《敦煌醫藥文獻輯校》《中國出土古醫書考釋與研究》均釋作「二十」。

〔八八〕『患』，《敦煌中醫藥全書》認爲係衍文。

〔八九〕『案』，《中國出土古醫書考釋與研究》釋作『按』，雖義可通而字誤。

〔九〇〕『及』，《敦煌中醫藥全書》釋作『又及』，誤；『食』，《敦煌中醫藥全書》釋作『服』，校改作『食』，誤。

〔九一〕『固』，《敦煌中醫藥全書》校改作『痼』，按『固』通『痼』，不煩校改，《敦煌古醫籍考釋》《敦煌醫藥文獻輯校》《中國出土古醫書考釋與研究》均逕釋作『痼』。

〔九二〕『藏』，《英藏敦煌醫學文獻圖影與注疏》校改作『臟』，按『藏』通『臟』，不煩校改，《敦煌古醫籍考釋》《敦煌醫藥文獻輯校》《中國出土古醫書考釋與研究》均逕釋作『臟』。

〔九三〕『廿』，《敦煌古醫籍考釋》《敦煌中醫藥全書》《敦煌醫藥文獻輯校》《英藏敦煌醫學文獻圖影與注疏》《中國出土古醫書考釋與研究》均釋作『二十』。

〔九四〕『方』，《敦煌醫藥文獻輯校》漏録。

〔九五〕『肥』，《敦煌中醫藥全書》據《政和本草》校改作『飢』。

〔九六〕第二個『中』，《敦煌古醫籍考釋》《中國出土古醫書考釋與研究》據《嘉祐本草》認爲係衍文，當删。

〔九七〕『或』，《敦煌古醫籍考釋》《中國出土古醫書考釋與研究》認爲係衍文，當删，《敦煌中醫藥全書》《敦煌醫藥文獻輯校》漏録。

〔九八〕『經』，《敦煌中醫藥全書》釋作『終』，校改作『經』，誤。

〔九九〕『又』，《敦煌中醫藥全書》認爲係衍文。

〔一〇〇〕『蕧』，《敦煌中醫藥全書》《敦煌醫藥文獻輯校》釋作『覆』，《敦煌古醫籍考釋》《中國出土古醫書考釋與研究》釋作『蕧』。

〔一〇一〕『藏』，《英藏敦煌醫學文獻圖影與注疏》校改作『臟』，按『藏』通『臟』，不煩校改，《敦煌古醫籍考釋》《敦煌醫藥文獻輯校》《中國出土古醫書考釋與研究》均逕釋作「臟」。

〔一〇二〕「蓪」，據下文補，《敦煌古醫籍考釋》《敦煌中醫藥全書》《敦煌醫藥文獻輯校》《英藏敦煌醫學文獻圖影與注疏》《中國出土古醫書考釋與研究》校補作「通」。

〔一〇三〕「擁」，《敦煌醫藥文獻輯校》釋作「壅」，誤。

〔一〇四〕「蓪」，《英藏敦煌醫學文獻圖影與注疏》校改作「通」，按不改亦可通，《敦煌古醫籍考釋》《敦煌中醫藥全書》《敦煌醫藥文獻輯校》逕釋作「通」。

〔一〇五〕「唯」，《敦煌醫藥文獻輯校》《英藏敦煌醫學文獻圖影與注疏》釋作「惟」，雖義可通而字誤。

〔一〇六〕「藏」，《敦煌古醫籍考釋》《敦煌醫藥文獻輯校》《中國出土古醫書考釋與研究》釋作「臧」，《敦煌中醫藥全書》釋作「臧」，校改作「藏」，誤。

〔一〇七〕「澀」，《敦煌醫藥文獻輯校》釋作「濇」，誤。

〔一〇八〕「所」，《敦煌醫藥文獻輯校》漏録。

〔一〇九〕「樼」，《敦煌中醫藥全書》釋作「楂」。

〔一一〇〕「藏」，《英藏敦煌醫學文獻圖影與注疏》校改作「臟」，按「藏」通「臟」，不煩校改，《敦煌古醫籍考釋》《敦煌醫藥文獻輯校》《中國出土古醫書考釋與研究》逕釋作「臟」。以下同，不另出校。

〔一一一〕第二個「煎」，《敦煌醫藥文獻輯校》釋作「膏」，誤，《敦煌中醫藥全書》校改作「膏」，按此「煎」指湯劑，不煩校改。

〔一一二〕「脾」，《敦煌中醫藥全書》認爲「脾」前衍一「痹」字，按底本確有「痺」字，但該字旁有删除符號，應不録。

〔一一三〕「羊」，當作「楊」，《英藏敦煌醫學文獻圖影與注疏》據文義校改，「羊」爲「楊」之借字，《敦煌醫藥文獻輯校》《中國出土古醫書考釋與研究》逕釋作「楊」。

〔一一四〕「主」，《英藏敦煌醫學文獻圖影與注疏》校改作「和」；「和」，《敦煌古醫籍考釋》據《嘉祐本草》校補。

〔一一五〕「潰」，當作「憒」，《敦煌古醫籍考釋》據《嘉祐本草》校改，《敦煌醫藥文獻輯校》逕釋作「憒」。

〔一一六〕「潰」，當作「憒」，《敦煌醫粹》據《證類本草》校改，《敦煌醫藥文獻輯校》《英藏敦煌醫學文獻圖影與注疏》逕釋作「憒」。

〔一一七〕「補」，《敦煌中醫藥全書》釋作「外」，誤。

〔一一八〕「後」，《敦煌醫藥文獻輯校》漏録，《敦煌中醫藥全書》認爲底本無，校補作「後」，誤。

〔一一九〕「案」，《敦煌中醫藥全書》《中國出土古醫書考釋與研究》釋作「按」，雖義可通而字誤。

〔一二〇〕「唯」，《敦煌醫藥文獻輯校》釋作「惟」，誤。

〔一二一〕「即」，當作「肥」，據文義改。此句《敦煌中醫藥全書》疑爲衍文。

〔一二二〕「蒸」，《敦煌古醫籍考釋》《敦煌醫藥文獻輯校》校補作「又蒸」；「益」，《敦煌古醫籍考釋》認爲其後脱「五臟」，《中國出土古醫書考釋與研究》據《嘉祐本草》認爲當脱「五臟實」等字。

〔一二三〕「主温」，《敦煌中醫藥全書》疑爲衍文。

〔一二四〕「風」，《英藏敦煌社會歷史文獻釋録・斯七六號〈食療本草〉補校》認爲係「濕」之誤。

〔一二五〕「人」，《敦煌古醫籍考釋》《敦煌中醫藥全書》《敦煌醫藥文獻輯校》《英藏敦煌醫學文獻圖影與注疏》《中國出土古醫書考釋與研究》均釋作「仁」，雖義可通而字誤。

〔一二六〕「於」，《敦煌古醫籍考釋》《敦煌中醫藥全書》釋作「木」，誤。

〔一二七〕「藏」，《敦煌中醫藥全書》《中國出土古醫書考釋與研究》釋作「臟」，雖義可通而字誤。

〔一二八〕「米」，《英藏敦煌醫學文獻圖影與注疏》校改作「蜜」。

〔一二九〕「膜」，《敦煌中醫藥全書》釋作「翳」，誤。
〔一三〇〕「膝」，當作「乳」，《敦煌古醫籍考釋》據《嘉祐本草》校改。《英藏敦煌社會歷史文獻釋録·斯七六號〈食療本草〉補校》認爲「牛膝汁」係「牛乳」之誤。
〔一三一〕「人」，《敦煌古醫籍考釋》《敦煌醫藥文獻輯校》《英藏敦煌醫學文獻圖影與注疏》《中國出土古醫書考釋與研究》均釋作「仁」，雖義可通而字誤，《敦煌中醫藥全書》校改作「仁」，按「人」通「仁」，不煩校改。
〔一三二〕「匿」，底本原寫作「瘽」，係涉上文而成之類化俗字，當作「匜」，據《證類本草》卷二三所引《食療本草》改。
〔一三三〕「又」，《敦煌古醫籍考釋》《中國出土古醫書考釋與研究》據《嘉祐本草》認爲其前脱「又，不與葵同食，生流澼」等字。
〔一三四〕「笄」，《敦煌古醫籍考釋》《中國出土古醫書考釋與研究》據《嘉祐本草》補作「使笄」。
〔一三五〕「重」，《敦煌古醫籍考釋》《中國出土古醫書考釋與研究》據《嘉祐本草》補作「身重」；「李」，當作「履」，《敦煌古醫籍考釋》據《嘉祐本草》校改，「李」爲「履」之借字，《敦煌醫藥文獻輯校》逕釋作「履」。
〔一三六〕「肥」，當作「肌」，《敦煌古醫籍考釋》據《醫心方》校改，《敦煌醫藥文獻輯校》逕釋作「肌」。
〔一三七〕「已」，《敦煌中醫藥全書》據《政和本草》校改作「以」，按不改亦可通。
〔一三八〕「魚」，《敦煌醫藥文獻輯校》《中國出土古醫書考釋與研究》補作「鯽魚鱧魚」。
〔一三九〕「久食」，《敦煌古醫籍考釋》據《嘉祐本草》校補。
〔一四〇〕「白」，《敦煌古醫籍考釋》《中國出土古醫書考釋與研究》據《嘉祐本草》認爲其後脱「如玉」二字。

參考文獻

《觀堂集林》二一卷，湖州：烏程蔣氏，一九二一年，一至二頁；《敦煌石室古本草》，上海：大東書局，一九三一年；《浙江省立圖書館刊》一九三五年四卷五期，一至六頁；Giles, *BSOS*, 10. 2（1940）,pp. 332－333；《真知學報》一九四二年二期，四三頁；*Descriptive Catalogue of the Chinese Manuscripts from Tunhuang in the British Museum*, The Trustees of the British Museum, London 1957, p. 247；《新中醫藥》一九五七年五期，一六至一八頁；《醫學史與保健組織》一九五八年二卷四期，三一五頁；《敦煌古籍敘録》，北京：商務印書館，一九五八年，一五四至一五七頁；《敦煌學輯刊》一九八一年二期，五一頁；《敦煌寶藏》一册，臺北：新文豐出版公司，一九八一年，四〇九至四一二頁（圖）；《敦煌學輯刊》一九八五年二期，一二〇頁；《敦煌叢刊初集》七册，臺北：新文豐出版公司，一九八五年，一〇七至一一八頁（録）、一一九至一二二頁；《敦煌古籍敘録新編》八册，臺北：新文豐出版公司，一九八六年，一三九至一五七頁；《一九八三年全國敦煌學術討論會文集·文史遺書編上》，蘭州：甘肅人民出版社，一九八七年，三八九至四〇四、四一一頁；《敦煌古醫籍考釋》，南昌：江西科學技術出版社，一九八八年，四一四至四二九頁（録）；《敦煌醫粹》，貴陽：貴州人民出版社，一九八八年，二一五至二四四頁（録）；《敦煌民俗學》，上海文藝出版社，一九八九年，三二〇至三二五頁；《英藏敦煌文獻》一卷，成都：四川人民出版社，一九九〇年，二三至二五頁（圖）；《敦煌研究》一九九一年四期，一〇一頁；《敦煌中醫藥全書》，北京：中醫古籍出版社，一九九四年，三六八至三八〇頁（録）；《敦煌文獻研究》，蘭州：甘肅文化出版社，一九九五年，二〇六至二〇七頁；《敦煌醫藥文獻輯校》，南京：江蘇古籍出版，一九九八年，六七三至六八六頁（録）；《英國國家圖書館藏敦煌遺書》二册，桂林：廣西師範大學出版社，二〇一一年，五二至五八頁（圖）；《英藏敦煌醫學文獻圖影與注疏》，北京：人民衛生出版社，二〇一二年，一八九至一九六頁（圖、録）；《中國出土古醫書考釋與研究》，上海科學技術出版社，二〇一五年，七四七至七六一頁（録）。

斯七六背　一　長興五年（公元九三四年）正月一日行首陳魯佾牒

釋文

行首陳魯佾〔一〕

右魯佾謹在

衙門隨例祗候

賀，伏聽

處分。

牒件狀如前〔二〕，謹牒。

長興五年正月一日行首陳魯佾牒。

説明

此件及以下各件均抄於《食療本草》的背面（實際應爲正面，參看以上《食療本草》説明），但全卷是由四種不同的紙粘接而成。各紙的時代、書寫地點、内容及書寫者都不一樣。此件與其後的兩件『攝茶陵縣令將仕郎試大理評事譚兒（？）狀』屬於同一種紙，此紙原比現在高，粘接者爲了使其與較低的紙一致，將其上沿剪掉了一截，故此件之『行』『牒』等字都被剪去了一半，只剩半個字了。此件雖與其後的兩件『攝茶陵縣令將仕郎試大理評事譚兒（？）狀』屬於同一種紙，但筆跡與兩狀不同，爲另一人所書。而且，這三紙也並非原來就連在一起，也是後來被人粘接而成。因爲第一件狀之最後一行有的字已被粘接者壓住一些，如果是在已粘接好的紙上書寫，絶不會發生以上情況。

以上情況表明，此件與兩件『攝茶陵縣令將仕郎試大理評事譚兒（？）狀』所用之紙係來自一地；兩狀爲同一人所書，書於同一年；此件爲另一人所書，其書寫地點應與兩狀相同，書於長興五年（公元九三四年）；這三件的書寫年代均早於另一面的《食療本草》。

此件紙張前缺，殘缺處留有半殘行文字，屬於另紙，粘接在此件所在紙上，殘存文字難以準確辨識。此件中之『行首』應爲諸行之首領。有學者認爲此即沙州諸行之『行首』，並用以論證沙州畫行的情況（參見姜伯勤《唐五代敦煌寺户制度》，二八八頁；《敦煌的『畫行』與『畫院』》，載《一九八三年全國敦煌學術討論會文集·石窟藝術編》下，一八一頁；《敦煌藝術宗教與禮樂文明》，二一至二二頁）。但因此件與兩件『攝茶陵縣令將仕郎試大理評事譚兒（？）狀』均屬外地流入敦煌的文書，自然不能用其來説明敦煌的情況。張小艷認爲此件是一件實用的『參賀門狀』（參見《敦煌文獻中所見『門狀』的形制》，《文獻》二〇〇四年四期，八二頁）。

校記

〔一〕『行』，據殘筆劃及文義補；『佾』，《英國國家圖書館藏敦煌遺書》『條記目録』釋作『修』，誤，以下同，不另出校。

〔二〕『牒』，據殘筆劃及文義補，《唐五代敦煌寺户制度》釋作『條』，誤。

參考文獻

Descriptive Catalogue of the Chinese Manuscripts from Tunhuang in the British Museum, The Trustees of the British Museum, London 1957, p. 247 ；《東方學報》四五册，京都大學人文科學研究所，一九七三年，四一六至四一七頁；《敦煌寶藏》一册，臺北：新文豐出版公司，一九八一年，四一三頁（圖）；《敦煌古籍敘録新編》七册，臺北：新文豐出版公司，一九八六年，三一九頁；《一九八三年全國敦煌學術討論會文集·石窟藝術編》下，蘭州：甘肅人民出版社，一九八七年，一八一頁（録）；《唐五代敦煌寺户制度》，北京：中華書局，一九八七年，二八八頁（録）；《敦煌研究》一九九〇年一期，四六頁（録）；《英藏敦煌文獻》一卷，成都：四川人民出版社，一九九〇年，二六頁（圖）；《敦煌藝術宗教與禮樂文明》，北京：中國社會科學出版社，一九九六年，二一至二二頁（録）；《文獻》二〇〇四年三期，八二頁（録）；《英國國家圖書館藏敦煌遺書》二册，桂林：廣西師範大學出版社，二〇一一年，五九頁（圖）、『條記目録』三頁（録）。

斯七六背　二　某年正月四日攝茶陵縣令譚兒（？）狀

釋文

鵝兩隻〔一〕

米壹碩，
鵝兩隻，
蘿蔔貳拾斤〔二〕，
新笋伍拾莖，
麵叁斗。
　右謹專送
上，聊充歸
宅日所費。伏惟
檢到，謹狀。

正月四日攝茶陵縣令將仕郎試大理評事譚　兒（？）狀〔三〕。

説明

此件首尾完整，上沿略殘，最後一行『兒（？）』字爲簽押，另筆所書。『正月四日』上鈐有長方形朱印。

校記

〔一〕『鵝兩隻』，此三字似不屬於此件，因以下正文中有相同内容。疑此三字係書寫前書寫者試筆所爲。
〔二〕『萄』，《英國國家圖書館藏敦煌遺書》『條記目録』釋作『葡』，誤。
〔三〕在『月四日攝茶』等字之上，鈐蓋長方形朱印一枚，印文不清。

參考文獻

《敦煌寶藏》一册，臺北：新文豐出版公司，一九八一年，四一三頁（圖）；《敦煌古籍敘録新編》七册，臺北：新文豐出版公司，一九八六年，三二一至三二二頁（圖）；《英藏敦煌文獻》一卷，成都：四川人民出版社，一九九〇年，二六頁（圖）；《英國國家圖書館藏敦煌遺書》二册，桂林：廣西師範大學出版社，二〇一一年，五九頁（圖）、『條記目録』三頁（録）。

斯七六背　三　某年十一月十六日攝茶陵縣令譚兒（？）狀

釋文

新暖子壹領〔一〕，并入綿捌兩。
右謹專送
上，伏惟
檢到。謹狀。
十一月十六日攝茶陵縣令將仕郎試大理評事譚　兒（？）狀。

説明

此件首尾完整，最後一行『兒（？）』字爲簽押，另筆所書。『茶陵縣』上似鈐有印章。

校記

〔一〕『領』，《英國國家圖書館藏敦煌遺書》『條記目録』疑當作『頂』。

參考文獻

《敦煌寶藏》一册，臺北：新文豐出版公司，一九八一年，四一三頁（圖）；《敦煌古籍敘録新編》七册，臺北：新文豐出版公司，一九八六年，三三一至三三二頁（圖）；《英藏敦煌文獻》一卷，成都：四川人民出版社，一九九〇年，二六頁（圖）；《英國國家圖書館藏敦煌遺書》二册，桂林：廣西師範大學出版社，二〇一一年，五九頁（圖）、『條記目録』三頁（録）。

斯七六背　四　前吉州館驛巡官劉廷堅詩二首

釋文

觀岳壽寺松因課留題〔一〕

前吉州館驛巡官將仕郎前守常州晉陵縣尉劉廷堅上

植來高節幾經霜，濃翠穿雲出上方。
花界靜標千樹秀，禪心閑對四時涼。
根磻（蟠）蘚石龍形老〔二〕，乳滴金沙琥珀香。
爲愛奇材看不盡，題詩留在遠公房。

寓止觀中因抒感懷一首

廷堅〔三〕

伯陽宫館好煙霞，知換浮生幾歲華？
雖訪靈芝身不遠，未逢真訣道還賒。

玉清難測無窮景，金露能催有限花。
直待總抛榮辱了，始應親近得仙家。

說明

此件所用紙與其他各件不同，僅一紙，紙色發黄，紙幅較低。不能確定是中原流入敦煌的劉廷堅詩，還是敦煌人抄寫的劉廷堅詩。張子開認爲第一首詩通過摹寫佛寺松樹而歌贊修禪，第二首詩流露的是遊歷道家宫觀時産生的出世思想（參見《敦煌文獻中的白話禪詩》，《敦煌學輯刊》二〇〇三年一期，九〇頁）。

校記

〔一〕「岳」，《敦煌遺書總目索引新編》釋作「丘」，誤。

〔二〕「磻」，當作「蟠」，《〈補全唐詩〉校記》據文義校改，《敦煌遺書總目索引》《敦煌遺書總目索引新編》均逕釋作「蟠」。

〔三〕「廷堅」，《敦煌詩集殘卷輯考》據前文校補作「劉廷堅」。

參考文獻

《敦煌寶藏》一册，臺北：新文豐出版公司，一九八一年，四一四頁（圖）；《華岡文科學報》一九八一年一三期，二〇四至二〇五頁；《全唐詩外編》上，北京：中華書局，一九八二年，四五至四六頁；《敦煌遺書總目索引》，北京：中華書局，一九八三年，一一〇頁（録）；《敦煌學論集》，蘭州：甘肅人民出版社，一九八五年，八〇頁；《英藏敦煌文獻》一卷，成都：四川人民出版社，一九九〇年，二七頁（圖）；《敦煌遺書總目索引新編》，北京：中華書局，二〇〇〇年，三頁（録）；《敦煌詩集殘卷輯考》，北京：中華書局，二〇〇〇年，八四三頁（録）；《敦煌學輯刊》二〇〇三年一期，九〇頁；《全敦煌詩》七册，北京：作家出版社，二〇〇六年，三一〇八至三一一一頁（録）；《英國國家圖書館藏敦煌遺書》二册，桂林：廣西師範大學出版社，二〇一一年，五九至六〇頁（圖）、『條記目録』四頁（録）。

斯七六背　五　某年十二月廿四日潘夐（？）致秀才十三兄狀

釋文

夐（？）啓：江山相接，魚雁不疏，寓狀自乖，
休（羞）慚倍切〔一〕。不審信後，
榮（？）侍外尊體何似〔二〕？伏計
吟詠之餘〔三〕，不移　清暢，在於祝望，
無以喻言。前者，伏蒙
十三兄眷私〔四〕，專垂　寵示，兼見寄
新詩，感激但銘於肺腑，鋪舒寧盡
於牋毫。今則未期披
霧，空切瞻祈，謹因信次，修狀

起居陳

謝。伏惟

照察，不宣。從表弟潘　夐（？）　狀拜上

十二月廿四〔五〕

秀才十三兄　閣下 謹空　所見盛詩，未敢　攀和。且容後信。夐（？）諮。

説明

此件首尾完整，上沿略殘，用紙及筆跡與其前後各件不同。其中之『榮侍外』見於著名的敦煌寫本『二娘子家書』法書。此件及以下各件書法均可稱，疑亦曾作爲法書流傳。

校記

〔一〕『休』，當作『羞』，據文義改，『休』爲『羞』之借字。

〔二〕『榮』，《英國國家圖書館藏敦煌遺書》『條記目録』疑當作『宋』。

〔三〕『吟』，據殘筆劃及文義補。

〔四〕『十』，據文義補。

〔五〕『四』，《英國國家圖書館藏敦煌遺書》『條記目録』釋作『四日』，誤。

參考文獻

《敦煌寶藏》一册，臺北：新文豐出版公司，一九八一年，四一四頁（圖）；《英藏敦煌文獻》一卷，成都：四川人民出版社，一九九〇年，二七頁（圖）；《英國國家圖書館藏敦煌遺書》二册，桂林：廣西師範大學出版社，二〇一一年，六〇頁（圖）、『條記目録』四頁（録）。

斯七六背　六　宗緒與從兄狀稿二通

釋文

□緒啓〔一〕：　宗緒伏自拜
逆，已逾數載，其於瞻渴，常切下情。蓋緣路
道阻遥，頻乖附狀
起居，每懷慚灼，筆幅何名。去夏
賢二郎　　顧訪，因話次便許　　三郎下鄉
伴讀。自到弊舍，是事索然。至於　　祇奉，
多有疏遺，伏計
巡官念以　　宗盟，未垂　　怪訝。今則鄉
中事併繁，又當收刈，久滯　　三郎，别修
事業，更俟　　寵榮。昨者專擬令人相送歸
高第，忽見　　二郎到，兼奉　　緘題，倍增銘

感。宗緒久緣拙患，未獲特詣
牆仞，祇候陳　謝，今因信次，附狀代申
卑懇，諸容續更有狀。伏惟
俯賜　鑒察，謹狀。

從弟宗緒　狀。

宗緒啓：自今夏非次干撓，
三郎久滯鄉中，是事乖闕，有少許束修，
猶未整辦，專爲收什，候
二郎到，一時分付。兼奉　處分，要醋，已分付
同送上。謹伏惟　照察〔二〕，謹狀。

從弟宗緒　狀。

兼蒙　處分，許借劉晏相公《政

事紀》，後信專望續卻送上。

宗緒再　諮上。

説明

以上二狀首尾完整，第一狀上沿略殘。兩狀筆跡相同，爲一人所書，分别書於兩紙之上（現已粘接在一起）。第一狀紙色略白，紙幅略高；第二狀紙色發黄。二狀均無月日，並有補字、衍文，疑爲狀稿。

校記

〔一〕『□』，《英國國家圖書館藏敦煌遺書》『條記目録』補作『宗』。

〔二〕『謹』，據文義係衍文，當删。

參考文獻

《敦煌寶藏》一册，臺北：新文豐出版公司，一九八一年，四一五頁（圖）；《敦煌古籍敘録新編》七册，臺北：新文豐出版公司，一九八六年，三二三至三二六頁；《英藏敦煌文獻》一卷，成都：四川人民出版社，一九九〇年，二八頁（圖）；《敦煌文學概論》，蘭州：甘肅人民出版社，一九九三年，四六七頁；《英國國家圖書館藏敦煌遺書》二册，桂林：廣西師範大學出版社，二〇一一年，六一頁（圖）、『條記目録』四頁（録）。

斯七六背　　七　鄉貢進士劉某狀

釋文

鄉貢進士劉〔一〕

右謹祇候，頂

謁

尊師，謹狀。　知，　十八日，　騫。

閏正月　日鄉貢進士劉。

説明

此件雖原另爲一紙，但與此前之狀屬於同一種紙，當屬同一來源。此件書法頗工，姓下以濃墨塗其名，似爲狀稿；但狀上又有另筆大字判文『知，十八日，騫』，這又是實用文書才會有的現象。姑存疑於此，以待高明。

校記

〔一〕『鄉』，據殘筆劃及文義補；『劉』，《英國國家圖書館藏敦煌遺書》『條記目録』釋作『劉某』，以下同，不另出校。

參考文獻

《敦煌寶藏》一册，臺北：新文豐出版公司，一九八一年，四一六頁（圖）；《英藏敦煌文獻》一卷，成都：四川人民出版社，一九九〇年，二八頁（圖）；《英國國家圖書館藏敦煌遺書》二册，桂林：廣西師範大學出版社，二〇一一年，六一至六二頁（圖）、『條記目録』四頁（録）。

斯七七+伯二六八八　莊子郭象注（外物）

釋文

（前缺）

有甚憂兩陷而無所逃〔一〕，苟不能忘形〔二〕，則隨形所遭而陷於憂樂〔三〕，左右無宜也〔四〕。蝀（蠹）蜳不得成〔五〕，矜之愈重，則所在爲難〔六〕，莫知所守，故不得成也〔七〕。心若懸於天地之間，企者〔八〕，高而闊也。慰暋沈屯，非清夷平暢者也〔九〕。利害相摩，生火甚多。內熱也〔一〇〕。衆人焚和，衆而遺利則和〔一一〕，若利害存懷，則其和焚矣〔一二〕。月固不勝火，大而闇則多累，小而明則知分也〔一三〕。於是乎有僓然而道盡。唯僓然無矜，遺形自得，道乃盡耳〔一四〕。

莊周家貧，故往貸粟於監河侯。監河侯曰：『諾。我將得邑金，將貸子三百金，可乎？』莊周忿然作色曰：『周昨來，有中道而呼者。周顧視車徹〔中〕〔一五〕，有鮒魚焉。周問之曰：「鮒魚來！子何爲者耶？」對曰：「我，東海之波臣也。君豈有升斗之水而活我哉〔一六〕？」周曰：「諾。我且南遊吴越之王，激西江之水而迎子，可乎？」鮒魚忿然作色曰：「吾失我常與，我無所處。吾得升斗之水然活耳〔一七〕，君乃言此，曾不如早索我於枯魚之肆！」』此言當理無小，苟其不當，雖大何益？

任公子爲大鉤巨緇，五十犗以爲餌，蹲會稽〔一八〕，投竿東海，旦旦而釣，朞年不得魚。已而大魚食之，牽巨鉤，錎没而下，騖揚而奮鬐，白波若山，海水震蕩，聲侔鬼神，憚赫千里。任公子得若魚，離而臘之，制河以東〔一九〕，倉梧以北〔二〇〕，莫不饜若魚者〔二一〕。已而後世輇才諷説之徒，皆驚而相告也。夫揭竿累，趨灌瀆〔二二〕，守鯢鮒，其於得大魚難矣。飾小説以干縣令，其於大達遠矣〔二三〕。是以未嘗聞任氏之風俗，其不可與經於世亦遠矣。此言志趣不同，故經世之宜，小大各有所適也。

儒以詩禮發冢。大儒臚傳曰：『東方作矣！事之何若？』小儒曰：『未解裙襦，口中有珠。《詩》固有之曰：青青之麥，生於陵陂。生不布施，死何用含珠爲〔二四〕？接其鬢，壓其顪〔二五〕，濡（儒）以金椎控其頤〔二六〕，徐别其頰，無傷口中珠。詩禮者，先王之陳跡也，苟非其人，道不虛行。故夫儒者乃有用之爲姦，則跡不足恃也。』

老萊子之弟子出薪，遇仲尼，反以告，曰：『有人於彼，脩上而趨下，長上而促下也。末僂而後耳，耳卻近而上僂也〔二七〕。視若營四海，視之儡然，似營他人事者，無忽忽也〔二八〕。不知其誰氏之子。』老萊子曰：『是丘也。召而來。』仲尼至。曰：『丘！去汝躬矜，與汝容知，斯爲君子矣。』謂仲尼能遺形去知，故可以爲君子也〔二九〕。仲尼揖而退，受其言也。

蹙然改容而問曰：『業可得進乎？』設問之，令老萊明其不可進也〔三〇〕。老萊子曰：『夫不忍一世之傷，而驁萬世之患，一世爲之，則其跡萬世爲患，故不可輕也。抑固窶耶，亡其略弗及耶？直任之，則民性不窶而皆自有，略無弗及之事矣〔三一〕。惠以歡爲驁，終身之醜，惠之而歡者，無惠則醜矣。然惠不可長，故一惠而終身醜也〔三二〕。中民之行進焉耳，言其易進也〔三三〕，則不可妄惠之矣〔三四〕。相引以名，相結以隱。隱，隱括也〔三五〕，進之之故也〔三六〕。與其譽堯而非桀，不如兩忘而閉其所譽〔三七〕。閉者，閉塞之也〔三八〕。反無非傷也，動無非邪也。順之則全，靜之則正矣〔三九〕。聖人躊躇以興事，以每成功，事不遠本，故其功每成也〔四〇〕。奈何哉其載焉〔終〕矜爾〔四一〕！矜不可載，故遺而弗有者也〔四二〕。』

宋元君夜半而夢人被髮窺阿門，曰：『予自宰路之淵，予爲清江使河伯之所，漁者余且得予。』元君覺，使人占之，曰：『此神龜也。』君曰：『漁者有余且乎？』左右曰：『有。』君曰：『令余且會朝。』明日，余且朝。君曰：『漁何得？』對曰：『且之罔得白龜〔四三〕，員五尺〔四四〕。』君曰：『獻若之龜。』龜至，君再欲煞之〔四五〕，再欲活之，心疑，卜之，曰：『煞龜以卜吉〔四六〕。』乃刳龜，七十鑽而無遺筴〔四七〕。仲尼曰：『神〔龜〕能見夢於元君〔四八〕，而不能避余且之罔；知能七十鑽而無遺筴〔四九〕，不能避刳腸之患。如是，則知有所困，神有所不及也。神知之不足恃也如是，夫唯靜然居其所而不營於外者爲全耳〔五〇〕。雖有至知，萬人謀之。不用其知而用衆謀也〔五一〕。魚不畏罔而畏鵜胡（鶘）〔五二〕。罔無情，故得魚也〔五三〕。去小智〔五四〕，大智明〔五五〕，小智自私，大智任物也〔五六〕。去而善而〔自〕善矣〔五七〕。去善則善無所慕，善無所慕，則善者不矯而自善矣〔五八〕。嬰兒生無碩師而能言〔五九〕，與能言者處也。汎然〔無〕習所自能者〔六〇〕，非企而學彼者也〔六一〕。』

惠子謂莊子曰：『子言無用。』莊子曰：『知無用而始可與言用矣。夫地非不廣且大也〔六二〕，人之所用容足耳。然則廁足而墊之致黄泉，人尚有用乎？』惠子曰：『無用。』莊子曰：『然則無用之爲用也亦明矣。聖應其内，當事而發；已言其外，以暢事情。情暢則事通，外明則内用，相須之理然也。』

莊子曰：『人有能遊，且得不遊乎？人而不能遊，且得遊乎？性之所能，不得不爲也；性所不能，不得强爲也〔六三〕。故聖人唯莫之制，則同焉皆得而不知所以得也。夫流遁之志，決絶之行，意〔六四〕，其非至知厚德之任與！非至厚則莫能任其志行而信其殊能也。覆墜而不反，火馳而不顧，人之所好，不避是非，死生以之也〔六五〕。雖相爲君臣〔六六〕，時也，易世而無以相賤。所以爲大齊同也〔六七〕。故至人不留行焉〔六八〕。唯所遇而因之，故能與化俱也〔六九〕。夫尊古而卑今，學者之流也。古無所尊，今無所卑，而學者尊古卑今〔七〇〕，失其原矣。爲且以狶韋之流觀今之世〔七一〕，夫孰能不波？隨時因物，乃平泯耳〔七二〕。唯至人能遊於世而不僻〔七三〕，當時應務，所在爲正。順人而不失己。本無我，何失焉〔七四〕！彼教不學，教因彼性，故非學也。承意不彼。彼意自然，故承而用之，則夫萬物各全其我也〔七五〕。』

目徹爲明，耳徹爲聰，鼻徹爲顫，口徹爲甘，心徹爲知，知徹爲德。凡道不欲壅，壅則哽，哽而不止則跈，當通而塞，則理有不泄而相騰踐矣〔七六〕。跈則衆〔害〕生〔七七〕。生，起也。物之有知者恃息，凡根生者無知，亦不〔恃〕息也〔七八〕。其不殷，非天之罪。殷，當也。夫息不由知，由知然後失當，失當而後不通，故知不恃息〔七九〕，息不恃知也。然知欲之用，制之由人，非不得已之符也。天之穿之也〔八〇〕，日夜無降，通理有常運也〔八一〕。人則顧塞其竇。無情任天，竇乃開耳〔八二〕。胞有重閬，閬，空曠也。心有天遊。遊，不係也。室無空〔虛〕〔八三〕，則婦姑勃谿；爭處也。心無天遊，則六鑿相攘。攘，逆也〔八四〕。大林丘山之善於人也，亦神者不勝也〔八五〕。自然之理，有寄物而通也。

德溢乎名，夫名高利深〔八六〕，故脩德者過其當也〔八七〕。名溢乎暴，夫禁暴則名美於德矣〔八八〕。謀稽乎誸，誸，急也。急而後考其謀也〔八九〕。知出乎爭，平往則無用知矣〔九〇〕。柴生乎守，柴，塞也。官事果乎衆宜。衆之所宜者不一，故官事立也。春雨日時，草木怒生，銚鎒於是乎始脩，夫事物之生皆有由也〔九一〕。草木之到植者過半而不知其然也〔九二〕。夫事由理發，故不覺也〔九三〕。

靜然可以補病，非不病者也〔九四〕。揃搣可以已沐老〔九五〕，非不沐者也〔九六〕。寧可以已遽〔九七〕。非不遽者也〔九八〕。雖然，若是，〔勞〕者〔九九〕（下缺）

說明

此件由斯七七與伯二六八八綴合而成，綴合後的文本仍是首尾均缺，起『苟不能忘形』，訖『雖然，若是，〔勞〕者』，係《莊子·外物篇》的一部分。此件正文爲大字，注釋爲雙行小字，其文字與傳世諸本略有不同。寺岡龍含最早揭出斯七七與伯二六八八可以綴合，且指出卷中『兒』『柄』『淵』『世』『民』『隆』諸字多缺筆，應爲唐玄宗天寶元年改《莊子》爲《南華真經》後的寫本（參看《敦煌本郭象注莊子南華真經輯影》，一四七至一五九頁；《敦煌本郭象注莊子南華真經校勘記》四，三四四至三七七頁）。

以上釋文以斯七七+伯二六八八爲底本，用郭慶藩輯《莊子集釋》（北京：中華書局，一九六一年）（稱其爲甲本）參校。

校記

〔一〕『有甚憂兩陷而無』，據甲本補；『所逃』，據殘筆劃及甲本補。
〔二〕『苟』，據殘筆劃及甲本補；『能忘形』，據甲本補。
〔三〕『則隨形所』，據甲本補；『陷於憂樂』，據甲本補。
〔四〕『左』，據甲本補。
〔五〕『蝀』，當作『蠹』，據甲本改。
〔六〕『難』，據殘筆劃及甲本補。
〔七〕『也』，甲本無。
〔八〕『企』，甲本作『所希跂』。
〔九〕『者』，甲本無。
〔一〇〕『也』，甲本作『故也』。
〔一一〕『衆』，甲本作『衆人』。
〔一二〕『矣』，甲本作『也』。
〔一三〕『也』，甲本無。
〔一四〕『耳』，甲本作『也』。
〔一五〕『中』，據甲本補。
〔一六〕『升斗』，甲本作『斗升』。
〔一七〕『升斗』，甲本作『斗升』。

〔一八〕『蹲』，甲本作『蹲乎』。
〔一九〕『制』，甲本作『自制』。
〔二〇〕『倉』，甲本作『蒼』，『倉』通『蒼』；『以』，甲本作『已』。
〔二一〕『饜』，甲本作『厭』，均可通。
〔二二〕『趨』，甲本作『趣』，『趨』同『趣』。
〔二三〕『遠』，甲本作『亦遠』。
〔二四〕『用』，甲本無。
〔二五〕『壓』，甲本作『壓』，均可通。
〔二六〕『濡』，當作『儒』，據甲本改。
〔二七〕『而』，甲本作『後而』；『也』，甲本無。
〔二八〕『無忽忽也』，甲本無。
〔二九〕『可』，甲本無；『也』，甲本無。
〔三〇〕『也』，甲本無。
〔三一〕『矣』，甲本作『也』。
〔三二〕『而』，甲本無。
〔三三〕『也』，甲本無。
〔三四〕『矣』，甲本無。
〔三五〕『隱』，甲本無。
〔三六〕第一個『之』，甲本無；『故』，甲本作『謂』。

〔三七〕斯七七止於此句之『如』字，伯二六八八始於此句之『兩』字。
〔三八〕『之也』，甲本無。
〔三九〕『矣』，甲本無。
〔四〇〕『也』，甲本無。
〔四一〕『終』，據甲本補。
〔四二〕『者』，甲本無。
〔四三〕『黿』，甲本作『黿焉』。
〔四四〕『員』，甲本作『其圓』。
〔四五〕『煞』，甲本作『殺』，『煞』有『殺』義。
〔四六〕『煞』，甲本作『殺』，『煞』有『殺』義。
〔四七〕『十』，甲本作『十二』。
〔四八〕『黿』，據甲本補。
〔四九〕『十』，甲本作『十二』。
〔五〇〕『耳』，甲本無。
〔五一〕『也』，甲本無。
〔五二〕『胡』，當作『鶘』，據甲本改，『胡』爲『鶘』之借字。
〔五三〕『也』，甲本無。
〔五四〕『智』，甲本作『知』，『知』通『智』。以下同，不另出校。
〔五五〕『大』，甲本作『而大』。

〔五六〕『也』，甲本無。

〔五七〕第一個『而』，甲本無，據文義係衍文，當刪；『自』，據甲本補。

〔五八〕『矣』，甲本作『也』。

〔五九〕『碩』，甲本作『石』。

〔六〇〕『無』，據甲本補。

〔六一〕『企』，甲本作『跂』，均可通；『者』，甲本無。

〔六二〕『夫』，甲本作『天』。

〔六三〕『也』，甲本無。

〔六四〕『意』，甲本作『噫』，均可通。

〔六五〕『也』，甲本無。

〔六六〕『爲』，甲本作『與爲』。

〔六七〕『也』，甲本無。

〔六八〕『故』，甲本作『故曰』。

〔六九〕『也』，甲本無。

〔七〇〕『卑』，甲本作『而卑』。

〔七一〕『爲』，甲本無，據文義係衍文，當刪；『韋』，甲本作『韋氏』。

〔七二〕『耳』，甲本作『也』。

〔七三〕『能』，甲本作『乃能』。

〔七四〕『何』，甲本作『我何』。

〔七五〕『也』，甲本無。
〔七六〕『矣』，甲本作『也』。
〔七七〕『害』，據甲本補。
〔七八〕『恃』，據甲本補。
〔七九〕『不』，甲本無，據文義係衍文，當删。
〔八〇〕『也』，甲本無。
〔八一〕『也』，甲本無。
〔八二〕『耳』，甲本無。
〔八三〕『虚』，據甲本補。
〔八四〕『也』，甲本無。
〔八五〕『也』，甲本無。
〔八六〕『利』，甲本作『則利』。
〔八七〕『也』，甲本無。
〔八八〕『矣』，甲本無。
〔八九〕『也』，甲本無。
〔九〇〕『矣』，甲本無。
〔九一〕『也』，甲本無。
〔九二〕『也』，甲本無。
〔九三〕『也』，甲本無。

〔九四〕『者』，甲本無。

〔九五〕『揃搣』，甲本作『眥㓕』；『已』，甲本無，據文義係衍文，當删；『沐』，甲本作『休』。

〔九六〕『沐者』，甲本作『老』。

〔九七〕『已』，甲本作『止』。

〔九八〕『者』，甲本無。

〔九九〕『勞』，據甲本補。

參考文獻

Descriptive Catalogue of the Chinese Manuscripts from Tunhuang in the British Museum, The Trustees of the British Museum, London 1957, p. 218；《敦煌本郭象注莊子南華真經輯影》，福井漢文學會，一九六〇年，一四七至一五九頁（圖）；《敦煌本郭象注莊子南華真經校勘記》，福井漢文學會，一九六一年，三四四至三五七頁（録）；《莊子集釋》，北京：中華書局，一九六一年，九二〇至九三二頁；《敦煌本郭象注莊子南華真經研究總論》，福井漢文學會，一九六六年，六八至六九頁；《敦煌論集》，臺北：學生書局，一九六九年，三二九頁；《スタィン將來大英博物館藏敦煌文獻分類目録·道教之部》，東京：東洋文庫，一九六九年，三六頁；《敦煌古籍敘録》，北京：中華書局，一九七九年，二五〇至二五三頁；《敦煌寶藏》一册，臺北：新文豐出版公司，一九八一年，四一六至四一七頁（圖）；《敦煌遺書總目索引》，北京：中華書局，一九八三年，一一〇頁；《敦煌古籍敘録新編》一三册，臺北：新文豐出版公司，一九八六年，二二〇至二二三、二五三至二五八頁（圖）；《英藏敦煌文獻》一卷，成都：四川人民出版社，一九九〇年，二九頁（圖）；《道家文化研究》一三輯，北京：生活·讀書·新知三聯書店，一九九八年，八〇至八一頁；《法藏敦煌西域文獻》一七

册，上海古籍出版社，二〇〇一年，二五二至二五三頁（圖）；《中華道藏》一三册，北京：華夏出版社，二〇〇四年，四三二至四三九頁（録）；《敦煌研究》二〇〇七年一期，一〇二至一〇三頁；《英國國家圖書館藏敦煌遺書》二册，桂林：廣西師範大學出版社，二〇一一年，六三頁（圖）。

斯七八　失名類書（《語對》）

釋文

（前缺）

數行《俗説》曰〔一〕：桓靈寳爲人哀樂至極〔二〕，與人遠别〔三〕，下牀時〔四〕，猶含笑，臨行執手，涕淚數行而下〔五〕。

易水　燕太子丹使荆軻刺煞始皇〔六〕。群公祖送軻至易水之上〔七〕。高斬（漸）離擊筑〔八〕，□荆子曰〔九〕：風蕭蕭兮易水寒〔一〇〕，壯士一去兮不復還〔一一〕。

驪歌　古歌也〔一二〕。客有將去者〔一三〕，乘驪駒，因作歌以敘别也〔一四〕。

歧路　羊（楊）朱泣於路歧〔一五〕，歎其南北行人，各分異衢，所以悲也。

離庭　别館　征陌

客遊

雁書《漢書》曰：蘇武使單于〔一六〕，匈奴留之〔一七〕。詐云（武）〔死〕〔一八〕。（武）繫書雁足〔一九〕，云在北海牧羊也〔二〇〕。

北上　陸機，字士衡，《從吴赴洛詩》曰：總轡（登）長路〔二一〕，嗚咽辭密親。借問子何之，世網纓我身。

東走《韓子》曰：惠子云，狂者東走，所逐者亦東走之。

雙鶴　曹桓（植）詩曰〔二二〕：雙鶴俱遨遊〔二三〕，相失東海傍。

三聲《巴東記》曰：行人峽中歌〔二四〕：『巫山三峽巫山（峽）長〔二五〕，猿叫三聲淚沾裳〔二六〕。』言悲也〔二七〕。

零雨『我來自東，零雨其濛』。出《毛詩》〔二八〕。

聚糧《莊子》曰：適百里〔者〕〔二九〕，宿舂糧，適千里者，三月聚糧也〔三〇〕。

濠梁　莊子與惠子游於濠梁之上〔三一〕。莊子觀魚遊，曰：是魚樂也。惠子曰：子非魚，安知魚之樂乎？莊子曰：子非我，安知吾不知魚之樂哉〔三二〕？

農山《家語》曰：〔孔〕〔子〕北游農山而歎曰〔三三〕：『於斯致思，無所不至〔三四〕。二三子各言其志矣乎〔三五〕。』

荆臺《説苑》曰：楚昭王欲遊荆臺，司馬子綦諫曰：『荆臺之遊，左洞庭之陂，右澎（彭）蠡之水〔三六〕，南望獵山，下臨方淮，其於歡樂〔三七〕，使人遺老而忘死也〔三八〕。』

新亭《世説》曰〔三九〕：江外之人〔四〇〕，每至暇日，相邀出新亭，藉卉鋪草而坐飲宴〔四一〕。周侯中坐而歎曰：『風景不殊〔四二〕，舉目有江山之異。』

抱膝　諸葛亮出遊〔四三〕，嘗時抱膝，不樂也〔四四〕。

窮途　阮籍嘗乘車行至路窮之處〔四五〕，乃慟矣。

折麻《離騷》曰：折疏麻兮贈遠人。

結桂《楚詞》曰：

結桂枝兮延佇。**越鳥**南越鳥也。翔於宋國〔四六〕，每巢則南枝也〔四七〕。**胡馬**北方馬也。雖身來中國〔四八〕，常思胡地〔四九〕，每嘶於北風〔五〇〕。

舉薦〔五一〕

側席《後漢書》曰〔五二〕：朕思遲直之士〔五三〕，側席求賢〔五四〕。**樹桃李**《韓書（詩）外傳》云〔五五〕：魏文侯之時，子質仕而獲罪，去而北遊〔五六〕，謂簡主曰：『吾所樹堂上〔之〕〔士〕半矣〔五七〕，朝廷大夫亦半矣〔五八〕，所樹邊境之人亦半矣〔五九〕。今堂上之人惡我於主〔六〇〕，朝廷大夫危我於法〔六一〕，邊境之人劫我以兵，是以吾不復樹德於人矣。』簡子曰：『子言之過矣〔六二〕。夫春樹桃李〔六三〕，夏得其蔭〔六四〕，秋得其食（實）〔六五〕；〔春〕槙蒺藜者〔六六〕，夏不得陰涼〔六七〕，秋得其刺矣〔六八〕。由此觀之〔六九〕，子之所樹，非奇（其）人也已矣也也〔七〇〕。』**管庫**《禮記曰・彈（檀）弓》曰〔七一〕：趙文子所舉於晉國，管庫之士七十餘家。**淳于髡**《戰國策》曰：淳于髡見七人於齊宣王〔七二〕。王曰：『吾聞千里一士，士且比肩矣〔七三〕；百代一聖，若隨踵而生也。今子一朝而見七士，不亦衆乎？』髡曰：『不然。夫鳥，同翼〔者〕聚居〔七四〕；獸，同足者俱行。今求茈胡桔梗於沮澤〔七五〕，則累代不得一焉。若求之梁甫之陰〔七六〕，則連車而載之〔七七〕。夫物有儔，今髡，賢者之儔。王求士於髡，亦如挹水於河〔七八〕，而取火於燧也〔七九〕。』

報恩

扶輪靈輒者，齊人也。晉大夫趙遁（盾）於桑下見一餓人〔八〇〕，遁（盾）乃傾壺飧以哺之〔八一〕，然後乃蘇〔八二〕。遁（盾）問之：子何人也〔八三〕？答曰：齊人也〔八四〕。遊學於秦〔八五〕，今欲皈國〔八六〕，路乏糇糧〔八七〕，不能前進〔八八〕。公與糧贈之〔八九〕，得返〔九〇〕。後還仕晉〔九一〕，爲守門監。遁（盾）直諫〔九二〕，靈公患之，放獒齧遁（盾），遁（盾）煞獒，靈公益怒。又令人抽遁（盾）車輪一所，忽有一夫扶遁（盾）上車，乃與臂代輪而走，於是趙遁（盾）得脱死難。固（因）謂客曰〔九三〕：子是何人，益救吾急？答曰：桑下之人者也。**結草**魏顆者，晉卿魏武之子也。〔武〕〔子〕有寵妾〔九四〕，武子病，勑顆曰：吾死之後〔九五〕，可嫁此妾。及病困臨終，父謂顆曰〔九六〕：必須與此妾同殉葬之〔九七〕。及父死〔九八〕，顆曰：吾寧從父精始之言，不可從父昏惑之語〔九九〕。遂嫁之〔一〇〇〕。後秦軍伐晉〔一〇一〕，以魏顆爲將。夜夢一老翁〔曰〕〔一〇二〕：結草以抗秦軍。及明日戰，秦將拔（杜）迴馬突結草而倒〔一〇三〕，晉人保以擒之〔一〇四〕，秦軍大敗。顆既入營〔一〇五〕，其夜，顆復夢老翁曰：吾是〔君〕前不煞妾之父也〔一〇六〕，今來結草相報爾也〔一〇七〕。**絶纓**《韓子》曰〔一〇八〕：楚莊王夜與群臣飲酒，火滅，有人引王美人〔一〇九〕，美人絶其〔冠〕瓔（纓）〔一一〇〕，乃告王曰〔一一一〕：『絶纓是誰也〔一一二〕？』王曰：『飲人狂藥（樂）〔一一三〕，何更責人無禮〔一一四〕？』悉令去其冠，然後出火，果得其瓔路〔一一五〕。莊王後與晉戰〔一一六〕，晉軍國（圍）王〔一一七〕，有一人先登〔一一八〕，敗晉。王怪問之，〔曰〕〔一一九〕：『臣昔絶瓔（纓）之客〔一二〇〕，蒙王恕臣酒醉致盜之愆〔一二一〕，今日得以報恩。』莊王歎之也〔一二二〕。

盜馬 秦穆公有駿馬〔一二三〕，有五夫者盜煞食之〔一二四〕。公曰：吾聞食馬肉不得酒〔一二五〕，必死〔一二六〕。遂更賜盜〔者〕酒〔一二七〕。穆公後與韓惠王戰〔一二八〕，有五人擒惠王至馬前〔一二九〕。穆公曰〔一三〇〕：子何人也？答曰：臣昔盜馬之〔人〕也〔一三一〕。王怪之〔一三二〕。王琛（粲）詩曰〔一三三〕：『穆公飲盜馬，五夫薄（濟）其恩〔一三四〕。楚王捨（赦）絕瓔（纓）〔一三五〕，國有捉（投）命人〔一三六〕。』

葬地 《幽冥録》曰〔一三七〕：吳人孫鍾貧〔一三八〕，種瓜始熟〔一三九〕。有三人來乞瓜於鍾〔一四〇〕。食訖，謂鍾曰：『無以相報，示子葬地〔一四一〕。』遂上山示地，訖。謂曰〔一四二〕：『我，司命也。』遂化爲白鶴而去。鍾母亡〔一四三〕，依神所指葬之。鍾生堅，堅生權，漢末據江東，立稱吳王也也〔一四四〕。

種玉 《搜神記》曰：後漢楊公〔一四五〕，字雍伯，洛陽人也。少繪買爲業〔一四六〕。後父母亡，葬於高山〔一四七〕，高八十里〔一四八〕。楊公見行呂（旅）往返辛勤〔一四九〕，乃置義漿於坂上〔一五〇〕，以給行路〔一五一〕。經於三年〔一五二〕，有一人來飲〔一五三〕，飲訖，懷中出石子一升〔一五四〕，乃與楊公〔一五五〕，曰〔一五六〕：『此種之生玉〔一五七〕，及得好婦。』公用其言〔一五八〕，種之一年，畦中生玉〔一五九〕。時有北平徐氏大富家〔一六〇〕，有好女，公始求之〔一六一〕。徐氏笑曰：『得碧玉兩雙〔一六二〕，當爲婚姻〔一六三〕。』公取玉遺之〔一六四〕，徐氏大驚，因與爲婚〔一六五〕，北平陽（楊）氏即其後也也〔一六六〕。

困鶴 曹參行見一鶴，有箭瘡〔一六七〕，收歸傅藥，得差。鶴去後，忽〔銜〕珠來以捉（投）參之庭中也〔一六八〕。

傷蛇 隨後（侯）出行〔一六九〕，見蛇被傷，以藥傅之，瘡可〔一七〇〕，銜明月寶珠來報〔一七一〕。

逐虎 區尚至孝〔一七二〕，居喪，問（聞）鄉人逐虎〔一七三〕，虎急來捉（投）尚廬中〔一七四〕。尚以衣下藏之，云：無。虎遂免（得）得（免）〔一七五〕。尚放去〔一七六〕，其夕，銜鹿置尚廬前〔一七七〕。

鉤魚 漢武帝遊於昆明池〔一七八〕，見魚鰓中有鉤〔一七九〕，不能去〔一八〇〕。帝令人去鉤〔一八一〕，明日復見〔一八二〕，魚銜千里珠於岸而去〔一八三〕。

黃雀 弘農楊寶年七歲，行於華山中〔一八四〕，見黃雀被螻蟻所困，寶收養之，瘡愈而飛去〔一八五〕。後有黃衣童子持玉環來贈於寶〔一八六〕。〔曰〕〔一八七〕：我〔一八八〕，華嶽山使者，爲人所傷，勞子恩養，今來報德〔一八九〕，子之世代皆爲三公。言訖不見。出《搜神記》〔一九〇〕。

白龜 《晉書》曰〔一九一〕：陳留人也毛寶，行居江邊，見人網得白龜子，寶與錢數文贖得白龜，放於海。後寶爲邾城守，與石虎戰，寶敗，投身入江，腳如踏著一石，浮至東岸。寶既得達，乃見一白龜，去岸數步，三迴視寶而去，此即所放白龜也。神哉也！

兄弟

同飡 後漢趙孝〔一九二〕，字長平，嘗與兄弟同食〔一九三〕，兄弟不至，孝先不飯〔一九四〕。又〔一九五〕，孝弟禮爲餓賊虜〔一九六〕，將欲被烹之〔一九七〕。孝逐賊告曰〔一九八〕：禮瘦，不如孝肥。賊相謂曰〔一九九〕：此孝子也，不可輒損也。於是兄弟二人並放令還也。

共被 姜〔肱〕兄弟二人嘗同被〔二〇〇〕，及成長，並與（以）孝行著名〔二〇一〕。

推梨 孔融少時與兄弟喫梨〔二〇二〕，融自揀小，大者讓兄也。

讓棗 三（王）戎年三歲〔二〇三〕，得棗，青者自食，赤者奉兄也〔二〇四〕。

八龍 漢時，荀爽兄弟以孝行著名〔二〇五〕，昆貴（仲）八人號爲『八龍』〔二〇六〕。荀儉、荀靖、荀緄〔二〇七〕、荀汪〔二〇八〕、荀壽（燾）〔二〇九〕、荀昱、荀爽、荀敷等，並是荀叔（淑）之子〔二一〇〕，皆著名當代也〔二一一〕。

兩驥 劉岱，字公山，劉繇，字正禮〔二一二〕，兄弟孝義著名〔二一三〕，時人號曰『兩驥』也〔二一四〕。

三張 張載兄弟三人，俱有文筆〔二一五〕，時號曰『三張』。〔又〕〔曰〕〔二一六〕：『三（二）陸入洛〔二一七〕，三張減價。』後俱顯居高位〔二一八〕，名播寰中也也〔二一九〕。**二陸**陸機、陸雲兄弟二人，並有文華〔二二〇〕，號爲『二陸』〔二二一〕。**陟罡**《毛詩》云〔二二二〕：陟彼罡兮，以穆兄弟也〔二二三〕。**在原**《毛詩》云〔二二四〕：鶺鴒在原〔二二五〕，兄弟急難。**友于**《爾雅》云〔二二六〕：善兄弟爲友。《〔論〕語》曰〔二二七〕：友于兄弟也〔二二八〕。**孔懷**兄弟謂之孔懷也也〔二二九〕。**德星**《異苑》曰：陳仲弓與諸子姪詣荀季和〔二三〇〕，父子集會〔二三一〕。於時德星現〔二三二〕，聚居一處〔二三三〕。太史奏曰〔二三四〕：『五里內有賢人集〔二三五〕。』上異之也〔二三六〕。**棠棣**《毛詩》曰〔二三七〕：棠棣〔二三八〕，別兄弟也〔二三九〕。棠棣之花〔二四〇〕，萼不韡韡，諭手足也〔二四一〕。**怡怡**《論語》云：兄弟怡怡，朋友偲偲也者〔二四二〕。**三荊**前漢田真兄弟三人，親歿〔二四三〕，將分居，財並以分訖〔二四四〕，唯有庭前荊樹未分〔二四五〕。將欲伐之，其樹經宿謂（爲）之枯委（萎）〔二四六〕。真感之泣曰：樹由（猶）怨分張〔二四七〕，如何〔二四八〕，如何！孔懷不義，而欲分居〔二四九〕！真遂不分〔二五〇〕，樹乃再生〔二五一〕。**棠（堂）燕**古詩曰〔二五二〕：翩翩堂前燕，冬藏夏來見。兄弟三兩人〔二五三〕，分別在〔他〕縣〔二五四〕。**相失**陳留吴文〔二五五〕，遭亂世，〔與〕兄伯武相失〔二五六〕。經二十餘年後〔二五七〕，相遇下鄄（邳）〔二五八〕。市中易〔二五九〕，相鬬。武欲報之〔二六〇〕，其心惻愴〔二六一〕，不能舉手〔二六二〕，乃遂相問〔二六三〕，乃是兄弟〔二六四〕。後漢時，出應邵（劭）《風俗通》〔二六五〕。**鬩牆**《毛詩》曰：兄弟鬩於牆，禦其侮也〔二六六〕。**尺布**《淮南子》曰：一尺布，尚可縫；一斗粟，尚可舂；兄弟二人，不能相容〔二六七〕。**雁行**故曰〔二六八〕：兄弟由（猶）如雁行也〔二六九〕。**同車**鍾會每出入〔二七〇〕，與兄弟同車。**同氣**兄弟同父母之氣也〔二七一〕。**連枝**兄弟同連枝葉〔二七二〕。**元方季方**陳太丘之子也〔二七三〕。有客過丘〔二七四〕，丘令元方、〔季〕〔方〕炊〔二七五〕，丘以（與）客論義（議）〔二七六〕。元方、季方貪竊聽論語〔二七七〕，炊飯忘著甑箅〔二七八〕，飯洛（落）釜中〔二七九〕。丘問：炊飯熟未〔二八〇〕？元方、季方跪曰：貪竊聽論，忘著甑箅〔二八一〕，今成糜矣〔二八二〕。丘曰：爾有所識也（耶）〔二八三〕？菿（對）曰〔二八四〕：髣髴記之。遂令俱說〔二八五〕，更相易奪，言無遺失。故時號曰難兄難弟也〔二八六〕。

孝養〔二八七〕

扇枕《漢記》曰：黄香，字文强，事父母至孝。冬温席，恐是（其）寒〔二八八〕；夏扇枕，恐其熱也〔二八九〕。**守果**《魏志》曰：王祥，字休徵，家有果樹。後母恐被蟲鼠所侵〔二九〇〕，令祥守之。其時大雨〔二九一〕，祥抱樹經宿不寐，母哀之〔二九二〕。官至太傅〔二九三〕。**獻果**董黯，字孝治，少失父，孝養其母〔二九四〕。每得美味甘果，輒奔走獻母〔二九五〕。出《會稽典錄》也〔二九六〕。**懷橘**陸續〔二九七〕，一本作『積』〔二九八〕，年七歲〔二九九〕，過父友家〔三〇〇〕，懷橘貴（遺）母〔三〇一〕。**牀下**吴孟（猛）年七歲〔三〇二〕，每至夏月〔三〇三〕，伏於牀下〔三〇四〕，父母問之，猛曰：『恐蚊蟲及父母也〔三〇五〕。

喪孝

號天言舜號泣於昊天〔三〇六〕，**扣地**叩擊於地〔三〇七〕，以痛戀父母也〔三〇八〕。**泣血**高柴泣血三年，未嘗見齒。思憶父母〔三〇九〕，生我劬勞，無以報也。**絶漿**曾參母亡，絶漿七日不飲〔三一〇〕。**風枝**《莊子》曰：樹欲靜而風不止，子欲養而親不待也〔三一一〕。**寒泉**《詩》云〔三一二〕：爰有寒泉〔三一三〕，在後（浚）之下〔三一四〕。**罔極**《詩》云〔三一五〕：哀哀父母，生我劬勞。欲報之恩〔三一六〕，昊天罔極。**百身**出《莊子》〔三一七〕。此不繁注〔三一八〕。

孝行

負米《説苑》曰：仲由云：昔食藜藿之〔實〕〔三一九〕，〔言〕〔逮〕親也〔三二〇〕，今雖堂高九仞，積粟萬鍾〔三二一〕。**執扇**張景胤，吴人也。每開母之裝（妝）匣〔三二二〕，見母生存晝扇〔三二三〕，即〔涕〕流不已〔三二四〕。**泣〔學〕**〔師〕〔問〕之〔三二五〕，原答曰〔三二六〕：孤情易感〔三二七〕，而感學者皆有父母〔三二八〕。師乃以義教之〔三二九〕。**韓伯俞**《説苑》曰〔三三〇〕：韓伯俞有過，母笞之，泣。母曰：『汝他日未曾泣〔三三一〕，今笞之何故立（泣）也〔三三二〕？』俞曰：『他〔日〕笞兒痛〔三三三〕，今笞不痛，母有衰也〔三三四〕，是以泣也〔三三五〕。』**顧悌**以孝悌聞於鄉黨〔三三六〕，每得母父書〔三三七〕，灑掃，整衣服〔三三八〕，設几筵，舒其書於上，拜跪讀之，每句應諾。事（畢）〔三三九〕，復再拜。父母患，不飲水五日也〔三四〇〕。**范宣**字宣子〔三四一〕，年八歲，後園銚菜，誤傷指，大啼。人問：痛也（耶）〔三四二〕？宣曰：非痛也〔三四三〕。身體髮膚，受之父母〔三四四〕，不敢毁傷〔三四五〕，所以啼也〔三四六〕。

説明

此件前缺，尾部原未抄完，起『數行』，訖『所以啼也』，王三慶考定其爲古類書——《語對》之一部分，並推斷古類書——《語對》的創作時間約在唐神龍至景雲年間（參看《敦煌本古類書〈語對〉研究》，二一九頁）。此件的抄寫格式爲分類紀事，條目用大字，紀事用雙行小字，有的條目下並無紀事，有的條目下記事原未抄全，説明此件係先寫條目，後補紀事。目前的狀況應該是有的條目紀事尚未補全，有的則還没來得及補。

另，此件中部底端原有類似鳥形押的『雜寫』（在『報恩』部『黄雀』與『白龜』條下端）。從此件的文字避開『雜寫』的抄寫形態看，應該是『雜寫』抄寫在前，此件抄寫在後。聯繫此件卷尾完整，且留有空白，而目前被標爲卷背的『縣令書儀』則首尾均缺，時人很有可能是利用『縣令書儀』背面空白來抄寫此件的。也就是説，截至目前，英國國家圖書館和相關圖版對此卷正背的標注都是錯誤的，爲避免造成混亂，本書仍將抄有『縣令書儀』的一面標注爲『背』。

現知敦煌文獻中保存的類書——《語對》尚有：伯二五二四，起『王帝子』，訖『與金案玉盤賜義』；斯二五八八，起『送别』，訖『後銜明月珠以報隨侯』；伯四六三六，起『孝養』，訖『朋友之墓有宿草而不哭焉。遷』；斯七九，起『蒿里』，訖『阮氏許』；伯四八七〇，起『四鳥』，訖『故時人曰難兄難弟也』。其中斯二五八八、伯四八七〇、伯四六三六、斯七九屬同一寫本，而伯四六三六與斯七九可以綴合。

以上釋文以斯七八爲底本，用伯二五二四（稱其爲甲本）、斯二五八八（稱其爲乙本）、伯四六三六＋斯七九（稱其爲丙本）、伯四八七〇（稱其爲丁本）參校。

校記

〔一〕『説』，乙本同，甲本作『語』。

〔二〕『哀樂至極』，據甲、乙本補。

〔三〕「與人遠別」，據甲、乙本補。

〔四〕「下」，據甲、乙本補。

〔五〕「涕淚數行而下」，據甲、乙本補。

〔六〕「易水」，據甲、乙本補；「燕太子丹使荆軻」，據甲、乙本補；「刺」，據殘筆劃及甲、乙本補；「煞」，甲、乙本無；「始皇」，甲、乙本作「秦王」。甲、乙本「易水」條目均排在「征陌」後。

〔七〕「群公」，甲、乙本無；「軻至」，甲、乙本無。

〔八〕「斬」，當作「漸」，據甲、乙本改。

〔九〕此句甲、乙本作「宋意和之曰」。

〔一〇〕第二個「蕭」，乙本同，甲本脱。

〔一一〕「還」，據殘筆劃及甲、乙本補。

〔一二〕「驪」，據甲、乙本補；第一個「歌」，據殘筆劃及甲、乙本補；「古歌也」，據甲、乙本補。甲、乙本「驪歌」條目均排在「征陌」後。

〔一三〕「客有」，據甲、乙本補。

〔一四〕此句甲、乙本作「因歌之，言别也」。

〔一五〕此條甲、乙本有目無文，且排次在「易水」「驪歌」前。「羊」，當作「楊」，《敦煌本古類書〈語對〉研究》據文義校改，「羊」爲「楊」之借字。

〔一六〕「單于」，甲、乙本作「匈奴」，《敦煌本古類書〈語對〉研究》認爲底本作「匈奴」，誤。

〔一七〕「匈」，甲、乙本作「凶」，均可通。

〔一八〕「武已死」，據甲、乙本補。

〔一九〕『武』，據文義補。此句甲、乙本作『雁足得帛書』。

〔二〇〕『在北海牧羊也』，甲、乙本作『武在凶奴』。此句後甲本有『武遂得還』，乙本有『遂武還』。《敦煌本古類書〈語對〉研究》誤將乙本與底本相混。

〔二一〕『登』，據甲、乙本補。

〔二二〕『桓』，當作『植』，據甲、乙本改。

〔二三〕『鶴』，乙本同，甲本脱。

〔二四〕『歌』，甲、乙本作『歌曰』。

〔二五〕第二個『山』，當作『峽』，據甲、乙本改。

〔二六〕『沾』，甲、乙本作『霑』，均可通。

〔二七〕『言悲也』，甲、乙本無，《敦煌本古類書〈語對〉研究》釋作『書悲也』，且認爲其係抄者自注。

〔二八〕『出毛詩』，甲、乙本作『毛詩曰』，且置於『我來自東，零雨其濛』之前。

〔二九〕『者』，據甲、乙本補。

〔三〇〕『也』，甲本同，乙本無。

〔三一〕『於』，甲、乙本無。

〔三二〕『哉』，甲、乙本作『也』。

〔三三〕『孔子』，據甲、乙本補。

〔三四〕『所』，乙本同，甲本作『思』，《敦煌本古類書〈語對〉研究》認爲其係涉上句『思』字而誤。

〔三五〕『矣乎』，甲本作『也』，乙本無。

〔三六〕『澎』，當作『彭』，據甲、乙本改，『澎』爲『彭』之借字。

〔三七〕『於歡』，甲、乙本無，《敦煌本古類書〈語對〉研究》認爲『於歡』在『樂』下，誤。
〔三八〕『也』，甲、乙本無。
〔三九〕『説』，乙本同，甲本作『記』。
〔四〇〕『外之』，甲、乙本作『諸』。
〔四一〕『鋪草而坐』，甲、乙本無。
〔四二〕『殊』，乙本同，甲本作『侏』，誤。
〔四三〕『抱膝』，甲、乙本此條目前有『歧路楊朱』，甲本此條目排次在『結桂』後。『出遊』，甲、乙本無。
〔四四〕此句甲本作『常抱膝吟』，乙本作『常抱膝』。
〔四五〕『嘗』，甲、乙本作『常』。
〔四六〕『宋』，甲、乙本作『中』。
〔四七〕『則』，甲、乙本作『於』；『也』，甲、乙本無，《敦煌本古類書〈語對〉研究》認爲乙本有『也』字，誤。
〔四八〕『身來』，甲、乙本作『在』。
〔四九〕『胡地』，甲、乙本無。
〔五〇〕『每噺於』，甲、乙本無。
〔五一〕『舉薦』，甲、乙本作『薦舉』。
〔五二〕『後』，乙本同，甲本無。
〔五三〕『之』，甲、乙本無。
〔五四〕『求』，乙本同，甲本作『木』，誤。
〔五五〕『書』，當作『詩』，據甲、乙本改；『云』，甲、乙本作『曰』。

〔五六〕「去而」，甲本同，乙本無。
〔五七〕「之士」，據甲、乙本補；「矣」，甲、乙本無。
〔五八〕「朝」，甲、乙本作「所樹朝」；「大」，甲、乙本作「之大」；「亦」，甲、乙本脱；「矣」，甲、乙本無。
〔五九〕「亦半矣」，甲、乙本作「半」。
〔六〇〕「我」，乙本同，甲本作「戰」，誤；「主」，甲、乙本作「君」。
〔六一〕「大」，甲、乙本作「之大」。
〔六二〕「之」，甲、乙本無。
〔六三〕「桃李」，甲本同，乙本作「李桃」。
〔六四〕「其蔭」，甲本作「其蔭其下」，乙本作「蔭其下」。
〔六五〕「其」，甲、乙本作「食其」；「食」，當作「實」，據甲、乙本改，「食」爲「實」之借字。
〔六六〕「春」，據甲、乙本補；「槙」，甲、乙本作「樹」；「藜」，甲本作「梨」；「者」，甲本無。
〔六七〕「陰涼」，甲本作「采葉」，乙本作「采其葉」。
〔六八〕「矣」，甲、乙本作「焉」。
〔六九〕「觀」，甲本同，乙本作「睹」。
〔七〇〕「奇」，當作「其」，據甲、乙本改，「奇」爲「其」之借字；「已矣也也」，甲、乙本無，《敦煌本類書〈語對〉研究》認爲此係補白加添語詞常例。
〔七一〕第一個「曰」，甲本同，據乙本係衍文，當删；「彈」，當作「檀」，據甲、乙本改，「彈」爲「檀」之借字；第二個「曰」，乙本同，甲本作「下曰」。
〔七二〕「齊」，甲、乙本無。

〔七三〕此句甲、乙本作『是比肩相望』。

〔七四〕『者』，據甲、乙本補。

〔七五〕『玼』，乙本同，甲本作『此』，《敦煌本古類書〈語對〉研究》認爲底本、乙本誤作『此』，誤，該書認爲『此』當校改作『柴』，按『此』爲『玼』之借字，『玼』通『柴』；『梗』，乙本同，甲本作『便』，誤，《敦煌本古類書〈語對〉研究》認爲乙本作『便』，亦誤。

〔七六〕『陰』，甲本同，乙本該字右側有一小字，似『在』。

〔七七〕『而載之』，甲、乙本作『載耳』。

〔七八〕『亦』，甲、乙本無。

〔七九〕『也』，乙本同，甲本無。

〔八〇〕『遁』，甲、乙本同，當作『盾』，《敦煌本古類書〈語對〉研究》據文義校改，『遁』爲『盾』之借字，以下同，不另出校；『一』，甲、乙本無。

〔八一〕『飧』，甲本作『饗』，乙本作『餐』，均可通；『以』，甲、乙本無。

〔八二〕此句甲、乙本作『得蘇』。

〔八三〕『子何人也』，甲、乙本脱。

〔八四〕『也』，甲、乙本作『靈輒』。

〔八五〕『遊』，甲、乙本無。

〔八六〕『欲皈』，甲、乙本作『歸』。

〔八七〕『路』，甲、乙本無；『乏』，乙本同，甲本作『之』，誤；『糇』，甲、乙本無。

〔八八〕『前』，甲、乙本無。

〔八九〕此句甲、乙本作『遁（盾）遺糧』。

〔九〇〕『返』，甲、乙本作『還』。

〔九一〕『還』，甲、乙本無。

〔九二〕自此句至『桑下之人者也』，乙本作：『遁（盾）以忠諫靈公，靈公患之。公有獒，能齧人。遁（盾）臨朝，獒直來向遁（盾），遁（盾）以足蹴獒，下頷折。遁（盾）謂公曰：賤人貴犬，君之獒何如臣之獒！公怒，欲煞遁（盾）。遁（盾）走出門，將乘車，車一輪公已令人脱腳（卻），唯有一未脱。輒扶遁（盾）上車，以手軸一頭，駕車而走，遂得免難。遁（盾）怪問之，輒曰：昔桑下人也。』甲本唯『遁（盾）以忠諫靈公』，作『以忠諫靈公』；『公有獒』作『公有敖大』，蓋『敖大』係分『獒』爲兩字而誤，其他與乙本均同。《敦煌本古類書〈語對〉研究》認爲甲本『駕車而走』之『車』上有『半』字，按『半』右側疑有删字符，該書又認爲甲本『桑』作『業』，誤。

〔九三〕『固』，當作『因』，據文義改。

〔九四〕『武子』，據甲、乙本補。

〔九五〕『之』，甲、乙本無。

〔九六〕『父謂顆』，甲、乙本作『又』，《敦煌本古類書〈語對〉研究》認爲底本作『又謂顆』，誤。

〔九七〕『與』，甲、乙本作『以』；『殉葬之』，甲、乙本作『葬』。

〔九八〕此句甲本脱，乙本作『及死』。

〔九九〕『不』，甲、乙本作『豈』；『父』，甲、乙本無；『昏』，甲乙本作『亂』；『惑』，乙本同，甲本作『或』，『或』通『惑』。

〔一〇〇〕『之』，乙本同，甲本作『之於』。

〔一〇一〕此句甲、乙本作『秦與晉戰』。

〔一〇二〕『夢』，甲、乙本作『夢見』；『曰』，據甲、乙本補。

〔一〇三〕『拔』，當作『杜』，據甲、乙本改；『倒』，甲、乙本作『到』，『到』爲『倒』之借字。

〔一〇四〕『保以』，甲、乙本無。

〔一〇五〕此句甲、乙本無。

〔一〇六〕『君』，據乙本補，甲本作『軍』，『軍』爲『君』之借字；『也』，乙本同，甲本無。

〔一〇七〕『來』，甲、乙本無；『相』，甲、乙本作『以相』；『爾也』，甲、乙本無。《敦煌本古類書〈語對〉研究》認爲底本『爾』作『示』。

〔一〇八〕『絶纓』，甲、乙本該條目排次在『黄雀』及『白黿』條後。

〔一〇九〕『王』，乙本同，甲本無。

〔一一〇〕『冠』，據甲、乙本補；『瓔』，當作『纓』，據甲、乙本改，『瓔』爲『纓』之借字。

〔一一一〕『乃』，甲、乙本無。

〔一一二〕『纓』，乙本作『纓者』；『誰也』，乙本無。此句至『今日得以報恩』，甲本作『燭滅，〔有〕〔人〕引妾衣，斷得其纓。促上火而照之。王曰：賜人酒，使醉失禮，婦人之意奈何欲顯而辱士乎？王曰：今與寡人飲者，盡絶其纓，不絶者不歡。居二年，晉與楚戰，有一人常在年（軍）前，五合五獲卻敵，卒得勝之。王怪而問之，曰：臣往者而失禮，王隱忍不暴而誅，臣常願忓（肝）腦塗地，以報大王。臣乃夜絶纓者是也』。

〔一一三〕『藥』，乙本同，當作『樂』，據文義改，《敦煌本古類書〈語對〉研究》認爲底本、乙本均作『樂』。

〔一一四〕『何更』，乙本作『如何』；『無』，乙本作『以』。

〔一一五〕此句乙本無。

〔一一六〕「莊王後」，乙本作「後王」。
〔一一七〕「國」，當作「圍」，據甲、乙本改。
〔一一八〕「先登」，乙本作「登鋒」，《敦煌本古類書〈語對〉研究》認爲乙本作「登鉡」，誤。
〔一一九〕「曰」，據乙本補。
〔一二〇〕「臣」，乙本無；「瓔」，當作「纓」，據乙本改，「瓔」爲「纓」之借字；「之客」，乙本作「客也」。
〔一二一〕此句至「今日得以報恩」，乙本無。
〔一二二〕此句甲、乙本無。
〔一二三〕「駿」，乙本同，甲本無。
〔一二四〕「有」，乙本同，甲本無；「者」，乙本同，甲本無；「煞」，甲、乙本無。
〔一二五〕「食」，乙本作「盜」，甲本脱；「馬」，甲、乙本作「駿馬」。
〔一二六〕「必」，甲、乙本作「而」，誤。
〔一二七〕「更賜盜」，甲、乙本作「命賜其」；「者」，據文義補。
〔一二八〕「穆公」，甲、乙本無；「韓」，甲、乙本無。
〔一二九〕「有五人」，甲本作「忽有五人」，乙本作「忽有五夫」；「至馬前」，甲、乙本無。
〔一三〇〕此句至「臣昔盜馬之〔人〕也」，甲、乙本無。
〔一三一〕「人」，據文義補。
〔一三二〕此句甲、乙本作「穆公怪之，乃五夫也」。
〔一三三〕「琛」，當作「粲」，據甲、乙本改，「琛」爲「粲」之借字。
〔一三四〕「薄」，當作「濟」，據甲、乙本改；「恩」，甲本同，《敦煌本古類書〈語對〉研究》認爲底本、乙本作「身」，誤。

〔一三五〕「捨」，當作「赦」，據甲、乙本改，「捨」爲「赦」之借字，《敦煌本古類書〈語對〉研究》認爲底本作「赦」，誤；「瓔」，當作「纓」，據甲、乙本改，「瓔」爲「纓」之借字。

〔一三六〕「捉」，當作「投」，據甲、乙本改；「人」，乙本作「臣」，甲本作「臣也」。

〔一三七〕「冥」，甲、乙本作「明」。

〔一三八〕「貧」，甲、乙本作「居貧」。

〔一三九〕此句甲本作「種瓜爲業，瓜始熟」，乙本作「種瓜爲業，瓜始孰」。

〔一四〇〕「於鍾」，甲本作「鐘便屈」，乙本作「鍾之」。

〔一四一〕「葬」，甲、乙本作「以葬」。

〔一四二〕「謂」，甲、乙本無。

〔一四三〕此句及下句，甲本作「遂葬母」。

〔一四四〕「立」，乙本同，甲本作「並立」；「稱」，甲、乙本作「爲」；「王」，乙本同，甲本作「主」；「也也也」，甲、乙本無，後兩個「也」當爲補白。

〔一四五〕「楊」，甲、乙本作「陽」，「陽」爲「楊」之借字。

〔一四六〕「繪買」，甲、乙本作「儈賣」。

〔一四七〕「高」，甲本無。

〔一四八〕「里」，甲本作「餘里」。

〔一四九〕「見」，據殘筆劃及文義補；「吕」，當作「旅」，據文義改，「吕」爲「旅」之借字。此句甲本無。

〔一五〇〕「坂」，《敦煌本古類書〈語對〉研究》認爲底本作「板」，誤。此句甲本作「公於板置義漿」。

〔一五一〕此句甲本無。

〔一五二〕『於』，甲本無。

〔一五三〕『一』，甲本無；『來』，甲本作『就』。

〔一五四〕『懷中出』，甲、乙本作『出懷中』。

〔一五五〕『乃』，甲、乙本無；『楊』，甲、乙本無。

〔一五六〕『曰』，乙本同，甲本脱。

〔一五七〕『此種之』，甲、乙本作『種此當』。

〔一五八〕『其』，甲本脱。

〔一五九〕『畦』，甲本作『地』。

〔一六〇〕『家』，甲本無。

〔一六一〕『始』，甲、乙本作『試』，《敦煌本古類書〈語對〉研究》認爲底本誤。

〔一六二〕『碧』，乙本作『璧』，均可通，甲本作『壁』，『璧』爲『碧』之借字。

〔一六三〕『姻』，甲、乙本無。

〔一六四〕『公』，乙本同，甲本脱。

〔一六五〕『爲』，甲本無。

〔一六六〕『陽』，當作『楊』，據甲本改，『陽』爲『楊』之借字；第二個『也』，甲本無，此當爲補白。

〔一六七〕『箭』，甲本作『箬』，誤。

〔一六八〕『銜』，據甲本補；『捉』，當作『投』，據甲本改；『之庭中也』，甲本無。

〔一六九〕『隨』，甲、乙本同，《敦煌本古類書〈語對〉研究》釋作『隋』，雖義可通而字誤；『後』，當作『侯』，據甲、乙本改，『後』爲『侯』之借字。

〔一七〇〕『瘡可』，甲、乙本無。

〔一七一〕『銜』，甲、乙本作『後銜』；『寶』，甲、乙本無；『來』，甲、乙本作『以』；『報』，乙本同，甲本作『珠』，誤。甲、乙本句末另有『隨侯』二字。《敦煌本古類書〈語對〉研究》認爲底本有『隋侯』二字，誤。

〔一七二〕『至』，甲本作『志』，『志』爲『至』之借字，《敦煌本古類書〈語對〉研究》認爲底本作『志』，誤。

〔一七三〕『問』，甲本無，當作『聞』，據文義改，『問』爲『聞』之借字。

〔一七四〕『來』，甲本無；『捉』，當作『投』，據甲本改。

〔一七五〕『免得』，當作『得免』，據甲本改。

〔一七六〕『去』，甲本作『之』。

〔一七七〕『前』，甲本作『中』。

〔一七八〕『於』，甲本無。

〔一七九〕『鰓中有』，甲本作『銜』。

〔一八〇〕『能』，甲本作『得』，誤。

〔一八一〕『鉤』，甲本作『鉤而放』。

〔一八二〕『復見』，甲本作『帝復來』。

〔一八三〕『於岸』，甲本作『置帝前』。

〔一八四〕『於』，甲、乙本無。

〔一八五〕『飛』，甲、乙本無。

〔一八六〕『玉』，《敦煌本古類書〈語對〉研究》認爲底本作『二』，誤。此句甲、乙本作『後數年，黄雀爲黄衣童子，持玉環來，以贈楊寶』。

〔一八七〕『曰』，據文義補。

〔一八八〕此句至『言訖不見』，甲、乙本無。

〔一八九〕『德』，《敦煌本古類書〈語對〉研究》漏録。

〔一九〇〕此句前甲、乙本有『後漢時』。

〔一九一〕『白』，乙本同，甲本作『毛』，《敦煌本古類書〈語對〉研究》認爲『毛』誤，近是。此句至『神哉也』，乙本作『晉時，陳留人毛寶行江邊，見人釣得白龜子，寶贖放江中。後十年餘，寶鎮邾城，與石虎戰。寶敗，投江，腳如踏著一石，漸浮至東岸。乃白龜也』。甲本唯『釣』作『鉤』，其他與乙本同。

〔一九二〕『飧』，甲本作『饗』。

〔一九三〕『嘗』，甲本作『常』；『食』，甲本作『饗』。

〔一九四〕此句甲本作『不先食也』。

〔一九五〕『又』，甲本同，《敦煌本古類書〈語對〉研究》認爲底本作『又一』，誤。

〔一九六〕『孝弟』，甲本作『弟孝』，誤；『爲』，甲本作『被』；『虜』，甲本脱。

〔一九七〕『被』，甲本無；『烹』，甲本作『亨』，均可通。

〔一九八〕『告』，甲本脱。

〔一九九〕此句至『於是兄弟二人並放令還也』，甲本作『賊遂感之，並放』。

〔二〇〇〕『姜』，甲本同，《敦煌本古類書〈語對〉研究》釋作『美』，誤；『肱』，底本此處留有空白，據甲本補；『嘗』，甲本無。

〔二〇一〕『並』，甲本無，《敦煌本古類書〈語對〉研究》認爲底本作『兼』，誤；『與』，當作『以』，據甲本改，『與』爲

「以」之借字。

〔二〇二〕此句至「大者讓兄也」，甲本作「孔融小時，食梨讓兄」。

〔二〇三〕第一個「三」，當作「王」，據甲本改。

〔二〇四〕「奉」，甲本作「與」；「也」，甲本無。

〔二〇五〕「爽」，甲本作「奚」，誤；「以孝行著名」，甲本作「八人」。

〔二〇六〕「貴」，當作「仲」，據文義改。此句甲本作「號曰八龍」。

〔二〇七〕「荀」，甲本脱。

〔二〇八〕「荀汪」，甲本無。

〔二〇九〕「壽」，甲本同，當作「燾」，《敦煌本古類書〈語對〉研究》據文義校改。

〔二一〇〕「是」，甲本作「事」，「事」爲「是」之借字；「叔」，甲本同，當作「淑」，「叔」爲「淑」之借字。

〔二一一〕此句甲本作「俱有賢行，時號賈氏三兒，荀氏八龍」。

〔二一二〕「正」，甲本作「守」，誤；「禮」，《敦煌本古類書〈語對〉研究》認爲底本「禮」下有重文符號，按「禮」下有重文符號者實爲甲本。

〔二一三〕此句甲本作「禮兄弟二人」。

〔二一四〕此句甲本作「時號曰兩驥之才」。

〔二一五〕「筆」，甲本作「華」。

〔二一六〕「又曰」，據甲本補。

〔二一七〕「三」，當作「二」，據甲本改。

〔二一八〕此句甲本無。

〔二一九〕此句甲本無。第二個「也」，係補白。

〔二二〇〕「並」，甲本作「俱」。

〔二二一〕「號爲」，甲本作「時人號曰」。

〔二二二〕「毛」，甲本無。

〔二二三〕此句甲本作「瞻望兄兮」。

〔二二四〕「毛」，甲本無。

〔二二五〕「鶺」，甲本脱。

〔二二六〕「友于」，甲本此條目前尚有「兩潘」條。「云」，甲本作「曰」。

〔二二七〕「論」，據甲本補；「曰」，甲本作「云」。

〔二二八〕「也」，甲本無。

〔二二九〕第二個「也」，係補白。此句甲本作「兄弟孔懷」。

〔二三〇〕「弓」，甲本作「躬」，「躬」爲「弓」之借字；「與」，甲本作「從」。

〔二三一〕「會」，甲本無。

〔二三二〕「現」，甲本無。

〔二三三〕「居一處」，甲本無。

〔二三四〕「曰」，甲本無。

〔二三五〕「里」，甲本作「百里」。

〔二三六〕此句甲本無。

〔二三七〕「棠」，甲本作「堂」，「堂」爲「棠」之借字。

〔二三八〕『棠』，甲本作『堂』，『堂』爲『棠』之借字。

〔二三九〕『别』，甲本作『燕』。

〔二四〇〕『棠』，甲本作『堂』，『堂』爲『棠』之借字；『花』，甲本作『華』，均可通。

〔二四一〕此句甲本無。

〔二四二〕此句甲本作『如』。《敦煌本古類書〈語對〉研究》認爲甲本『怡』下有三個重文符，乙本僅重一『怡』字，按甲本『怡』下實有一重文符，而乙本並無此句。

〔二四三〕『歿』，甲本作『没』，『歿』爲『没』之古文。

〔二四四〕『以』，甲本無。

〔二四五〕『有』，甲本無。

〔二四六〕『其』，甲本無；『謂』，甲本無，當作『爲』，據文義改，『謂』爲『爲』之借字；『之』，甲本無；『委』，甲本同，當作『萎』，《敦煌本古類書〈語對〉研究》據《雕玉集》校改，『委』爲『萎』之借字。

〔二四七〕『由』，當作『猶』，據甲本改，『由』爲『猶』之借字。

〔二四八〕此句至『孔懷不義』，甲本作『奈河（何）孔懷』。

〔二四九〕此句甲本作『分居哉』。

〔二五〇〕此句甲本作『遂不復分』。

〔二五一〕此句甲本作『樹還復如故』。

〔二五二〕此條目前甲本有『四鳥』條，丁本亦有，且丁本始於『四鳥』。『棠』，當作『堂』，據甲、丁本改，『棠』爲『堂』之借字。

〔二五三〕『三兩』，甲、丁本作『兩三』。

〔二五四〕『别』，丁本同，甲本作『居』；『他』，據甲、丁本補。

〔二五五〕『文』，甲本同，《敦煌本古類書〈語對〉研究》於其後補一『章』字。

〔二五六〕『與』，據甲、丁本補。

〔二五七〕『二十』，甲、丁本作『廿』；『後』，甲、丁本無。

〔二五八〕『郅』，甲、丁本作『郊』，當作『邳』，《敦煌本古類書〈語對〉研究》據文義校改。甲、丁本句末另有『祁東』二字。《敦煌本古類書〈語對〉研究》起初認爲底本作『下郅』，又認爲底本作『不郊祁東』，誤。

〔二五九〕『市』，甲、丁本作『因市』；『中』，甲、丁本無。

〔二六〇〕此句之前甲、丁本有『伯武歐』。《敦煌本古類書〈語對〉研究》認爲此句底本作『伯武欲報之』，誤。

〔二六一〕『其』，甲、丁本無。

〔二六二〕此句甲、丁本作『手不能舉』。

〔二六三〕『乃遂』，甲、丁本無。

〔二六四〕『是兄弟』，甲、丁本作『兄弟也』。

〔二六五〕『邵』，丁本同，當作『劭』，據文義改，『邵』爲『劭』之借字。此句甲本脱。

〔二六六〕『禦』，丁本同，甲本作『外禦』；『侮』，丁本同，甲本作『梅』，誤；『也』，甲、丁本無。

〔二六七〕『能』，甲、丁本無。

〔二六八〕『故曰』，甲、丁本無。

〔二六九〕『由』，甲、丁本無，當作『猶』，《敦煌本古類書〈語對〉研究》據文義校改，『由』爲『猶』之借字；『也』，甲、丁本無。

〔二七〇〕『出入』，甲、丁本脱。

〔二七一〕此條目甲、丁本有目無文。
〔二七二〕此條目甲、丁本有目無文。
〔二七三〕「也」，丁本同，甲本無。
〔二七四〕「丘」，甲、丁本同，《敦煌本古類書〈語對〉研究》於其前補一「太」字。以下同，不另出校。
〔二七五〕「季方」，甲本亦脱，《敦煌本古類書〈語對〉研究》據《世説新語》校補。
〔二七六〕「丘」，甲、丁本作「客」；「以」，當作「與」，據甲、丁本改；「客」，甲、丁本作「丘」；「義」，當作「議」，據甲、丁本改，「義」爲「議」之借字。
〔二七七〕「語」，甲、丁本作「議」。
〔二七八〕「忘」，丁本同，甲本作「亡」，均可通。
〔二七九〕「洛」，當作「落」，據甲、丁本改，「洛」爲「落」之借字。
〔二八〇〕「飯」，甲、丁本脱。
〔二八一〕「甑」，甲、丁本作「炊」。
〔二八二〕「成糜矣」，甲、丁本作「已成糜」。
〔二八三〕「也」，甲、丁本同，當作「耶」，《敦煌本古類書〈語對〉研究》據文義校改，「也」爲「耶」之借字。
〔二八四〕「蓟」，當作「對」，據甲、丁本改。
〔二八五〕「遂」，甲、丁本作「丘」。
〔二八六〕「時號」，甲、丁本作「時人」。甲本此句後有小標題「父母」，該標題後有「承顔」「膝下」「陔蘭」「屺岵」「採杞」「梁山」等條目。丁本止於此句之「也」字。
〔二八七〕丙本始於此句。

〔二八八〕『是』，當作『其』，據甲、丙本改。
〔二八九〕『也』，甲、丙本無。
〔二九〇〕『被』，甲本無；『侵』，甲、丙本作『及』，《敦煌本古類書〈語對〉研究》認爲底本作『假』，誤。
〔二九一〕『其』，甲、丙本無。
〔二九二〕此句甲、丙本無。
〔二九三〕『官』，甲、丙本作『位』。
〔二九四〕『孝』，甲、丙本無；『其』，甲、丙本無。
〔二九五〕『輙』，丙本同，甲本作『即』。
〔二九六〕『籙』，甲、丙本作『録』；『也』，甲、丙本無。
〔二九七〕『續』，甲、丙本作『積』，《敦煌本古類書〈語對〉研究》認爲底本作『績』，誤。
〔二九八〕此句甲、丙本無。
〔二九九〕『七』，甲、丙本作『九』，《敦煌本古類書〈語對〉研究》認爲『七』『九』並誤，應作『六』。
〔三〇〇〕『過』，丙本同，甲本作『遇』，誤。
〔三〇一〕『懷』，丙本同，甲本脱；『貴』，當作『遺』，據甲、丙本改。
〔三〇二〕『孟』，當作『猛』，據甲、丙本改，『孟』爲『猛』之借字。
〔三〇三〕『每』，甲、丙本無；『月』，甲、丙本無。
〔三〇四〕『伏』，甲、丙本作『輙伏』。
〔三〇五〕『也』，甲、丙本無。此條目後甲、丙本還有『曾閔』條。
〔三〇六〕第二個『號』，甲本同，丙本作『日號』；『昊』，甲本同，丙本作『旻』，均可通。

〔三〇七〕「叩」，丙本同，甲本作「叩地」，「地」係衍文，當删；「於」，甲、丙本作「其」。
〔三〇八〕「也」，甲、丙本無。
〔三〇九〕此句至「無以報也」，甲、丙本無。
〔三一〇〕「不飲」，甲、丙本無。
〔三一一〕「也」，甲、丙本無。
〔三一二〕「詩云」，丙本同，甲本作「毛詩曰」。
〔三一三〕「爰」，丙本同，甲本作「奚」，誤。
〔三一四〕「後」，甲本作「逡」，當作「浚」，據丙本改。
〔三一五〕「詩」，甲本同，丙本作「毛詩」；「云」，甲、丙本作「曰」。
〔三一六〕「欲」，甲本同，丙本作「又曰欲」；「恩」，甲本同，丙本作「德」。
〔三一七〕此條目前甲、丙本有「五情」條，該條有目無文。「莊」，丙本同，甲本作「老」。
〔三一八〕此句甲、丙本無。
〔三一九〕「之」至「親也」，底本留有空白，原未抄完。「昔」，丙本同，甲本脱；「藿」，甲本同，丙本作「霍」，「霍」爲「藿」之借字，《敦煌本古類書〈語對〉研究》認爲底本作「霍」，誤；「實」，據甲、丙本補。
〔三二〇〕「言逮」，據甲、丙本補。
〔三二一〕此句之後底本留有空白，原未抄完。
〔三二二〕「母之」，甲、丙本無；「裝」，甲、丙本無，當作「妝」，據文義改，「裝」爲「妝」之借字。
〔三二三〕「晝」，甲、丙本作「一晝」；「扇」，丙本同，甲本作「流」，誤。
〔三二四〕「涕」，據甲、丙本補。

〔三二五〕『學』，據甲、丙本補。此條『泣』至『之』之間留有空白，原未抄完。『師問』，據甲、丙本補。
〔三二六〕『答』，甲、丙本無。
〔三二七〕『情』，甲、丙本作『者』。
〔三二八〕『而』，甲、丙本無；『皆』，甲、丙本無。
〔三二九〕『乃以』，甲、丙本作『遂』。
〔三三〇〕『俞』，甲、丙本同，《敦煌本古類書〈語對〉研究》校改作『瑜』。以下同，不另出校。
〔三三一〕『汝』，甲、丙本作『吾答汝』；『日』，丙本同，甲本脱。
〔三三二〕『答之』，甲、丙本無；『何』，丙本同，甲本作『他』，誤；『故』，甲、丙本無；『立』，甲、丙本無，當作『泣』，據文義改，《敦煌本古類書〈語對〉研究》認爲底本作『泣』，誤。
〔三三三〕『日』，據甲、丙本補；『兒』，丙本同，甲本作『而兒』。
〔三三四〕『有』，甲、丙本作『力』。
〔三三五〕『也』，甲、丙本無。
〔三三六〕第二個『悌』，甲、丙本無。
〔三三七〕『母父』，甲、丙本作『父母』。
〔三三八〕『整衣服』，丙本同，甲本脱。
〔三三九〕『事』，當作『畢』，據甲本改。
〔三四〇〕『五』，甲本作『經五』；『也』，甲本無。
〔三四一〕『字』，甲、丙本作『宣字』。
〔三四二〕『也』，甲、丙本同，當作『耶』，《敦煌本古類書〈語對〉研究》據文義校改，『也』爲『耶』之借字。

〔三四三〕『痛』，甲、丙本作『爲痛』。

〔三四四〕此句甲本同，丙本無。

〔三四五〕『毀』，丙本同，甲本作『獸』，誤。

〔三四六〕『也』，甲、丙本作『耳』。

參考文獻

Descriptive Catalogue of the Chinese Manuscripts from Tunhuang in the British Museum, The Trustees of the British Museum, London 1957, p. 269；《敦煌寶藏》一册，臺北：新文豐出版公司，一九八一年，四一八至四一九頁（圖）；《敦煌學》九輯，臺北：新文豐出版公司，一九八五年，六六頁；《敦煌本古類書〈語對〉研究》，臺北：文史哲出版社，一九八五年，二三四至二八六頁（録）；《東洋研究》七七號，一九八六年，四二至六三頁；《英藏敦煌文獻》一卷，成都：四川人民出版社，一九九〇年，三〇至三一、三三至三六頁（圖）；《英藏敦煌文獻》四卷，成都：四川人民出版社，一九九一年，一〇八至一〇九頁（圖）；《敦煌類書》，高雄：麗文文化事業股份有限公司，一九九三年，九七至九九、三七五至三八二、一二八九至一二九一頁（圖）；《法藏敦煌西域文獻》一五册，上海古籍出版社，二〇〇一年，一一四至一三〇頁（圖）；《法藏敦煌西域文獻》三二册，上海古籍出版社，二〇〇五年，二二三至二二四頁（圖）；《法藏敦煌西域文獻》三三册，上海古籍出版社，二〇〇五年，二二九頁（圖）；《英國國家圖書館藏敦煌遺書》二册，桂林：廣西師範大學出版社，二〇一一年，六四至六六頁（圖）。

斯七八背　縣令書儀抄

釋文

（前缺）

伏以氣〔臨〕北斗〔一〕，日正南宫，當隆陰盈昊（昃）之輝〔二〕，是韶景滿郊之〔時〕〔三〕。伏惟　長官門傳簪組〔四〕，閥閲承家〔五〕；暫分百里之憂，須副蒼生之望。爰因改候，必納　殊祥，既沐　獎憐，倍增虔禱。

伏以玄冬半盡，爰日初長，冰雪雖其冽寒，梅柳已待其方盛〔六〕。伏惟　僕射德業素高，惠和遠布。爰因令序，更納　殊祥。某□受　眷私。

伏以一陽啓運，北陸凝辰，爰日馳光，韶芳動景，融膏風於彩刻（顔）〔七〕，銷媚態於晴雲，是五柳歡會之時，明三端慶洽之日。伏惟　著作　才高陸海，德聚陳星。文詞不讓於班、陽（楊）〔八〕，德行已光於顔、閔。爰因令節，更保　休禎，竚迎寵陟於　煙霄，當俟徘徊於　仙島。某久叨恩眷，實切下情。

伏以時當子位，律膺黃鍾，是趙襄愛景之辰，乃周代歲初之首。伏惟　司馬機謀濟物，妙略通時，常爲耳目於　郡候（侯）〔九〕，能作腹心於　水土。爰因令序，納慶嘉祥，即叨寵陟之榮，不出履長之候。某謬叨　　宰邑，常忝　疪庥〔一〇〕，每積虔祈，未離昏旦。

伏以玄律正中，黃鍾啓候，四序未分於北陸，一陽潛振於東方。伏惟　判官道匡禮樂，蘊濟　國之高才；德冠珪璋，立安邦之事業。今者宰臨劇縣，名播清朝，履祚斯辰，佇聞

　徵寵，某限拘所守，拜　賀未由，但增悚戀。

又云　伏以長官材唯通濟，道著廉平，早彰避雨之仁，克振戴星之譽。忽聞留犢，欣愜倍深。專人特賜　瑤緘，尤增悚荷之至。歎賞之外，無以喻陳。

伏以節迎及長至〔一一〕，候啓一陽，當亞歲之良辰，允納　伏以節休祥之正氣〔一二〕。伏惟　長官化光馴雉，譽美割鷄，是與物咸休，順時薦祉。　眷私專垂示問，悚荷但深，禱祝之誠，實異倫等。

伏以四序將周，一陽肇啓，屬書雲之合節，當迎日之佳辰。伏惟　長官道契明時，　德符昌運，政理而弦歌已播，安民而　製錦昭彰。因茲改候之辰，必俟　殊常之寵，某早叨知獎，但積禱祈。

伏以三史即先，才高夢筆，詞掞天〔一三〕，已彰奪席之能，未雪披沙之譽。爰因令序，即履　殊榮，當千盧（廬）納祐之辰〔一四〕，是百福攸臻之日。某幸叨末宦，獲忝　知聞，每

積虔祈，未離昏旦。

賀官

伏審　天恩，特加　寵命，伏惟　慶慰。某倍增喜躍，榮抃寔深。伏以司空明誠貫日，勇氣淩雲。龍虎超騰，則犲狼避路；鷹鸇挺特，則燕雀投林。故得封境咸安，威名克振，移榮端揆，峻秩冬官。薦新水土之權，益顯　麾幢之貴。某久承　恩顧[一五]，抃　賀實深，禱祝之誠，倍增卑懇。

伏審　天恩，光膺　寵命，榮捧　吉秩，伏惟　感慰。伏以　司空挺生秀氣，傑出英旄[一六]，喜（嘉）聲早著於　寰區[一七]，茂清素彰於令問[一八]。故得中朝倚矚，　相府欽崇，　録勳遂貢於牋章，懋德俄加於水土。某叨蒙　恩獎，實異等倫，欣抃之誠，造次難喻。

伏審　天恩，榮膺　寵命，伏惟　感慰。伏以　司空智符天假，才爲時生。藴安拜（邦）静寇之宏謀[一九]，盡許國匡君之勁節。自聯分兩郡，畏愛風清[二〇]，顯自洪勳[二一]，薦承睿眷[二二]，不改符竹之貴，就昇　水土之榮。中外人情，熟（孰）不欽　賀[二三]。某叨蒙　慈獎，常荷　殊私。聞新命而雖則懽欣，限拘職而未獲趨賀。　具銜。

右某今月某日得狀，探史佶狀報，伏審　太保　天使到州，榮加　寵命，伏惟　慶慰。卑吏忝伏事　階墀，下情無任抃躍。　太保官榮二品，位重　三公，赤心匡輔於　吾君，竭節保持於　宗社。左擒右縱，勳高於漢代陳平；拓玉（土）畫疆〔二四〕，　功蓋於秦朝白起。故得編（偏）加　渥澤〔二五〕，曲被　皇恩。重驅斧鉞於堯都，再受　絲綸於　晉國。姦豪攝（懾）懼〔二六〕，摧心稟廉藺（簡）之威〔二七〕；疲瘵謳歌，鼓腹賀　龔黄之化。竚見追還　龍節，入拜鳳池，長爲樑棟之材，永作股肱之任。某忝居宰字，獲守　化條，親觀虎去殊（珠）還〔二八〕，敢無足蹈手舞。某伏限卑守，不獲詣　衙，祗候參　賀，下情無任惶懼，謹奉狀啓　起居，謹録狀上。　某蒙　恩旨授，伏蒙　元帥令公台造，已賜　指撝赴任，下情不任　感慰。此皆遠依　恩獎，每仗　推揚，致茲叨忝之榮，免負提攜之力。唯憂拙致，何以當官。既無製錦之能，何效帶星之理。某今月某日已辭謝　主留僕射訖，即期趨　覲，欣慰已深，其它私懇，留面披豁。　久違憐獎〔二九〕，常切　攀依，謁　德恩仁，以時繫日。

　伏蒙　某官敦以中外之分，勿間（聞）昇況〔三〇〕，尚垂　眄顧之心，不遺姓字。豈謂　某官十四郎，先蒙省問，曲賜華緘，啓封而　眷愛喻（逾）涯〔三一〕，披詠而兢榮失次。但深感戴，豈備牋函，望　風而未卜披　雲，仰德而唯增下懇。伏緣某自到獎（弊）邑〔三二〕，公事殷繁，日夕驅馳，略無閑暇，以此未早有狀陳　謝。

　右某啓丘下士，魯國小儒，蹣跚莫進於宦途〔三三〕，輒（轗）軻尚拘於塵土〔三四〕。某前年中已隨常調，尋致參差，寧敢怨嗟，自甘蹇滯。去冬又之京洛，重下文書，首尾三年，當始判就。今則俯臨注擬，又少闕員，要路無媒，謀分力困，晨夕煎撓〔三五〕，慌惚何安。倘蒙老丈　哀以　清朝寡援，白髮滿頭，及第多年〔三六〕，未離一慰（尉）〔三七〕。伏乞　老丈特開惻隱，曲賜　薦揚，倘論姓字於　銓衡，必使騫翔於宦途，既叨寸禄，自此蘇舒。投盟已對於　神明，感謝豈欺於皎日。况某性唯魯朴，至不囂浮，於親朋未省疏道，向　門館固無僥倖。竊緣某併遭兵火，事力窮危，有少獻　芹，乃是當時　處分，兼尋得一兩受員闕，謹具後狀諮　聞。胃（冒）瀆　尊慈〔三八〕，下情無任望　恩，戰汗惶懼之至。

某才乖言偃，德謝淵明，雖無政績於蒸黎，粗暮（慕）恪勤於宦道〔三九〕，常懷廉慎，勉副　指蹤，猶希曲被於恩慈，未忘　獎憐於記念。况某謬叨憤（墳）典〔四〇〕，粗別　恩雠，誓將鉛朽之心，不負　丘山之德。但緣某到官日近，殊寡宦情，儻蒙且許於　依投，終不負心於　一館。當縣公事，輒希猥賜　疪庥，他時苟示泣珠，異日必期吞炭。

伏惟　某乙公事繁屑，爾（不）獲頻狀　知聞〔四一〕，常切攀依，難申　狀墨。伏以某官絳沙（紗）講學〔四二〕，珠（洙）泗尋師〔四三〕。果彰辨鼠之功，克就雕龍之業。春官省裏，誰爭奪席之能；孔子門中，自讓披沙之譽。便合飛鳴　仙署，豈宜屈宰懸（縣）官〔四四〕。治民纔罷於琴齊，刷羽即還於　省闥。某幸叨　獎眷，謬忝同年，徒切　依棲，常增禱祝。　某啓：　某棄耕鄭國，嗜學鄒鄉，因通史籍於　春闈，遂忝命官於宰邑。兼以干時寡援，履世孤單，出身已近廿年，入仕纔經兩任。今則將沾寸禄，敢希　至公，恩波儻及於卑寮，雷雨必滋於朽栟（枅）〔四五〕。

伏惟　某官風雲間氣，鸞鳳殊姿，謙謙有君子之歲寒，耿耿稟　大賢人之節操〔四六〕。分憂元市，能裨　政事於萬機；力副　梁王，併掌繁難於四鎮。尚留藩屏，未駕　朱輪。終期作　鎮山河，豈止〔竹〕符治郡〔四七〕。徒使人心瞻矚，衆口稱榣（謡）〔四八〕，是受生靈，威懷覆毓〔四九〕。卑吏爰從苦學，得繼弓裘，粗分清濁之言，免卦（掛）是非之口〔五〇〕，龍鍾莫進，鰲跛難前，朝中無半面之交，海内乏彈冠之侶。伏乞　某官念兹淺近，素寡梯媒，不求論薦之書，只假　丘山之力。償（儻）開惻隱〔五一〕，果遂　提攜，兒孫共誓於酬恩，闔室同盟於報德。輒將血懇，冒瀆　尊威〔五二〕，伏增戰越。

某啓：才非通變，學本荒虛〔五三〕，素無夢筆之祥，唯有雕蟲之譽。金門寸進，濁舍陸沈，偶隨常調於　銓衝（衡）〔五四〕，遂忝徵（微）官於宰邑〔五五〕。今則將謀　參上，幸獲起居，遽叨　獎用之私，已變幽頑之質。儻蒙　大夫終垂　維挈，曲被　鴻慈，戴　恩既重於　丘山，感德已深於江海。誓爲銘篆，豈望斯須。闕頭若未一鳴，波上必期三顧。伏乞大夫，念以淹延外府，凡事闕如，計盡（晝）求夕爨〔五六〕，稍開　惻隱，廣被陰功。知恩不獨於古人，當代豈無於義士。已磨鉛鈍，力副　提攜。馳心粗蓄於歲寒，秉志豈辜於德守。兼有少常例，謹具別狀。輕　塵〔五七〕，臨帛兢惶，望風憂灼。

某行止乖僻，早闕　拜塵，瞻〔睹〕清儀〔五八〕，常垂丹懇。伏以　某官言垂典法，

道合 公侯，爲 鄭驛之清流，作 燕臺之 上客。未攀 清桂，暫隱 朱門。驚人終老（？）於一鳴[五九]，泣玉不勞於三獻。未期披 路（露）[六〇]，但切瞻 風。曉夕攀依，難申牋簡。伏惟 某獲接鄰封，□□□譽[六一]，已敦 惠化，即拜 真銜。謬忝連官，彌增祝望，期於 寵陟，即□[六二]，不唯憂田（思）[六三]，滋益交見，疲瘵舒蘇（下缺）

説明

此件首尾均缺，起『伏以氣〔臨〕北斗』，訖『疲瘵舒蘇』，趙和平以卷中『民』字闕筆，但不避『虎』『治』『顯』『龍』（隆）等唐代諸帝諱的情況，認爲應爲『後唐長興中太原府某縣縣令的書儀』（參看《敦煌表狀箋啓書儀輯校》，二二三至二二五頁），吴麗娱則認爲此件所收書狀，多爲唐末而非後唐者（參看《敦煌學與中國史研究論集——紀念孫修身先生逝世一周年》，一六八至一七〇頁）。

此件係抄件，抄寫者水準不高，每有脱、誤。

校記

〔一〕『臨』，《敦煌表狀箋啓書儀輯校》據文義校補。

〔二〕『昊』，當作『昃』，據文義改。

〔三〕「時」，《敦煌表狀箋啓書儀輯校》據文義校補。
〔四〕「長」，據殘筆劃及文義補，《敦煌表狀箋啓書儀輯校》逕釋作「長」。
〔五〕「承」，底本作「丞」，按寫本中「承」「丞」形近易混，故據文義逕釋。
〔六〕「柳」，據殘筆劃及文義補。
〔七〕「刻」，當作「顔」，據文義改，《敦煌表狀箋啓書儀輯校》逕釋作「顔」。
〔八〕「陽」，當作「楊」，《敦煌表狀箋啓書儀輯校》據文義校改，「陽」爲「楊」之借字。
〔九〕「候」，當作「侯」，據文義改，「候」爲「侯」之借字，《敦煌表狀箋啓書儀輯校》逕釋作「侯」。
〔一〇〕「痳」，底本作「㾓」，係涉上文「疵」字類化。以下同，不另出校。
〔一一〕「及」，《敦煌表狀箋啓書儀輯校》疑其係衍文，當刪。
〔一二〕「允」，《敦煌表狀箋啓書儀輯校》疑其係衍文；「伏以節」，《敦煌表狀箋啓書儀輯校》疑其係衍文。
〔一三〕《敦煌表狀箋啓書儀輯校》認爲此句有脱文，疑於「詞」後補一「超」字。
〔一四〕「盧」，當作「廬」，據文義改，「盧」爲「廬」之借字。
〔一五〕「承」，底本作「丞」，按寫本中「承」「丞」形近易混，故據文義逕釋。
〔一六〕「旄」，《敦煌表狀箋啓書儀輯校》校改作「髦」。
〔一七〕「喜」，當作「嘉」，《敦煌表狀箋啓書儀輯校》據文義校改。
〔一八〕「清」，《敦煌表狀箋啓書儀輯校》校改作「績」。
〔一九〕「拜」，當作「邦」，據文義改。
〔二〇〕「風清」，《〈英藏敦煌社會歷史文獻釋録〉（第一卷）録文考訂》認爲當乙作「清風」，不必。
〔二一〕「自」，《〈英藏敦煌社會歷史文獻釋録〉（第一卷）録文考訂》認爲當校改作「白」，非是。

〔二二〕『承』，底本作『丞』，按寫本中『承』『丞』形近易混，故據文義逕釋。

〔二三〕『熟』，當作『孰』，據文義改，『熟』爲『孰』之借字，《敦煌表狀箋啓書儀輯校》逕釋作『孰』。

〔二四〕『玉』，當作『土』，據文義改，《敦煌表狀箋啓書儀輯校》逕釋作『土』。

〔二五〕『編』，當作『偏』，《敦煌表狀箋啓書儀輯校》據文義校改，『編』爲『偏』之借字。

〔二六〕『攝』，當作『懾』，《敦煌表狀箋啓書儀輯校》據文義校改，『攝』爲『懾』之借字。

〔二七〕『蘭』，當作『簡』，《敦煌表狀箋啓書儀輯校》據文義校改。

〔二八〕『殊』，當作『珠』，《敦煌表狀箋啓書儀輯校》據文義校改。

〔二九〕『憐』，底本作『𧬊』，似係涉其右側『謝』而成之類化俗字。

〔三〇〕『問』，當作『聞』，據文義改，《敦煌表狀箋啓書儀輯校》逕釋作『聞』。

〔三一〕『喻』，當作『逾』，《敦煌表狀箋啓書儀輯校》據文義校改，『喻』爲『逾』之借字。

〔三二〕『獎』，當作『弊』，《敦煌表狀箋啓書儀輯校》據文義校改。

〔三三〕『於宦』，《敦煌表狀箋啓書儀輯校》據文義校補。

〔三四〕『轗』，當作『軋』，據文義改。

〔三五〕『撓』，底本原作『橈』，因寫本中『扌』『木』不分，故據文義逕釋。

〔三六〕『第』，底本原作『弟』，按寫本中『第』『弟』形近易混，故據文義逕釋。

〔三七〕『慰』，當作『尉』，《敦煌表狀箋啓書儀輯校》據文義校改，『慰』爲『尉』之借字。

〔三八〕『胃』，當作『冒』，《敦煌表狀箋啓書儀輯校》據文義校改。

〔三九〕『暮』，當作『慕』，《敦煌表狀箋啓書儀輯校》據文義校改，『暮』爲『慕』之借字。

〔四〇〕『憤』，當作『墳』，《敦煌表狀箋啓書儀輯校》據文義校改，『憤』爲『墳』之借字。

〔四一〕『爾』，當作『不』，據文義改，《敦煌表狀箋啓書儀輯校》逕釋作『不』。

〔四二〕『沙』，當作『紗』，據文義改，『沙』爲『紗』之借字，《敦煌表狀箋啓書儀輯校》逕釋作『紗』。

〔四三〕『珠』，當作『洙』，《敦煌表狀箋啓書儀輯校》據文義校改，『珠』爲『洙』之借字。

〔四四〕『懸』，當作『縣』，《敦煌表狀箋啓書儀輯校》據文義校改，『懸』爲『縣』之借字。

〔四五〕『栟』，當作『枅』，《敦煌表狀箋啓書儀輯校》據文義校改。

〔四六〕『大』，《敦煌表狀箋啓書儀輯校》疑其係衍文。

〔四七〕『竹』，《敦煌表狀箋啓書儀輯校》據文義校補。

〔四八〕『摇』，當作『謡』，《敦煌表狀箋啓書儀輯校》據文義校改，『摇』爲『謡』之借字。

〔四九〕『毓』，《敦煌表狀箋啓書儀輯校》校改作『育』，按『毓』同『育』，不煩校改。

〔五〇〕『卦』，當作『掛』，《敦煌表狀箋啓書儀輯校》據文義校改，『卦』爲『掛』之借字。

〔五一〕『償』，當作『儻』，《敦煌表狀箋啓書儀輯校》據文義校改。

〔五二〕『威』，《敦煌表狀箋啓書儀輯校》釋作『嚴』，誤。

〔五三〕『虛』，底本似『靈』，按寫本中『靈』『虛』形近易混，故據文義逕釋。

〔五四〕『衝』，當作『衡』，據文義改，《敦煌表狀箋啓書儀輯校》逕釋作『衡』。

〔五五〕『徵』，當作『微』，《敦煌表狀箋啓書儀輯校》逕釋作『微』。

〔五六〕『盡』，當作『畫』，據文義改。

〔五七〕『輕』，《敦煌表狀箋啓書儀輯校》疑其後脱兩字。

〔五八〕『睹』，《敦煌表狀箋啓書儀輯校》據文義校補。

〔五九〕『老』，《敦煌表狀箋啓書儀輯校》校改作『止』。

〔六〇〕『路』，當作『露』，《敦煌表狀箋啓書儀輯校》據文義校改，『路』爲『露』之借字。

〔六一〕第一個『□』，《敦煌表狀箋啓書儀輯校》釋作『極』。

〔六二〕『即』，據殘筆劃及文義補。

〔六三〕『田』，當作『思』，據文義改，《敦煌表狀箋啓書儀輯校》逕釋作『思』。

參考文獻

Descriptive Catalogue of the Chinese Manuscripts from Tunhuang in the British Museum, The Trustees of the British Museum, London 1957, p. 269 ；《敦煌寶藏》一册，臺北：新文豐出版公司，一九八一年，四一九至四二〇頁（圖）；《英藏敦煌文獻》一卷，成都：四川人民出版社，一九九〇年，三一至三二頁（圖）；《九州學刊》一九九五年六卷四期，九七至九八頁；《唐五代書儀研究》，北京：中國社會科學出版社，一九九五年，四五至四六、二四三至二四四、二六二頁；《敦煌表狀箋啓書儀輯校》，南京：江蘇古籍出版，一九九七年，二一三至二二七頁（録）；《敦煌學與中國史研究論集——紀念孫修身先生逝世一周年》，蘭州：甘肅人民出版社，二〇〇一年，一六八至一七〇頁；《文教資料》二〇〇四年五月號下旬刊，一一三頁；《文教資料》二〇〇七年十一月號下旬刊，八七頁；《英國國家圖書館藏敦煌遺書》二册，桂林：廣西師範大學出版社，二〇一一年，六七至六九頁（圖）。

伯四六三六+斯七九　失名類書（《語對》）

釋文

（前缺）

孝養

扇枕《漢記》曰：黄香，字文强，事父母至孝。冬温席，恐其寒；夏扇枕，恐其熱。守果《魏志》曰：王祥，字休徵，家有果樹。後母恐蟲鼠所及〔一〕，令祥守之。時大雨，祥抱樹經宿不寐。位至太傅。獻果董黯，字孝治，少失父，養母。每得美味甘果，輒奔走獻母。出《會稽典録》。懷橘陸積，年九歲，過父友家，懷橘遺母。牀下吴猛年七歲，至夏輒伏於牀下，父母問之，猛曰：『恐蚊蟲及父母。』曾閔曾子、閔子騫俱以孝稱於世。

喪孝

號天言舜日號泣於旻天，以思父母。扣地叩擊其地，以痛戀父母。泣血高柴泣血三年，未嘗見齒。絶漿曾參母亡，絶漿七日。風枝《莊子》曰：樹欲靜而風不止，子欲養而親不待。寒泉《詩》云：爰有寒泉，在浚之下。罔極《毛詩》曰：哀哀父母，生我劬勞。又曰欲報之德，昊天罔極。五情　百身出《莊子》。

孝行

負米《説苑》曰：仲由云：『昔食藜霍（藿）之實〔一〕，負米以供母，忻忻然，言逮親也。今雖堂高九仞，積粟萬鍾，思欲負米，豈可得乎？悲不及親也。』

執扇張景胤，吴人也。每開匣，見母生存一畫扇，即涕流不已。

泣學郦原，年五六歲喪父母。過鄰舍學，原啼泣，師問之。原曰：『孤者易感，感學者有父母。』師遂義教之。

韓伯俞《説苑》曰：韓伯俞有過，母笞之，泣。母曰：『吾笞汝，他日未曾泣，今泣，何也？』俞曰：『他日笞兒痛，今笞不痛，母力衰也，是以泣。』

顧悌以孝聞於鄉黨，每得父母書，灑掃〔三〕，整衣服，設几筵〔四〕，舒其書於上〔五〕，拜跪讀之，每句應諾〔六〕。畢〔七〕，復再拜〔八〕。父母患〔九〕，不飲水經五日〔一〇〕。

范宣宣，字宣子，年八歲，後園銚菜，誤傷指，大啼。人問：『痛也（耶）〔一一〕？』宣曰：『非爲痛也。身體髮膚，不敢毁傷，所以啼耳〔一二〕。』

孝感

瑞禽《孝子傳》曰〔一三〕：文讓母卒，負土營墳，有群鳥數千，爲之銜塊而成。

弔鶴陶侃葬，有白鶴來弔。

日鳥□曾參至孝〔一四〕，

霜（靈）堇《孝子傳》曰〔一五〕：劉殷母好食堇。冬月，母病，思堇，殷泣之，園乃生堇。

冬笋《孝子傳》曰：孟宗至孝〔一六〕，母欲得笋食〔一七〕。冬月〔一八〕，宗入林哀泣〔一九〕，笋爲之生。

白兔謝承《後漢〔書〕》曰〔二〇〕：方儲，字聖明〔二一〕，丹陽人也。喪親，負土成墳，種樹千株〔二二〕，白兔遊其下。

火飛蔡順，字君仲，汝南人。少失父，孝養老母〔二三〕。後母亡，停喪在堂。東家失火，與順屋相連，順獨一身〔二四〕，不能移動，伏棺號哭〔二五〕，火遂飛過，越燒西家，一時蕩盡。順母生時畏雷，後每雷鳴，順走綾（就）塚〔二六〕，呼曰『順在此』。又長沙人古初，父喪未葬，鄰舍火起，及初舍，初不能移棺〔二七〕，伏棺而泣〔二八〕，火俄爾而滅〔二九〕。

感妻《孝子傳》曰：前漢董永，千乘人也。少失母，獨養老父。家貧傭力，常鹿車推父於田頭侍養〔三〇〕。後父亡，求與主人作奴，貸錢葬父。葬還〔三一〕，路逢一婦人，婦人求與永爲妻〔三二〕。永曰：『貧乏，與人作奴。何敢此也。』婦曰：『心相願樂〔三三〕，不爲恥也。』永將婦歸，主人問婦何善。婦曰：『善織。』主人曰：『織縑三百疋，放汝夫妻去〔三四〕』。即織縑三日，滿三百疋〔三五〕。主人大驚，便放之。永與行至道〔三六〕，婦曰：『天見君至孝，遣我來助還債。』遂辭而去。

埋兒後漢郭巨，字文通。家貧母老，有子三歲，每分母食〔三七〕。巨謂妻曰〔三八〕：『子可再得，母難重見，可埋子以全母命〔三九〕。』掘地欲埋，遂得黄金一釜。銘曰：『孝子郭巨〔四〇〕，天賜黄金一釜。』

禎鱗吴猛至孝，母思鯉魚，向冰哀歎，魚爲躍出。

黄雀王祥，字休徵，至孝，母思黄雀炙。祥念之，乃有黄雀飛來入幕〔四一〕，得以供母。

孝婦

姜詩妻 姜詩，字士遊。母好飲江水，妻取遲，遂棄之。母兼好食生魚，妻寄在鄰舍〔四二〕，買魚作鱠〔四三〕，遣鄰母送之。姜感呼歸〔四四〕，舍旁有湧泉出〔四五〕，如江水味〔四六〕，水中兼有鯉里（魚）〔四七〕。出《列女傳》〔四八〕。亢陽 東郡有孝婦〔四九〕，被誣煞姑〔五〇〕。吏劾之〔五一〕，乃自引過，誅之，天乃旱〔五二〕。後祭其墓，方始雨。許升妻 吴吕氏女也。升好遊誕博戲〔五三〕，不治家〔五四〕。妻蓄家業以養姑〔五五〕，每勸升學問〔五六〕，每曾不垂泣而言〔五七〕。妻父疾升〔五八〕，令以改嫁，妻守義不歸。升感之，尋師學，四年乃歸。遂致名譽〔五九〕。爲州所舉，遇劫被害。妻手刃煞升者，以首祭升。禮脩《列女傳》曰：漢趙高妻也。姑嚴酷無道，小怒則罵，大怒即罰。禮脩無愠色，引過自咎。陳孝婦 陳之孝婦〔六〇〕，少寡〔六一〕，養舅姑，漢文帝賜黄金卅斤〔六二〕。

喪葬

/蒿里/死人/里/也/。/泉臺/墓名/。/夜臺/墓也〔六三〕。泉門〔六四〕 松風 薤露 田横挽歌辭曰：/薤露何晞/，/死人一去不言歸/。/朝露/ /冥/泉 宿草《禮記》曰〔六五〕：朋友之墓有宿草而不哭焉。遷/窆/窆/〔六六〕，/下棺也/。/彼驗反/。/窀穸/下死人也/〔六七〕。/音屯夕/。

婚姻

伐柯《毛詩》曰：伐柯如之何？匪斧不剋。娶妻如之何？匪媒不得〔六八〕。同牢《禮》曰：共牢而食，同尊卑也。合巹 共牢之杯也〔六九〕。息燭 舉樂《禮》曰〔七〇〕：嫁女之家，三夜不息燭，思相離也〔七一〕；娶婦之家〔七二〕，三日不舉樂，思相親也。三星《毛詩》曰：三星在户，謂嫁娶之時〔七三〕。百兩《田單策》曰：既破軍〔七四〕，百兩以迎妻。又《毛詩》曰：之子于歸，百兩迓之。百兩，百乘也。諸侯之子嫁於諸侯，送迎皆百乘〔七五〕。百乘〔七六〕，象百官之盛也。初笄 女年十五〔七七〕，謂之初笄。弱冠 男年廿曰弱冠，言始成人也〔七八〕。《禮》曰：女子許嫁笄，男子壯有室。《毛詩》曰：廿之女，卅之男，禮雖不備，相奔不禁。言不可失時也。秦晉 二國爲親也。潘陽（楊）潘安仁〔七九〕、陽（楊）經二家爲親〔八〇〕。禖燕

《禮》曰：仲春，玄鳥至之日〔八一〕，以太牢祀於高禖〔八二〕，燕來巢堂，嫁娶之象，禖氏以爲候。**河魴**《毛詩》曰：惟食其魚，維河之魴〔八三〕。維娶其妻〔八四〕，必齊之姜，喻美好女也。**齊姜**　**宋子**《詩》曰：維食其魚〔八五〕，必河之魴。維〔娶〕其妻〔八六〕，必齊之姜。維食其魚，必河之鯉，維娶其妻，必宋之子。**齊體**言尊卑等也。**如賓**言相敬也。又，常林宗夫妻相待如賓〔八七〕。**伉儷**言返敵也。**琴瑟**《易》曰：和如琴瑟。言相和也。**齊眉**梁鴻妻將食與夫，必舉案齊眉。**比目**言夫妻相得。**六禮**納綵、問名、請期、親迎、納吉、納徵。**四德**婦德、婦言、婦容、婦功。**董桂**《韓詩外傳》曰：宋玉因其友見楚襄王〔八八〕，襄王待無以〔異〕〔八九〕，讓其友，友曰：『董桂因地而生，不因地而辛；女因媒而嫁，不因媒而親。』**承祧**《禮》言〔九〇〕：承其宗祧〔九一〕。**冰清**　**壁潤**《晉諸公贊》曰：衛玠，字叔寶〔九二〕，河東安邑人。玠爲洪（洗）馬〔九三〕，娶尚書樂廣女。時論莫知優劣，裴叔則曰：『妻父（婦）有冰清之姿〔九四〕，子婿有壁潤之望〔九五〕，所謂秦晉延（疋）也〔九六〕。』**絲蘿**《古詩》曰：與君爲新婚，兔絲附女蘿。此之謂美也〔九七〕。**同穴**言生死同穴。**移天**《易》曰〔九八〕：

重妻

畫眉漢張敞與婦畫眉，帝知，問之〔九九〕，敞謝曰：『夫妻之私，有過於此。』**圖形**《說苑》曰：高（齊）王起九重之臺〔一〇〇〕，慕（募）國中能畫者賜錢〔一〇一〕。有敬君，居貧，工畫，貪賜。妻有妙色〔一〇二〕，敬憶之〔一〇三〕，乃圖畫其形，看而笑之。**熨身**《世說》曰：荀奉蒨妻艷色，常患熱病。奉蒨乃出庭中取冷，以身熨之。後妻亡，奉蒨傷神不哭，無幾，蒨亦亡。**賦詩**孫楚妻亡，至祥服，楚悼之，賦詩。王武子見其文，曰：『未知文〔生〕於情〔一〇四〕，情生於文。見此使人增伉儷之重。』

棄妻

蕩舟《左傳》曰：齊侯與蔡姬乘舟於囿〔一〇五〕，姬蕩舟，公變色，禁之不止。公怒，歸之〔一〇六〕，未絶。蔡人嫁之，齊侯興兵伐蔡。**作賦**庾闡，字仲初，潁川人。造賦未成，便棄二妻。後娶謝氏爲妻。妻夜中致燈於瓮，闡夜中思至，因出燈，賦乃成。**叱狗**鮑永，字君長，屯留人，至孝。妻曾於母前叱狗，永以爲非禮，便棄之。**偷棗**《漢書》曰：王吉少好學，居長安，東家有棗垂吉庭中。吉妻取棗啖吉。吉後知之，乃棄其婦。東家聞之，欲伐其樹，鄰里止之，固請吉，婦乃得還。**採蕪**《古詩》曰：上山採蘼蕪，下山逢故夫，長跪問故夫，新人復何如？

棄夫

買臣妻 漢朱買臣，會稽人也。家貧，好讀書，不事産業。妻求去〔一〇七〕，臣曰：『吾年四十當貴〔一〇八〕，今已卅九，卿不待之？』妻曰：『如公之等〔一〇九〕，終當餓死〔一一〇〕，有何貴乎？我不能與君爲妻〔一一一〕。』遂去之。買臣明年上書，帝賢之，使待詔金馬門〔一一二〕，後拜爲侍中〔一一三〕。帝復謂買臣曰〔一一四〕：『富貴不歸故鄉〔一一五〕，如衣錦衣夜行〔一一六〕。』又遷會稽太守。妻與後夫治道，買臣之郡，見識之，命夫妻致後園郡舍中，供其衣食〔一一七〕。數日，妻慚，自經而死〔一一八〕。**覆水** 姜子牙好讀書，不事産業〔一一九〕。將[行]〔一二〇〕，寄妻於他舍，妻曰：『君正是傭物，我不能與君爲妻。』遂去之。子牙後爲文王師〔一二一〕。武王伐紂，以公爲軍師〔一二二〕，封公爲齊君〔一二三〕。公東歸，至齊，路旁有婦人大哭〔一二四〕。公令問之，答曰：『妾聞前夫爲齊君，是所悔也。』公曰：『我是也。』婦甚悦。公令取一杯水來，至，令覆於地〔一二五〕，又令收之。婦曰：『水入地，如何可收？』公曰：『恩義已絶，寧宜重合？』

美男

潘安仁 潘岳〔一二六〕，字安仁〔一二七〕。與夏侯湛爲友，二人並美，相隨洛中，號爲連璧〔一二八〕。又安仁乘車入洛陽市，群嫗見之〔一二九〕，競以瓜果擲之，盈車。**韓壽** 潁川人也〔一三〇〕。壽美貌〔一三一〕，曾詣賈充舍作客，充女美之〔一三二〕，竊充香，令婢送贈之〔一三三〕。**衛玠** 字叔寶，河東人。從豫章入洛，洛中聞其美，觀者塞路。玠有宿疹，發而死，時人以爲看煞。**何晏** 字平叔。魏明帝擬（疑）以傅粉〔一三四〕，賜湯餅，食之汗流，以巾拭之，面轉皎然。**董賢** 美貌，漢哀帝寵之，與賢同眠。賢卧著帝衣袖。帝起，恐驚賢睡，乃以刀割袖而起〔一三五〕。**彌子瑕** 衛靈公愛童也。公得桃食，分半與瑕啖之。

美女

西施 越之美女。**南威** 晉時南方美女也〔一三六〕。**碧玉** 劉碧玉妙歌。**緑珠** 石崇家美妾。**絳樹** 美妾也。魏文帝與繁敏（欽）曰〔一三七〕：『今之妙舞英（美）巧〔一三八〕，莫過絳樹。』**青衣** 漢蔡邕家美婢。**燕姬** 美女名。**趙女** 趙出美女。**末嬉** 夏桀后也。**妲妃（己）** 紂妻也〔一三九〕。**飛燕** 漢平陽公主家婢，漢成帝寵之，納爲趙皇后。身輕舞於掌上〔一四〇〕。**陰皇后** 字麗華，漢光武寵之。后兄陰識爲執金吾，車騎甚盛。帝笑[曰]〔一四一〕：『仕官當執金吾，娶妻當得陰□〔一四二〕。』言其美也〔一四三〕。**黄公女**黄公，齊人也，有二女，國色。公爲人好謙，每稱女醜，遂娉失時。**梁冀妻**冀，漢桓帝將軍也〔一四四〕。妻妖艷，能作愁眉〔一四五〕、啼粧、墮馬髻、折腰步。**蛾眉**〔一四六〕**蟬鬢**言美人鬢薄如蟬翼。**鳳釵**釵上刻鳳。**環姿**　**綺態**綺貌也。**千金笑**　**雙玉啼**甄后淚流如其如玉筯下〔一四七〕。**色似芙蓉**出《淮南國志》。**花如桃李**《毛詩》曰〔一四八〕：華如桃李。

李夫人漢武帝寵之。夫人亡，帝思之。時方士少翁能致神如生，帝令翁致神，帳中觀之。**夏姬**夏徵女也〔一四九〕，陳大夫御叔妻也〔一五〇〕。三爲王后，七爲夫人，納之，無不迷惑〔一五一〕。**鄭袖**秦惠王美人〔一五二〕，寵幸，立爲夫人。**褒姒**周幽王夫人〔一五三〕，寵，放烽火以取夫人笑〔一五四〕。烽火無恆〔一五五〕。後賊至，舉烽，諸侯以爲褒姒笑〔一五六〕，不救，遂滅國〔一五七〕。

貞男

顔叔子魯人也。獨居一室，夜大雨，北舍屋崩，有女子來投宿，顔秉燭坐〔一五八〕，燭盡〔一五九〕，徹（撤）屋續火〔一六〇〕，至曉明已〔一六一〕，不二。周時人，出《史記》。**柳下惠**姓展，名禽，魯人也。夜歸不及，舍郭門宿。又有女子來同宿。時大寒，坐女懷中，以衣覆之，至曉，不爲淫亂。**楊秉**字叔節，華陰人。爲人清白〔一六二〕，每歎曰：『吾有三不惑〔一六三〕：酒、色、財。』**宋弘**字仲子〔一六四〕，美貌，漢明帝時爲侍中。時胡陽公主寡，公主私心敬弘。帝知主意〔一六五〕，以弘有妻，帝難之，乃引弘，縱（從）容謂弘曰〔一六六〕：『朕聞富易交，貴易妻，人情乎？』弘曰：『臣聞糟糠之妻，雖貴不忘。』弘去〔一六七〕，帝謂主曰：『事不諧矣。』

貞婦

魯秋胡婦秋胡娶之五日，往仕陳，五年始歸。懷金一餅，去家道旁，見採桑婦〔一六八〕。胡曰：『願託一餐，今有金，願贈夫人也。』婦採桑不輟〔一六九〕。謂胡曰：『妾以績紡以〔事〕舅姑〔一七〇〕，不願人之金矣。』胡至家，捧金遺母，母使人呼婦，婦至，乃採桑婦也。婦曰：『君行得金忘母，方（乃）始（悦）道傍女婦〔一七一〕，是不孝也。君更娶矣！妾亦不嫁。』遂東走投河而死〔一七二〕。**息君夫人**息國君夫人也〔一七三〕。楚滅息，楚王納夫人，夫人不從。乃詩曰：『穀則異室，死則同穴。謂予不信，有如皎日。』遂自煞。息君聞之〔一七四〕，亦自死矣〔一七五〕。**衛恭姜**衛世子恭伯妻也。伯亡，父欲嫁之，乃作《柏舟》之詩〔一七六〕，以見其志。**梁高行**梁之寡婦。梁王聞之，使娉之〔一七七〕。行曰：『妾之夫不幸而死，守養孤幼，以全貞信〔一七八〕。若棄義而從利〔一七九〕，無以爲人。』乃操鏡截鼻，曰：『刑餘之人，殆免矣。』時號爲梁高行。又，曹文叔妻夏侯氏，文叔早亡，妻〔美〕〔貌〕〔一八〇〕，恐其嫁，乃截髮爲信。其家後欲嫁之〔一八一〕，遂截耳割鼻以爲誓〔一八二〕。**楚貞姬**楚白公勝妻也。白公死，吳王聞其美，使操金百鎰，白璧一雙娉之〔一八三〕。貞姬守志不從，因號焉。**陶公女**魯陶公女也。少寡，魯人競娶之，乃作頌以表心，人遂止。

醜男

張孟陽甚醜〔一八四〕，效潘安仁乘車入市，群嫗唾之，擲瓦礫盈車。**賈大夫**《左傳》曰：賈大夫醜容，娶妻而美。妻惡之〔一八五〕，三年不言不笑，後御如皋〔一八六〕，射雉獲之，其妻始笑〔一八七〕。**左太沖**容貌甚醜。

醜女

嫫母極醜，有禮德〔一八八〕，黄帝納之，使訓後宮，今之魌頭，是其遺也。**無鹽**齊之醜女，當代無雙。年四十〔一八九〕，嫁不售，自衒於宣王。宣王置酒漸臺，召無鹽入，鹽撫胸曰：『殆哉！殆哉者四。』王曰：『願聞〔一九〇〕。』鹽曰：『王西有秦衛之患〔一九一〕，南有强楚之讎，外有三國之難〔一九二〕，內聚奸臣，衆賢不附，春秋四十，國嗣不立，此一殆也。漸臺五重，好飾不已，萬人被（疲）極〔一九三〕，此二殆也。賢者伏匿於山林，讒諛列任於左右，諫者不通，此三殆也。耽酒沈湎〔一九四〕，女樂無度，此四殆也。』宣王即停漸臺，罷女樂，進直諫，退讒諛，冊無鹽，立爲皇后〔一九五〕。**鍾離**齊之醜女〔一九六〕。**宿留**齊之醜女也〔一九七〕。**荊釵**梁鴻妻孟光，漢時扶風馬（孟）氏女〔一九八〕，醜，亦有德行〔一九九〕，力能舉石臼〔二〇〇〕。**蓬頭**後漢王霸妻也。**阮氏**許□〔二〇一〕（下缺）

説明

此件由伯四六三六與斯七九綴合而成，伯四六三六在前，斯七九在後。伯四六三六首缺，起『孝

伯四六三六＋斯七九

養』，迄『遷』；斯七九尾缺，起『蒿里』，訖『阮氏許』。兩件之間上部可直接拼合，下部缺失部分文字，兩件綴合後仍是首尾均缺。王三慶考定其内容爲古類書——《語對》之一部分，並推斷古類書——《語對》的創作時間約在唐神龍至景雲年間（參看《敦煌本古類書〈語對〉研究》，二九頁）。此件的抄寫格式與斯七八類似，爲分類紀事，條目用大字，紀事用雙行小字。似是先寫條目，後補紀事。有的條目預留的空間不够，紀事寫不下時只好寫在夾行中了。

現知敦煌文獻中保存的此件抄本尚有多件，有關情況可參考本卷斯七八『説明』。

以上釋文以伯四六三六+斯七九爲底本，用伯二五二四（稱其爲甲本）、斯七八（稱其爲乙本）參校。因本卷在整理斯七八時，曾以此件與伯二五二四爲校本參校，故此件中與該件重合的部分，不再出校各本之異文。另，由於兩件綴合處呈斜線型，爲便於區分，用『/』表示存在斯七九上的文字，即兩個『/』之間的文字保存在斯七九上。

校記

〔一〕『母恐蟲』，據甲本補。

〔二〕『霍』，當作『藿』，據甲、乙本改，『霍』爲『藿』之借字。

〔三〕『灑』，據甲、乙本補。

〔四〕『几筵』，據甲、乙本補。

〔五〕『舒其書於上』，據甲、乙本補。

〔六〕「句應諾」，據甲、乙本補。
〔七〕「畢」，據甲本補。
〔八〕「復再」，據甲、乙本補。
〔九〕「患」，據甲、乙本補。
〔一〇〕「不飲水經五日」，據甲本補。
〔一一〕「也」，當作「耶」，《敦煌本古類書〈語對〉研究》據文義校改，「也」爲「耶」之借字。
〔一二〕乙本止於此句。
〔一三〕「孝」，甲本作「李」，誤。
〔一四〕「日」，據甲本補；「烏」，據殘筆劃及甲本補。
〔一五〕「霜」，當作「靈」，據甲本改。
〔一六〕「至孝」，據殘筆劃及甲本補。
〔一七〕「食」，據甲本補。
〔一八〕「冬月」，據甲本補。
〔一九〕「宗」，據甲本補。
〔二〇〕「書」，甲本亦脱，《敦煌本古類書〈語對〉研究》據文義校補。
〔二一〕「字」，甲本脱。
〔二二〕「種」，甲本作「積」，誤。
〔二三〕「養」，甲本作「親」。
〔二四〕「順」，甲本脱。

〔二五〕『哭』，甲本作『泣』，誤。
〔二六〕『綾』，當作『就』，據甲本改。
〔二七〕『初』，甲本作『及』，誤。
〔二八〕『伏』，甲本脱。
〔二九〕此句甲本作『俄爾火滅』。
〔三〇〕『鹿車推』，甲本作『推鹿車』；『父』，甲本無。
〔三一〕『葬還』，甲本作『訖』。
〔三二〕『婦人』，甲本無。
〔三三〕『心』，甲本作『必』，誤。
〔三四〕『去』，甲本無。
〔三五〕『滿』，甲本作『潢滿』，『潢』係衍文，當删。
〔三六〕『與』，甲本作『共婦』。
〔三七〕此句甲本作『母常分食與之』。
〔三八〕『巨』，甲本無。
〔三九〕『子』，甲本無。
〔四〇〕『孝』，甲本作『李』，誤。
〔四一〕『幕』，甲本脱。
〔四二〕『舍』，甲本作『家』。
〔四三〕『買』，甲本作『常買』。

〔四四〕『感呼歸』，據殘筆劃及甲本補。

〔四五〕『旁』，甲本作『傍』，均可通；『有』，甲本作『忽有』。

〔四六〕『味』，據殘筆劃及甲本補。

〔四七〕『里』，當作『魚』，據甲本改。

〔四八〕『女』，甲本脱。

〔四九〕『東』，甲本同，《敦煌本古類書〈語對〉研究》於其後補一『海』字。

〔五〇〕『誣』，據文義補，《敦煌本古類書〈語對〉研究》逕釋作『誣』，甲本作『巫』，『巫』爲『誣』之借字；『煞』，據殘筆劃及甲本補。

〔五一〕『吏』，據文義補，甲本作『史』，誤，《敦煌本古類書〈語對〉研究》認爲底本亦作『史』。

〔五二〕『乃』，甲本作『大』。

〔五三〕『博戲』，據殘筆劃及甲本補。

〔五四〕『不治家』，據甲本補。

〔五五〕『妻』，據甲本補；『蓄』，甲本脱，《敦煌本古類書〈語對〉研究》認爲底本作『勤』。

〔五六〕『每』，甲本無；『勸』，甲本同，《敦煌本古類書〈語對〉研究》認爲底本該字下有『曰』字。

〔五七〕『每』，甲本無。

〔五八〕『疾』，甲本同，《敦煌本古類書〈語對〉研究》校改作『嫉』，按不改亦可通。

〔五九〕『致』，甲本作『置』，『置』爲『致』之借字。

〔六〇〕第一個『陳』，甲本無；第二個『婦』，甲本作『婦也』。

〔六一〕『少寡』，《敦煌本古類書〈語對〉研究》據文義校補，甲本作『少宣之』，誤。

〔六二〕『漢』，甲本脱；『賜』，據甲本補。
〔六三〕『墓也』，據甲本補。
〔六四〕『泉門』，據甲本補。
〔六五〕『泉』，據甲本補；『宿草』，據甲本補。
〔六六〕伯四六三六止於此句之『遷』字。
〔六七〕『也』，甲本無。
〔六八〕『媒』，甲本作『謀』，『謀』爲『媒』之借字。
〔六九〕『也』，甲本無。
〔七〇〕『禮』，甲本作『禮記』。
〔七一〕『相』，甲本同，《〈英藏敦煌社會歷史文獻釋録（第一卷）〉補校續》認爲當校改作『嗣』。
〔七二〕『婦』，甲本同，《〈英藏敦煌社會歷史文獻釋録（第一卷）〉補校續》認爲甲本作『嫁』，按甲本『嫁』旁有删除符號，又於天頭處改作『婦』。
〔七三〕『娶』，甲本作『女』。
〔七四〕『軍』，甲本同，《敦煌本古類書〈語對〉研究》於其前補一『燕』字。
〔七五〕『送』，甲本作『遂』，誤。
〔七六〕『百乘』，甲本無。
〔七七〕『十』，甲本脱。
〔七八〕『也』，甲本無。
〔七九〕『陽』，甲本同，當作『楊』，《敦煌本古類書〈語對〉研究》據文義校改，『陽』爲『楊』之借字。

〔八〇〕『陽』，甲本同，當作『楊』，《敦煌本古類書〈語對〉研究》據文義校改，『陽』爲『楊』之借字；『經』，甲本同，《敦煌本古類書〈語對〉研究》校改作『綏』，《〈英藏敦煌社會歷史文獻釋録（第一卷）〉補校續》據相關文獻指出，『綏』一作『經』，不煩校改。

〔八一〕『至』，甲本同，《敦煌本古類書〈語對〉研究》於其後補一『至』字。

〔八二〕『禖』，甲本作『媒』，均可通。

〔八三〕『維』，甲本同，《敦煌本古類書〈語對〉研究》校改作『必』。

〔八四〕『維』，甲本同，《敦煌本古類書〈語對〉研究》校改作『豈』；『娶其』，甲本作『其娶』。

〔八五〕『維』，甲本作『唯』，均可通。

〔八六〕『娶』，據文義補，甲本作『其』；『其』，甲本作『娶』。

〔八七〕『宗』，甲本同，《敦煌本古類書〈語對〉研究》據相關文獻認爲『宗』係『字』之誤，節引時又誤與名連文；『待』，甲本作『侍』。

〔八八〕『因其友』，據甲本補。

〔八九〕『異』，甲本亦脱，《敦煌本古類書〈語對〉研究》據傳世本《韓詩外傳》校補。

〔九〇〕『禮言』，據甲本補。

〔九一〕『承其宗祧』，據甲本補。

〔九二〕『叔』，甲本作『琡』。

〔九三〕『洪』，甲本同，當作『洗』，《敦煌本古類書〈語對〉研究》據相關文獻校改。

〔九四〕『父』，當作『婦』，據甲本改，『父』爲『婦』之借字；『之』，據殘筆劃及甲本補。

〔九五〕『婿』，甲本同，《敦煌本古類書〈語對〉研究》釋作『揖』，校改作『壻』。

〔九六〕『延』，當作『疋』，據甲本改。

〔九七〕『謂』，甲本脱。

〔九八〕『曰』，據甲本補。

〔九九〕『之』，甲本作『曰』。

〔一〇〇〕『高』，甲本同，當作『齊』，《敦煌本古類書〈語對〉研究》據相關文獻校改，《敦煌本古類書〈語對〉研究》認爲底本作『齊』，誤。

〔一〇一〕『慕』，甲本同，當作『募』，《敦煌本古類書〈語對〉研究》據相關文獻校改，『慕』爲『募』之借字。

〔一〇二〕『色』，甲本『色』後有重文符號。

〔一〇三〕『敬』，甲本同，《敦煌本古類書〈語對〉研究》認爲底本『敬』下似有殘『君』字，並據相關文獻補之。

〔一〇四〕『生』，甲本亦脱，《敦煌本古類書〈語對〉研究》據相關文獻校補。

〔一〇五〕『圎』，甲本作『圓』，誤。

〔一〇六〕『歸』，甲本作『婦』，誤。

〔一〇七〕『求』，甲本作『木』，誤。

〔一〇八〕『貴』，甲本同，《敦煌本古類書〈語對〉研究》認爲底本作『賞』，誤。

〔一〇九〕『如公』，甲本作『公如』。

〔一一〇〕『終』，甲本作『修』，誤；『當』，甲本無。

〔一一一〕『我不能與君爲』，甲本無。

〔一一二〕此句甲本無。

〔一一三〕『後』，甲本無。

〔一一四〕「復」，甲本無；「臣」，甲本作「臣妻」，「妻」係衍文，當删。
〔一一五〕「歸」，甲本作「還」。
〔一一六〕第二個「衣」，甲本無。
〔一一七〕「其」，甲本無。
〔一一八〕此句甲本作「而自死」。
〔一一九〕「事」，甲本作「仕」，「仕」爲「事」之借字。
〔一二〇〕「行」，據殘筆劃及甲本補。
〔一二一〕「子」，甲本無。
〔一二二〕「公」，甲本作「牙」。
〔一二三〕「公」，甲本無。
〔一二四〕「旁」，甲本作「傍」，均可通。
〔一二五〕「覆」，甲本作「西後」，誤。
〔一二六〕「岳」，甲本作「安岳」。
〔一二七〕「仁」，甲本作「人」，「人」爲「仁」之借字。
〔一二八〕「號」，甲本脱。
〔一二九〕「群」，甲本無。
〔一三〇〕「也」，甲本無。
〔一三一〕「壽」，甲本作「安壽」。
〔一三二〕「美」，甲本同，《敦煌本古類書〈語對〉研究》校改作「悦」；「之」，甲本作「女」。

〔一三三〕『婢』，甲本作『婦』。
〔一三四〕『擬』，甲本同，當作『疑』，《敦煌本古類書〈語對〉研究》據相關文獻校改。
〔一三五〕『袖』，甲本脱。
〔一三六〕『也』，甲本無。
〔一三七〕『帝』，甲本作『章』，誤；『敏』，甲本同，當作『欽』，《敦煌本古類書〈語對〉研究》據相關文獻校改。
〔一三八〕『英』，當作『美』，據甲本改。
〔一三九〕『妃』，甲本同，當作『己』，《敦煌本古類書〈語對〉研究》據相關文獻校改。
〔一四〇〕『上』，甲本作『中』。
〔一四一〕『曰』，據甲本補。
〔一四二〕『娶妻當得』，甲本無；『陰』，甲本無，據殘筆劃及文義補。
〔一四三〕此句甲本無。
〔一四四〕『帝』，甲本作『帝時』；『也』，甲本無。
〔一四五〕『能』，甲本在其下有一符號，《敦煌本古類書〈語對〉研究》認爲此符號爲『心』，並將『能』釋作『態』，似未當，按此符號或爲補白。
〔一四六〕『蛾』，甲本作『娥』。
〔一四七〕『流』，甲本作『深』，誤；『如其』，甲本同，係衍文，當删；『節』，甲本無。
〔一四八〕『花』，甲本作『華』。
〔一四九〕『女』，甲本無，《敦煌本古類書〈語對〉研究》認爲應作『舒母』。
〔一五〇〕『大夫』，甲本作『夫人』，誤。

〔一五一〕『惑』，甲本作『或』，『或』有『惑』義。

〔一五二〕『秦惠』，甲本同，《敦煌本古類書〈語對〉研究》據有關文獻校改作『楚懷』。

〔一五三〕『姒』，甲本作『似』，『似』爲『姒』之借字；『王』，甲本作『人』，誤。

〔一五四〕『以』，據甲本補。

〔一五五〕『無恆』，據甲本補。

〔一五六〕『諸』，據殘筆劃及甲本補；『侯以』，據甲本補；『姒』，甲本作『似』，『似』爲『姒』之借字。

〔一五七〕『遂』，據甲本補。

〔一五八〕『顔』，甲本脱。

〔一五九〕『燭』，甲本無。

〔一六〇〕『徹』，甲本無，當作『撤』，據文義改，『徹』爲『撤』之借字，《敦煌本古類書〈語對〉研究》逕釋作『撤』。

〔一六一〕此句甲本作『至明』。

〔一六二〕『人』，甲本脱。

〔一六三〕『惑』，甲本作『或』，『或』有『惑』義。

〔一六四〕『字』，甲本作『宋』，誤。

〔一六五〕『主』，甲本脱，《敦煌本古類書〈語對〉研究》釋作『其』，雖義可通而字誤。

〔一六六〕『縱』，甲本同，當作『從』，《敦煌本古類書〈語對〉研究》據文義校改。

〔一六七〕『弘去』，甲本作『去後』。

〔一六八〕『桑』，甲本作『賁』，誤。

〔一六九〕『採桑不輟』，甲本脱。

〔一七〇〕『妾以』，據殘筆劃及甲本補；『事』，《敦煌本古類書〈語對〉研究》據文義校補，甲本作『仕』，『仕』爲『事』之借字。
〔一七一〕『方始』，甲本同，當作『乃悦』，《敦煌本古類書〈語對〉研究》據相關文獻校改。
〔一七二〕『東走』，甲本無；『死』，甲本作『矣』。
〔一七三〕『君』，甲本脱。
〔一七四〕『之』，甲本脱。
〔一七五〕『矣』，甲本無。
〔一七六〕『作』，甲本作『伯』，誤。
〔一七七〕『娉』，甲本作『聘』，均可通。
〔一七八〕『以全』，甲本作『全以』，《敦煌本古類書〈語對〉研究》認爲甲本作『金乙』，誤。
〔一七九〕『從』，甲本作『行』。
〔一八〇〕『美貌』，據甲本補。
〔一八一〕『之』，甲本脱。
〔一八二〕『以』，甲本無；『爲』，甲本同，《敦煌本古類書〈語對〉研究》校改作『如』。
〔一八三〕『璧』，甲本作『壁』，『壁』爲『璧』之借字；『娉』，甲本作『聘』，均可通。
〔一八四〕『陽』，甲本作『楊』，『楊』爲『陽』之借字。
〔一八五〕『妻』，甲本脱。
〔一八六〕『皋』，甲本作『鼻』，誤。
〔一八七〕『笑』，甲本作『一笑』。

〔一八八〕『德』，甲本作『帝』，『帝』爲『德』之借字。
〔一八九〕『四十』，甲本作『十四』，誤。
〔一九〇〕『聞』，甲本作『問』，『問』爲『聞』之借字。
〔一九一〕『秦衛』，甲本同，《敦煌本古類書〈語對〉研究》據相關文獻校改作『衛秦』。
〔一九二〕『國』，甲本同，《敦煌本古類書〈語對〉研究》認爲底本殘損模糊似爲『禍』，誤。
〔一九三〕『被』，甲本同，當作『疲』，《敦煌本古類書〈語對〉研究》據文義校改。
〔一九四〕『湎』，甲本作『酾』，《敦煌本古類書〈語對〉研究》認爲底本作『緬』，甲本作『disposition』，均誤。
〔一九五〕『后』，據甲本補。
〔一九六〕『女』，甲本作『女也』。
〔一九七〕『也』，甲本無。
〔一九八〕『馬』，甲本同，當作『孟』，《敦煌本古類書〈語對〉研究》據相關文獻校改；『女』，甲本作『妾』，誤。
〔一九九〕『亦』，甲本作『而』。
〔二〇〇〕『力』，甲本同，《敦煌本古類書〈語對〉研究》於其上補一『大』字，並與下句斷開。
〔二〇一〕『氏』，據殘筆劃及甲本補。

參考文獻

Descriptive Catalogue of the Chinese Manuscripts from Tunhuang in the British Museum, The Trustees of the British Museum,

London 1957, p. 269 ；《敦煌寶藏》一册，臺北：新文豐出版公司，一九八一年，四二一至四二二頁（圖）；《敦煌遺書總目索引》，北京：中華書局，一九八三年，一一〇頁；《敦煌本古類書〈語對〉研究》，臺北：文史哲出版社，一九八五年，二七五至三三一頁（録）；《敦煌學》九輯，臺北：新文豐出版公司，一九八五年，六三至八一頁；《東洋研究》七七號，一九八六年，四二至六三頁；《英藏敦煌文獻》一卷，成都：四川人民出版社，一九九〇年，三〇至三一、三三至三六頁（圖）；《敦煌類書》，高雄：麗文文化事業股份有限公司，一九九三年，九七至九九、三八三至三八九、一二八五至一二八八頁（圖）；《敦煌音義匯考》，杭州大學出版社，一九九六年，四九九頁；《法藏敦煌西域文獻》一五册，上海古籍出版社，二〇〇一年，一一四至一三〇頁（圖）；《法藏敦煌西域文獻》三二册，上海古籍出版社，二〇〇五年，二二三至二二四頁（圖）；《寧夏大學學報》二〇一〇年六期，一至二頁；《英國國家圖書館藏敦煌遺書》二册，桂林：廣西師範大學出版社，二〇一一年，七〇至七四頁（圖）。

伯四六三六背+斯七九背　失名類書（《語對》）補記

釋文

生刍郭林宗母喪，豫章徐孺□生刍一束置其廬。人問其故，曰：生刍一束，其人如玉。吾無德以堪之。

細腰楚靈王好細腰，宫中多餓死。

説明

以上文字抄寫於伯四六三六+斯七九失名類書（《語對》）卷背，似係對正面有關條目的補充。其抄寫格式亦是條目用大字，記事用雙行小字，書法頗工，筆跡與正面類書不同。

參考文獻

《敦煌寶藏》一册，臺北：新文豐出版公司，一九八一年，四二三頁（圖）；《英藏敦煌文獻》一卷，成都：四川人民出版社，一九九〇年，三七頁（圖）；《法藏敦煌西域文獻》三二册，上海古籍出版社，二〇〇五年，二二五頁（圖）；《英國國家圖書館藏敦煌遺書》二册，桂林：廣西師範大學出版社，二〇一一年，七四頁（圖）。

斯八〇　無上祕要卷第十

釋文

（前缺）

賤，聚斂藏貨，不救親疏，怨家來破，窮困病結。聾耄胇枯，魄去身亡，死入此獄，火鬼來加（枷）[一]，焚燒割炙，吞火啖炭，輕重劫年。

第四，北嶽恆山，名溟滓之獄，黑帝主之。生世不知，好行邪見，信用魔言，呰毁正法，愚癡難訓，嗜酒酣迷，嫉妒勝己，抑絶賢明，欺罔幽顯，自任縱橫，淫泆無已，忿恚冐潰，精竭身亡，死入此獄，土鬼來加（枷），擔沙負石，揵汲溟波，鐵枝亂考（拷）[二]，輕重劫年。

第五，中嶽嵩高山[三]，名普掠之獄，黄帝主之。生世不信，好行妄語，口是心非，負違盟誓，誣罔人神，誑或遐邇，幽顯所疾，陰陽共治，所向閉塞，癰腫沈疼，謬誤落漠，形彫脾朽，志廢身亡，死入地獄，木鬼來加（枷），杖杵撞打，桎梏杻枷，風刀煮炙，衆考（拷）備嬰，掠時分（粉）碎[四]，竟又成形，死而更生，生在鬼獄，受楚幽司，輕重劫年。

洞玄智慧罪根

酆都山之北獄，有十二掾吏〔五〕，金頭鐵面。巨天力士，各千四百人。手把金槌鐵杖，凡犯玄科，死魂各付所屬獄，身爲力士鐵杖所拷〔六〕，萬劫爲一掠，三掠乃得還補三塗之責。

太上道君出遊八門，見諸地獄幽閉重檻，及三河九江刀山劍樹，囚徒餓鬼，責役死魂，流曳徒（涂）炭〔七〕，無復身形，不可忍視，見之悲傷，故作苦神誦：

生落苦神界，　輪轉五道庭。　九幽閉長夜，
累劫無光明。　刀山多劍樹，　毒刃互崢嶸〔八〕。
不見群鳥集，　但聞苦魂驚。　迴風摇長條，
哀響流寒庭。　上有履山人，　時刻無暫寧。
飢食曲泉炭，　渴飲冶火精。　流曳悠塗中，
豈識形與名〔九〕。　念爾不知命，　苦哉傷人情。
罪福各緣生，　善惡諒由心。　輪轉不終滅，
譬聲不絶音。　九幽有元録，　萬劫自相尋。
寒水無極源，　長夜閉重陰。　不見福德舍，
但見窮鬼林。　長河難禅寒，　苦魂攀嶺吟。
孤聲赴絶劍，　哀號落刀岑〔一〇〕。　此形非復形，

痛哉傷人衿。

無上祕要卷第十

開元六年二月八日，沙州敦煌縣神泉觀〔道〕士馬處幽并姪道士馬抱一〔一二〕，奉爲七代先亡及所生父母，法界蒼生，敬寫此經供養。

説明

此件首缺尾全，起『賤，聚斂藏貨』，訖『無上祕要卷第十』，保存了《無上祕要》卷第十的一部分。卷末有題記（題記之年、月、日上有粉紅色筆塗抹痕跡）。行間及尾部空白處寫有十幾行佛教文字，似是對律的注釋。開元六年即公元七一八年。

《無上祕要》爲北周武帝纂集，是現存編纂最早的大型道教類書。原書一百卷，傳世本《道藏》中僅存殘本六十八卷。現知敦煌文獻中保存有《無上祕要》殘本十三件，其中伯二八六一、伯三三二七和此件所保存之卷十，均爲《道藏》本所缺者。

校記

〔一〕『加』，當作『枷』，據文義改，『加』爲『枷』之借字。以下同，不另出校。

〔二〕『考』，當作『拷』，據文義改，『考』爲『拷』之借字。以下同，不另出校。

〔三〕『高』，《中華道藏》漏録。

〔四〕『分』，當作『粉』，據文義改，『分』爲『粉』之借字。

〔五〕『掾』，《中華道藏》釋作『椽』，誤。

〔六〕『拷』，《中華道藏》釋作『梓』，誤。

〔七〕『徒』，當作『涂』，據文義改，『徒』爲『涂』之借字。

〔八〕『互』，《中華道藏》釋作『手』，誤。

〔九〕『形』，《中華道藏》釋作『開』，誤；『與』，《中華道藏》釋作『興』，誤。

〔一〇〕『號』，《中華道藏》釋作『啼』，誤。

〔一一〕『道』，據伯二八六一《無上祕要目録》補。

參考文獻

Giles, *BSOS*, 9. 1（1937）, pp. 7－8 ；《道教經典史論》，東京：道教刊行會，一九五五年，二六四至三〇一頁；*Descriptive Catalogue of the Chinese Manuscripts from Tunhuang in the British Museum*, The Trustees of the British Museum, London 1957, p. 219 ；《敦煌道經目録》，京都：法藏館，一九六〇年，九一至九三頁；《大陸雜志》一九六六年二五卷十期，一三頁；《スタイン將來大英博物館藏敦煌文獻分類目録・道教之部》，東京：東洋文庫，一九六九年，五一至五二頁；

《敦煌道經・圖録篇》，東京：福武書店，一九七九年，七五三至七五四頁（圖）；《敦煌寶藏》一册，臺北：新文豐出版公司，一九八一年，四二三至四二四頁（圖）；《敦煌學要籥》，臺北：新文豐出版公司，一九八二年，二一二頁；《世界宗教研究》一九八五年三期，六七頁；《英藏敦煌文獻》一卷，成都：四川人民出版社，一九九〇年，三七至三八頁（圖）；《中華道藏》二八册，北京：華夏出版社，二〇〇四年，三一至三二頁（録）；《敦煌研究》二〇〇四年二期，一〇〇頁；《文教資料》二〇〇七年十一月號下旬刊，八七頁；《英國國家圖書館藏敦煌遺書》二册，桂林：廣西師範大學出版社，二〇一一年，七五至七七頁（圖）。

斯八〇背　雜寫（沙彌數）

釋文

沙彌五十人，大者，者者者

説明

此件係時人隨手所書，原文爲倒書。《英藏敦煌文獻》未收，現予增收。此件前後均爲佛律，經查原件，部分佛律文字筆劃叠壓於此件之上，可知此件寫於佛律之前。

參考文獻

《敦煌寶藏》一册，臺北：新文豐出版公司，一九八一年，四二六頁（圖）；《英國國家圖書館藏敦煌遺書》二册，桂林：廣西師範大學出版社，二〇一一年，八〇頁（圖）。

斯八一　大般涅槃經卷第十一題記

釋文

天監五年七月廿五日，佛弟子譙良顒奉爲　　亡父於荊州竹林寺敬造《大般涅槃經》一部。願七世含識速登法王無畏之地。比丘僧倫龔、弘亮二人爲營。

説明

此件《英藏敦煌文獻》未收，現予增收。天監五年即公元五〇六年。

參考文獻

Giles, *BSOS*, 7.4（1935），pp. 814－815；*Descriptive Catalogue of the Chinese Manuscripts from Tunhuang in the British Museum*, The Trustees of the British Museum, London 1957, p. 45（録）；《敦煌寶藏》一册，臺北：新文豐出版公司，一九八一年，四三六頁（圖）；《敦煌學要籥》，臺北：新文豐出版公司，一九八二年，八六頁（録）；《敦煌遺書總目索引》，北京：中華書局，一九八三年，一一〇頁（録）；《莫高窟年表》，上海古籍出版社，一九八五年，一一二頁（録）；

《敦煌大藏經》二三卷，臺北：前景出版社，一九八九年，二七七至二八三、三〇七至三一一頁（圖）；《中國古代寫本識語集録》，東京大學東洋文化研究所，一九九〇年，一〇〇頁（録）；《敦煌吐魯番學研究論文集》，上海：漢語大詞典出版社，一九九〇年，一四至一五頁（圖）；《敦煌研究》一九九一年四期，四八頁（圖）；《敦煌吐魯番論集》，臺北：新文豐出版公司，一九九六年，七五頁；《魏晉南北朝敦煌文獻編年》，臺北：新文豐出版公司，一九九七年，一五八頁；《敦煌遺書總目索引新編》，北京：中華書局，二〇〇〇年，三頁（録）；《英國國家圖書館藏敦煌遺書》二册，桂林：廣西師範大學出版社，二〇一一年，九〇頁（圖）。

斯八三　七俱胝佛母心大准提陀羅尼經題記

釋文

出明呪藏。六萬偈經中〔一〕，出此《七俱胝佛母心大准提陀羅尼經》，具足成就竟。右此經唐垂拱元年歲在乙酉，在京兆長安魏王西寺，三藏地婆呵羅法師爲諸脩道行人僧等請問要法〔二〕，爲其譯出。恐年代夐遠，莫知所由，故抄記時代年處〔三〕，後人體之。

説明

此件《英藏敦煌文獻》未收，現予增收。垂拱元年即公元六八五年。

校記

〔一〕『經』，《敦煌密教文獻論稿》漏録。

〔二〕『呵』，《敦煌遺書總目索引》《莫高窟年表》《敦煌遺書總目索引新編》均釋作『訶』，誤，《英國國家圖書館藏敦煌遺書》『條記目録』校改作『訶』。

〔三〕『處』，《敦煌密教文獻論稿》釋作『歲』，誤。

參考文獻

Descriptive Catalogue of the Chinese Manuscripts from Tunhuang in the British Museum, The Trustees of the British Museum, London 1957, p. 106（録）；《敦煌寶藏》一册，臺北：新文豐出版公司，一九八一年，四四二頁（圖）；《敦煌遺書總目索引》，北京：中華書局，一九八三年，一一〇頁（録）；《敦煌禪宗文獻の研究》，東京：大東出版社，一九八三年，四〇三頁（録）；《莫高窟年表》，上海古籍出版社，一九八五年，二五四至二五五頁（録）；《敦煌大藏經》五七卷，臺北：前景出版社，一九八九年，八九〇至八九二頁（圖）；《中國古代寫本識語集録》，東京大學東洋文化研究所，一九九〇年，二三四頁（録）；《敦煌遺書總目索引新編》，北京：中華書局，二〇〇〇年，三頁（録）；《敦煌密教文獻論稿》，北京：人民文學出版社，二〇〇三年，二七頁（録）；《英國國家圖書館藏敦煌遺書》二册，桂林：廣西師範大學出版社，二〇一一年，一〇〇頁（圖）、『條記目録』七頁（録）。

斯八四　妙法蓮華經卷第五題記

釋文

咸亨二年十月十日經生郭德寫。

用紙廿一張。

裝潢手解善集裝。

初校經生郭德。

再校西明寺僧法顯〔一〕。

三校西明寺僧普定。

詳閱太原寺大德神符。

詳閱太原寺大德嘉尚。

詳閱太原寺主慧立。

詳閱太原寺上座道成。

判官少府監掌冶署令向義感〔二〕。

使太中大夫行少府少監兼檢校將作少匠永興縣開國公虞昶〔三〕。

說明

此件《英藏敦煌文獻》未收，現予增收。咸亨二年即公元六七一年。此件對了解唐代寫、校佛經制度具有一定價值。

校記

〔一〕『僧』，《敦煌遺書總目索引新編》漏録。

〔二〕『向』，《敦煌遺書總目索引新編》釋作『尚』，誤。

〔三〕『太』，《敦煌學要籥》《敦煌遺書總目索引新編》均釋作『大』，雖義可通而字誤。

參考文獻

Descriptive Catalogue of the Chinese Manuscripts from Tunhuang in the British Museum, The Trustees of the British Museum, London 1957, p. 78；《敦煌寶藏》一册，臺北：新文豐出版公司，一九八一年，四五〇頁（圖）；《敦煌學要籥》，臺北：新文豐出版公司，一九八二年，八六至八七頁（録）；《敦煌遺書總目索引》，北京：中華書局，一九八三年，一一〇頁（録）；《敦煌大藏經》三六卷，臺北：前景出版社，一九八九年，七五七至七六五頁（圖）；《中國古代寫本識語集録》，東京大學東洋文化研究所，一九九〇年，二二二頁（録）；《敦煌遺書總目索引新編》，北京：中華書局，二〇〇〇

年，三頁（録）；《英國國家圖書館藏敦煌遺書》二册，桂林：廣西師範大學出版社，二〇一一年，一〇八至一〇九頁（圖）、『條記目録』七頁（録）。

釋文

（前缺）

□也〔一〕。

秋七月〔二〕，乙卯夜，齊商人弒舍而讓元〔三〕。元〔四〕，商人兄，齊惠公也。書九月，從告也〔五〕。七月無乙卯，日誤也〔六〕。元曰：「爾求之久矣。我能事爾，爾不可使多蓄憾，不爲君則恨多也〔七〕。將免我乎？爾爲之。」言將復殺我也〔八〕。

有星孛入于北斗〔九〕。周内史叔服曰：「不出七年，宋、齊、晉之君皆將死亂。」後三年宋弒昭公，五年齊弒懿公〔一〇〕，七年晉弒靈公〔一一〕。史服但言事徵，而不論其占，固非末學所得詳言也〔一二〕。

晉趙盾以諸侯之師八百乘，納捷菑于邾，八百乘，六萬人。言力有餘也〔一三〕。邾人辭曰：「齊出貜且長〔一四〕。」貜且，定公也〔一五〕。宣子曰：「辭順而弗從，不祥。」乃還〔一六〕。立適以長，故曰辭順也〔一七〕。

周公將與王孫蘇訟于晉，王叛王孫〔蘇〕〔一八〕，王，匡王也〔一九〕。叛，不與也〔二〇〕。而使尹氏與聃啓，訟周公于晉。訟，理之也〔二一〕；尹氏，周卿士；聃啓，周大夫。趙宣子平王室而復之。復，使和親也〔二二〕。

楚莊王立。穆王子也。子孔、潘崇將襲群舒，使公子燮與子儀守，而伐舒蓼。即群舒也〔二三〕。二子作亂，城郢，而使賊殺子孔，不克而還。八月，二子以楚子出，將如商密。《國[語]》[曰]〔二四〕：楚莊王幼弱，子儀爲師，王子燮爲傅也〔二五〕。廬戢梨及叔麇誘之〔二六〕，遂殺鬬克及公子燮。廬，今襄陽中廬縣；戢梨，廬大夫；叔麇，其佐也〔二七〕；鬬克，子儀也。初，鬬克囚于秦，在僖廿五年也〔二八〕。秦有殽之敗，在僖卅三年〔二九〕。而使歸求成。成而不得志，無賞報也。公子燮求令尹而不得，故二子作亂。傳言楚莊幼弱，國内亂，所以不能與晉競。

穆伯之從己氏〔三〇〕，在八年也〔三一〕。魯人立文伯，穆伯之子穀也。穆伯生二子於莒，而求復。文伯以爲請。襄仲使無朝聽命，復而不出。不得使與聽政事，終寢於家，故出入不書。三年而盡室以復適莒〔三二〕。文伯疾，而請曰：『穀之子弱，子，孟獻子，年尚少也〔三三〕。請立難也。』難，穀弟也〔三四〕。許之。文伯卒，立惠叔。穆伯請重賂以求復，惠叔以爲請。許之，將來。九月，卒于齊。告喪，請葬，弗許。請以卿禮葬也〔三五〕。

宋高哀爲蕭封人，以爲卿。蕭，宋附庸也〔三六〕。仕附庸，還升爲卿也〔三七〕。不義宋公而出，遂來奔。出而待放，從放所來，故曰遂也〔三八〕。書曰『宋子哀來奔』，貴之也。貴其不食污君之禄，避禍速也〔三九〕。

齊人定懿公，使來告難，故書以『九月』。齊人不服，故三月而後定也〔四〇〕，書以九月，明經日月皆從赴也〔四一〕。齊公子元不順懿公之爲政也，終不曰『公』，曰『夫已氏』。猶言某甲也〔四二〕。襄仲使告于王，請以王寵求昭姬于齊。昭姬，子叔姬也〔四三〕。曰：『殺其子，焉用其母？請受而罪之。』冬，單伯如齊，請子叔姬。齊人執之。恨魯恃王勢以求女故也〔四四〕。又執子叔姬。欲以恥辱魯也〔四五〕。

經

十有五年〔四六〕。春，季孫行父如晉。

三月，宋司馬華孫來盟。華孫奉使鄰國，能臨事制宜，至魯而後定盟，故不稱使，其官皆從，故書司馬也〔四七〕。

夏，曹伯來朝。

齊人歸公孫敖之喪。大夫喪還不書，善魯感子以赦父，敦公族之恩，崇仁孝之教，故特録敖喪歸以示義也〔四八〕。

六月辛丑，朔，日有食之。鼓，用牲于社。《傳例》曰：非禮也。

單伯至自齊。

晉郤缺帥師伐蔡。戊申，入蔡。《傳例》曰：獲大城曰入也〔四九〕。

秋〔五〇〕，齊人侵我西鄙。

季孫行父如晉。

冬，十有一月〔五一〕，諸侯盟于扈。將伐齊，晉侯受賂而止，故總曰諸侯，言不足序列也〔五二〕。

十有二月，齊人來歸子叔姬。齊人以王故，來送子叔姬，故與直出者異文也〔五三〕。齊侯侵我西鄙，遂伐曹，入其郛。郛，郭也。

傳十五年。春，季文子如晉，爲單伯與子叔姬故也。因晉請齊也〔五四〕。

三月，宋華耦來盟，其官皆從之。書曰『宋司馬華孫』，貴之也。古之盟會，必備威儀，崇贊幣，賓主以成禮爲敬。故《傳》曰：卿行旅從。春秋時率多不能備儀，華孫能帥其屬以從古典〔五五〕，所以敬事而自重也〔五六〕。使重而事敬〔五七〕，則魯尊而禮篤〔五八〕，故貴而不名也〔五九〕。公與之宴。辭曰：『君之先臣督，得罪於宋殤公，名在諸侯之策，臣承其祀，其敢辱君？』耦，華督曾孫也。督弒殤公，在桓二年。耦自以罪人子孫，故不敢屈辱魯君，對共宴會也〔六〇〕。請承命於亞旅。亞旅，上大夫也。魯人以爲敏。無故揚其先祖之罪是不敏也〔六一〕，魯人以爲敏，明君子所不與〔六二〕。

夏，曹伯來朝，禮也。諸侯五年再相朝，以脩王命，古之制也。十一年曹伯來朝，雖至此乃來，亦五年也〔六三〕。《傳》爲『冬，齊侯伐曹』張本。

齊人或爲孟氏謀。孟氏，公孫敖家，慶父爲長庶，故或稱孟氏也〔六四〕。曰：『魯，爾親也。飾棺寘諸堂阜，堂阜，齊魯境上地〔六五〕。飾棺不殯，示無所歸也〔六六〕。魯必取之。』從之。卞人以告。卞人，魯卞邑大夫也〔六七〕。惠叔猶毀以爲請，敖卒則惠叔請之，至今期年而猶未已也〔六八〕。毀，過喪禮也〔六九〕。立於朝以待命，許之，取而殯之。殯於孟氏之寢，終叔服之言也〔七〇〕。齊人送之。書曰『齊人歸公孫敖之喪』。爲孟氏，且國故也。爲惠叔毀請，且國之公族，故聽其歸殯而書之也〔七一〕。葬視共仲。制如慶父，皆以罪降也〔七二〕。聲己不視，帷堂而哭。聲己，惠叔母也〔七三〕，怨敖從莒女，故帷堂也〔七四〕。襄仲欲勿哭，怨敖取其妻也〔七五〕。惠伯曰：『喪，親之終也。惠伯，叔彭生也〔七六〕。雖不能始，善終可也。史佚有言曰：「兄弟致美。」各盡其美，義乃終也〔七七〕。救乏、賀善、弔災、祭敬、喪哀，情雖不同，毋絶其愛，親之道〔七八〕。子無失道，何怨於人？』襄仲悅〔七九〕，帥兄弟以哭之。他年，其二子來，敖在莒所生也〔八〇〕。孟獻子愛之，聞於國。獻子，穀之子仲孫蔑也〔八一〕。或譖之曰：『將殺子。』獻子以告季文子。二子曰：『夫子以愛我聞，我以將殺子聞，不亦遠於禮乎？遠禮不如死。』一人門于句鼆，一人門于戾丘，皆死焉〔八二〕。句鼆、戾丘，魯邑也〔八三〕。有寇攻門，二子禦之而死也〔八四〕。

六月辛丑，朔，日有食之，鼓用牲于社，非禮也。得常鼓之月，而於社用牲爲非禮也〔八五〕。日有食之，天子不舉，去盛饌也〔八六〕。伐鼓于社，責群陰也〔八七〕。伐，猶擊也。諸侯用幣于社，社尊於諸侯，故請救而不敢責之也〔八八〕。伐鼓于朝，退自責也〔八九〕。以昭事神、訓民、事君，天子不舉，諸侯用幣，所以事神也〔九〇〕。尊卑異制，所以訓民也〔九一〕。示有等威，古之道也。等威，威儀之等差也〔九二〕。

齊人許單伯請而赦之，來致命〔九三〕。以單伯執節不移，且畏晉，故許之也〔九四〕。書曰『單伯至自齊』。貴之也。單伯爲魯拘執，既免而不廢禮，終來致命，故貴而告廟。

新城之盟，在前年也〔九五〕。蔡人不與。不會盟也〔九六〕。晉郤缺以上軍、下軍伐蔡，兼帥二軍也〔九七〕。曰：『君弱〔九八〕，不可以怠。』怠，懈也〔九九〕。戊申，入蔡，以城下之成（盟）而還〔一〇〇〕。凡勝國，曰『滅之』；勝國，絶其社稷，有其土地也〔一〇一〕。獲大城焉，曰『入之』。得大都而不有之也〔一〇二〕。

秋，齊人侵我西鄙，故季文子告于晉。

冬，十一月，晉侯、宋公、衛侯、蔡侯、陳侯〔一〇三〕、鄭伯、許男、曹伯盟于扈，尋新城之盟，且謀伐齊也。齊執王使，且數伐魯。齊人賂晉侯，故不克而還。於是有齊難，是以公不會。明今不序諸侯，不以公不會故也〔一〇四〕。書曰『諸侯盟于扈』。無能爲故〔一〇五〕。惡其受賂不能討齊也〔一〇六〕。凡諸侯會，公不與，不書，諱君惡也。謂國無難，不會義事，故爲惡也〔一〇七〕。不書，謂不國別序諸侯也〔一〇八〕。與而不書，後也。謂後期也。今貶諸侯似爲公諱，故《傳》發例以明之。

齊人來歸子叔姬，王故也。單伯雖見執，能守節不移，終達王命，使叔姬得歸也〔一〇九〕。

齊侯侵我西鄙，謂諸侯不能也。不能討己也〔一一〇〕。遂伐曹，入其郛，討其來朝也。此年夏朝也〔一一一〕。季文子曰：『齊侯其不免乎？己則無禮，執王使而伐無罪也〔一一二〕。而討於有禮者，曰：「汝何故行禮〔一一三〕！」禮以順天，天之道也。己則反天，而又以討人，難以免矣。《詩》曰：胡不相畏。不畏于天。《詩·小雅》也〔一一四〕。君子之不虐幼賤，畏于天也。在《周頌》曰：畏天之威，于時保之。《詩·周頌》言畏天威，於是保福禄也〔一一五〕。不畏于天，將何能保？以亂取國，奉禮以守，猶懼不終，多行無禮，弗能在矣！』爲十八年齊殺商人《傳》也〔一一六〕。

經十有六年。春，季孫行父會齊侯于陽穀，齊侯弗及盟。及，與也。

夏，五月，公四不視朔。諸侯每月必告朔聽政，因朝于廟。今公以疾闕，不得視二月、三月、四月、五月朔〔一一七〕。《春秋》十二公，以疾不視朔，非一也，義無所取，故舉此以表行事〔一一八〕，因明公之實有疾，非詐於齊也〔一一九〕。

六月戊辰，公子遂及齊侯盟于郪丘。信公疾且以賂故也〔一二〇〕。郪丘，齊地。

秋，八月辛未，夫人姜氏薨。僖公夫人，文公母也。毀泉臺。泉臺，臺名名〔一二一〕；毀，壞之也。

楚人、秦人、巴人滅庸。

冬，十有一月，宋人殺其君杵臼〔一二二〕。稱君，君無道也。例在宣四年。

傳十六年。春，王正月，及齊平。齊前年再伐魯，魯爲受弱，故平也〔一二三〕。公有疾，使季文子會齊侯于陽穀，請盟。齊侯不肯，曰：『請俟君間〔一二四〕。』間，疾瘳也〔一二五〕。

夏，五月，公四不視朔，疾也。公使襄仲納賂于齊侯，故盟于郪丘。

有蛇自泉宮出，入于國，如先君之數。伯禽至僖公十七君也〔一二六〕。秋，八月辛未，聲姜薨，毁泉臺。魯人以爲蛇妖所出而聲姜薨〔一二七〕，故壞之也〔一二八〕。

楚大饑，戎伐其西南，至于阜山，師于大林。又伐其東南，至于陽丘，以侵訾枝。戎，山夷也。大林、陽丘、訾枝，皆楚邑也〔一二九〕。庸人帥群蠻以叛楚。庸，今上庸縣，屬楚之小國也〔一三〇〕。麇人率百濮聚於選，將伐楚。選，楚地也〔一三一〕。百濮，夷也。於是申、息之北門不啓。備中國也〔一三二〕。楚人謀徙於阪高。楚險地也〔一三三〕。蔿賈曰：『不可。我能往，寇亦能往，不如伐庸。夫麇與百濮，謂我飢也〔一三四〕，不能師，故伐我〔一三五〕。若我出師，必懼而歸，百濮離居，將各走其邑，誰暇謀人？』乃出師。旬有五日，百濮乃罷。濮夷無屯聚，見難則散歸也〔一三六〕。自廬以往，振廩同食。往，往伐庸也。振，發也。廩，倉也。同食，上下無異饌也。次于句澨。楚西界也。使戢梨侵庸〔一三七〕，戢梨，廬大夫也〔一三八〕。及庸方城。方城，庸地也〔一三九〕。上庸縣東有方城亭也〔一四〇〕。庸人逐之，囚子揚窗。窗，戢梨官屬也〔一四一〕。三宿而逸，曰：『庸師衆，群蠻聚焉，不如復大師，還復句澨師也〔一四二〕。且起王卒，合而後進。』師叔曰：『不可。師叔，楚大夫潘尫也。姑又與之，遇以驕之。彼驕我怒，而後可克，先君蚡冒所以服陘隰也。』蚡冒，楚武王父也〔一四三〕。陘隰，地名也〔一四四〕。又與之遇，七遇皆北，軍走曰北也〔一四五〕。唯裨、儵、魚人實逐之。裨、儵、魚，庸三邑也〔一四六〕。魚，魚復縣，今巴東永安縣也。輕楚，故但使三邑人逐之也〔一四七〕。庸人曰：『楚不足與戰矣。』遂不設備。楚子乘馹，會師于臨品。馹，傳車也。臨品，地名也〔一四八〕。分爲二隊：隊，部也，兩道攻之。子越自石溪，子員（貝）自仞〔一四九〕，以伐庸。子越，鬬椒也。石溪、仞，入庸道也〔一五〇〕。秦人、巴人從楚師，群蠻從楚子盟。蠻見楚强故也〔一五一〕。遂滅庸。《傳》言楚有謀臣，所以興也〔一五二〕。

宋公子鮑禮於國人，鮑，昭公庶弟文公也。宋公飢〔一五三〕，竭其粟而賦之〔一五四〕。年自七十以上，無不饋詒也，時加羞珍異。羞，進也。無日不數於六卿之門，數，不疏也〔一五五〕。國之材人，無不事也。有賢材也〔一五六〕。親自桓以下，無不恤也。桓，鮑之曾祖。公子鮑美而豔，襄夫人欲通之，鮑適祖母也〔一五七〕。而不可，以禮自防閑也〔一五八〕。乃助之施〔一五九〕。昭公無道，國人奉公子以因夫人〔一六〇〕。於是，華元爲右師，元〔一六一〕，華督曾孫也〔一六二〕，代公子成也〔一六三〕。公孫友爲左師，華耦爲司馬，代公子卬也〔一六四〕。鱗矔爲司徒〔一六五〕，蕩意諸爲司城，公子朝爲司寇。代華御事也〔一六六〕。初，司城蕩卒，公孫壽辭司城，壽，蕩之子也〔一六七〕。請使意諸爲之，意諸，壽之子也〔一六八〕。既而告人曰：『君無道，吾官近，懼及焉。禍及己也〔一六九〕。棄官則族無所庇。子，身之貳也，姑紓死焉。姑，且也。紓，緩也。雖亡子，猶不亡族。』己在故也。既，夫人將使公田孟諸而殺之。公知之，盡以寶行。蕩意諸曰：『盍適諸侯？』公曰：『不能其大夫，至于君祖母以及國人，君祖母，諸侯祖母之稱也〔一七〇〕，謂襄夫人也〔一七一〕。諸侯誰納我？且既爲人君，而又爲人臣，不如死。』盡以其寶賜左右而使行〔一七二〕。行，去也。夫人使謂司城去公，對曰：『臣之而逃其難，若後君何？』言無以事後君也〔一七三〕。

冬，十一月甲寅，宋昭公將田孟諸，未至，夫人王姬使帥甸攻而殺之。襄夫人，周襄王姊，故稱王姬。率甸〔一七四〕，郊甸之師也〔一七五〕。蕩意諸死之。不書不告也〔一七六〕。書曰『宋人殺其君杵臼〔一七七〕』。君無道也。始例發於臣之罪，今稱國人，故重明君罪。文公即位，使母弟須爲司城。代意諸也〔一七八〕。華耦卒，而使蕩虺爲司馬。虺，意諸之弟也〔一七九〕。

經十有七年。春，晉人、衛人、陳人、鄭人伐宋。自閔、僖以下終於春秋〔一八〇〕，陳侯常在衛侯上，今大夫會，在衛下。《傳》不言陳公孫寧後至，則寧位非上卿故也。

夏，四月癸亥，葬我小君聲姜。

齊侯伐我西鄙。西當爲北，蓋《經》誤也〔一八一〕。

六月癸未，公及齊侯盟于穀。

諸侯會于扈。昭公雖以無道見殺〔一八二〕，而文公猶宜以弒君受討，故林父伐宋以失所稱人，晉侯平宋以無功不序，明君雖不君，臣不可以不臣〔一八三〕，以督大教也〔一八四〕。秋，公至自穀。無《傳》。

冬，公子遂如齊。

傳十七年。春，晉荀林父、衛孔達、陳公孫寧、鄭石楚伐宋。討曰：『何故弒君？』猶立文公而還，卿不書，失其所也。卿不書，謂稱人也〔一八五〕。

夏，四月癸亥，葬聲姜。有齊難，是以緩。過五月之例也〔一八六〕。

斯八五

齊侯伐我北鄙。襄仲請盟。六月，盟于穀。晉侯不能救魯〔一八七〕，故請服也〔一八八〕。晉侯蒐于黄父。一名黑壤，晉地也〔一八九〕。遂復合諸侯于扈，平宋也。《傳》不列諸國而言復合，則如上十五年會扈之諸侯可知也。公不與會，齊難故也。書曰『諸侯』，無功也。刺欲平宋而復不能也〔一九〇〕。於是，晉侯不見鄭伯，以爲貳於楚也。鄭子家使執訊而與之書，以告趙宣子。執訊，通訊問之官也〔一九一〕。爲書與宣子也〔一九二〕。曰：『寡君即位三年，魯文公二年也〔一九三〕。召蔡侯而與之事君。九月，蔡侯入于敝邑以行。行，朝晉也。敝邑以侯宣多之難，寡君是以不能與蔡侯偕〔一九四〕。宣多既立穆公，恃寵專權也〔一九五〕。十一月，克減侯宣多，而隨蔡侯以朝于執事。減，損也。難未盡而行，言汲汲朝於晉也〔一九六〕。十二年六月，歸生佐寡君之嫡夷，歸生，子家名也〔一九七〕。夷，太子名也〔一九八〕。以請陳侯于楚，而朝諸君。請陳於楚，與俱朝晉也〔一九九〕。十四年七月，寡君又朝以蕆陳事。蕆，勑也，勑成前好也〔二〇〇〕。十五年五月，陳侯自敝邑往朝于君。往年正月，燭之武往朝夷也。將夷往朝晉也〔二〇一〕。八月，寡君又往朝。以陳、蔡之密爾於楚〔二〇二〕，而不敢貳焉，則敞（敝）邑之故也〔二〇三〕。密爾，比近也。雖敝邑之事君，何以不免？免罪也〔二〇四〕。在位之中，一朝于襄，襄公也〔二〇五〕。而再見於君。君，靈公也。夷與孤之二三臣相及於絳。孤之二三臣，謂燭之武、歸生自謂也。絳，晉國都也〔二〇六〕。雖我小國，則蔑以過之矣。今大國曰：「爾未逞吾志。」弊（敝）邑有亡，無以加焉。古人有言曰：「畏首畏尾，身其餘幾。」言首尾有畏，則身中不畏者少也〔二〇七〕。又曰：「鹿死不擇音。」音，所蔭庥之處也〔二〇八〕。古字聲同，皆相假借也〔二〇九〕。小國之事大國也，德則其人〔二一〇〕，以德加己，則以人道相事也〔二一一〕。不

（後缺）

說明

此件首尾均缺，起『也。秋七月，乙卯夜』，訖『則以人道相事也。不』，所存内容爲『春秋左氏經傳集解（文公十四年—十七年）』。原件上有朱筆校改、句讀。王重民以其不避唐諱，推斷其爲六朝寫本（參看《敦煌古籍敘録》，五二至五三頁）。其經、傳、注與傳世本間有不同，一些文字字義勝於傳世本。

以上釋文以斯八五爲底本，用流行較廣的《十三經注疏》（北京：中華書局，一九八〇年）中之《春秋左傳正義》（稱其爲甲本）參校。

校記

〔一〕『□』，《敦煌經部文獻合集》據甲本推補爲『宋』。

〔二〕『秋』，據甲本補；『七』，據殘筆劃及甲本補。

〔三〕『弑舍而讓元』，據甲本補。

〔四〕『元』，據甲本補。

〔五〕『也』，甲本無。

〔六〕『也』，甲本無。

〔七〕『也』，甲本無。

〔八〕『也』，甲本無。

〔九〕「有」，據殘筆劃及甲本補。

〔一〇〕「煞」，甲本作「弑」。

〔一一〕「煞」，甲本作「弑」。

〔一二〕「也」，甲本無。

〔一三〕「也」，甲本無。

〔一四〕「玃」，甲本作「玃」，「玃」同「玃」。注文同此，不另出校。

〔一五〕「也」，甲本無。

〔一六〕「乃」，據殘筆劃及甲本補。

〔一七〕「也」，甲本無。

〔一八〕「蘇」，據甲本補。

〔一九〕「也」，甲本無。

〔二〇〕「也」，甲本無。

〔二一〕「也」，甲本無。

〔二二〕「也」，甲本無。

〔二三〕「也」，甲本無。

〔二四〕「語曰」，據甲本補。

〔二五〕「也」，甲本無。

〔二六〕「梨」，甲本作「黎」，「梨」同「黎」。注文同此，不另出校。

〔二七〕「也」，甲本無。

〔二八〕『廿』，甲本作『二十』；『也』，甲本無。
〔二九〕『卅』，甲本作『三十』。
〔三〇〕『氏』，甲本作『氏也』。
〔三一〕『也』，甲本無。
〔三二〕『三』，甲本作『二』。
〔三三〕『也』，甲本無。
〔三四〕『也』，甲本無。
〔三五〕『也』，甲本無。
〔三六〕『也』，甲本無。
〔三七〕『也』，甲本無。
〔三八〕『也』，甲本無。
〔三九〕『避』，甲本作『辟』，『辟』有『避』義。
〔四〇〕『也』，甲本無。
〔四一〕『也』，甲本無。
〔四二〕『也』，甲本無。
〔四三〕『也』，甲本無。
〔四四〕『也』，甲本無。
〔四五〕『也』，甲本無。
〔四六〕『經』，據殘筆劃及甲本補。

〔四七〕『也』，甲本無。
〔四八〕『也』，甲本無。
〔四九〕『也』，甲本無。
〔五〇〕『秋』，甲本脱。
〔五一〕『一』，據甲本補。
〔五二〕『不』，據甲本補；『也』，甲本無。
〔五三〕『也』，甲本無。
〔五四〕『也』，甲本無。
〔五五〕『帥』，甲本作『率』，均可通。
〔五六〕『也』，據殘筆劃及文義補，甲本無。
〔五七〕『使』，據殘筆劃及甲本補。
〔五八〕『而』，據殘筆劃及甲本補。
〔五九〕『也』，甲本無。
〔六〇〕『也』，甲本無。
〔六一〕『也』，甲本無。
〔六二〕『與』，甲本作『與也』。
〔六三〕『也』，甲本無。
〔六四〕『也』，甲本無。
〔六五〕『境』，甲本作『竟』，『竟』有『境』義。

〔六六〕『也』，甲本無。
〔六七〕『也』，甲本無。
〔六八〕『也』，甲本無。
〔六九〕『也』，甲本無。
〔七〇〕『也』，甲本無。
〔七一〕『也』，甲本無。
〔七二〕『也』，甲本無。
〔七三〕『也』，甲本無。
〔七四〕『也』，甲本無。
〔七五〕『也』，甲本無。
〔七六〕『也』，甲本無。
〔七七〕『也』，甲本無。
〔七八〕『道』，甲本作『道也』。
〔七九〕『悦』，甲本作『説』，『説』有『悦』義。
〔八〇〕『也』，甲本無。
〔八一〕『也』，甲本無。
〔八二〕『焉』，甲本無。
〔八三〕『也』，甲本無。
〔八四〕『也』，甲本無。

〔八五〕『也』，甲本無。

〔八六〕『也』，甲本無。

〔八七〕『也』，甲本無。

〔八八〕『也』，甲本無。

〔八九〕『也』，甲本無。

〔九〇〕『也』，甲本無。

〔九一〕『也』，甲本無。

〔九二〕『也』，甲本無。

〔九三〕『來』，甲本作『使來』。

〔九四〕『也』，甲本無。

〔九五〕『也』，甲本無。

〔九六〕『也』，甲本無。

〔九七〕『也』，甲本無。

〔九八〕『君』，甲本無。

〔九九〕『懈』，甲本作『解』，『解』有『懈』義。

〔一〇〇〕『成』，當作『盟』，據甲本改。

〔一〇一〕『也』，甲本無。

〔一〇二〕『之也』，甲本無。

〔一〇三〕『陳侯』，甲本無。

〔一〇四〕『也』，甲本無。

〔一〇五〕『故』，甲本作『故也』。

〔一〇六〕『也』，甲本無。

〔一〇七〕『也』，甲本無。

〔一〇八〕『也』，甲本無。

〔一〇九〕『也』，甲本無。

〔一一〇〕『也』，甲本無。

〔一一一〕『也』，甲本無。

〔一一二〕『也』，甲本無。

〔一一三〕『汝』，甲本作『女』，『女』有『汝』義。

〔一一四〕『也』，甲本無。

〔一一五〕『也』，甲本無。

〔一一六〕『殺』，甲本作『弑』；『也』，甲本無。

〔一一七〕『朔』，甲本作『朔也』。

〔一一八〕『舉』，甲本作『特舉』。

〔一一九〕『於』，甲本無；『也』，甲本無。

〔一二〇〕『也』，甲本無。

〔一二一〕此句原寫作『泉臺之名名』，但『臺』字下有朱筆重文符號，『之』字旁有朱筆廢字符號；第二個『名』，甲本無，據文義係衍文，當删。

〔一二二〕『殺』，甲本作『弑』。

〔一二三〕『也』，甲本無。

〔一二四〕『閒』，甲本作『間』，《敦煌經部文獻合集》指出『閒』『間』係古今字。注文同此，不另出校。

〔一二五〕『也』，甲本無。

〔一二六〕『也』，甲本無。

〔一二七〕『妖』，底本作『蚖』，係涉上文『蛇』字而成之類化俗字。

〔一二八〕『也』，甲本無。

〔一二九〕『也』，甲本無。

〔一三〇〕『也』，甲本無。

〔一三一〕『也』，甲本無。

〔一三二〕『也』，甲本無。

〔一三三〕『也』，甲本無。

〔一三四〕『飢』，甲本作『饑』；『也』，甲本無。

〔一三五〕『我』，甲本作『我也』。

〔一三六〕『也』，甲本無。

〔一三七〕『戢』，甲本作『廬戢』；『梨』，甲本作『黎』，『梨』同『黎』。注文同此，不另出校。

〔一三八〕『也』，甲本無。

〔一三九〕『也』，甲本無。

〔一四〇〕『也』，甲本無。

〔一四一〕『梨』，甲本作『黎』，『梨』同『黎』；『也』，甲本無。

〔一四二〕『也』，甲本無。

〔一四三〕『也』，甲本無。

〔一四四〕『也』，甲本無。

〔一四五〕『也』，甲本無。

〔一四六〕『也』，甲本無。

〔一四七〕『人』，甲本作『入』，誤；『也』，甲本無。

〔一四八〕『也』，甲本無。

〔一四九〕『員』，當作『貝』，據甲本改。

〔一五〇〕『也』，甲本無。

〔一五一〕『也』，甲本無。

〔一五二〕『也』，甲本無。

〔一五三〕『公』，甲本無，《敦煌經部文獻合集》指出係涉上文『宋公』而衍，當删，近是；『飢』，甲本作『饑』。

〔一五四〕『賦』，甲本作『貸』。

〔一五五〕『也』，甲本無。

〔一五六〕『也』，甲本作『者』。

〔一五七〕『也』，甲本無。

〔一五八〕『自』，甲本無；『也』，甲本無。

〔一五九〕『乃』，甲本作『夫人』，《敦煌經部文獻合集》據相關考證認爲甲本誤。

〔一六〇〕『子』，甲本作『子鮑』。
〔一六一〕『元』，甲本作『華』，似應以底本爲是。
〔一六二〕『華』，甲本作『元』，似應以底本爲是；『也』，甲本無。
〔一六三〕『也』，甲本無。
〔一六四〕『也』，甲本無。
〔一六五〕『矐』，甲本作『鑵』。
〔一六六〕『也』，甲本無。
〔一六七〕『也』，甲本無。
〔一六八〕『也』，甲本無。
〔一六九〕『也』，甲本無。
〔一七〇〕『也』，甲本無。
〔一七一〕『也』，甲本無。
〔一七二〕『而』，甲本作『以』。
〔一七三〕『也』，甲本無。
〔一七四〕『率』，甲本作『帥』，均可通。
〔一七五〕『師』，甲本作『帥』，誤；『也』，甲本無。
〔一七六〕『也』，甲本無。
〔一七七〕『殺』，甲本作『弑』。
〔一七八〕『也』，甲本無。

〔一七九〕『也』，甲本無。

〔一八〇〕『以』，甲本作『已』。

〔一八一〕『也』，甲本無。

〔一八二〕『殺』，甲本作『弒』。

〔一八三〕『以』，甲本無。

〔一八四〕『以』，甲本作『所以』；『也』，甲本無。

〔一八五〕『也』，甲本無。

〔一八六〕『也』，甲本無。

〔一八七〕『侯』，甲本無。

〔一八八〕『也』，甲本無。

〔一八九〕『也』，甲本無。

〔一九〇〕『也』，甲本無。

〔一九一〕『也』，甲本無。

〔一九二〕『也』，甲本無。

〔一九三〕『公』，甲本無，《敦煌經部文獻合集》認爲係衍文；『也』，甲本無。

〔一九四〕『能』，甲本作『得』。

〔一九五〕『也』，甲本無。

〔一九六〕『朝於』，甲本作『于朝』；『也』，甲本無。

〔一九七〕『也』，甲本無。

〔一九八〕『太』，甲本作『大』，『大』有『太』義；『也』，甲本無。

〔一九九〕『也』，甲本無。

〔二〇〇〕『也』，甲本無。

〔二〇一〕『也』，甲本無。

〔二〇二〕『爾』，甲本作『邇』，『邇』通『爾』。注文同此，不另出校。

〔二〇三〕『敞』，當作『敝』，據甲本改。

〔二〇四〕『免』，甲本作『免免』。

〔二〇五〕『也』，甲本無。

〔二〇六〕『也』，甲本無。

〔二〇七〕『也』，甲本無。

〔二〇八〕『蔭庥』，甲本作『庥蔭』；『也』，甲本無。

〔二〇九〕『也』，甲本無。

〔二一〇〕『人』，甲本作『人也』。

〔二一一〕『也』，甲本無。

參考文獻

Descriptive Catalogue of the Chinese Manuscripts from Tunhuang in the British Museum, The Trustees of the British Museum, London 1957, p. 230；《敦煌古籍敘録》，北京：中華書局，一九七九年，五二頁；《十三經注疏》，北京：中華書局，一

九八〇年，一八五三至一八六〇頁；《敦煌寶藏》一册，臺北：新文豐出版公司，一九八一年，四五〇至四五六頁（圖）；《敦煌古籍敘録新編》，臺北：新文豐出版公司，一九八六年，二〇四至二三〇頁（圖）；《英藏敦煌文獻》一卷，成都：四川人民出版社，一九九〇年，三八至四三頁（圖）；《春秋左傳注》，北京：中華書局，一九九〇年，六〇三至六二六頁；《魏晉南北朝敦煌文獻編年》，臺北：新文豐出版公司，一九九七年，二七八頁；《敦煌研究》二〇〇三年二期，五五至五九頁；《敦煌寫卷〈春秋經傳集解〉校證》，北京：中國社會科學出版社，二〇〇五年，一八九至二二三頁（録）；《敦煌經籍敘録》，北京：中華書局，二〇〇六年，二三五至二三六頁；《敦煌經部文獻合集》三册，北京：中華書局，二〇〇八年，一一一六至一一三八頁（録）；《英國國家圖書館藏敦煌遺書》二册，桂林：廣西師範大學出版社，二〇一一年，一一一至一二二頁（圖）。

斯八五背　殘片

釋文

（前缺）

□□□□□當日進入〔一〕

□□□□□□兩本，若

（後缺）

説明

此件書於一殘片之上，僅存二殘行，似爲書狀殘片。此殘片原粘於斯八五背面，似爲修補正面文書的廢紙，現已被揭下，粘於修裱文書的紙上。

校記

〔一〕『當』，《英國國家圖書館藏敦煌遺書》『條記目録』疑爲『富』。

參考文獻

《敦煌寶藏》一册，臺北：新文豐出版公司，一九八一年，四五六頁（圖）；《英藏敦煌文獻》一卷，成都：四川人民出版社，一九九〇年，四三頁（圖）；《英國國家圖書館藏敦煌遺書》二册，桂林：廣西師範大學出版社，二〇一一年，一二三頁（圖）、『條記目録』七頁（録）。

斯八六　淳化二年（公元九九一年）四月廿八日爲馬醜女迴施疏

釋文

奉爲亡女弟子馬氏，名醜女，從病至終七日，所脩功德數：
三月九日病困臨垂，於金光明寺殿上施麥壹碩。城西
馬家、索家二蘭若共施布壹疋。葬日臨曠（壙）焚
屍〔一〕，兩處共録（緑）獨織裙壹腰〔二〕，紫綾子衫子、白絹衫子
共兩事，絹領巾壹事，繡鞋壹兩，絹手巾一個〔三〕，布手
巾壹個，粟叁碩〔四〕，布壹疋。設供一七會，共齋僧貳佰
叁拾人，施儭布叁疋，昌褐兩疋，又斜褐壹段，麥粟
紙帖，共計拾貳碩〔五〕。
轉：《妙法蓮華經》十部，
《觀彌勒菩薩上生兜率天經》八十部，
《金剛般若波羅蜜經》兩部，

《重四十八輕戒》一卷〔六〕，《佛頂尊勝陀羅尼》六百遍，《般若波羅蜜多心經》一百部〔七〕，《慈氏真言》三千遍。設供、轉念功德，今日。

右件所脩，終七已後〔八〕，並將奉爲亡過三娘子資福，超拔幽冥〔九〕，速得往生兜率内院，得聞妙法，不退信心，瞻禮毫光，消除罪障。普及法界，一切含靈，同共霑於勝因〔一〇〕，齊登福智樂果，謹疏。

淳化二年辛卯歲四月廿八日迴施疏。

說明

此件是馬醜女的家人爲馬醜女設供、轉經時使用的迴施疏，其中記載了自馬醜女病重至終七期間所修的功德和所施捨的物品。《英藏敦煌文獻》擬名『淳化二年（公元九九一年）四月廿八日馬醜女迴施疏』，不確，馬醜女是被超度的亡者，施捨者是其家人。

校記

〔一〕『曠』，當作『壙』，《英國國家圖書館藏敦煌遺書》『條記目録』據文義校改，『曠』爲『壙』之借字，《敦煌遺書總目索引》《敦煌社會經濟文獻真蹟釋録》逕釋作『壙』。

〔二〕『録』，當作『緑』，《敦煌社會經濟文獻真蹟釋録》據文義校改，《敦煌遺書總目索引》《敦煌遺書總目索引新編》均逕釋作『緑』；『獨』，《敦煌遺書總目索引》《敦煌遺書總目索引新編》均釋作『鐲』，誤；『壹』，《英國國家圖書館藏敦煌遺書》『條記目録』釋作『一』，雖義可通而字誤。

〔三〕『一』，《敦煌遺書總目索引》《敦煌遺書總目索引新編》均釋作『壹』，雖義可通而字誤。

〔四〕『叁』，《敦煌遺書總目索引新編》釋作『三』，雖義可通而字誤。

〔五〕『拾貳』，《敦煌遺書總目索引》釋作『壹拾』，《敦煌社會經濟文獻真蹟釋録》《敦煌遺書總目索引新編》均釋作『拾壹』，均誤。

〔六〕『重』，《敦煌遺書總目索引新編》於其前補一『十』字。

〔七〕『心』，《敦煌遺書總目索引》《敦煌遺書總目索引新編》均漏録。

〔八〕『已』，《敦煌遺書總目索引新編》釋作『以』，雖義可通而字誤。

〔九〕『拔』，《敦煌遺書總目索引》《敦煌社會經濟文獻真蹟釋録》《敦煌遺書總目索引新編》均未能釋讀。

〔一〇〕『霑』，《敦煌遺書總目索引新編》釋作『沾』，雖義可通而字誤。

參考文獻

Giles, *BSOS*, 11.1（1943）, p. 172；*Descriptive Catalogue of the Chinese Manuscripts from Tunhuang in the British Museum*, The

Trustees of the British Museum, London 1957, p. 275；《敦煌寶藏》一册，臺北：新文豐出版公司，一九八一年，四五七頁（圖）；《敦煌遺書總目索引》，北京：中華書局，一九八三年，一一〇至一一一頁（録）；《莫高窟年表》，上海古籍出版社，一九八五年，六〇一頁（録）；《敦煌學園零拾》，臺北：商務印書館，一九八六年，三六至三七頁；《敦煌文學》，蘭州：甘肅人民出版社，一九八九年，二四頁（録）；《敦煌民俗學》，上海文藝出版社，一九八九年，二六九頁（録）；《敦煌社會經濟文獻真蹟釋録》三輯，北京：全國圖書館文獻縮微複製中心，一九九〇年，一〇五頁（録）；《英藏敦煌文獻》一卷，成都：四川人民出版社，一九九〇年，四四頁（圖）；《敦煌佛學·佛事篇》，蘭州：甘肅民族出版社，一九九五年，四九頁（録）；《敦煌吐魯番論集》，臺北：新文豐出版公司，一九九六年，八一頁；《歸義軍史研究——唐宋時代敦煌歷史考索》，上海古籍出版社，一九九六年，五六頁；《敦煌遺書總目索引新編》，北京：中華書局，二〇〇〇年，三頁（録）；《英國收藏敦煌漢藏文獻研究：紀念敦煌文獻發現一百周年》，北京：中國社會科學出版社，二〇〇〇年，三八八頁；《英國國家圖書館藏敦煌遺書》二册，桂林：廣西師範大學出版社，二〇一一年，一二四頁（圖）、『條記目録』七至八頁（録）。

斯八七　金剛般若波羅蜜經題記

釋文

聖曆三年五月廿三日，大斗拔谷副使上柱國南陽縣開國公陰仁協寫經〔一〕，爲　金輪聖神皇帝及七世父母、合家大小，得六品，發願月別許寫一卷；得五品，月別寫經兩卷。久爲征行，未辦紙墨，不從本願。今辦寫得，普爲一切轉讀。

説明

此件《英藏敦煌文獻》未收，現予增收。聖曆三年即公元七〇〇年。原件『世』字闕筆，『聖』『年』『月』『日』『國』等字用武周新字。

校記

〔一〕『斗』，《敦煌遺書總目索引》《敦煌遺書總目索引新編》均釋作『升』，誤；『寫經』，《敦煌遺書總目索引》《敦煌遺書總目索引新編》均漏録。

參考文獻

Giles, *BSOS*, 8. 1（1935）, pp. 25－26；*Descriptive Catalogue of the Chinese Manuscripts from Tunhuang in the British Museum*, The Trustees of the British Museum, London 1957, p. 24（録）;《墨美》一九六〇年九七卷，二五頁（圖）;《敦煌寶藏》一册，臺北：新文豐出版公司，一九八一年，四六四頁（圖）;《敦煌孝道文學研究》，臺北：石門圖書公司，一九八二年，四二二、四二六至四二八頁;《敦煌佛經卷子巡禮》，臺中：菩提樹雜誌社、新加坡：南洋佛學書局，一九八三年，二九五頁（録）;《敦煌遺書總目索引》，北京：中華書局，一九八三年，一一一頁（録）;《敦煌研究》一九八六年三期，二七至二八頁（録）;《敦煌大藏經》一五卷，臺北：前景出版社，一九八九年，五一八至五二四頁（圖）;《中國古代寫本識語集録》，東京大學東洋文化研究所，一九九〇年，二四八頁（録）;《敦煌學輯刊》一九九八年二期，二七頁（録）;《敦煌遺書總目索引新編》，北京：中華書局，二〇〇〇年，三至四頁（録）;《英國國家圖書館藏敦煌遺書》二册，桂林：廣西師範大學出版社，二〇一一年，一三一頁（圖）、『條記目録』八頁（録）。

斯八九背　殘片（官府審婢迎定牒）

釋文

（前缺）

責得賊婢迎定稱，耳聞張和通家有毛三兩，□欠少

（後缺）

説明

此件書於《妙法蓮華經》卷第四之背，僅存文字一行，從殘存内容看屬於官府斷案文書，但該文書已被人爲地剪成紙條，横粘於卷背，用以修裱正面的佛經。另有蔣孝琬朱筆注記『《思益經第一》。一面漢文，一面　文』，未録。

參考文獻

《敦煌寶藏》一册，臺北：新文豐出版公司，一九八一年，四六八頁（圖）；《英藏敦煌文獻》一卷，成都：四川

人民出版社，一九九〇年，四四頁（圖）；《英國國家圖書館藏敦煌遺書》二册，桂林：廣西師範大學出版社，二〇一一年，一三六頁（圖）、『條記目録』八頁（録）。

斯九二一　雜寫

釋文

門門道辶　　通水成

易別人柴場。　柴　義義通漢次通

説明

此件係時人隨手所寫，寫於抄經者所留之空白處。《英藏敦煌文獻》未收，現予增收。

參考文獻

《英國國家圖書館藏敦煌遺書》二册，桂林：廣西師範大學出版社，二〇一一年，一四二頁（圖）、『條記目録』九頁（録）。

斯九二　二　抄經兑紙題簽

釋文

延長兑[一]。

説明

以上文字寫於一紙佛經上，當爲抄經者用抄寫有誤不能再用的廢紙兑换新紙時所作的記録。《英藏敦煌文獻》未收，現予增收。

校記

[一]『兑』，底本似作『允』，按寫本中『兑』『允』形近易混，故據文義逕釋。

參考文獻

《敦煌寶藏》一册，臺北：新文豐出版公司，一九八一年，四七二頁（圖）；《英國國家圖書館藏敦煌遺書》二册，桂林：廣西師範大學出版社，二〇一一年，一四二頁（圖）。

斯九二背　己卯年八月八日定昌得鞋價麥抄

釋文

己卯年八月八日定昌得荆祐成鞋價麥捌斗〔一〕。

說明

『抄』係時人記賬的一種方式，既用於備忘，也可作憑證。此件《英藏敦煌文獻》誤印成倒書，實非倒書。此行後有蔣孝琬倒書『大般若波羅蜜多經第』及數碼。

校記

〔一〕『定』，《敦煌遺書總目索引新編》釋作『宜』；『祐』，《敦煌遺書總目索引新編》釋作『祜』。

參考文獻

Descriptive Catalogue of the Chinese Manuscripts from Tunhuang in the British Museum, The Trustees of the British Museum,

London 1957, p. 8（録）；《敦煌寶藏》一册，臺北：新文豐出版公司，一九八一年，四七二頁（圖）；《英藏敦煌文獻》一卷，成都：四川人民出版社，一九九〇年，四五頁（圖）；《敦煌遺書總目索引新編》，北京：中華書局，二〇〇〇年，四頁（録）；《敦煌研究》二〇〇〇年二期，九九頁；《英國國家圖書館藏敦煌遺書》二册，桂林：廣西師範大學出版社，二〇一一年，一四三頁（圖）、『條記目録』九頁（録）。

斯九五　顯德三年丙辰歲（公元九五六年）具注曆日并序

釋文

顯德三年丙辰歲具注曆日并序（干火支土 納音土）凡三百五十四日，登仕郎守州學博士翟奉達纂上

夫曆日者，是陰陽之綱紀，造化之根原。二儀交泰，即有易變之殊；八節推移，四時更改。審觀七十二候、廿四氣，顯示一年日晨，知月朔之大小、昏曉無虧，定晝夜之短長。紫白二方，修造免衝凶地〔一〕。凡三百五十四晨，足下檢吉定凶。公私最要，無過於曆日也。金烏運轉，玉兔巡行，如（而）成其歲〔二〕。　凡人年内造作，舉動百事，先須看太歲及已下諸神將并魁罡，犯之凶，避之吉。

今年太歲在丙辰，大將軍在子，太陰在寅，歲刑在辰，歲破在戌，歲煞在未，黄幡在辰，豹尾在戌，三公在未，九卿在巳，奏書在艮，博士在坤，力士在巽，蠶官在乾，畜官在申，害氣在巳，大耗大（在）酉〔三〕，小耗在戌，伏兵在丙，發盜在亥，天呑在壬，劫煞在巳，九卿食舍在午，歲德在丙，合德在辛。（丙、辛上取土及宜修造，吉。）右件太歲已下，其地不可穿鑿動土，因

有破壞，事須修營。其日與歲德、月德、歲德合、月德合，天赦天恩、母倉并者，修營無妨。

今年六月天罡，十二月何（河）魁〔四〕。

九方色之中，但依紫白二方修造法，出貴子，加官，受職，橫得財物，婚嫁酒食，所作通達，合家吉慶。

若犯緑方，注有損傷〔五〕，或從高墜下及小兒奴婢妊身者，厄。

若犯黑方，注有哭聲、口舌及損物財〔六〕，凶。

若犯碧方，注有損胎、驚恐、怪夢，凶。

若犯黃方，注有鬪諍，及損六畜，凶。

若犯赤方，注多死亡、驚恐、怪夢，凶。

		丙	離	丁		
	巽	巳	午	未	坤	
乙	辰	白	緑	白	申	庚
震	卯	赤	紫	黑	酉	兌
甲	寅	碧	黃	白	戌	辛
	艮	丑	子	亥	乾	
		癸	坎	壬		

今年溫沒斯日受歲。雜忌：若值行佷（狠）〔七〕、了戾、單陰、孤陽（辰）〔八〕、純陰、歲博、逐陣、陰陽交破、陰陽衝擊、陰陽衝破、陰破陽衝、陰位、絕陰、絕陽、陰道衝陽、三陰、陽錯、陰錯、陰陽俱錯，已上日遇之，勿使，大凶；以（與）德并者無忌〔九〕。月虛

日不煞生祭神，八魁日不開墓，復日不爲凶事，九焦、九坎日不種蒔及蓋屋，天李、地李日不祭神及入官論理，蜜日不吊死問病，朔日不會客及歌樂，晦日不裁衣及動樂，往亡日不遠行及歸家、堀墓、移徙，血忌日不煞生祭神及針灸出血，歸忌日不歸家及召女呼婦，弦、望日不合酒酢及煞生，章光、天門、天尸、天破日不出師，九醜日不出軍，煞陰、大敗日不出兵鬬戰，反擊日不攻伐，地囊日不動土，滅没日不涉深水及行船，魁、罡日不舉百事。

正月小，二月大，三月大，四月小，五月大，六月小，七月大，八月小，九月小，十月大，十一月小，十二月大。

每月（日）人神〔一〇〕：一日在足大指，二日在外踝，三日在股内，四日在腰，五日在口，六日在手小指，七日在内跨（踝）〔一一〕，八日在長腕，九日在尻尾，十日在腰背，十一日在鼻柱，十二日在髮際，十三日在牙齒，十四日在胃管，十五日在遍身，十六日在胸，十七日在氣衝，十八日在股内，十九日在足，廿日在内踝，廿一日在手小指，廿二日在外跨（踝）〔一二〕，廿三日在肝，廿四日在手陽明，廿五日在足陽明，廿六日在胸，廿七日在膝，廿八日在陰，廿九日在膝脛，卅日在足趺。

右件人神所在之處，不得針灸出血〔一三〕。

正月小，建庚寅。天道南行，宜修南方，宜向南方〔行〕〔一四〕。

温没〔一五〕　一日甲午金定　歲首　　加官、拜謁、治竈、剃頭吉。

二日乙未金執　　入財、捉獲、解、厭吉。

□三日丙申火破〔一六〕雨水　正月中　獺祭魚　　葬殯、壞屋、符、鎮吉。

蜜四日丁酉火危　　安牀、葬殯、洗頭吉。

五日戊戌木成　　入財、鎮謝、符解吉。

六日己亥木收　藉田　　起土、種蒔吉。

七日庚子土開　啓源祭〔一七〕　　地囊，嫁娶、移徙吉。

八日辛丑土閉　上弦　鴻雁來　　歸忌，取土、塞穴、符吉。

九日壬寅金建　　嫁娶、移徙、符解吉。

十日癸卯金除　　祭祀、斬草、嫁娶吉。

蜜十一日甲辰火滿　　内財、市買、九焦、九坎吉。

十二日乙巳火平　　罡。

十三日丙午水定　草木萌動　　祭祀、修造、斬故吉。

十四日丁未水執　　歲位〔一八〕，修造、作井竈吉。

十五日戊申土破　望　治病、服藥、解、鎮吉。

十六日己酉土危　修造、葬殯吉。

十七日庚戌金成　符、鎮、除手足甲吉。

蜜十八日辛亥金成　驚蟄二月節　桃始華　母倉，祭祀、移徙、符吉。

十九日壬子木收　罡。

廿日癸丑木開　天恩，修造、治病、符吉。

廿一日甲寅水閉　修造、塞穴、殯、斬吉。

廿二日乙卯水建　造車、立柱吉。

廿三日丙辰土除　下弦　鶬鶊鳴　治病、解、厭吉。

廿四日丁巳土滿　祭祀、加冠、修造、解吉。

蜜廿五日戊午火平　魁。

廿六日己未火定　反擊、血忌，起土、符解吉。

廿七日庚申木執　解除、葬殯吉。

廿八日辛酉木破　鷹化爲鳩　治病、解、鎮、壞屋吉。

廿九日壬戌水危　安牀帳、伐木、除手〔甲〕吉〔一九〕。

二月大，建辛卯。天道西南行，宜修西南方，宜向西南行。

一日癸亥水成　嫁娶、符、鎮、移徙吉。

二日甲子金收　滅　往亡　罡。

蜜三日乙丑金開　天道，通渠、修井、洗頭吉。

四日丙寅火閉　春分二月中　玄鳥至　修造、葬殯、厭鎮吉。

五日丁卯火建　奠　加官、修造、出行吉。

六日戊辰木除　社　治病、起土、除足爪吉。

七日己巳木滿　祭祀、加官、治竈、符吉。

八日庚午土平　罡〔二〇〕。

九日辛未土定　上弦　雷乃發聲　市買、移徙、納財吉。

蜜十日壬申金執　祭祀、葬殯、療病、解吉。

十一日癸酉金破　没　地囊，治病、葬埋、解、厭吉。

十二日甲戌火危　修造、安牀帳、除手足〔甲〕吉〔二一〕。

十三日乙亥火成　入學、祭祀、移徙、修造吉。

十四日丙子水收　罡。

十五日丁丑水開　始電　不將，嫁娶、修造、治病吉。

十六日戊寅土閉　望　天赦。

蜜十七日己卯土建　地囊〔一一二〕，嫁娶、立柱、符、鎮吉。

十八日庚辰金除　祭祀、修宅、治病、解除吉。

十九日辛巳金滿　天恩，修井、作竈、加官吉。

廿日壬午木滿　清明三月節　桐始華　修造、葬殯、斬故吉。

廿一日癸未木平　罡。

廿二日甲申水定　天門，殯葬、符、鎮、洗頭吉。

廿三日乙酉水執　嫁娶、葬殯、斬故吉。

蜜廿四日丙戌土破　下弦　九坎，治病、符解、厭吉。

廿五日丁亥土危　田鼠化爲鴽　不將，結婚、安牀帳吉。

廿六日戊子火成　歸忌、學問、符、鎮吉。

廿七日己丑火收　魁。

廿八日庚寅木開　葬殯、結婚、通渠、開井吉。

廿九日辛卯木閉〔一一三〕　嫁娶、斬〔一一四〕、修堤、塞穴吉。

卅日壬辰水建　虹始見　行磑、修造、解、厭吉。

三月大，建壬辰。天道北行，宜向北行，宜修北方。

蜜一日癸巳水除　母倉，服藥、起土、移徙吉。

二日甲午金滿　母倉，修造、葬、斬吉。

三日乙未金平　罡。

四日丙申火定　天恩〔二五〕，葬殯、符解、鎮吉。

五日丁酉火執 穀雨 三月中 萍始生　不將，結婚、殯、斬、解、厭吉。

六日戊戌木破　陽破陰衝。

七日己亥木危〔二六〕　嫁娶、安牀、解、厭、符吉。

蜜八日庚子土成　祭祀、入學、拜官、斬故吉。

九日辛丑土收　魁。

十日壬寅金開 往亡 鳴鳩拂羽　通渠、治病、殯葬吉。

十一日癸卯金閉　葬埋、塞穴、修堤防吉。

十二日甲辰火建　造車、立柱、符、鎮、除手〔甲〕吉〔二七〕。

十三日乙巳火除　掃舍、服藥、市買吉。

十四日丙午水滿　母倉，修造、葬、斬故吉。

蜜十五日丁未水平 戴勝降〔於〕桑〔二八〕　罡。

十六日戊申土定 望　入財、市買、出行吉。

十七日己酉土執　修造、殯葬、嫁娶吉。

十八日庚戌金破　天恩，壞屋、解吉。
十九日辛亥金危　修宅、安牀、剃頭吉。
廿日壬子木危　立夏四〔月〕節〔二九〕螻蟈鳴　天恩，起〔土〕〔三〇〕、符解吉。
廿一日癸丑木成　天恩，修造、解、厭、洗頭吉。
蜜廿二日甲寅水收　罡。
廿三日乙卯水開　解、厭、祭祀、葬殯吉。
廿四日丙辰土閉　下弦　歲位，塞穴、解、厭吉。
廿五日丁巳土建　蚯蚓出　陽錯、大敗〔三一〕。
廿六日戊午火除　章光，治病、符、鎮吉。
廿七日己未火滿　往亡　陰錯、九坎。
廿八日庚申木平　魁。
蜜廿九日辛酉木定　歲位〔三二〕，葬殯、斬故吉。
卅日壬戌水執　王瓜生〔三三〕　歲對，修井、竈吉。
四月小，建癸巳。天道西行，宜修西方，宜向西行。
一日癸亥水破　陰陽衝破。
二日甲子金危　不將，嫁娶、移徙吉。

三日乙丑金成　合對、母倉〔三四〕，修造、洗頭吉。
四日丙寅火收　罡。
五日丁卯火開　滅 小滿 四月中 苦菜秀　葬、斬、治病、修造吉。
蜜六日戊辰木閉　小絶陰會。
七日己巳木建　拜官、移徙，陽錯、天門。
八日庚午土除 上弦　治病、葬殯、斬故吉。
九日辛未土滿　九焦、九坎，入財、市買吉。
十日壬申金平 靡草死　魁。
十一日癸酉金定　葬殯、修碓、裁衣吉。
十二日甲戌火執〔三五〕　不將，嫁娶吉。
蜜十三日乙亥火破　治病、壞故舍、符吉。
十四日丙子水危　復、不將，嫁娶、符吉。
十五日丁丑水成 望 小暑至　歸忌，入財、解、厭吉。
十六日戊寅土收　罡。
十七日己卯土開　母倉、不將〔三六〕，嫁娶、移徙吉。
十八日庚辰金閉　修造、塞穴、解、厭吉。

十九日辛巳金建　拜官、修造、移徙、造車〔吉〕[三七]。

蜜廿日壬午木除　修造、治病、符、厭吉。

廿一日癸未木除　芒種五月節　螗蜋生　不將，嫁娶、修造吉。

廿二日甲申水滿　嫁娶、葬埋、符、鎮吉。

廿三日乙酉水平　下弦　罡。

廿四日丙戌土定　不將，嫁娶、修造、解吉。

廿五日丁亥土執　歲對[三八]，入財、洗頭吉。

廿六日戊子火破　鶪始鳴[三九]　月虛，治病、符、鎮吉。

蜜廿七日己丑火危　安牀帳、伐木吉。

廿八日庚寅木成　拜官、起土、修碓磑吉。

廿九日辛卯木收　魁。

五月大，建甲午。天道西北行，宜修西北方，宜向西北行。

一日壬辰水開　治病、通渠、解、厭吉。

二日癸巳水閉　反舌無聲　歲位、章光，塞穴、符吉。

三日甲午金建　天赦。

四日乙未金除　治病、解、除足爪吉。

蜜五日丙申火滿　嫁娶、修造、葬殯、斬吉。

六日丁酉火平　罡。

七日戊戌木定　往亡　夏至五月中　鹿角解　嫁娶、祭祀、移徙、鎮吉。

八日己亥木執　八魁〔四〇〕，入財、符解、鎮吉。

九日庚子土破　上弦　治病、葬殯、厭鎮吉。

十日辛丑土危　安牀、解、厭、剃頭吉。

十一日壬寅金成　修造、嫁娶、葬殯吉。

蜜十二日癸卯金收　蜩始鳴　魁。

十三日甲辰火開　九焦〔四一〕、九坎〔四二〕，治病、符解吉。

十四日乙巳火閉　章光，塞穴、和酒吉。

十五日丙午水建　煞陰，修車、符、厭吉。

十六日丁未水除　望　歲後〔四三〕、八魁〔四四〕，解、厭吉。

十七日戊申土滿　半夏生　嫁娶、解除、經絡、内財吉。

十八日己酉土平　罡。

蜜十九日庚戌金定〔四五〕　天恩，裁衣、解鎮吉。

廿日辛亥金執　天恩，修造、移徙、沐浴。

廿一日壬子木破　　陰陽衝擊。

廿二日癸丑木破　小暑六月節　温風至　陽破陰衝。

廿三日甲寅水危　　安牀、葬殯、拜官吉。

廿四日乙卯水成　下弦　　入學、斬草、祭祀吉。

廿五日丙辰土收　　罡。

蜜廿六日丁巳土開　　母倉，修造、治病、解吉。

廿七日戊午火閉　　蟋蟀居壁　　母倉，起土、符解、厭吉。

廿八日己未火建　　地囊，沐浴、造車吉。

廿九日庚申木除　　掃舍、服藥、葬殯吉。

卅日辛酉木滿　　裁衣、祭祀、葬殯吉。

六月小，建乙未。天道東行，宜修東方，宜向東行。

一日壬戌水平　　魁。

二日癸亥水定　　鷹乃學習〔四六〕　入舍、修井、祭祀、洗頭吉。

蜜三日甲子金執　　修井竈、移徙、修宅吉。

四日乙丑金破　　母倉〔四七〕，修造、治病吉。

五日丙寅火危　　天恩，修宅、斬草吉。

六日丁卯火成　　葬埋、修宮室、符吉。
七日戊辰木收　大暑六月中，腐草爲螢　　罡。
八日己巳木開　上弦　　市買六畜、入財、修造吉。
九日庚午土閉　滅　　修造、葬殯、塞穴吉。
蜜十日辛未土建　　立柱、上梁〔四八〕、裁衣、市買吉。
十一日壬申金除　　嫁娶、掃舍、葬殯吉。
十二日癸酉金滿　土潤溽暑　　結婚、葬殯、斬故吉。
十三日甲戌火平　　罡〔四九〕。
十四日乙亥火定　　洗頭、沐浴、市買、解吉。
十五日丙子水執　望　往亡　　起土、斬草、沐浴、符、鎮吉。
十六日丁丑水破　　療病、解、厭、除手甲吉。
蜜十七日戊寅土危　大雨時行　　内財、安牀、裁衣、解、鎮吉。
十八日己卯土成　　修造、裁衣、入財、市買吉。
十九日庚辰金收　　罡。
廿日辛巳金開　　修造、入財、〔出〕行〔五〇〕、療病吉。
廿一日壬午木閉　　母倉，修造、嫁娶、葬殯〔吉〕〔五一〕。

廿二日癸未木閉　立秋七月節　涼風至　母倉，修造[五二]、移徙、上樑吉。

廿三日甲申水建　下弦　嫁娶、拜官、造車吉。

蜜廿四日乙酉水除　不將，嫁娶、葬殯吉。

廿五日丙戌土滿　母倉，修造、移徙、解吉。

廿六日丁亥土平　罡。

廿七日戊子火定　白露降　祭祀、裁衣、伐木、符吉。

廿八日己丑火執　母倉，修造、沐浴、剃頭〔吉〕[五三]。

廿九日庚寅木破　治病、服藥、符吉。

七月大，建丙申。天道北行，宜修北方，宜向北行。

一日辛卯木危　往亡　嫁娶、修造、斬草、安牀〔吉〕[五四]。

蜜二日壬辰水成　没　母倉，起土、入學、解、厭吉。

三日癸巳水收　魁。

四日甲午金開　寒蟬鳴　嫁娶、治病、通渠吉。

五日乙未金閉　母倉，修造、塞穴吉。

六日丙申火建　地囊[五五]，安牀、移徙、解吉。

七日丁酉火除　九坎，沐浴、治病、洗頭吉。

八日戊戌木滿　　修造、市買、符、鎮吉。

蜜九日己亥木平　上弦處暑七月中鷹祭鳥　　罡。

十日庚子土定　　加官、移徙、修宮室、碓吉。

十一〔日〕辛丑土執〔五六〕　　母倉，起土、伐木、解、厭吉。

十二日壬寅金破　　破屋、壞垣、葬殯、治病吉。

十三日癸卯金危　　安牀、伐木、斬草、厭吉。

十四日甲辰火成　天地始肅　　母倉，修造、入學、符、鎮〔吉〕〔五七〕。

十五日乙巳火收　　魁。

蜜十六日丙午水開　望　　加官、葬殯、移徙、入學〔吉〕〔五八〕。

十七日丁未水閉　　修造、起土、塞穴、厭吉。

十八日戊申土建　　天赦。

十九日己酉土除　禾乃登　　修造、葬殯、治病、掃舍〔吉〕〔五九〕。

廿日庚戌金滿　　修造宮室、培牆、市買吉。

廿一日辛亥金平　　罡。

廿二日壬子木定　　裁衣、修宅、斬草吉。

蜜廿三日癸丑木執　　母倉，起土、解、厭、〔除〕手甲吉〔六〇〕。

廿四日甲寅水執　下弦[六一]白露八月節 鴻雁來　葬殯、伐木、竪柱、上梁吉[六二]。

廿五日乙卯水破　修造、移徙、治病、壞屋吉。

廿六日丙辰土危　安牀帳、修竈、解吉。

廿七日丁巳土成　地囊，拜官、移徙、入學吉。

廿八日戊午火收　罡。

廿九日己未火開　玄鳥歸　修井磑碓、出行吉。

蜜卅日庚申木閉　修造、葬殯、築城槨（郭）吉[六三]。

八月小，建丁酉。天道東行，宜修東方，宜向東行。

一日辛酉木建　昇壇、造車、解、鎮吉。

二日壬戌水除　掃舍、修宅井、治病、移徙吉。

三日癸亥水滿　修宅倉庫、上梁[六四]、立柱吉。

四日甲子金平　群鳥養羞　魁。

五日乙丑金定　修造、移徙、修城槨（郭）吉[六五]。

六日丙寅火執　斬草、修井磑、倉庫吉。

蜜七日丁卯火破　奠　地囊[六六]、天恩，治病、葬殯吉。

八日戊辰木危　上弦　社　母倉，修造、嫁娶、安牀吉。

九日己巳木成　秋分八月中　雷乃收聲　修宅、作井、修倉庫吉。

十日庚午土收　罡。

十一日辛未土開〔六七〕　修造、嫁娶、移徙、修井吉。

十二日壬申金閉　修宅、葬殯、塞穴吉。

十三日癸酉金建　滅　修造、昇壇、解除、洗頭吉。

蜜十四日甲戌火除　蟄蟲壞户〔六八〕　起土、修牆、解除、洗頭吉。

十五日乙亥火滿　望　沐浴、修倉庫吉。

十六日丙子水平　魁。

十七日丁丑水定　沐浴、解除、厭鎮吉。

十八日戊寅土執　市買、伐木、解、厭吉。

十九日己卯土破　水始涸　修造、壞屋、治病吉。

廿日庚辰金危　修宅、起土、安牀帳吉。

蜜廿一日辛巳金成　嫁娶、移徙、市買吉。

廿二日壬午木收　罡。

廿三日癸未木開　下弦　嫁娶、治病、市買吉。

廿四日甲申水開　寒露九月節　鴻雁來賓　葬殯、斬故、解除吉。

廿五日乙酉水閉　　葬殯、斬故、塞穴吉。

廿六日丙戌土建　　母倉，起土、加冠、立柱吉。

廿七日丁亥土除　　祭祀、治病、掃舍、解吉。

蜜廿八日戊子火滿　　市買、内財、裁衣吉。

廿九日己丑火平　雀入大水爲蛤　罡。

九月小，建戌（戊）戌〔六九〕。天道南行，宜修南方，宜向南行。

一日庚寅木定　　斬草、洗頭、出行、除足甲〔吉〕〔七〇〕。

二日辛卯木執　　嫁娶、斬草、伐木吉。

三日壬辰水破　　治病、壞屋、符吉。

四日癸巳水危　　嫁娶、安牀、造車吉。

五日甲午金成　菊有黄花〔七一〕　修造、入學、殯、斬吉。

蜜六日乙未金收　　魁。

七日丙申火開　　祭祀、修造、葬、斬、解吉。

八日丁酉火閉　上弦　起土、塞穴、葬殯吉。

九日戊戌木建　霜降九月節（中）〔七二〕　修造、安牀、解、厭吉。

十日己亥木除　豺祭獸〔七三〕　沐浴、治病、解、鎮吉。

十一日庚子土滿　　修宅、倉庫、買六畜吉。

十二日辛丑土平　没　　罡。

蜜十三日壬寅金定　　葬殯、起土、符解、鎮吉。

十四日癸卯金執　　嫁娶、葬殯、祭竈吉。

十五日甲辰火破　望　　壞屋、治病、符、鎮吉。

十六日乙巳火危　草木黄落　　母倉，安牀、移徙吉。

十七日丙午水成　　母倉，修造、祭祀、葬殯吉。

十八日丁未水收　　魁。

十九日戊申土開　　天赦。

蜜廿日己酉土閉　　修宅、符解、鎮吉。

廿一日庚戌金建　往亡　蟄蟲咸俯〔七四〕　　修造、加官、解除吉。

廿二日辛亥金除　　治病、祭祀、造井、作竈〔吉〕〔七五〕。

廿三日壬子木滿　下弦　　修造、葬、斬、裁衣吉。

廿四日癸丑木平　　罡。

廿五日甲寅水定　　拜官、起土、斬草吉。

廿六日乙卯水定　立冬十月節水始冰　　不將〔七六〕，嫁娶、殯故、裁衣吉。

蜜廿七日丙辰土執　　內財、解、厭、出獵吉。

廿八日丁巳土破　　陰陽交破。

廿九日戊午火危　　安牀、結婚、伐木、鎮〔吉〕〔七七〕。

十月大，建己亥。天道東行，宜修東方，宜向東行。

一日己未火成　　修造、入學、符解吉。

二日庚申木收　地始凍　　罡。

三日辛酉木開　　葬殯、起土、伐木吉。

四日壬戌水閉　　八魁，塞穴、符吉。

蜜五日癸亥水建　　九焦、九坎、大敗〔七八〕。

六日甲子金除　往亡　　天赦。

七日乙丑金滿　野鷄入大水爲蜃〔七九〕　　天恩，修造、洗頭吉。

八日丙寅火平　　魁。

九日丁卯火定　上弦　　葬、斬、發故、修宅吉。

十日戊辰木執　　天恩，起土、伐木吉。

十一日己巳木破　　陰陽衝破。

蜜十二日庚午土危　小雪十月中虹藏不見　　嫁娶、葬殯、斬故吉。

十三日辛未土成　修造、起土、入學吉。

十四日壬申金收　罡。

十五日癸酉金開　修宅、葬殯、斬、治病吉。

十六日甲戌火閉　望　起土、塞穴、符吉。

十七日乙亥火建　天氣上騰　地炁下降〔八〇〕　拜官、移徙、解除吉。

十八日丙子水除　滅　嫁娶、掃舍、拜官吉。

蜜十九日丁丑水滿　歸忌，蓋屋、入財吉。

廿日戊寅土平　魁。

廿一日己卯土定　天恩，修造、裁衣吉。

廿二日庚辰金執　閉塞如（而）成冬〔八一〕　市買牛馬、嫁娶吉。

廿三日辛巳金破　壞屋、陪（培）牆〔八二〕、起土、治病。

廿四日壬午木危　下弦　嫁娶、拜官、徵納吉。

廿五日癸未木成　天恩，起土、入學吉。

蜜廿六日甲申水收　罡。

廿七日乙酉水收　大雪十一月節　鶡鳥不鳴　魁。

廿八日丙戌土開　祭祀、治病、入學吉。

廿九日丁亥土閉　修造、沐浴、塞穴吉。

卅日戊子火建　〔歲〕後〔八三〕，納財、安牀吉。

十一月小，建庚子。天道南行，宜修南方，宜向南行。

一日己丑火除　治病、掃舍、洗頭吉。

二日庚寅木滿　虎始交　嫁娶、殯、斬故、修宅吉。

蜜三日辛卯木平　罡。

四日壬辰水定　不〔將〕〔八四〕，嫁娶、修造、裁衣吉。

五日癸巳水執　沐浴、修治、祭竈、〔出〕行吉〔八五〕。

六日甲午金破　破屋、斬草、治病吉。

七日乙未金危　荔挺出　安牀帳、厭鎮吉。

八日丙申火成　上弦　修造、葬殯、洗頭吉。

九日丁酉火收　魁。

蜜十日戊戌木開　裁衣、治病、符解、鎮吉。

十一日己亥木閉　起土、裁衣、符解吉。

十二日庚子土建　冬至十一月中　蚯蚓結　移徙、市買、洗頭吉。

十三日辛丑土除　治病、掃舍、嫁娶吉。

十四日壬寅金滿
十五日癸卯金平　望
十六日甲辰火定　往亡
蜜十七日乙巳火執　麋角解
十八日丙午水破
十九日丁未水危
廿日戊申土成
廿一日己酉土收
廿二日庚戌金開　水泉動
廿三日辛亥金閉　没　下弦
蜜廿四日壬子木建
廿五日癸丑木除
廿六日甲寅水滿
廿七日乙卯水平
廿八日丙辰土平　小寒十二月節〔八八〕雁北鄉
廿九日丁巳土定

嫁娶、裁衣、修造、葬吉。
罡。
内財、符、鎮、剃頭、出行吉。
母倉〔八六〕，修造、祭祀吉。
血忌，治病、葬殯吉。
修造、安牀帳、厭吉。
母倉，修造、祭祀吉。
魁。
修造、祭祀、治病吉。
天恩，修造、塞穴吉。
天恩，起土、掃舍、治病吉。
修造、拜官、解、厭吉。
天恩〔八七〕，修造、斬草吉。
罡。
魁。
母倉，修造，拜官吉。

十二月大，建辛丑。天道西行，宜修西方，宜向西行。

一日戊午火執　　修造、解、鎮吉。

蜜二日己未火破　　服藥、解除、符吉。

三日庚申木危　　安牀、伐木、葬殯吉。

四日辛酉木成　鵲始巢　　葬殯、斬故、鎮吉。

五日壬戌水收　　罡。

六日癸亥水開　　修井、治病、服藥吉。

七日甲子金閉　　天赦。

八日乙丑金建　　立柱、修井竈吉。

蜜九日丙寅火除　上弦　野鶏始鴝　　拜官、昇壇、治病、葬吉。

十日丁卯火滿　　祭祀、裁衣、嫁娶、斬吉。

十一日戊辰木平　臘　　魁。

十二日己巳木定　　内財、市買、符、鎮吉。

十三日庚午土執　　母倉，起土、殯埋、伐木吉。

十四日辛未土破　大寒十二月中　鷄始乳　　壞屋、沐浴吉。

十五日壬申金危　　安牀、葬殯、伐木吉。

蜜十六日癸酉金成　望　修造、葬殯、發故〔吉〕〔八九〕。

十七日甲戌火收　罡。

十八日乙亥火開　入學、治病、解除吉。

十九日丙子水閉　鷙鳥厲疾　嫁娶、葬殯、厭吉。

廿日丁丑水建　市買、内財、安牀吉。

廿一日戊寅土除　治病、移徙、符、鎮吉。

廿二日己卯土滿　滅　嫁娶，天恩〔九〇〕，修造吉。

蜜廿三日庚辰金平　魁。

廿四日辛巳金定　下弦　水澤腹堅　母倉，修造、拜官吉。

廿五日壬午木執　母倉，起土、符解、移徙吉。

廿六日癸未木破　天恩，起土、壞屋吉。

廿七日甲申水危　安牀、伐木、葬殯吉。

廿八日乙酉水成　地囊，入學、葬殯、解吉。

廿九日丙〔戌〕土成〔九一〕往亡〔九二〕立春（正月節 東風解凍）　起土、入學、修宅井吉。

蜜卅日丁亥土收　歲末　魁。

右件人神所在〔九三〕，不可針灸出血。

寫勘校　　子弟翟文進書。

説明

此件首尾完整，首題『顯德三年丙辰歲具注曆日』，『顯德』係後周世宗年號，顯德三年即公元九五六年。此曆日之編纂者爲翟奉達，寫勘校翟文進，翟氏是敦煌曆法世家（參見鄧文寬《敦煌天文曆法文獻輯校》，四六九至五〇五頁）。

此件序之後各月吉凶注均分兩欄書寫，單月在上，雙月在下，正月對二月，三月對四月，五月對六月，七月對八月，九月對十月，十一月對十二月。今爲便於排版，均改爲單欄，按月份順序排列。卷中有朱筆句讀和校補，『蜜』日之標注均係朱書，一些節日如『臘』『社』等亦係朱書。

此卷背抄有藏文讚佛文。

校記

〔一〕『免』，《敦煌天文曆法文獻輯校》疑作『兑』。

〔二〕『如』，當作『而』，《敦煌天文曆法文獻輯校》據文義校改，『如』爲『而』之借字。

〔三〕第二個『大』，當作『在』，《〈敦煌天文曆法文獻輯校〉零拾》據文義校改。

〔四〕『何』，當作『河』，《敦煌天文曆法文獻輯校》據文義校改，『何』爲『河』之借字。

〔五〕「損」，《敦煌天文曆法文獻輯校》認爲底本脱，按該字實係由朱筆補入。
〔六〕「物財」，《敦煌天文曆法文獻輯校》據斯二四〇四等認爲當作「財物」。
〔七〕「佷」，當作「狠」，《敦煌天文曆法文獻輯校》據文義校改，「佷」爲「狠」之借字，《〈英藏敦煌社會歷史文獻釋録〉（第一卷）補校》認爲「狠」爲「佷」之俗字，疑不確。
〔八〕「陽」，當作「辰」，《敦煌天文曆法文獻輯校》據文義校改。
〔九〕「以」，當作「與」，《敦煌天文曆法文獻輯校》據文義校改，「以」爲「與」之借字。
〔一〇〕「月」，當作「日」，《敦煌天文曆法文獻輯校》據文義校改。
〔一一〕「跨」，當作「踝」，《敦煌天文曆法文獻輯校》據文義校改。
〔一二〕「跨」，當作「踝」，《敦煌天文曆法文獻輯校》據文義校改。
〔一三〕此下原空三行，行間有一行半藏文。
〔一四〕「行」，《敦煌天文曆法文獻輯校》據文義校補。
〔一五〕「温没」，係朱書，《敦煌天文曆法文獻輯校》漏録。
〔一六〕「□」，底本係朱書。
〔一七〕「源」，《〈敦煌天文曆法文獻輯校〉零拾》釋作「原」，誤。
〔一八〕「位」，《敦煌天文曆法文獻輯校》認爲當作「後」。
〔一九〕「甲」，《敦煌天文曆法文獻輯校》據此件六月十六日吉凶注例校補。
〔二〇〕「罡」，《敦煌天文曆法文獻輯校》認爲係「魁」之誤。
〔二一〕「甲」，《敦煌天文曆法文獻輯校》據此件正月十七日吉凶注例校補。
〔二二〕「地囊」，《敦煌天文曆法文獻輯校》認爲注於此日誤。

〔二三〕『木』，《敦煌天文曆法文獻輯校》釋作『未』，誤。
〔二四〕『斬』，《敦煌天文曆法文獻輯校》疑其下有脱字。
〔二五〕『天恩』，《敦煌天文曆法文獻輯校》認爲注於此日誤。
〔二六〕《敦煌天文曆法文獻輯校》認爲七日或八日下脱注『上弦』。
〔二七〕『甲』，《敦煌天文曆法文獻輯校》據此件六月十六日吉凶注例校補。
〔二八〕『於』，《敦煌天文曆法文獻輯校》據文義校補。
〔二九〕『月』，據文義補，《敦煌天文曆法文獻輯校》逕釋作『月』。
〔三〇〕『土』，《敦煌天文曆法文獻輯校》據文義校補。
〔三一〕『大敗』，《敦煌天文曆法文獻輯校》據相關文獻指出四月『大敗』在『午』日。
〔三二〕『位』，《敦煌天文曆法文獻輯校》認爲應作『對』。
〔三三〕『瓜』，底本作『爪』，按寫本中『瓜』『爪』形近易混，故據文義逕釋。
〔三四〕『母倉』，《敦煌天文曆法文獻輯校》認爲注於此日誤。
〔三五〕『戌』，《敦煌天文曆法文獻輯校》釋作『戊』，校改作『戌』。
〔三六〕『不將』，《敦煌天文曆法文獻輯校》據相關文獻指出四月『不將』無己卯日。
〔三七〕『吉』，《敦煌天文曆法文獻輯校》據文義校補。
〔三八〕『對』，《敦煌天文曆法文獻輯校》認爲應作『前』。
〔三九〕『鵙』，《敦煌天文曆法文獻輯校》釋作『鵙』。按《詩經》云『七月鳴鵙』，而鵙鳴則應在四月。
〔四〇〕『八魁』，《敦煌天文曆法文獻輯校》認爲注於此日誤。
〔四一〕『九焦』，《敦煌天文曆法文獻輯校》認爲注於此日誤。

〔四二〕「九坎」，《敦煌天文曆法文獻輯校》認爲注於此日誤。
〔四三〕「後」，《敦煌天文曆法文獻輯校》認爲應作「對」。
〔四四〕「八魁」，《敦煌天文曆法文獻輯校》認爲注於此日誤。
〔四五〕「戌」，《敦煌天文曆法文獻輯校》釋作「戊」，校改作「戌」。
〔四六〕「學習」，《敦煌天文曆法文獻輯校》校改作「習學」。
〔四七〕「母倉」，《敦煌天文曆法文獻輯校》認爲注於此日誤。
〔四八〕「梁」，《敦煌天文曆法文獻輯校》校改作「樑」，不必。
〔四九〕「罡」，《敦煌天文曆法文獻輯校》認爲應作「魁」。
〔五〇〕「出」，《敦煌天文曆法文獻輯校》據文義校補。
〔五一〕「吉」，《敦煌天文曆法文獻輯校》據文義校補。
〔五二〕「修造」，《敦煌天文曆法文獻輯校》漏録。
〔五三〕「吉」，《敦煌天文曆法文獻輯校》據文義校補。
〔五四〕「吉」，《敦煌天文曆法文獻輯校》據文義校補。
〔五五〕「地囊」，《敦煌天文曆法文獻輯校》據相關文獻認爲「地囊」不在此日。
〔五六〕「日」，《敦煌天文曆法文獻輯校》據文義校補。
〔五七〕「吉」，《敦煌天文曆法文獻輯校》據文義校補。
〔五八〕「吉」，《敦煌天文曆法文獻輯校》據文義校補。
〔五九〕「吉」，《敦煌天文曆法文獻輯校》據文義校補。
〔六〇〕「除」，《敦煌天文曆法文獻輯校》據文義校補。

〔六一〕「下弦」，《敦煌天文曆法文獻輯校》漏録。

〔六二〕「梁」，《敦煌天文曆法文獻輯校》校改作「樑」，不必。

〔六三〕「槨」，當作「郭」，據文義改，「槨」爲「郭」之借字，《敦煌天文曆法文獻輯校》釋作「墎」。

〔六四〕「梁」，《敦煌天文曆法文獻輯校》校改作「樑」，不必。

〔六五〕「槨」，當作「郭」，據文義改，「槨」爲「郭」之借字，《敦煌天文曆法文獻輯校》釋作「墎」。

〔六六〕「地囊」，《敦煌天文曆法文獻輯校》認爲八月「地囊」不在此日。

〔六七〕《敦煌天文曆法文獻輯校》認爲此日下脱注「往亡」。

〔六八〕「壞」，《敦煌天文曆法文獻輯校》釋作「坯」。

〔六九〕第一個「戊」，當作「戌」，《敦煌天文曆法文獻輯校》據文義校改。

〔七〇〕「吉」，《敦煌天文曆法文獻輯校》據文義校補。

〔七一〕「花」，《敦煌天文曆法文獻輯校》校改作「華」，按不改亦可通。

〔七二〕「節」，當作「中」，《敦煌天文曆法文獻輯校》據文義校改。

〔七三〕「豺」，《敦煌天文曆法文獻輯校》校改作「乃」，按不改亦可通。

〔七四〕「俯」，《敦煌天文曆法文獻輯校》釋作「府」，校改作「俯」，誤。

〔七五〕「吉」，據文義補。

〔七六〕「不將」，《敦煌天文曆法文獻輯校》據相關文獻指出十月「不將」無己卯日。

〔七七〕「吉」，《敦煌天文曆法文獻輯校》據文義校補。

〔七八〕「大敗」，《敦煌天文曆法文獻輯校》據相關文獻指出十月「大敗」在「子」日。

〔七九〕「大」，《敦煌天文曆法文獻輯校》認爲係衍文。

〔八〇〕『炁』，《敦煌天文曆法文獻輯校》釋作『氣』。

〔八一〕『如』，當作『而』，《敦煌天文曆法文獻輯校》據文義校改，『如』爲『而』之借字。

〔八二〕『陪』，當作『培』，《敦煌天文曆法文獻輯校》據文義校改，『陪』爲『培』之借字。

〔八三〕『歲』，《敦煌天文曆法文獻輯校》據相關文獻校補。

〔八四〕『將』，《敦煌天文曆法文獻輯校》據相關文獻校補。

〔八五〕『出』，《敦煌天文曆法文獻輯校》據文義校補。

〔八六〕『母倉』，《敦煌天文曆法文獻輯校》認爲注於此日誤。

〔八七〕『天恩』，《敦煌天文曆法文獻輯校》認爲注於此日誤。

〔八八〕『鄉』，《敦煌天文曆法文獻輯校》校改作『嚮』，按『鄉』有『嚮』義，不煩校改。

〔八九〕『吉』，據文義補。

〔九〇〕『天恩』，《敦煌天文曆法文獻輯校》指出『天恩』應置於『嫁娶』前。

〔九一〕『戌』，《敦煌天文曆法文獻輯校》據文義校補。

〔九二〕『往亡』，《敦煌天文曆法文獻輯校》認爲應注於『廿八日』。

〔九三〕《敦煌天文曆法文獻輯校》於此句末尾補『之處』二字。

參考文獻

Giles, *BSOS*, 11. 1（1943），pp. 154 – 155；*Descriptive Catalogue of the Chinese Manuscripts from Tunhuang in the British Museum*, The Trustees of the British Museum, London 1957, p. 227；《敦煌論集》，臺北：學生書局，一九六九年，三二〇、三

八一頁；《東方學報》四五册，一九七三年，四二二至四二三頁；《敦煌寶藏》一册，臺北：新文豐出版公司，一九八一年，四八六至四八八頁（圖）；《莫高窟年表》，上海古籍出版社，一九八五年，五五一頁（録）；《一九八三年全國敦煌學術討論會文集·文史遺書編》上册，蘭州：甘肅人民出版社，一九八七年，三四〇頁；《英藏敦煌文獻》一卷，成都：四川人民出版社，一九九〇年，四五至四七頁（圖）；《法國學者敦煌學論文選粹》，北京：中華書局，一九九三年，三〇二至三一一頁；《敦煌天文曆法文獻輯校》，南京：江蘇古籍出版社，一九九六年，四六九至五〇五、七二九頁（録）；《歸義軍史研究——唐宋時代敦煌歷史考索》，上海古籍出版社，一九九六年，二七頁；《慶祝吴其昱先生八秩華誕敦煌學特刊》，臺北：文津出版社，二〇〇〇年，一五二至一五三頁；《敦煌研究》二〇〇四年二期，一〇一頁；《敦煌曆學綜論（中卷）——敦煌具注曆日集成》，西澤宥綜發行，二〇〇五年，二八三至三二〇頁（録）；《英國國家圖書館藏敦煌遺書》二册，桂林：廣西師範大學出版社，二〇一一年，一五八至一六二頁（圖）；《中國語文》二〇一四年五期，四四四至四四五頁。

斯九六背　雜寫（不乙）

釋文

不（？）乙

説明

以上文字係時人隨手所寫於《金剛般若波羅蜜經》卷背，《敦煌寶藏》《英藏敦煌文獻》均未收，現予增收。同卷背尚有蔣孝琬朱筆數碼及經名，未録。

參考文獻

《英國國家圖書館藏敦煌遺書》二册，桂林：廣西師範大學出版社，二〇一一年，一六八頁（圖）。

斯九八　佛説無量壽宗要經題記

釋文

裴文達。

説明

此件《英藏敦煌文獻》未收，現予增收。

參考文獻

Descriptive Catalogue of the Chinese Manuscripts from Tunhuang in the British Museum, The Trustees of the British Museum, London 1957, p. 149（録）；《敦煌寶藏》一册，臺北：新文豐出版公司，一九八一年，五〇一頁（圖）；《中國古代寫本識語集録》，東京大學東洋文化研究所，一九九〇年，三九一頁（録）；《英國國家圖書館藏敦煌遺書》二册，桂林：廣西師範大學出版社，二〇一一年，一七六頁（圖）、『條記目録』一〇頁（録）。

釋文

此後稠小書〔一〕：

右此戒本，前後并廣略，乃至遠年及近寫等，約共勘校一十九本，將爲句義圓滿，文字楷定，稍具備於諸本，是故文有多少，差別不同。所以然，恐時人見之，欲傳受者，遂妄致生疑執怪。因茲疑怪，則便起機嫌，有愛有憎，或讚或毀。以讚毀故，乃動其三業。動三業故，當即懼墜陷諸宿於惡道邪徒之中〔二〕，自招殃累，詎保安樂。夫求福利者，以衆善普會；持淨戒者，用澄肅爲資。如上因果既若是，更憑何文思脩？愚每憚斯深患，情所實莫堪忍，謹奉白。先明後哲〔三〕，幸願詳而照攬〔四〕，庶望杜絶其呵責凡庸，因致謗於　聖教真法者矣。但能瞻言順理〔五〕，即決將久竟，無懷悔於往誤焉。豈不慎之哉，豈非善之哉。其戒經本，於諸名僧大德，乃至道俗賢能〔六〕，或隱居山谷，或混遁人間。處處請求勘校，向餘四載，方始畢功。心亡力盡，尚未將爲滿足勝願〔七〕。願當來同學者，咸悉遵崇慶重〔八〕，重慙恥〔九〕，惜光陰，切不虚生趣捨〔一〇〕，濫被無常逼逐〔一一〕，各各自應思省知爾。

説明

此件抄於《梵網經佛説菩薩心地戒品第十》卷下尾部，《英藏敦煌文獻》未收，現予增收。原件有朱筆句讀，又用朱、白、黄筆塗改修訂。

《英國國家圖書館藏敦煌遺書》指出題記前有某僧人對《梵網經》卷下原文的修訂、注釋，並在原抄《梵網經》卷下的後面，加抄諸多與戒律有關的文獻，形成一套完整的僧人誦戒儀軌（參看《英國國家圖書館藏敦煌遺書》二册《條記目録》，一一頁）。

校記

〔一〕此句係朱筆所書，《英國國家圖書館藏敦煌遺書》『條記目録』認爲係蔣孝琬朱筆勘記，疑非是。

〔二〕『徒』，《敦煌遺書總目索引》《敦煌遺書總目索引新編》校改作『途』。

〔三〕『先』，《中國古代寫本識語集録》釋作『光』，誤。

〔四〕『願』，《敦煌遺書總目索引》《敦煌遺書總目索引新編》釋作『預』，誤；『攬』，《英國國家圖書館藏敦煌遺書》『條記目録』校改作『覽』。

〔五〕『順』，《敦煌遺書總目索引》《敦煌遺書總目索引新編》釋作『盡』，誤。

〔六〕『乃』，《敦煌遺書總目索引》《敦煌遺書總目索引新編》釋作『或』，誤。

〔七〕『將』，《敦煌遺書總目索引》《敦煌遺書總目索引新編》漏録。

〔八〕『遵』，《英國國家圖書館藏敦煌遺書》『條記目録』校改作『尊』。

〔九〕『重慙恥』，《敦煌遺書總目索引》《敦煌遺書總目索引新編》《英國國家圖書館藏敦煌遺書》『條記目録』均釋作『慚恥愧』。

〔一〇〕『切不虚生』，《敦煌遺書總目索引》《敦煌遺書總目索引新編》均漏録。

〔一一〕『濫被』，《敦煌遺書總目索引》《敦煌遺書總目索引新編》均漏録。

參考文獻

Descriptive Catalogue of the Chinese Manuscripts from Tunhuang in the British Museum, The Trustees of the British Museum, London 1957, p. 116；《敦煌寶藏》一册，臺北：新文豐出版公司，一九八一年，五二五頁（圖）；《敦煌學要籥》，臺北：新文豐出版公司，一九八二年，八七至八八頁（録）；《敦煌遺書總目索引》，北京：中華書局，一九八三年，一一一頁（録）；《敦煌文學》，蘭州：甘肅人民出版社，一九八九年，七四頁（録）；《中國古代寫本識語集録》，東京大學東洋文化研究所，一九九〇年，三九七至三九八頁（録）；《敦煌遺書總目索引新編》，北京：中華書局，二〇〇〇年，四頁（録）；《敦煌詩集殘卷輯考》，北京：中華書局，二〇〇〇年，八四四頁（録）；《英國國家圖書館藏敦煌遺書》二册，桂林：廣西師範大學出版社，二〇一一年，一九一至二一一頁（圖）、『條記目録』一一至一二頁（録）。

斯一〇七　太上洞玄靈寶昇玄内教經

釋文

（前缺）

欣□耗，諍訟忿□皆爲僞幻，無一真實。世人不問男女，皆好少壯，淫著華色，意得相人，不避死活，共相追逐，不能相離一時之間。當爾之時，自謂此好千載，何常形色[一]。未幾，會有彫衰，便相棄薄，疇昔之懷，索然都盡。以此當知，世間幻僞[二]，非常難保。俗人□□□□[三]，勤苦至死，無所一獲，不自覺悟，知所行非。唯賢人道士，知此非真，是虚僞法。思惟分别，得其真性，虚無淡泊，守一安神。見諸虚僞，無真實法，深解世間，無所有性。得此相者，能棄俗法，守道念真，安神無爲，得不死之術，升仙度世[四]，到長壽宫。是名得無所得。子明，如我所説，皆是太上神口要決，非吾妄造。教化後人，分明傳度，不得妄有增減。此經至要，諸餘經中，無此言説，明諦奉持，勿妄漏泄。

子明，世人迷惑，貪求自恣，不識至真，諂僞疾佞，靡所不爲。或父子兄弟，更爲讎鬩；或諍錢財，借貸不還；或妒賢能[五]，更相謗毁；或諍色欲，陰相咒害；或恃强勢，陵易孤寡；或在下賤，凡愚兇嶮，無所畏忌，詈天駡地，唐突勝己，試弄道士，公行不遜，以爲兇健；或自是非彼，恆與物諍；或口是心非，人所惡見；或復自大，欲人敬己；或邪信神明，言道無神；或作小善，旬月之間，不能至誠，便求見效，未應之頃，便忽宿命，言無報應；或復有人，平常之時，不肯作福，見諸道士，説法勸善，了無從意。至病急時，舉家愽（摶）頰[六]，望得全濟。既其死亡，謂道無神。喻如田家種穀，春種秋望，乃得其實，種而待炊，不解餓死。脩福行善，亦復如是。福積成慶，禍積致殃，皎如日光，而人不信，可不哀哉？

子明，世人惜財，甚於惜身，何以知之？人有爲財喪身，不可得稱，而更不能爲身去財，何以知之？人身之急，莫過疾病，至病急時，迎醫買藥，其望賤得。如此之人，慳惜至死，炁欲絶時，猶故恪惜，無有施與貧乏親黨之心。豈當能施散，興建齋會，供養三寶，受道者乎？學道愛法，甚於愛財，是故聖人教於凡人，傳經授道，不達人心，要以信物，得知其心。外財爲法，是爲深信。求法惜財，信既不至，道亦不行。卿於今去，善察人情，觀其貧富，審其言行，宜消息之。若聖賢相傳，不須信金也。

爾時太上讚道陵曰：善哉！善哉！善能分别人法二相，快如所言，真實無異。道陵，當知世人，復有四不善法，最爲難除，道之至病，當令知之。何者爲四？一者，世俗之人，不師有道，又恥不（下）問〔七〕；二者，雖爲道日久，知見淺薄，見有勝己，恥不更學；三者，自言大學，不聽異經；四者，輕慢後學，言無所知。如此四種之人，縱使學道，徒自劬勞，不能得道，有所遷達，有所奏聞，無有神驗。何以故？如此之人，求道之初，本無至心，欲求名譽，要羅供養，希望豪潤，給活妻子。如此之人，恒食吞火毒，取人財物，以爲衣服。猶如劍戟在其身體，貪目前之利，不知後世〔殃〕考深重〔八〕。死入地獄，燒鐵洋（煬）銅〔九〕，以灌口中；以鐵鍬針〔一〇〕，而作衣服，被其身體，考掠捶撻，晝夜不息。億兆載劫，方出爲人。常處下賤，爲人奴婢、兵斯（卒）卒（斯）伍〔一一〕。賢聖教化〔一二〕，講經説法，不得預聞。或心欲受學，不得自在。吾今目前，便見此輩，不可稱計，甚可哀傷。明教將來，慎之慎之。

太上曰：人情難制，猶如風中堅幡，飄飄不休。唯有聖人，乃能禁止，令幡不動。凡愚之人，亦復如是。心情馳散，靡所不至。俄頃之間，想念百端。或思色欲財産；或思欲富貴；或思念勝己，及以怨惡，欲令其死；或念人婦女端正，思覬不軌〔一三〕；或願人財寶，欲行盜竊；或妒人家富，願令衰耗；或思作僞行，以要名譽。諸如此等，不善之念，不可稱算。求道學仙，俠（挾）此邪心〔一四〕，欲成道德，永不可希。除此諸惡，乃可學道。道法無爲，以慈心爲上，真實爲本。心口言行，内外相應。飢寒忍苦，則命自安。莫懷怨恚，守死善道，不諂不佞，常行陰德，無自顯揚。設遇疾病，當自思責，由我前世行惡所致。或殘害物命，捶撻衆生，食啖其肉，以爲美樂。見諸疾病危厄，無有慈愍救活之心。或薄賤病人，憎惡見之，自以强健，無病患慮。由此罪故，今獲此病。人所惡見，治護難差。作此念已，便思自剋責，深自改悔，發大誓願：使我於今以去，體解真正，棄邪僞法，恆履正見，保守善心，不墮惡道，仙道成就，離諸病痛，無有今日諸惡苦惱。當以法藥，救諸世間疾病苦患。惟願幽冥，寬宥罪負，赦其既往，賜以更生大造之恩。此是學道之人，遇困病苦，應作此念。作此念者，必蒙冥祐。

太上曰：道陵，將來五濁之世，此經當行，流布民間。初出於世，信者甚少。上士聞之，則能受行；中士聞之，淡然中平，不敬不慢；下士聞之，大致驚疑。所謂不笑不足以爲道。道陵，當知末世男女，其有能奉行此靈寶升玄内教，受行不虧者，當知是人，先世以來，已積重功，得聞此經。此經尊貴，天上世間，受者甚少。世人罪重，與至道緣薄，故令不得聞知。縱復聞有，其復老朽，不得受行；或起憍慢，輕師不受；或復事會不遂；或師不欲傳；或復惜財，顧於詭信；或復貧窮〔一五〕，無有詭信，而不得受；或復雖得值遇聞見，而手不能書〔一六〕，目不識字，意欲請受，不得從心；或生邪見之家，不得受持；或爲大家長者婦女，爲夫婿父兄所見禁制，不得從意；或生在高貴，承統王業，世事怱務，不暇縱（從）容〔一七〕，不得受持。道陵，當知末世男女，以此諸難，不能決意，擺撥諸礙，直心一至，徑行此經。其於履當世儀，信心不盡，逡巡猶豫，不能受行。若有聞見此經，目自識字，或手能書，或復富有，雇人書寫，詭信豐足，復能決意不顧世間小小儀軌，便能受行。事師奉法，如子愛母，得又宣傳，度與賢良〔一八〕。如此之人，不問男女、長幼、貴賤，當知此人是大德者，皆是前世習行道德，功重福厚，故生得值遇。既值遇已，便能奉行。道陵，若見此人，應當恭敬，隨侍禮拜，如敬我身。何以故？此人受持尊經，爲人演説，能令受悟，得至聖道，以是之故，與我無異。是以我説持經功福，不可稱量。是故男女值此經者，勤自求之。此經是學道之人，生死所歸，若救人有急，疾病痛惱，應讀此經。若人居家衰耗、口舌，諸不吉利，應讀此經。此經攘禍術中，最爲第一；消殃術中，最爲第一；解過法中，最爲第一；　除罪法中，最爲第一；進行法中，最爲第一

（後缺）

説明

此件首尾均缺，失題，起『欣』，訖『最爲第一』，大淵忍爾確定其爲《太上洞玄靈寶昇玄内教經》（參見《敦煌道經·目録篇》，一二八頁）。《昇玄内教經》約成書於六世紀七十年代中期（參見盧國龍《中國重玄學》，八四頁），原書已佚。傳世《道藏》收有《太上靈寶昇玄内教經中和品述議疏》一卷，是原書第七卷之義疏。據《道藏闕經目録》，該經應爲十卷。翟理斯推斷此件抄寫於七世紀（參看

Descriptive Catalogue of the Chinese Manuscripts from Tunhuang in the British Museum, p. 222）。

現知敦煌文獻中保存的《太上洞玄靈寶昇玄内教經》有二十多件，均與此件内容不同。劉屹認爲此件係該經之卷一（參見《敦煌本〈昇玄内教經〉的卷次問題》，《北京理工大學學報》二〇〇〇年二期，一七頁），萬毅則認爲係卷四（參見《敦煌本道教〈昇玄内教經〉的文本順序》，《敦煌研究》二〇〇〇年四期，一三八頁）。王卡認爲此件與伯二三四三、北敦九八七爲同一抄本，但不能直接綴合（參見《敦煌道教文獻研究：綜述·目録·索引》，一一三頁；《敦煌本〈昇玄内教經〉殘卷校讀記》，《敦煌吐魯番研究》九卷，七二至七四頁）。

此件尾部天頭另筆書有『説言意爲見』，字體較大。考慮到此件卷背抄有佛教文字，推測是此經廢棄後流入寺院，正面天頭之文字亦當是僧人所爲。

校記

〔一〕『何』，《中華道藏》釋作『可』，誤。

〔二〕『幻僞』，《中華道藏》釋作『僞幻』，誤。

〔三〕『人』，據殘筆劃及文義補，《中華道藏》逕釋作『人』。

〔四〕『升』，《中華道藏》釋作『昇』。以下同，不另出校。

〔五〕『賢』，《中華道藏》據相關文獻於其後補『嫉』字。

〔六〕『愽』，當作『摶』，據文義改，『愽』爲『摶』之借字，《中華道藏》逕釋作『摶』。

〔七〕『不』，當作『下』，《中華道藏》據相關文獻校改。

〔八〕『殃』，《中華道藏》據相關文獻校補。
〔九〕『洋』，當作『煬』，『洋』爲『煬』之借字。
〔一〇〕『鋤』，《中華道藏》釋作『勒』。
〔一一〕『斯卒』，當作『卒斯』，《中華道藏》據相關文獻校改。
〔一二〕『賢聖』，《中華道藏》釋作『聖賢』，誤。
〔一三〕『覬』，《中華道藏》釋作『規』。
〔一四〕『俠』，當作『挾』，據文義改，『俠』爲『挾』之借字。
〔一五〕『復』，《中華道藏》釋作『有』，誤。
〔一六〕此行及下三行天頭處另筆書有『説言意爲見』等字，與此件無關。
〔一七〕『縱』，當作『從』，據文義改。
〔一八〕『與』，《中華道藏》釋作『於』，誤。

參考文獻

Descriptive Catalogue of the Chinese Manuscripts from Tunhuang in the British Museum, The Trustees of the British Museum, London 1957, p. 222；《敦煌道經目録》，京都：法藏館，一九六〇年，三二至三五頁；《スタイン將來大英博物館藏敦煌文獻分類目録・道教之部》，東京：東洋文庫，一九六九年，四九頁；《敦煌道經・目録編》，東京：福武書店，一九七八年，一二二至一二八頁；《敦煌道經・圖録篇》，東京：福武書店，一九七九年，二八八至二九〇頁（圖）；《敦煌寶藏》一册，臺北：新文豐出版公司，一九八一年，五四六至五四九頁（圖）；《英藏敦煌文獻》一卷，成都：四川人民

出版社，一九九〇年，四八至五〇頁（圖）；《中國重玄學》，北京：人民中國出版社，一九九三年，八四頁；《唐研究》一卷，北京大學出版社，一九九五年，六七至八六頁；《道家文化研究》一三輯，一九九八年，二六七至二七〇、二七一至二九四頁；《唐初道教思想史研究》，京都：平樂寺書店，一九九九年，二四六至二五〇頁；《北京理工大學學報》二〇〇〇年二期，一七頁；《敦煌研究》二〇〇〇年四期，一三八頁；《敦煌道教文獻研究：綜述·目録·索引》，北京：中國社會科學出版社，二〇〇四年，一二〇至一二三頁；《中華道藏》五册，北京：華夏出版社，二〇〇四年，一一〇至一一二頁（録）；《敦煌吐魯番研究》九卷，北京：中華書局，二〇〇六年，七二至七四頁；《英國國家圖書館藏敦煌遺書》二册，桂林：廣西師範大學出版社，二〇一一年，二三三至二三六頁（圖）。

斯一〇九　大乘無量壽經題記

釋文

氾子昇。

説明

此件《英藏敦煌文獻》未收，現予增收。

參考文獻

Giles, *BSOS*, 7.4（1935）, pp. 814–815；*Descriptive Catalogue of the Chinese Manuscripts from Tunhuang in the British Museum*, The Trustees of the British Museum, London 1957, p. 143（録）；《敦煌寶藏》一册，臺北：新文豐出版公司，一九八一年，五五三頁（圖）；《中國古代寫本識語集録》，東京大學東洋文化研究所，一九九〇年，三九〇頁（録）；《敦煌遺書總目索引新編》，北京：中華書局，二〇〇〇年，四頁（録）；《英國國家圖書館藏敦煌遺書》二册，桂林：廣西師範大學出版社，二〇一一年，三四二頁（圖）。

斯一一〇　一　雜寫（梁朝傅大士頌金）

釋文

梁朝傅大士頌金

説明

以上文字係時人隨手所寫，《英藏敦煌文獻》未收，現予增收。

此件後抄有『梁朝傅大士頌《金剛經》序』兩通，第二通尾缺，中間夾抄有『梁朝傅大士頌《金剛經》』之片段和其他雜寫。兩通『梁朝傅大士頌《金剛經》序』和中間夾抄的『梁朝傅大士頌《金剛經》』雖然筆跡相同，但內容並不連續，中間有兩處是被剪斷後重新粘接起來的。背面的《佛説無量大慈教經》則首尾完整，尾部尚有餘白，表明時人是用已經廢棄的『梁朝傅大士頌《金剛經》序』和『梁朝傅大士頌《金剛經》』片段重新粘接起來抄寫《佛説無量大慈教經》的。

參考文獻

Descriptive Catalogue of the Chinese Manuscripts from Tunhuang in the British Museum, The Trustees of the British Museum,

London 1957, p. 30；《敦煌寶藏》一册，臺北：新文豐出版公司，一九八一年，五五四頁（圖）；《英國國家圖書館藏敦煌遺書》二册，桂林：廣西師範大學出版社，二〇一一年，二四七頁（圖）。

斯一一〇　二　梁朝傅大士頌《金剛經》序抄

釋文

梁朝傅大士頌《金剛經》序

《金剛經歌》者，梁朝時傅大士之所作也。武帝初，請志公講經〔一〕。志公對曰〔二〕：『見在魚行。』於時『自有傅大士善解講之〔三〕。』帝問：『此人今在何處？』志公對曰〔四〕：『見在魚行。』於時即詔大士入内。帝問大士〔五〕：『欲請大士講《金剛經》〔六〕，要何高座〔七〕？』大士對曰：『不用高座，只須一具柏板〔八〕。』大士得板，即唱經歌四十九頌，終而便去〔九〕。志公問武帝曰〔一〇〕：『識此人不〔一一〕？』帝言：『不識。』志公告帝〔一二〕：『此是彌勒菩薩分身下來助帝揚化。』武帝忽聞〔一三〕，情大驚訝〔一四〕，深加珍仰，因題此頌荆州寺四層閣上〔一五〕，至今現在。

夫《金剛經》者，聖教玄關，深奥難側（測）〔一六〕，諸佛莫不皆由此生。雖文疏精研〔一七〕，浩汗難究。豈若兹頌，顯然目前。遂使修行者〔一八〕，不動足而登金剛寶山；諦信者〔一九〕，寂滅識而超於涅槃彼岸〔二〇〕。故書其文，廣博無窮，凡四十九篇，列之於後〔二一〕。所謂惠日流空〔二二〕，照如來之淨土；禪刀入手，破生死之魔軍。既而人法雙袪，有無俱遣，快哉！斯義何以加焉。

有一智者〔二三〕，不顯姓名，資揚五首〔二四〕，以申助也〔二五〕。其層閣既被焚燒，恐文隳墮〔二六〕，聊請人賢〔二七〕，於此閣見本，請垂楷定。

若有人持誦《金剛般若波羅蜜經》〔二八〕，先須至心念淨口業真言，然後啓請八金剛四菩薩名號，所在之處，常當擁護。

淨口業真言

唵〔二九〕，修唎修唎〔三〇〕，摩訶修唎〔三一〕，修修唎〔三二〕，莎婆訶〔三三〕。

虚空藏菩薩普供養真言〔三四〕

唵，誐誐曩〔三五〕，三婆嚩，韈囉斛。

云何梵〔三六〕

（後缺）

說明

此件首全尾缺，有原題，《英藏敦煌文獻》未收，現予增收。此件後被粘接一段『梁朝傅大士頌《金剛經》」的内容，未録。『梁朝傅大士頌《金剛經》』後粘接有另一通『梁朝傅大士頌《金剛經》序抄』。

『梁朝傅大士頌《金剛經》序』在一些『梁朝傅大士頌《金剛經》』抄本中已經成爲『梁朝傅大士頌《金剛經》』的組成部分，和該經一起流傳，但也有單獨流傳的文本。『梁朝傅大士頌《金剛經》序』抄本除此卷中的兩通外，尚有伯二七五六和伯三三二五兩件，這兩件均首尾完整，内容略有出入。

以上釋文以此卷中之第一通爲底本，用第二通（稱其爲甲本）和伯二七五六（稱其爲乙本）、伯三三二五（稱其爲丙本）參校。

校記

〔一〕『志』，甲本同，乙、丙本作『誌』，均可通。以下同，不另出校。

〔二〕『對』，甲本同，乙、丙本作『答』，均可通；『曰』，甲、乙本同，丙本作『言』，均可通。

〔三〕乙、丙本此句前另有『吾不解講』。

〔四〕『對』，甲本同，乙、丙本無。

〔五〕『士』，甲本同，乙、丙本作『士曰』。

〔六〕『欲請大士』，甲本同，乙、丙本無；『金剛』，甲本同，乙、丙本無。

〔七〕『座』，甲、丙本同，乙本作『坐』，均可通。以下同，不另出校。

〔八〕『柏』，甲、乙、丙本同，《〈英藏敦煌社會歷史文獻釋録〉（第一卷）補校》認爲當校改作『拍』，不必，『柏』亦可通。

〔九〕『便』，甲、丙本同，乙本無。

〔一〇〕『武』，甲本作『帝』，誤，乙、丙本無。
〔一一〕『不』，甲、丙本同，乙本作『否』。
〔一二〕『告帝』，甲本同，乙、丙本作『言』。
〔一三〕『忽』，甲本同，乙、丙本無。
〔一四〕『情』，甲本同，乙、丙本無。
〔一五〕『題』，甲、丙本同，乙本作『提』，『提』爲『題』之借字；『頌』，甲本作『於』，乙、丙本作『頌於』。
〔一六〕『側』，甲本同，乙本作『惻』，當作『測』，據丙本改，『側』『惻』均爲『測』之借字。
〔一七〕『精』，乙、丙本同，甲本作『情』，誤。
〔一八〕『遂』，甲、丙本同，乙本作『若』。
〔一九〕『信』，乙、丙本同，甲本作『言』，誤。
〔二〇〕『槃』，甲、丙本同，乙本作『盤』，在寫本時代，『涅槃』並未形成固定搭配，或作『涅槃』，或作『涅盤』，故『槃』『盤』均可通。
〔二一〕『列』，甲、丙本同，乙本作『烈』，『烈』爲『列』之借字。
〔二二〕此句至『斯義何以加焉』，甲本同，乙本無，丙本置於後文『其層閣既被焚燒』之前。
〔二三〕『有』，甲、丙本同，乙本作『更有』。
〔二四〕『資揚』，甲本同，乙本作『制歌』，丙本作『離歌』；『首』，甲、乙本同，丙本作『道』。乙、丙本此句後另有『都合成五十四篇』。
〔二五〕『助』，甲本同，乙、丙本作『智』。乙本此句後另有『全久處之情莫己長居，生滅之性彌增寔未由。若遇善友，遂使玄宗旨教，妙義真言，開心悟智』。

〔二六〕『恐』，甲、丙本同，乙本無；『𡑞』，甲、丙本同，乙本作『將』。

〔二七〕『請』，甲、丙本同，乙本作『更請』。

〔二八〕『若有人』，甲本同，乙本作『凡欲受』；『誦』，甲本同，乙本無。此句至『常當擁護』，丙本無。

〔二九〕『唵』，甲本同，乙、丙本無。

〔三〇〕第一個『唎』，甲、乙本同，丙本作『利』；第二個『唎』，甲、乙本同，丙本脱。

〔三一〕『唎』，甲、乙本同，丙本作『利』。

〔三二〕『唎』，甲、乙本同，丙本作『利』。

〔三三〕『莎』，甲本同，乙、丙本作『娑』。

〔三四〕『言』，甲、乙本同，丙本作『言曰』。

〔三五〕甲本止於此句。

〔三六〕『云何梵』，乙、丙本無。

參考文獻

Descriptive Catalogue of the Chinese Manuscripts from Tunhuang in the British Museum, The Trustees of the British Museum, London 1957, p. 30 ；《敦煌寶藏》一册，臺北：新文豐出版公司，一九八一年，五五四頁（圖）；《敦煌文學論文集》，上海古籍出版社，一九八七年，四一三至四一五頁；《傅大士研究》，成都：巴蜀書社，二〇〇〇年，二七一頁；《法藏敦煌西域文獻》一八册，上海古籍出版社，二〇〇一年，一〇八頁（圖）；《法藏敦煌西域文獻》二三册，上海古籍出版社，二〇〇二年，一九一頁（圖）；《〈金剛經贊〉研究》，北京：宗教文化出版社，二〇〇二年，二六四頁；《英國國家圖書館藏敦煌遺書》二册，桂林：廣西師範大學出版社，二〇一一年，二四七頁（圖）。

斯一一〇　三　雜寫（梁朝傅大士頌《金剛經》序）

釋文

梁朝傅大士頌《金剛經》序　　金剛歌者

説明

以上文字爲時人在抄寫『梁朝傅大士頌《金剛經》序』第一行時，發現有漏字，故没有接續抄寫，而是另起行重抄了。《英藏敦煌文獻》未收，現予增收。

參考文獻

《敦煌寶藏》一册，臺北：新文豐出版公司，一九八一年，五五五頁（圖）；《英國國家圖書館藏敦煌遺書》二册，桂林：廣西師範大學出版社，二〇一一年，二四八頁（圖）。

斯一一〇　四　梁朝傅大士頌《金剛經》序抄

釋文

梁朝傅大士頌《金剛經》序

《金剛經歌》者，梁朝時傅大士之所作也。武帝初，請志公講經。志公對曰：『自有傅大士善解講之。』帝問：『此人今在何處？』志公對曰：『見在魚行。』於時即詔大士入内。帝問大士：『欲請大士講《金剛經》，要何高座？』大士對曰：『不用高座，只須一具柏板。』大士得板，即唱經歌四十九頌，終而便去。志公問帝（武）帝曰〔一〕：『識此人不？』帝言：『不識。』志公告帝：『此是彌勒菩薩分身下來助帝揚化。』武帝忽聞，情大驚訝，深加珍仰，因題此於荆州寺四層閣上，至今現在。

夫《金剛經》者，聖教玄關，深奥難側（測）〔二〕，諸佛莫不皆由此生。雖文疏情（精）研〔三〕，浩汗難究。豈若兹頌，顯然目前。遂使脩行者，不動足而登金剛寶山；諦言（信）者〔四〕，寂滅識而超於涅槃彼岸。故書其文，廣博無窮，凡四十九篇，列之於後。所謂惠日流空，照如來之淨土；禪刀入手，破生死之魔軍。既而人法雙祛，有無俱遣，快哉！斯義何以加焉。

有一智者，不顯姓名，資揚五首，以申助也。其層閣既被焚燒，恐文隳墮，聊請人賢，於此閣見本，請垂楷定。

若有人持誦《金剛般若波羅蜜經》，先須至心念淨口業真言，然後啓請八金剛四菩薩名號，所在之處，常當擁護。

淨口業真言

唵，修唎修唎，摩訶修唎，修修唎，莎婆訶。

虛空藏菩薩普供養真言

唵〔五〕，誐誐曩〔六〕，（下缺）

説明

此件首全尾缺，《英藏敦煌文獻》未收，現予增收。

本書在釋録此卷第一通『梁朝傅大士頌《金剛經》序抄』時，曾以此件參校，此件與其他校本的異文均可見於該件校記，故以上釋文以此卷第二通爲底本，僅用此卷中第一通（稱其爲甲本）校改錯誤，校補缺文。

校記

〔一〕『帝』，當作『武』，據甲本改。

〔二〕『側』，甲本同，當作『測』，據伯三三二五『梁朝傅大士頌《金剛經》序』改，『側』爲『測』之借字。

〔三〕『情』，當作『精』，據甲本改。

〔四〕『言』，當作『信』，據甲本改。

〔五〕『唵』，據殘筆劃及甲本補。

〔六〕『誐誐曩』，據殘筆劃及甲本補。

參考文獻

Descriptive Catalogue of the Chinese Manuscripts from Tunhuang in the British Museum, The Trustees of the British Museum, London 1957, p. 30；《敦煌寶藏》一册，臺北：新文豐出版公司，一九八一年，五五四至五五五頁（圖）；《法藏敦煌西域文獻》二三册，上海古籍出版社，二〇〇二年，一九一頁（圖）；《英國國家圖書館藏敦煌遺書》二册，桂林：廣西師範大學出版社，二〇一一年，二四八頁（圖）。

斯一一〇背　雜寫（梁朝傅大師）

釋文

梁朝傅大師

説明

以上文字爲時人隨手所寫於《佛説無量大慈教經》尾部餘白處，《英藏敦煌文獻》未收，現予增收。

參考文獻

《敦煌寶藏》一册，臺北：新文豐出版公司，一九八一年，五五七頁（圖）；《英國國家圖書館藏敦煌遺書》二册，桂林：廣西師範大學出版社，二〇一一年，二四六頁（圖）。

斯一一三　建初十二年（公元四一六年）正月敦煌郡敦煌縣西宕鄉高昌里籍

釋文

（前缺）

道男弟德年廿一　驛子

（中缺）

仙（？）妻趙年十七〔一〕

仙（？）息女宮年一〔二〕

建初十二年正月籍

敦煌郡敦煌縣西宕鄉高昌里兵裴晟年六十五〔三〕

息男醜年廿九〔四〕　丁男二〔五〕

醜男〔弟〕溱年廿五〔六〕　次男一

溱妻馬年廿九　女口一〔七〕

凡口四

居趙羽塢

建初十二年正月籍

敦煌郡敦煌縣西宕鄉高昌里散陰懷年十五

母高年六十三　丁男一

女口[一]〔八〕

凡口[二]〔九〕

居趙羽[塢]〔一〇〕

建初十二年正月籍

敦煌郡敦煌縣西宕鄉高昌里兵裴保年六十六

妻袁年六十三　丁男二

息男金年卅九（？）　次男[一]〔一一〕

金男弟隆年□四　小男一

金妻張年卅六　女口[三]〔一二〕

隆妻蘇年廿二　　凡口[七]〔一三〕

金息男養年二　　居趙羽[塢]〔一四〕

（中缺）

敦煌郡敦煌縣西宕鄉高昌里散呂沾年五十六

妻趙年卌三　　丁男[二]〔一五〕

息男元年十七　　小男[一]〔一六〕

元男弟騰年七本名臘　　女口二

騰女妹華年二　　凡口五

居趙羽[塢]〔一七〕

建初十二年正月籍

敦煌郡敦煌縣西宕鄉高昌里兵呂德年卌五

妻唐年卌一〔一八〕　　丁男二

息男㬉年十七　　小男二

㬉男弟受年十　　女口二

受女妹媚年六　　凡口六

媚男弟興年二　　居趙羽塢

建初十二年正月籍〔一九〕

敦煌郡敦煌縣西宕鄉高昌里大府吏隨嵩年五十

妻曹年五十　　丁男二

息男壽年廿四　　女口三

壽妻趙年廿五　　凡口五

姊皇年七十四附籍　　居趙羽塢

建初十二年正月籍

敦煌郡敦煌縣西宕鄉高昌里散隨楊年廿六

母張年五十四　　丁男一〔二〇〕

女口一

凡口二

居趙羽塢

（中缺）

女口一

凡口二

居趙羽塢

建初十二年正月籍

敦煌郡敦煌縣西宕鄉高昌里散唐黄年廿四

妻吕年廿六　　丁男一

息女皇年六　　女口二

（後缺）

説明

此件由四個斷片組成，係時人將廢舊户籍經過剪裁重新粘接爲一紙，利用其背面抄寫佛教典籍，故此四片之内容並不連續。第一片僅存一行『道男弟德年廿一　驛子』；第二片起『仙（？）妻趙年十七』，訖『居趙羽塢』；第三片起『敦煌郡』，訖『居趙羽塢』；第四片起『女口一』，訖『女口二』。

四片計存十户（不完整），均爲建初十二年正月敦煌郡敦煌縣西宕鄉户籍。陳垣考定此建初屬西涼，確定此件爲西涼户籍（參看《跋西涼户籍殘卷》，《北京師範大學學報》一九六三年二期，一至三頁）。

校記

〔一〕『仙』，《敦煌社會經濟文獻真蹟釋録》疑作『仚』。
〔二〕『仙』，《敦煌社會經濟文獻真蹟釋録》疑作『仚』。
〔三〕『敦』，據文義補，《跋西涼户籍殘卷》逕釋作『敦』。
〔四〕『醜』，《跋西涼户籍殘卷》釋作『魄』。
〔五〕『男二』，《跋西涼户籍殘卷》據文義校補。
〔六〕『醜』，《跋西涼户籍殘卷》釋作『魄』；『弟』，《跋西涼户籍殘卷》據文義校補。
〔七〕『一』，《跋西涼户籍殘卷》據文義校補。
〔八〕『一』，《跋西涼户籍殘卷》據文義校補。
〔九〕『二』，《跋西涼户籍殘卷》據文義校補。
〔一〇〕『塢』，《跋西涼户籍殘卷》據文義校補。
〔一一〕『一』，《跋西涼户籍殘卷》據文義校補。
〔一二〕『三』，《跋西涼户籍殘卷》據文義校補。
〔一三〕『七』，《跋西涼户籍殘卷》據文義校補。
〔一四〕『塢』，《跋西涼户籍殘卷》據文義校補，《敦煌社會經濟文獻真蹟釋録》逕釋作『塢』。
〔一五〕『二』，《跋西涼户籍殘卷》據文義校補。
〔一六〕『一』，《跋西涼户籍殘卷》據文義校補。
〔一七〕『塢』，《跋西涼户籍殘卷》據文義校補，《敦煌社會經濟文獻真蹟釋録》逕釋作『塢』。
〔一八〕此行頂部原有『數碼』，應爲蔣孝琬所加。

〔一九〕『籍』，《跋西涼户籍殘卷》據文義校補。

〔二〇〕『二』，《跋西涼户籍殘卷》據文義校補。

參考文獻

A Census of Tunhuang, pp. 468－488；Serindia. IV Pl. Clxvi；Giles, *BSOS*, 7.4（1935），p. 811；*Six Centuries at Tunhuang*, pp. 41－42；*Descriptive Catalogue of the Chinese Manuscripts from Tunhuang in the British Museum*, The Trustees of the British Museum, London 1957, p. 271；*Dunhuang and Turfan Documents – Concerning Social and Economic History* Ⅱ A, pp. 1－3（録），BPP. 1－2（圖）；《敦煌資料》一輯，北京：中華書局，一九六一年，三至七頁（録）；《北京師範大學學報》一九六三年二期，三至四頁（録）；《中國古代籍帳研究》，東京大學出版會，一九七九年，一四六至一四九頁（録）；《陳垣學術論文集》二集，北京：中華書局，一九八〇年，四三六至四四〇頁（録）；《陳垣史學論著選》，上海人民出版社，一九八一年，五八八至五九六頁（録）；《敦煌寶藏》一册，臺北：新文豐出版公司，一九八一年，五六〇至五六一頁（圖）；《敦煌吐魯番文書研究》，蘭州：甘肅人民出版社，一九八四年，一至七頁（録）；《浙江師院學報》一九八四年二期，一〇二頁；《敦煌社會經濟文獻真蹟釋録》一輯，北京：書目文獻出版社，一九八六年，一〇九至一一一頁（録）；《社會科學戰線》一九八七年一期，一七二頁；《唐朝户籍法與均田制研究》，鄭州：中州古籍出版社，一九八八年，一〇四頁（録）；《山東大學學報》一九八九年一期，一一五頁（録）；《檔案》一九八九年五期，一五頁（録）；《英藏敦煌文獻》一卷，成都：四川人民出版社，一九九〇年，五〇至五一頁（圖）；《敦煌經濟文書導論》，臺北：新文豐出版公司，一九九四年，一九至五一頁（録）；《雲南教育學院學報》一九九四年六期，五八至五九頁（録）；《敦煌文獻研究》，蘭州：甘肅文化出版社，一九九五年，二二〇至二二三頁；《魏晉南北朝敦煌文獻編年》，臺北：新文豐出版公司，一九九七年，一一五至一一八頁；《英國國家圖書館藏敦煌遺書》二册，桂林：廣西師範大學出版社，二〇一一年，二五三至二五五頁（圖）。

斯一一四　妙法蓮華經卷第七題記

釋文

上元三年，清信士張君徹爲亡妹敬寫。

說明

此件《英藏敦煌文獻》未收，現予增收。上元三年即公元六七六年。

參考文獻

《鳴沙餘韻》，東京：岩波書店，一九三〇年，九二至九三頁（圖）；Giles, *BSOS*, 8.1（1935）, p. 17 ; *Descriptive Catalogue of the Chinese Manuscripts from Tunhuang in the British Museum*, The Trustees of the British Museum, London 1957, p. 30（録）；《スタインペリオ蒐集敦煌法華經目録》，東京：靈友會，一九七八年，二七一頁（圖）（録）；《鳴沙餘韻・解說》部，京都：臨川書店，一九八〇年，二二七頁（録）；《敦煌寶藏》一册，臺北：新文豐出版公司，一九八一年，五七五頁（圖）；《敦煌遺書總目索引》，北京：中華書局，一九八三年，一一一頁（録）；《中國古代寫本識語集録》，東京大學東洋文化研究所，一九九〇年，二三〇頁（録）；《敦煌遺書總目索引新編》，北京：中華書局，二〇〇〇年，四頁（録）；《英國國家圖書館藏敦煌遺書》二册，桂林：廣西師範大學出版社，二〇一一年，二七一頁（圖）、『條記目録』一五頁（録）。

斯一一五　佛説無量壽宗要經題記

釋文

張小卿〔一〕。

説明

此件《英藏敦煌文獻》《敦煌寶藏》均未收，現予增收。

校記

〔一〕「小」*Descriptive Catalogue of the Chinese Manuscripts from Tunhuang in the British Museum* 作「十」，《敦煌遺書總目索引新編》作「示」，均誤；「卿」，*Descriptive Catalogue of the Chinese Manuscripts from Tunhuang in the British Museum* 作「鄉」，誤。

參考文獻

Descriptive Catalogue of the Chinese Manuscripts from Tunhuang in the British Museum, The Trustees of the British Museum,

London 1957, p. 143（録）；《中國古代寫本識語集録》，東京大學東洋文化研究所，一九九〇年，三八九頁；《敦煌遺書總目索引新編》，北京：中華書局，二〇〇〇年，五頁（録）；《英國國家圖書館藏敦煌遺書》二册，桂林：廣西師範大學出版社，二〇一一年，二七四頁（圖）、『條記目録』一五頁（録）。

斯一一五背　寺名

釋文

金。

説明

以上文字倒書於《佛説無量壽宗要經》卷背，似敦煌金光明寺之簡稱，標識此卷屬於該寺。此件《英藏敦煌文獻》《敦煌寶藏》均未收，現予增收。同卷背有蔣孝琬所書數碼及經名，未録。

參考文獻

《敦煌遺書總目索引新編》，北京：中華書局，二〇〇〇年，五頁（録）；《英國國家圖書館藏敦煌遺書》二册，桂林：廣西師範大學出版社，二〇一一年，二七四頁（圖）、『條記目録』一五頁（録）。

斯一一二六　大般涅槃經卷第廿三題記

釋文

一交（校）竟〔一〕。

比丘德念寫供養之。

説明

此件《英藏敦煌文獻》未收，現予增收。

校記

〔一〕「交」，當作「校」，《英國國家圖書館藏敦煌遺書》「條記目録」據文義校改，「交」爲「校」之借字。

參考文獻

Descriptive Catalogue of the Chinese Manuscripts from Tunhuang in the British Museum, The Trustees of the British Museum,

London 1957, p. 49（録）；《敦煌寶藏》一册，臺北：新文豐出版公司，一九八一年，五八八頁（圖）；《敦煌遺書總目索引》，北京：中華書局，一九八三年，一一一頁（録）；《敦煌大藏經》二五卷，臺北：前景出版社，一九八九年，一七至二七頁（圖）；《中國古代寫本識語集録》，東京大學東洋文化研究所，一九九〇年，九五頁（録）；《敦煌吐魯番論集》，臺北：新文豐出版公司，一九九六年，二四頁；《魏晉南北朝敦煌文獻編年》，臺北：新文豐出版公司，一九九七年，一四九頁；《敦煌遺書總目索引新編》，北京：中華書局，二〇〇〇年，五頁（録）；《英國國家圖書館藏敦煌遺書》二册，桂林：廣西師範大學出版社，二〇一一年，二八五頁（圖）、『條記目録』一六頁（録）。

斯一二一　大乘無量壽經題記

釋文

張瀛寫。

説明

此件《英藏敦煌文獻》未收，現予增收。

參考文獻

Descriptive Catalogue of the Chinese Manuscripts from Tunhuang in the British Museum, The Trustees of the British Museum, London 1957, p. 143（録）；《敦煌寶藏》一册，臺北：新文豐出版公司，一九八一年，六二五頁（圖）；《中國古代寫本識語集録》，東京大學東洋文化研究所，一九九〇年，三八九頁；《敦煌遺書總目索引新編》，北京：中華書局，二〇〇〇年，五頁（録）；《英國國家圖書館藏敦煌遺書》二册，桂林：廣西師範大學出版社，二〇一一年，三二三頁（圖）、『條記目録』一七頁（録）。

斯一一二三背　一　雜寫（沙鄉百姓李萬子得此）

釋文

沙鄉百姓李萬子得此[一]。

沙州得此[二]

郎　郎君

説明

以上内容係時人隨手所寫於佛教戒律的背面，均爲朱書。此件背面尚粘有兩個紙片，這兩個紙片亦有文字，但尚未揭開。

校記

〔一〕此句之前《英藏敦煌文獻》認爲所缺文字爲『嗚』，《英國國家圖書館藏敦煌遺書》『條記目録』補『神』字；『子』，《英藏敦煌文獻》釋作『定』。

〔二〕『州』，《英國國家圖書館藏敦煌遺書》『條記目録』釋作『洲』，雖義可通而字誤。

參考文獻

《敦煌寶藏》一册，臺北：新文豐出版公司，一九八一年，六三七頁（圖）；《英藏敦煌文獻》一卷，成都：四川人民出版社，一九九〇年，五一頁（圖）；《英國國家圖書館藏敦煌遺書》二册，桂林：廣西師範大學出版社，二〇一一年，三三九頁（圖）、『條記目録』一九頁（録）。

斯一一一三背　二　施物抄

釋文

一七萬字袍〔一〕。

説明

此件書法頗佳，下有終止符，疑爲某施主一七施物憑據。

校記

〔一〕『字』，《英國國家圖書館藏敦煌遺書》『條記目録』疑作『寄』；『袍』，《英國國家圖書館藏敦煌遺書》『條記目録』疑作『炮』。

參考文獻

《敦煌寶藏》一册，臺北：新文豐出版公司，一九八一年，六三七頁（圖）；《英藏敦煌文獻》一卷，成都：四川人民出版社，一九九〇年，五一頁（圖）；《英國國家圖書館藏敦煌遺書》二册，桂林：廣西師範大學出版社，二〇一一年，三三九頁（圖）、『條記目録』一九頁（録）。

斯一一二三背　三　八比丘尼名目

釋文

一名字比丘尼，二相似比丘尼，三自稱比丘尼，四乞求比丘尼，五著割截衣比丘尼〔一〕，六破結使比丘尼，七八敬比丘尼，八白四羯磨成就得處所比丘尼。

説明

此卷正面尾缺，殘缺處恰好抄到『言若比丘尼，有八種比丘尼』，而此件則列出了八種比丘尼的名目，故《英國國家圖書館藏敦煌遺書》將此件看作正面文書的補記。但此件的筆跡與正面不同，不能確定此件是接續正面文書抄寫的。

校記

〔一〕『截』，《英國國家圖書館藏敦煌遺書》『條記目録』釋作『裁』，誤。

參考文獻

《敦煌寶藏》一册，臺北：新文豐出版公司，一九八一年，六三七頁（圖）；《英藏敦煌文獻》一卷，成都：四川人民出版社，一九九〇年，五一頁（圖）；《英國國家圖書館藏敦煌遺書》二册，桂林：廣西師範大學出版社，二〇一一年，三三九頁（圖）、『條記目録』二〇頁（録）。

斯一一二六　一　太子讚

釋文

（前缺）

太子初學道〔一〕，□金錢不自用，買花獻佛前〔二〕，瓶内湧出五枝蓮〔三〕，賢（仙）人生喜歡〔四〕。阿鑒（監）從城出〔五〕，賢（仙）人束（速）近前〔六〕，買花設誓捨金錢，願得宿因緣。將花供養佛，兩枝在肘邊，光明毫相照諸天，法雨閏（潤）心田〔七〕。好道變泥水，如來湧泥泉〔八〕，付（布）法（髮）掩泥不將難〔九〕，受記佉（結）因緣〔一〇〕。太子生七日，摩耶卻歸天〔一一〕，夷（姨）母收養經七年〔一二〕，六藝九（有）三端〔一三〕。恩養親生子，七歲成文章，六藝用（周）備體無常〔一四〕，生死難知（抵）當〔一五〕。婚娶年十八〔一六〕，嬪妃與耶殊〔一七〕，更加婇女二千餘，美貌世間無。太子無心意〔一八〕，笙歌不樂歡〔一九〕。唯（雖）留娛樂意忡忡〔二〇〕，只欲〔遊〕四門〔二一〕。東門見老病，南門見患人，西門〔見〕死醜形容〔二二〕，北門見真儈（僧）〔二三〕。袈裟常排（掛）體〔二四〕，瓶鉢鎮隨身，常念彌陀轉法輪，救度世間人。作凡瓶來下界[二五]，太子乘生（朱）騌[二六]，宮人美女一叢叢，太子出凡籠[二七]。耶輸焚香大（火）[二八]，太子設誓言，三世共汝法（結）因緣[二九]，皆（偕）我入雪山[三〇]。不念買花日，奉獻釋加（迦）前[三一]，買花設誓捨金前（錢）[三二]，言約過百年。作女如花㯮，百國大王求，誓共太子守千秋，同姓（衾）亦同丘[三三]。雪山成正覺，交（教）我没衣（依）頭[三四]，看花腹（腸）斷泪交流[三五]，榮花（華）一世休[三六]。車匿别太子，來時行悤（匆）悤（匆）[三七]，耶殊雙手抱朱宗（騌）[三八]，聖凡何處居[三九]？車匿報耶殊[四〇]，太子雪山居，路遠人希煙火無[四一]，脩道甚清虚。寂静清（青）山好[四二]，猛狩（獸）共同緣[四三]，磽層〔石〕閣與天遭（連）[四四]，藤羅（蘿）遶四邊[四五]。孤山高萬仞，雪領（嶺）不曾霄（消）[四六]，寒多樹葉土（玉）成條[四七]，太子某（樂）逍遥[四八]。雪山嵯峨峻[四九]，崚嶒石壁[五〇]，忡（重）忡（重）近天河[五一]，嶮峻没人過[五二]。千年舊雪在[五三]，溪谷又水多[五四]，果木磽層掛綺羅[五五]，石壁嶮嵯峨[五六]。雪山南面峻[五七]，太子坐盤陀，六賊番（翻）作六波羅[五八]，脩道苦行多。只見飛蟲過，夜叉萬餘多，石壁斑點綿（錦）紋窠[五九]，樹動吹法蠡（螺）[六〇]。嶺上煙雲起，散善（蓋）覆山坡[六一]，彩畫石壁那人何[六二]，太子出娑婆。唯留三乘教，悟者向心求，但行如是捨凡流，成佛是因由。

説明

此卷首尾均缺，共存三件文書。第一件首缺尾全，起『金錢不自用』，訖『成佛是因由』，失題；第二件爲『十無常』，首尾完整；第三件是『父母恩重讚』，首全尾缺。全卷書法稚拙，錯訛脱漏較多，或爲學郎所書。卷背抄有佛教典籍。

《英藏敦煌文獻》編者將此件定名爲《太子入山修道讚》。斯二二〇四號中保存了此卷中之三件文書另一抄本，内容完整。該號中與此件内容全同的文書有原題，爲『太子讚』。又，此件一些訛誤與斯二二〇四相同，這兩件應屬同一抄本系統。此據斯二二〇四將此件定名爲『太子讚』。

此讚句式爲『五五七五』四句，三平韻，二十二字。任二北據其首章末句擬調名爲『證無爲』，並指出其與始見於晚唐的詞牌《巫山一段雲》格調相同。又因其文辭不相連屬，推斷原本爲歌場講唱之辭，詩句之間必有穿插聯繫之語，惜今本不傳。又據斯二二〇四《太子讚》標題下有『釋迦牟尼佛和』六字，推斷各章之下均有『釋迦牟尼佛』一句以和唱（參見《敦煌歌辭總編》，八〇一至八〇三，八一二至八一三頁）。

以上釋文以斯一二六爲底本，用斯二二〇四（稱其爲甲本）參校。

校記

〔一〕『太子初』，據甲本補；『學道』，據殘筆劃及甲本補。

〔二〕『獻佛前』，據甲本補。

〔三〕「内」，甲本同，《敦煌歌辭總編》校改作「中」，按不改亦可通。

〔四〕「賢」，甲本同，當作「仙」，《敦煌歌辭總編》據文義校改，「賢」爲「仙」之借字；「歡」，據殘筆劃及甲本補。

〔五〕「鑒」，甲本同，當作「監」，《〈敦煌歌辭總編〉匡補》據文義校改。

〔六〕「賢」，甲本同，當作「仙」，《敦煌歌辭總編》據文義校改，「賢」爲「仙」之借字；「束」，當作「速」，據甲本改，「束」爲「速」之借字。

〔七〕「閏」，當作「潤」，據甲本改，「閏」爲「潤」之借字，《英國國家圖書館藏敦煌遺書》「條記目録」逕釋作「潤」。

〔八〕「湧」，甲本同，《〈英藏敦煌社會歷史文獻釋録·斯一一二六〉補校》認爲「湧」係「贊」之俗字，疑未當；「泥」，甲本同，《敦煌歌辭總編》校改作「清」。

〔九〕「付」，甲本同，當作「布」，《〈敦煌歌辭總編〉匡補》據文義校改，「付」爲「布」之借字，《英國國家圖書館藏敦煌遺書》「條記目録」校改作「覆」；「法」，當作「髮」，《〈敦煌歌辭總編〉匡補》據文義校改，「法」爲「髮」之借字。

〔一〇〕「佉」，當作「結」，據甲本改。

〔一一〕「卻」，甲本同，《敦煌歌辭總編》校改作「欲」。

〔一二〕「夷」，當作「姨」，據甲本改，「夷」爲「姨」之借字。

〔一三〕「九」，當作「有」，據甲本改。

〔一四〕「用」，當作「周」，據甲本改。

〔一五〕「知」，甲本作「低」，當作「抵」，《敦煌歌辭總編》據文義校改。

〔一六〕「娶」，甲本作「取」，均可通。

〔一七〕「妃」，甲本作「后」；「殊」，甲本同，《敦煌歌辭總編》《英國國家圖書館藏敦煌遺書》「條記目録」均校改作

『輸』，按譯名『殊』可通，不煩校改。

〔一八〕『意』，甲本作『戀』。

〔一九〕『歡』，甲本同，《敦煌歌辭總編》釋作『觀』，誤。

〔二〇〕『唯』，甲本作『惟』，當作『雖』，《〈敦煌歌辭總編〉匡補》據文義校改。《〈英藏敦煌社會歷史文獻釋録·斯一二一六〉補校》認爲底本係『惟』之俗字，且無需校改，疑未當。

〔二一〕『遊』，據甲本補。

〔二二〕『見』，據甲本補。

〔二三〕『僧』，當作『僧』，據甲本改。

〔二四〕『排』，當作『掛』，據甲本改。

〔二五〕『凡』，甲本同，《敦煌歌辭總編》認爲『凡』字係衍文，當删；『瓶』，據甲本係衍文，當删。

〔二六〕『生』，當作『朱』，據甲本改；『騌』，甲本作『宗』，『宗』爲『騌』之借字，《敦煌歌辭總編》校改作『鬃』。

〔二七〕『凡』，甲本同，《敦煌歌辭總編》《英國國家圖書館藏敦煌遺書》『條記目録』均校改作『樊』，按『凡籠』同『樊籠』，不煩校改。

〔二八〕『輸』，甲本作『殊』，均可通；『大』，當作『火』，據甲本改。

〔二九〕『法』，當作『結』，據甲本改。

〔三〇〕『皆』，甲本同，當作『偕』，據文義改，《敦煌歌辭總編》釋作『背』，誤。

〔三一〕『加』，當作『迦』，據甲本改，『加』爲『迦』之借字；『前』，甲本作『佛』。

〔三二〕『前』，當作『錢』，據甲本改，『前』爲『錢』之借字。

〔三三〕『姓』，甲本同，當作『衾』，《敦煌歌辭總編》據文義校改。

〔三四〕「交」，甲本同，當作「教」，《敦煌歌辭總編》據文義校改，「交」爲「教」之借字；「衣」，甲本同，當作「依」，《敦煌歌辭總編》據文義校改，「衣」爲「依」之借字。

〔三五〕「腹」，當作「腸」，據甲本改。

〔三六〕「花」，甲本同，當作「華」，《敦煌歌辭總編》據文義校改，「花」爲「華」之借字。

〔三七〕「葱葱」，甲本同，當作「匆匆」，據文義改，「葱」爲「匆」之借字，《敦煌歌辭總編》釋作「怱」。

〔三八〕「殊」，甲本同，《敦煌歌辭總編》《英國國家圖書館藏敦煌遺書》「條記目録」均校改作「輸」，按譯名「殊」可通，不煩校改；「宗」，甲本同，當作「騌」，據文義改，「宗」爲「騌」之借字，《敦煌歌辭總編》校改作「鬃」。

〔三九〕「居」，甲本同，《敦煌歌辭總編》校改作「容」。

〔四〇〕「車」，甲本作「東」，誤；「殊」，甲本同，《敦煌歌辭總編》《英國國家圖書館藏敦煌遺書》「條記目録」均校改作「輸」，按譯名「殊」可通，不煩校改。

〔四一〕「希」，甲本同，《敦煌歌辭總編》《英國國家圖書館藏敦煌遺書》「條記目録」均校改作「稀」，按不改亦可通。

〔四二〕「静」，甲本作「淨」，「淨」爲「静」之借字；「清」，甲本同，當作「青」，《敦煌歌辭總編》據文義校改，「清」爲「青」之借字。

〔四三〕「狩」，甲本同，當作「獸」，《敦煌歌辭總編》據文義校改，「狩」爲「獸」之借字。

〔四四〕「碐層」，甲本同，《敦煌歌辭總編》校改作「崚嶒」，按不改亦可通；「石」，據甲本補；「遭」，甲本同，當作「連」，《敦煌歌辭總編》據文義校改。

〔四五〕「羅」，甲本同，當作「蘿」，《敦煌歌辭總編》據文義校改，「羅」爲「蘿」之借字；「遶」，甲本同，《敦煌歌辭總編》釋作「繞」。

〔四六〕「領」，甲本同，當作「嶺」，《敦煌歌辭總編》據文義校改，「領」爲「嶺」之借字；「不曾」，《敦煌歌辭總編》校改作「入層」；「霄」，甲本同，當作「消」，據文義改，「霄」爲「消」之借字。

〔四七〕「土」，甲本同，當作「玉」，《〈敦煌歌辭總編〉匡補》據文義校改。

〔四八〕「某」，當作「樂」，據甲本改。

〔四九〕《英國國家圖書館藏敦煌遺書》「條記目録」在「山」後補「□」，並將「峻」斷入下句。

〔五〇〕此句後有脱文，《敦煌歌辭總編》據補作「□□□」，《英國國家圖書館藏敦煌遺書》「條記目録」據補作「□□」。

〔五一〕「忡忡」，甲本同，當作「重重」，《敦煌歌辭總編》據文義校改，「忡」爲「重」之借字。

〔五二〕「嶮」，甲本同，《敦煌歌辭總編》校改作「險」，按不改亦可通。

〔五三〕「雪」，《〈英藏敦煌社會歷史文獻釋録·斯一一二六〉補校》認爲底本「雪」旁有删除符號，按該字旁之竪筆應係誤書，非删除符號。

〔五四〕「水」，甲本作「冰」。

〔五五〕「果」，甲本同，《敦煌歌辭總編》校改作「草」；「稜層」，甲本同，《敦煌歌辭總編》校改作「崚嶒」；「綺羅」，甲本同，《敦煌歌辭總編》校改作「緑蘿」。

〔五六〕「嶮」，甲本同，《敦煌歌辭總編》《英國國家圖書館藏敦煌遺書》「條記目録」均校改作「險」，按不改亦可通。

〔五七〕「山」，甲本作「領」，《敦煌歌辭總編》校改作「嶺」。

〔五八〕「番」，甲本同，當作「翻」，《敦煌歌辭總編》據文義校改，「番」爲「翻」之借字。

〔五九〕「綿」，甲本同，當作「錦」，《〈敦煌歌辭總編〉匡補》據文義校改，《敦煌歌辭總編》校改作「繡」。

〔六〇〕「蟂」，甲本同，當作「螺」，《敦煌歌辭總編》據文義校改，《英國國家圖書館藏敦煌遺書》「條記目録」逕釋作「螺」。《〈英藏敦煌社會歷史文獻釋録·斯一一二六〉補校》認爲底本係「蠡」之俗字，「蠡」同「蠡」，「法蠡」即

『法螺』。

〔六一〕『散』，《英國國家圖書館藏敦煌遺書》『條記目録』校改作『傘』；『善』，當作『蓋』，據甲本改。

〔六二〕『那』，甲本同，《敦煌歌辭總編》校改作『奈』。

參考文獻

《敦煌寶藏》一册，臺北：新文豐出版公司，一九八一年，六四四頁（圖）；《敦煌歌辭總編》，上海古籍出版社，一九八七年，八〇一至八二三頁；《英藏敦煌文獻》一册，成都：四川人民出版社，一九九〇年，五二至五三頁（圖）；《英藏敦煌文獻》四卷，成都：四川人民出版社，一九九一年，四一至四二頁（圖）；《〈敦煌歌辭總編〉匡補》，成都：巴蜀書社，二〇〇〇年，九二至九八頁（録）；《文教資料》二〇〇七年十二月號上旬刊，八一至八二頁；《英國國家圖書館藏敦煌遺書》二册，桂林：廣西師範大學出版社，二〇一一年，三五二至三五三頁（圖）、『條記目録』二一頁（録）。

斯一一二六　二　十無常

釋文

十無常

堪嗟歎！堪嗟歎！願生九品坐蓮臺，禮如來。和。每思人世流光速，時短促〔一〕。人生日日鬧催將〔二〕，轉忙忙〔三〕。容顏不覺鬧裏换，已改變。直饒便是轉輪王，不免也無常。

傷嗟生死轉（輪）迴路〔四〕，不覺悟。巡（循）還（環）來往己（幾）時休〔五〕，受飄流。縱居人世心無善〔六〕，難勸諫〔七〕。遇（愚）癡恣維（縱）身爲樂〔八〕，心喜作。昔時樊噲及張良，不免也無常。

少年英雄爭人我，能繫裹〔九〕。相呼相换（唤）動笙歌〔一〇〕，笑仙俄（娥）〔一一〕。酒席誇打巢（梢）雲令〔一二〕，行算（弄）影〔一三〕。及時大是好兒郎，不免也無常。

奪人眼目扶（芙）容（蓉）貌〔一四〕，當年少。牒羅官子吕（鏤）金花〔一五〕，掃煙霞。風流雅醋（趣）能行步〔一六〕，浮山女〔一七〕。千金一笑翫春光，不免也無常。

遇（愚）人不信身虚患（幻）〔一八〕，得久遠。英雄將爲没人過〔一九〕，騁僂羅〔二〇〕。縱然勸得交（教）歸仰〔二一〕，招毀謗〔二二〕。真（直）須追到閻羅王〔二三〕，不免也無常。

勸君切莫爲怨惡〔二四〕，用意錯。些些少少住心頭，免得結怨讎〔二五〕。遇（愚）情恣縱身無用〔二六〕，如似夢。直饒彭祖壽延長，不免也無常。

經榮（營）財寶人生分〔二七〕，須平隱〔二八〕。榮花（華）富貴足資財〔二九〕，宿將來。聞身強健行檀施，作福利。莫大（待）合眼被分張〔三〇〕，不免也無常。

人居濁世逢劫懷（壞）〔三一〕，惡世界。星霜闇改以（已）多時〔三二〕，作微塵。生居濁世人之苦，須怕怖。僥（饒）君鐵櫃裹隱潛藏〔三三〕，不免也無常。

分明招引經云教，淨土好。論情只是勝娑婆，有彌陀。直須早作行逞（程）路〔三四〕，休擬（疑）悮〔三五〕。常知佛國壽延長，決定也無常〔三六〕。

說明

此件首尾完整，與前件爲同一人所書，上片句式爲『七三七三』，下片爲『七三七五』，短句隨長句末字的平仄叶韻。任二北認爲後期的『楊柳枝』詞牌即由此而來，且擬調名爲『十無常』。又，其標題之下之『堪嗟歎，堪嗟歎，願生九品坐蓮臺，禮如來。』任二北録文將其置於各章之末（參見《敦煌歌辭總編》，一〇八一至一〇八三頁）。

以上釋文以斯一一二六爲底本，用斯二二〇四（稱其爲甲本）參校。

校記

〔一〕『短』，底本與甲本均作『矩』，因二字形近，在手書中亦混，故據文義逕釋作『短』，《敦煌歌辭總編》《英國國家圖書館藏敦煌遺書》『條記目録』均校改作『短』，《〈英藏敦煌社會歷史文獻釋録·斯一二六〉補校》認爲『矩』爲『局』之借音字。

〔二〕第二個『日』，甲本作『月』；『闇』，甲本同，《敦煌歌辭總編》校改作『暗』，不必，以下同，不另出校。

〔三〕『忙忙』，甲本同，《敦煌歌辭總編》校改作『茫茫』，按『忙忙』同『茫茫』。

〔四〕『轉』，甲本同，當作『輪』，《敦煌歌辭總編》據文義校改。

〔五〕『巡』，甲本同，當作『循』，據文義改，『巡』爲『循』之借字；『還』，甲本同，當作『環』，《敦煌歌辭總編》據文義校改，『還』爲『環』之借字；『己』，甲本同，當作『幾』，《敦煌歌辭總編》據文義校改，『己』爲『幾』之借字。

〔六〕『居』，甲本同，《敦煌歌辭總編》釋作『君』，誤。

〔七〕據甲本，此句後脱『愚癡不信有天堂，不免也無常。人間四相行徒見，貴與賤，文才武藝兩般榮，奪人情』等語。

〔八〕『遇』，當作『愚』，據甲本改，『遇』爲『愚』之借字；『維』，當作『縱』，據甲本改。

〔九〕『裹』，《英國國家圖書館藏敦煌遺書》『條記目録』釋作『果』。

〔一〇〕『换』，甲本同，當作『喚』，《敦煌歌辭總編》據文義校改，『换』爲『喚』之借字。

〔一一〕『俄』，甲本作『俄』，當作『娥』，《敦煌歌辭總編》據文義校改，《英國國家圖書館藏敦煌遺書》『條記目録』逕釋作『娥』。

〔一二〕『巢』，甲本同，當作『梢』，《〈敦煌歌辭總編〉匡補》據文義校改，『巢』爲『梢』之借字。

〔一三〕『算』，甲本同，當作『弄』，《敦煌歌辭總編》據文義校改。

〔一四〕「扶」，當作「芙」，《敦煌歌辭總編》據文義校改，「扶」爲「芙」之借字；「容」，甲本同，當作「蓉」，《敦煌歌辭總編》據文義校改，「容」爲「蓉」之借字。

〔一五〕「牒」，甲本同，《敦煌歌辭總編》校改作「涼」；「官」，甲本同，《敦煌歌辭總編》校改作「冠」；「吕」，甲本同，當作「鏤」，《敦煌歌辭總編》據文義校改，「吕」爲「鏤」之借字。

〔一六〕「醋」，甲本同，當作「趣」，據文義改。

〔一七〕「浮」，甲本同，《敦煌歌辭總編》校改作「巫」。

〔一八〕「遇」，當作「愚」，據甲本改，「遇」爲「愚」之借字；「患」，甲本同，當作「幻」，《敦煌歌辭總編》據文義校改，「患」爲「幻」之借字。

〔一九〕「爲」，甲本同，《敦煌歌辭總編》校改作「謂」。

〔二〇〕「騁」，甲本同，《敦煌歌辭總編》校改作「使」，《英國國家圖書館藏敦煌遺書》「條記目録」釋作「駛」，校改作「騁」；「羅」，甲本同，《敦煌歌辭總編》校改作「儸」，按不改亦可通。

〔二一〕「交」，甲本同，當作「教」，《敦煌歌辭總編》據文義校改，「交」爲「教」之借字。

〔二二〕「毁」，《英國國家圖書館藏敦煌遺書》「條記目録」釋作「譭」，誤。

〔二三〕「真」，當作「直」，據甲本改，《英國國家圖書館藏敦煌遺書》「條記目録」逕釋作「直」。

〔二四〕「怨」，甲本同，《敦煌歌辭總編》校改作「冤」。

〔二五〕「怨」，甲本同，《敦煌歌辭總編》校改作「冤」。

〔二六〕「遇」，當作「愚」，據甲本改，「遇」爲「愚」之借字；「情」，《英國國家圖書館藏敦煌遺書》「條記目録」釋作「倩」，校改作「情」。

〔二七〕「榮」，甲本同，當作「營」，《敦煌歌辭總編》據文義校改，「榮」爲「營」之借字。

〔二八〕「隱」，甲本作「穩」，「隱」有「穩」義。

〔二九〕「花」，甲本同，當作「華」，《敦煌歌辭總編》據文義校改，「花」爲「華」之借字。

〔三〇〕「大」，甲本同，當作「待」，《敦煌歌辭總編》據文義校改。

〔三一〕「懷」，甲本同，當作「壞」，《敦煌歌辭總編》據文義校改，「懷」爲「壞」之借字。

〔三二〕「闇」，甲本同，《敦煌歌辭總編》校改作「暗」；「以」，甲本同，當作「已」，據文義改，「以」爲「已」之借字，《敦煌歌辭總編》校改作「幾」。

〔三三〕「僥」，甲本同，當作「饒」，《敦煌歌辭總編》據文義校改，「僥」爲「饒」之借字；「隱」，甲本同，《敦煌歌辭總編》校改作「穩」。按此句依格律當衍一字。

〔三四〕「逞」，甲本作「呈」，當作「程」，《敦煌歌辭總編》據文義校改，「逞」「呈」均爲「程」之借字，《英國國家圖書館藏敦煌遺書》「條記目録」校改作「趁」。

〔三五〕「擬」，甲本同，當作「疑」，據文義改，「擬」爲「疑」之借字，《敦煌歌辭總編》校改作「遺」；「悞」，甲本同，《敦煌歌辭總編》《英國國家圖書館藏敦煌遺書》「條記目録」均校改作「誤」，按「悞」同「誤」，不煩校改。

〔三六〕「也」，甲本作「没」。

參考文獻

《敦煌寶藏》一册，臺北：新文豐出版公司，一九八一年，六四四頁（圖）；《敦煌歌辭總編》，上海古籍出版社，一九八七年，一〇八一至一〇八三頁（録）；《英藏敦煌文獻》一卷，成都：四川人民出版社，一九九〇年，五三頁（圖）；《英藏敦煌文獻》四卷，成都：四川人民出版社，一九九一年，四二至四三頁（圖）；《文教資料》二〇〇七年十二月號上旬刊，八二頁；《英國國家圖書館藏敦煌遺書》二册，桂林：廣西師範大學出版社，二〇一一年，三五四頁（圖）、『條記目録』二一頁（録）。

斯一二一六　三　父母恩重讚

釋文

父母恩重讚。菩薩〔子〕〔一〕。和。

父母恩重十種緣。第一懷躭受苦難〔二〕，不知是男及是女〔三〕，慈悲恩愛與天遭（連）〔四〕。

第二臨産是心逡（酸）〔五〕，命如草上霜（露）珠縣〔六〕，兩人爭命各怕死，恐怕無常落九泉。

第三母子是安然〔七〕，乘（承）安（望）孝順養賤（殘）年〔八〕，親情遠近皆歡喜，魂（渾）家懷抱競來看〔九〕。

第四血入腹中煎，一日二升不婁餐〔一〇〕，一年計乳七石二，母身不覺自焦乾。

第五漸漸長成人，愁飢愁渴及愁寒〔一一〕，乾處常迴儿女卧〔一二〕（下缺）

説明

此件首全尾缺，起『父母恩重讚』，訖『乾處常迴儿女卧』。任二北依其首句末三字擬調名爲『十種緣』，並指出題目之後的『菩薩子和』四字意義與前兩首相同，亦爲和唱之辭（參見《敦煌歌辭總編》，七六八至七六九頁）。

以上釋文以斯一二二六爲底本，用斯二二〇四（稱其爲甲本）參校。

校記

〔一〕『子』，據甲本補。

〔二〕『第』，底本、甲本原作『弟』，因二字形近，在手書中易混，故據文義逕釋作『第』，以下同，不另出校；『躭』，甲本同，《敦煌歌辭總編》校改作『躬』，《英國國家圖書館藏敦煌遺書》『條記目録』校改作『擔』，按不改亦可通。

〔三〕『及』，甲本同，《敦煌歌辭總編》校改作『還』，按不改亦可通。

〔四〕『遭』，甲本同，當作『連』，《敦煌歌辭總編》據文義校改。

〔五〕『是』，甲本同，《敦煌歌辭總編》校改作『足』，按不改亦可通；『逡』，甲本同，當作『酸』，《敦煌歌辭總編》據文義校改。

〔六〕『霜』，甲本同，當作『露』，《敦煌歌辭總編》據文義校改；『縣』，甲本作『懸』，『縣』爲『懸』之本字。

〔七〕『是』，甲本同，《敦煌歌辭總編》校改作『足』，按不改亦可通。

〔八〕『乘』，甲本同，當作『承』，據文義改，『乘』爲『承』之借字，《敦煌歌辭總編》校改作『莫』，《〈敦煌歌辭總編〉商補》認爲底本作『棄』，誤；『妄』，甲本同，當作『望』，《〈敦煌歌辭總編〉商補》據文義校改，『妄』爲『望』之借字，《敦煌歌辭總編》校改作『忘』；『賤』，甲本同，當作『殘』，《敦煌歌辭總編》據文義校改。

〔九〕『魂』，甲本同，當作『渾』，據文義改，『魂』爲『渾』之借字，《敦煌歌辭總編》校改作『冤』。

〔一〇〕『婁』，甲本同，《敦煌歌辭總編》校改作『屢』，按『婁』同『屢』，不煩校改，《〈英藏敦煌社會歷史文獻釋録·斯一二六〉補校》認爲『婁』係『屢』之古字，《英國國家圖書館藏敦煌遺書》『條記目録』校改作『漏』，誤。

〔一一〕『及』，甲本作『又』。

〔一二〕『常迴儿女卧』，據甲本補。

參考文獻

《木鐸》一九八〇年九期，四一五至四二三頁；《敦煌寶藏》一册，臺北：新文豐出版公司，一九八一年，六四四頁（圖）；《敦煌孝道文學研究》，臺北：石門圖書公司，一九八二年，六二二至六二三頁；《敦煌歌辭總編》，上海古籍出版社，一九八七年，七六六至七七二頁（録）；《英藏敦煌文獻》一卷，成都：四川人民出版社，一九九〇年，五三頁（圖）；《英藏敦煌文獻》四卷，成都：四川人民出版社，一九九一年，四三頁（圖）；《敦煌文獻與文學》，臺北：新文豐出版公司，一九九三年，一至一四頁（録）；《文教資料》二〇〇七年十二月號上旬刊，八二至八三頁；《英國國家圖書館藏敦煌遺書》二册，桂林：廣西師範大學出版社，二〇一一年，三五四頁（圖）、『條記目録』二一頁（録）。

釋文

（前缺）

□分也〔一〕。經啓九道〔二〕，□獸有茂草〔三〕，各有攸處，德用不擾〔四〕。德不亂也〔五〕。□，故在帝夷羿〔六〕，冒于原獸，冒，貪也。□，而思其麀牡。言但念獵也〔七〕。武不可重，重，猶數也〔八〕。用不恢于夏家。羿以好武，雖有夏家，而不能恢大之〔九〕。獸臣司原，敢告僕夫。獸臣，虞人也。告僕夫，不敢斥尊者〔一〇〕。《虞箴》如是，可不懲乎？』

於是晉侯好田，故魏絳及之。及后羿事也。公曰：『然則莫如和戎〔一一〕？』對曰：『和戎有五利焉：戎狄荐居，貴貨易土，荐，聚也。易，雜（猶）輕〔一二〕。土可賈焉，一也。邊鄙不聳，民狎其野，穡人成功，二也。聳，懼也。狎，習也。戎狄事晉，四鄰振動，諸侯威懷，三也。以德綏戎，師徒不勤，甲兵不頓，四也。頓，懷（壞）也〔一三〕。鑒于后羿，而用德度。以后羿爲鑒戒也〔一四〕。遠至邇安，五也。君其圖之。』公悅，使魏絳盟諸戎，脩民事，田以時。言晉侯能用善謀也。

九年，秦景公使士雃乞師于楚〔一五〕，將以伐晉，楚子許之。子囊曰：『不可。當今吾不能與晉爭也。晉君類能而使之，隨所能也。舉不失選，得所選也。官不易方，方猶宜也。其卿讓於善，讓勝己也〔一六〕。其大夫不失守，各任其職也。其士競於教，奉上命也。其庶人力於農穡。種曰農，收曰穡。商工皁隸，不知遷業。四民不雜也。君明臣忠，上讓下競。尊官相讓，勞職刀（力）競〔一七〕。當是時也，晉不可敵，事之而後可。君其圖之。』冬，諸侯伐鄭。鄭從楚也。鄭人行成。與晉成也。

十一年，諸侯復伐鄭，鄭人賂晉侯以師觸、師蠲，觸、蠲，皆樂官名〔一八〕。歌鍾二肆，肆，列也。懸鍾十六爲一肆也〔一九〕。女樂二八。十六人也。晉侯以樂之半賜魏絳，曰：『子教寡人和諸戎狄以正諸華。在四年也〔二〇〕。八年之中，九合諸侯，如樂之和，無所不諧。諸亦樂（和）也〔二一〕。請與子樂之。』共此樂也。辭曰：『夫和戎狄，國之福也，八年九合諸侯〔二二〕，諸侯無慝〔二三〕，君之靈也，二三子之勞也，臣何力之有焉？抑臣願君之安其樂而思其終也〔二四〕！』公曰：『子之教，敢不承命！抑微子，寡人無以待戎，待遇接納之也〔二五〕。不能濟河。度河南服鄭也〔二六〕。夫賞，國之典〔二七〕，不可廢也，子其受之。』魏絳於是乎始有金石之樂。禮也。禮，大夫有功則賜樂也〔二八〕。

十三年〔二九〕，晉侯蒐于綿上以治兵，爲將命軍師也〔三〇〕。使士丐將中軍〔三一〕，辭曰：『伯游長。伯游，荀偃。昔臣習於智伯〔三二〕，是以佐之，非能賢也。七年，韓厥老，知罃代將中軍，士丐佐之，丐今將讓，故謂爾時之舉，不以己賢也。請從伯游。』荀偃將中軍，代荀瑩（罃）也〔三三〕。士丐佐之，位如故也〔三四〕。使韓起將上軍，辭以趙武。又使欒黶，以武位卑，故不聽，更命黶〔三五〕。辭曰：『臣不如韓起。韓起願上趙武，君其聽之！』使趙武將上軍，武自新軍超四等也〔三六〕。韓起佐之。位如故也。欒黶將下軍，魏絳佐之。黶亦如故，絳自新軍佐超一等也〔三七〕。晉國之民，是以大和。諸侯遂睦。君子曰：『讓，禮之主也。范宣子讓，其下皆讓。欒黶爲汰，弗敢違也。晉國以平，數世賴之，刑善也夫。刑，法也。一人刑善，百姓休和。可不務乎？世之治也，君子尚能而讓其下，能者在下位，則貴上而讓之也〔三八〕。小人展力以事其上〔三九〕。是以上下有禮，而讒慝黜遠〔四〇〕，由不爭也，謂之懿德。及其亂也，君子稱其功以加小人，加，凌也〔四一〕。君子，在位者〔四二〕。小人伐其技以憑君子〔四三〕，憑，亦陵也，自稱其能也〔四四〕。是以上下無禮，亂虐並生，由爭善也。爭自善也。謂之昏德，國家之斃〔四五〕，恆必由之。』傳言晉之所〔以〕興也〔四六〕。

十四年〔四七〕，衛獻公戒孫文子、寧惠子食，勑戒二子，欲共宴食。日肝（旰）不召〔四八〕，肝（旰），晏也。而射鴻於囿。二子怒。公使子蟜、子佰（伯）〔四九〕、子皮與孫子盟于丘宮，孫子皆殺之。三子，衛群公子也。公出奔齊。師曠侍於晉侯，師曠，子野。晉侯曰：『衛人出其君，不亦甚乎？』對曰：『或者其君實甚也〔五〇〕。良君養民如子，蓋之如天，容之如地，仁（人）奉其君〔五一〕，愛之如父母，仰之如日月，敬之如明神〔五二〕，畏之如雷霆，其可出乎？夫君，神之主，而民之望也。若困民之主，匱神乏祀〔五三〕，百姓絶望，社稷無主，將安用之？弗去何爲？天生民而立之君，使司牧之，勿使失性。有君而爲之貳，貳，卿佐也〔五四〕。使師保之，勿使過度。善則賞之，賞，謂宣揚之也。過則匡之，匡，正之也〔五五〕。患則救之，救其難也。失則革之。自王以下，各有父兄子弟以補察其政。補其愆過，察其得失。史爲書，謂太史〔五六〕，君舉則書也〔五七〕。瞽爲詩，爲詩以風刺也〔五八〕。工誦箴諫，工，樂人也。誦箴，諫之辭也〔五九〕。大夫規誨，規正誨諫其君〔六〇〕。士傳言，聞君過失，傳造（告）大夫也〔六一〕。庶人謗，庶人不與政，聞君過得從而誹謗也〔六二〕。商旅于市，旅，陳也，陳其貨物，以示時所貴尚也。百工獻藝。獻其技藝〔六三〕，以喻政事〔六四〕。天之愛民甚矣，豈其使一人肆於民上，肆，放也。以縱其俖（淫）〔六五〕，而棄天地之性？必不然矣。』傳言師曠能因問盡言也。

十五年〔六六〕，宋人或得玉，獻諸子罕，子罕弗受〔六七〕。獻玉者曰：『以示玉人，玉人，能治玉者。玉人以爲寳也，故敢獻之。』子罕曰：『我以不貪爲寳，爾以玉爲寳，若以與我，皆喪寳也。不若人有其寳。』稽首而告曰：『小人懷璧〔六八〕，不可以越鄉。言必爲盜所害。納此以請死也〔六九〕。』請免死也〔七〇〕。子罕寘諸其里，使玉人爲之攻之，攻，治也。富而後使復其所。賣玉得富也〔七一〕。

廿一年〔七二〕，邾庶其以漆、閭丘來奔。庶其，邾大夫也。季武子以公姑姊妻之，皆有賜於其從者。於是魯多盜。季孫謂臧武仲曰：『子盍詰盜？』詰，治也。武仲曰：『不可詰也。紇又不能。』季孫曰：『子爲司寇，將盜是務去，若之何不能？』武仲曰：『子召外盜而大禮焉，何以止吾盜？吾盜〔七三〕，謂國中也。子爲正卿而來外盜，使紇去之〔七四〕，將何以能？庶其竊邑於邾以來，子以姬氏妻之，而與之邑，使食漆、閭丘也。其從者皆有賜焉。若大盜，禮焉以君之姑姊與其大邑，其次皂牧輿馬，給其賤役，從早（皂）至牧〔七五〕。其小者衣裳劍帶，是賞盜也。賞而去之，其或難焉。絃也聞之，在上位者，灑濯其心，壹以待人，軌度其信，可明徵也。徵，驗也。而後可以治人。夫上之所爲，民之歸也。上所不爲，而民或爲之，是以加刑罰焉，而莫敢不懲。若上之所爲，而民亦爲之，乃其所也，又可禁乎？』晉欒盈出奔楚。宣子殺羊舌虎，欒盈之黨。囚叔向。欒王鮒見叔向曰：『吾爲子請。』叔向不應，欒王鮒，欒桓子也〔七六〕。其人皆咎叔向。叔向曰〔七七〕：『必祁大夫。』祁大夫，祁奚也〔七八〕。室老聞之，曰：『欒王鮒言於君，無不行，求赦吾子〔七九〕，吾子不許。祁大夫所不能也，而曰「必由之」〔八〇〕，何也〔八一〕？』叔向曰：『欒王鮒〔八二〕，從君者，何爲也？祁大夫外舉不棄讎，內舉不失親，其獨遺我乎？《詩》曰：「有覺德行，四國順之。」言德行直則天下順之〔八三〕。夫子，覺者也。』覺，較然正直也〔八四〕。晉侯問叔向之罪於欒王鮒，對曰：『不棄其親，其有焉。』言叔向篤親，親必與叔虎同謀也〔八五〕。於是祁奚老〔八六〕，老，去公族大夫也〔八七〕。聞之，乘馹而見宣子，曰：『《詩》曰〔八八〕：「惠我無疆，子孫保之。」言文武有惠訓之德，加於百姓，故子孫保賴之。夫謀而鮮過，惠訓不倦者，叔向有焉，社稷之固也。猶將十世宥之，以勸能者。今壹不免其身，壹以弟故。以棄社稷，不亦惑乎？鯀殛而禹興。言不以父罪廢其子〔八九〕。管蔡爲戮，周公宥王〔九〇〕。言兄弟罪不相及也。若之何其以虎也棄社稷乎？子爲善，誰敢不勉。多殺何爲？』宣子悅，與之乘，以言諸公而免之。共載入見公也。不見叔向而歸。言爲國，非私叔向也。叔向亦不告免焉而朝。不告謝之，明不爲己也〔九一〕。

廿三年〔九二〕，孟孫惡臧孫，季孫愛之。孟孫卒，臧孫入哭，甚哀，多涕。出，其御曰：『孟孫之惡子也，而哀如是。季孫若死，其若之何？』臧孫曰：『季孫之愛我，美疾也〔九三〕。志相順從，身之害也〔九四〕。孟孫之惡我，藥石也。志相違戾，猶藥石之療疾〔九五〕。美疾不如惡石，夫石猶生我，愈己疾也。疾之美，其毒滋多。孟孫死，吾亡無日矣。』

廿五年，齊棠公之妻，東郭偃之姊也。棠公，齊棠邑大夫也〔九六〕。棠公死，武子取之。武子，崔杼。莊公通焉，驟如崔氏。崔杼弑莊公〔九七〕。晏子立於崔氏之門外，聞難而來。其人曰：『死乎？』曰：『獨吾君也乎哉？吾死也。』言己與衆臣無異〔九八〕。曰：『行乎？』曰：『吾罪也乎哉？吾亡也。』自謂無罪。曰：『歸乎？』曰：『君死安歸？言安可以歸也。君民者，豈以淩人〔九九〕？社稷是主。臣君者，豈爲其口實？社稷是養。言君不徒居民上，臣不徒求禄，皆爲社稷〔一〇〇〕。故君爲社稷死，則死之；爲社稷亡，則亡之。謂以公義死亡〔一〇一〕。若爲己死而爲己亡，非其私暱〔一〇二〕，誰敢任之？私暱，所親愛也。非所親愛，無爲當其禍也〔一〇三〕。門啓而入，枕尸股而哭。以公尸枕己股。興，三踊而出。晉程鄭卒。子産始知然明，前年然明謂程鄭將死，今如其言，故知之也〔一〇四〕。問政〔一〇五〕，對曰：『視民如子，見不仁者誅之，如鷹鸇之逐鳥雀也。』子産喜，以語子太叔〔一〇六〕，且曰：『他日，吾見蔑之面而已，蔑，然明名也〔一〇七〕。今吾見其心矣。』（下缺）

説明

此件首尾均缺，楷法嚴整，大字爲傳文，雙行小字爲杜預注，有朱筆句讀，和黄色筆跡塗改。起『分也。經啓九道』，訖『今吾見其心矣』。《英藏敦煌文獻》定名爲《春秋左傳杜注（襄公九——二十五年）》，然其本爲節抄《左傳》及杜注，無《春秋》經文，某些地方甚至並非原文，而是概述大意，且其起首處始於《左傳·襄公四年》，而非九年。王重民以其不避唐諱，定爲六朝寫本，内有一節『民』字缺筆，乃唐人所補，並疑此書爲《唐書經籍志》所著録之《春秋左氏抄》（參看《敦煌古籍敘録》，五六至五七頁），陳鐵凡則指出其淵源於《群書治要》中《左傳》節本，應爲唐代寫本（參看《〈左傳〉節本考——從英法所藏敦煌兩殘卷之綴合論〈左傳〉節本與〈群書治要〉之淵源》，《大陸雜誌》四一卷七期，二一〇、二一五頁），兹從之。

以上釋文以斯一三三三爲底本，用《四部叢刊》本《群書治要·春秋左傳》［上海涵芬樓景印日本天明七年（一七八七年）刊本］（稱其爲甲本）參校。

校記

〔一〕『分』，據甲本補；『也』，《敦煌經部文獻合集》漏録。

〔二〕『經』，據殘筆劃及甲本補；『啓九道』，據甲本補。

〔三〕『獸有茂』，據甲本補。

〔四〕『用不擾』，據甲本補。

〔五〕『故德不』，據甲本補；『亂』，《敦煌經部文獻合集》認爲存左半，並據刊本補，按該字不殘。
〔六〕『羿』，下有一殘筆劃。
〔七〕『但』，甲本作『伹』，誤；『也』，甲本無。
〔八〕『也』，甲本無。
〔九〕『之』，甲本作『之也』。
〔一〇〕『斥』，《敦煌經部文獻合集》釋作『斥』，並認爲『斥』係俗字；『者』，甲本作『也』。
〔一一〕『戎』，甲本作『戎乎』。
〔一二〕『雜』，當作『猶』，據甲本改；『輕』，甲本作『輕也』。
〔一三〕『懷』，當作『壞』，據甲本改，『懷』爲『壞』之借字。
〔一四〕『也』，甲本無。
〔一五〕『士雅』，甲本無。
〔一六〕『也』，甲本作『者』。
〔一七〕『刀』，當作『力』，據甲本改。
〔一八〕『官』，甲本作『師』。
〔一九〕『也』，甲本無。
〔二〇〕『也』，甲本無。
〔二一〕『樂』，當作『和』，據甲本改。
〔二二〕『年』，甲本作『年之中』。
〔二三〕『匿』，甲本作『慝』。

〔二四〕『之』，甲本無。

〔二五〕『之也』，甲本無。

〔二六〕『也』，甲本無。

〔二七〕『典』，甲本作『典也』。

〔二八〕『也』，甲本無。

〔二九〕此句前有朱點。

〔三〇〕『師』，甲本作『帥』，《敦煌經部文獻合集》將底本釋作『帥』，誤。

〔三一〕『丐』，甲本作『匄』。以下同，不另出校。

〔三二〕『智』，甲本作『知』，均可通。

〔三三〕『塋』，當作『罃』，據甲本改，『塋』爲『罃』之借字；『也』，甲本無。

〔三四〕『也』，甲本無。

〔三五〕『黶』，甲本作『黶也』。

〔三六〕『也』，甲本無。

〔三七〕『也』，甲本無。

〔三八〕『上』，甲本作『尚』，『尚』爲『上』之借字，《敦煌經部文獻合集》認爲此不當作『上』；『也』，甲本無。

〔三九〕『展』，甲本作『農』，誤。

〔四〇〕『匿』，甲本作『慝』。

〔四一〕『凌』，甲本作『陵』。

〔四二〕『者』，甲本作『者也』。

〔四三〕『憑』，甲本作『馮』，《敦煌經部文獻合集》認爲『憑』爲『馮』之後起增旁字。注文同，不另出校。
〔四四〕『也』，甲本作『爲伐』，《敦煌經部文獻合集》認爲作『也』不通。
〔四五〕『斃』，甲本作『弊』，『斃』亦作『弊』，《敦煌經部文獻合集》認爲『斃』爲『弊』之借字。
〔四六〕『以』，據甲本補。
〔四七〕此句前有朱點。
〔四八〕『肝』，當作『旰』，據甲本改，『肝』爲『旰』之借字。注文同，不另出校。
〔四九〕『佰』，當作『伯』，據甲本改，《敦煌經部文獻合集》認爲『佰』爲『伯』之俗字。
〔五〇〕『也』，甲本無。
〔五一〕『仁』，當作『人』，《敦煌經部文獻合集》據文義校改，『仁』爲『人』之借字，甲本作『民』。
〔五二〕『明神』，甲本作『神明』。
〔五三〕『㐅』，《十三經註疏》本《春秋左傳正義》同，甲本作『之』，《敦煌經部文獻合集》釋作『之』，並認爲當作『之』爲是。
〔五四〕『也』，甲本無。
〔五五〕『之也』，甲本無。
〔五六〕『太』，甲本作『大』，『大』有『太』義。
〔五七〕『則』，甲本作『必』；『也』，甲本無。
〔五八〕『也』，甲本無。
〔五九〕『也』，甲本無。
〔六〇〕『誨諫』，甲本作『諫誨』。

〔六一〕「造」，當作「告」，據甲本改；「也」，甲本無。

〔六二〕「也」，甲本無。

〔六三〕「技」，甲本作「伎」，均可通，《敦煌經部文獻合集》認爲「伎」爲「技」之借字。

〔六四〕「事」，甲本作「事也」。

〔六五〕「縱」，甲本作「從」，「從」有「縱」義；「傜」，當作「淫」，據甲本改。

〔六六〕此句前有朱點。

〔六七〕「弗」，甲本作「不」。

〔六八〕「壁」，甲本同，《敦煌經部文獻合集》認爲底本作「壁」，底本字形介於「壁」「璧」之间，可逕釋作「璧」。

〔六九〕「也」，甲本無。

〔七〇〕「也」，甲本無。

〔七一〕「也」，甲本無。

〔七二〕「廿」，甲本作「二十」。以下同，不另出校。

〔七三〕「盜」，甲本無，《敦煌經部文獻合集》指出係衍文，當删，近是。

〔七四〕「之」，甲本無。

〔七五〕「早」，當作「皂」，據甲本改，《敦煌經部文獻合集》逕釋作「皁」。

〔七六〕「樂」，甲本作「晉大夫樂」；「也」，甲本無。

〔七七〕「叔向」，甲本無。

〔七八〕「也」，甲本無。

〔七九〕「赦」，甲本作「救」，《敦煌經部文獻合集》認爲「救」字誤，近是。

〔八〇〕此句甲本無。

〔八一〕『何』，甲本作『何爲』。

〔八二〕此句至『何爲也』，甲本無。

〔八三〕『之』，甲本作『也』。

〔八四〕『也』，甲本無。

〔八五〕『也』，甲本無。

〔八六〕『老』，甲本作『老矣』。

〔八七〕『也』，甲本無。

〔八八〕『曰』，甲本作『云』。

〔八九〕『子』，甲本作『子也』。

〔九〇〕『宥』，甲本作『右』，『右』爲『宥』之借字，《敦煌經部文獻合集》認爲『宥』字不當。

〔九一〕『也』，甲本無。

〔九二〕此句前有朱點。

〔九三〕『美』，甲本作『疾』；『疾』，甲本作『疢』，《敦煌經部文獻合集》認爲『疾』當作『疢』，以下同，不另出校。

〔九四〕『也』，甲本無。

〔九五〕『之』，甲本無。

〔九六〕『也』，甲本無。

〔九七〕『弑』，甲本作『殺』。

〔九八〕『異』，甲本作『異也』。

〔九九〕『淩』，甲本作『陵』。

〔一〇〇〕『稷』，甲本作『稷也』。

〔一〇一〕『亡』，甲本作『亡也』。

〔一〇二〕『暱』，甲本作『暱』。注文同，不另出校。

〔一〇三〕『也』，甲本無。

〔一〇四〕『也』，甲本無。

〔一〇五〕『政』，甲本作『爲政』。

〔一〇六〕『太』，甲本作『大』，『大』有『太』義。

〔一〇七〕『也』，甲本無。

參考文獻

《圖書季刊》一九四〇年新一卷一期，四頁；《大陸雜誌》一九七〇年四一卷七期，二一〇、二一五頁；《敦煌古籍敘録》，北京：中華書局，一九七九年，五六至五七頁；Mair, *Chinoperl Papers*, No. 10（1981）, p. 43；《敦煌寶藏》一册，臺北：新文豐出版公司，一九八一年，六七三至六七七頁（圖）；《群書治要》二册，上海涵芬樓景印日本天明七年（一七八七年），一五至二三頁；《英藏敦煌文獻》一卷，成都：四川人民出版社，一九九〇年，五三至五六頁（圖）；《魏晉南北朝敦煌文獻編年》，臺北：新文豐出版公司，一九九七年，二七九頁；《敦煌經部文獻合集》三册，北京：中華書局，二〇〇八年，一二七一至一二八六頁（録）；《英國國家圖書館藏敦煌遺書》三册，桂林：廣西師範大學出版社，二〇一一年，七至一五頁（圖）。

斯一三三三背　一　秋胡小説

釋文

（前缺）

□……□□蒙□□□□……三公何處來[一]？□□□□……方員足。黄金何處無？我見在朝宰貴，皆從勤學□……[二]。遠學三二年間，若不乘軒珮（佩）即（印）[三]，誓亦不還故鄉。不依此□……作糞土。』是言已訖，整頓容儀，行至堂前，叉手啓孃曰：『兒聞：古者有司馬相如，未（求）學於梓童山[四]，封達名而顯；蘇秦不（求）學於鬼谷[五]，六國之印不帶不皈[六]。兒聞：學如牛（毛）[七]，成如驎角[八]。陳之典告[九]，不可一讀即成；心務見家[一〇]，不可一步而至。兒今辭孃，遠學一二年間，願孃賜許！』其母聞兒此語，不覺眼中流淚，唤言秋胡：『汝且近前，聽孃（不）苟之語[一一]。外書云：父母在堂，子不得遠遊，遊必有方。況汝少小失阿耶，孤單養汝，成立汝身。今捨吾求學，更須審思。念汝在外摽（飄）零[一二]，子乃悔將何及！』秋胡重啓阿孃曰：『兒聞曾參至孝，離背父母侍仲尼，無□懈倦〔一三〕，終日披尋「三史」，洞達「九經」，以顯先宗，留名萬代。又聞太公貧〔一四〕，好學，卒乃得值文王，後得位至三公，前妻悔將何及。今將身求學，勤心皆於故（古）人〔一五〕，三二年間，定當歸舍！』其母聞兒此語，泣淚重報兒曰：『吾與汝母子，恩情義重〔一六〕，吾不辭放汝遊學。今在家習學，何愁伎藝不成？縱放汝尋師〔一七〕，起（豈）即立成官宦〔一八〕？汝不如忍意在家，深耕淺種，廣作蠶功，三餘讀書，豈不得達？好與孃團圓，又與汝少年新婦常相見。好即共有，惡即自知。語笑同歡，情羞作用。阻隔孃孃，孤悖寂寂，徒步含啼。縱汝在外得達，迴日□豈得與吾相見〔一九〕？汝今再三，棄吾遊學，努力勤心，早須歸舍，莫遣吾憂。』

秋胡辭母了手，行至妻房中，愁眉不畫（舒）〔二〇〕，頓改容儀，蓬鬢長垂，眼中泣淚。秋胡啓娘子曰：『夫妻至重，禮合乾坤，上接金蘭，下同棺槨。二形合一，赤體相和，附骨埋身〔二一〕，共娘子俱爲灰土。今蒙孃教，聽從遊學，未季（委）娘子賜許已不〔二二〕？』其妻聞夫此語，心中悽愴，語裹含悲，啓言道：『郎君！兒生非是家人〔二三〕，死非家鬼，雖門望之主，不是耶孃檢校之人。寄養十五五年〔二四〕，終有離心之意。女生外向，千里隨夫，今日屬配郎君，好惡聽從處分。郎君將身求學，此悏（愜）兒本情〔二五〕。學問得達一朝，千萬早須歸舍！』辭妻了道（手）〔二六〕，服得十袟文書〔二七〕，並是《孝經》《論語》

《尚書》《左傳》《公羊》《穀梁》《毛詩》《禮記》《莊子》《文選》，便即登逞（程）〔二八〕。

不逕旬月〔二九〕，行至勝山，將身即入。此山與諸山亦不同：領峻侵霜（霄）〔三〇〕，傍遊日月，崖懸萬劍（仞）〔三一〕。藤挂千尋〔三二〕，澗谷汙（紆）會（迴）〔三三〕，深磎膠結〔三四〕，鳥道不道（通）〔三五〕，人從（蹤）寂絶〔三六〕。秋胡行至此山，遂登磎入谷，遶澗巡林，道路崎峻嶇〔三七〕，泉原滴瀋〔三八〕。行至深領〔三九〕，地居形勢，山岫高明，林木萬根，花藥茂樹，並是白檀烏楊，歸樟蘇方（枋）〔四〇〕，梓檀騰（藤）女〔四一〕，損（薰）風香氣〔四二〕，桃李橄子，含美相思，氣非（飛）益智〔四三〕、檳榔。秋胡行至林下，見一石堂訖，由羞一尋，仕（是）數千年老仙〔四四〕，洞達『九經』，明解《七略》。秋胡即謝，便乃祇承三年，得『九經』通達。

學問晚（曉）了〔四五〕，辭先生出山，便即不歸，卻頭（投）魏國〔四六〕，意欲覓官。披髮倡伴（佯）〔四七〕，佯癡放駿，上表秦（奏）進陳（魏）王〔四八〕，誓不見仕，達知臣患（忠）〔四九〕。列表文曰：『臣聞虎毛未霸〔五〇〕，食牀（麋）之氣以（已）存〔五一〕；鳴鵠一舒〔五二〕，起在排雲之力〔五三〕。度周遊魯〔五四〕，魯侯召而哲之〔五五〕。太公八十釣魚，文王封爲丞相。臣即生魯邑〔五六〕，長在魏川〔五七〕，未習巢父之功，祖（粗）知許田（由）之意〔五八〕。臣今離鄉別國，來事大王龍庭，陛下慈潤於朝庭〔五九〕，一片地將何惜〔六〇〕！頓首死罪。』陳（魏）王得表〔六一〕，僖悅非常〔六二〕：『朕聞有天地已來〔六三〕，合得群臣助佐〔六四〕。朕爲元首，臣作股肱（肱）〔六五〕。見魯國賢臣，今來助國，即拜（便）便（拜）爲左相〔六六〕，賜户三千，錦綺綾羅，更賣十萬〔六七〕，歌譚（彈）美女〔六八〕，隨意簡將，細壯奴婢，任情多少。』

秋胡自到魏國，經歷數年，煞或（馘）邊戎〔六九〕，摧兇定寇，無怨不休，無使不朝〔七〇〕，行路謳歌，咸稱帝感。

其秋胡妻，自從夫遊學已後，經歷六年，書信不通，陰（音）符隔絶〔七一〕。其妻不知夫在已不，來孝養勤心〔七二〕，出亦當奴，入亦當婢，冬中忍寒，憂（夏）中忍熱〔七三〕，桑蠶織絡，以事阿婆，晝夜勤心，無時暫捨。其秋胡母，愧見新婦獨守空房〔七四〕，心無異想。遂喚新婦曰：『我兒當去，元期三年，何因六載不皈〔七五〕？不知命化零洛（落）〔七六〕？仰愧新婦無夫，共貧寒阿婆，不勝珍重！不可交（教）新婦孤眠獨宿〔七七〕，不可長守空房〔七八〕，任從改嫁他人。阿婆終不敢留住，未審新婦意内如何？』其新婦聞婆此語，不覺痛切於心，便即泣淚，向前啓言阿婆：『新婦父母疋配〔七九〕，本擬恭勤阿婆；婆兒遊學不來，新婦只合盡形供養，何爲重嫁之事？令新婦痛割於心。婆教新婦，不敢違言；於後忽爾兒來，遣妾將何申吐？』婆忽聞此語，不覺放聲大哭，泣淚成行，彼此收心。

又經二（三）載〔八〇〕，通前六秋，忽成九載。秋胡至第九載三月三日早朝，憶母泣淚含悲，叉手殿前，跪王四拜，口奏一言：『臣啓陛下：臣聞昊天之重，七日絶漿；綱

（罔）極之勞〔八一〕，三年泣血。董永賣身葬父母，天女以（與）之酬恩〔八二〕；郭巨埋子賜金，黄（皇）天照察〔八三〕。賞衣之子，不怨霜寒；巢父之男，寧辭守□而死〔八四〕。臣爲慈父早亡，惟母獨居，乳哺養臣，今得成立。臣又聞：慈烏有返哺之報恩，羔羊有跪母酬謝〔八五〕，牛懷舐犢之情，母子寧不眷戀？臣别家鄉，以（已）經九載〔八六〕，慈母死活莫知。臣今忠列（烈）事王〔八七〕，家内無由知委。大王慈雲廣布，甘露但（誕）養萬人〔八八〕，梨（黎）元盡皆無怨〔八九〕。臣得重賞，由（猶）如衣錦夜行〔九〇〕。特望天恩，放臣皈國〔九一〕，還於故里，豈不是大王慈恩？臣得見慈母酬恩，方乃知臣是子。伏聽勑旨，死罪如何？』陳（魏）王聞得此言〔九二〕，泣淚集會群臣，以表其臣：『朕聞有天有地，方（萬）總（物）生焉〔九三〕，置六（立）於君〔九四〕，〔群〕臣助借〔九五〕。朕爲元首，作朕股肱（肱）〔九六〕。朕此國中，秋胡揚名，才而助國〔九七〕。自從封爲宰想（相）〔九八〕，有孝有忠，李（勒）金石〔九九〕，威名播起於萬里，其顔獨秀〔一〇〇〕，才德居標。臣憶念慈母〔一〇一〕，今欲放還，朕有戀情，宜賜黄金百梃，亂採（綵）千段〔一〇二〕，暫放歸，奉謝尊堂。如鄉（卿）事達〔一〇三〕，見母早來。』秋胡既奉王教，一憘一悲〔一〇四〕，起（悲）乃違背王庭〔一〇五〕，憘乃得見慈母〔一〇六〕。

拜王了手，便即登呈（程）〔一〇七〕。至採桑之時，行至本國。乘車即身著紫袍〔一〇八〕，金帶隨身，并將從騎。桑中而過，變服前行。其樹赴（覆）地婆娑〔一〇九〕，伏（復）乃枝條掩映〔一一〇〕。欲覓於人，借問家内消息如何。舉頭忽見貞妻，獨在桑間採葉，形容變改〔一一一〕，面不曾粧，蓬鬢長垂，憂心採桑。秋胡忽見貞妻，良久占相〔一一二〕，容儀窈（婉）美〔一一三〕，面如白玉，頰帶紅蓮，腰若柳條，細眉段（斷）絶〔一一四〕。停（暫）暫（停）住馬〔一一五〕，向前上熟看之〔一一六〕，只爲不識其妻，古（故）贈詩一首〔一一七〕：『玉面映紅粧，金鈞弊（蔽）採葉〔一一八〕。眉黛條間發，羅襦葉裏藏。頰奪春桃李，身如白雪霜。』

秋胡喚道言〔一一九〕：『娘子！不聞道〔一二〇〕：「採葉不如見少年〔一二一〕，力田不如〔遇〕豐年〔一二二〕」，仰賜黄金二兩，亂採（綵）一束〔一二三〕，暫請娘子片時在於懷抱，未委娘子賜許以不？』其婦下樹，斂容儀，不識其夫，喚言郎君：『新婦夫壻遊學，經今九載，消息不通，陰（音）信隔絶〔一二四〕。阿婆年老，獨坐堂中，新婦寧可冬中忍寒，下（夏）中忍熱〔一二五〕，桑蠶織絡，以事阿婆。一馬不被兩鞍，單牛豈有雙車並駕？家中貧薄，寧可守餓而死，豈樂黄金爲重？忽爾一朝夫至〔一二六〕，遣妾將何申吐？縱使黄金積到天半，亂採（綵）墮（垛）似丘山〔一二七〕，新婦寧有戀心，可以守貧取死〔一二八〕。』其秋胡聞説此語，面帶羞容，乘車便過。行至數步，心哀（中）歎言〔一二九〕：『我聞貞夫烈婦，自古至今耳聞，今時目前交（教）見〔一三〇〕。誰家婦堪上史記，萬代傳名。』

説言未訖，行至家中。正見慈母獨坐空堂，不知兒來，遂歎言曰：『秋胡！汝當遊學，元期三周，可（何）爲去今九載〔一三一〕？爲當命化零落？爲當身化黄泉，命從風化？爲當逐樂不歸？』語未到頭，遂見其子，身著紫袍，在孃前立。恐孃不識，走入堂中，跪拜阿孃：『識兒以不？兒是秋胡。今得事達，報孃汝（乳）哺之恩〔一三二〕。』其母聞兒此語，唤言秋胡：『我念子不以爲言〔一三三〕，言作隔生〔一三四〕，何其（期）面敘〔一三五〕。孃樂子黄金繒綵，不是戀汝官榮，愢（愧）汝新婦〔一三六〕，九年孤眠獨宿。汝今得貴，不是汝學問勤勞，是我孝順新婦功課。』使人往詣桑林中，唤其新婦。未及行至路傍，正見採桑而迴，村人報曰：『夫壻見至，奉婆處分，令遣唤來。』含笑即歸，向家與夫相見。

忽聞夫至，喜不自勝。喜在心中，面含笑色。行至家，向北堂覓見其夫，得見慈母。新婦欲拜謝阿婆，便乃入房中，取鏡臺粧束容儀，與夫相見。乃畫翠眉，便拂芙蓉，身著嫁時衣裳，羅扇遮面，欲似初嫁之時。行至堂前設禮，助婆歡憘〔一三七〕。見新婦來至，愧謝九年孝養功勞。便下堂階，哭泣唤言：『新婦！我兒來至，遊學必（畢）功〔一三八〕，軒即（印）隨身〔一三九〕，身爲國相，黄金繒綵，愧謝孝恩，願新婦領受。』得婆語迴面拜夫，熟向看之，乃是桑間繒（贈）金辛貴〔一四〇〕。情中不喜，面變淚下交流，結氣不語。阿婆甚怪，重問新婦：『我兒九年不在，新婦今得孝名，何謂（爲）今見兒來〔一四一〕，忽爾今朝不憘？新婦必有私〔一四二〕，在於鄰里，何不早吐實情？若無他心，不合如此！』新婦聞婆此語，泣淚交流，復願阿婆聽説不喜由緒：『新婦實無私情，只恨婆兒二種事不安：一即於家不孝，二乃於國不忠。』阿婆喚言新婦：『我兒於國不忠，豈得官榮歸舍？若於家不孝，金綵亦不合見吾。若無他心，何故漫生言語？』新婦啓言阿婆：『〔婆〕兒若於〔家〕慈孝〔一四三〕，天恩賜金，交（教）將歸舍〔一四四〕，報孃乳哺之恩。今即來（未）及見母〔一四五〕，桑間已繒（贈）於人〔一四六〕，所以於國不忠，於家不孝。新婦父母，疋配本身，承事九年，供養多門〔一四七〕，宣少之儀，阿婆願希慈新婦〔一四八〕（以下原缺文）

説明

此件首缺，尾部原未抄完，起『蒙□□□□三公何處來』，訖『阿婆願希慈新婦』。其内容是講述秋胡外出求學、爲官及還鄉事跡，情節生动曲折，《敦煌變文集》擬名爲『秋胡小説』，兹從之。此件錯字别字較多，抄寫年代不明。

校記

〔一〕『蒙』，《敦煌小説合集》據殘筆劃校補。

〔二〕『學』，《敦煌變文集》據文義校補。

〔三〕「珮」，當作「佩」，據文義改，《敦煌變文集》《敦煌變文集新書》《敦煌變文校注》《敦煌變文選注》（增訂本）逕釋作「佩」；「即」，當作「印」，《敦煌變文集》據文義校改。

〔四〕「未」，當作「求」，據文義改；「童」，經核查原卷，即係「童」，《敦煌變文集新書》據伯三六三六《類書》指出當作「童」，《敦煌變文選注》（增訂本）校補作「潼」。

〔五〕「不」，當作「求」，《敦煌變文校注》據文義校改。

〔六〕「皈」，《敦煌變文選注》（增訂本）校改作「歸」，按不改亦可通，《敦煌變文校注》釋作「歸」，雖義可通而字誤。

〔七〕「毛」，《敦煌變文集》據文義校補。

〔八〕「驎」，《敦煌變文集》校改作「麟」，按不改亦可通。

〔九〕「告」，《敦煌變文集》校改作「誥」，按「告」同「誥」，不煩校改。

〔一〇〕「心務」，原未能釋讀，在《〈秋胡變文〉校注拾補》一文提示下，經仔細核對圖版，確認係此二字。

〔一一〕「不」，據文義補；「苟」，《敦煌變文集》《敦煌變文集新書》未能釋讀，《敦煌變文校注》《敦煌小説合集》釋作「一句」，《敦煌變文選注》（增訂本）釋作「□」，校補作「孃」。

〔一二〕「摽」，當作「飄」，《敦煌變文集》據文義校改，「摽」爲「飄」之借字。

〔一三〕「無」，《敦煌變文校注》認爲原作「元」；「□」，《敦煌變文校注》疑當作「有」。

〔一四〕「公」後有一字已被濃墨塗抹，《敦煌變文校注》補作「家」。

〔一五〕「故」，當作「古」，《敦煌變文集》據文義校改，「故」爲「古」之借字。

〔一六〕「情」，《敦煌變文集》、《敦煌變文集新書》、《敦煌變文校注》、《敦煌變文選注》（增訂本）、《敦煌小説合集》未能釋讀。

〔一七〕「師」，《敦煌變文集》《敦煌變文集新書》《敦煌變文選注》（增訂本）釋作「師□」。

〔一八〕「起」，當作「豈」，《敦煌變文選注》（增訂本）據文義校改，「起」爲「豈」之借字，《敦煌變文集新書》認爲「起」通「豈」，疑不確。

〔一九〕「□」，《敦煌變文校注》疑作「汝」。

〔二〇〕「畫」，當作「舒」，《〈秋胡變文〉校注拾補》據文義校改。按此字似先誤作「舒」之同音字「書」，後由「書」又誤作「畫」。

〔二一〕「附」，《敦煌變文校注》校作「祔」，按「附」通「祔」，不必校改；「身」，底本似「牙」，係「身」之俗體，《敦煌變文選注》（增訂本）校改作「身」。

〔二二〕「季」，當作「委」，《敦煌變文字義通釋》據文義校改，《敦煌變文集》校改作「知」。

〔二三〕「是」，《敦煌變文校注》認爲此字可删。

〔二四〕第二個「五」，《敦煌變文集》指出係衍文，當删，《敦煌變文集新書》認爲不當删，應係「之」字重文，按該字係「五」之重文，非「之」字，《敦煌小説合集》釋作「之」。

〔二五〕「恢」，當作「愜」，《敦煌變文集新書》據文義校改，《敦煌變文校注》認爲「恢」爲「愜」之俗字，《敦煌變文集》釋作「快」。

〔二六〕「道」，當作「手」，據文義改，蔣禮鴻指出「道」爲「首」之誤字，「首」是「手」的同音假借字。

〔二七〕「服」，《敦煌小説合集》校改作「袱」。

〔二八〕「逞」，當作「程」，《敦煌變文集》據文義校改，「逞」爲「程」之借字。

〔二九〕「逕」，《敦煌變文集》校改作「經」，《敦煌變文校注》指出「逕」有過義，不煩校改，近是。

〔三〇〕「領」，《敦煌變文集》校改作「嶺」，按「領」通「嶺」；「霜」，當作「霄」，《敦煌變文校注》據文義校改。

〔三一〕「劍」，當作「仞」，《敦煌變文集》據文義校改。

〔三二〕『尋』，底本作『潯』，係涉下文『澗』而成之類化俗字。

〔三三〕『汙』，當作『紆』，《敦煌變文集》據文義校改，『汙』爲『紆』之借字；『會』，當作『迴』，《敦煌變文集》據文義校改，『會』爲『迴』之借字。

〔三四〕『膠』，《敦煌變文集》校改作『交』，按不改亦可通。

〔三五〕第二個『道』，當作『通』，《敦煌變文集》據文義校改。

〔三六〕『從』，當作『蹤』，《敦煌變文集》據文義校改，『從』爲『蹤』之借字，《敦煌變文集新書》釋作『縱』，誤。

〔三七〕『峻』，《敦煌變文集》指出係衍文，當删。

〔三八〕『原』，《敦煌變文校注》校改作『源』，按『原』通『源』，不煩校改。

〔三九〕『領』，《敦煌變文集》校改作『嶺』，按『領』通『嶺』。

〔四〇〕『方』，當作『枋』，《敦煌變文校注》據文義校改，『方』爲『枋』之借字。

〔四一〕『騰』，當作『藤』，《敦煌變文校注》據文義校改，『騰』爲『藤』之借字。

〔四二〕『損』，當作『薰』，《〈秋胡變文〉校注拾補》據文義校改，『損』爲『薰』之借字；『風』，《敦煌變文集》《敦煌變文校注》釋作『凡』，《敦煌變文選注》（增訂本）釋作『凡』，校作『風』，按該字實爲『風』。《敦煌小説合集》疑此句有脱文。

〔四三〕『非』，當作『飛』，《〈秋胡變文〉校注拾補》據文義校改，『非』爲『飛』之借字。

〔四四〕『仕』，當作『是』，《敦煌變文集》據文義校改，『仕』爲『是』之借字。

〔四五〕『晚』，當作『曉』，據文義改，《敦煌變文集》校改作『完』，《敦煌變文校注》認爲或爲『既』之形訛。

〔四六〕『頭』，當作『投』，《敦煌變文集》據文義校改，『頭』爲『投』之借字。

〔四七〕『伴』，當作『佯』，《敦煌變文選注》（增訂本）據文義校改，《敦煌變文集》校改作『狂』。

〔四八〕『秦』，當作『奏』，《敦煌小説合集》據文義校改，《敦煌變文集》《敦煌變文集新書》《敦煌變文校注》《敦煌變文選注》（增訂本）逕釋作『奏』；『陳』，當作『魏』，《敦煌變文校注》據文義校改。

〔四九〕『患』，當作『忠』，《敦煌變文集》據文義校改。

〔五〇〕『毛』，《敦煌變文選注》（增訂本）校改作『文』；『霸』，《敦煌變文選注》（增訂本）校改作『露』。

〔五一〕『牀』，當作『麋』，《敦煌變文校注》據文義校改，《敦煌變文選注》（增訂本）校改作『牛』；『以』，當作『已』，《敦煌變文選注》（增訂本）據文義校改，『以』爲『已』之借字，《敦煌變文校注》釋作『一』。

〔五二〕『鳴』，《敦煌變文選注》（增訂本）校改作『鴻』。

〔五三〕『起』，《敦煌變文校注》校改作『豈』。

〔五四〕『度』，《〈秋胡變文〉校注拾補》認爲當校改作『莊』。

〔五五〕『哲』，原作古文，今釋作今文。

〔五六〕『生』，《敦煌變文校注》釋作『生於』，按底本實無『於』字。

〔五七〕『川』，《敦煌變文校注》釋作『州』，誤。

〔五八〕『祖』，當作『粗』，《敦煌變文集》據文義校改；『田』，當作『由』，《敦煌變文集》據文義校改。

〔五九〕『慈』，《敦煌變文校注》校改作『滋』。

〔六〇〕『片』，《敦煌變文集新書》校改作『席』。

〔六一〕『陳』，當作『魏』，《敦煌變文集》據文義校改。

〔六二〕『僖』，《敦煌變文集》《敦煌變文集新書》《敦煌變文選注》（增訂本）釋作『憘』，《敦煌變文校注》釋作『喜』，《敦煌小説合集》釋作『憘』校改作『喜』，按『僖』可通，不必釋作他字或校改。

〔六三〕『已』，《敦煌變文集》校改作『以』，按不改亦可通。

〔六四〕「佐」，《敦煌變文集》、《敦煌變文集新書》、《敦煌變文選注》（增訂本）、《敦煌小説合集》未能釋讀，《敦煌變文校注》釋作「國」。

〔六五〕「肛」，當作「肱」，《敦煌變文集》據文義校改。

〔六六〕「拜便」，當作「便拜」，《敦煌變文集》據文義校改，《〈秋胡變文〉校注拾補》認爲當校改作「便即」。

〔六七〕「賫」，《敦煌變文校注》釋作「賞」。

〔六八〕「譚」，當作「彈」，《敦煌變文集》據文義校改，「譚」爲「彈」之借字。

〔六九〕「煞」，《敦煌變文校注》釋作「殺」，認爲「煞」係「殺」之俗字，按「煞」有「殺」義，《敦煌變文選注》（增訂本）釋作「鄒」，校作「煞」，按底本實爲「煞」；「或」，當作「馘」，《敦煌變文集》據文義校改。

〔七〇〕「使」，《敦煌變文集》釋作「伎」，校改作「使」。

〔七一〕「陰」，當作「音」，《敦煌變文集》據文義校改，「陰」爲「音」之借字，《敦煌變文選注》（增訂本）逕釋作「音」；「符」，《敦煌變文選注》（增訂本）校改作「信」，按不改亦可通。

〔七二〕「來」，《敦煌變文校注》疑爲衍文，《敦煌變文選注》（增訂本）於其前補一「爾」字，《敦煌小説合集》將其斷入上句。

〔七三〕「憂」，當作「夏」，《敦煌變文集》據文義校改。

〔七四〕「見」，《敦煌變文校注》漏録。

〔七五〕「皈」，《敦煌變文校注》釋作「歸」，雖義可通而字誤。

〔七六〕「洛」，當作「落」，《敦煌變文集》據文義校改，「洛」爲「落」之借字。

〔七七〕「交」，當作「教」，《敦煌變文校注》據文義校改，「交」爲「教」之借字。

〔七八〕「不可」，《敦煌變文校注》認爲係衍文，當删，近是。

〔七九〕「疋」，《敦煌小説合集》釋作「匹」，雖義可通而字誤。
〔八〇〕「二」，當作「三」，《敦煌變文集》據文義校改。
〔八一〕「網」，當作「罔」，《敦煌變文集》據文義校改。
〔八二〕「以」，當作「與」，《敦煌變文校注》據文義校改。
〔八三〕「黄」，當作「皇」，《敦煌變文集》據文義校改，「黄」爲「皇」之借字。
〔八四〕「□」，底本此處原空一字，《敦煌變文校注》認爲因下文有「寧守餓而死」「可以守貧而死」句，所缺之字應爲「貧」「餓」之類。
〔八五〕「羔羊」，《敦煌變文集》、《敦煌變文集新書》、《敦煌變文校注》、《敦煌變文選注》（增訂本）、《敦煌小説合集》均釋作「羊羔」，按「羔」右側實有倒乙符號。
〔八六〕「以」，當作「已」，《敦煌變文集》據文義校改，「以」爲「已」之借字。
〔八七〕「列」，當作「烈」，《敦煌變文集》據文義校改，「列」爲「烈」之借字。
〔八八〕「甘露」，《敦煌變文校注》疑「甘露」下脱「普降」二字，另成一句；「但」，當作「誕」，《敦煌變文校注》據文義校改，「但」爲「誕」之借字。
〔八九〕「梨」，當作「黎」，《敦煌變文集》據文義校改，「梨」爲「黎」之借字。
〔九〇〕「由」，當作「猶」，《敦煌變文校注》據文義校改，「由」爲「猶」之借字。
〔九一〕「皈」，《敦煌變文校注》釋作「歸」，雖義可通而字誤，《敦煌變文選注》（增訂本）校改作「歸」，按不改亦可通。
〔九二〕「陳」，當作「魏」，《敦煌變文集》據文義校改。
〔九三〕「方總」，當作「萬物」，《敦煌變文集》據文義校改。

〔九四〕『置』，《敦煌變文校注》認爲底本該字有塗抹，應係衍文，當删，按底本『置』字有塗改，並未抹去；『六』，當作『立』，《敦煌變文選注》（增訂本）據文義校改，《〈秋胡變文〉校注拾補》認爲應校改作『之』，《敦煌變文校注》認爲底本該字有塗抹，應係衍文，當删；『於』，《敦煌變文校注》認爲底本該字有塗抹，應係衍文，當删，按底本該字未塗抹；『君』，《敦煌變文校注》校改作『群』。

〔九五〕『群』，《敦煌變文選注》（增訂本）據文義校補。

〔九六〕『肛』，當作『肱』，《敦煌變文集》據文義校改。

〔九七〕『才』，《敦煌變文校注》認爲底本有塗抹，該字不當録，按該字及上字『名』，確有塗抹痕跡，但墨色較淺。

〔九八〕『想』，當作『相』，《敦煌變文集》據文義校改，『想』爲『相』之借字。

〔九九〕『李』，當作『勒』，《〈秋胡變文〉校注拾補》據文義校改，『李』爲『勒』之借字，《敦煌變文校注》校改作『比於』。《敦煌變文選注》（增訂本）認爲此句有脱誤。

〔一〇〇〕『顔』，《敦煌變文校注》釋作『類』。

〔一〇一〕『臣』，《敦煌變文校注》釋作『因』。

〔一〇二〕『採』，當作『綵』，《敦煌變文集》據文義校改，『採』爲『綵』之借字。

〔一〇三〕『鄉』，當作『卿』，《敦煌變文集》據文義校改。

〔一〇四〕『憘』，《敦煌變文校注》釋作『喜』，《敦煌小説合集》校改作『喜』，按『憘』可通，不煩校改。

〔一〇五〕『起』，當作『悲』，《敦煌變文集》據文義校改。

〔一〇六〕『憘』，《敦煌變文校注》釋作『喜』，《敦煌小説合集》校改作『喜』，按『憘』可通，不煩校改。

〔一〇七〕『呈』，當作『程』，《敦煌變文集》據文義校改，『呈』爲『程』之借字。

〔一〇八〕『即』，《敦煌變文校注》於其後補『過』字。

〔一〇九〕「赴」，當作「覆」，《敦煌變文校注》據文義校改，「赴」爲「覆」之借字，《敦煌變文集》校改作「拂」。

〔一一〇〕「伏」，當作「復」，《敦煌變文校注》據文義校改，「伏」爲「復」之借字。

〔一一一〕「改」，《敦煌變文集》《敦煌變文集新書》均釋作「段」，校改作「改」。

〔一一二〕「占」，《敦煌變文集》校改作「瞻」，按「占」有「瞻」義，不煩校改。

〔一一三〕「窓」，當作「婉」，據文義改，「窓」爲「婉」之借字，《敦煌變文集》《敦煌變文集新書》《敦煌變文校注》《敦煌變文選注》（增訂本）逕釋作「婉」，《敦煌小説合集》釋作「怨」。

〔一一四〕「段」，當作「斷」，《敦煌變文校注》據文義校改，「段」爲「斷」之借字。

〔一一五〕「停暫」，當作「暫停」，《敦煌變文集》據文義校改。

〔一一六〕「上」，《敦煌變文校注》認爲底本模糊或爲「而」「且」之類。

〔一一七〕「古」，當作「故」，《敦煌變文集》據文義校改，「古」爲「故」之借字。

〔一一八〕「弊」，當作「蔽」，《敦煌變文校注》據文義校改，「弊」爲「蔽」之借字；「葉」，《敦煌變文集》、《敦煌變文集新書》、《敦煌變文校注》、《敦煌變文選注》（增訂本）、《敦煌小説合集》均釋作「桑」，雖義可通而字誤。

〔一一九〕「秋胡」二字旁原有删除符號，但從上下文看似乎有此二字更好，故未删除；「道言」，《敦煌變文集》《敦煌變文集新書》《敦煌變文校注》《敦煌變文選注》（增訂本）釋作「言道」。

〔一二〇〕「不」，《敦煌變文選注》（增訂本）於其前補「可」字。

〔一二一〕「葉」，《敦煌變文集》、《敦煌變文集新書》、《敦煌變文校注》、《敦煌變文選注》（增訂本）、《敦煌小説合集》均釋作「桑」，雖義可通而字誤。

〔一二二〕「遇」，《敦煌變文校注》據文義校補。

〔一二三〕「採」，當作「綵」，《敦煌變文集》據文義校改，「採」爲「綵」之借字。

〔一二四〕「陰」，當作「音」，《敦煌變文集》據文義校改，「陰」爲「音」之借字。
〔一二五〕「下」，當作「夏」，《敦煌變文集》據文義校改，「下」爲「夏」之借字。
〔一二六〕「爾」，《敦煌變文集》、《敦煌變文集新書》、《敦煌變文校注》、《敦煌變文選注》（增訂本）均釋作「而」，雖義可通而字誤。
〔一二七〕「採」，當作「綵」，《敦煌變文集》據文義校改，「採」爲「綵」之借字；「墮」，當作「垛」，《敦煌變文集》據文義校改，「墮」爲「垛」之借字。
〔一二八〕「取」，《敦煌變文校注》釋作「而」。
〔一二九〕「哀」，當作「中」，《敦煌小説合集》據文義校改，《敦煌變文集》《敦煌變文集新書》《敦煌變文校注》釋作「衷」，《敦煌變文選注》（增訂本）釋作「衷」，校改作「中」。
〔一三〇〕「交」，當作「教」，《敦煌變文校注》據文義校改，「交」爲「教」之借字。
〔一三一〕「可」，當作「何」，《敦煌變文集》據文義校改。
〔一三二〕「汝」，當作「乳」，《敦煌變文集》據文義校改，「汝」爲「乳」之借字。
〔一三三〕「以」，《敦煌變文校注》校改作「已」。
〔一三四〕「言」，《敦煌變文校注》認爲係衍文，當删。
〔一三五〕「其」，當作「期」，《敦煌變文校注》據文義校改，「其」爲「期」之借字。
〔一三六〕「愧」，當作「愧」，《敦煌變文集》據文義校改。
〔一三七〕「憘」，《敦煌變文校注》釋作「喜」，《敦煌小説合集》校改作「喜」，按「憘」可通，不煩校改。
〔一三八〕「必」，當作「畢」，《敦煌變文集》據文義校改，「必」爲「畢」之借字。
〔一三九〕「即」，當作「印」，《敦煌變文集》據文義校改。

〔一四〇〕『繒』，當作『贈』，《敦煌變文集》據文義校改，『繒』爲『贈』之借字。

〔一四一〕『謂』，當作『爲』，《敦煌變文集》據文義校改，『謂』爲『爲』之借字。

〔一四二〕『私』，《敦煌變文集》在其後補『情』字，《〈秋胡變文〉校注拾補》指出不補亦可通。

〔一四三〕『婆』，《敦煌變文選注》（增訂本）據文義校補；『家』，《敦煌變文選注》（增訂本）據文義校補。

〔一四四〕『交』，當作『教』，《敦煌變文校注》據文義校改，『交』爲『教』之借字。

〔一四五〕『來』，當作『未』，《敦煌變文校注》據文義校改。

〔一四六〕『繒』，當作『贈』，《敦煌變文集》據文義校改，『繒』爲『贈』之借字。

〔一四七〕『門』，《敦煌變文選注》（增訂本）校改作『闕』。

〔一四八〕『希』，《敦煌變文選注》（增訂本）校改作『孝』。

參考文獻

《敦煌變文匯録》，上海出版公司，一九五四年，二八七至二九四頁（録）；*Descriptive Catalogue of the Chinese Manuscripts from Tunhuang in the British Museum*, The Trustees of the British Museum, London 1957, pp. 230－231；《敦煌變文集》上，北京：人民文學出版社，一九五七年，一五四至一五九頁（録）；Mair, *Chinoperl Papers*, No. 10（1981）, p. 43；《河北師院學報》一九八一年二期，六一頁（録）；《敦煌寶藏》一册，臺北：新文豐出版公司，一九八一年，六七八至六八〇頁（圖）；《敦煌變文字義通釋》，上海古籍出版社，一九八一年，八五頁；《敦煌變文論文録》上，上海古籍出版社，一九八二年，三五頁；《敦煌孝道文學研究》，臺北：石門圖書公司，一九八二年，四二六頁；《敦煌研究》一九八六年一期，七七至八九頁；《敦煌講唱文學作品選注》，蘭州：甘肅人民出版社，一九八七年，二九四至三〇六頁（録）；

《敦煌文學作品選》，北京：中華書局，一九八七年，六七頁（録）；《敦煌文學》，蘭州：甘肅人民出版社，一九八九年，二八四頁；《英藏敦煌文獻》一卷，成都：四川人民出版社，一九九〇年，五七至五八頁（圖）；《敦煌話本、詞文、俗賦導論》，臺北：新文豐出版公司，一九九三年，三四至三七、四二至四四頁；《敦煌文學概論》，蘭州：甘肅人民出版社，一九九三年，三四六、三四八至三五一頁；《敦煌變文集新書》，臺北：文津出版社，一九九四年，九八一至九八七頁（録）；《民間文學》一九九四年四期，四六九至五一四頁；《敦煌變文校注》，北京：中華書局，一九九七年，二三二至二四二頁（録）；《敦煌變文選注》（增訂本），北京：中華書局，二〇〇六年，三六三至三八六頁（録）；《古籍整理研究學刊》二〇〇八年六期，二五至二七頁；《敦煌小説合集》，杭州：浙江文藝出版社，二〇一〇年，三八二至三九二頁（録）；《英國國家圖書館藏敦煌遺書》三册，桂林：廣西師範大學出版社，二〇一一年，一六至二〇頁（圖）。

釋文

謝琨（安）[一]，晉大傅[二]。時寒，與兄（兒）女講論文義[三]。大傅曰[四]：白雪雰雰何所似？兄子曰：散鹽空中差可擬。兄女曰：未若柳絮因風起。兄女大將軍王凝〔之〕妻[五]。

敬道，名桓（玄）[六]，子（字）敬道[七]，晉時沛人。與殷仲堪因共嘲之[八]。桓曰：火燒平原無遺燎。殷曰：投魚深泉放飛鳥。顧曰：白布纏根樹旒旐[九]。次復謂危，桓曰：稍（矛）頭斬火劍頭炊[一〇]。殷曰：百歲老翁罼（攀）枯枝[一一]。顧曰：井上櫨（轆）櫨（轤）卧小兒[一二]。又曰：盲人騎瞎驢臨深池。

應奉於汝潁[一三]，識袁賀於半面[一四]，後廿年，見賀識之。又奉爲法（決）曹史[一五]，録囚數百人，奉口誦名字及罪輕重，無有遺脱。太守奇之，舉孝廉，遷會稽太守。後漢人。

蔡琰，後漢陳留人。年九歲，其父蔡邕夜鼓琴，一絃絶，琰曰：第二絃絶[一六]。邕更斷一絃而問之，對曰：第四絃絶[一七]。邕曰：汝偶得之。琰曰：昔吴札觀化[一八]，知國之興；師曠吹律，識南〔風〕不競〔一九〕。以此推之，何足怪？

楊脩，字德〔祖〕〔二〇〕，魏初弘農人。爲曹操主簿，巡行至江南，讀《曹娥碑》，碑背上有八字〔二一〕：黄絹幼婦，外生（甥）齏臼〔二二〕。曹公見之，不解，問德祖曰曰〔二三〕：卿知之不？德祖曰：知之。曹公曰：卿勿言，待孤思之。行卅里，公得之，向祖曰：知矣，卿解之。德祖曰：黄絹，色絲；色絲，絶字。幼婦，少女；少女，妙字。外生（甥）〔二四〕，女子；女子，好字。齏臼〔二五〕，受辛；受辛，辭字。所謂『〔絶〕妙好辭〔二六〕』。曹公笑曰：實知（如）孤意〔二七〕，有智無智，智隔卅里。

黄琬，字子珪（琰）〔二八〕，後漢江下（夏）人也〔二九〕。祖〔文〕瓊〔三〇〕，爲魏郡太守。曾（會）日蝕〔三一〕，有詔問蝕多少，瓊未知所對。琬年六歲，在傍曰：何不言『日蝕之餘，似月之初〔三二〕』？瓊大驚，即以言應詔。仕至司空。琬京師知名，位至太尉。

路婦人，孔子行，見之，戴象牙櫛，謂諸弟子：誰能得之？顔回曰：回能得之。即往婦人前跪曰：吾聞徘徊之山〔三三〕，百草生於上，有枝而無葉，萬獸長其裹，有飲而無食，故從夫人即綱（借）借（綱）而捕之〔三四〕。婦人即取櫛而與之。回曰：夫人不問由委，乃與回櫛，何也？婦人曰：徘徊山者〔三五〕，君頭也；百草生其上，有枝無葉，君之髮也；萬獸集其裹，君虱也；借綱捕之者，吾櫛也。與之櫛，何怪也？孔子曰：婦人上（尚）

爾〔三六〕，況學士乎？

晉元帝之子明帝，年數歲，聰哲。時有使從長安來，帝問消息。元帝因問曰：日近？長安近？明帝曰：長安近。曰：何以知之？對曰：只聞人從長安來，不聞從日邊來，是以知長安近。元帝異之。後復〔問〕之〔三七〕，答曰：日近。帝問：汝昨言長安近，今何言日近？對曰：舉頭見日，不見長安，是知日近。

趙岐，字邢卿，京兆人〔三八〕。遇疾甚，誡其子曰：吾〔遯〕無巢〔三九〕、由之操，士（仕）無伊〔四〇〕、吕之勳，天下不與我〔四一〕，復何言吾死！吾死之後〔四二〕，置圓〔石〕墓前〔四三〕，刻曰：漢有逸人，姓趙名岐，立志無時，天命也。後瘳，仕至太僕。

舜以天下之位讓善卷，善卷曰：吾冬衣皮毛，春衣絺葛，春耕之以肆力，秋收足以自給，日出而作，日入而息，鑿井而飲，耕田而食，安能受事乎？乃棄妻子入山，終身不出。《莊子·逍（讓）遥（王）篇》〔四四〕。

任永君，武陽人。王莽篡位，不仕，遂託清（青）盲〔四五〕。其妻謂實盲，共人婬於目前，永君不言；見〔子〕墮井〔四六〕，志（忍）而不救〔四七〕。及莽敗，世祖中興，永君曰：世適平，目即明。婬者自煞。光武時。

劉寬爲太尉，〔侍〕靈帝坐〔四八〕，酒醉，帝曰：太尉醉耶？對曰：臣不敢醉，但任重責大，憂心如醉。〔帝〕重其言[四九]。

晉元帝時，皇太子生，並賜群臣物。殷〔洪〕喬謝曰[五〇]：太子誕育，普天同慶，臣無勳焉，猥預（頒）厚賞[五一]。帝曰：如此之事，豈可使卿有其勳也。

南瑕子過程本[五二]，本爲之烹鯢魚。瑕曰：吾聞君子不食鯢魚。程本曰：君非君子，何事比焉？瑕曰：吾聞之：上士者，廣德也；下比者，交行也。比善以自進，比惡以自退也。《詩》云：高山仰之（止）[五三]，景行行之（止）[五四]。吾豈敢自以爲君子哉！

郭淮，太原人。魏文帝初受禪，郭淮奉使賀之，遇疾後至。（下缺）

説明

此件首全尾缺，起『謝琨（安）』，訖『遇疾後至』。其記事多取自史書。其中『投魚深淵』，『淵』作『泉』，避唐高祖李淵諱，則此件當抄於唐以後。

校記

〔一〕『琨』，當作『安』，《敦煌類書》據相關文獻校改。
〔二〕『大』，《敦煌類書》釋作『太』，雖義可通而字誤。
〔三〕『兄』，當作『兒』，《敦煌類書》據相關文獻校改。
〔四〕『大』，《敦煌類書》漏録。

〔五〕「之」，《敦煌類書》據相關文獻校補。

〔六〕「桓」，當作「玄」，《敦煌類書》據文義校改。

〔七〕「子」，當作「字」，《敦煌類書》據文義校改，「子」爲「字」之借字。

〔八〕「堪」，《敦煌類書》於其後補「語次」二字。

〔九〕「根」，《敦煌類書》釋作「棺」，誤。

〔一〇〕「稍」，《敦煌類書》釋作「指」，當作「矛」，《敦煌類書》據相關文獻校改。

〔一一〕「舉」，當作「攀」，《敦煌類書》據相關文獻校改。

〔一二〕「樚」，當作「轆」，據《世説新語·排調篇》改，「樚」爲「轆」之借字，《敦煌類書》逕釋作「轆」；「櫨」，當作「轤」，據《世説新語·排調篇》改，「櫨」爲「轤」之借字，《敦煌類書》逕釋作「轤」。

〔一三〕「於」，《敦煌類書》校改作「遊」。

〔一四〕「於」，《敦煌類書》校改作「出」。

〔一五〕「法」，當作「决」，《敦煌類書》據《後漢書》卷四八《應奉傳》校改。

〔一六〕「第」，底本原作「弟」，因二字形近，在手書中易混，故據文義逕釋作「第」。

〔一七〕「第」，底本原作「弟」，因二字形近，在手書中易混，故據文義逕釋作「第」。

〔一八〕「化」，《敦煌類書》釋作「樂」。

〔一九〕「風」，《敦煌類書》據文義校補。

〔二〇〕「祖」，《敦煌類書》據相關文獻校補。

〔二一〕「背」，《敦煌類書》漏録。

〔二二〕「生」，當作「甥」，《敦煌類書》據文義校改，「生」爲「甥」之借字；「齏」，《敦煌類書》釋作「虀」。

〔二三〕第二個「曰」，據文義係衍文，當删。
〔二四〕「生」，當作「甥」，《敦煌類書》據文義校改，「生」爲「甥」之借字。
〔二五〕「齏」，《敦煌類書》釋作「虀」。
〔二六〕「絶」，《敦煌類書》據相關文獻校補。
〔二七〕「知」，當作「如」，《敦煌類書》據文義校改。
〔二八〕「珪」，當作「琰」，《敦煌類書》據《後漢書》卷六一《黄琬傳》校改。
〔二九〕「下」，當作「夏」，《敦煌類書》據文義校改，「下」爲「夏」之借字。
〔三〇〕「文」，《敦煌類書》據《後漢書》卷六一《黄琬傳》校補。
〔三一〕「曾」，當作「會」，據文義改。
〔三二〕「月」，《敦煌類書》於其後補一「生」字，按《後漢書》卷六一《黄琬傳》即無「生」字。
〔三三〕「俳佪」，《敦煌類書》校改「徘徊」，按不改亦可通。
〔三四〕「網借」，當作「借網」，據文義及《琱玉集》改。
〔三五〕「俳佪」，《敦煌類書》釋作「徘徊」，雖義可通而字誤。
〔三六〕「上」，當作「尚」，《敦煌類書》據《琱玉集》校改，「上」爲「尚」之借字。
〔三七〕「問」，《敦煌類書》據文義校補。
〔三八〕「兆」，《敦煌類書》釋作「昭」校作「兆」，按底本實爲「兆」。
〔三九〕「遯」，據《後漢書》卷六四《趙岐傳》補。
〔四〇〕「士」，當作「仕」，據《後漢書》卷六四《趙岐傳》改，「士」爲「仕」之借字。
〔四一〕「下」，《敦煌類書》指出據《後漢書》卷六四《趙岐傳》係衍文，當删；「我」，《敦煌類書》斷入下句，誤。

〔四二〕『吾死』，係重文符號，《敦煌類書》漏録。

〔四三〕『石』，據《後漢書》卷六四《趙岐傳》補。

〔四四〕『逍遥』，當作『讓王』，《敦煌類書》據《莊子》校改。

〔四五〕『清』，當作『青』，《敦煌類書》據《後漢書》卷八一《獨行列傳》校改，『清』爲『青』之借字。

〔四六〕『子』，《敦煌類書》據《後漢書》卷八一《獨行列傳》校補。

〔四七〕『志』，當作『忍』，據《後漢書》卷八一《獨行列傳》校改，《敦煌類書》逕釋作『忍』。

〔四八〕『侍』，《敦煌類書》據文義校補。

〔四九〕『帝』，《敦煌類書》據《後漢書》卷二五《劉寬傳》校補。

〔五〇〕『洪』，《敦煌類書》據《世説新語·排調篇》校補。

〔五一〕『預』，當作『頒』，《敦煌類書》據《世説新語·排調篇》校改。

〔五二〕『本』，《敦煌類書》認爲係『太子』之合文。

〔五三〕『之』，當作『止』，據文義改，『之』爲『止』之借字。

〔五四〕『之』，當作『止』，據文義改，『之』爲『止』之借字。

参考文献

Descriptive Catalogue of the Chinese Manuscripts from Tunhuang in the British Museum, The Trustees of the British Museum, London 1957, p. 231；《人文研究》一九五七年八卷七號，一六頁；《後漢書》，北京：中華書局，一九六五年，二〇三九至二〇四〇、二一二一、二六七〇頁；《敦煌寶藏》一册，臺北：新文豐出版公司，一九八一年，六八〇至六八一頁

（圖）；《琱玉集》，北京：中華書局，一九八五年，一〇至一二頁；《英藏敦煌文獻》一卷，成都：四川人民出版社，一九九〇年，五九頁（圖）；《敦煌類書》，高雄：麗文文化事業股份有限公司，一九九三年，八五、二八七至二八八、一一九六至一一九七頁（録）；《世説新語校箋》，北京：中華書局，二〇〇一年，四二五、四四〇頁；《英國國家圖書館藏敦煌遺書》三册，桂林：廣西師範大學出版社，二〇一一年，二一至二三頁（圖）。

女先明年貳拾歲　妻

男明魁年叁拾伍歲

男思社年叁拾貳　白丁

男明春年叁拾伍歲　白丁

敦煌社會歷史文獻釋録第一編

策劃、主編：郝春文

英藏敦煌社會歷史文獻釋録

第一卷

〔修訂版〕

下册

郝春文、杜立暉、宋雪春、游自勇、武紹衛、董大學、聶志軍、李鳳艷、韓鋒、侯愛梅 編著

原第一卷編著：郝春文

助編：史睿、劉屹、朱俊鵬、張華宇

社會科學文獻出版社
SOCIAL SCIENCES ACADEMIC PRESS (CHINA)

本册目録

斯一三四　毛詩鄭箋（豳風七月）

釋文

毛詩國風〔一〕　鄭氏箋

周公遭變故〔二〕，陳后稷先公風化之所由〔三〕，致王業之艱難也〔四〕。周公遭變者〔五〕，管蔡流言〔六〕，避之〔七〕，居東都〔八〕。七月流火〔九〕，九月授衣。火，大火也。流，下也，九月霜始降，婦功成，可以授冬衣矣〔一〇〕，箋云：大火者，寒暑之候也，火星中而寒暑退。故言將寒先著火星所在也〔一一〕。一之日觱發，二之日栗烈，無衣無褐，何以卒歲？一之日，十之餘〔一二〕。一之日，周正月也。觱發，風寒也。二之日，殷正月也。栗烈，寒氣也。箋云：褐〔一三〕，毛布〔一四〕。卒，終也。此二月（正）正（之）之（月）〔一五〕，人之貴者無衣，賤者無褐，何以終歲乎〔一六〕？故八月則當績者矣〔一七〕。三之日于耜，四之日舉趾，同我婦子，饁彼南畝，田畯至喜。三之日，夏正月也，豳地晚寒〔一八〕，于耜，始脩耒耜也。四之日，周四月也，民無不舉足而耕矣。饁，饋也。田畯，田大夫也。箋云：同，猶俱也。喜，讀爲饎，饎，酒食也。耕者之婦子俱以饟饋〔一九〕，來至於南畝之中，其見田大夫也〔二〇〕，又爲設酒食焉。言勸其事，又愛其吏也。此章陳人衣食急〔二一〕，餘章廣而成之。七月流火〔二二〕，九月授衣。箋云：將言女功之始，故又本於此也〔二三〕。春日載陽，有鳴倉庚。女執懿匡〔二四〕，遵彼微行，爰求柔桑。倉庚，離黄也。懿匡，深匡也。微行，牆下徑也。五畝之宅，樹之〔以〕桑〔二五〕。箋云：載之言則也。陽，温也。温而倉庚又鳴，可蠶之候也。柔桑，稺桑者也〔二六〕。春日遲遲，采蘩（蘩）祁祁〔二七〕，女心傷悲，殆及公子同歸。遲遲，舒緩也。蘩，藩（皤）蒿也〔二八〕，所以生蠶。祁祁，衆多也。傷悲，感事苦也。春女悲，秋士思〔二九〕，感其物化也。殆，始也〔三〇〕。及，與也。豳公子躬率其民，同時〔出〕〔三一〕，〔同〕〔時〕歸〔三二〕。箋云：春女感陽氣而思男，秋士感陰氣而思女〔三三〕，是其物化，所以悲也。悲則始有與公子同歸之志〔三四〕，欲嫁焉。女感事苦而生此志，此謂《豳風》〔三五〕。

七月流火，八月萑葦〔三六〕。薍爲萑，葭爲葦。豫蓄萑葦〔三七〕，可以爲曲也〔三八〕。箋云：將言女功自始至成，故亦又〔本〕於此者〔三九〕。

蠶月條桑，取彼斧斨，以伐遠揚，猗彼女桑。斨，方銎也。遠，枝遠也。揚，條揚也。角而束之曰猗。女桑，夷桑〔四〇〕。箋云：條桑，枝落者采其葉也〔四一〕。女桑少枝，長條不枝，落者束而采之。

七月鳴鵙，八月載績，載玄載黄，我朱孔陽，爲公子裳。鵙，伯勞〔四二〕。載績，絲事畢而麻事起矣。玄，黑而有赤也。朱，染勳（纁）〔四三〕。陽，明也。祭服，玄衣熏（纁）裳〔四四〕。箋云：伯勞鳴，將寒之候也。五月則鳴〔四五〕，豳地晚寒，鳥物之候從其炁焉〔四六〕。凡染者，春暴練，夏熏（纁）玄〔四七〕，秋染夏。爲公子裳，厚於所貴而説者〔四八〕。

四月秀葽，五月鳴蜩，八月其穫，十月隕蘀。不榮而實曰秀葽。葽，草也。蜩，螗也。穫，亦穫也〔四九〕。隕，墜也〔五〇〕。蘀，落也。箋云：《夏小正》：『四月王萯莠（秀）葽〔五一〕。』其是乎？秀葽也，鳴蜩也，禾穫也〔五二〕，隕蘀也，四者物成而將寒之候也〔五三〕。物成自秀葽始。

一之日于貉〔五四〕，取彼狐狸〔五五〕，爲公子裘。于貉，謂取狐狸、貉之皮也〔五六〕。狐貉之厚以居，孟冬則天子始裘〔五七〕。箋云：于貉，往捕貉〔五八〕，自以爲裘也〔五九〕。狐狸以供尊者〔六〇〕，言此時寒〔六一〕，宜助女功者〔六二〕。

二之日其同，載纘武功，言私其豵〔六三〕，獻豜于公。纘，繼也〔六四〕。功，事也。豕一歲曰豵，三歲曰豜。大獸公之，小獸私之。箋云：其同者，君臣及民因習兵事〔六五〕，俱出田獵也〔六六〕。不用仲冬，亦豳土晚寒也〔六七〕。豕生三歲曰豵者也〔六八〕。

五月斯螽動股，六月莎鷄振羽，七月在野，八月在宇，九月在户，十月蟋蟀，入我牀下。斯螽，蚣蝑也。莎鷄羽成，振迅之矣〔六九〕。箋云：自『七月在野』至『十月入我牀下』，皆謂蟋蟀也。言三物之始此〔七〇〕，著將寒之有漸〔七一〕，非卒來〔七二〕。

穹窒熏鼠，塞向墐户〔七三〕。穹，窮。窒，塞也。向，北出牖也。墐，塗也。庶人蓽户〔七四〕。箋云：爲此四者以備寒。

嗟我婦子，曰爲改歲，入此室處。箋云：『〔曰〕爲改歲者〔七五〕』，〔歲〕終〔七六〕。而『一之日觱發，二之日栗烈』，當避寒氣而入穹窒墐户之室而居〔七七〕。

〔至〕此而女功止者也〔七八〕。

六月食鬱及薁，七月亨葵及叔（菽）〔七九〕，八月剥棗。十月穫稻，爲此春酒，以介眉壽。鬱，棣屬也〔八〇〕。薁，蘡〔薁〕也〔八一〕。剥，擊也。春酒，凍醪也。眉壽，豪眉也。箋云：介，〔助〕也〔八二〕。既以鬱及棗助男之功〔八三〕，又穫稻而釀酒，以助其養老之具也〔八四〕。此之謂豳雅者〔八五〕。七月食瓜，八月斷壺，九月叔苴。采荼薪樗，食我農夫。壺，瓠也。叔，拾也。苴，麻〔子〕也〔八六〕。樗，惡木也。箋云：瓜瓠之畜〔八七〕，麻實之糝，乾荼之菜，惡木之薪，亦所以助男功〔八八〕，養農夫之具者也〔八九〕。

九月築場圃。春夏爲圃，秋冬爲場。箋云：場圃同地耳〔九〇〕。物生之時，和治之以種養菜茹〔九一〕，物盡成〔九二〕，築堅以爲場。十月納禾稼，黍稷重穋〔九三〕，禾麻叔（菽）麥〔九四〕。後熟（下缺）

説明

此件首尾均缺，上殘，起『毛詩國風　鄭氏箋』，訖『後熟』，所存内容爲『毛詩鄭箋（豳風七月）』。原件有朱筆校改和朱筆句讀。羅振玉推斷其爲唐人寫本（參見《松翁近稿》，一七至一八頁）。

現知敦煌文獻中對此件有校勘價值的寫本還有斯二〇四九＋伯四九九四，該件首缺尾全，起『流火』，訖尾題『毛詩卷第九』。

以上釋文以斯一三四爲底本，以流行較廣的《十三經注疏》中之《毛詩正義》（中華書局，一九八〇年）（稱其爲甲本）和斯二〇四九＋伯四九九四（稱其爲乙本）參校。本書第九卷整理斯二〇四九＋伯四九九四時，曾以此件參校，故此次整理底本與乙本之異文不再一一出校。

校記

〔一〕『毛詩國』，據殘筆劃及甲本補。
〔二〕『周公遭』，據甲本補。
〔三〕『公風化之所由』，據甲本補。
〔四〕『致王』，據甲本補。
〔五〕『公遭變者』，據甲本補。
〔六〕『管蔡』，據甲本補。
〔七〕『避』，甲本作『辟』，『辟』有『避』義；『之』，甲本無。
〔八〕『東都』，據甲本補。
〔九〕『七』，據甲本補。
〔一〇〕『矣』，據甲本補。
〔一一〕『言將』，甲本作『將言』；『著』，據殘筆劃及甲本補；『星』，甲本脱；『也』，甲本無。
〔一二〕『餘』，甲本作『餘也』。
〔一三〕『褐』，據甲本補。
〔一四〕『毛布』，據甲本補。此句後甲本有『也』字。
〔一五〕『月正之』，當作『正之月』，據甲本改。
〔一六〕『何』，甲本作『將何』。
〔一七〕『故』，甲本作『是故』；『者矣』，甲本作『也』。
〔一八〕『地』，甲本作『土』。

〔一九〕『饋』，甲本無。

〔二〇〕『也』，甲本無。

〔二一〕『衣食急』，甲本作『以衣食爲急』，近是。

〔二二〕乙本始於此句。

〔二三〕『故』，據殘筆劃及甲、乙本補；『於』，甲本作『作』，《敦煌經部文獻合集》指出『於』爲是；『也』，甲本無。

〔二四〕『匡』，甲本作『筐』，『匡』有『筐』義。傳文同此，不另出校。

〔二五〕『以』，據甲本補。

〔二六〕『者』，甲本無。

〔二七〕『繁』，當作『蘩』，據甲本改，『繁』爲『蘩』之借字。

〔二八〕『藩』，甲本作『白』，當作『皤』，據乙本改。

〔二九〕『思』，甲本作『悲』。

〔三〇〕『也』，甲本無。

〔三一〕『出』，據甲本補。

〔三二〕『同時』，據甲本補；『歸』，甲本作『歸也』。

〔三三〕『而思』，據殘筆劃及甲本補。

〔三四〕『公子』，據甲、乙本補。

〔三五〕『此』，甲本作『是』。

〔三六〕『萑』，底本、乙本原寫作『萑』，甲本作『萑』，《敦煌經部文獻合集》認爲『萑』爲『萑』之俗字，此從之，《敦煌經部文獻合集》還認爲『萑』爲誤字，但據《康熙字典》，『萑』字亦可通，且『萑』同『萑』。以下同，不另出校。

〔三七〕『蓄』，甲本作『畜』，均可通，《敦煌經部文獻合集》認爲『畜』爲『蓄』之借字。

〔三八〕『曲』，底本原作『苗』，後用朱筆校改作『曲』，《敦煌經部文獻合集》及本書第九卷認爲底本作『苗』，誤。

〔三九〕『本』，據甲、乙本補；『者』，甲本無。

〔四〇〕『夷』，甲本作『荑』，均可通；『桑』，甲本作『桑也』。

〔四一〕『者』，甲本無。

〔四二〕『劳』，甲本作『劳也』。

〔四三〕『染』，甲本作『深』，誤；『蘍』，當作『纁』，據甲本改，《敦煌經部文獻合集》認爲『蘍』爲『纁』之俗字。此句後甲本有『也』字。

〔四四〕『熏』，當作『纁』，據甲本改，『熏』爲『纁』之借字。

〔四五〕『月則鳴』，據甲、乙本補。

〔四六〕『炁』，甲、乙本作『氣』，均可通。

〔四七〕『熏』，當作『纁』，據甲本改，『熏』爲『纁』之借字。

〔四八〕『所貴而説者』，甲本作『其所貴者説也』。

〔四九〕此句甲、乙本作『禾可獲也』，是。

〔五〇〕『也』，甲本無。

〔五一〕『萯』，據甲本補；『莠』，當作『秀』，據甲、乙本改，『莠』爲『秀』之借字。

〔五二〕『禾穫』，甲本作『穫禾』。

〔五三〕『者』，甲本作『者皆』；『也』，甲本無。

〔五四〕「狢」，甲本作「貉」，《敦煌經部文獻合集》認爲「狢」爲「貉」之後起换旁字。

〔五五〕「貍」，甲本作「貍」，《敦煌經部文獻合集》認爲「貍」爲「貍」之後起换旁字。

〔五六〕「貉」，甲本無，疑脱；「之」，甲本無。

〔五七〕「則」，甲本無。

〔五八〕「捕」，甲本作「搏」；「狢」，甲本作「貉」。

〔五九〕「自以」，甲本作「以自」，《敦煌經部文獻合集》認爲底本誤。

〔六〇〕「供」，乙本同，甲本作「共」，均可通。

〔六一〕「此」，甲本作「此者」；「時寒」，據殘筆劃及甲、乙本補。

〔六二〕「者」，甲本無。

〔六三〕「猻」，甲本作「豵」，「豵」爲「猻」之本字，《敦煌經部文獻合集》認爲「猻」爲俗字。以下同，不另出校。

〔六四〕「也」，甲本無。

〔六五〕「事」，甲本脱。

〔六六〕「獵」，甲本脱。

〔六七〕「土」，甲本作「地」，《敦煌經部文獻合集》認爲當作「地」。

〔六八〕「歲」，甲本無，《敦煌經部文獻合集》認爲當以甲本爲是；「者也」，甲本無。

〔六九〕「振」，甲本作「而振」；「迅」，甲本作「訊」，「訊」本作「迅」，《敦煌經部文獻合集》認爲「訊」爲「迅」之借字；「矣」，甲本無。

〔七〇〕「言」，甲、乙本作「言此」，本書第九卷漏校；「始」，甲本作「如」，《敦煌經部文獻合集》認爲「始」誤。

〔七一〕「之」，甲本無。

〔七二〕「非卒來」，底本原在下句《箋》文「爲此四者以備寒」之下，《敦煌經部文獻合集》指出此係脱於此而補於彼者，此從之，將其釋録於此。此句後甲本有「也」字。
〔七三〕「户」，據殘筆劃及甲、乙本補。
〔七四〕「人」，據殘筆劃及甲、乙本補。
〔七五〕「曰」，據甲、乙本補。
〔七六〕「歲」，據甲、乙本補。
〔七七〕「入」，甲本作「入所」；「居」，甲本作「居之」。
〔七八〕「至」，據甲、乙本補；「者也」，甲本無。
〔七九〕「叔」，當作「菽」，據甲本改，「叔」爲「菽」之借字。
〔八〇〕「也」，甲本無。
〔八一〕「薁」，據甲本補。
〔八二〕「助也」，據甲、乙本補。
〔八三〕「鬱」，甲本作「鬱下」；「之」，甲本無。
〔八四〕「也」，甲本無。
〔八五〕「此之」，甲本作「是」；「者」，甲本無。
〔八六〕「子」，據甲本補。
〔八七〕「蓄」，甲本作「畜」，均可通，《敦煌經部文獻合集》認爲「畜」爲「蓄」之借字。
〔八八〕「功」，甲本脱。
〔八九〕「者也」，甲本無。

〔九〇〕『耳』，甲本作『自』，誤。

〔九一〕『和』，甲本作『耕』，《敦煌經部文獻合集》認爲『和』義勝；『養』，甲本無。

〔九二〕『物盡成』，甲本作『至物盡成熟』。

〔九三〕『重穋』，據甲、乙本補。

〔九四〕『禾』，據甲、乙本補；『叔』，當作『菽』，據甲本改，『叔』爲『菽』之借字。

參考文獻

《松翁近稿》，上虞羅氏，一九二五年，一七至一八頁；《藝觀》一九二九年六期，九至一〇頁；*Descriptive Catalogue of the Chinese Manuscripts from Tunhuang in the British Museum*, The Trustees of the British Museum, London 1957, p. 230；《孔孟學報》一九六九年一七期，一四九至一八一頁；《敦煌古籍敘録》，北京：中華書局，一九七九年，三四至三五頁；《十三經注疏》，北京：中華書局，一九八〇年，三八七至三九一頁；《敦煌寶藏》一册，臺北：新文豐出版公司，一九八一年，六八二至六八三頁（圖）；《敦煌叢刊初集》七册，臺北：新文豐出版公司，一九八五年，三至五頁（録）；《敦煌古籍敘録新編》二册，臺北：新文豐出版公司，一九八六年，二七一至二七九頁（圖）；《英藏敦煌文獻》一卷，成都：四川人民出版社，一九九〇年，六〇至六一頁（圖）；《英藏敦煌文獻》三卷，成都：四川人民出版社，一九九〇年，一九四至二〇一頁（圖）；《法藏敦煌西域文獻》三三册，上海古籍出版社，二〇〇五年，三四五頁（圖）；《敦煌經部文獻合集》二册，北京：中華書局，二〇〇八年，七四〇至七四二頁（録）；《英藏敦煌社會歷史文獻釋録》九卷，北京：社會科學文獻出版社，二〇一二年，一至三〇頁（録）；《英國國家圖書館藏敦煌遺書》三册，桂林：廣西師範大學出版社，二〇一一年，二四至二六頁（圖）。

斯一六一　大佛名懺悔文

釋文

（前缺）

起慈悲心，無彼我想（相）〔一〕，□即是分別〔二〕。以分別故〔三〕，起諸相著〔四〕，□生諸煩惱〔五〕；煩惱因緣，造諸惡業〔六〕；□

第六念報佛恩者〔七〕。如來往昔無量劫中〔八〕，捨頭目髓腦〔九〕，支節手足，國城妻子〔一〇〕，□爲我等故〔一一〕，脩諸苦行，此恩此德，實難酬報〔一二〕。□若以頂戴兩肩，荷負於恒沙劫〔一三〕，□我等欲報如來恩者〔一四〕，當於此世勇猛精進〔一五〕，捍勞忍苦〔一六〕，不惜身命，建立三寶，弘通大乘〔一七〕，□同入正道〔一八〕。

第七觀罪性空者。無有實相從因緣生〔一九〕，顛倒而有。既從因緣而生〔二〇〕，則可從因緣而滅。從因緣而生，狎近惡友，造作無端；從因緣而滅者，即是今日洗心懺悔。是故經言：此罪相〔不〕〔在〕〔内〕〔二一〕，不在外，不在中間，故知此罪從本是空生。如是等七種心，已緣想（相）十方諸佛賢聖〔二二〕，擎捲合掌，披陳至到，慚愧改革，舒歷心肝，洗蕩腸胃，如此懺悔，亦何障而不消〔二三〕？若復正爾修修，緩縱情慮，徒自勞形，於事何益？且復人命無常，喻如轉燭〔二四〕，一息不還，便向灰懷（壞）〔二五〕。三塗苦報，即身應受，不可以錢財寶貨囑託求脱，窈窈冥冥，恩赦無期，獨嬰此苦〔二六〕，無代受者。莫言我今生中無有此罪，所以不能墾（懇）到懺悔〔二七〕。經中道言：凡夫之人，舉足動步，無非是罪。又復過去生中，皆悉成就無量惡業，追逐行者，如影隨形〔二八〕。若不懺悔，〔罪〕惡日深〔二九〕，故苞藏瑕疵，佛教不許，説悔先罪，《淨名》所尚〔三〇〕。故知長淪苦海，寔由隱覆。是故弟子今日發露懺悔〔三一〕，不敢覆藏。所言三障者，一曰煩惱，二者爲業，三是果報。此三種法，更相由藉，因煩惱故，所以起惡業。惡〔業〕因緣〔三二〕，故得苦果。

是故弟子今日至心，第一先應懺悔煩惱障〔三三〕，又此煩惱，諸佛菩薩，入理聖人，種種呵責。亦詔此煩惱，以爲怨家，何以故？能斷衆生慧命根故〔三四〕；亦詔此煩惱〔三五〕，以之爲賊〔三六〕，能劫衆生諸善法〔三七〕；亦詔此煩惱，以爲瀑何（河）〔三八〕，能漂衆生入於生死大苦海故；亦詔此煩惱，以爲羈鎖，能繫衆生於生死獄，不能得出。所以六道牽連，四生不絶，惡業無窮，苦果不息，當知皆是煩惱過患。是故弟子今日運此增上善心，歸依佛。南無東方善德佛〔三九〕，　南無南方寶相佛，　南無西方普光佛，　南無北方相德佛，　南無東南方綱明佛，　南無西南方上智佛，　南無西北方花德佛，　南無東北方明智佛，　南無下方明德佛，　南無上方香積佛。

如是十方盡虚空界一切三寶。弟子從無始以來，至於今日，或在人天六道受報，有此心識，常懷愚或〔四〇〕，繁滿兇（胸）衿〔四一〕，或因三毒根造一切罪，或因三漏造一切罪〔四二〕。如是等罪〔四三〕，無量無邊，惱亂一切六道四生，今日慚愧，皆悉懺悔。　又復弟子無始以來，至於今日，或因四識住造一切罪，或因四流造一切罪〔四四〕，或因四執造一切罪，或因四緣造一切罪，或因四大造一切罪，或因四縛造一切罪，或因四食造一切罪，或因四生造一切罪。如是等罪〔四五〕，無量無邊，惱亂六道一切衆生，今日慚愧，皆悉懺悔。　又復弟子無始以來，至於今日，或因五住地煩惱造一切罪〔四六〕，或因五受根造一切罪〔四七〕，或因五蓋造一切罪，或因五慳造一切罪，或因五見造一切罪，或因五心造一切罪〔四八〕。如是等煩惱，無量無邊，惱亂六道一切四生，今日發露，皆〔悉〕懺悔〔四九〕。　又復弟子無始以來，至於今日，或因六情根造一切罪，或因六識造一切罪，或因六想造一切罪，或因六〔受〕造一切罪〔五〇〕，或因六行造一切罪，或因六愛造一切罪，或因六疑造一切罪。如是等煩惱，無量無邊，惱亂六道一切四生，今日慚愧發露，皆悉懺悔〔五一〕。　又復弟子無始以來，至於今日，或因七漏造一切罪，或因七使造一切罪，或因八到（倒）造一切罪〔五二〕，或因八垢造一切罪，或因八苦造一切罪。如是等〔罪〕[五三]，無量無邊，惱亂六道一切四生，今日發露，皆悉懺悔。又復無始以來，至於今日，或因九惱造一切罪，或因九結造一切罪，或因九上緣造一切罪，或因十煩惱造一切罪，或因十纏造一切罪，或因十一遍使造一切罪[五四]，或因十二入造一切罪，或因十六知見造一切罪，或因十八界造一切罪[五五]，或因二十五我造一切罪，或因六十二見造一切罪，或因見諦思惟、九十八使、百八煩惱、晝夜熾然、開諸漏門造一切罪，惱亂賢聖及以四生，遍滿三界，彌亙六道，無處可藏，無處可避，今日至到，向十方佛尊法聖衆[五六]，慚愧發露，皆悉懺悔。

願弟子承是懺悔三毒一切煩惱[五七]，〔所〕〔生〕〔功〕〔德〕[五八]，生生世世，三慧明，三達朗，三苦滅，三願滿；願弟子

承是懺悔四識等一切煩惱，所生功德，生生世世，廣四等心，立四信業，四惡趣滅，得四無畏；願弟子

承是懺悔五蓋等諸煩惱，〔所〕〔生〕〔功〕〔德〕[五九]，度五道，樹五根，淨五眼，成五分法身；願弟子

承是懺悔六愛等諸煩惱，所生功德，願生生世世具足六神通[六〇]，滿足六度業，不爲六塵惑，常行六妙行；又願弟子

承是懺悔七漏、八垢、九結、十纏等一切諸煩惱，所生功德，生生世世坐七淨花，洗塵

八水，具九斷智，成十地行；願以懺悔十一遍使及十二入、十八界等一切諸煩惱，所生功德，願十一空解，常用栖心自在〔六一〕，能轉十二行輪，具足十八不共之法，無量功德，一切圓滿〔六二〕。

夫論懺悔者，本是改往脩來，滅惡興善。人生居世，誰能無過？學人失念，尚起煩惱；羅漢結習，動身口業。豈況凡夫，而當無過？但智者先覺〔六三〕，便能改悔；愚者覆藏，遂使滋漫。所以積習長夜，曉悟無明〔六四〕。若能慚愧發露懺悔者，豈惟正是滅罪而已，亦復增長無量功德，樹立如來涅槃妙果〔六五〕。若欲行此法者，先當外肅形儀，瞻奉尊像，内起意敬〔六六〕，緣於想法，慊切至到，生二種心〔六七〕。何等爲二？一者，自念我此形命，難可常保，一朝散壞，不知此身何時可復。若復不值諸佛賢聖，忽遭逢惡友，造衆罪業，復應墮落深坑險趣。二者，自念我此生中雖得值遇如來正法，爲佛弟子〔六八〕，弟子之法，紹繼聖種，淨身口意，善法自居。而今我等，公自作惡，而復覆藏，言他不知，謂彼不見，隱匿在心，慠然無愧〔六九〕，此實天下愚或之甚。即今現有十方諸佛、諸大地菩薩、諸天神仙，何增（曾）不以清淨天眼見於我等所作罪惡〔七〇〕。又復幽頭（顯）靈祇〔七一〕，注記罪福〔七二〕，織（纖）豪無差〔七三〕。夫論作罪之人，命終之後，牛頭獄卒，録其精神，在閻羅王所，辯覈是非。當爾之時，一切怨對皆來證據，各言汝先屠戮我身〔七四〕，燒煮蒸炙；或言，汝先剥奪於我一切財寶，離我眷屬〔七五〕，我於今者始得汝便〔七六〕，於時現前澄（證）據〔七七〕，何得敢諱？唯應甘心分受宿殃。如經所明：地獄之中，不枉治人，若其平素所作衆罪，心自忘失者〔七八〕，是其生時造惡之處，一切諸相皆現在前。各言〔七九〕：汝昔在於我邊，作如是罪，今何得諱？是爲作罪，無藏隱處，於是閻魔羅王切齒呵責，將付地獄，歷劫窮年，求出莫由。此事不遠〔八〇〕，不開（關）他人〔八一〕，正是我身，自作自受。雖父子至親，一旦對至（質）〔八二〕，無代受者。衆等相與及其形休，體無衆疾，各自努力〔八三〕，與性命競，大怖至時，悔無所及。是故弟子至心歸依佛。　南無東方破疑淨光佛〔八四〕，　南無南方無優功德佛，　南無西方花嚴神通佛，　南無北方月殿清淨佛，　南無東南方破一切闇佛，南無西南方大哀觀佛，　南無西北方香氣放光明佛，　南無東北方無量功德海佛，南無下方斷一切疑佛，　南無上方離一切憂佛。

如是十方盡虛空界一切三寶。弟子等從無始以來，至於今日，積聚無明，障蔽心目〔八五〕，隨煩惱性，造三世罪。或耽染愛著，起於貪欲煩惱；或嗔恚忿怒，懷害煩惱；或惛憒瞪瞶，不了煩惱；或我慢自高，輕慠煩惱；疑或正道，猶豫煩惱；謗無因果，邪見煩惱；不識緣假，著我煩惱；迷於三世，執斷常煩惱〔八六〕；朋狎惡法，起見取煩惱；辟（僻）稟邪師〔八七〕，造戒取煩惱；乃至一等四執橫計煩惱。今日至誠，皆悉懺悔。又復無始以來，至於今日，守惜堅著，起慳悋煩惱；不攝六情，奢誕煩惱；心行弊惡，不忍煩惱；怠墮緩縱，不勤煩惱；情慮躁動，覺觀煩惱；觸境迷或，無知解煩惱；隨世八風，生彼我煩惱；諂曲面譽，不直心煩惱；横强難觸，不調和煩惱；易忿難悦，多含恨煩惱；嫉妒擊刺，佷戾煩惱；山（凶）險暴害〔八八〕，諂毒煩惱；乖背二諦，執相煩惱；於苦集滅道生顛倒煩惱；隨從生死十二因緣，流轉煩惱；乃至無始無明，住地恒沙煩惱；起四住地構於三界，苦果煩惱；如是如是諸煩惱。如是諸煩惱，無量無邊，惱亂賢聖，六道四生，今日發露，向十方佛尊法聖衆，皆悉懺悔。願弟子等承是懺悔，〔所〕〔生〕〔功〕〔德〕〔八九〕，貪瞋癡等，一切煩惱，生生世世，折憍慢憧（幢）〔九〇〕，竭愛欲水，滅瞋恚火，破愚癡闇，拔斷疑根，列諸見網，深識三界，猶如牢獄，四大毒蛇，五陰怨賊，六入空聚，愛詐親善，脩八聖道，斷無明源，正向涅槃，不休不息。卅七品，心心相應；十波羅蜜，常現在前。作禮一拜。

衆等相與，即今身心寂靜，無諂無障，正是生善滅惡之時。復應各起四種觀行，以爲滅罪作前方便，何等爲四？一者，觀於因緣；二者，觀於果報；三者，觀我自身；四者，觀如來身。第一觀因緣者〔九一〕，知我此罪，藉以無明不善，思惟無正，觀力不識其過，遠離善友、諸佛菩薩，隨逐魔道，行邪嶮逕。如魚吞鉤，不知其患；如蠶作繭，自縈自縛；如鵝（蛾）赴火〔九二〕，自燒自爛；以是因緣，不能自出。第二觀於果報者，所有諸惡，不善之業，三世流轉，苦果無窮，沈溺無邊，巨夜大海，爲諸煩惱，羅刹所食，未來生死，冥然無崖。設使報得轉輪聖王四天下，飛行自在，七寶具足，命終之後，不免惡趣。四空果報，三界尊極。福盡還作牛領中蟲，況復其餘無福得（德）者〔九三〕，而復懈怠，不勤懺悔，此亦譬如抱石沈淵，求出良難。　第三觀我自身〔九四〕，雖有正因，靈覺之性，而爲煩惱，黑暗叢林之所覆蔽，無了因力，不能得顯。我今應當發起勝心，破列無明，顛倒重障，斷滅生死，虛僞苦因，顯發如來大明覺慧，建立無上涅槃妙果。　第四觀如來身，無爲寂照，離四句，絶百非，衆德具足，湛然常住，雖復方便，入於滅度，慈悲救接，未曾暫捨，生如是心，可謂滅罪之良津，除障之要行。是故弟子今日至誠歸依佛〔九五〕。

南無東方勝藏珠光佛，　南無南方寶積示現佛，　南無西方法界智燈佛。南無北方最勝降伏佛，　南無南方龍自在王佛，　南無西南方轉一切生死佛，　南無西北方無邊智自在佛，　南無東北方無邊功德月佛，　南無下方海智神通佛，　南無上方一切勝王佛。

如是十方盡虛空界一切三寶。弟子等無始以來〔九六〕，至於今日，長養煩惱，日深日厚，日滋日茂，覆蓋慧眼，令無所見；斷除衆善，不得相續；起障不得見佛，不聞正法，不值聖僧。煩惱起障，不見過去未來一切善惡業行之煩惱障，受人天尊貴之煩惱障，生色無色界禪定福樂之煩惱障，不得自在神通飛騰隱顯遍至十方諸佛淨土聽法之煩惱障，學安那般那數息不淨觀諸煩惱障，學慈悲喜捨因緣煩惱障，學七方便三觀義煩惱障，學四念處煗頂忍煩惱障，學聞思脩第一法煩惱障，學空平等中道解煩惱障，學八正道示相之煩惱障，學七覺支不示相煩惱障，學於道品因緣觀煩惱障，學八解脱九空之煩惱障，學於十智三三昧煩惱障，學三明六通四無礙煩惱障，學六度四等煩惱障，學四攝法廣化之煩惱障，學大乘心四弘誓願煩惱障，學十明十行之煩惱障，學十迴向十願之煩惱障，〔學〕初地二地三地四地明解之煩惱障〔九七〕，〔學〕五地六地七地諸知見煩惱障〔九八〕，學八地九地十地雙照之煩惱障。如是乃至障學佛果，百萬阿僧祇諸行上煩惱，如是行障無量無邊，弟子今日至到稽顙，向十方佛尊法聖衆，慚愧懺悔，願皆消滅。願藉此懺悔　障於諸行一切煩惱，願弟子在在處處，自在受生，不爲結業之所迴轉，以意如意通於一念頃遍至十方，諸佛淨土攝化衆生，於諸禪定甚深境界及諸知見通達無礙，心能普同一切諸法，樂説無窮而不染著，得心自在，〔得〕法自在〔九九〕，智慧自在，方便自在。今此煩惱及無始結習〔一〇〇〕，畢竟永斷，不復相續，無漏聖道，朗然如日。禮一拜。

弟子等略懺煩惱障竟，今當次第懺悔業障。夫業能莊飾世趣，在在處處，是以思惟求離世解脱。所以六道果報，種種不同，形類各異，當知皆是業力所作。所以佛十力中，業力甚深。凡夫之人，多於此中好起疑惑。何以故爾？現見世間，行善之人，觸向轘軻；爲惡之者，是事諧偶；謂言天下善惡無分。如此計者，皆是不能深達業理。何以故爾？經中説言，有三種業。何等爲三？一者現報，二者生報，三者後報。〔現〕〔報〕業者〔一〇一〕，現在作善作〔惡〕〔一〇二〕，現身受報；生報業者，此生作善作惡，來生受報；後報業者，或是過去無量生中作善作惡〔一〇三〕，或於此生中受，或在未來無量生中方受其報。向者行惡之人，現在見好，此是過去生報後報善業熟故，所以現在有此樂果。豈開（關）現人〔一〇四〕，現在見苦者〔一〇五〕，是□不（下缺）

說明

此件首尾均缺，失題，其内容是節抄十六卷本《佛名經》卷一和卷二前後各兩段懺悔文。《敦煌寶藏》擬名《佛說佛名經》卷第一，《敦煌遺書總目索引新編》擬名《佛名經》，均不準確。《英國國家圖書館藏敦煌遺書》擬名《佛名經（十六卷本）鈔》，《英藏敦煌文獻》擬名《禮懺文》，以上兩個定名側重不同。就文獻來源來看，稱其爲《佛名經（十六卷本）鈔》自然是可以的，但《禮懺文》則凸顯了所抄文獻自身的特點。伯三七〇六《大佛名懺悔文》，首全尾缺，内容與此件相同（個别文字有出入），首部有原題。該件之原題透露出，這類具有佛教行事文特徵的文本，雖抄自佛經，但其性質已非佛經，而是佛教舉行佛事活動的應用文本。此據伯三七〇六之首題確定此件爲《大佛名懺悔文》。

此件書法嚴整，有烏絲欄。

以上釋文以斯一六一爲底本，用伯三七〇六《大佛名懺悔文》（稱其爲甲本）參校。

校記

〔一〕『彼我』，據殘筆劃及甲本補；『想』，當作『相』，據甲本改，『想』爲『相』之借字。
〔二〕『即』，據甲本補。
〔三〕『以』，甲本作『已』，『已』爲『以』之借字。
〔四〕『諸相著』，據甲本補。
〔五〕『生諸』，據甲本補。
〔六〕『業』，據甲本補。
〔七〕『第』，甲本作『弟』，因二字形近，在手書中易混，故可視作『第』。
〔八〕『往昔無量劫中』，據甲本補。
〔九〕『捨』，據BD 一六一四《佛名經》補，甲本作『拾』，誤；『頭』，據甲本補。
〔一〇〕『城妻子』，據甲本補。
〔一一〕『爲我等』，據甲本補。
〔一二〕『難酬報』，據甲本補。
〔一三〕『恆』，據殘筆劃及甲本補；『沙劫』，據甲本補。
〔一四〕『我』，據甲本補。
〔一五〕『勇』，據殘筆劃及甲本補；『猛精進』，據甲本補。
〔一六〕『捍勞忍』，據甲本補。
〔一七〕『乘』，據甲本補。
〔一八〕『同』，據甲本補。

〔一九〕『有實相從因緣』，據甲本補。
〔二〇〕『生』，甲本作『生者』。
〔二一〕『不在内』，據甲本補。
〔二二〕『想』，當作『相』，據甲本改，『想』爲『相』之借字。
〔二三〕此句前甲本有『亦何罪而不滅』。
〔二四〕『如』，甲本作『兒（？）』。
〔二五〕『懷』，當作『壞』，據甲本改。
〔二六〕『苦』，甲本作『罪苦』。
〔二七〕『墾』，當作『懇』，據甲本改，『墾』爲『懇』之借字。
〔二八〕『隨』，甲本作『追』。
〔二九〕『罪』，據甲本補。
〔三〇〕『尚』，甲本作『向』，誤。
〔三一〕『故』，甲本脱；『弟』，底本原作『第』，因二字形近，在手書中易混，據文義逕釋作『弟』。
〔三二〕『業』，據甲本補。
〔三三〕『第』，底本、甲本原作『弟』，因二字形近，在手書中易混，故可視作『第』；『煩惱』，甲本脱。
〔三四〕『故』，甲本作『亦』。
〔三五〕『亦』，甲本作『故』；『詔』，甲本脱。
〔三六〕『賊』，甲本作『賤』。
〔三七〕『法』，甲本作『法故』。

〔三八〕『何』，當作『河』，據甲本改，『何』爲『河』之借字。
〔三九〕此句至『南無上方香積佛』，甲本無。
〔四〇〕『愚』，甲本作『遇』，『遇』爲『愚』之借字；『或』，甲本作『惑』，『或』有『惑』義。
〔四一〕『兇』，甲本同，當作『胸』，據《大正新脩大藏經》《佛説佛名經》改，『兇』爲『胸』之借字。
〔四二〕此句後甲本尚有『或因三苦造一切罪，或因三愛造一切罪，或因三假造一切罪，或因貪三有造一切罪』等句。
〔四三〕『罪』，甲本脱。
〔四四〕此句後甲本尚有『或因四取造一切罪』。
〔四五〕『罪』，甲本無。
〔四六〕『住』，甲本無。
〔四七〕『因』，甲本脱。
〔四八〕『心』，甲本作『因』，誤。
〔四九〕『悉』，據甲本補。
〔五〇〕『受』，據甲本補。
〔五一〕『皆悉』，甲本脱。
〔五二〕『到』，甲本同，當作『倒』，據《大正新脩大藏經》《佛説佛名經》改，『到』爲『倒』之借字。
〔五三〕『罪』，據甲本補。
〔五四〕『使』，甲本無。
〔五五〕此句後甲本尚有『或因二十二根造一切罪』。
〔五六〕『方』，甲本脱。

〔五七〕此句至『成五分法身』，甲本脱。
〔五八〕『所生功德』，據《大正新脩大藏經》《佛説佛名經》補。
〔五九〕『所生功德』，據《大正新脩大藏經》《佛説佛名經》補。
〔六〇〕此句至『十纏等一切諸煩惱，所生功德』，甲本脱。
〔六一〕『栖』，甲本作『猶』，誤。
〔六二〕『圓』，甲本作『員』，『員』通『圓』。
〔六三〕『先』，甲本脱。
〔六四〕『明』，甲本作『期』。
〔六五〕『來』，甲本作『是』，誤。
〔六六〕『意敬』，甲本作『敬意』。
〔六七〕『二』，甲本脱。
〔六八〕『弟子』，甲本脱。
〔六九〕『慠』，甲本作『傲』，『傲』爲『慠』之本字；『無愧』，甲本脱。
〔七〇〕『增』，當作『曾』，據甲本改，『增』爲『曾』之借字。
〔七一〕『頭』，當作『顯』，據甲本改。
〔七二〕『注』，甲本作『准』。
〔七三〕『織』，當作『纖』，據甲本改。
〔七四〕『汝先屠戮我身』至『或言』，甲本脱。
〔七五〕『眷』，甲本作『卷』，『卷』爲『眷』之借字。

〔七六〕『我』，甲本脱。
〔七七〕『澄』，當作『證』，據甲本改。
〔七八〕『忘』，甲本作『亡』，均可通。
〔七九〕『各』，甲本作『冬』，誤。
〔八〇〕『事』，甲本作『是』，『是』爲『事』之借字。
〔八一〕『開』，當作『關』，據甲本改。
〔八二〕『至』，甲本同，當作『質』，據文義改，『至』爲『質』之借字。
〔八三〕『努』，甲本作『怒』，『怒』爲『努』之借字。
〔八四〕此句至『南無上方離一切憂佛』，甲本無。
〔八五〕『蔽』，甲本作『敝』，『敝』同『蔽』。
〔八六〕甲本止於此句。
〔八七〕『辟』，當作『僻』，據《大正新脩大藏經》《佛説佛名經》改，『辟』爲『僻』之借字。
〔八八〕『山』，當作『凶』，據《大正新脩大藏經》《佛説佛名經》改。
〔八九〕『所生功德』，據文義補。
〔九〇〕『憧』，當作『幢』，據BD五五一七《佛名經》改。
〔九一〕『第』，底本原作『弟』，因二字形近，在手書中易混，故據文義逕釋作『第』。
〔九二〕『鵝』，當作『蛾』，據《大正新脩大藏經》《佛説佛名經》改，『鵝』爲『蛾』之借字。
〔九三〕『得』，當作『德』，據BD五三五五《佛名經》改，『得』爲『德』之借字。
〔九四〕『第』，底本原作『弟』，因二字形近，在手書中易混，故據文義逕釋作『第』。

〔九五〕『弟』，底本原作『第』，因二字形近，在手書中易混，故據文義逕釋作『弟』。

〔九六〕『弟』，底本原作『第』，因二字形近，在手書中易混，故據文義逕釋作『弟』。

〔九七〕『學』，據BD五三五五《佛名經》補。

〔九八〕『學』，據BD五三五五《佛名經》補。

〔九九〕『得』，據BD五三五五《佛名經》補。

〔一〇〇〕『令』，底本原作『今』，因二字形近，在手書中易混，故據文義逕釋作『令』。

〔一〇一〕『現報』，據BD五三五五《佛名經》補。

〔一〇二〕『惡』，據BD五三五五《佛名經》補。

〔一〇三〕『無』，底本原有兩個『無』，一在行末，一在次行行首，此爲當時之提行添字抄寫體例，第二個『無』字應不讀，故未録。

〔一〇四〕『開』，當作『關』，據BD五三五五《佛名經》改；『人』，據殘筆劃及BD五三五五《佛名經》補。

〔一〇五〕『現』，據殘筆劃及BD五三五五《佛名經》補。

參考文獻

《大正新脩大藏經》一四册，東京：大正一切經刊行會，一九二五年，一八八至二〇四頁；*Descriptive Catalogue of the Chinese Manuscripts from Tunhuang in the British Museum*, The Trustees of the British Museum, London 1957, p. 205；《敦煌寶藏》二册，臺北：新文豐出版公司，一九八一年，八五至九〇頁（圖）；《敦煌研究》一九八九年三期，六一頁；《英藏敦煌文獻》一卷，成都：四川人民出版社，一九九〇年，六一至六四頁（圖）；《敦煌佛學·佛事篇》，蘭州：甘肅民族出版社，一九九五年，一一九至一二三頁；《法藏敦煌西域文獻》二七册，上海古籍出版社，二〇〇二年，一四至一七頁

（圖）；《國家圖書館藏敦煌遺書》二三册，北京圖書館出版社，二〇〇六年，八七頁（圖）；《國家圖書館藏敦煌遺書》七二册，北京圖書館出版社，二〇〇七年，七八至八〇、八八頁（圖）；《國家圖書館藏敦煌遺書》七四册，北京圖書館出版社，二〇〇七年，二二二頁（圖）；《英國國家圖書館藏敦煌遺書》三册，桂林：廣西師範大學出版社，二〇一一年，一三二至一三七頁（圖）。

斯一六一背　雜寫

釋文

第一，爾時菩薩六年既滿，二月十二日乃天子知菩薩心，速往善生邊（？）乞食〔一〕。

説明

以上文字係時人隨手所寫於『大佛名懺悔文』卷背，其内容係摘自《法苑珠林》。

校記

〔一〕『邊』，《英國國家圖書館藏敦煌遺書》『條記目録』釋作『也』。

參考文獻

《敦煌寶藏》二册，臺北：新文豐出版公司，一九八一年，九一頁（圖）；《英藏敦煌文獻》一卷，成都：四川人民出版社，一九九〇年，六五頁（圖）；《英國國家圖書館藏敦煌遺書》三册，桂林：廣西師範大學出版社，二〇一一年，一三七頁（圖）、『條記目録』六頁（録）。

斯一六五　佛頂尊勝陀羅尼神呪題記

釋文

常信呪本。

説明

此件《英藏敦煌文獻》未收，現予增收。

參考文獻

Descriptive Catalogue of the Chinese Manuscripts from Tunhuang in the British Museum, The Trustees of the British Museum, London 1957, p. 206（録）；《敦煌寶藏》二册，臺北：新文豐出版公司，一九八一年，一〇五頁（圖）；《中國古代寫本識語集録》，東京大學東洋文化研究所，一九九〇年，三八六頁（録）；《敦煌遺書總目索引新編》，北京：中華書局，二〇〇〇年，六頁（録）；《英國國家圖書館藏敦煌遺書》三册，桂林：廣西師範大學出版社，二〇一一年，一五一頁（圖）、『條記目録』七頁（録）。

斯一七〇　失名道經

釋文

（前缺）

老子曰：□□者，一道也。所言太上者，能煞鬼生民。有能述吾神經者，皆是太上之子孫。若能誦習吾神經者，皆當專心守樸，精誠感於天神地祇。既降下附子身，除災卻禍，延擬人命。故曰：道可道，非常道。兆民當欲受吾赤炁者，當改往脩來，除去惡腸，鬲（隔）戾瞋怒〔一〕，清淨安神。有罪者改更汝身，自有三萬六千神，左三魂，右七魄，頭上五行王相君，身有百廿形影，體有萬二千精光。汝以八節之日，存念身中神炁。無病，三吁之；有病，九呼之。營護己身，以爲常則。

老子曰：能周旋八極，復馳行度三災九厄之中者，當呼東方句芒君、南方祝融君、西方辱（蓐）收君〔二〕、北方吾（禺）彊子玄冥君〔三〕、中央皇上彭祖馮脩君、天地水三官，一切生吾活我，令過度我三災九厄之中。

老子曰：吾具告子，悉共明聽。子欲過病三災九厄之中，我以天爲父，以地爲母，謁拜皇老，驅使北斗。日爲功曹，月爲主簿。天有神師，在我左右。風伯雨師，爲吾遂導。六丁在前，六甲在後。青龍扶吾左，白虎扶吾右，朱雀導吾前，玄武從吾後。黄騰以勾陳爲吾父，弼百鬼，與吾除滅殃咎。吾居九宫之中，太上爲返偶，戴九履一，左三右七，二四上角，六八爲足；吾在中宫，以爲腹實。今勑千鬼萬神，各還本鄉。當我者死，值我者亡，逃身深藏，真僞勿爲。吾（下缺）

説明

此件首尾均缺，失題，起『老子曰』，訖『真僞勿爲。吾』。此經《道藏》缺載，王卡認爲『應是唐宋時道教北帝派所奉呪術經書』，此抄本『出於唐代』，並将其擬名爲《老子枕中經》（參見《敦煌道教文獻研究：綜述・目録・索引》，一九一頁）。

校記

〔一〕『鬲』，當作『隔』，據文義改，『鬲』爲『隔』之借字。

〔二〕『辱』，當作『蓐』，據文義改，『辱』爲『蓐』之借字；『收』，底本原作『牧』，因二字形近，在手書中易混，故據文義逕釋作『收』。

〔三〕『吾』，當作『禺』，據文義改。

參考文獻

Descriptive Catalogue of the Chinese Manuscripts from Tunhuang in the British Museum, The Trustees of the British Museum, London 1957, p. 221；《敦煌道經目録》，京都：法藏館，一九六〇年，八四頁；《スタイン將來大英博物館藏敦煌文獻分類目録・道教之部》，東京：東洋文庫，一九六九年，六四頁；《敦煌道經・目録篇》，東京：福武書店，一九七八年，三六〇頁；《敦煌道經・圖録編》，東京：福武書店，一九七九年，八七六頁（圖）；《敦煌寶藏》二册，臺北：新文豐出版公司，一九八一年，一二五頁（圖）；《英藏敦煌文獻》一卷，成都：四川人民出版社，一九九〇年，六五頁（圖）；《敦煌道教文獻研究：綜述・目録・索引》，北京：中國社會科學出版社，二〇〇四年，四九、一九一頁；《英國國家圖書館藏敦煌遺書》三册，桂林：廣西師範大學出版社，二〇一一年，一七一頁（圖）。

斯一七三　李陵蘇武往還書

釋文

（前缺）

南截金河[一]，拓單于之一方[二]，北清玉塞[三]。爲陵意者，擬傾巨海溺蟻[四]，舉太（泰）山壓卵[五]。誰爲（謂）志不可克[六]？天奪人願[七]，成陵者在天，〔敗〕〔陵〕〔者〕〔在〕〔天〕[八]，天喪余矣[九]，知復何言[一〇]！陵自料非怯敵畏物者哉[一一]，初稽山之下[一二]，與賊相遇，胡騎驍雄[一三]，陵軍疲步[一四]，賊勢雖廣，陵視若亡。於時[一五]，且引龍幡[一六]，聲鼙鼓[一七]，飛鏑暗日，鳴笳沸天，視死而（如）歸[一八]，戮力輔主[一九]。陵將黄石公之略[二〇]，盡孫權之計。其時[二一]，煞胡兵[二二]，積屍如燕脂山[二三]，血流如諾真水。此一日之效[二四]。陵自料生不辱主[二五]，死不辱父，臣子之心，只可然也〔二六〕。況陵初受敕命〔二七〕，五將同入〔二八〕，陵獨居先。況步卒行疲〔二九〕，又無糧賜〔三〇〕，宰牛煞馬〔三一〕，兵將均飡。又漸遠漢境，深入虜庭，胡軍既輸〔三二〕，續命新卒〔三三〕，運糧者而（如）雨〔三四〕，救援者如雲，陵之苦鬭〔三五〕，又無後救〔三六〕，兵乏矢窮，賊臣〔暗〕背〔三七〕，敗陵軍伍；事既不遂，知復何言！唯照此心，天日不謬。且人生百年，亦須達時遇世，富貴總欲，貧賤誰貪？陵如今授（受）萬户之俸〔三八〕，爲一部之王，呼吸風生，吹嘘翼飈。請迴高意，垂一降重。夫見機而作，是《周易》之貴言。小人則固執，君子則變通。是以子胥棄於錢塘，屈原沈於湘漢，子推焚於綿上，夷齊喪於首陽。此四子者，生爲邀名之人，死作非命之鬼，徒執一向，不返三隅，滅父母之髪膚，留之（名）萬代宣説〔三九〕。此輩之人，並是頑人矣。足下今擬盡忠於主，主亦遐崩；盡孝於親，親亦喪矣。妻室改娉，墳（枌）榆墔（摧）毀〔四〇〕，雖有其志，而〔無〕所歸〔四一〕。漢家若重功臣，只合畫足下於麟臺之上，只合書足下名於頌堂之前，只合封足下母於郡君，只合立足下子爲輔弼。陵有罪任坐，子且有功不遷者，則是君主之情，驗取何在？願足下無生歸意，塞外爲王，不若於漢。孟冬之月，胡風颯興晝開，朔雲暮合，想子寒凍，情何以堪？能跪單于，百年受貴，海隅凝冱，願敬珍休。謹遣白書，筆言不盡。右效王李陵頓首　蘇子座前。

窮囚蘇子卿謹獻書於右效王閣下。蘇子座前〔四二〕。

武聞：見利而動，小人也；守道而安，君子也。夫欲求大道，無義（議）小利〔四三〕；欲求滄海，必藉巨舟。此則是僕之拙見也。僕且生逢明時，長值聖代，特蒙往使邊方，於是〔授〕〔金〕〔章〕〔四四〕，仗玉節〔四五〕。生有榮禄，死當無廢，常懷報德，無以煞身。使至奉書，深辱高問。承足下婚禪（單）于女〔四六〕，受單于官，擬賜將權，出懷頓首，何幸如斯！僕見足下，心事與往日殊乖，罪有不周，過有餘矣。足下罪有七條：且足下父祖名將，門傳軒冕，祇合豫料未萌，慎終如始，何得空領步卒，不滿五千，深入虜庭，動經萬里，不自測度，欺敵亡軀，致使戰敗沙場，輸軍大漠。關中兵甲，不是易求，蒼生何辜，狂（枉）被烹宰〔四七〕。子不滿五千不堪爲將〔四八〕，其罪一也。足下食君之禄，須達君命，虚稱漢將，枉費國家，徒傾萬石之糧，枉陷五千之卒，子之不信，其罪二也。足下棄本逐末，背親向疏，無懷漢主之恩，有貴犬戎之賞。足下官榮，因誰而得？尚不省己〔過〕〔四九〕，毁我國家，養虎自傷，子正當此。爲臣説君，子之不忠，其罪三也。足下所領五千之步卒，職掌者〔三〕〔五〇〕、五十人，訓令無方，告示失疏（所）〔五一〕，義徒（從）下起〔五二〕，恩徒（從）上流（臨）〔五三〕，糧賜不均，處禦不則，致使管敢背叛，仲由記（託）辜於季氏〔五四〕。爲將不能勵其兵，其罪四也。足下老母被誅，少妻被戮，猶戀蕃中無用之賞。遠及天聽，帝聞致責，然始滅足下氏族，以令天下軍將也。此則因子害母，子之不信（孝）〔五五〕，其罪五也。足下婚單于女，受單于官，仲（重）酒色〔五六〕，貪金帛，常事鬭爭，唯習弓戈。自遷擬入雲霄，陷他人於溝壑，其罪六也。僕憶昔初入蕃中，群公擁騎，餌（餞）送已畢〔五七〕，合胡（朝）盡迴〔五八〕，唯足下一人遠送郊外〔五九〕，留連灞上，躊躇即行。闇影西流，金波東上，便宿交（郊）野〔六〇〕，言情百年。是時傾翰墨，題送別之詩；動清文，操出塞之頌。臨欲覽轡〔六一〕，君言再三，令僕草（莫）跪拜單于〔六二〕，輕命重禮。僕得子一說，貴如千金，銘荷於心，已至今日。八九年艱辛，六七度合死者，只是貴子一言〔六三〕，奈何今日，卻至說辭〔六四〕，令僕跪拜毛血之人〔六五〕，稱臣虜地？足下之言〔六六〕，都無終如（始）〔六七〕，逐物意移，絶是小人，無堪大用。子之不忠，其罪七也。

僕且松柏爲心，桑田變海，萬物虧盈，僕終不改。見書云武帝崩，[武]已號天〔六八〕；見書云老母歿，武已叩地〔六九〕。孤臣罪逆〔七〇〕，不白（自）滅亡〔七一〕，哀子痛深，上延慈母〔七二〕。引領南飛（望）〔七三〕，魂（飛）望（魂）北驚〔七四〕。胡風颯興，附哭歸漢。謹遣白書，筆言不盡。右效王閤下〔七五〕，蘇武頓首小（少）卿座前〔七六〕。

乙亥年六月八日三界寺學士郎張英俊書記之也〔七七〕。

說明

此件首缺尾全，起『南截金河』，訖『乙亥年六月八日三界寺學士郎張英俊書記之也』，其内容爲李陵蘇武往還書信。其中之『乙亥年』，伏俊璉據李正宇對三界寺寺學存在時間的考訂，推測其絶對年代是公元九七五年（宋開寶八年）（參看《敦煌賦及其作者、寫本諸問題》，《南京師範大學文學院學報》二〇〇三年二期，一七三頁）。從筆跡看，此件似由兩人接續抄寫。現存前六殘行書法較爲流暢，其後則書法稚拙，當出於年幼學郎之手。

敦煌文書中保存的《李陵蘇武往還書》尚有：伯二四九八，首尾完整，尾有題記『天成三年（公元九二八年）戊子歲正月七日學郎李幸思書記』；伯二八四七，首尾完整，中間有幾處略殘，原件有朱筆句讀，尾題『丁亥年二月三日蓮臺寺比丘僧辯惠未時寫了』；伯三六九二，首尾完整，僅首部右下角有三行殘缺了一半，尾題『壬午年二月廿五日金光明寺學郎索富通書記之耳』；斯七八五，首全尾缺，起『李陵與蘇武書』，訖『卻致』。

以上釋文以斯一七三爲底本，用伯二四九八（稱其爲甲本）、伯二八四七（稱其爲乙本）、伯三六九二（稱其爲丙本）、斯七八五（稱其爲丁本）參校。因本書第四卷在整理斯七八五時，曾以伯二四九八、伯二八四七、伯三六九二及底本參校，相關異文已見本書第四卷校記。故此件與校本之異文不再一一出校，僅以各本校補缺文、校正錯誤。

校記

〔一〕『南』，據甲、乙、丙、丁本補。

〔二〕『之一方』，據甲、乙、丙、丁本補。

〔三〕『北清玉』，據甲、乙、丙、丁本補。

〔四〕『巨海溺蟻』，據甲、丙、丁本補。

〔五〕『舉』，據乙、丙、丁本補；『太』，當作『泰』，據乙本改，『太』爲『泰』之借字。

〔六〕『爲』，當作『謂』，據乙、丁本改，『爲』爲『謂』之借字；『志』，據殘筆劃及甲、丙、丁本補；『不可克』，據甲、丙、丁本補。

〔七〕『天奪人』，據甲、丙、丁本補。

〔八〕『敗陵者在天』，據甲、乙、丁本補。

〔九〕『余矣』，據丁本補。

〔一〇〕『知復』，據甲、乙、丙、丁本補；『何言』，據甲、乙、丁本補。

〔一一〕『陵』，據甲、乙、丙、丁本補；『者哉』，據甲、乙、丙、丁本補。

〔一二〕『初稽山』，據甲、乙、丙、丁本補。

〔一三〕『騎驍雄』，據甲、乙、丙、丁本補。

〔一四〕『陵軍』，據甲、乙、丙、丁本補。

〔一五〕『於時』，據甲、丙、丁本補。

〔一六〕『且引龍幡』，據甲、乙、丙、丁本補。

〔一七〕『聲鼙鼓』，據乙、丙、丁本補。

〔一八〕『而』，當作『如』，據甲、乙、丁本改，『而』爲『如』之借字；『歸』，據甲、乙、丁本補。
〔一九〕『戮力輔主』，據甲、乙、丙、丁本補。
〔二〇〕『陵將』，據甲、乙、丙、丁本補；『黄』，據殘筆劃及甲、乙、丙、丁本補。
〔二一〕『其時』，據甲、乙、丙、丁本補。
〔二二〕『煞胡兵』，據甲、乙、丙、丁本補。
〔二三〕『積屍』，據甲、乙、内、丁本補。
〔二四〕『此一日之效』，據甲、乙、丙、丁本補。
〔二五〕『陵自料生不』，據甲、乙、丁本補，丙本作『陵自料也生不』。
〔二六〕『也』，據甲、乙、丙、丁本補。
〔二七〕『況陵初受勑命』，據乙、丙、丁本補。
〔二八〕『五』，據甲、乙、丙、丁本補。
〔二九〕『疲』，據甲、乙、丙、丁本補。
〔三〇〕『又無糧賜』，據乙、丙、丁本補。
〔三一〕『辛牛煞』，據乙、丙、丁本補。
〔三二〕『軍既輸』，據乙、丙、丁本補。
〔三三〕『續』，據甲、乙、丙、丁本補。
〔三四〕『而』，當作『如』，據甲、丁本改，『而』爲『如』之借字。
〔三五〕『鬬』，據乙、丙、丁本補。
〔三六〕『又』，據乙、丁本補，丙本作『無』；『無』，據殘筆劃及甲、乙、丁本補，丙本作『又』。

〔三七〕『暗』，據甲、乙、丙、丁本補。

〔三八〕『授』，當作『受』，據甲、乙、丙、丁本改，『授』爲『受』之借字。

〔三九〕『之』，當作『名』，據甲、乙、丙、丁本改。

〔四〇〕『墳』，當作『枌』，據甲、乙、丁本改，『墳』爲『枌』之借字；『堆』，當作『摧』，據甲、乙、丁本改，『堆』爲『摧』之借字。

〔四一〕『無』，據甲、乙、丙、丁本補。

〔四二〕『蘇子座前』，係另筆添加，據甲、乙、丙、丁本係衍文，當删。

〔四三〕『義』，當作『議』，據甲、乙、丁本改，『義』爲『議』之借字。

〔四四〕『授』，據丁本補；『金章』，據丙、丁本補。

〔四五〕『仗』，甲、丙本同，乙、丁本作『杖』，均可通。

〔四六〕『禪』，當作『單』，據甲、丙、丁本改，『禪』爲『單』之借字。

〔四七〕『狂』，當作『枉』，據甲、乙、丁本改。

〔四八〕『不滿五千』，據甲、乙、丙、丁本係衍文，當删。

〔四九〕『過』，據甲、乙、丁本補。

〔五〇〕『三』，據甲、乙、丙、丁本補。

〔五一〕『疏』，當作『所』，據甲、乙、丙、丁本改。

〔五二〕『徒』，當作『從』，據甲、乙、丙、丁本改。

〔五三〕『徒』，當作『從』，據丁本改；『流』，當作『臨』，據甲、乙、丁本改。

〔五四〕『記』，當作『託』，據甲、乙、丙本改。

〔五五〕『信』，當作『孝』，據甲、乙、丙本改。
〔五六〕『仲』，當作『重』，據甲、乙、丙、丁本改，『仲』爲『重』之借字。
〔五七〕『餖』，當作『餞』，據甲本改。
〔五八〕『胡』，當作『朝』，據甲、乙、丙、丁本改。
〔五九〕『郊』，甲、丙本同，乙本作『效』，誤，本書第四卷失校。
〔六〇〕『交』，當作『郊』，據甲、丙、丁本改，『交』爲『郊』之借字，乙本作『效』，誤，本書第四卷失校。
〔六一〕『覽』，丙本同，甲、乙、丁本作『攬』，均可通。
〔六二〕『草』，當作『莫』，據甲、乙、丙本改。
〔六三〕『是』，底本似作『且之』，今逕釋作『是』。
〔六四〕丁本止於此句。
〔六五〕『僕』，甲、乙本同，丙本作『撲』，『撲』爲『僕』之借字；『拜』，甲、乙、丙本無；『毛』，甲、丙本同，乙本作『手』，誤。
〔六六〕『足』，甲、乙本同，丙本作『是足』。
〔六七〕『終』，甲、丙本同，乙本作『中』，『中』爲『終』之借字；『如』，當作『始』，據甲、乙、丙本改。
〔六八〕『武』，據殘筆劃及甲、乙、丙本補；『已』，甲、丙本同，乙本作『以』，『以』爲『已』之借字。
〔六九〕『已』，乙、丙本同，甲本作『以』，『以』爲『已』之借字。
〔七〇〕『逆』，甲、乙本同，丙本作『送』，誤。
〔七一〕『白』，當作『自』，據甲、乙、丙本改。
〔七二〕『延』，甲本同，丙本作『筵』，『筵』爲『延』之借字，乙本作『巡』，誤。

〔七三〕『飛』，當作『望』，據甲、乙、丙本改。

〔七四〕『魂望』，當作『飛魂』，據甲、乙、丙本改。

〔七五〕此句甲、乙、丙本無。

〔七六〕『小』，丙本同，乙本無，當作『少』，據甲本改；『卿』，甲、丙本同，乙本無；『座』，甲本同，乙本無，丙本作『坐』，均可通；『前』，甲、丙本同，乙本無。此句後乙本有『李綾（陵）本一卷』。

〔七七〕此句甲本作『天成三年戊子歲正月七日學郎李幸思書記。幸思比是老生兒，投師習業棄無知。父母偏憐昔（惜）愛子，日諷萬幸不滯遲』，乙本作『丁亥年二月三日蓮臺寺比丘僧辯惠未時寫了』，丙本作『壬午年二月廿五日金光明寺學郎索富通書記之耳』。

參考文獻

Descriptive Catalogue of the Chinese Manuscripts from Tunhuang in the British Museum, The Trustees of the British Museum, London 1957, p. 250 ；Mair, *Chinoperl Papers*, No. 10（1981）, p. 43 ；《敦煌寶藏》二册，臺北：新文豐出版公司，一九八一年，一三四至一三六頁（圖）；《敦煌語言文學論文集》，杭州：浙江古籍出版社，一九八八年，二九一至三〇三頁（録）；《英藏敦煌文獻》一卷，成都：四川人民出版社，一九九〇年，六六至六七頁（圖）；《英藏敦煌文獻》二卷，成都：四川人民出版社，一九九〇年，一六〇至一六一頁（圖）；《新疆文物》一九九一年一期，九三至九六頁；《敦煌吐魯番研究》二卷，北京大學出版社，一九九七年，七一至八六頁；《法藏敦煌西域文獻》一四册，上海古籍出版社，二〇〇一年，三三四至三三五頁（圖）；《法藏敦煌西域文獻》一九册，上海古籍出版社，二〇〇一年，九一至九二頁（圖）；《法藏敦煌西域文獻》二六册，上海古籍出版社，二〇〇二年，三三一至三三二頁（圖）；《南京師範大學學報》

二〇〇三年二期，一七五頁；《英藏敦煌社會歷史文獻釋録》四卷，北京：社會科學文獻出版社，二〇〇六年，一四六至一六〇頁（録）；《英國國家圖書館藏敦煌遺書》三册，桂林：廣西師範大學出版社，二〇一一年，一八二至一八四頁（圖）。

斯一七三背　雜寫（勸學詩、秦將賦、社司轉帖等）

釋文

李狀

清清何（河）邊草〔一〕，遊男兒不問（？），爾若一頭驢〔二〕。

尚書阿郎萬歲，罪（？）臣不材。

長鼙鼙鼓□□十月□

長□

李陵與蘇武書一卷。　山頭一片不非（飛）雲〔三〕，應是長平趙卒魂〔四〕。

之之之之之之之之之之之之之之之之之之之之之之

山頭壹片不非（飛）雲〔五〕，應是長平趙卒魂。

長平地和，月闌秋聞（？）

社

社司　轉帖　右緣年諸（支）春座局席〔六〕，次至陰醜子家。人各油半升，麵壹斗。

幸請諸公等，帖至，限今月（以下原缺文）

三界寺鐵子書記。

轆　轤　坑　拳　張　城

今月十四下右

道出合比（？），老□中男二

衰殃。今月十八日天出

□步波□□立軍

（後缺）

説明

以上内容爲時人隨手所寫，有正書、有倒書。這些文字並非連續抄寫，間有一行或數行空白。其中之『學郎詩』和『秦將賦』均不完整，完整的『學郎詩』可參看BD三九二五（生二五），完整的『秦將賦』可參看伯二四八八。此卷首部有蔣孝琬所書題記及數碼、『佛名經抄』，均未録。

校記

〔一〕『何』，當作『河』，據文義改，『何』爲『河』之借字。

〔二〕此詩係從左向右逆寫。

〔三〕『非』，當作『飛』，《敦煌賦集校理》據文義校改，『非』爲『飛』之借字。

〔四〕『魂』，據殘筆劃及文義補。

〔五〕『非』，當作『飛』，《敦煌賦匯》據文義校改，『非』爲『飛』之借字。

〔六〕『諸』，當作『支』，《敦煌社邑文書輯校》據文義校改，『諸』爲『支』之借字。

參考文獻

Descriptive Catalogue of the Chinese Manuscripts from Tunhuang in the British Museum, The Trustees of the British Museum, London 1957, p. 250 ；Mair, *Chinoperl Papers*, No. 10（1981）, p. 43 ；《敦煌寶藏》一一册，臺北：新文豐出版公司，一九八一年，一三六至一三八頁（圖）；《敦煌研究》一九八七年四期，四二頁（録）；《敦煌語言文學研究》，北京大學出版社，一九八八年，二〇九頁（録）；《敦煌文學》，蘭州：甘肅人民出版社，一九八九年，一四〇頁（録）；《英藏敦煌文獻》一卷，成都：四川人民出版社，一九九〇年，六八至六九頁（圖）；《敦煌話本、詞文、俗賦導論》，臺北：新文豐出版公司，一九九三年，一八一至一八三、二〇八至二〇九頁；《敦煌賦匯》，南京：江蘇古籍出版社，一九九六年，三一一頁（録）；《敦煌社邑文書輯校》，南京：江蘇古籍出版社，一九九七年，一三五頁（録）；《國家圖書館藏敦煌遺書》五四册，北京圖書館出版社，二〇〇七年，九五頁（圖）；《英國國家圖書館藏敦煌遺書》三册，桂林：廣西師範大學出版社，二〇一一年，一八四至一八六頁（圖）。

斯一七五　佛説無量壽宗要經題記

釋文

張良友。

説明

此件《英藏敦煌文獻》未收，現予增收。

參考文獻

Descriptive Catalogue of the Chinese Manuscripts from Tunhuang in the British Museum, The Trustees of the British Museum, London 1957, p. 149（録）；《敦煌寶藏》二册，臺北：新文豐出版公司，一九八一年，一四二頁（圖）；《敦煌遺書總目索引新編》，北京：中華書局，二〇〇〇年，六頁（録）；《英國國家圖書館藏敦煌遺書》三册，桂林：廣西師範大學出版社，二〇一一年，一九〇頁（圖）、『條記目録』九頁（録）。

斯一七六　佛説無量壽宗要經題記

釋文

曹興朝。

曹興朝。

説明

此卷抄有兩通《大乘無量壽經》，以上題名分别題於每件之首部下端，此件《英藏敦煌文獻》未收，現予增收。

參考文獻

Descriptive Catalogue of the Chinese Manuscripts from Tunhuang in the British Museum, The Trustees of the British Museum, London 1957, p. 143（録）；《敦煌寶藏》二册，臺北：新文豐出版公司，一九八一年，一四五頁（圖）；《敦煌遺書總目

索引新編》，北京：中華書局，二〇〇〇年，六頁（録）；《英國國家圖書館藏敦煌遺書》三册，桂林：廣西師範大學出版社，二〇一一年，一九三、一九六頁（圖）、『條記目録』九頁（録）。

斯一八三　佛説無量壽宗要經題記

釋文

孟郎子。

説明

以上題名題於《佛説無量壽宗要經》卷尾，《英藏敦煌文獻》未收，現予增收。

參考文獻

《英國國家圖書館藏敦煌遺書》三册，桂林：廣西師範大學出版社，二〇一一年，二三〇頁（圖）、『條記目録』一一頁（録）。

斯一八九　老子道德經

釋文

（前缺）

居其實〔一〕，不居其華，故去彼取此。

昔之得一者〔二〕，天得一以清，地得一以寧，神得一以靈，谷得一以盈，萬物得一以生，侯王得一以爲天下政〔三〕。其致之，天無以清，將恐裂；地無以寧，將恐廢〔四〕；神無以靈，將恐歇；谷無以盈，將恐竭；萬物無以生，將恐滅；侯王無以貴〔五〕，將恐蹶。故貴以賤爲本，高以下爲基。是以侯王自謂孤〔六〕、寡、不轂〔七〕，此其以賤爲本耶？非〔八〕，故致數譽無譽，不欲禄禄如玉〔九〕，落落如石〔一〇〕。

反者〔一一〕，道之動；弱者，道之用。天下之物生於有〔一二〕，有生於無。

上士聞道〔一三〕，勤能行〔一四〕；中士聞道，若存若亡；下士聞道，大笑之。不笑不足以爲道。是以建言有之〔一五〕，明道若昧〔一六〕，進道若退，夷道若類，上德若谷，大白若辱〔一七〕，廣德若不足〔一八〕，建德若偷，質真若渝，大方無隅，大器免（晚）成〔一九〕，大音希聲，大象無形，道隱無名〔二〇〕。夫唯道〔二一〕，善貸生成〔二二〕。

道生一〔二三〕，一生二，二生三，三生萬物。萬物負陰而抱陽，沖氣以爲和。人之所惡，唯孤、寡、不穀〔二四〕，而王公以自名〔二五〕。故物或損之而益，益之而損。人之所教，亦我義教之。强梁者不得其死〔二六〕，吾將以爲學父〔二七〕。

天下之至柔〔二八〕，馳騁天下之至堅〔二九〕。無有入無閒（間）〔三〇〕。是以知無爲有益〔三一〕。不言之教，無爲之益，天下希及之。

名與身熟（孰）親〔三二〕？身與貨熟（孰）多〔三三〕？得與亡熟（孰）病〔三四〕？是故甚愛必大費，多藏必厚亡。故知足不辱〔三五〕，知止不殆，可以長久。

大成若缺〔三六〕，其用不弊〔三七〕。大滿若沖〔三八〕，其用不窮。大直若屈，大巧若拙，大辯若吶〔三九〕，躁勝寒，静勝熱，清淨爲天下正。

天下有道〔四〇〕，卻走馬以糞。天下無道，戎馬生於郊〔四一〕。罪莫大於可欲，禍莫大於不知足，咎莫甚於欲得〔四二〕。知足之足，常足〔四三〕。

不出户〔四四〕，知天下，不闚牖〔四五〕，見天道〔四六〕。其出彌遠，其知彌少。是以聖人不行而知，不見而名（明）〔四七〕，不爲而成。

爲學日益〔四八〕，爲道日損。損之又損之〔四九〕，以至於無爲。無爲無不爲〔五〇〕。取天下常以無事，及其有事，不足以取天下。

聖人無心〔五一〕，以百姓心爲心。善者，吾善之；不善者，吾亦善之；得善〔五二〕。信者，吾信之；不信者，吾亦信之；得信〔五三〕。聖人在天下〔五四〕，惵惵爲天下混其心〔五五〕，百姓皆注其耳目〔五六〕，聖人皆咳之〔五七〕。

出生入死〔五八〕，生之徒什有三〔五九〕，死之徒什有三〔六〇〕。人之生，動之死地，什有三〔六一〕。夫何故？以其生生之厚。蓋聞善攝生者，陸行不遇兕虎，入軍不被鉀兵〔六二〕；兕無所駐其角〔六三〕，虎無所措其狐（爪）〔六四〕，兵無所容其刃。夫何故？以其無死地。

道生之〔六五〕，德畜之，物形之，勢成之〔六六〕。是以萬物莫不尊道而貴德〔六七〕。道尊德貴〔六八〕，夫莫之爵而常自然。故道生之，畜之〔六九〕，長之育之，成之熟之〔七〇〕，養之覆之〔七一〕。生而不有，爲而不恃〔七二〕，長而不宰，是謂玄德。

天下有始〔七三〕，以爲天下母〔七四〕。既得其母，以知其子；既知其子，復守其母，没身不殆。塞其兑，閉其門，終身不勤；開其兑，濟其事，終身不救。見小曰明〔七五〕，用柔曰强〔七六〕。用其光，復歸其明〔七七〕，無遺身殃，是謂襲常。

使我介然有知〔七八〕，行於大道，唯施甚畏〔七九〕。大道甚夷，其民好徑〔八〇〕。朝甚除，田甚蕪〔八一〕，倉甚虛；服文綵〔八二〕，帶利劍，饜飲食〔八三〕，資貨有餘〔八四〕，是謂盜誇〔八五〕。盜誇非道〔八六〕。

善建不拔〔八七〕，善抱不脱〔八八〕，子孫祭祠不餟（輟）〔八九〕。脩之身，其德能真〔九〇〕；脩之家，其德能有餘〔九一〕；脩之鄉，其德能長〔九二〕；脩之國，其德能豐〔九三〕；脩之天下，其德能普〔九四〕。故以身觀身，以家觀家，以鄉觀鄉，以國觀國，以天下觀天下。吾何以知天下之然〔九五〕？以此。

含德之厚〔九六〕，比於赤子。毒蟲不蟞，猛獸不據〔九七〕，玃鳥不搏〔九八〕。骨弱筋柔而握固，未知牝牡之含（合）而峻作〔九九〕，精之至〔一〇〇〕。終日號而不嗄〔一〇一〕，和之至〔一〇二〕。知和曰常，知常曰明。益生曰詳（祥）〔一〇三〕，心使氣曰强〔一〇四〕。物壯則老，謂之非道〔一〇五〕，非道早已〔一〇六〕。

知者不言〔一〇七〕，言者不知。塞其兑，閉其門〔一〇八〕，挫其鋭，解其忿〔一〇九〕，和其光，同其塵，是謂玄同。故不可得親〔一一〇〕，不可得疏〔一一一〕，不可得利〔一一二〕，不可得害〔一一三〕，不可得貴〔一一四〕，不可得賤〔一一五〕，故爲天下貴〔一一六〕。

以政（正）治國〔一一七〕，以奇用兵，以無事取天下。吾何以知天下之然〔一一八〕？以此。天下多忌諱，而民彌貧；民多利器〔一一九〕，國家滋昏；民多知巧〔一二〇〕，奇物滋起；法物滋章〔一二一〕，盜賊多有。故聖人云：我無爲，民自化〔一二二〕；我無事，民自富〔一二三〕；我好靜，民自正〔一二四〕；我無欲，民自樸〔一二五〕。

其政悶悶〔一二六〕，其民醇醇〔一二七〕；其政察察，其民缺缺。禍〔一二八〕，福之所倚〔一二九〕；福〔一三〇〕，禍之所伏〔一三一〕。熟（孰）知其極〔一三二〕？其無正〔一三三〕，正復爲奇，善復爲訞〔一三四〕。人之迷〔一三五〕，其日固久。是以聖人方而不割〔一三六〕，廉而不穢〔一三七〕，直而不肆，光而不耀。

治人及天〔一三八〕，莫若式〔一三九〕。夫唯式〔一四〇〕，是以早伏〔一四一〕；皁（早）伏謂之重積德〔一四二〕；重積德則無不刻（剋）〔一四三〕，無不剋莫知其極〔一四四〕。能知其極〔一四五〕，可以有國；有國之母〔一四六〕，可以長久；是以深根固蒂〔一四七〕，長生久視之道。

治大國若亨小腥（鮮）〔一四八〕。以道莅天下，其鬼不神；非其鬼不神，其神不傷人〔一四九〕；非其神不傷人〔一五〇〕，聖人亦不傷人〔一五一〕。夫兩者不相傷〔一五二〕，故德交歸〔一五三〕。

大國者〔一五四〕，下流。天下之郊（交）〔一五五〕，天下之郊（牝）〔一五六〕，牝常以靜勝牡〔一五七〕。故大國以下小國，則取小國；小國以下大國〔一五八〕，則取（聚）大國〔一五九〕。故或下而取〔一六〇〕，或下而取（聚）〔一六一〕。夫大國不過欲兼畜人〔一六二〕，小國不過欲入事人。夫兩者各得其所欲〔一六三〕，故大者宜爲下。

道者〔一六四〕，萬物之奥。善，人之寳；不善，人所不保〔一六五〕。美言可以市，尊行可以加人。人之不善〔一六六〕，奚棄之有〔一六七〕？故立天子，置三公，雖有供（拱）璧以先駟馬〔一六八〕，不如坐進此道。古之所以貴此道者何？不曰求以得，有罪以免〔一六九〕？故爲天下貴。

爲無爲〔一七〇〕，事無事，味無味。大小多少，報怨以德。圖難於易〔一七一〕，爲大於細〔一七二〕；天下難事〔一七三〕，必作於易，大事必作於小〔一七四〕。〔是〕〔以〕〔聖〕〔人〕〔終〕〔不〕〔爲〕〔大〕〔一七五〕，〔故〕〔能〕〔成〕〔其〕〔大〕〔一七六〕。夫輕諾必寡信，多易必多難。是以聖人猶難之，故終無難。

其安易持〔一七七〕，其未兆易謀，其脆易破〔一七八〕，其微易散。爲之於未有，治之於未亂。合抱之木〔一七九〕，生於豪末〔一八〇〕；九重之臺〔一八一〕，起於虆土；千里之行〔一八二〕，始於足下〔一八三〕。爲者敗之〔一八四〕，執者失之。是以聖人無爲故無敗；無執故無失。民之從事〔一八五〕，常於幾成而敗之。慎終如始，則無敗事。是以聖人欲不欲，不貴難得之貨；學不學，備衆人之所過〔一八六〕，以輔萬物之自然，而不敢爲。

古之善爲道者〔一八七〕，非以明民，將以愚之。民之難治，以其多智〔一八八〕。故以智治國〔一八九〕，國之賊；不以智治國，國之德〔一九〇〕。知此兩者，亦楷式〔一九一〕。常知楷式〔一九二〕，是謂玄德。玄德深遠〔一九三〕，與物反〔一九四〕，然後迺至大順。

江海所能爲百谷王者〔一九五〕，以其善下之，故能爲百谷王〔一九六〕。是以聖人欲上民〔一九七〕，以其言下之；欲先民〔一九八〕，以其身後之。是以處上而民不重〔一九九〕，處前而民不害〔二〇〇〕。是以天下樂推而不厭〔二〇一〕。以其無爭〔二〇二〕，故天下莫能與之爭。

天下皆以我大不笑（肖）〔二〇三〕。夫大〔二〇四〕，故不笑（肖）〔二〇五〕；若笑（肖），久其細〔二〇六〕。我有三寶〔二〇七〕，寶而持之〔二〇八〕。一曰慈，二曰儉，三曰不敢爲天下先。夫慈，故能勇；儉，故能廣；不敢爲天下先，故能成器長。今捨其慈且勇，赦（捨）其儉且廣〔二〇九〕，赦（捨）其後且先〔二一〇〕，死矣！夫慈〔二一一〕，以陳則勝〔二一二〕，以守則固。天將救之，以慈衛之。

古之善爲士者〔二一三〕，不武；善戰〔二一四〕，不怒；善勝敵〔二一五〕，不爭〔二一六〕；善用人〔二一七〕，爲下〔二一八〕。是謂不爭之德，是謂用人之力，是謂配天古之極〔二一九〕。

用兵有言〔二二〇〕：吾不敢爲主，而爲客；不敢進寸，而退尺。是謂行無行，攘無臂，執無兵〔二二一〕，仍無敵〔二二二〕。禍莫大於侮敵〔二二三〕，侮敵則幾亡吾寶〔二二四〕。故抗兵相加〔二二五〕，則哀者勝〔二二六〕。

吾言甚易知〔二二七〕，甚易行。天下莫能知〔二二八〕，莫能行。言有宗，事有君。夫唯無知〔二二九〕，是以不吾知〔二三〇〕。知我者希，則我者貴。是以聖人被褐懷玉。

知不知〔二三一〕，上；不知知，病。是以聖人不病〔二三二〕。以其病病，是以不病。

民不畏威〔二三三〕，則大威至。無狹其所居，無厭其所生。夫唯不厭〔二三四〕，是以不厭。故聖人自知不自見〔二三五〕，自愛不自貴。故去彼取此。

勇於敢則煞〔二三六〕，勇於不敢則活。此兩者，或利或害。天之所惡，熟（孰）知其故〔二三七〕？天之道，不爭而善勝，不言而善應〔二三八〕，不召而自來，怛（坦）然而善謀〔二三九〕。天網恢恢，疏而不失。

民常不畏死〔二四〇〕，奈何以死懼之？若使常不畏死〔二四一〕，而爲奇者〔二四二〕，吾執得而煞之〔二四三〕。熟（孰）敢〔二四四〕？常有司煞者煞。夫代司煞者〔二四五〕，是謂代大匠劉（斲）〔二四六〕。夫代大匠斲〔二四七〕，希不傷其手〔二四八〕。

人之飢〔二四九〕，以其上食税之多，是以飢。百姓之難治〔二五〇〕，以其上有爲〔二五一〕，是以難治。民之輕死〔二五二〕，以其生生之厚〔二五三〕，是以輕死。夫唯無以生爲者〔二五四〕，是賢於貴生〔二五五〕。

人之生柔弱〔二五六〕，其死堅强〔二五七〕。萬物草木，生之柔毳〔二五八〕，其死枯槁〔二五九〕。故堅强者死之徒〔二六〇〕，柔弱者生之徒。是以兵强則不勝〔二六一〕，木强則共〔二六二〕。故堅强居下，柔弱處上。

天之道〔二六三〕，其猶張弓〔二六四〕。高者抑之，下者舉之；有餘者損之，不足者與之。天之道〔二六五〕，損有餘補不足〔二六六〕。人道則不然，損不足奉有餘〔二六七〕。熟（孰）能有餘以奉天下〔二六八〕，其唯有道〔二六九〕。是以聖人爲而不恃，成功不處〔二七〇〕，斯不貴賢〔二七一〕。

天下柔弱〔二七二〕，莫過於水，而攻堅强者，莫之能先〔二七三〕，其無以易之。故柔勝剛，弱勝强，天下莫能知〔二七四〕，莫能行。是以聖人言：受國之垢，是謂社稷主〔二七五〕；受國不祥，是謂天下主〔二七六〕。正言若反。

和大怨〔二七七〕，必有餘怨；安可以爲善？是以聖人執左契，不貴（責）於人〔二七八〕。故有德司契，無德司撤（徹）〔二七九〕。天道無親，常與善人。

小國寡民〔二八〇〕，使有什伯之器而不用〔二八一〕；使民重死而不遠徙。雖有舟轝〔二八二〕，無所乘之；有鉀兵〔二八三〕，無所陳之。使民復結繩而用之。甘其食，美其服，安其居〔二八四〕，樂其俗。鄰國相望，鷄狗之聲相聞〔二八五〕，使民至老〔二八六〕，不相往來〔二八七〕。

信言不美〔二八八〕，美言不信。善者不辯，辯者不善。知者不博，博者不知。聖人不積，既以與人，己愈有。既以與人，己愈多。天之道，利而不害。聖人之道，爲而不爭。

老子道德經〔二八九〕

説明

此件首缺尾全，起『居其實，不居其華』，訖尾題『老子道德經』，存三十八章之末至八十一章。原件上有朱筆校改。大淵忍爾以及程南洲都曾做過校勘（參見《敦煌道經·目録篇》，一九四至一九六頁；《倫敦所藏敦煌老子寫本殘卷研究》，一一三至二一二頁）。

敦煌文獻中保存的老子《道德經》寫本較多，可分爲兩種文本：一種有字數注記，一種無字數注記，此件屬於無字數注記的抄本。現知與此件屬於同一類型的寫本有十二件（參見王卡《敦煌道教文獻研究：綜述·目録·索引》，一六五至一六七頁），其中與此件内容有重合者有伯二三七五，首尾均缺，起『右兵者不祥之器』，訖『民之從』；伯二三四七，首缺尾全，起『知者不言』，訖尾題『老子德經下』；散六六八D，首尾均缺，起『隱無名』，訖『非道早已』；Дх一一一一+Дх一一一三，首尾均缺，起『不言而善應』，訖『民至老死不相往來』；日本書道博物館藏本（散八六八），起『含德之厚』，訖『不可得賤故爲天下貴』；Дх六八〇六，首尾均缺，僅存八殘行，起『天□郊』，訖『爲，無爲』；Дх八八九四，係殘片，僅存三殘行。

敦煌寫本老子《道德經》，就抄寫目的而言，也可分爲兩種，一種是當作《道經》抄寫的，另一種當作子部文獻抄寫的。兩者之區别，有的較易區分，有的不易區分，此件的整理未作區分。

以上釋文以斯一八九爲底本，用對此件有校勘價值的伯二三七五（稱其爲甲本）、伯二三四七（稱其爲乙本）、散六六八D（稱其爲丙本）、Дх一一一一+Дх一一一三（稱其爲丁本）、日本書道博物館藏本（稱其爲戊本）和傳世本《道藏》二册之《道德真經》（稱其爲己本）參校。

校記

〔一〕『居其』，據甲、己本補。
〔二〕此句前己本有標題『法本章第三十九』。
〔三〕『政』，甲、己本作『正』，『正』通『政』。
〔四〕『廢』，甲、己本作『發』，誤。
〔五〕『貴』，甲本同，己本作『貴高』。
〔六〕『侯王』，己本同，甲本作『王侯』。
〔七〕『轂』，己本同，甲本作『轂』，『轂』爲『轂』之借字。
〔八〕『非』，甲本同，己本作『非乎』。
〔九〕『祿祿』，甲、己本作『琭琭』。
〔一〇〕『落落』，甲本同，己本作『珞珞』。
〔一一〕此句前己本有標題『去用章第四十』。
〔一二〕『下』，己本同，甲本作『地』。
〔一三〕此句之前己本有標題『同異章第四十一』。
〔一四〕『能』，甲本同，己本作『而』；『行』，甲本同，己本作『行之』。
〔一五〕『是以』，甲本同，己本無。
〔一六〕『明』，己本同，甲本作『聞』。
〔一七〕『大』，甲本同，己本作『太』。

〔一八〕『不』，己本同，甲本脱。

〔一九〕『免』，當作『晚』，據甲、己本改。

〔二〇〕丙本始於此句。

〔二一〕『唯』，甲本同，己本作『惟』。

〔二二〕『生』，甲、己本作『且』。

〔二三〕此句前己本有標題『道化章第四十二』。

〔二四〕『穀』，己本同，甲本作『轂』，『轂』爲『穀』之借字。

〔二五〕『自名』，甲、丙本同，己本作『爲稱』。

〔二六〕『强』，甲本同，丙、己本作『彊』，『强』通『彊』。

〔二七〕『學』，甲、丙本同，己本作『教』。此句後丙本有『七十三字』。

〔二八〕此句前己本有標題『徧用章第四十三』。

〔二九〕『騁』，己本同，甲、丙本無。

〔三〇〕『入』，甲、丙本同，己本作『入於』；『聞』，甲本同，當作『間』，據丙、己本改。

〔三一〕『是』，甲、丙本同，己本作『吾是』；『有』，甲、丙本同，己本作『之有』。

〔三二〕『熟』，當作『孰』，據甲、己本改，『熟』爲『孰』之借字。此句前己本有標題『立戒章第四十四』。

〔三三〕『熟』，當作『孰』，据甲、丙、己本改，『熟』爲『孰』之借字。

〔三四〕『熟』，當作『孰』，据甲、丙、己本改，『熟』爲『孰』之借字。

〔三五〕『故』，甲、丙本同，己本無；『辱』，甲、己本同，丙本作『厚』，誤。

〔三六〕此句前己本有標題『洪德章第四十五』。

〔三七〕『弊』，甲、丙本同，己本作『敝』。
〔三八〕『滿』，甲、丙本同，己本作『盈』。
〔三九〕『吶』，丙本同，甲、己本作『訥』，『吶』同『訥』。
〔四〇〕此句前己本有標題『儉欲章第四十六』。
〔四一〕『戎』，甲、己本同，丙本作『我』，誤。
〔四二〕『甚』，甲、丙本同，己本作『大』。
〔四三〕『足』，甲、丙本同，己本作『足矣』。
〔四四〕此句前己本有標題『鑒遠章第四十七』。
〔四五〕『牖』，甲、己本同，丙本脱。
〔四六〕『見』，丙、己本同，甲本作『知』。
〔四七〕『名』，甲、丙、己本同，當作『明』，據文義改，『名』爲『明』之借字。
〔四八〕此句前己本有標題『忘知章第四十八』。
〔四九〕第一個『損』，甲、己本同，丙本脱。
〔五〇〕第二個『無』，甲、丙本同，己本作『而無』。
〔五一〕『心』，甲、丙本同，己本作『常心』。此句前己本有標題『任德章第四十九』。
〔五二〕『得』，甲、丙本同，己本作『德』。
〔五三〕『得』，甲、丙本同，己本作『德』。
〔五四〕『在』，甲、丙本同，己本作『之在』。
〔五五〕『混』，甲、丙本同，己本作『渾』。

〔五六〕『百』，丙、己本同，甲本作『而百』。
〔五七〕『恢』，丙本同，甲、己本作『孩』。
〔五八〕此句前己本有標題『貴生章第五十』。
〔五九〕『什』，甲、丙本同，己本作『十』，『十』通『什』。
〔六〇〕『什』，甲、丙本同，己本作『十』，『十』通『什』。
〔六一〕『什』，甲、丙本同，己本作『十』，『十』通『什』。此句前己本多一『亦』字。
〔六二〕『鉀』，丙本同，甲、己本作『甲』，『鉀』同『甲』。
〔六三〕『駐』，甲、丙本同，己本作『投』。
〔六四〕『狐』，丙本同，當作『爪』，據甲、己本改。
〔六五〕此句前己本有標題『養德章第五十一』。
〔六六〕『勢』，底本有朱筆校改痕跡，但朱書甚淡，校改文字不清，故今仍釋作『勢』，丙、己本同，甲本作『埶』。
〔六七〕『莫不』，己本同，甲、丙本無；『而』，丙、己本同，甲本無。
〔六八〕『道』，甲、丙本同，己本作『道之』；『德』甲、丙本同，己本作『德之』。
〔六九〕『畜之』，甲、己本同，丙本脱。
〔七〇〕『熟』，己本同，甲、丙本作『孰』，『孰』爲『熟』之本字；第二個『之』，甲、己本同，丙本脱。
〔七一〕『養之』，甲、己本同，丙本脱。
〔七二〕『恃』，甲、己本同，丙本作『悵』，誤。
〔七三〕此句前己本有標題『歸元章第五十二』。
〔七四〕『以』，丙、己本同，甲本脱。

〔七五〕「小」，甲、己本同，丙本作「小是」。

〔七六〕「用」，甲、丙本同，己本作「守」；「强」，甲、丙本同，己本作「彊」，「强」通「彊」。

〔七七〕「其」，甲、丙本同，己本作「無」。

〔七八〕此句前己本有標題「益證章第五十三」。

〔七九〕「唯」，甲、丙本同，己本作「惟」；「甚」，甲、丙本同，己本作「是」。

〔八〇〕「其」，丙本同，己本作「而」，甲本無；「好」，丙、己本同，甲本作「甚好」。

〔八一〕「蕪」，底本有朱筆校改痕跡，但朱書甚淡，校改文字不清，故今仍釋作「蕪」，丙、己本同，甲本作「苗」，誤。

〔八二〕「綵」，甲、丙本同，己本作「采」，均可通。

〔八三〕「饜」，甲、丙本同，己本作「厭」，「饜」通「厭」。

〔八四〕「資」，甲、丙本同，己本作「財」。

〔八五〕「誇」，丙、己本同，甲本作「跨」，「跨」爲「誇」之借字。

〔八六〕「盜」，甲、丙本同，己本無；「誇」，丙本同，甲本作「跨」，己本無；「道」，甲、丙本同，己本作「道也哉」。

〔八七〕「建」，甲、丙本同，己本作「建者」。此句前己本有標題「修觀章第五十四」。

〔八八〕「抱」，甲、丙本同，己本作「抱者」。

〔八九〕「祠」，丙本同，甲、己本作「祀」，均可通；「餟」，甲、丙本同，當作「輟」，據己本改，「餟」爲「輟」之借字。

〔九〇〕「其」，甲、己本同，丙本作「甚」，誤；「能」，甲、丙本同，己本作「乃」。

〔九一〕「能有」，甲、丙本同，己本作「乃」。

〔九二〕「能」，甲、丙本同，己本作「乃」。

〔九三〕『能』，甲、丙本同，己本作『乃』。

〔九四〕『能』，甲、丙本同，己本作『乃』。

〔九五〕『然』，甲、丙本同，己本作『然哉』。

〔九六〕戊本始於此句。此句前己本有標題『玄符章第五十五』。

〔九七〕『猛獸』，丙、己本同，甲本作『玃鳥』；『不據』，丙、己本同，甲本脱。

〔九八〕『玃鳥』，丙本同，己本作『攫鳥』，甲本作『猛獸』。

〔九九〕『牡』，甲、己本同，丙本作『牝』；『含』，丙本同，當作『合』，據甲、己本改；『峻』，丙、己本同，甲本作『酸』，誤。

〔一〇〇〕『至』，甲、丙、戊本同，己本作『至也』。

〔一〇一〕『而』，甲、丙、戊本同，己本作『而嗌』。

〔一〇二〕『至』，甲、丙本同，己本作『至也』。

〔一〇三〕『詳』，丙、戊本同，當作『祥』，據甲、己本改。

〔一〇四〕『强』，甲、丙本同，戊、己本作『彊』，『强』通『彊』。

〔一〇五〕『謂之』，甲、丙本同，己本作『是謂』；『非』，甲、丙本同，己本作『不』。

〔一〇六〕『非』，甲、丙、戊本同，己本作『不』。丙本止於此句。

〔一〇七〕乙本始於此句。此句前己本有標題『玄德章第五十六』。

〔一〇八〕『閉』，乙、己本同，甲本作『閟』，誤。

〔一〇九〕『忿』，甲、乙、戊本同，己本作『紛』。

〔一一〇〕『得』，乙本同，甲本作『德』，『德』爲『得』之借字，己本作『得而』。

〔一一一〕『得』，甲、乙、戊本同，己本作『得而』。

〔一一二〕『得』，甲、乙、戊本同，己本作『得而』。

〔一一三〕『得』，甲、乙本同，己本作『得而』。

〔一一四〕『得』，甲、乙本同，己本作『得而』。

〔一一五〕『得』，甲、乙、戊本同，己本作『得而』。

〔一一六〕戊本止於此句。

〔一一七〕『政』，甲、乙本同，當作『正』，據己本改。此句前己本有標題『淳風章第五十七』。

〔一一八〕『之』，甲、乙本同，己本作『其』；『然』，甲、乙本同，己本作『然哉』。

〔一一九〕『民』，甲、乙本同，己本作『人』。

〔一二〇〕『知』，甲、乙本同，己本作『伎』。

〔一二一〕『物』，甲、乙本同，己本作『令』；『章』，甲、己本作『彰』，乙本作『鄣』。

〔一二二〕『民』，甲、乙本同，己本作『而民』。

〔一二三〕『民』，甲、乙本同，己本作『而民』。

〔一二四〕『民』，甲、乙本同，己本作『而民』。

〔一二五〕『民』，甲、乙本同，己本作『而民』。

〔一二六〕此句前己本有標題『順化章第五十八』。

〔一二七〕兩個『醇』，乙本同，甲本作『蠢』，己本作『淳』，『蠢』爲『醇』之借字。

〔一二八〕『禍』，甲、乙本同，己本作『禍兮』。

〔一二九〕『之』，甲、乙本同，己本無。

〔一三〇〕「福」，甲、乙本同，己本作「福兮」。
〔一三一〕「之」，甲、乙本同，己本無。
〔一三二〕「熟」，當作「孰」，據甲、乙、己本改，「熟」爲「孰」之借字。
〔一三三〕「正」，甲、乙本同，己本作「正邪」。
〔一三四〕「訞」，甲、乙本同，己本作「祅」。
〔一三五〕「人」，甲、乙本同，己本作「民」。
〔一三六〕「是以聖人」，乙、己本同，甲本無。
〔一三七〕「穢」，甲、乙本同，己本作「劌」，「劌」爲「穢」之借字。
〔一三八〕「及」，乙本同，甲、己本作「事」。此句前己本有標題「守道章第五十九」。
〔一三九〕「式」，甲、乙本同，己本作「嗇」。
〔一四〇〕「式」，甲、乙本同，己本作「嗇」。
〔一四一〕「以」，甲、乙本同，己本作「謂」；「伏」，甲、乙本同，己本作「復」。
〔一四二〕「早」，當作「早」，據甲、乙、己本改；「伏」，甲、乙本同，己本作「復」。
〔一四三〕「刻」，當作「尅」，據乙本改，甲、己本作「克」。
〔一四四〕「尅」，乙本同，甲、己本作「克」；「莫」，甲、乙本同，己本作「則莫」。
〔一四五〕「能」，甲、乙本同，己本作「莫」。
〔一四六〕「有國」，甲、己本同，乙本脱。
〔一四七〕「以」，甲、乙本同，己本作「謂」。
〔一四八〕「亨」，甲、乙本同，己本作「烹」，「亨」通「烹」；「腥」，甲、乙本同，當作「鮮」，據己本改。此句前己本有標題『居位章第六十』。
〔一四九〕『人』，甲、乙本同，己本作『民』。
〔一五〇〕『人』，甲、乙本同，己本作『民』。
〔一五一〕第二個『人』，甲、乙本同，己本作『民』。
〔一五二〕『者』，甲、乙、己本無。
〔一五三〕『歸』，甲、乙本同，己本作『歸焉』。
〔一五四〕此句前己本有標題『謙德章第六十一』。
〔一五五〕『郊』，甲、乙本同，當作『交』，據己本改。
〔一五六〕『郊』，甲、乙本同，當作『牝』，據己本改。己本『牝』前還有一『交』字，應係衍文。
〔一五七〕『牡』，乙、己本同，甲本作『牝』，誤。此句後己本有『以靜爲下』數字。
〔一五八〕『小』，甲、乙本同，己本作『詩』，誤。
〔一五九〕『取』，己本同，當作『聚』，據甲、乙本改。
〔一六〇〕『而』，甲、乙本同，己本作『以』。
〔一六一〕『取』，己本同，當作『聚』，據甲、乙本改。
〔一六二〕『夫』，甲、乙本同，己本無。
〔一六三〕『夫』，甲、乙本同，己本無。
〔一六四〕此句前己本有標題『爲道章第六十二』。
〔一六五〕『所不』，甲、乙本同，己本作『之所』。
〔一六六〕『人』，甲、己本同，乙本脱。

〔一六七〕『奚』，甲、乙本同，己本作『何』。
〔一六八〕『供』，乙本同，當作『拱』，據甲、己本改，『供』爲『拱』之借字；『璧』，乙、己本同，甲本作『之璧』。
〔一六九〕『免』，甲、乙本同，己本作『免邪』。
〔一七〇〕此句前己本有標題『恩始章第六十三』。
〔一七一〕『於』，甲、乙本同，己本作『於其』。
〔一七二〕『於』，甲、乙本同，己本作『於其』。
〔一七三〕『難』，甲、乙本同，己本作『之難』。
〔一七四〕『大』，甲、乙本同，己本作『天下之大』；『小』，甲、乙本同，己本作『細』。
〔一七五〕『是以聖人終不爲大』，甲、乙本亦脱，據己本補。
〔一七六〕『故能成其大』，甲、乙本亦脱，據己本補。
〔一七七〕此句前己本有標題『守微章第六十四』。
〔一七八〕『脆』，甲、己本同，乙本作『晚』，誤。
〔一七九〕『合』，乙、己本同，甲本作『含』，誤。
〔一八〇〕『豪』，甲、乙本同，己本作『毫』，『豪』通『毫』。
〔一八一〕『重』，甲、乙本同，己本作『層』。
〔一八二〕『千里之行』，乙、己本同，甲本作『百刃之高』。
〔一八三〕『始』，乙、己本同，甲本作『起』。
〔一八四〕『敗』，乙、己本同，甲本作『則』，誤。
〔一八五〕甲本止於此句。

〔一八六〕『備』，乙本同，己本作『復』。
〔一八七〕此句前己本有標題『淳德章第六十五』。
〔一八八〕『多智』，乙本同，己本作『智多』。
〔一八九〕『故』，乙本同，己本作『是故』。
〔一九〇〕『德』，乙本同，己本作『福』。
〔一九一〕『楷』，底本、乙、己本原作『揩』，因二字形近，在手書中易混，故據文義逕釋作『楷』。
〔一九二〕『常』，乙本同，己本作『嘗』；『楷』，底本、乙、己本原作『揩』，因二字形近，在手書中易混，故據文義逕釋作『楷』。
〔一九三〕『深遠』，乙本同，己本作『深矣遠矣』。
〔一九四〕『反』，乙本同，己本作『反矣』。
〔一九五〕此句前己本有標題『後己章第六十六』。
〔一九六〕『爲』，底本原有兩個『爲』，一在行末，一在次行行首，此爲當時之提行添字抄寫體例，第二個『爲』字應不讀，故未釋。
〔一九七〕『民』，乙本同，己本作『人』。
〔一九八〕『民』，乙本同，己本作『人』。
〔一九九〕『民』，乙本同，己本作『人』。
〔二〇〇〕『民』，乙本同，己本作『人』。
〔二〇一〕『饜』，乙本同，己本作『厭』，『饜』通『厭』。以下同，不另出校。
〔二〇二〕『無』，乙本同，己本作『不』。

〔二〇三〕『以』，乙本同，己本作『謂』；『大不』，乙本同，己本作『道大似不』；『笑』，乙本同，當作『肖』，據己本改，『笑』爲『肖』之借字，以下同，不另出校。此句前己本有標題『三寶章第六十七』。
〔二〇四〕『大』，乙本同，己本作『惟大』。
〔二〇五〕『不』，乙本同，己本作『似不』。
〔二〇六〕『久』，乙本同，己本作『久矣』；『細』，乙本同，己本作『細也』。
〔二〇七〕『我』，乙本同，己本作『夫我』。
〔二〇八〕『寶』，乙本同，己本作『保』。
〔二〇九〕『赦』，乙本同，當作『捨』，據己本改，『赦』爲『捨』之借字。
〔二一〇〕『赦』，乙本同，當作『捨』，據己本改，『赦』爲『捨』之借字。
〔二一一〕『夫』，己本同，乙本無。
〔二一二〕『陳』，乙本同，己本作『戰』，均可通。
〔二一三〕『古之』，乙本同，己本無。此句前己本有標題『配天章第六十八』。
〔二一四〕『戰』，乙本同，己本作『戰者』。
〔二一五〕『敵』，乙本同，己本作『敵者』。
〔二一六〕『爭』，乙本同，己本作『一』，誤。
〔二一七〕『人』，乙本同，己本作『人者』。
〔二一八〕『爲』，乙本同，己本作『爲之』。
〔二一九〕『極』，乙本同，己本作『極也』。
〔二二〇〕此句前己本有標題『玄用章第六十九』。

〔二二一〕『執無兵』，乙本同，己本作『仍無敵』。
〔二二二〕『仍無敵』，乙本同，己本作『執無兵』。
〔二二三〕『侮』，乙本同，己本作『輕』。
〔二二四〕『侮』，乙本同，己本作『輕』；『亡』，乙本同，己本作『喪』。
〔二二五〕『加』，己本同，乙本作『若』。
〔二二六〕『則』，乙本同，己本無；『勝』，乙本同，己本作『勝矣』。
〔二二七〕此句前己本有標題『知難章第七十』。
〔二二八〕『天』，乙本同，己本作『而天』。
〔二二九〕『唯』，乙本同，己本作『惟』。
〔二三〇〕『吾』，乙本同，己本作『我』。
〔二三一〕此句前己本有標題『知病章第七十一』。
〔二三二〕『是以』，乙本同，己本作『夫惟病病，是以不病』。
〔二三三〕此句前己本有標題『愛己章第七十二』。
〔二三四〕『唯』，乙本同，己本作『惟』。
〔二三五〕『故』，乙本同，己本作『是以』。
〔二三六〕『煞』，乙本同，己本作『殺』，『煞』有『殺』義。此句前己本有標題『任爲章第七十三』。
〔二三七〕『熟』，當作『孰』，據乙、己本改，『熟』爲『孰』之借字。此句後己本有『是以聖人猶難之』。
〔二三八〕丁本始於此句。
〔二三九〕『怛』，當作『坦』，據文義改，『怛』爲『坦』之借字，己本作『繟』，乙、丁本作『不』；『然』，己本同，乙、丁本作『言』。

〔二四〇〕此句前己本有標題『制惑章第七十四』。

〔二四一〕『使』，乙、丁本同，己本作『使民』；『不』，乙、丁本同，己本無，疑『不』係衍文，當删。

〔二四二〕『爲』，己本同，乙、丁本無。

〔二四三〕『執得』，乙本同，己本作『得執』，丁本作『試得』；『煞』，乙、丁本同，己本作『殺』，『煞』有『殺』義，以下同，不另出校。

〔二四四〕『熟』，當作『孰』，據乙、丁、己本改，『熟』爲『孰』之借字。

〔二四五〕『者』，乙、丁本同，己本作『者殺』。

〔二四六〕『謂』，己本同，乙、丁本無；『劉』，乙本同，當作『斲』，據丁、己本改。

〔二四七〕『斲』，丁、己本同，乙本作『劉』，誤。

〔二四八〕『希』，乙、丁本同，己本作『希有』；『手』，乙、丁本同，己本作『手矣』。

〔二四九〕『人』，乙、丁本同，己本作『民』。此句前己本有標題『貪損章第七十五』。

〔二五〇〕『百姓』，乙、丁本同，己本作『民』。

〔二五一〕『上』，乙、丁本同，己本作『上之』。

〔二五二〕『民』，乙、丁本同，己本作『人』；『之』，丁、己本同，乙本脱。

〔二五三〕第一個『生』，乙、丁本同，己本作『求』。

〔二五四〕『唯』，乙、丁本同，己本作『惟』。

〔二五五〕『生』，乙、己本同，丁本脱。

〔二五六〕『人』，丁本同，己本作『民』，乙本作『毛』，疑誤；『生』，乙、丁本同，己本作『生也』。此句前己本有標題『戒彊章第七十六』。

〔二五七〕『死』，乙、丁本同，己本作『死也』；『强』，乙、丁本同，己本作『彊』，『强』通『彊』。

〔二五八〕『生之』，乙、丁本同，己本作『之生也』；『毳』，乙本同，丁、己本作『脆』。

〔二五九〕『死』，乙、丁本同，己本作『死也』。

〔二六〇〕『强』，乙、丁本同，己本作『彊』，『强』通『彊』。

〔二六一〕『强』，丁本同，己本作『彊』，『强』通『彊』，乙本作『弱』，疑誤。

〔二六二〕『强』，乙、丁本同，己本作『彊』，『强』通『彊』。以下同，不另出校。

〔二六三〕此句前己本有標題『天道章第七十七』。

〔二六四〕『猶』，乙、己本同，丁本作『由』，『由』爲『猶』之借字；『弓』，乙、丁本同，己本作『弓乎』。

〔二六五〕『之』，乙、丁本同，己本脱。

〔二六六〕『補不足』至『熟能有餘』，乙本脱。『補』，丁本同，己本作『而補』。

〔二六七〕『奉』，丁本同，己本作『以奉』。

〔二六八〕『熟』，當作『孰』，據丁、己本改，『熟』爲『孰』之借字；『有餘以奉天下』，丁本同，己本作『以有餘而奉不足於天下』。

〔二六九〕『其』，乙、丁、己本無；『道』，乙本同，丁、己本作『道者』。

〔二七〇〕『成功』，乙、丁本同，己本作『功成』。

〔二七一〕『斯不貴』，乙本同，丁本作『其不欲示』，己本作『其不欲見』。

〔二七二〕此句前己本有標題『任信章第七十八』。

〔二七三〕『先』，乙、丁本同，己本作『勝』。

〔二七四〕『能』，乙、丁本同，己本作『不』。
〔二七五〕『謂』，乙、丁本同，己本作『爲』。
〔二七六〕『謂』，乙、丁本同，己本作『爲』；『主』，乙、丁、己本作『王』。
〔二七七〕『怨』，乙、己本同，丁本作『惡』。此句前己本有標題『任契章第七十九』。
〔二七八〕『不』，乙、丁本同，己本作『而不』；『貴』，乙本同，當作『責』，據丁、己本改。
〔二七九〕『撤』，乙本同，丁本作『蹴』，當作『徹』，據己本改，『撤』爲『徹』之借字，『蹴』同『徹』。
〔二八〇〕此句前己本有標題『獨立章第八十』。
〔二八一〕『伯』，乙、丁本同，己本作『佰』。
〔二八二〕『雖』，己本同，乙、丁本無；『轝』，乙、丁本同，己本作『輿』。
〔二八三〕『有』，乙、丁本同，己本作『雖有』；『鉀』，乙本同，丁、己本作『甲』，『鉀』同『甲』。
〔二八四〕『居』，乙、己本同，丁本作『處』。
〔二八五〕『狗』，乙、丁本同，己本作『犬』。
〔二八六〕『使』，乙、丁本同，己本無；『老』，乙、己本同，丁本作『老死』。
〔二八七〕丁本止於此句。
〔二八八〕此句前己本有標題『顯質章第八十一』。
〔二八九〕此句乙本作『老子德經下』，己本作『道德真經卷下』。

參考文獻

Descriptive Catalogue of the Chinese Manuscripts from Tunhuang in the British Museum, The Trustees of the British Museum,

London 1957, p. 218；《敦煌道經目録》，京都：法藏館，一九六〇年，五二頁；《スタイン將來大英博物館藏敦煌文獻分類目録・道教之部》，東京：東洋文庫，一九六九年，二五至二六頁；《敦煌道經・目録篇》，東京：福武書店，一九七八年，一九四至一九六頁；《敦煌寶藏》二册，臺北：新文豐出版公司，一九八一年，一八一至一八五頁（圖）；《倫敦所藏敦煌老子寫本殘卷研究》，臺北：文津出版社，一九八五年，五頁；《敦煌叢刊初集》七册，臺北：新文豐出版公司，一九八五年，二四七至二五一頁（圖）；《道藏》一一册，文物出版社、上海書店、天津古籍出版社，一九八八年，四七七至四八一頁；《英藏敦煌文獻》一卷，成都：四川人民出版社，一九九〇年，七〇至七三頁（圖）；《俄藏敦煌文獻》七册，上海古籍出版社，一九九六年，三一九至三二〇頁（圖）；《俄藏敦煌文獻》一三册，上海古籍出版社，二〇〇〇年，二〇五頁（圖）；《俄藏敦煌文獻》一四册，上海古籍出版社，二〇〇〇年，一〇一頁（圖）；《法藏敦煌西域文獻》一二册，上海古籍出版社，二〇〇〇年，二七三至二七五頁（圖）；《法藏敦煌西域文獻》一三册，上海古籍出版社，二〇〇〇年，六五至六七頁（圖）；《敦煌道教文獻研究：綜述・目録・索引》，北京：中國社會科學出版社，二〇〇四年，一六五至一六七頁；《中華道藏》九册，北京：華夏出版社，二〇〇四年，四〇至四四頁（録）；《中村不折舊藏禹域墨書集成》卷下，東京：二玄社，二〇〇五年，一〇二頁（圖）；《英國國家圖書館藏敦煌遺書》三册，桂林：廣西師範大學出版社，二〇一一年，二三五至二三九頁（圖）。

斯一八九背　一　習字

釋文

言

伏永永永

義人義人義義義義義義義義義有

打自義義義義義

義義義義義義義義義義義

有有有有有有士覔覔義

伏以道負賀負道筆管運　有義義義

有　　　　　有

伏念伏永有

伏自離鄉背土，經今數載有餘，上無片瓦

導

嚳咳撏拽拽佛行　伏　道　伏字自欽

畋獵

彈指震震

説明

以上文字係時人隨手抄寫於《老子道德經》卷背，其中有多行鳥形畫押習字，有的近似少數民族文字。其後抄有『妙法蓮華經卷品開闔録』、華夷譯語（？）、雜寫等。

參考文獻

《敦煌寶藏》二册，臺北：新文豐出版公司，一九八一年，一八六頁（圖）；《英藏敦煌文獻》一卷，成都：四川人民出版社，一九九〇年，七四頁（圖）；《英國國家圖書館藏敦煌遺書》三册，桂林：廣西師範大學出版社，二〇一一年，二三九至二四〇頁（圖）。

斯一八九背　二　妙法蓮華經品卷開闔録

釋文

《妙法蓮〔華〕經》二十八品〔一〕

序品第一〔二〕。方便品第二[一]。譬喻品第三。

信解品第四[二]。藥草喻品第五。授記品第六。

化城喻品第七[三]。

五百弟子授記品第捌〔三〕。

授學無學人記品第九。法師品第十。

見寶塔品第十一。提婆達多品第十二。

勸持品第十三[四]。安樂行品第十四。

從地踊出品第十五。如來壽量品第十六。

分別功德品第十七[五]。隨喜功德品第十八。

法師功德品第十九。常不輕菩薩品第二十。

如來神力品第二十一。囑累品第二十二。

藥王菩薩〔本〕〔事〕品第二十三六〔四〕。妙音菩薩品第廿四。

觀音菩薩普門品第廿五。陀羅尼品第二十六。

妙莊嚴王本事品第二十七。普賢菩薩品第二十八。

說明

此件首尾完整，起『妙法蓮〔華〕經二十八品』，訖『普賢菩薩品第二十八』，《英藏敦煌文獻》未收，現予增收。方廣錩認爲所存内容係《妙法蓮華經》卷、品開闔録（參看《英國國家圖書館藏敦煌遺書》三册，一二頁『條記目録』）。

校記

〔一〕『華』，《英國國家圖書館藏敦煌遺書》『條記目録』據文義校補。

〔二〕『第』，底本原作『弟』，因二字形近，在寫本中易混，故據文義逕釋作『第』。以下同，不另出校。

〔三〕『弟』字右側書一小字似『末』，應與該件無關，未録。

〔四〕『本事』，《英國國家圖書館藏敦煌遺書》『條記目録』據文義校補。

參考文獻

《敦煌寶藏》二册，臺北：新文豐出版公司，一九八一年，一八六至一八七頁（圖）；《敦煌佛經目録輯校》，南京：江蘇古籍出版社，一九九七年，四一一至四一四頁（録）；《英國國家圖書館藏敦煌遺書》三册，桂林：廣西師範大學出版社，二〇一一年，二四〇頁（圖）、『條記目録』一二頁（録）。

斯一八九背　三　華夷譯語（？）

釋文

剪刀　　　　　　　　里　　　　槃子（？）　筆〔一〕
阿塞個只　貓兒案者末灰（？）　槃得詰升　　末迦點黑
末里迦來　阿丁靴靴　及及苑苑　腳處□□
蜜一只一至

説明

此件首尾完整，無題，《英藏敦煌文獻》擬名『華夷譯語（？）』，暫從之。

校記

〔一〕『筆』下有一符號，似重文符號。

參考文獻

《敦煌寶藏》二册，臺北：新文豐出版公司，一九八一年，一八七頁（圖）；《英藏敦煌文獻》一卷，成都：四川人民出版社，一九九〇年，七五頁（圖）；《英國國家圖書館藏敦煌遺書》三册，桂林：廣西師範大學出版社，二〇一一年，二四一頁（圖）。

斯一八九背　四　雜寫

釋文

伏以此妙道德

㩙　膠漆布〔一〕

義義義義義〔二〕

校記

〔一〕『漆』，《英國國家圖書館藏敦煌遺書》『條記目録』釋作『潗』。

〔二〕此行下有符號一行。

參考文獻

《敦煌寶藏》二册，臺北：新文豐出版公司，一九八一年，一八八頁（圖）；《英藏敦煌文獻》一卷，成都：四川人民出版社，一九九〇年，七五頁（圖）；《英國國家圖書館藏敦煌遺書》三册，桂林：廣西師範大學出版社，二〇一一年，二四一頁（圖）、『條記目録』一二頁（録）。

斯一九一　某僧與法師論義文

釋文

〔問〕[一]：仰惟法師才能浩浩，志嶽岑岑。然某乙虚染披緇，謬居寺宇。每巡殿塔，徒遶經行，不知所住，甚名大教，爭何如識。且如衆生，修造伽藍、鑄寫形像、燒香者，功德何？

答：聞經所説，有無量方便。以一切衆生鈍根挾（狹）劣[二]，不悟甚深，假設爲喻。若復有人不修内行，唯止外求福報，希望焚世間香，表爲因也。

問：伽藍者，是梵語、唐言？

答：伽藍者，是西國梵音，漢地翻云『清淨之處』。

問：何名清淨？

答：永除三毒[三]，常淨六根，身心寂然，内外清淨，則名伽藍是也。

問：鑄銅像者如何？

答：鑄像者，是一切衆生求其佛道，修諸覺行，倣像如來，豈遣鑄寫金銅之所作也〔四〕！

問：究竟如何？

答：求解脱者，以身爲爐，以法爲火，智惠爲匠，三聚淨戒、六波羅密（蜜）以爲模樣〔五〕，鎔鍊身中〔六〕，如教奉持，一無漏缺，自然成就真容之像，究竟常住微妙色身，非是有爲敗壞之法。

問：未審壞香，何爲功驗？

答：是此香熏諸臭穢、無明惡業，悉令消滅。其香非是世間之香，乃是無爲正法之香。將外顯内，望獲來果。

又問：其正法香有幾種？

答：有五種體。

問：五種名目如何？

答：戒香、定香、惠香、解脱香、解脱之（知）見香〔七〕。奉答如是，有疑任微（徵）〔八〕。

又問：五香如何所作？

答：戒香斷惡，定決信心，慧以觀察内外，解脱斷一切無明，知見逼（通）達無礙〔九〕。如是五香最名上香，世間無比。

問：世間旃檀，焚燒輕重？

答：佛在之日，令弟子沿智惠火，燒無價香，拱（供）養三千十方諸佛〔一〇〕。今時末代，衆生不解如來真實之義，燒質礙香而求福報。奉答如是，有疑任徵。

説明

此件首尾完整，其内容爲僧某乙向某法師提問，法師就某乙所提問題作答。原件上有朱筆校改。此件背面是『僧智盈與周法律論義文稿』，《英國國家圖書館藏敦煌遺書》（該書誤將背面印爲正面、正面印爲背面）認爲此件也是僧智盈與周法律論義的記録。但因敦煌文獻中保存的這類文獻論義雙方多以『法師』和『僧某乙』出現，實際具有樣文性質，故很難證明此件的『法師』和『僧某乙』就是背面的『周法律』和『僧智盈』。

校記

〔一〕『問』，《英國國家圖書館藏敦煌遺書》『條記目録』據文義校補。

〔二〕『挾』，當作『狹』，據斯二五九五《觀心論》改，『挾』爲『狹』之借字。

〔三〕『除』，《英國國家圖書館藏敦煌遺書》『條記目録』釋作『徐』校改作『除』。

〔四〕『豈』，《英國國家圖書館藏敦煌遺書》『條記目録』釋作『止正』，誤。

〔五〕『密』，當作『蜜』，《英國國家圖書館藏敦煌遺書》『條記目録』據文義校改，『密』爲『蜜』之借字。

〔六〕『鍊』，《英國國家圖書館藏敦煌遺書》『條記目録』校改作『煉』，按不改亦可通。

〔七〕『解脱』，《〈英藏敦煌社會歷史文獻釋録〉（第一卷）補校》認爲『解脱』係衍文，誤；『之』，當作『知』，據斯二五九五《觀心論》改，『之』爲『知』之借字。

〔八〕『微』，當作『徵』，據斯二五九五《觀心論》改，《英國國家圖書館藏敦煌遺書》『條記目録』逕釋作『徵』。

〔九〕『逼』，當作『通』，據斯二五九五《觀心論》改。

〔一〇〕『拱』，當作『供』，據斯二五九五《觀心論》改，『拱』爲『供』之借字。

參考文獻

Descriptive Catalogue of the Chinese Manuscripts from Tunhuang in the British Museum, The Trustees of the British Museum, London 1957, p. 189 ；《敦煌寶藏》二册，臺北：新文豐出版公司，一九八一年，一九一頁（圖）；《英藏敦煌文獻》一卷，成都：四川人民出版社，一九九〇年，七六頁（圖）；《敦煌研究》二〇〇四年二期，一〇三頁；《英國國家圖書館藏敦煌遺書》三册，桂林：廣西師範大學出版社，二〇一一年，二四六頁（圖）、『條記目録』一三頁（録）。

斯一九一背　僧智盈與周法律論義文稿

釋文

某乙聞龍宫秘典，宣傳之切藉明賢〔一〕；寶偈金言，開闡之須逢聖代〔二〕。今屬仲春之月，蓂吐八辰，道俗肅穆以虔誠，官吏傾心而赴會。英髦之選擇説有，俊哲之昇座論空。是以無量無邊，乃歸崇於釋教；有緣有相，並信重於法門。但智盈萬人行中，最卑最小；千僧衆内，極癡極愚。自小蹭蹬而閑行，佛法分毫而無識。雖然如此，粗寄空門。今既得覩論場，堅意欲入衆伴〔三〕。近上攀攬，戒臘不同；按下尋由，恐不當次。今有當寺同時侣周法律闍梨者，本生聰惠，立性英奇。儒宗也，知理知源；教法也，尋根盡底。三寸舌始動，如春雷震於天邊；兩行唇才開，似秋霧遍於地際。愚旨不量，旨下敢擻，能明非度，自家衰羸，先來叨觸智德〔四〕。幸垂引接，共立論端。若不起來，便有諷詠。

仰惟法師，經文早播，佛法明知，能萬卷以窮研，致千張而暗曉。但智盈俗理則從來無識，真宗則些少莫知〔五〕。交下慚惶，空在群衆，更被往來繁雜，恐滯後徒，接應來言，以迴的實。況且法師所問（以下原缺文）

説明

此件首部完整，尾部原未抄完。其内容爲僧智盈與周法律以問答的方式討論佛教教義，但僅抄録了智盈致語的部分。

校記

〔一〕『藉』，《英國國家圖書館藏敦煌遺書》『條記目録』釋作『籍』。

〔二〕『逢』，《英國國家圖書館藏敦煌遺書》『條記目録』釋作『逄』，校改作『逢』。

〔三〕『堅』，《英國國家圖書館藏敦煌遺書》『條記目録』釋作『整』，誤。

〔四〕『先』，底本原作『光』，因二字形近，在手書中易混，故據文義逕釋作『先』。

〔五〕『些』，原作『此日』，後經淡墨修改，但修改文字不清，今據文義釋作『些』。

參考文獻

Descriptive Catalogue of the Chinese Manuscripts from Tunhuang in the British Museum, The Trustees of the British Museum, London 1957, p. 189；《敦煌寶藏》二册，臺北：新文豐出版公司，一九八一年，一九一頁（圖）；《英藏敦煌文獻》一卷，成都：四川人民出版社，一九九〇年，七六頁（圖）；《英國國家圖書館藏敦煌遺書》三册，桂林：廣西師範大學出版社，二〇一一年，二四七頁（圖）、『條記目録』一三頁（録）。

斯一九二　賢愚經榜題抄

釋文

第五[一]，如是我聞，一時佛在舍衛國。時阿難入城乞食，見一老母，唯有二男，偷盜活命，財主捉得時。爾時世尊遣使阿難，告白於王，幸王寬免，捨此三人合死之罪，於佛敕捨過時。即時阿難見母子三人投佛哀救，如來慈濟，免死存生。阿難生疑，而白於佛時。佛告阿難：乃往過去有大國王，名摩訶羅種，王有三子，一名摩訶富單，次名摩訶提婆，有（幼）名摩訶薩埵[二]。王乃（及）太子[三]，與諸群臣、夫人等出外遊觀。爾時大王及諸捉者至山澤中群臣之處遊獵，王及夫人疲損蘇息，其三太子相隨林中，乃見虎生非常飢困，卻來（未）歸還[四]，王乃（及）夫人不知凶吉時[五]。

第六，佛告阿難，爾時王者，即淨飯王是；母者，摩訶摩耶是；長兄者，即彌勒是。爾時薩埵王子命終之後，生兜率天宫，以父母憂愁，下天諫喻時。爾時薩埵二兄，見弟捨身，血肉狼藉。驟馬卻還，報其父母：薩埵捨身已訖[六]。即上高山頂，投身餓虎前，虎羸不能食，以竹自傷頸，遂啖王子身。薩埵王子以身施虎，卧在虎前，〔虎〕

飢困時多〔七〕，口嚇難食〔八〕，請虎等但以眼看〔九〕，口不能喫時。爾時大王與夫人、群臣等四塞求覓太子，其得骸骨〔一〇〕，收捨（拾）置於塔上已訖〔一一〕，起塔供養。薩埵王子又白二兄〔一二〕：我等久遠，持此患身，涕淚膿囊，有何顧戀？爾時薩埵王子捨身，決定而無疑悔，即脱衣服，掛樹枝時。不久當死。二兄答言：虎食血肉，拔濟甚難。即便捨去時。其三太子漸漸遊行，乃見虎生，欲食其子。薩埵王子啓白二兄〔一三〕，此虎飢羸時。

第七，王勑於國人，依令常送園中此果時〔一四〕。其王園中忽有池中出其異果，將與守門人轉上，夫人得已，用獻於王時。

其二天人，敬佛説法，往昔因緣，心開意解，卻歸天去時。

其二婆羅門，於法師前受八關齋戒。一願生天，一願作大國王。設齋時畢，二願不同。

爾時海龍王持海中珠果及其實（寶）物奉獻於王〔一五〕：我爲戒故，生龍身中時。其婆羅門言：一者持戒，得國王身。一者不勤護戒，與婦同食，爲破齋故〔一六〕，生龍身中。

有二天來下佛前，佛爲説法，即還天宮時。阿難怪問世尊，佛言：有二婆羅門授（受）八關齋戒時〔一七〕。但得生天，我爲説法，説法已訖，卻還天去時。如是我聞，一時佛在舍衛國，初夜分時。（以下原缺文）

説明

此卷紙張首尾均缺，文字内容是始自第五部分，不知其前是否殘缺，尾部原未抄完，紙張尚有餘白。此件所存部分無題，施萍亭認爲是《賢愚經變》榜題底稿，並考證該《賢愚經變》畫在五代都押衙張懷慶所修的莫高窟一〇八窟中（參看《敦煌隨筆之四》，《敦煌研究》一九八七年四期，二六至三〇頁）。《英國國家圖書館藏敦煌遺書》依據此件内容前後錯亂的特點，認爲此件並非《賢愚經變》榜題底稿，而是從一〇八窟已經畫好的《賢愚經變》壁畫上抄録榜題而成。抄録時未照顧故事情節之先後，而是按照從上到下的順序抄録，由此造成此件内容未按故事情節發展次序排列，故擬名爲《賢愚經變榜題抄》（參看《英國國家圖書館藏敦煌遺書》三册，一三至一四頁『條記目録』）。此從之。

校記

〔一〕『第』，底本原作『弟』，因二字形近，在手書中易混，故據文義逕釋作『第』。以下同，不另出校。
〔二〕『有』，當作『幼』，《敦煌隨筆之四》據文義校改，『有』爲『幼』之借字。
〔三〕『乃』，當作『及』，《敦煌隨筆之四》據文義校改。
〔四〕『來』，當作『未』，《敦煌隨筆之四》據文義校改。
〔五〕『乃』，當作『及』，《敦煌隨筆之四》據文義校改。
〔六〕『埵』，《敦煌隨筆之四》釋作『睡』，誤。
〔七〕『虎』，《敦煌隨筆之四》據文義校補。
〔八〕『嚇』，《敦煌隨筆之四》釋作『噤』，雖義可通而字誤。

〔九〕「請」，《敦煌隨筆之四》《英國國家圖書館藏敦煌遺書》「條記目録」均校改作「噙」，並將其斷入上句。
〔一〇〕「其得」，《敦煌隨筆之四》釋作「得其」。
〔一一〕「捨」，當作「拾」，《敦煌隨筆之四》據文義校改。
〔一二〕「二」，《敦煌隨筆之四》漏録。
〔一三〕「埵」，《敦煌隨筆之四》釋作「睡」，誤。
〔一四〕「令」，底本原作「今」，因二字形近，在手書中易混，故據文義逕釋作「令」。
〔一五〕「實」，當作「寶」，《敦煌隨筆之四》據文義校改。
〔一六〕「齋」，《敦煌隨筆之四》釋作「戒」，誤。
〔一七〕「授」，當作「受」，《敦煌隨筆之四》據文義校改，「授」爲「受」之借字。

參考文獻

Descriptive Catalogue of the Chinese Manuscripts from Tunhuang in the British Museum, The Trustees of the British Museum, London 1957, p. 192；《敦煌寶藏》二册，臺北：新文豐出版公司，一九八一年，一九二頁（圖）；《敦煌研究》一九八七年四期，二六至二七頁（録）；《英藏敦煌文獻》一卷，成都：四川人民出版社，一九九〇年，七七頁（圖）；《九州學刊》一九九三年五卷四期，一九至二三頁；《英國國家圖書館藏敦煌遺書》三册，桂林：廣西師範大學出版社，二〇一一年，二四八至二四九頁（圖）、「條記目録」一三頁（録）。

斯一九二二背　雜寫（二月七日請柴）

釋文

二月七日請柴。

説明

以上文字書寫於『賢愚經榜題』紙背，含義不明。

參考文獻

Descriptive Catalogue of the Chinese Manuscripts from Tunhuang in the British Museum, The Trustees of the British Museum, London 1957, p. 192（録）；《敦煌寶藏》一四册，臺北：新文豐出版公司，一九八一年，一九三頁（圖）；《英藏敦煌文獻》一卷，成都：四川人民出版社，一九九〇年，七八頁（圖）；《英國國家圖書館藏敦煌遺書》三册，桂林：廣西師範大學出版社，二〇一一年，二五〇頁（圖）、『條記目録』一四頁（録）。

斯一九四　妙法蓮華經卷第一題記

釋文

垂拱四年六月　日，信女楊阿僧與人受持。

説明

此件《英藏敦煌文獻》未收，現予增收。垂拱四年即公元六八八年。

參考文獻

Descriptive Catalogue of the Chinese Manuscripts from Tunhuang in the British Museum, The Trustees of the British Museum, London 1957, p. 163（録）；《敦煌寶藏》二册，臺北：新文豐出版公司，一九八一年，二一一頁（圖）；《敦煌遺書總目索引》，北京：中華書局，一九八三年，一一二頁（録）；《中國古代寫本識語集録》，東京大學東洋文化研究所，一九九〇年，二三五頁（録）；《敦煌遺書總目索引新編》，北京：中華書局，二〇〇〇年，六頁（録）；《英國國家圖書館藏敦煌遺書》三册，桂林：廣西師範大學出版社，二〇一一年，二六八頁（圖）、『條記目録』一四頁（録）。

斯一九六　顯德五年（公元九五八年）二月洪範大師牒

釋文

（前缺）

宣旨，仍奉遣差，　　先諭道途[一]。

今則見賣

詔命，尋達會稽安下訖，將□

臺鼎，預切忻愉。謹先具狀

聞，謹録狀上。

牒件狀如前，謹牒。

　　顯德五年二月　日左街洪範大師賜紫□

説明

此件首缺尾全，底沿已被剪掉。首部被粘卷於一竹片上，故首行每個字從圖版和縮微膠片上都只能看到一半，另一半已被回粘在紙的背面。其中前六字顯露大半，後四字顯露少半。上録第一行的後四字係據原件補上，其他文字也核對了原件。最後一行在『二月日左』處鈐印章一枚，印文可辨者爲『師』字。

校記

〔一〕『先諭道途』，《敦煌社會經濟文獻真蹟釋録》未能釋讀。

參考文獻

Giles, *BSOS*, 11.1（1943），p. 155；*Descriptive Catalogue of the Chinese Manuscripts from Tunhuang in the British Museum*, The Trustees of the British Museum, London 1957, p. 249；《敦煌寶藏》二册，臺北：新文豐出版公司，一九八一年，二一六頁（圖）；《英藏敦煌文獻》一卷，成都：四川人民出版社，一九九〇年，七八頁（圖）；《敦煌社會經濟文獻真蹟釋録》五輯，北京：全國圖書館文獻縮微複製中心，一九九〇年，二三一頁（録）；《歸義軍史研究——唐宋時代敦煌歷史考索》，上海古籍出版社，一九九六年，二六頁；《英國國家圖書館藏敦煌遺書》三册，桂林：廣西師範大學出版社，二〇一一年，二七四頁（圖）、『條記目録』一四頁（録）。

斯二〇二　傷寒論辨脈法

釋文

（前缺）

□其脈自沈而遲[一]，不能食，身體重，大便反堅，名曰陰結，期十四日當劇。

問曰：病有洗（灑）沂（淅）惡寒而後反發熱者何[二]？答曰：陰脈不足，陽往從之[三]；陽脈不足，陰往乘之。何謂陽不足[四]？答曰：假令陽微，爲陽不足[五]，陰氣入陽則惡寒[六]。何謂陰不足[七]？答曰：尺脈弱，爲陰不足[八]，陽氣下流入陰中，則發熱[九]。

脈陽浮陰濡而弱，弱則血虚，血虚則傷筋。其脈沈，營氣微；其脈浮[一〇]，則汗出如流珠，衛氣衰。營氣微[一一]，加燒針[一二]，留不行[一三]，更發熱而躁煩[一四]。脈藹藹如車之蓋，名曰陽結；累累如順長竿，名曰陰結；囁囁如吹榆莢[一五]，名曰數；瞥瞥如羹上肥者，陽氣微〔一六〕；縈縈如蜘蛛糸者〔一七〕，陽氣衰〔一八〕；綿綿如漆之絶者〔一九〕，亡其血〔二〇〕。

脈來緩，時一止復來，名曰結。

脈來時（數）〔二一〕，數（時）一止〔二二〕，名曰促。

脈陽盛即促，陰盛即緩，病〔二三〕。陰陽相薄〔二四〕，名曰動。陽動即汗出，陰動即發熱。形冷而寒，此爲進。數脈見於關上，無頭尾，大如大豆，厥厥動揺，名爲動。脈浮大濡〔二五〕，陰浮與陽同等〔二六〕，故名之爲緩。夫脈浮緊，名爲弦。

脈緊者，如轉索無常〔二七〕。

脈弦，狀如弓弦，案之不移〔二八〕。

脈弦而大，弦即爲藏，大即爲莖（芤）〔二九〕。藏即爲寒，莖（芤）即爲虛〔三〇〕，寒莖（虛）相薄〔三一〕，脈即爲革，婦人即半産而漏下，男子即亡血〔三二〕。問曰：病有戰而汗出，因得解者何？答曰：脈浮而緊，案之反莖（芤）〔三三〕，此爲本虛，故當戰而汗出。其人本虛，是以發戰。其脈反浮，故當汗出乃解。若脈浮數，案之不莖（芤），此人本〔不〕虛〔三四〕，若欲自解，但汗出耳，不發戰也。

問曰：病有不戰復不汗出而解者何〔三五〕？答曰：其脈大浮而數，故知〔不〕〔戰〕

汗出而解〔三六〕。

問曰：病有不戰復不汗出而解者何？答曰：其脈自微弦，此曾以發汗，若吐、若下、若亡血，無津液〔三七〕，陰陽自和，自愈〔三八〕，故不戰不汗出而解。

問曰：傷寒三日，其脈浮數而微，人涼身和何〔三九〕？答曰：是爲欲解，解以夜半。浮而解者，濈然而汗出〔四〇〕。數而解者，必能食〔四一〕。微而解者，而大汗出〔四二〕。

問曰：脈病欲知愈不〔四三〕，何以别之？答曰：寸口、關上、尺中三處，大小、浮沈、遲疾同等，雖有寒熱不解，脈陰陽爲平〔四四〕，當（雖）劇〔四五〕，今（當）愈〔四六〕。

問曰：立夏得浮大脈，是其位〔四七〕。其人病身體苦瘀痛重〔四八〕，發其汗者〔四九〕。明日身不疼不重痛者〔五〇〕，不須發其汗，汗蛗（漐）蛗（漐）自出〔五一〕，明日解矣〔五二〕。

問〔五三〕：病者何時發病〔五四〕？假令夜半得病者〔五五〕，旦日日中愈；日中發病，夜半愈。何以言之？立夏脈浮，是其時脈，故使然，四時相救〔五六〕。所以言日中得，夜半愈者，陽得陰解；夜半得，旦日日中愈者，何以言之〔五七〕？陰得陽則解矣。

寸口脈浮在表，沈在裏，數在府〔五八〕，遲在藏〔五九〕，令脈遲〔六〇〕，此爲在藏。趺陽脈浮而澀〔六一〕，少陰如經，其病在脾，法當下利。何以知之？脈浮而大〔六二〕，氣實血虚。趺陽脈浮而澀〔六三〕，故知脾氣不足，氣虚也〔六四〕。少陰脈弦沈纔見爲調〔六五〕，故稱如經。而反滑數者〔六六〕，故知當溺膿也。

寸口脈浮緊，浮即爲風，緊則爲寒，風即傷衛，寒即傷榮，榮衛俱病，骨節疼煩，當發其汗。趺陽脈遲而緩，胃氣如經；趺陽脈浮而數，浮則傷胃，數則動脾。此非本病，醫將下之所爲〔六七〕。榮衛内陷，其數先微，脈反但浮，其人必堅〔六八〕，氣噫而除。何以言之？本數脈動脾〔六九〕，其數先微，故知脾氣而（不）治〔七〇〕，大便而堅，氣噫而除，浮脈反微數〔七一〕，氣獨留〔七二〕，心中則飢。邪熱煞穀〔七三〕，朝暮發温〔七四〕，數脈當遲緩，脈因前度數如前〔七五〕，病者則肥（饑）〔七六〕，數脈不持〔七七〕，則生惡創〔七八〕。

師曰：一日脈一病人〔七九〕，其脈微而澀者，此爲醫所病也。大發其汗，若數大下之，若其人亡血，病當惡寒而發熱無休止。時五月盛熱〔八〇〕，欲著複衣。冬月盛寒，欲裸出身。所以然者，陽微即惡寒，陰弱即發熱，醫數發汗，使陽氣微，又大下之，令陰氣弱。五月之時，陽氣在表，胃中虚冷，陽微不能勝之〔八一〕，故欲著衣〔八二〕；十月之時〔八三〕，陽氣在裏，胃中煩熱，陰氣弱不能勝之〔八四〕，故欲裸身。又陰脈復遲澀，故知亡血。脈浮而大，心下反堅，有熱。屬藏，攻之，不令微汗。屬府，復數即堅〔八五〕，汗多即愈，少汗復難〔八六〕。遲尚未可取。趺脈微澀〔八七〕，少陰反堅，微即下，逆則躁煩。少陰緊者，復即爲難〔八八〕。汗出在頭，穀氣爲下。復難者愈〔八九〕，微溏不令汗出。甚者，遂不得便，煩逆，鼻鳴，上竭下虚，不得復通〔九〇〕。脈浮而洪，軀反如沾濡而不休〔九一〕，水漿不下，形體不仁，乍理乍亂，此爲命絶。未知何藏受寒〔九二〕，汗出髮潤，喘而不休，此爲肺絶。陽反獨留，形體如咽（煙）〔九三〕，直視摇頭，此爲心絶。脣吻反青，四支縶習〔九四〕，此爲肝絶。還（環）口黎（黧）黑〔九五〕，柔汗發黄，此爲脾絶。復便狂語〔九六〕，目反直視，此爲腎絶。未知何藏前絶〔九七〕，陽氣前絶〔九八〕，其死必青〔九九〕；陰氣前絶，陽氣後絶，其死必赤〔一〇〇〕。腋下爲温，心下温〔一〇一〕，心下必熱。

寸口脈浮大，醫反下之，此爲大逆。浮即無血，大則爲寒氣〔一〇二〕，寒氣相薄，即爲腸鳴。醫反不知，而反飲水，令汗大出，水得於寒，氣冷相薄〔一〇三〕，其人即䬢（餲）〔一〇四〕。趺陽脈浮，浮即爲虚，浮虚相薄，故氣上䬢（餲）冒〔一〇五〕，胃氣滑者〔一〇六〕，其人即噦，此爲醫責虚取實〔一〇七〕，守空迫血。脈浮，鼻口燥者，必衄。

諸浮數脈，當發熱而洗（灑）淅惡寒〔一〇八〕，若有痛處，食飲如常，慉積有膿〔一〇九〕。

脈浮遲，其面熱而赤，戴陽六、七日，當汗出而解，反發熱〔一一〇〕。遲爲無陽，不能作汗，其身必癢。

脈虚而不吐、下、發汗，其面反有熱。今色欲解〔一一一〕，不能汗出〔一一二〕，其身必癢。

寸口脈弦〔一一三〕，陰陽俱緊，清邪中上〔一一四〕，濁邪中下〔一一五〕。清邪中上名曰渾〔一一六〕；濁邪中下名曰緊〔一一七〕，陰中邪名曰栗〔一一八〕，表氣微虚，裏則不守〔一一九〕，故使邪中陽〔一二〇〕。陽中邪，發熱〔一二一〕、項强、頸攣、要痛〔一二二〕、脛酸，所謂陽中霧露〔一二三〕。

故曰：清邪中上，濁邪中下。陰氣爲栗〔一二四〕，足逆而冷。狂熱妄出〔一二五〕，表氣微虚〔一二六〕，裏氣微急。三焦相溷，内外不通。上焦怫鬱，藏氣相動〔一二七〕，口爛食斷。中焦不治，胃氣上鼻〔一二八〕，脾氣不轉，胃中爲濁。榮衛不通，血凝不流。衛氣前通，小便赤黄，與熱相薄，因熱作使，遊於經絡，出入藏府，熱氣所過，則爲癰膿。陰氣前通，陽氣厥微，陰無所使，客氣内入，嚏而出之，聲嗢（咽）便白〔一二九〕，寒厥相追，爲熱所摧〔一三〇〕，血凝目（自）下〔一三一〕，狀如豚肝，陰陽俱厥，脾氣孤弱，五液狂下〔一三二〕，下焦不濇〔一三三〕，清溲下重〔一三四〕，令便數難，齊（臍）築湫痛〔一三五〕，命將難全。

脈陰陽俱緊，口中氣出，唇口乾燥，捲（踡）卧〔一三六〕，足恒冷〔一三七〕，鼻中涕出者，舌上胎滑〔一三八〕，勿妄治〔一三九〕。到七日上，其人微熱足温〔一四〇〕，此爲欲解〔一四一〕。或到七、八日上〔一四二〕，及（反）發熱〔一四三〕，此爲難治。設惡寒，必欲歐（嘔）〔一四四〕，腹中痛者利〔一四五〕。

陰陽俱緊，至於吐利，其脈續不解，緊去人安，此爲欲解。脈遲〔一四六〕，至六、七日，不欲食，此爲晚發，水停故也，夫爲未解，食自可者，爲欲解。

病六、七日，手足三部脈皆至，大煩，口噤不能言，其人躁擾，此爲解〔一四七〕。

脈和，其人大煩，目重，瞼除〔一四八〕，此爲欲解。

脈浮而數，浮即爲風，數即爲虚，風即爲熱，數即惡寒〔一四九〕，虚風相薄，則洗（灑）

洪（淅）而惡寒〔一五〇〕。趺陽脈浮而微，浮則爲虚，微即汗出。

脈浮而滑，浮則爲陽，滑則爲實，陽實相薄，其脈數疾，衛氣失度，發熱汗出。

浮滑之脈，其脈數疾，熱汗出，此爲不治。脈散，其人形損傷。

（後缺）

説明

此件首尾均缺，起『其脈』，訖『其人形損傷』。原題已失，現已考出其題爲《傷寒論》之《辨脈法第一》。王淑民認爲此件較之傳世本《傷寒論》更接近漢代的行文風格（參見《英藏敦煌醫學文獻圖影與注疏》，一六一頁）。馬繼興等據其不避諱『堅』『治』『旦』等字，推斷其爲隋以前寫本（參見《敦煌醫藥文獻輯校》，三〇頁）。

此件抄寫頗工，文字抄寫於烏絲欄内。

校記

〔一〕『其』，《敦煌古醫籍考釋》認爲脱，《英藏敦煌醫學文獻圖影與注疏》認爲殘缺，均誤；『沈而遲』，據殘筆劃及宋本《傷寒論》補，《敦煌古醫籍考釋》《敦煌醫粹》《敦煌中醫藥全書》《敦煌醫藥文獻輯校》《英藏敦煌醫學文獻圖影與注疏》逕釋作『沈而遲』。

〔二〕『洗沂』，當作『灑淅』，《敦煌古醫籍考釋》據宋本《傷寒論》校改；『後』，《敦煌古醫籍考釋》據宋本《傷寒論》

校改作「復」。

〔三〕「往」，《敦煌醫藥文獻輯校》據殘筆劃校補。

〔四〕「何」，《敦煌古醫籍考釋》據宋本《傷寒論》於其前補「曰」字。

〔五〕「爲」，《敦煌醫藥文獻輯校》據文義校補，《敦煌醫粹》《英藏敦煌醫學文獻圖影與注疏》逕釋作「爲」，《敦煌古醫籍考釋》釋作「名」，並於其後補「爲」字，誤；「陽不」，《敦煌醫粹》認爲此二字殘缺，並據相關文獻校補，誤。

〔六〕此句《敦煌古醫籍考釋》據宋本《傷寒論》校補作：「陰氣上入陽中，則灑淅惡寒也」。

〔七〕「何」，《敦煌古醫籍考釋》據宋本《傷寒論》於其前補「曰」字。

〔八〕「陰」，《敦煌中醫藥全書》未釋，《敦煌醫藥文獻輯校》據文義校補，《敦煌醫粹》《英藏敦煌醫學文獻圖影與注疏》逕釋作「陰」，《敦煌古醫籍考釋》認爲原件脱，並據宋本《傷寒論》補，按原件不脱，係殘。

〔九〕「熱」，《敦煌古醫籍考釋》據宋本《傷寒論》於其後補「也」字。

〔一〇〕「其」，據殘筆劃及宋本《傷寒論》補，《敦煌古醫籍考釋》《敦煌醫粹》《敦煌中醫藥全書》《敦煌醫藥文獻輯校》《英藏敦煌醫學文獻圖影與注疏》均逕釋作「其」。

〔一一〕「微」，《敦煌古醫籍考釋》據宋本《傷寒論》於其後補「者」字。

〔一二〕「針」，《敦煌醫藥文獻輯校》釋作「鍼」。

〔一三〕「留」，《敦煌古醫籍考釋》據宋本《傷寒論》於其前補「則血」二字；「不行」，《敦煌中醫藥全書》據相關文獻校補，《敦煌醫粹》逕釋作「不行」，《敦煌古醫籍考釋》認爲原件脱，並據宋本《傷寒論》補，按原件不脱，係殘。

〔一四〕「更發」，《敦煌中醫藥全書》據相關文獻校補，《敦煌醫粹》逕釋作「更發」，《敦煌古醫籍考釋》認爲原件脱，並據宋本《傷寒論》補，按原件不脱，係殘；「躁」，《敦煌古醫籍考釋》釋作「燥」，雖義可通而字誤；「煩」，

〔一五〕『囁囁』，《敦煌古醫籍考釋》據宋本《傷寒論》於其後補『也』字。

〔一六〕『微』，《敦煌古醫籍考釋》據宋本《傷寒論》於其後補『也』字。

〔一七〕『糸』，《敦煌古醫籍考釋》《敦煌醫粹》《敦煌醫藥文獻輯校》釋作『絲』，《英藏敦煌醫學文獻圖影與注疏》校改作『絲』，按『糸』爲『絲』之省文，《敦煌中醫藥全書》釋作『系』，誤。

〔一八〕『衰』，《敦煌古醫籍考釋》據宋本《傷寒論》於其後補『也』字。

〔一九〕『如』，《敦煌古醫籍考釋》據宋本《傷寒論》於其後補『瀉』字；『漆』，《敦煌中醫藥全書》釋作『沫』，誤。

〔二〇〕『血』，《敦煌古醫籍考釋》據宋本《傷寒論》於其後補『也』字。

〔二一〕『時』，當作『數』，《敦煌古醫籍考釋》據宋本《傷寒論》校改，《敦煌醫粹》《敦煌醫藥文獻輯校》逕釋作『數』。

〔二二〕『數』，當作『時』，《敦煌古醫籍考釋》據宋本《傷寒論》校改，《敦煌醫粹》《敦煌醫藥文獻輯校》逕釋作『時』；『止』，《敦煌古醫籍考釋》據宋本《傷寒論》於其後補『復來者』三字。

〔二三〕『病』，《敦煌古醫籍考釋》據宋本《傷寒論》於其前補『此皆』，於其後補『脈』字。

〔二四〕『薄』，《敦煌古醫籍考釋》據宋本《傷寒論》校改作『搏』，《敦煌醫粹》認爲『薄』同『搏』，不煩校改。以下同，不另出校。

〔二五〕『脈』，《敦煌古醫籍考釋》據宋本《傷寒論》於其前補『陽』字；『大』，《敦煌古醫籍考釋》據宋本《傷寒論》於其後補『而』字。

〔二六〕『浮』，《敦煌古醫籍考釋》據宋本《傷寒論》於其前補『脈』，於其後補『大而濡，陰脈』等字；『陽』，《敦煌古醫籍考釋》據宋本《傷寒論》於其後補『脈』字。

〔二七〕《敦煌古醫籍考釋》據宋本《傷寒論》將下句「脈弦，狀如弓弦，案之不移」釋於此句之前。

〔二八〕「案」，《敦煌古醫籍考釋》《敦煌醫藥文獻輯校》釋作「按」，雖義可通而字誤，《英藏敦煌醫學文獻圖影與注疏》校改作「按」，按「案」通「按」，不煩校改。以下同，不另出校。

〔二九〕「茎」，當作「芤」，《敦煌古醫籍考釋》據宋本《傷寒論》校改。

〔三〇〕「茎」，當作「芤」，《敦煌古醫籍考釋》據宋本《傷寒論》校改。

〔三一〕「茎」，當作「虛」，《敦煌古醫籍考釋》據宋本《傷寒論》校改。

〔三二〕「血」，《敦煌古醫籍考釋》據宋本《傷寒論》於其後補「失精」二字。

〔三三〕「茎」，當作「芤」，《敦煌古醫籍考釋》據宋本《傷寒論》校改。以下同，不另出校。

〔三四〕「不」，《敦煌古醫籍考釋》據宋本《傷寒論》校補。

〔三五〕第二個「不」，《敦煌古醫籍考釋》據宋本《傷寒論》指出係衍文，當刪。

〔三六〕「不戰」，《敦煌古醫籍考釋》據宋本《傷寒論》校補，《英藏敦煌醫學文獻圖影與注疏》認爲該處所脱字爲「不」。

〔三七〕「無」，《敦煌古醫籍考釋》據宋本《傷寒論》於其前補「以内」二字。

〔三八〕「自愈」，《敦煌醫粹》漏録，《敦煌古醫籍考釋》據宋本《傷寒論》於其前補「必」字。

〔三九〕「人」，《敦煌古醫籍考釋》據宋本《傷寒論》於其前補「病」字；「涼身」，《敦煌古醫籍考釋》據宋本《傷寒論》校改作「身涼」；「何」，《敦煌古醫籍考釋》據宋本《傷寒論》於其前補「者」，於其後補「也」字。

〔四〇〕「出」，《敦煌古醫籍考釋》據宋本《傷寒論》於其後補「也」字。

〔四一〕「必」，《敦煌醫藥文獻輯校》漏録；「食」，《敦煌古醫籍考釋》據宋本《傷寒論》於其後補「也」字。

〔四二〕「而」，《敦煌古醫籍考釋》據宋本《傷寒論》校改作「必」；「出」，《敦煌古醫籍考釋》據宋本《傷寒論》於其後補「也」字。

〔四三〕「不」，《敦煌古醫籍考釋》據宋本《傷寒論》於其後補「愈」字。

〔四四〕「平」，《敦煌古醫籍考釋》據宋本《傷寒論》於其前補「和」字。

〔四五〕「當」，當作「雖」，《敦煌古醫籍考釋》據宋本《傷寒論》校改，《英藏敦煌醫學文獻圖影與注疏》認爲應與下文「今」互乙。

〔四六〕「今」，當作「當」，《敦煌古醫籍考釋》據宋本《傷寒論》校改。

〔四七〕「位」，《敦煌古醫籍考釋》據宋本《傷寒論》於其前補「本」字。

〔四八〕「瘀」，《敦煌醫粹》釋作「疼」，《敦煌古醫籍考釋》認爲底本作「淤」，均誤。「瘀痛重」，《敦煌古醫籍考釋》據宋本《傷寒論》校改作「疼重者」。

〔四九〕此句《敦煌古醫籍考釋》據宋本《傷寒論》校改作「須發其汗」。

〔五〇〕「明」，《敦煌古醫籍考釋》據宋本《傷寒論》於其前補「若」字；「痛者」，《敦煌古醫籍考釋》認爲係衍文，當删。

〔五一〕「汗」，《敦煌古醫籍考釋》據宋本《傷寒論》於其前補「若」字；「蠝蠝」，當作「漐漐」，《敦煌醫藥文獻真跡釋録》據文義校改，《敦煌古醫籍考釋》《敦煌醫藥文獻輯校》釋作「濈濈」，雖義可通而字誤。按「漐漐」似先誤作其同音字「縶縶」，又被抄作其異體字「曅曅」，最後被訛作「蠝蠝」。

〔五二〕「解」，《敦煌古醫籍考釋》據宋本《傷寒論》於其前補「便」字。

〔五三〕「問」，《敦煌古醫籍考釋》據宋本《傷寒論》於其後補「曰」字，並將「何以言之？立夏脈浮，是其時脈，故使然，四時相救」移於此「問」前。

〔五四〕此句《敦煌古醫籍考釋》據宋本《傷寒論》校改作「凡病欲知何時得、何時愈」。

〔五五〕『假』，《敦煌古醫籍考釋》釋作『答曰：假』，按底本實無『答曰』二字。

〔五六〕『相救』，《敦煌古醫籍考釋》據宋本《傷寒論》校改作『仿此』。

〔五七〕此句《英藏敦煌醫學文獻圖影與注疏》認爲據本篇的問答風格，當移至『所以言日中得』之前。

〔五八〕『府』，《敦煌古醫籍考釋》《敦煌醫藥文獻輯校》釋作『腑』，《英藏敦煌醫學文獻圖影與注疏》校改作『腑』，按『府』通『腑』，不煩校改。以下同，不另出校。

〔五九〕『藏』，《敦煌古醫籍考釋》《敦煌醫藥文獻輯校》均釋作『臟』，雖義可通而字誤，《英藏敦煌醫學文獻圖影與注疏》校改作『臟』，按『藏』通『臟』，不煩校改。以下同，不另出校。

〔六〇〕『令』，底本原作『今』，因二字形近，在手書中易混，故據文義逕釋作『令』，《敦煌古醫籍考釋》釋作『假令』。

〔六一〕『澀』，《敦煌醫藥文獻輯校》釋作『歰』。以下同，不另出校。

〔六二〕『脈』，《敦煌古醫籍考釋》據宋本《傷寒論》於其前補『若』字。

〔六三〕『趺』，《敦煌古醫籍考釋》據宋本《傷寒論》於其前補『今』字。

〔六四〕『氣』，《敦煌古醫籍考釋》據宋本《傷寒論》於其前補『胃』字。

〔六五〕『調』，《敦煌古醫籍考釋》釋作『調脈』。

〔六六〕『而』，《敦煌古醫籍考釋》據宋本《傷寒論》於其前補『若』字。

〔六七〕『將』，《敦煌古醫籍考釋》據宋本《傷寒論》校改作『特』。

〔六八〕『必』，《敦煌古醫籍考釋》認爲底本作『心』，並據宋本《傷寒論》校改作『必』，按底本實爲『必』；『堅』，《敦煌古醫籍考釋》據宋本《傷寒論》校改作『大便鞕』。

〔六九〕『本』，《敦煌古醫籍考釋》據宋本《傷寒論》於其後補『以』字。

〔七〇〕『而』，當作『不』，《敦煌古醫籍考釋》據宋本《傷寒論》校改。

〔七一〕此句《敦煌古醫籍考釋》據宋本《傷寒論》校改作『今脈反浮，其數改微』。

〔七二〕『氣』，《敦煌古醫籍考釋》據宋本《傷寒論》於其前補『邪』字。

〔七三〕『熱』，《敦煌古醫籍考釋》據宋本《傷寒論》於其後補『不』字；『煞』，《敦煌古醫籍考釋》《敦煌醫粹》《敦煌中醫藥全書》《敦煌醫藥文獻輯校》釋作『殺』，雖義可通而字誤。

〔七四〕『温』，《敦煌醫粹》釋作『渴』，誤。

〔七五〕『度數如前』，《敦煌古醫籍考釋》據宋本《傷寒論》校改作『後度數如法』。

〔七六〕『肥』，當作『饑』，《敦煌古醫籍考釋》據宋本《傷寒論》校改，《敦煌醫粹》《敦煌醫藥文獻輯校》釋作『饑』。

〔七七〕『持』，《敦煌古醫籍考釋》釋作『時』。

〔七八〕『創』，《敦煌中醫藥全書》校改作『瘡』，按『創』有『瘡』義，不煩校改，《敦煌古醫籍考釋》《敦煌醫粹》逕釋作『瘡』。

〔七九〕『一日脈一』，《敦煌醫粹》據相關文獻疑爲衍文。

〔八〇〕『時』，《敦煌醫粹》漏録。

〔八一〕『陽』，《敦煌古醫籍考釋》據宋本《傷寒論》於其後補『氣内』二字。

〔八二〕『衣』，《敦煌古醫籍考釋》據宋本《傷寒論》於其前補『復』字。

〔八三〕『十』，《敦煌古醫籍考釋》據宋本《傷寒論》於其後補『一』字。

〔八四〕『氣』，《敦煌古醫籍考釋》據宋本《傷寒論》於其後補『内』字。

〔八五〕『復』，《敦煌醫粹》釋作『洩』，誤。

〔八六〕『復』，《敦煌醫粹》釋作『洩』，誤，《敦煌古醫籍考釋》據宋本《傷寒論》校改作『便』。

〔八七〕『趺』，《敦煌古醫籍考釋》據宋本《傷寒論》校改作『攻』，並將其斷入上句。

〔八八〕「復」，《敦煌醫粹》釋作「溲」，誤。
〔八九〕「復」，《敦煌醫粹》釋作「溲」，誤。「復難者愈」及下句，《敦煌古醫籍考釋》認爲文義艱澀，疑有脱誤。
〔九〇〕「復」，《敦煌醫粹》釋作「溲」，誤。
〔九一〕「而」，《敦煌古醫籍考釋》於其前補「喘」字，《敦煌醫粹》釋作「喘而」。
〔九二〕「受寒」，《敦煌古醫籍考釋》據宋本《傷寒論》校改作「先受其災」。
〔九三〕「咽」，當作「煙」，《敦煌古醫籍考釋》據宋本《傷寒論》校改，「咽」爲「煙」之借字，《敦煌醫粹》《敦煌醫藥文獻輯校》逕釋作「煙」。《敦煌古醫籍考釋》據宋本《傷寒論》於「煙」後補「熏」字。
〔九四〕「支」，《敦煌古醫籍考釋》《敦煌醫粹》《敦煌醫藥文獻輯校》釋作「肢」，《敦煌中醫藥全書》校改作「肢」，按「支」通「肢」，不煩校改；「槷」，《敦煌古醫籍考釋》釋作「埶」，雖義可通而字誤。
〔九五〕「還」，當作「環」，《敦煌古醫籍考釋》據宋本《傷寒論》校改，「還」爲「環」之借字，《敦煌醫粹》逕釋作「環」；「黎」，當作「黧」，《敦煌中醫藥全書》據相關文獻校改，「黎」爲「黧」之借字，《敦煌古醫籍考釋》《敦煌醫粹》逕釋作「黧」。
〔九六〕「復」，《敦煌醫粹》釋作「溲」，誤。此句《敦煌古醫籍考釋》據宋本《傷寒論》校改作「溲便遺失狂語」。
〔九七〕「前」，《敦煌古醫籍考釋》據宋本《傷寒論》於其前補「陰陽」二字。
〔九八〕「絶」，《敦煌古醫籍考釋》據宋本《傷寒論》於其後補「陰氣後竭」。
〔九九〕「其」，《敦煌古醫籍考釋》據宋本《傷寒論》於其後補「人」字；「死」，《敦煌古醫籍考釋》據宋本《傷寒論》於其後補「身色」二字。
〔一〇〇〕「其」，《敦煌古醫籍考釋》據宋本《傷寒論》於其後補「人」字；「死」，《敦煌古醫籍考釋》於其後補「身色」二字。

〔一〇一〕「心下温」，《敦煌古醫籍考釋》《敦煌醫粹》《敦煌中醫藥全書》據相關文獻認爲係衍文，當删。

〔一〇二〕「氣」，《敦煌古醫籍考釋》《敦煌醫粹》《敦煌醫藥文獻輯校》《英藏敦煌醫學文獻圖影與注疏》均漏録。

〔一〇三〕「冷」，《敦煌古醫籍考釋》據宋本《傷寒論》於其後補「必」字。

〔一〇四〕「餉」，當作「餉」，《敦煌古醫籍考釋》據相關文獻校改，《敦煌醫粹》《敦煌中醫藥全書》逕釋作「餉」，《敦煌醫藥文獻輯校》釋作「噎」，《英藏敦煌醫學文獻圖影與注疏》校改作「餲」，並認爲「餉」爲「餲」之異體。以下同，不另出校。

〔一〇五〕「冒」，《敦煌古醫籍考釋》《敦煌醫粹》《敦煌醫藥文獻輯校》釋作「言」，《敦煌中醫藥全書》釋作「冒」，均誤。

〔一〇六〕「氣」，《敦煌古醫籍考釋》據宋本《傷寒論》於其後補「虚竭也，脈」等字；「滑」，《敦煌醫粹》釋作「竭」，誤。

〔一〇七〕「醫」，《敦煌古醫籍考釋》於其後補「咎」字。

〔一〇八〕「洗」，當作「灑」，《敦煌古醫籍考釋》據宋本《傷寒論》校改。

〔一〇九〕「惱」，《敦煌醫粹》釋作「蓄」，《敦煌醫藥文獻輯校》釋作「畜」，雖義可通而字誤。

〔一一〇〕「熱」，《敦煌古醫籍考釋》據宋本《傷寒論》於其後補「差遲」二字。

〔一一一〕「今」，《敦煌醫粹》《敦煌中醫藥全書》均釋作「令」，誤。

〔一一二〕「汗出」，《敦煌醫藥文獻輯校》釋作「出汗」，誤。

〔一一三〕「弦」，《敦煌古醫籍考釋》據宋本《傷寒論》認爲係衍文，當删。

〔一一四〕「上」，《敦煌古醫籍考釋》據宋本《傷寒論》於其後補「焦」字。

〔一一五〕「下」，《敦煌古醫籍考釋》據宋本《傷寒論》於其後補「焦」字。

〔一一六〕「渾」，《敦煌古醫籍考釋》據宋本《傷寒論》校改作「潔」。

〔一一七〕「緊」，《敦煌古醫籍考釋》據宋本《傷寒論》校改作「渾」。

〔一一八〕「名曰」，《敦煌古醫籍考釋》據宋本《傷寒論》校改作「必內」；「栗」，《敦煌醫藥文獻輯校》校改作「慄」，按「栗」有「慄」義，不煩校改。

〔一一九〕「裏」，《敦煌古醫籍考釋》據宋本《傷寒論》於其後補「氣」字。

〔一二〇〕「陽」，《敦煌古醫籍考釋》據宋本《傷寒論》校改作「陰」。

〔一二一〕「熱」，《敦煌古醫籍考釋》據宋本《傷寒論》於其後補「頭痛」二字。

〔一二二〕「要」，《敦煌中醫藥全書》校改作「腰」，按「要」爲「腰」之本字，不煩校改，《敦煌古醫籍考釋》《敦煌醫粹》逕釋作「腰」。

〔一二三〕「露」，《敦煌古醫籍考釋》據宋本《傷寒論》於其後補「之氣」二字。

〔一二四〕「粟」，《英藏敦煌醫學文獻圖影與注疏》校改作「慄」，按「粟」有「慄」義，不煩校改，《敦煌古醫籍考釋》《敦煌醫粹》《敦煌中醫藥全書》《敦煌醫藥文獻輯校》逕釋作「慄」。

〔一二五〕「狂熱」，《敦煌古醫籍考釋》據宋本《傷寒論》校改作「便溺」。

〔一二六〕「表」，《敦煌醫藥文獻輯校》釋作「陰」，誤。

〔一二七〕「動」，《敦煌古醫籍考釋》據宋本《傷寒論》校改作「熏」。

〔一二八〕「鼻」，《敦煌古醫籍考釋》據宋本《傷寒論》校改作「沖」。

〔一二九〕「喓」，當作「咽」，據文義改，「喓」爲「咽」之借字，《敦煌古醫籍考釋》《敦煌中醫藥全書》《敦煌醫藥文獻輯校》釋作「嘔」，《敦煌醫粹》認爲底本不清據宋本相關文獻補作「嘔」，按底本「喓」字清晰可辨；「便白」，《敦煌古醫籍考釋》據宋本《傷寒論》校改作「咽塞」，《敦煌醫粹》認爲底本不清據宋本相關文獻補作

「咽塞」，按底本「便白」二字清晰可辨。

〔一三〇〕「推」，《敦煌醫粹》釋作「擁」，誤。

〔一三一〕「目」，當作「自」，《敦煌古醫籍考釋》據宋本《傷寒論》校改，《敦煌醫粹》《敦煌中醫藥全書》逕釋作「自」。

〔一三二〕「狂」，《敦煌古醫籍考釋》據宋本《傷寒論》校改作「注」。

〔一三三〕「濇」，《敦煌古醫籍考釋》認爲底本作「澀」，並據宋本《傷寒論》校改作「蓋」，《敦煌醫粹》釋作「闔」，誤，《敦煌中醫藥全書》《敦煌醫藥文獻輯校》釋作「澀」。

〔一三四〕「溲」，《敦煌醫粹》釋作「便」，誤。

〔一三五〕「齊」，當作「臍」，《敦煌中醫藥全書》據相關文獻校改，「齊」爲「臍」之借字，《敦煌古醫籍考釋》《敦煌醫粹》《敦煌醫藥文獻輯校》逕釋作「臍」；「湫」，《敦煌古醫籍考釋》《敦煌醫粹》釋作「湫」，雖義可通而字誤。

〔一三六〕「捲」，當作「踡」，《敦煌中醫藥全書》據相關文獻校改，《敦煌古醫籍考釋》逕釋作「踡」，《敦煌中醫藥全書》釋作「卷」，《英藏敦煌醫學文獻圖影與注疏》認爲當作「蜷」。

〔一三七〕「恆」，《敦煌醫粹》漏録。

〔一三八〕「胎」，《敦煌醫藥文獻輯校》釋作「苔」校改作「胎」，《敦煌中醫藥全書》校改作「苔」，按「胎」可通，不煩校改。

〔一三九〕「妄」，《敦煌醫藥文獻輯校》釋作「忘」，誤。

〔一四〇〕「足」，《敦煌古醫籍考釋》據宋本《傷寒論》於其前補「手」字；「温」，《敦煌醫粹》釋作「温者」，誤。

〔一四一〕「此」，《敦煌醫粹》漏録。

〔一四二〕「上」，《敦煌古醫籍考釋》據宋本《傷寒論》於其前補「已」字。

〔一四三〕『及』，當作『反』，《敦煌醫藥文獻輯校》據文義校改，《敦煌醫粹》《敦煌中醫藥全書》《英藏敦煌醫學文獻圖影與注疏》逕釋作『反』，《敦煌古醫籍考釋》逕釋作『反』，並據宋本《傷寒論》於其後補『大』字。

〔一四四〕『歐』，當作『嘔』，《敦煌醫藥文獻輯校》據文義校改，『歐』爲『嘔』之借字，《敦煌古醫籍考釋》《敦煌醫粹》《敦煌中醫藥全書》逕釋作『嘔』。

〔一四五〕『利』，《敦煌古醫籍考釋》據宋本《傷寒論》於其前補『必欲』二字。

〔一四六〕『遲』，《敦煌醫藥文獻輯校》釋作『通』，誤。

〔一四七〕『解』，《敦煌古醫籍考釋》據宋本《傷寒論》於其前補『欲』字。

〔一四八〕『除』，《敦煌古醫籍考釋》據宋本《傷寒論》校改作『内際黄者』。

〔一四九〕『數』，《敦煌古醫籍考釋》據宋本《傷寒論》校改作『虚』。

〔一五〇〕『洗』，當作『灑』，《敦煌古醫籍考釋》據宋本《傷寒論》校改；『浙』，《敦煌醫粹》《敦煌中醫藥全書》釋作『沂』，誤，當作『淅』，《英藏敦煌醫學文獻圖影與注疏》據文義校改，《敦煌古醫籍考釋》《敦煌醫藥文獻輯校》逕釋作『淅』。此句以下《敦煌古醫籍考釋》未録。

參考文獻

Descriptive Catalogue of the Chinese Manuscripts from Tunhuang in the British Museum, The Trustees of the British Museum, London 1957, p. 226；《醫學史與保健組織》一九五八年二卷一期，六四頁（録）；《人民保健》一九五九年五期，四七七頁；《漢方の臨床》一九五九年六卷五號，三至二八頁；《敦煌寶藏》二册，臺北：新文豐出版公司，一九八一年，二三二至二三四頁（圖）；《敦煌學輯刊》一九八五年二期，一一七頁；《敦煌古醫籍考釋》，南昌：江西科學技術出版

社，一九八八年，九七至一一〇頁（録）；《敦煌醫粹》，貴陽：貴州人民出版社，一九八八年，三五至六三、二六五至二六八頁（録）；《敦煌研究》一九八九年四期，一〇六頁（録）；《英藏敦煌文獻》一卷，成都：四川人民出版社，一九九〇年，七九至八一頁（圖）；《敦煌研究》一九九一年四期，九九頁；《敦煌中醫藥全書》，北京：中醫古籍出版社，一九九四年，二三三至二五三頁（録）；《敦煌醫藥文獻輯校》，南京：江蘇古籍出版社，一九九八年，三〇至四二頁（録）；《英藏敦煌醫學文獻圖影與注疏》，北京：人民衛生出版社，二〇一二年，一五六至一六一頁（録）；《英國國家圖書館藏敦煌遺書》三册，桂林：廣西師範大學出版社，二〇一一年，二九〇至二九四頁（圖）；《敦煌醫藥文獻真跡釋録》，北京：中醫古籍出版社，二〇一五年，九八至一〇六頁（録）；《敦煌吐魯番研究》一七卷，上海古籍出版社，二〇一七年，九頁。

斯二〇二背　雜寫

釋文

之食

説明

此件僅二字，似係在抄寫正面《傷寒論辨脈法》時練筆所爲。《敦煌寶藏》《英藏敦煌文獻》等書均未收，現予增收。

參考文獻

《英國國家圖書館藏敦煌遺書》三册，桂林：廣西師範大學出版社，二〇一一年，二九五頁（圖）、『條記目録』一五頁（録）。

斯六〇四〇+斯一〇三七六+斯二〇三　度仙靈録儀

釋文

（前缺）

□□者用□□上刺入靜先三□□叩齒三〔一〕□

次太上玄元如法。

謹出臣身中五體真官功曹吏□一治病功曹、左右官使者、陰陽□剛風騎置驛馬上章吏官各二人□□儀直使功曹牟朱陽之幘〔二〕，戴通□帶龍頭之劍〔三〕，持謁薄，正一功曹著朱□絳章單衣，腰帶虎符，齊執玉板左右官□載（戴）九德之冠〔四〕，腰帶明光之劍，持幢執節方，正一功曹住立中央，左右官使者持幢在□建節在後〔五〕，陽神次（決）吏立左〔六〕，陰神決吏立右，科□□剛風騎馬上章吏〔七〕，盡出此軍，在臣前後/左右，冠帶事訖〔八〕，/擎持玉案，銜受臣口中辭語，分別關/啓此間某州縣里中真/官注炁、監察考召君將吏、左右都平/君、左右都候君、左右/虎賁將〔九〕、//中宮謁者、周天八極君、天//皇執/法吏、執法天皇□/諸官君〔一〇〕、四部司隸都官從事左右君，歷關/右吏，次啓諸□/第〔一一〕，皆以次分別。謹上啓天師、嗣師、女師、係師、女師君、夫人及門下〔官〕君將吏等〔一二〕，陽平、鹿堂廿四治官君將吏。臣以頑愚，蓊□□類〔一三〕，冥緣有幸，得在道門，預染治録，受治之日，要當採賢釋（擇）能〔一四〕，化喻百姓。今謹有某州郡縣鄉里男女生民某甲，年如干歲，素以胎生肉人，枯骨餘胤，千載運會，得奉大道，遭值三天敷統〔一五〕，正一開靈，亭毒品物，蒼生係仰。某甲不揆頑暓，崇新大化，今訴臣求受某官如干將軍録〔一六〕，謹拜單紙度録章刺一通，在此靜中玉案上，請與功曹使者對共互省〔一七〕。臣謹伏讀關聞，某叩頭稽顙伏地，當〔上〕章刺如法便讀刺〔一八〕，讀共此出官法。讀章刺竟，鳴鼓三通，曰：

謹重關臣身中五體真官、官一小吏、十二書佐，冠帶垂纓，摩研沾筆，隨章刺上詣三天曹，誤字爲正，脱字爲定，有君歷關，有吏次啓，必使頭（投）達〔一九〕，無令錯平（互）〔二〇〕。上官典者有所譴卻，閉口炁升，慎勿稽停。當令臣所請時下，所召時到，所願時得，分别關啓事訖，還復宮室。因伏地閉一炁也。

次拜刺復官如左。若拜度録章，於此便上吏取後文重出官〔二一〕。

斯六〇四〇+斯一〇三七六+斯二一〇三

臣關奏事竟，所出身中五體真官、功曹使者，將軍吏兵悉還，從衆妙門而入在地，還臣身中，無離左右，無令錯互。功曹使者、將軍吏兵悉還中宫，各復金堂玉室，須臣後召，復出奉行，一如故事。便伏三叩齒、小仰頭，以鼻微微縮炁三咽止〔二二〕，便再拜。

次鳴鼓三通，依舊復鑪〔二三〕。

明旦平朝，入靜燒香發爐如前，再拜出官，讀度録章，然後度録。其中出官幧（操）章〔二四〕，悉如上法。其中口辭小異，臨時消息。

操章畢，勿還官，又叩齒十二通，出吏兵，曰：

臣身中仙靈二官直使正一功曹各五人出，正一功曹各五人〔出〕〔二五〕，左右使者各五人出，陰陽神決〔吏〕各五人出〔二六〕，郎吏虎賁、察姦鈎騎、三官僕射、天騶甲卒〔二七〕、天釘（丁）力士官〔二八〕，各十二人出。臣昨日子午時上刺啓，爲男女生某甲如干人，各請將軍吏兵種數如牒。今日當下直使功曹簡閲吏兵，正一功曹分别將軍，付授肉人身中，不得錯互。讀此吏兵竟，師讀録，弟子案前稱名受。

次叩齒三通，勑録上符，呪曰：

太上行，何皇皇。吏兵〔□〕〔□〕〔二九〕，羅迾（列）有次〔三〇〕。行符從録千里光，千鬼萬神不敢當。急急如律令。

勑録上符竟，置案上，以一杯水著案前。猶未授録，次重關　啓曰：

某州〔郡〕縣鄉里中真官注炁監察考召四君君將吏兵〔三一〕、都候謁者、治君治吏、官從事吏等，天神至，水神來，太一陽將陰神，攝召男女生某。三曾五祖，七世父母，詣臣靜治，監察肉人子孫，啓受官將軍吏兵，此下里中監盟君、監祖君録上吏兵，一時持度，於今以去，隨行隨止，隨卧隨起。某甲若行山林之中，爲辟斥虎〔狼〕毒蟲〔三二〕；若行江淮，辟斥風波；若行城營里城，辟斥惡人口舌；若行疾〔病〕之中〔三三〕，當令災消禍散；若入軍陣之中，辟斥白刀（刃）〔三四〕。原煞某甲未受録之前〔三五〕，從七歲有識以來所犯心望（妄）意貪之罪〔三六〕，從天至地一切原煞〔三七〕，吏兵扶衛，一使如法，急急如生官考鬼律令。

讀此畢，勑向案前水汾（分）受録人〔三八〕，勑水文如左。叩齒三通，嘘吸水，呪曰：

神水當起，追逐吏兵，受入肉人身中，上天下地，入火不燃，入水不濡，白刃之下不傷，與道合同。次以水三汾（分）受録人〔三九〕，師仍左手執録，授與弟子，男左手、女右手，因繞腰三通竟，又把録西向再拜〔四〇〕。次還向師，重約勑，其文如左。便長跪，叩齒十二通，曰：

功曹使者、郎吏虎賁、察姦鈎騎、三官僕射、天騶甲卒等官，各三百卌人出。出者嚴莊顯服，正其威儀，對共功曹使者，簡閲録上將軍吏兵。從度吏兵之後，付授肉人身中，不犯惡爲非，一旦違科犯約〔四一〕，坐見中傷，吏兵先坐。

畢，復官如前法。因再拜。次復爐，呪如上法。都畢。

度仙靈録儀　録名（召）儀[四二]

正月生被太玄清微中耀炁君召，
二月生被上玄玉理通炁君召，
三月生被中玄耀炁右官重光君召，
四月生被下玄微明化炁君召，
五月生被太元中官微明歷炁君召，
六月生被上元中官左歷炁君召，
七月生被中元左官歷炁君召，
八月生被下元重光中機化炁君（召）[四三]，
九月生被太始中辟萬導神君召[四四]，
十月生被上始始明中官君召，
十一月生被無下九老中狖（狄）君召[四五]，
十二月生被無下九者北下狖（狄）君（召）[四六]。

右男女所受靈官録召法。若不知生月，取十二月召。言被某官神童召。

某郡縣鄉里男女子王甲，年若干歲，
男女生甲乙保舉，户屬男官祭酒某甲治。

右一人先無録，奉道專心，脩良謹慎，今求請上仙或上靈十將軍吏兵，請給謹狀。

某郡縣鄉男女童子甲乙，年若干歲，言被某官君召。

男女生甲乙保舉，户屬男官祭酒某甲治。

右一人先佩上仙上靈童子一將〔軍〕録〔四七〕，肉人奉道專心，屬行脩勤，好道務進，年轉長大，今求遷，請上仙或上靈十將軍吏兵，〔請〕給謹狀〔四八〕。

某郡縣鄉里男女更令某甲，年紀如干歲，言被某官君召。

男女生甲乙保舉，户屬男官祭酒某甲治。

右一人先佩上仙或上靈十將軍録〔四九〕，肉人奉道專心，履行脩勤，好道務進。今求遷，請上仙或〔上〕靈七十五將軍吏兵〔五〇〕，請給謹狀。

某郡縣鄉里男女生某甲，年如干歲，言被某官君召。

男女生甲乙保舉，户屬男官祭酒某甲治。

右一人先佩上仙或上靈七十五將軍録，肉人奉道專心，屬行脩勤，好道務進，今求遷，請上仙上靈二官百五十將軍吏兵，請給謹狀。

某郡縣鄉里男女生壬（王）甲〔五一〕，年若干歲，言被某官君召。

男女生甲乙保舉，户屬男官祭酒某甲治。

右一人先佩某官如干將軍録，從來積年，甲素無狀，多違佩不謹慎，某年月日，零失所佩録，思愚自責，推求不得，今輙依料（科）輸鈑（飯）賢罰薪〔五二〕，如法詣妾求更復如先，請給謹狀。

係天師某治炁祭酒臣妾甲稽首再拜，謹言刺如牒主郡一、主縣一，男女子王甲童朦無知〔五三〕，恐爲故炁所見中傷。今求請上仙或上靈童子一將軍吏兵，以自防護。謹牒〔郡〕縣鄉里姓名年紀〔五四〕，所請將軍種數并者（著）保舉人名姓如右〔五五〕。輙遣功曹使者與考召君吏，知肉人情實，應選用與不應用者，願及時下將軍吏兵。甲若未合法炁者，當重爲考正，趣令合選，肉人無須待拜暑（署）謁言〔五六〕。甲誠惶誠恐，稽首再拜。

白刺　　詣考召

太歲某子月日時男官祭酒某郡縣臣妾王甲令於某郡縣里中

白刺　　四君

右録刺法，日中時上，亦可夜半子時上，隨所受録大小，依前牒易。

某郡縣鄉里男〔女〕子王甲〔五七〕，年〔如〕干歲〔五八〕。

右一人童朦無知〔五九〕，恐爲故炁所見中傷。今求請上仙或〔上〕〔靈〕童子一將〔軍〕吏兵〔六〇〕，以自防護，請給謹狀。

泰玄都正一平炁係天師某治炁祭酒臣妾某稽首再拜。

上言：謹案文書，臣妾以昨日子午時入刺。請如牒主郡一、主縣一，男女子某甲童蒙無知〔六一〕，恐爲故炁所見中傷，求請上仙或上靈童子一將軍吏兵，以自防護，謹拜章一通上聞，願天曹上官典者分別課次，下將軍吏兵，各案左右入肉人身中，常爲甲消災卻邪，辟斥下官〔故〕炁〔六二〕，復注鬼炁。當令甲受録之後，心開意忓〔六三〕，道炁附著某身，以爲效信。恩惟

太上分别求哀，臣妾愚謹因二官直使、正一功曹、左右官使者、陰陽神決吏、科車赤符吏、剛風騎置驛馬上章吏官，各二人出操。臣謹爲男女子王甲拜度録章一通，上詣三天曹，伏須告報。臣甲誠惶誠恐，稽首再拜以聞。

右初受童子録章。若受十録牒及章中語，隨刺前立成易之。泰清太歲悉如舊具法。

某郡縣鄉里男女更令某甲，年如干歲。

右一人前以某年月日得疾病，詣祭酒李乙自保積治，甲從死得生，自詭受令給使無恨〔六四〕。祭酒所在之詣，積如千年，甲改惡〔爲〕暮（慕）樂長生之道〔六五〕。脩義給使有功勤，今求遷〔六六〕，請上仙或上靈十將軍吏兵，請給謹狀。

泰玄都正一平炁係天師某炁祭酒臣某稽首再拜。

上言：謹案文書，臣妾以昨日子午時入刺，請如牒主郡一、主縣一，男女子某甲童蒙無

知〔六七〕，恐爲故炁所見中傷，求請上仙或上靈童子一將軍吏兵，以自防護，謹拜章一通上聞，願天曹上官典者分别課次，下將軍吏兵，各案左右入肉人身中，常爲甲消災卻邪，辟斥下官〔故〕炁〔六八〕，復注鬼炁。當令甲受録之後，心闗（開）意忓〔六九〕，道炁附著某身，以爲效信。恩惟

太上分别求哀，臣妾愚謹因二官直使、正一功曹、左右官使者、陰陽神決吏、科車赤符吏、剛風騎置驛馬〔上〕章吏官〔七〇〕，各二人出操。臣謹爲男女子王甲拜度録章一通，上詣三天曹，伏須告報。臣甲誠惶誠恐，稽首再拜以聞。

右初受童子録章。若受十録牒及章中語，隨刺前立成易之〔七一〕。泰清太歲悉如舊具法。

某郡縣鄉里男女更令某甲，年如干歲。

右一人前以某年月日得疾病，詣祭酒李乙自保治，甲從死得生，自詭受令給使無恨。祭酒所在之詣，積如干年，甲改惡爲暮（慕）樂長生之道〔七二〕，脩義使有功勤〔七三〕，今求遷〔七四〕，請上仙〔或〕〔上〕靈十將軍吏兵〔七五〕，請給謹狀。

泰玄都正一平炁係天師某炁祭酒臣某稽首再拜。

上言：謹案文書，臣以昨〔日〕子午時入刺〔七六〕，請如牒主郡一、主縣一、男女更令甲，前以某年月日時得疾病，詣祭酒李乙自保，甲從死得生，詭受更令給使無恨〔七七〕。給祭酒所在之詣〔七八〕，積如干年，甲改惡爲慕長生之道〔七九〕，脩義給使有功勤。今求遷，請上仙或上靈

十將軍録，拜章一通上聞，願天曹上官典者分別課次，下將軍吏兵，各案左右入肉人身中，當爲申（甲）消災卻邪〔八〇〕，辟斥下官故炁，復注鬼炁。肉人　更令時，〔考〕召君吏〔八一〕、逯右君吏〔八二〕，并前後故九種吏兵，今謁爲言功舉遷如常科〔八三〕，比中官録署使曹隱職，無令失意悉恨者。當令甲受録之後，心開意子（了）〔八四〕，道炁附著甲身，以爲效信。恩惟

太上，分別求哀。

右更令遷十將軍録章法。

某郡縣鄉〔里〕男女生某甲〔八五〕，年如干歲。

右一人先佩上仙或上靈七十五將軍録，肉人奉　　道專心，履行脩勤，好道務進，今求遷〔八六〕，請上仙上靈二官百五十將軍吏兵，請給謹狀。

泰玄都正一平炁係天師某治炁祭酒臣稽首再拜。

上言：　謹案文書，臣昨日子午時入刺，請如牒主郡一、主縣一，男女生某甲，先佩上仙或上靈七十五將軍録，肉人奉　道專心，履行脩對（勤）〔八七〕，好道務進。今求遷〔八八〕，請上仙上靈二官百五十將軍録，謹拜章一通上聞，願天曹上官典者分別課次，下將軍吏兵，各案左右入肉人身中，當爲甲消災卻邪，辟斥下官故炁，復注鬼炁。肉人身中故將軍吏兵，隨章受遷天曹，考召君吏所考事立，所召者詣，有功勞者〔八九〕，謁爲言功舉遷如常科〔九〇〕，比中官

録署使曹隱職，無令失意悉恨者。當令甲受録之後，心開意了，道炁附著甲身中，以爲效信。恩惟

太上，分别求哀。

（後缺）

説明

此件由斯六〇四〇、斯一〇三七六與斯二〇三綴合而成，王卡最先指出以上三件可以綴合（參見《敦煌道教文獻研究：綜述·目録·索引》，二二〇至二二一頁）。三件綴合後仍是首尾均缺，起『□者用』，訖『分别求哀』，中有原題『度仙靈録儀』，大淵忍爾認爲其年代應在八世紀（參看《敦煌道經·目録編》，三六一頁）。原件雖畫有烏絲欄，但抄寫者在很多地方侵佔了畫烏絲欄者所留的天地。

此件爲傳世本《道藏》所缺，對瞭解古代道教的上章儀式具有一定價值。

因三號綴合處呈斜線型，綴合之處的文字用『/』和『//』表示，兩個『/』之間的文字保存在斯一〇三七六，兩個『//』之間的文字保存在斯六〇四〇。

校記

〔一〕『者用』，《中華道藏》漏録；『□□』，《中華道藏》釋作『上香』。

〔二〕『□』，《中華道藏》釋作『出』。

〔三〕『通』，《中華道藏》釋作『通天之冠』，按底本『通』下殘缺，實無『天之冠』三字。

〔四〕『載』，當作『戴』，據文義改，《中華道藏》逕釋作『戴』。

〔五〕第一個『在』，《中華道藏》釋作『在前』，按底本『在』下殘缺，實無『前』字。

〔六〕『次』，當作『決』，據文義改，《中華道藏》逕釋作『決』。

〔七〕『□』，《中華道藏》釋作『□赤符吏』。

〔八〕『訖』，據殘筆劃補，《中華道藏》逕釋作『訖』。

〔九〕斯二〇三始於此句之『虎賁將』。

〔一〇〕『□』，《中華道藏》釋作『並』。

〔一一〕『□』，《中華道藏》釋作『官』。

〔一二〕『人及門』，《中華道藏》據文義校補；『官』，《中華道藏》據文義校補。

〔一三〕第一個『□』，《中華道藏》釋作『草』；第二個『□』，《中華道藏》校補作『嗟』。

〔一四〕『釋』，當作『擇』，據文義改，《中華道藏》逕釋作『擇』。

〔一五〕『敷』，《中華道藏》釋作『教』。

〔一六〕『訴』，《中華道藏》校改作『詣』。

〔一七〕『互』，據殘筆劃及文義補，《中華道藏》逕釋作『互』。

〔一八〕『上』，《中華道藏》據文義校補。

〔一九〕『頭』，當作『投』，據文義改，『頭』爲『投』之借字。

〔二〇〕『平』，當作『互』，據文義改，《中華道藏》逕釋作『互』。

〔二一〕『上吏取』，《中華道藏》釋作『立決耳』。

〔二二〕『縮』，《中華道藏》釋作『噏』。

〔二三〕『鑪』，《中華道藏》釋作『爐』，雖義可通而字誤。

〔二四〕『懆』，當作『操』，據文義改，『懆』爲『操』之借字，《中華道藏》逕釋作『操』。

〔二五〕『出』，《中華道藏》據文義校補。

〔二六〕『吏』，《中華道藏》據文義校補。

〔二七〕『鄒』，《中華道藏》校改作『騶』，按『鄒』通『騶』，不煩校改。

〔二八〕『釘』，當作『丁』，據文義改，『釘』爲『丁』之借字。

〔二九〕『□□』，底本此處留有空白，《中華道藏》據文義校補。

〔三〇〕『迾』，當作『列』，據文義改，『迾』爲『列』之借字，《中華道藏》逕釋作『列』。

〔三一〕『郡』，《中華道藏》據文義校補。

〔三二〕『狼』，《中華道藏》據文義校補。

〔三三〕『病』，《中華道藏》據文義校補。

〔三四〕『刀』，當作『刃』，據文義改，《中華道藏》逕釋作『刃』。

〔三五〕『煞』，《中華道藏》釋作『赦』，誤。

〔三六〕『望』，當作『妄』，據文義改，『望』爲『妄』之借字。

〔三七〕『煞』，《中華道藏》釋作『赦』，誤。

〔三八〕『汾』，當作『分』，據文義改，『汾』爲『分』之借字。

〔三九〕『汾』，當作『分』，據文義改，『汾』爲『分』之借字。

〔四〇〕『把』，《中華道藏》釋作『抱』，誤。

〔四一〕『旦』，《中華道藏》釋作『日』，誤。

〔四二〕『名』，當作『召』，據文義改，《中華道藏》逕釋作『召』。

〔四三〕『召』，據文義補，《中華道藏》逕釋作『召』。

〔四四〕『導』，《中華道藏》釋作『道』，誤。

〔四五〕『犾』，當作『狄』，據《正統道藏》改。

〔四六〕『者』，《中華道藏》釋作『老』，誤；『北』，《中華道藏》漏録；『犾』，當作『狄』，據《正統道藏》改；『召』，據文義補，《中華道藏》逕釋作『召』。

〔四七〕『軍』，《中華道藏》據文義校補。

〔四八〕『請』，《中華道藏》據文義校補。

〔四九〕『佩』，《中華道藏》釋作『配』，誤。

〔五〇〕『上』，《中華道藏》據文義校補。

〔五一〕『壬』，當作『王』，據文義改，《中華道藏》釋作『某』，誤。

〔五二〕『今』，底本原作『令』，因二字形近，在手書中易混，故據文義逕釋作『今』，《中華道藏》釋作『今』；『料』，當作『科』，據文義改，《中華道藏》逕釋作『科』；『皈』，當作『飯』，《中華道藏》據文義校改。

〔五三〕『朦』，《中華道藏》釋作『曚』。

〔五四〕『郡』，《中華道藏》據文義校補。

〔五五〕『者』，當作『著』，《中華道藏》據文義校改。

〔五六〕『無』下原有一墨點；『暑』，當作『署』，據文義改，『暑』爲『署』之借字，《中華道藏》逕釋作『署』。

〔五七〕『女』，《中華道藏》據文義校補。

〔五八〕「如」，《中華道藏》據文義校補。
〔五九〕「朦」，《中華道藏》釋作「曚」。
〔六〇〕「上靈」，《中華道藏》據文義校補；「軍」，據文義補，《中華道藏》逕釋作「軍」。
〔六一〕「蒙」，《中華道藏》釋作「曚」，誤。
〔六二〕「故」，《中華道藏》據文義校補。
〔六三〕「忏」，《中華道藏》釋作「忏」。
〔六四〕「詭」，《中華道藏》釋作「説」。以下同，不另出校。
〔六五〕「爲」，《中華道藏》據文義校補；「暮」，當作「慕」，據文義改，「暮」爲「慕」之借字，《中華道藏》逕釋作「慕」。
〔六六〕「今」，底本原作「令」，因二字形近，在手書中易混，故據文義逕釋作「今」。
〔六七〕「蒙」，《中華道藏》釋作「曚」，誤。
〔六八〕「故」，《中華道藏》據文義校補。
〔六九〕「關」，當作「開」，據文義改，《中華道藏》逕釋作「開」。
〔七〇〕「上」，《中華道藏》據文義校補。
〔七一〕「刺」，《中華道藏》釋作「次」，誤。
〔七二〕「暮」，當作「慕」，據文義改，「暮」爲「慕」之借字，《中華道藏》逕釋作「慕」。
〔七三〕「義」，《中華道藏》於其後補「給」字。
〔七四〕「今」，底本原作「令」，因二字形近，在手書中易混，故據文義逕釋作「今」。
〔七五〕「或上」，《中華道藏》據文義校補。

〔七六〕「日」，《中華道藏》據文義校補。

〔七七〕「詭」，《中華道藏》於其前補「自」；「更」，《中華道藏》漏録。

〔七八〕「紿」，《中華道藏》認爲係衍文，當刪。

〔七九〕「長」，《中華道藏》於其前補「樂」字。

〔八〇〕「申」，當作「甲」，據文義改，《中華道藏》逕釋作「甲」。

〔八一〕「考」，《中華道藏》據文義校補。

〔八二〕「逯」，《中華道藏》釋作「逮」；「右」，《中華道藏》釋作「召」，誤。

〔八三〕「今」，《中華道藏》釋作「令」。

〔八四〕「子」，當作「了」，據文義改，《中華道藏》逕釋作「了」。

〔八五〕「里」，《中華道藏》據文義校補。

〔八六〕「今」，底本原作「令」，因二字形近，在手書中易混，故據文義逕釋作「今」。

〔八七〕「對」，當作「勤」，據文義改，《中華道藏》釋作「懃」。

〔八八〕「今」，底本原作「令」，因二字形近，在手書中易混，故據文義逕釋作「今」。

〔八九〕「功勞者」旁有卜煞符號，但據文義不當刪除。

〔九〇〕「謁」旁有卜煞符號，但據文義不當刪除。

參考文獻

《敦煌道經目録》，京都：法藏館，一九六〇年，一〇四頁；《スタイン將來大英博物館藏敦煌文獻分類目録・道教之部》，東京：東洋文庫，一九六九年，五六頁；《敦煌道經・目録編》，東京：福武書店，一九七八年，三六一頁；

《敦煌道經·圖録編》，東京：福武書店，一九七八年，八八〇至八八三頁（圖）；《敦煌寶藏》二册，臺北：新文豐出版公司，一九八一年，二三四頁（圖）；《築波中國文化論叢》一九九〇年十號，一〇頁；《英藏敦煌文獻》一卷，成都：四川人民出版社，一九九〇年，八一至八四頁（圖）；《英藏敦煌文獻》一〇卷，成都：四川人民出版社，一九九四年，五二頁（圖）；《英藏敦煌文獻》一三卷，成都：四川人民出版社，一九九五年，三七頁（圖）；《敦煌道教文獻研究：綜述·目録·索引》，北京：中國社會科學出版社，二〇〇四年，二二〇至二二一頁；《中華道藏》八册，北京：華夏出版社，二〇〇四年，四五七至四六一頁（録）；《英國國家圖書館藏敦煌遺書》三册，桂林：廣西師範大學出版社，二〇一一年，二九七至三〇三頁（圖）。

斯二一一〇　金光明最勝王經卷第五勘經題記

釋文

兑。

説明

以上文字書寫於《金光明最勝王經》卷第五經文天頭上，表示此紙佛經抄寫有誤，已作廢。《英藏敦煌文獻》未收，現予增收。

參考文獻

《敦煌寶藏》二册，臺北：新文豐出版公司，一九八一年，二七四頁（圖）；《英國國家圖書館藏敦煌遺書》三册，桂林：廣西師範大學出版社，二〇一一年，三四一頁（圖）、『條記目録』一七頁（録）。

斯二一一四　燕子賦一卷

釋文

（前缺）

□雀兒煩惱，兩眉不皺〔一〕。撩瞻（檐）擒去〔二〕，□□，問是阿誰〔三〕。便即低頭跪拜〔四〕，口稱〔五〕：『百姓雀兒〔六〕，□昨日奉王帖追〔七〕。匍匐奔走，不敢來遲。燕子文牒〔八〕，□請王對推〔九〕。』鳳凰云：『者賊無賴〔一〇〕，眼惱（腦）蠹（妒）害〔一一〕，□捋出脊背〔一二〕，拔卻左腿〔一三〕，揭卻腦蓋〔一四〕。』雀兒被嚇膽碎〔一五〕，□『請喚燕子來對〔一六〕。』

燕子忽硉出頭，□今見安居〔一七〕。仁（人）被傷損〔一八〕，不敢加諸〔一九〕。□』雀兒自隱欺負〔二〇〕，面孔終是攢伔（沅）〔二一〕，□『若實奪燕舍宅〔二二〕，即願一代貧寒〔二三〕。□行即著網，坐即被彈，經榮（營）不進〔二四〕，□渾家不殘〔二五〕。』呪絶百種作了〔二六〕，鳳凰要自難謾〔二七〕。燕子曰〔二八〕：『人急燒香，苟（狗）急驀牆〔二九〕，只如你釘（疔）瘡病賴（癩）〔三〇〕，埋卻你屍喪（腔）〔三一〕。總是轉關作呪〔三二〕，徒（圖）擬枉（誑）惑大　王〔三三〕。』鳳凰大嗔，然（狀）後即判〔三四〕：『雀兒之罪，不可稱算〔三五〕，推問根由，仍生拒捍〔三六〕。責情且決五伽（下）〔三七〕，枷項禁身推斷〔三八〕。』

燕子唱快，喜慰不已〔三九〕：『奪我宅舍，捉我把（巴）毀〔四〇〕，將作你吉達到頭，何期天還報你〔四一〕。如今及阿莽次第〔四二〕，五下乃是調子。』

於時〔四三〕，鶺鴒在傍〔四四〕，乃是雀兒昆季，頗有急難之情〔四五〕，不離左右看侍〔四六〕。既見燕子唱快，便即向前填致（置）〔四七〕：『切（竊）聞狐死菟（兔）悲〔四八〕，惡傷其類；四海盡爲兄弟，何況更同臭味〔四九〕。今日自能論競，任他官府處理〔五〇〕。死雀不就上彈〔五一〕，何須逐後罵詈。』

婦聞雀兒被杖〔五二〕，不覺精神咀（沮）喪〔五三〕，但知搥兇（胸）拍臆〔五四〕，發（撥）頭憶相（想）阿莽〔五五〕。兩步并作一步〔五六〕，走向獄中看去。正見雀兒臥地，面孔恰似勃土〔五七〕，脊上擔個服子〔五八〕，放（髣）匪（髴）乃高尺五〔五九〕。〔既〕〔見〕雀兒困頓〔六〇〕，眼中淚下如雨。口裏便灌小便，瘡上還帖古紙〔六一〕。『當時骸骸勸諫〔六二〕，拗列

（捩）不相用語〔六三〕。無事破羅（鑼）明（鳴）啾唧〔六四〕，果然〔論〕官理府〔六五〕，更被枷禁不休〔六六〕，於身有阿莽好處〔六七〕？乃是自招禍祟〔六八〕，不得怨他竈祖〔六九〕。』雀兒打硬〔七〇〕，由（猶）自落荒漫語〔七一〕：『男兒丈夫，事有錯悮〔七二〕，脊被揎破，更何怕懼。生不一迴〔七三〕，死不兩度。俗語云：寧逢十狼九虎〔七四〕，莫逢癡兒一怒〔七五〕。如今遭他赤吹〔七六〕，總是黑嫗兒作祖〔七七〕。吴（吾）今在獄〔七八〕，寧死不辱。汝今早去〔七九〕，唤取鸜鵒。他家頭尖〔八〇〕，憑伊覓曲。咬齧勢要，交（教）向鳳凰邊遮囑〔八一〕。但知免更喫杖〔八二〕，與他祁摩一束〔八三〕。』

雀兒被禁數日，求祈〔獄〕〔子〕〔脱〕〔枷〕〔八四〕，獄子再三不肯〔八五〕。雀兒美語相趄且〔八六〕：『官不容針，私可容車〔八七〕』，叩頭與脱〔八八〕，幸到晚衙〔八九〕。不須苦死相邀勒〔九〇〕，送飯人來定有釵〔九一〕』。獄子曰：『汝今未得清雪〔九二〕，所以留在黄沙〔九三〕。我且忝爲王吏〔九四〕，豈受資賄相遮〔九五〕。萬一入 王耳目，碎即恰似油麻。乍可從君懊惱，不得遣我著（脱）香（枷）〔九六〕』。雀兒歎曰：『古者三公厄於獄卒〔九七〕，吴（吾）乃今（朝）自見〔九八〕。惟須口中念佛〔九九〕，心中發願，若得官事解散，驗寫《多心經》一卷〔一〇〇〕』。遂乃嗢嗃本典〔一〇一〕，徒（圖）少問便（辯）〔一〇二〕：『曹司上下，説公白健。今日之下，乞與些些方便〔一〇三〕，還有紙筆當直〔一〇四〕，莫言空手冷面。』本典曰：『你欲放鈍〔一〇五〕，爲當腿（退）韅〔一〇六〕。奪他宅舍，不解卑選（遜）〔一〇七〕，卻事兇麤〔一〇八〕，打他見困〔一〇九〕。你是王法罪人，鳳凰令遣責問〔一一〇〕。明朝早起過案〔一一一〕，必是更著一頓〔一一二〕，杖十已上關天〔一一三〕，去死不過半寸〔一一四〕。但辦脊背祇承〔一一五〕，何用箄（密）語相骸（嚬）〔一一六〕。』雀兒被額〔一一七〕，更害氣噴（賁）〔一一八〕，把得問頭〔一一九〕，持（特）地更悶〔一二〇〕。

問：『燕子造宅〔一二一〕，擬自存活。何得麤豪，輒敢強奪？仰答。』『但雀兒名腦子〔一二二〕，交（教）被老烏趁急〔一二三〕，走不擇崄〔一二四〕，逢孔即入，暫投燕舍〔一二五〕，免被抱屈〔一二六〕，實緣避難，事有急疾。亦非強奪，願王體悉〔一二七〕。』

又問〔一二八〕：『既是避難〔一二九〕，何得恐赫〔一三〇〕，遂更躓打〔一三一〕，使令墜翮。國有常刑〔一三二〕，合笞一百〔一三三〕。有何別理，以自明白〔一三四〕？仰答。』『但雀兒祇緣腦子避難〔一三五〕，暫時留連燕舍〔一三六〕。既見〔空〕閑〔一三七〕，暫歇解卸。燕子到來，即欲向前詞謝〔一三八〕。不悉事由，望風惡馬（罵）〔一三九〕。父子團頭，牽及上下。怨不思難〔一四〇〕，便即相打。燕子既稱墜翮，雀兒今亦跛胯〔一四一〕，兩家損處〔一四二〕，彼此相亞〔一四三〕。若欲確論宅舍〔一四四〕，請乞陪酬宅價〔一四五〕。若欲據法科懲〔一四六〕，實即不敢咋呀〔一四七〕。見有上柱國勳〔一四八〕，請乞收贖罪賈（價）〔一四九〕』。

又問：『奪宅恐嚇〔一五〇〕，罪不可容〔一五一〕。既有公（功）勳〔一五二〕，先於何處立功？仰答。』『但雀兒去貞觀十九年〔一五三〕，大〔將〕〔軍〕征討遼東〔一五四〕，雀兒投募充兼（傔）〔一五五〕。當時配入先鋒〔一五六〕。身不胯（跨）馬〔一五七〕，手不彎弓。口銜艾火〔一五八〕，送著上風〔一五九〕。高麗遂滅，因此立功。一例蒙上柱國，見有勳告數通。必其欲得磨勘，請檢《山海經》中〔一六〇〕。』

鳳凰判云：『雀兒剔禿〔一六一〕，强奪燕屋，推問根由，元無承伏〔一六二〕。既有上柱國勳收贖罪〔一六三〕，不可久留在獄，宜即且放〔一六四〕，勿煩案贖（牘）〔一六五〕。』

雀兒得出，喜不自勝〔一六六〕。遂唤燕子〔一六七〕，且飲二升：『比來觸誤（忤）〔一六八〕，請公哀矜，從今已後，别解祇承，人前並（背）地〔一六九〕，更莫吶（喃）吶（喃）〔一七〇〕。』

燕雀既和〔一七一〕，行至鄰並〔一七二〕，乃有一多事鴻鶴〔一七三〕，『借問二子〔一七四〕，比來爭競〔一七五〕，雀兒不能退靜〔一七六〕，開眼尿牀〔一七七〕，違他格令〔一七八〕。賴值（澤）〔一七九〕，放你一生草命。可中鷂子搦得〔一八〇〕，百年當時了竟〔一八一〕。』遂詈燕子〔一八二〕：『你甚頑嚚〔一八三〕，些些小事〔一八四〕，何得紛紜〔一八五〕，直欲危他性命〔一八六〕，作得如許不仁〔一八七〕。兩個都無所識，宜吴（吾）不與同群〔一八八〕』。

燕雀同詞而對曰：『何期鳳凰不嗔〔一八九〕，乃被多事鴻鶴責疏（數）〔一九〇〕，你亦未能斷事，到頭没多詞句，必期（其）倚有高才〔一九一〕，請乞立題詩賦。』

鴻鶴好心，卻被譏刺〔一九二〕，乃興一詩〔一九三〕，以吴（呈）二子〔一九四〕：

鴻鶴宿心有遠志〔一九五〕，燕雀由來故不知〔一九六〕。

一朝自到青雲上〔一九七〕，三歲飛鳴當此時。

燕雀同詞而對曰：

大鵬信徒（圖）南道〔一九八〕，鷦鷯巢一枝，

逍遥各自得〔一九九〕，何況（在）二重（蟲）知〔二〇〇〕。

燕子賦一卷〔二〇一〕。

癸未年十二月廿一日永安寺學士郎杜友遂書記之耳〔二〇二〕。

甲申年三月廿三日永安寺學郎杜友遂書（？）記之耳。

說明

此件首缺尾全，尾部有原題，起『雀兒煩惱』，訖題記『甲申年三月廿三日永安寺學郎杜友遂書記之耳』。在上列題記前，還有杜友遂癸未年十二月廿一日的題記，翟理斯推斷這兩個題記都在公元九二四年（*Descriptive Catalogue of the Chinese Manuscripts from Tunhuang in the British Museum*, p. 236）。

現知敦煌文獻中屬於同一抄本的《燕子賦》還有八件，其中伯二四九一首尾完整，首題『燕子賦一

卷』，尾題『燕子賦一首』；伯三六六六首全尾缺，起首題『燕子賦一卷』，訖『又問』；斯六二六七首尾均缺，起『不能開』，訖『啾唧，果』；伯二六五三首缺尾全，起『緣没横罹』，訖尾題『燕子賦一卷』；斯五五四〇首尾均缺，起『比來爭競』，訖『燕子賦一首』；伯四〇一九首缺尾全，起『紙古』，訖題記『曹光晟書記』；伯三七五七首全尾缺，起首題『燕子賦一首』，訖『崖、象』；BD九二五一（唐七二）首尾均缺，起『獄子再□□』，訖『法科』。此外，黄征認爲《俄藏敦煌文獻》中還有或可能是《燕子賦》的寫卷多種，分别爲：Дх七九六+Дх一三四三+Дх一三四七+Дх一三九五、Дх五四一五（此件與前件爲同一寫本，兩件中殘四十五字）、Дх一〇七四一、Дх四八〇三、Дх一九二〇、Дх一三〇四（參見《〈燕子賦〉研究》，《敦煌研究》二〇〇三年一期，三八至四四頁）。

以上釋文以斯二一四爲底本，用對此件有校勘價值的伯二四九一（稱其爲甲本）、伯三六六六（稱其爲乙本）、斯六二六七（稱其爲丙本）、伯二六五三（稱其爲丁本）、斯五五四〇（稱其爲戊本）、伯四〇一九（稱其爲己本）和BD九二五一（稱其爲庚本）參校。

校記

〔一〕『皺』，甲、乙、丙本同，丁本作『鄒』，誤。

〔二〕『撩』，乙、丙本同，甲本作『竊』，丁本作『橑』，誤；『瞻』，乙、丁本同，甲本作『言』，當作『檐』，據丙本改，『言』爲『檐』之借字；『擒去』，據甲本補，乙、丙、丁本作『噤去』。

〔三〕『問是阿』，據甲、乙、丙本補。此句丁本脱。

〔四〕『跪』，甲、乙本同，丙本作『踠』，誤。此句丁本脱。

〔五〕此句丁本脱。

〔六〕『雀』，乙、丙本同，甲本作『省』，誤；『兒』，乙、丙本同，甲本脱。此句丁本脱。

〔七〕『昨日』，據甲、乙、丙本補，丁本脱；『奉』，據乙、丁本補，甲、丙本作『鳳』；『王帖』，據甲、乙、丁本補，丙本作『凰帖』。

〔八〕『文』，乙、丙、丁本同，甲本作『下』。

〔九〕『請王』，據甲、乙、丙、丁本補；『對』，據甲、乙、丁本補，丙本作『到』，誤；『推』，甲、乙、丁本同，丙本作『誰』，誤。

〔一〇〕『者』，乙、丙、丁本同，甲本作『這』，均可通。

〔一一〕『惱』，丁本同，當作『腦』，據甲、乙、丙本改，『惱』爲『腦』之借字；『蠹』，乙、丙、丁本同，當作『妒』，據甲本改，『蠹』爲『妒』之借字，《敦煌變文校注》認爲『蠹』同『妒』。

〔一二〕『捋』，據乙、丁本補，甲本作『將』，誤；『出脊』，據甲、乙、丙、丁本補。

〔一三〕『拔』，甲、乙、丁本同，丙本作『𢫬』，誤；『卻』，甲、乙、丙本同，丁本作『出』。

〔一四〕『卻』，甲、乙、丁本同，丙本作『破』；『腦』，甲、乙、丙本同，丁本作『惱』，『惱』爲『腦』之借字。

〔一五〕『被嚇』，據甲、乙、丙、丁本補；『膽』，據甲、丙本補，乙本作『贍』，丁本作『擔』，『贍』『擔』均爲『膽』之借字；『碎』，據甲、乙、丙、丁本補。

〔一六〕『請』，據殘筆劃及乙、丁本補，甲、丙本作『喚』；『喚』，乙、丁本同，甲、丙本作『取』。

〔一七〕『今』，據甲、乙、丙、丁本補。

〔一八〕『仁』，乙本同，當作『人』，據文義改，『仁』爲『人』之借字，甲、丙、丁本作『所』。

〔一九〕「不敢」，乙本同，甲、丙、丁本作「亦不」；「諸」，乙、丙、丁本同，甲本作「知」，「知」爲「諸」之借字。

〔二〇〕「雀」，據甲、乙、丁本補；「自」，甲、乙、丁本同，丙本作「自取」；「隱」，甲、乙、丁本同，丙本作「穩」，「穩」爲「隱」之借字。

〔二一〕「終」，甲、乙、丙本同，丁本作「縫」，誤；「伔」，甲、乙本同，當作「沉」，據丙、丁本改。

〔二二〕「若」，據甲、乙、丁本補；「實」，乙、丁本同，甲本作「是」，「是」爲「實」之借字；「燕」，甲本同，乙本作「他燕」，丙、丁本作「燕子」；「舍」，乙本同，甲、丙、丁本作「宅」；「宅」，甲、丙、丁本作「舍」，乙本無。

〔二三〕「貧」，甲、乙、丁本同，丙本作「窮」。

〔二四〕「縈」，甲本同，當作「營」，據乙、丙、丁本改，「縈」爲「營」之借字；「進」，據甲、乙、丙、丁本補。

〔二五〕「渾」，據甲、乙、丙、丁本補。

〔二六〕「絶」，乙本同，甲本作「須」，丁本作「雖」。

〔二七〕「要自難」，據殘筆劃及甲、乙、丙、丁本補；「謾」，據甲本補，乙、丙、丁本作「漫」，「漫」爲「謾」之借字。

〔二八〕「燕子曰」，據甲、乙、丙、丁本補。

〔二九〕「苟」，乙本同，當作「狗」，據甲、丙、丁本改，「苟」爲「狗」之借字。

〔三〇〕「你」，甲、乙本同，丁本無；「釘」，當作「疔」，《敦煌變文選注》（增訂本）據文義校改；「賴」，甲、乙本同，當作「癩」，據丁本改，「賴」爲「癩」之借字。

〔三一〕「你」，甲、乙、丙、丁本無；「喪」，甲、乙、丙本同，當作「腔」，據丁本改。

〔三二〕「是」，甲、乙、丙本同，丁本作「是雀兒」；「咒」，甲、乙、丙本同，丁本脱。

〔三三〕『徒』，甲、乙、丁本同，當作『圖』，『徒』爲『圖』之借字，丙本作『從』，《敦煌變文校注》認爲『徒』通『圖』，疑不確；『枉』，乙本作『狂』，當作『誑』，據甲、丙、丁本改，『枉』『狂』均爲『誑』之借字；『惑』，乙、丙本同，甲本作『或』，『或』有『惑』義。

〔三四〕『然』，乙本同，當作『狀』，據甲、丁本改。

〔三五〕『可』，甲、乙本同，丙、丁本作『得』。

〔三六〕『拒』，甲、乙、丁本同，丙本作『拈』，誤。

〔三七〕『伽』，丁本作『百』，乙本脱，當作『下』，據甲本改。

〔三八〕『項』，甲、乙、丁本同，丙本作『頊』，誤。

〔三九〕『喜』，甲、乙本同，丙本作『吉』，丁本作『憙』，『喜』同『憙』；『慰』，乙、丁本同，丙本作『𢘑』，甲本作『尉』，『尉』爲『慰』之借字；『已』，乙本同，甲、丁本作『以』，『以』爲『已』之借字。

〔四〇〕『把』，乙本同，當作『巴』，據丁本改，『把』爲『巴』之借字，甲本作『祗』，誤。

〔四一〕『何期』，甲、乙、丁本同，丙本脱。

〔四二〕『苐』，乙、丁本同，甲本作『奔』，誤；『第』，丁本同，乙本作『弗』，底本、甲本原作『弟』，因二字形近，在手書中易混，故據文義逕釋作『第』。

〔四三〕『於時』，甲、乙、丙本同，丁本脱。

〔四四〕『鶬鴒』，甲本作『鴒鶬』，乙本作『鶬鴒』，丙本作『鵖鴒』，丁本作『鵙鴒』，當以底本爲是。

〔四五〕『難』，甲、丁本同，乙本脱。

〔四六〕『侍』，甲、乙、丁本同，丙本作『是』，『是』爲『侍』之借字。

〔四七〕『致』，當作『置』，據甲、乙、丙、丁本改，『致』爲『置』之借字。

〔四八〕「切」，甲、乙、丁本同，當作「竊」，《敦煌變文選注》（增訂本）據文義校改，「切」爲「竊」之借字；「菟」，當作「兔」，據甲、乙、丁本改，「菟」爲「兔」之借字。此句甲、乙本同，丁本此句前有「家兄觸悮明公，下走實增厚鬼」。

〔四九〕「況」，乙、丁本同，甲、丙本作「向」，「向」爲「況」之借字。

〔五〇〕「處理」，乙、丁本同，甲本作「療治」。

〔五一〕此句甲、乙、丙本同，丁本作「死鳥就上更彈」。

〔五二〕「杖」，乙、丁本同，甲本作「打」。

〔五三〕「咀」，甲、乙、丁本同，當作「沮」，《敦煌變文集》據文義校改，「咀」爲「沮」之借字，《敦煌變文選注》（增訂本）逕釋作「沮」。

〔五四〕「兇」，甲、丙、丁本同，當作「胸」，據乙本改，「兇」爲「胸」之借字；「拍」，甲、乙本同，丙、丁本作「怕」，誤；「臆」，乙、丙、丁本同，甲本作「憶」，「憶」爲「臆」之借字。

〔五五〕「發」，甲、乙、丙、丁本同，當作「撥」，《敦煌變文選注》（增訂本）據文義校改；「相」，乙本同，當作「想」，據甲、丁本改，「相」爲「想」之借字。

〔五六〕「并」，乙、丁本同，甲本作「併」。

〔五七〕「孔」，甲、乙本同，丁本作「色」；「勃」，乙、丁本同，甲本作「坌」。

〔五八〕「脊」，據殘筆劃及甲、乙、丁本補；「擔」，乙本同，甲本作「躭」，丁本作「縫」；「服」，乙、丁本同，甲本作「襆」，「服」通「襆」。

〔五九〕「放匪」，乙本同，當作「髣髴」，據甲、丙、丁本改；「乃」，乙本同，甲、丙、丁本作「亦」。

〔六〇〕「既見」，乙本亦脱，據甲、丙、丁本補。

〔六一〕「帖」，乙、丙、丁本同，甲本作「黏」；「古」，甲、乙本同，丁本作「故」，己本作「紙」；「紙」，甲、乙、丁本同，己本作「古」。己本始於此句。

〔六二〕「骸骸」，乙、丁、己本同，甲本作「勤勤」，《敦煌變文校注》認爲底本、乙、丙、丁、己本均作「⿰骨彡⿰骨彡」。

〔六三〕「列」，乙本同，丁本作「戾」，當作「捩」，據甲本改，「列」「戾」均爲「捩」之借字；「用」，乙、丁、己本同，甲本作「容」。

〔六四〕「破」，甲、乙、丁本同，己本作「頗」，「頗」爲「破」之借字；「羅」，甲、乙、己本同，丁本作「囉」，當作「鑼」，江藍生據文義校改，「羅」爲「鑼」之借字；「明」，乙、己本同，丁本脱，當作「鳴」，據甲本改，「明」爲「鳴」之借字。

〔六五〕「然」，甲、乙本同，丁本作「見」；「論」，據甲、乙、丁本補。丙本止於此句。

〔六六〕「被」，甲、乙本同，丁本作「披」。

〔六七〕「阿莽」，乙、己本同，甲本作「甚」，丁本作「阿没」。

〔六八〕「祟」，甲、乙本同，丁本作「恤」。

〔六九〕「竈」，乙、丁本同，甲本作「作」。

〔七〇〕「打」，甲、乙、丁本同，己本作「被」。

〔七一〕「由」，乙、己本同，當作「猶」，據丁本改，「由」爲「猶」之借字；「落」，乙、己本同，丁本脱；「荒」，乙、己本同，丁本作「流」，《敦煌變文校注》將丁本釋作「謊」。此句至「脊被揎破」，甲本無。

〔七二〕「悞」，乙本同，丁本作「誤」，均可通。

〔七三〕「不」，甲、乙、丁本同，己本脱。

〔七四〕「寧」，乙、丁本同，甲本作「你」；「逢」，乙本同，甲、丁本作「值」；「狼」，乙、丁本同，甲本作「郎」，

「郎」爲「狼」之借字。

〔七五〕「癡」，甲、乙、丁本同，己本作「善」；「怒」，乙、丁、己本同，甲本作「努」，「努」爲「怒」之借字。

〔七六〕「遭他赤吹」，乙本同，甲本作「遭者奔赤」，丁本作「會遭夜莽赤推」。

〔七七〕「黑嫗兒」，乙本同，甲本作「那黑廝兒」，丁本作「者黑嫗兒」。

〔七八〕「吴」，乙本同，當作「吾」，據甲、丁、己本改，「吴」爲「吾」之借字。

〔七九〕「今」，乙、己本同，甲、丁本作「可」；「去」，乙、丁本同，甲本作「起」，「起」爲「去」之借字。

〔八〇〕「頭尖」，乙、丁本同，甲本作「尖頭」。

〔八一〕「交」，乙、己本同，當作「教」，據甲、丁本改，「交」爲「教」之借字。

〔八二〕「知」，甲、丁本同，乙本作「如」；「杖」，甲、乙、丁本同，己本作「拔」，誤。

〔八三〕「祁摩」，乙、丁、己本同，甲本作「邪磨」。

〔八四〕「祈」，乙本同，丁本作「守」，甲本作「其」，「其」爲「祈」之借字；「獄子脱枷」，據甲、乙、丁本補。

〔八五〕「獄」，乙、丁本同，甲本脱；「子」，乙、丁、己本同，甲本脱。庚本始於此句。

〔八六〕「美」，甲、乙、丁本同，己本作「被美」，誤；「相趄且」，乙本同，甲、丁本作「咀啾」，己本作「相遮」，疑應從己本。

〔八七〕「可」，甲、乙本同，丁本脱。

〔八八〕「與脱」，乙、丁、己本同，甲本脱。

〔八九〕「幸」，乙、己本同，甲、庚本作「放」，丁本無。

〔九〇〕「須」，甲、乙、己、庚本同，丁本作「相」，誤。

〔九一〕「定」，甲、丁本同，乙本脱；「釵」，乙、丁本同，甲本作「茶」。

〔九二〕「未」，乙、丁、己、庚本同，甲本作「來」，誤。

〔九三〕「以」，甲、乙、己本同，丁本作「已」，「已」爲「以」之借字；「留」，乙、丁、己本同，甲本作「流」，「流」爲「留」之借字。

〔九四〕「王」，甲、乙、丁本作「主」；「吏」，乙、丁本同，甲本作「史」。

〔九五〕「受」，甲、乙、己本同，丁本作「授」，「授」爲「受」之借字。

〔九六〕「著」，乙、丁、己、庚本同，當作「脱」，據甲本改；「香」，丁、庚本作「查」，己本作「杳」，當作「枷」，據甲、乙本改。

〔九七〕「古」，乙、丁本同，甲本作「有」；「厄」，乙、丁本同，甲本作「危」。

〔九八〕「吴」，當作「吾」，據乙、丁本改，「吴」爲「吾」之借字；「朝」，據丁本補，乙本作「日」，己本脱。此句甲本無。

〔九九〕「須」，甲、丁、庚本同，乙、己本無。

〔一〇〇〕「驗」，甲、丁本同，乙本作「嶮」，誤。

〔一〇一〕「嗢」，甲、乙、丁、庚本同，己本作「唱」，誤；「㖮」，甲、丁本同，乙本作「喻」，己本作「倫」，庚本作「論」；「典」，甲、乙、丁本同，己本作「曲」，誤，庚本作「淟」，「淟」爲「典」之借字。

〔一〇二〕「徒」，甲、乙、己本同，當作「圖」，《敦煌變文校注》據文義校改，「徒」爲「圖」之借字，丁本作「日徒」，庚本作「從」，均誤；「少問」，甲、乙、己本同，丁本作「沙門」；「便」，丁本作「辨」，當作「辯」，據甲、乙、己本改，「便」「辨」均爲「辯」之借字。

〔一〇三〕「乞」，甲、乙本同，丁本無；「與」，乙、己本同，甲本作「以」，「以」通「與」，丁、庚本無。

〔一〇四〕「筆」，乙、丁、己本同，甲本作「墨」。

〔一〇五〕『欲』，甲、乙、庚本同，丁本作『亦』，『亦』爲『欲』之借字。

〔一〇六〕『腿』，乙本同，當作『退』，據丁、己本改，『腿』爲『退』之借字，甲、庚本作『⿰酉退』；『顐』，甲、乙、丁、庚本同，己本作『渾』。

〔一〇七〕『卑』，乙、丁本同，甲本作『禆』，底本原作『早』，因『卑』『早』二字形近，在手書中易混，故據文義逕釋作『卑』；『選』，乙本同，甲本作『⿰氵孫』，丁本作『⿰口孫』，當作『遜』，據文義改。

〔一〇八〕『事』，乙、丁本同，甲本作『被』。

〔一〇九〕『困』，據殘筆劃及甲、乙、丁、庚本補。

〔一一〇〕『令遣』，甲、乙、己本同，丁本作『命我』；『責』，丁本同，甲、乙、己本作『青』，誤。

〔一一一〕『朝』，甲、乙本同，庚本作『照』，『照』爲『朝』之借字，丁本作『日』；『過』，甲、乙、丁本同，庚本作『果（?）』。

〔一一二〕『一』，乙、丁、庚本同，甲本作『壹』。

〔一一三〕『上』，乙、丁本同，甲、己本作『下』，誤。

〔一一四〕『去』，丁、己本同，甲本作『云』；『死』，甲、丁本同，己本作『地』。

〔一一五〕『辦』，乙、丁本同，甲本作『知』，庚本作『辯』。

〔一一六〕『筆』，乙本同，當作『密』，據甲、丁、庚本改；『語』，甲、丁、庚本作『箄』，誤；『骸』，甲、丁、庚本作『⿰骨彡』，己本作『伴』，當作『嚬』，《敦煌變文選注》（增訂本）據文義校改。

〔一一七〕『雀』，丁本同，甲本作『省』，誤；『額』，乙、丁本同，甲本作『嚇』，己本作『更』。

〔一一八〕『更』，甲、乙、丁本同，己本作『額』；『嘖』，乙、丁、己、庚本同，甲本作『咽』，當作『責』，《敦煌變文校注》據文義校改。

〔一一九〕此句至「擬自存活」，甲本脱。

〔一二〇〕「持」，乙本同，當作「特」，據丁、庚本改；「悶」，丁本同，庚本脱。

〔一二一〕「宅」，己本同，丁本作「舍」。

〔一二二〕「兒」，甲本同，丁、庚本作「兒兒」；「名」，丁、庚本同，甲本原作兩個「明」，一在行末，一在次行行首，此爲當時之提行添字抄寫體例，第二個「明」字應不讀，故未釋，「明」爲「名」之借字；「腦」，乙、丁、己、庚本同，甲本作「惱」，「惱」爲「腦」之借字。

〔一二三〕「交」，甲、乙、丁、己本同，當作「教」，《敦煌變文校注》據文義校改，「交」爲「教」之借字。

〔一二四〕「嶮」，丁、己本同，甲本作「驗」，誤，庚本作「險」。

〔一二五〕「投」，甲、乙、丁、己本同，庚本作「捉」，誤。

〔一二六〕「免」，甲、乙、己、庚本同，丁本作「勉」，「勉」爲「免」之借字；「被抱」，乙、己本同，丁、庚本作「被拘」，甲本作「避敵」；「屈」，乙、己本同，丁本作「執」，甲本作「塹」。

〔一二七〕「體」，乙、丁、己、庚本同，甲本作「替」，「替」爲「體」之借字。

〔一二八〕乙本止於此句。

〔一二九〕「是」，己本同，甲、丁本作「稱」。

〔一三〇〕「赫」，丁本同，甲、己、庚本作「嚇」，「赫」同「嚇」。

〔一三一〕「遂」，己本同，甲、丁、庚本作「仍」；「躓打」，丁、己、庚本同，甲本作「打硬」。

〔一三二〕「刑」，丁、己本同，甲、庚本作「形」，因二字形近，在寫本中易混，故據文義「形」可釋作「刑」。

〔一三三〕「合」，己、庚本同，甲本作「令」，丁本作「舍」，誤；「答」，甲、己、庚本同，丁本作「答決」。

〔一三四〕「自」，甲、己本同，丁本作「此」。

〔一三五〕『衹』，丁、己本同，甲本作『只』；『腦』，丁、己本同，甲本作『惱』，『惱』爲『腦』之借字。

〔一三六〕『連』，甲、己本同，丁本無。

〔一三七〕『空』，據甲、丁、己本補。

〔一三八〕此句及下句『不悉事由』，甲、丁本脱。

〔一三九〕『馬』，當作『罵』，據甲、丁、己本改，『馬』爲『罵』之借字。

〔一四〇〕『怨』，甲、丁、己本作『忿』。

〔一四一〕『胯』，丁、己本同，甲本作『跨』，『跨』爲『胯』之借字。

〔一四二〕『損處』，丁、己本同，甲作『彼此』，庚本作『傷損』。

〔一四三〕『彼此相亞』，丁本同，甲本作『傷損相俹』，己本作『彼法科繩，實即此相亞』。

〔一四四〕『宅舍』，己本同，甲本作『坐舍』，丁本作『坐宅』。

〔一四五〕『陪酬』，己本同，甲、丁本作『酬其』。

〔一四六〕『若』，己本同，甲、丁本作『今』；『懲』，底本原寫作『繩』，又在旁邊寫一『懲』字，丁、己本作『繩』，甲本作『徵』，『懲』同『徵』。庚本止於此句。

〔一四七〕『即』，丁、己本同，甲本作『亦』。

〔一四八〕『有』，甲、己本同，丁本作『有請』；『勳』，甲、丁本同，己本作『勳告』。

〔一四九〕『乞』，己本同，甲、丁本作『與』；『收』，甲、己本同，丁本作『收其』；『賈』，丁本無，當作『價』，據甲、己本改，『賈』爲『價』之借字。

〔一五〇〕『宅』，甲、丁本同，己本作『宅舍』；『嚇』，甲、己本同，丁本作『赫』，『赫』同『嚇』。

〔一五一〕『容』，丁本同，己本作『交』，誤，甲本脱。

〔一五二〕『公』，丁本作『高』，己本作『勳』，當作『功』，據甲本改，『公』爲『功』之借字；『勳』，甲、丁本同，己本作『功』。

〔一五三〕『觀』，甲、己本同，丁本脱。

〔一五四〕『將』，己本亦脱，據甲、丁本補；『軍』，據甲、丁、己本補；『討』，甲、己本同，丁本作『計』，誤。

〔一五五〕『投募』，己本同，甲、丁本脱；『兼』，甲本作『謙』，當作『傔』，據丁、己本改，『兼』『謙』均爲『傔』之借字。

〔一五六〕『時』，丁、己本同，甲本作『是』，『是』爲『時』之借字；『配』，己本同，甲、丁本作『被』；『先』，甲、丁本同，己本作『光』，因二字形近，在手書中易混，故可視作『先』。

〔一五七〕『胯』，己本同，甲本作『騎』，丁本脱，當作『跨』，據文義改，『胯』爲『跨』之借字；『馬』，甲、己本同，丁本脱。

〔一五八〕『艾』，甲、己本同，丁本脱。

〔一五九〕『風』，丁本同，甲本作『烽』，己本作『鳳凰』，誤。

〔一六〇〕『請檢』，丁、己本同，甲本作『檢取』。

〔一六一〕『剔禿』，丁、己本同，甲本作『禿剔』。

〔一六二〕『承』，己本同，甲本作『丞』，丁本作『臣』，『丞』爲『承』之借字。

〔一六三〕『收贖罪』，丁、己本作『收贖』，甲本作『取時』。

〔一六四〕『且』，己本無，甲、丁本作『適』。

〔一六五〕『贖』，丁、己本同，甲本作『責』，當作『牘』，據文義改。

〔一六六〕『喜』，甲、己本同，丁本作『憙』，『憙』同『喜』。

〔一六七〕『唤』，丁、己本同，甲本作『駡』，誤。

〔一六八〕『誤』，甲、丁本同，當作『忤』，《敦煌變文校注》據文義校改，『誤』爲『忤』之借字。『觸誤』至『人前並（背）地』，己本脱。

〔一六九〕『並』，丁本同，甲本作『偎』，當作『背』，《敦煌變文校注》據文義校改。

〔一七〇〕『⿰口仍⿰口仍』，丁、己本同，甲本作『仍仍』，當作『⿰口能⿰口能』，蔣冀騁據文義校改，『⿰口仍』『仍』均爲『⿰口能』之借字。

〔一七一〕『雀』，丁、己本同，甲本作『著』，誤。

〔一七二〕『鄰』，己本同，甲本作『東鄰』，丁本作『憐』，『憐』爲『鄰』之借字。

〔一七三〕『鴻』，甲、丁本同，己本作『⿰𠂤鳥』。以下同，不另出校。

〔一七四〕『二子』，甲、己本同，丁本脱。

〔一七五〕『爭』，甲、己、戊本同，丁本作『諫』。戊本始於此句。

〔一七六〕『能』，甲、己、戊本同，丁本無。

〔一七七〕『開』，甲、丁、戊本同，己本作『闗』，誤。

〔一七八〕『格』，甲、丁、戊本同，己本作『佫』，『佫』通『格』。

〔一七九〕『擇』，甲、丁、己、戊本同，當作『澤』，《敦煌變文集》據文義校改，『擇』爲『澤』之借字。

〔一八〇〕『搦』，甲、丁、己本同，戊本作『掐』。

〔一八一〕『年』，丁、己本同，甲、戊本脱；『時』，甲、己、戊本同，丁本作『鋪』。

〔一八二〕『詈』，甲、丁、己、戊本作『駡』，均可通。

〔一八三〕『甚』，丁、己、戊本同，甲本作『是』，『是』爲『甚』之借字；『嚚』，己本同，甲本作『愚』，丁本作『囂』，誤。

〔一八四〕「小」，甲、丁、己本同，戊本作「少」，「少」爲「小」之借字。

〔一八五〕「紜」，甲、己、戊本同，丁本作「紅」，誤。

〔一八六〕「性」，丁、己、戊本同，甲本作「細」，「細」爲「性」之借字。

〔一八七〕此句丁、戊本同，己本作「子作得爾許不仁」，甲本作「你是如許罪人」。

〔一八八〕「宜」，甲、丁、戊本同，己本作「疑」，「疑」爲「宜」之借字；「吴」，丁本作「悟」，己本作「誤」，當作「吾」，據甲、戊本改，「吴」「悟」「誤」均爲「吾」之借字；「與」，丁、己、戊本同，甲本作「以」，「以」通「與」。

〔一八九〕「期」，己、戊本同，甲、丁本作「其」，「其」爲「期」之借字。

〔一九〇〕「多事」，甲、己本同，丁本無；「責」，甲、丁本同，己本作「青」，誤；「疏」，甲、丁本作「所」，當作「數」，據己本改，「疏」爲「數」之借字。此句至「必期（其）」，戊本脱。

〔一九一〕「期」，己本同，當作「其」，據甲、丁本改，「期」爲「其」之借字；「倚」，甲、丁、己、戊本同，《敦煌變文校注》認爲底本、戊本作「依」，均誤。

〔一九二〕「刺」，丁、己、戊本同，甲本作「刑」，誤。

〔一九三〕「詩」，丁、己、戊本同，甲本作「時」，「時」爲「詩」之借字。

〔一九四〕「吴」，丁本作「程」，當作「呈」，據甲、己、戊本改，「程」爲「呈」之借字。己本此句下有「七言一首」等字。

〔一九五〕「志」，丁、己、戊本同，甲本作「至」，「至」爲「志」之借字。

〔一九六〕「來」，甲、丁、戊本同，己本作「乎」。

〔一九七〕「青」，甲、丁、己本同，戊本作「清」，「清」爲「青」之借字。

〔一九八〕『大』，丁、己、戊本同，甲本脱；『徒』，甲、丁、戊本同，己本脱，當作『圖』，《敦煌變文集》據文義校改，『徒』爲『圖』之借字；『道』，己、戊本同，甲、丁本無，疑係衍文，當删。

〔一九九〕『得』，丁、戊、己本同，甲本脱。

〔二〇〇〕『況』，己本同，當作『在』，據甲、丁本改；『重』，戊、己本同，甲本作『中』，當作『蟲』，據丁本改，『重』『中』均爲『蟲』之借字；『知』，甲、丁、戊本同，己本作『廹』，誤。

〔二〇一〕『卷』，丁、己本同，甲、戊本作『首』。戊本止於此句。

〔二〇二〕此句及下句甲、丁本無，己本作『曹光晟書記』。

參考文獻

Descriptive Catalogue of the Chinese Manuscripts from Tunhuang in the British Museum, The Trustees of the British Museum, London 1957, p. 236；《敦煌變文集》，北京：人民文學出版社，一九五七年，二四九至二五四頁（録）；《敦煌變文社會風俗事務考》，臺北：文史哲出版社，一九七四年，二八五至二九八頁；Mair, *Chinoperl Papers*, No. 10（1981）, p. 43；《敦煌寶藏》二册，臺北：新文豐出版公司，一九八一年，二八一至二八三頁（圖）；《敦煌變文論文録》，上海古籍出版社，一九八二年，三七頁；《西南師範學院學報》一九八三年三期，一一九頁；《敦煌遺書總目索引》，北京：中華書局，一九八三年，一一三頁；《關隴文學論叢》，蘭州：甘肅人民出版社，一九八三年，八〇至一一六頁（録）；《敦煌研究》一九八六年三期，二四至三八頁；《敦煌學輯刊》一九八七年一期，四九頁；《敦煌講唱文學作品選注》，蘭州：甘肅人民出版社，一九八七年，四四至六二頁（録）；《敦煌語言文學論文集》，杭州：浙江古籍出版社，一九八八年，二三九頁；《敦煌吐魯番文書初探二編》，武漢大學出版社，一九九〇年，五〇三至五三二頁；《敦煌兒童文學》，臺北：

學生書局，一九九〇年，一四八至一五八、一八七至一九六頁（録）；《英藏敦煌文獻》一卷，成都：四川人民出版社，一九九〇年，八四至八六頁（圖）；《英藏敦煌文獻》七卷，成都：四川人民出版社，一九九二年，二三二頁（圖）；《敦煌話本、詞文、俗賦導論》，臺北：新文豐出版公司，一九九三年，一八四至一八九頁（録）；《敦煌文學概論》，蘭州：甘肅人民出版社，一九九三年，二九七、二九九、三〇〇至三〇一頁；《英藏敦煌文獻》一〇卷，成都：四川人民出版社，一九九四年，二四〇頁（圖）；《敦煌賦校注》，蘭州：甘肅人民出版社，一九九四年，四一二至四七四頁（録）；《敦煌變文集新書》，臺北：文津出版社，一九九四年，一一四三至一一五九頁（録）；《敦煌賦匯》，南京：江蘇古籍出版社，一九九六年，三一、五〇至五一、三九五至四三七頁（録）；《敦煌變文校注》，北京：中華書局，一九九七年，三七六至四一二頁（録）；《法藏敦煌西域文獻》一四册，上海古籍出版社，二〇〇一年，二八五至二八七頁（圖）；《法藏敦煌西域文獻》一七册，上海古籍出版社，二〇〇一年，一〇七至一〇九頁（圖）；《法藏敦煌西域文獻》二六册，上海古籍出版社，二〇〇二年，二六五至二六七頁（圖）；《法藏敦煌西域文獻》三〇册，上海古籍出版社，二〇〇三年，三六二至三六三頁（圖）；《敦煌研究》二〇〇三年一期，三八至四四頁；《敦煌變文選注》（增訂本），北京：中華書局，二〇〇六年，五〇一至五三七頁（録）；《國家圖書館藏敦煌遺書》一〇五册，北京圖書館出版社，二〇〇八年，一八九至一九〇（圖）；《古漢語研究》二〇〇九年一期，八二頁；《英國國家圖書館藏敦煌遺書》三册，桂林：廣西師範大學出版社，二〇一一年，三五五至三五八頁（圖）。

斯二一四背　一　貸物抄（？）

釋文

甲申年十月廿日吕通盈　中年　計口一口　倚寺藏　通盈[一]。

説明

此卷背面之内容均係稿、抄件或雜寫，有的僅抄録了文書之開頭，有的抄録了兩次。這些内容既非一人所抄，亦非一時所抄。此件似貸物抄。

校記

〔一〕第二個『年』，《英國國家圖書館藏敦煌遺書》『條記目録』釋作『牛子』。

參考文獻

《敦煌寶藏》二册，臺北：新文豐出版公司，一九八一年，二八三頁（圖）；《英藏敦煌文獻》一卷，成都：四川人民出版社，一九九〇年，八六頁（圖）；《英國國家圖書館藏敦煌遺書》三册，桂林：廣西師範大學出版社，二〇一一年，三五九頁（圖）、『條記目録』一九頁（録）。

斯二一一四背　二　王羲之題書論（尚想黄綺）抄

釋文

尚相（想）黄綺〔一〕，意想疾於繇，年在衰。吾書比之鍾張，鍾當抗行，或謂過之；張草猶當雁行，然張精熟，池水静（盡）黑〔二〕。假令寡人耽之若此，未必謝之。後之達解者，之（知）其平（評）之不虚也〔三〕。臨池學書，池水盡墨，好之絶綸（倫）〔四〕，吾弗及也。

説明

此件無題，《敦煌遺書總目索引》據伯二〇〇五《沙州都督府圖經》所引『王羲之題書論』擬定今名。

敦煌遺書中保存的與此件内容相同或相關的寫本較多。内容相同者有本書十五卷已經釋録的斯三二八七和列爲校本的日本杏雨書屋藏羽三背。相關的寫本則是用此件中之文字作爲習字的内容或隨手抄寫的此件内容，羽六六四和伯三三六八均屬於前者；BD 九〇八九（陶一〇）背和伯二七六一屬於後者。此外，在吐魯番、龜兹和于闐等地也都出土了以此件中之文字作爲習字内容的文本（參看榮新江《絲綢之路與東西文化交流》，二〇〇至二〇九頁）。而傳世文獻也有多處對此件的著録或引述此件中之文字（參看張天弓《張天弓先唐書學考辯文集》，一二九至一三三頁）。

在敦煌和新疆地區發現的與此件内容相同的文本和相關的文本，都没有標題。每以『尚想黄綺』四字開頭，而傳世文獻在著録此件時亦題爲『尚想黄綺』。所以上列張天弓、榮新江在論文中均將此件稱爲『尚想黄綺帖』。但『帖』爲書法的範本，又稱爲『法帖』。從敦煌和新疆地區出土的多件以此件内容作爲習字内容的文本來看，以『尚想黄綺』作爲法帖的寫本應該是存在的。這表明『尚想黄綺』在古代是以文本和法帖兩種形態流行的。但目前我們見到的都是抄寫其内容的文本，没有一件法帖，似不能將這類寫本稱爲『尚想黄綺帖』。就目前所見材料來看，將此件定名爲『王羲之顥書論』還是有依據的。當然，也可以稱爲『尚想黄綺』。

以上釋文以斯二一四背爲底本，本書十五卷在釋録斯三二八七時，曾以此件作爲校本參校，相關異文已見於斯三二八七校記，故此件僅據之校改錯誤，相關異文不再出校。

校記

〔一〕『相』，當作『想』，據斯三二八七『王羲之顥書論抄』改，『相』爲『想』之借字。

〔二〕『静』，當作『盡』，據斯三二八七『王羲之顥書論抄』改。

〔三〕『之』，當作『知』，據斯三二八七『王羲之顥書論抄』改，『之』爲『知』之借字；『平』，當作『評』，據斯三二八七『王羲之顥書論抄』改，『平』爲『評』之借字。

〔四〕『綸』，當作『倫』，據斯三二八七『王羲之顥書論抄』改，『綸』爲『倫』之借字。

參考文獻

Descriptive Catalogue of the Chinese Manuscripts from Tunhuang in the British Museum, The Trustees of the British Museum, London 1957, p. 236；《中國書法大系月報》五號，一九七九年，八至一二頁；《敦煌寶藏》二册，臺北：新文豐出版公司，一九八一年，二八三頁（圖）；《英藏敦煌文獻》一卷，成都：四川人民出版社，一九九〇年，八六頁（圖）；《敦煌遺書總目索引新編》，北京：中華書局，二〇〇〇年，七頁（録）；《張天弓先唐書學考辯文集》，北京：榮寶齋出版社，二〇〇九年，一二九至一三三頁；《英國國家圖書館藏敦煌遺書》三册，桂林：廣西師範大學出版社，二〇一一年，三五九頁（圖）、『條記目録』一九頁（録）；《絲綢之路與東西文化交流》，北京大學出版社，二〇一五年，二〇〇至二〇九頁。

斯二一一四背　三　行人轉帖抄

釋文

行人轉帖　陰守堅　張胡奴　曹像友（以下原缺文）

説明

此件和下件之間有蔣孝琬用朱筆書寫的『燕子賦一卷』和數碼，未録。

參考文獻

《英國國家圖書館藏敦煌遺書》三册，桂林：廣西師範大學出版社，二〇一一年，三五九頁（圖）、『條記目録』二一〇頁（録）。

斯二二一四背　四　少事商量社司轉帖抄

釋文

社社社社司轉帖[一]　右緣小（少）事商量[二]，幸請諸公等，帖至，限今月廿日卯時於袄門前取齊。捉二人後到者，罰酒壹角；全不來者，罰酒半瓮。其帖立遞相分付，不得停滯；如滯帖者，帖准條科罰[三]。帖周卻付赴本司[四]，用憑告罰。

社司　　轉帖　　右緣（以下原缺文）

學郎杜友遂書卷

社司轉帖[五]　右緣小（少）事商量[六]，幸請之諸公等[七]，帖至，限今月廿日卯〔時〕於普光寺門前取齊[八]。捉二人後到者，罰酒壹角；全不來者，罰酒半瓮。其帖立遞相分付，不得停滯；如滯帖者，准條科罰。帖周卻赴（付）本司[九]，用憑告罰。

甲申年十一月廿日緑（録）事杜友遂帖[一〇]。

社長張　社（以下原缺文）

帖社司轉帖右緣小（少）事商量〔二〕，幸請諸公等，帖至，限今（以下原缺文）

説明

以上計有五件文書，其中社司轉帖四件，學郎杜友遂題記一行。杜友遂之題記表明，此卷正背均係杜友遂所寫，這卷文書是他的書卷。杜友遂是社邑中主管『行文放帖』的録事，故閑時在自己的書卷背面抄寫社司轉帖（當然也有可能是他起草的社司轉帖稿），以利熟習。他所抄寫的四件社司轉帖，有兩件僅抄了起首部分，一件抄寫了帖文的大部分，内容最多的一件爲自左向右逆寫，抄寫了帖文和人名之起首部分。

自左向右逆寫的這件社司轉帖有干支紀年，紀年爲『甲申』。此卷正面的文書已被翟理斯推定在公元九二四年，正背文書抄寫者又爲同一人，則此件中之『甲申』當在距正面文書的年代較近之同光二年（公元九二四年）。此卷背面的其他幾件没有紀年的文書也當寫於此年前後。

校記

〔一〕前三個『社』，係抄寫前練筆所爲，當删。

〔二〕『小』，當作『少』，《敦煌社邑文書輯校》據文義校改，《敦煌社會經濟文獻真蹟釋録》逕釋作『少』。

〔三〕『帖』，據文義及其他社司轉帖體例，係衍文，當删。

〔四〕『赴』，據文義及其他社司轉帖體例，係衍文，當删，《英國國家圖書館藏敦煌遺書》『條記目録』將其校改作『付』。

〔五〕此句至『社長張　社』，係從左向右書寫。

〔六〕『小』，當作『少』，《敦煌社邑文書輯校》據文義校改。

〔七〕『之』，據文義及其他社司轉帖體例，係衍文，當删。

〔八〕『時』，據文義及其他社司轉帖體例補，《敦煌社邑文書輯校》逕釋作『時』。

〔九〕『赴』，當作『付』，《敦煌社邑文書輯校》據文義校改，『赴』爲『付』之借字。

〔一〇〕『緑』，當作『録』，據文義改，《敦煌社邑文書輯校》逕釋作『録』。

〔一一〕第一個『帖』，係書寫前練筆所爲，當删；『小』，當作『少』，據文義及其他『少事商量社司轉帖』體例改。

參考文獻

Descriptive Catalogue of the Chinese Manuscripts from Tunhuang in the British Museum, The Trustees of the British Museum, London 1957, p. 236 ；Mair, *Chinoperl Papers*, No. 10（1981）, p. 43 ；《敦煌寶藏》二册，臺北：新文豐出版公司，一九八一年，二八四頁（圖）；《上智史學》一九八一年二六卷，三六頁；《敦煌社會經濟文獻真蹟釋録》一輯，北京：書目文獻出版社，一九八六年，三二六頁（録）；《英藏敦煌文獻》一卷，成都：四川人民出版社，一九九〇年，八六至八七頁（圖）；《敦煌吐魯番文書與絲綢之路》，北京：文物出版社，一九九四年，二四四頁；《敦煌社邑文書輯校》，南京：江蘇古籍出版社，一九九七年，二九三至二九六頁（録）；《英國國家圖書館藏敦煌遺書》三册，桂林：廣西師範大學出版社，二〇一一年，三五九頁（圖）、『條記目録』二〇頁（録）。

斯二一一四背　五　詩抄

釋文

寶像嵯峨面政（正）東〔一〕，千龕令（靈）姓（聖）數萬曾〔二〕，前投（頭）流波壁（碧）諫（澗）水〔三〕，常光夜現照（以下原缺文）

寶像嵯峨面政（正）東〔四〕，千龕靈聖數萬曾，前投（頭）流波壁（碧）諫（澗）水〔五〕，常光夜現照今（金）容〔六〕。内有真明不如常（？）〔七〕，（以下原缺文）

丈夫百藝立功名，爲有聖分是事成。司空歲壽一千年，至秋甘州賀太平〔八〕。

説明

以上所録詩三首，似均未抄完。第一首爲從左向右逆寫，原未抄完。第二首爲重抄第一首，糾正了兩個别字。又多抄了一些，但仍未抄完。

校記

〔一〕「政」，當作「正」，《全敦煌詩》據文義校改，「政」爲「正」之借字。

〔二〕「令」，當作「靈」，據文義改，「令」爲「靈」之借字；「姓」，當作「聖」，據文義改，「姓」爲「聖」之借字；「曾」，《敦煌詩集殘卷輯考》校改作「層」，按「曾」通「層」，不煩校改。

〔三〕「投」，當作「頭」，據文義改，「投」爲「頭」之借字；「壁」，當作「碧」，《敦煌詩集殘卷輯考》據文義校改，「壁」爲「碧」之借字；「諫」，當作「澗」，《敦煌詩集殘卷輯考》據文義校改，「諫」爲「澗」之借字。

〔四〕「政」，當作「正」，《全敦煌詩》據文義校改，「政」爲「正」之借字。

〔五〕「投」，當作「頭」，據文義改，「投」爲「頭」之借字；「壁」，當作「碧」，《敦煌詩集殘卷輯考》據文義校改；「諫」，當作「澗」，《敦煌詩集殘卷輯考》據文義校改，「諫」爲「澗」之借字。

〔六〕「今」，當作「金」，《全敦煌詩》據文義校改，「今」爲「金」之借字。

〔七〕「明不」，《敦煌詩集殘卷輯考》《全敦煌詩》釋作「□如」，《英國國家圖書館藏敦煌遺書》「條記目録」未能釋讀；「常」，《敦煌詩集殘卷輯考》《全敦煌詩》漏録，《英國國家圖書館藏敦煌遺書》「條記目録」釋作「千」。

〔八〕「賀」，《英國國家圖書館藏敦煌遺書》「條記目録」釋作「同」，誤。

參考文獻

Descriptive Catalogue of the Chinese Manuscripts from Tunhuang in the British Museum, The Trustees of the British Museum, London 1957, p. 236；《敦煌寶藏》一一册，臺北：新文豐出版公司，一九八一年，二八四頁（圖）；《東洋史研究》一九八一年六〇卷，五三頁；《英藏敦煌文獻》一卷，成都：四川人民出版社，一九九〇年，八七頁（圖）；《敦煌詩集殘卷輯

考》，北京：中華書局，二〇〇〇年，八四四至八四五頁（録）；《全敦煌詩》九册，北京：作家出版社，二〇〇六年，四〇一四至四〇一六頁（録）；《英國國家圖書館藏敦煌遺書》三册，桂林：廣西師範大學出版社，二〇一一年，三六〇頁（圖）、『條記目録』二〇頁（録）。

斯二一一四背　六　雜寫（王羲之顈書論）

釋文

尚想黄綺□

參考文獻

《英國國家圖書館藏敦煌遺書》三册，桂林：廣西師範大學出版社，二〇一一年，三六〇頁（圖）、『條記目録』二〇頁（録）。

斯二二一四背　七　什物抄

釋文

踏牀板牀牙盤壹，□□陸，白皮裘壹禮（領）〔一〕，皮鞋壹兩，靴紂

説明

此件墨跡甚淡，雖曾依據原件反復斟酌，終未能全部辨認出來。

校記

〔一〕『禮』，當作『領』，據文義改，『禮』爲『領』之借字。

參考文獻

《敦煌寶藏》二册，臺北：新文豐出版公司，一九八一年，二八五頁（圖）；《英藏敦煌文獻》一卷，成都：四川人民出版社，一九九〇年，八七頁（圖）；《英國國家圖書館藏敦煌遺書》三册，桂林：廣西師範大學出版社，二〇一一年，三六一頁（圖）。

斯二一一七　觀世音經題記

釋文

天册萬歲二年正月十五日，清信佛弟子陰嗣　爲見存父母、七世父母并及已身及以法界倉生寫《觀世音經》一卷〔一〕。

説明

此件《英藏敦煌文獻》未收，現予增收。原件「天」「年」「正」「月」「日」爲武周新字。天册萬歲二年即公元六九六年。

校記

〔一〕「倉」，《敦煌遺書總目索引》《敦煌遺書總目索引新編》釋作「蒼」，雖義可通而字誤，《中國古代寫本識語集録》《英國國家圖書館藏敦煌遺書》「條記目録」均校改作「蒼」，按「倉」通「蒼」，不煩校改。

參考文獻

Descriptive Catalogue of the Chinese Manuscripts from Tunhuang in the British Museum, The Trustees of the British Museum, London 1957, p. 86（録）；《敦煌寶藏》二册，臺北：新文豐出版公司，一九八一年，二九五頁（圖）；《敦煌遺書總目索引》，北京：中華書局，一九八三年，一一三頁（録）；《中國古代寫本識語集録》，東京大學東洋文化研究所，一九九〇年，二四六頁（録）；《敦煌遺書總目索引新編》，北京：中華書局，二〇〇〇年，七頁（録）；《英國國家圖書館藏敦煌遺書》三册，桂林：廣西師範大學出版社，二〇一一年，三七六頁（圖）、『條記目録』二一頁（録）。

斯二一二三　一　天王文

釋文

（前缺）

［　敬禮十］二［　　　］摩訶薩衆〔一〕，敬禮聲聞［緣覺］切（一）一（切）聖賢〔二〕。如過去諸佛〔三〕，所有行願〔四〕，我某甲等，依此修行〔五〕。如過去諸佛，諸大菩薩，所有懺悔，不敢覆藏，乃至十惡五逆，微細等諸煩惱〔六〕，亦皆懺悔。如過去諸佛，出興於世，轉法輪時。龍天八部，護世四王，來詣佛前，受佛付囑，發大誓願：我等諸王，於三寶間，常生守護，護正法心〔七〕，若有邪魔，及諸惡鬼，於三寶所〔八〕，起興害心，我等諸王，已（以）誓願力〔九〕，不令侵擾。若有他方惡賊〔一〇〕，來於此界，於三寶所〔一一〕，及諸有情，起興害心，我等諸王，速來擁護，令諸災怪，殄滅無餘〔一二〕。又於國敬（境）〔一三〕，有佛塔廟，及佛教法，一切人民〔一四〕，能信受者，我等龍神〔一五〕，盡其威力，常興護念，令法不滅，魔不得便，信敬諸徒〔一六〕，獲大安樂。

謹案法王〔一七〕，一代時教，見有如是〔一八〕，殊勝利益。大唐聖主〔一九〕，表（爰）及司空〔二〇〕，及至百官〔二一〕，興廣大願，造立形像〔二二〕，建飾伽藍〔二三〕，誦持經法，乃至供養三寶〔二四〕，於四天下，下至一花〔二五〕，上至百味。如斯衆善，伏請天神地界〔二六〕，轉益威光，羅刹夜叉，咸生善念〔二七〕，何（呵）護國境〔二八〕，利化蒼生〔二九〕，使惡賊不侵〔三〇〕，善芽增集〔三一〕。大唐聖主〔三二〕，壽逾南嶽，福及西冥〔三三〕，心同諸佛之心〔三四〕，體同金剛之體。公卿將相，及我司空〔三五〕，百位諸寮，願靈覺迴光〔三六〕，常垂照燭，大慈方便，永蔭法雲。榮高丘嶽之尊，位鎮閻（鹽）梅之貴〔三七〕。道俗豐樂，遐邇大安。然後雅（邪）教雅（邪）師〔三八〕，或阻（詛）或呪〔三九〕，還自損傷，勿來侵害，我諸軍師〔四〇〕，尤加堅孟（猛）〔四一〕，彼諸戰士〔四二〕，濳懼疆長（埸）〔四三〕，使兵賊不侵〔四四〕，萬姓安樂。住佛性悔（海）〔四五〕，摧雅（邪）見幢〔四六〕，息苦盡元〔四七〕，普共成佛〔四八〕，摩訶不（般）若〔四九〕，利樂無邊〔五〇〕，大衆虔成（誠）〔五一〕，一切普誦〔五二〕。

説明

此件首缺尾全，《英藏敦煌文獻》擬名爲『發願文』，《敦煌願文集》已考出其爲《天王文》（參見《敦煌願文集》，六〇九至六一一頁），兹從之。原件上有烏絲欄，但抄寫者將天頭上也抄上了文字。此件後抄有『某帝文摘抄』及『坐化詩』等。

此件中有『大唐聖主，表（爰）及司空，及至百官』，此『司空』可能是歸義軍首任節度使張議潮。

據榮新江研究，張議潮稱『司空』的年代是公元八六一至八六七年（參見《歸義軍史研究——唐宋時代敦煌歷史考索》，七一頁），此件或作於這一時期。

敦煌文獻中保存的《天王文》尚有多件，其中斯四五三首尾完整，起『夫欲歸依三寶』，訖『一切普誦』；斯六〇七首全尾缺，起『夫欲歸依三寶』，訖『我等龍神』；伯二七〇一首尾均缺，起『願，我』，訖『一切普』；伯三三九七首尾均缺，起『於三寶所』，訖『大漢聖主』；伯三五四〇首缺尾全，起『如過去』，訖題記『貞明陸年庚辰十二月四日比丘劉剛會禮』。

以上釋文以斯二一二三爲底本，用斯四五三（稱其爲甲本）、斯六〇七（稱其爲乙本）、伯二七〇一（稱其爲丙本）、伯三三九七（稱其爲丁本）、伯三五四〇（稱其爲戊本）參校。

校記

〔一〕『敬禮十』，據殘筆劃及甲、乙本補；『訶』，甲本同，乙本脱。

〔二〕『緣覺』，據殘筆劃及甲、乙本補，《英國國家圖書館藏敦煌遺書》『條記目録』補作『信敬』；『切一』，當作『一切』，據甲、乙本改，《英國國家圖書館藏敦煌遺書》『條記目録』逕釋作『一切』。

〔三〕戊本始於此句。

〔四〕丙本始於此句。

〔五〕『依』，甲本同，乙、戊本作『於』。

〔六〕『諸』，甲、乙本同，戊本作『之』。

〔七〕『正』，乙本同，甲本作『政』，『政』爲『正』之借字。

〔八〕丁本始於此句。此句後丁本有『及諸有情』。

〔九〕『已』，當作『以』，據甲、丙、丁、戊本改，『已』爲『以』之借字。此句至『我等諸王』，乙本脱。

〔一〇〕『惡』，丙、丁、戊本同，甲本脱。

〔一一〕『於』，甲、丙、丁本同，戊本作『依』。

〔一二〕『餘』，甲、乙、丙、戊本同，丁本作『於』，『於』爲『餘』之借字。

〔一三〕『又』，丙、戊本同，甲、乙、丁本作『有』，『有』爲『又』之借字；『敬』，當作『境』，據甲、乙、丙、丁、戊本改，『敬』爲『境』之借字。

〔一四〕『人』，乙、丙、戊本同，甲、丁本作『民』。

〔一五〕乙本止於此句。

〔一六〕『諸』，甲本同，丙、丁、戊本作『之』。

〔一七〕『案』，丁、戊本同，甲、丙本作『按』，均可通。

〔一八〕『見』，丁、戊本同，丙本作『現』。

〔一九〕『唐』，丙、戊本同，甲、丁本作『漢』。

〔二〇〕『表』，當作『爰』，據丙本改；『司空』，丙本作『僕射』。此句甲本作『及我太保，沿及宰相』，丁本作『緣及宰相，及我大王』，戊本作『緣及宰相，及我司空』。

〔二一〕『及』，甲、丙、丁、戊本作『乃』。此句後甲本有『城隍官史等』，丁本有『城惶（隍）官吏等』，戊本有『城隍官吏等』。

〔二二〕『形』，甲、丙、丁本同，底本、戊本原作『刑』，因二字形近，在手書中易混，故據文義逕釋作『形』。

〔二三〕『建』，甲、丙、戊本同，丁本作『見』，『見』爲『建』之借字。

〔二四〕『乃』，甲、丙、戊本同，丁本作『及』。
〔二五〕『一』，甲、丙、戊本同，丁本作『壹』。
〔二六〕『界』，甲、丁、戊本同，丙本作『祇』。
〔二七〕『念』，甲、丁、戊本同，丙本作『願』。
〔二八〕『何』，甲、丙、丁、戊本同，當作『呵』，據文義改，『何』爲『呵』之借字，《敦煌願文集》校改作『訶』。
〔二九〕『利』，甲、丙、戊本同，丁本作『治』，誤。
〔三〇〕『使』，甲、丙、丁、戊本作『所』，『所』爲『使』之借字；『惡』，丙、丁本同，戊本作『兵』。
〔三一〕『芽』，甲、丙本同，丁本作『雅』，戊本作『牙』，『雅』『牙』均爲『芽』之借字；『集』，甲、丁、戊本同，丙本作『長』。
〔三二〕『唐』，丙、戊本同，甲、丁本作『漢』。此句後甲本有『及我太保』，戊本有『及我司空』。丁本止於此句。
〔三三〕『及』，丙本同，甲、戊本作『極』；『冥』，甲、丙、戊本作『溟』，《英國國家圖書館藏敦煌遺書》『條記目録』校改作『溟』，按『溟』通『冥』，不煩校改。
〔三四〕『之』，丙、戊本同，甲本作『諸』。
〔三五〕此句甲、丙、戊本無。
〔三六〕『靈覺』，甲本同，丙本作『令假』，戊本作『令覺』，『假』爲『覺』之借字。
〔三七〕『閻』，甲本同，當作『鹽』，據丙、戊本改，『閻』爲『鹽』之借字；『梅』，丙、戊本同，甲本作『悔』，誤。
〔三八〕第一個『雅』，當作『邪』，據甲、丙、戊本改；第二個『雅』，當作『邪』，據甲、戊本改。
〔三九〕『阻』，戊本作『呪』，當作『詛』，據文義改，『阻』爲『詛』之借字；『呪』，甲、丙、戊本作『咀』。
〔四〇〕『諸』，甲本同，丙、戊本作『之』。

〔四一〕『尤』，甲、丙、戊本同，《英國國家圖書館藏敦煌遺書》『條記目録』釋作『九』，誤；『盂』，當作『猛』，據甲、戊本改，『盂』爲『猛』之借字。

〔四二〕『諸』，甲本同，丙、戊本作『之』。

〔四三〕『長』，當作『場』，據甲、丙、戊本改，『長』爲『場』之借字。

〔四四〕『使』，丙、戊本同，甲本作『所』，『所』爲『使』之借字。

〔四五〕『悔』，當作『海』，據甲、丙、戊本改。

〔四六〕『摧』，甲、丙本同，戊本作『慛』，『慛』爲『摧』之借字；『雅』，當作『邪』，據甲、丙、戊本改；『見』，戊本同，甲、丙本作『建』。

〔四七〕『息』，甲、丙本同，戊本作『昔』，『昔』爲『息』之借字；『元』，甲、丙本作『願』，戊本作『原』，『願』『原』均爲『元』之借字。

〔四八〕『共』，丙、戊本同，甲本作『供』，『供』爲『共』之借字。

〔四九〕『不』，當作『般』，據甲、丙、戊本改，『不』爲『般』之借字。

〔五〇〕『樂』，丙、戊本同，甲本作『落』，『落』爲『樂』之借字。

〔五一〕『成』，當作『誠』，據甲、丙、戊本改，『成』爲『誠』之借字。

〔五二〕丙本止於此句。此句後戊本有『天文王一卷。貞明陸年庚辰十二月四日比丘劉剛會禮』。

參考文獻

Descriptive Catalogue of the Chinese Manuscripts from Tunhuang in the British Museum, The Trustees of the British Museum, London

1957, p. 198；《敦煌寶藏》二册，臺北：新文豐出版公司，一九八一年，三一二至三一三頁（圖）；《敦煌研究》一九八九年三期，六一頁；《英藏敦煌文獻》一卷，成都：四川人民出版社，一九九〇年，八八、一九四頁（圖）；《英藏敦煌文獻》二卷，成都：四川人民出版社，一九九〇年，六四頁（圖）；《敦煌願文集》，長沙：嶽麓書社，一九九五年，六〇九至六一八頁（録）；《法藏敦煌西域文獻》一七册，上海古籍出版社，二〇〇一年，三〇四至三〇五頁（圖）；《法藏敦煌西域文獻》二四册，上海古籍出版社，二〇〇二年，六四頁（圖）；《法藏敦煌西域文獻》二五册，上海古籍出版社，二〇〇二年，二一三至二一四頁（圖）；《英國國家圖書館藏敦煌遺書》四册，桂林：廣西師範大學出版社，二〇一一年，一三至一四頁（圖）、『條記目録』一頁（録）。

斯二二二三　二　某帝文摘抄（？）

釋文

朕在潛龍，乃知簸簸。識性以温和爲本〔一〕，仁德以禮樂修身。

説明

以上文字從語氣看似是某皇帝所撰。此件及下件皆爲朱筆所書，且筆跡相同，翟理斯推測這兩件文書抄寫於宋代（參看 *Descriptive Catalogue of the Chinese Manuscripts from Tunhuang in the British Museum*, p. 198）。

校記

〔一〕『和』，《英國國家圖書館藏敦煌遺書》『條記目録』釋作『利』。

參考文獻

Descriptive Catalogue of the Chinese Manuscripts from Tunhuang in the British Museum, The Trustees of the British Museum, London

1957, p. 198；《英藏敦煌文獻》一卷，成都：四川人民出版社，一九九〇年，八八頁（圖）；《英國國家圖書館藏敦煌遺書》四册，桂林：廣西師範大學出版社，二〇一一年，一四頁（圖）、『條記目録』一頁（録）。

斯二二二三　三　六宅王坐化詩

釋文

右街内供奉賜紫大德弘遠讚　六宅王坐化詩：

郎君坐化儼同生，夜啓金門奏内庭。

宣賜法衣從潤澤，殊奇剃髮爲魂靈。

説明

此件有二題，一爲『右街内供奉賜紫大德弘遠讚』，一爲『六宅王坐化詩』，但所抄内容應爲後者。

參考文獻

Descriptive Catalogue of the Chinese Manuscripts from Tunhuang in the British Museum, The Trustees of the British Museum, London 1957, p. 198；《英藏敦煌文獻》一卷，成都：四川人民出版社，一九九〇年，八八頁（圖）；《敦煌詩集殘卷輯考》，北京：中華書局，二〇〇〇年，八四五頁（録）；《全敦煌詩》一四册，北京：作家出版社，二〇〇六年，六二九

五至六二九六頁（録）；《英國國家圖書館藏敦煌遺書》四册，桂林：廣西師範大學出版社，二〇一一年，一四頁（圖）、『條記目録』一頁（録）。

斯二二七　大智度論卷第四一題記

釋文

開皇十三年歲次癸丑四月八日弟子李思賢敬寫供養。

説明

此件《英藏敦煌文獻》未收，現予增收。開皇十三年即公元五九三年。

參考文獻

Descriptive Catalogue of the Chinese Manuscripts from Tunhuang in the British Museum, The Trustees of the British Museum, London 1957, p. 122（録）；《敦煌寶藏》二册，臺北：新文豐出版公司，一九八一年，三二九頁（圖）；《敦煌遺書總目索引》，北京：中華書局，一九八三年，一一三頁（録）；《中國古代寫本識語集録》，東京大學東洋文化研究所，一九九〇年，一四四頁（録）；《敦煌遺書總目索引新編》，北京：中華書局，二〇〇〇年，七頁（録）；《英國國家圖書館藏敦煌遺書》四册，桂林：廣西師範大學出版社，二〇一一年，三二頁（圖）、『條記目録』二頁（録）。

斯二二一八背　兑經題記

釋文

廿九至卅二袟，兑經。

説明

以上文字書寫於《妙法蓮華經》卷二紙背，表示該經因殘破已被廢棄，用來包裹從《大般若經》第廿九至卅二袟中剔除的兑廢經典（《英國國家圖書館藏敦煌遺書》四册『條記目録』）。《英藏敦煌文獻》未收，現予增收。同卷背有蔣孝琬所書數碼及『破無名』三字，未録。

參考文獻

《敦煌寶藏》二册，臺北：新文豐出版公司，一九八一年，三三二頁（圖）；《英國國家圖書館藏敦煌遺書》四册，桂林：廣西師範大學出版社，二〇一一年，二頁（圖）、『條記目録』二頁（録）。

斯二一三三背　勘經題記

釋文

勘了經。

説明

此件《英藏敦煌文獻》未收，現予增收。其内容爲勘經者在經背面所作的標記，表示此經已經勘過。此件正面爲《金光明最勝王經》卷第八。

參考文獻

《敦煌寶藏》二册，臺北：新文豐出版公司，一九八一年，三六六頁（圖）；《英國國家圖書館藏敦煌遺書》四册，桂林：廣西師範大學出版社，二〇一一年，九六頁（圖）、『條記目録』四頁（録）。

斯二三三六　禮懺文一本

釋文

禮懺文一本〔一〕

一切恭敬，敬禮常住三寶。

是諸衆等，人各蹦跪，嚴智（持）香花〔二〕，如法供養〔三〕。願此香花雲〔四〕，遍滿十方界〔五〕，供養一切佛。化佛并菩薩〔六〕，無數聲聞衆，受此香花雲，以爲光明臺〔七〕。光（廣）以（於）無邊界〔八〕，無邊無量作佛是（事）〔九〕。

供養與（以）供（恭）敬〔一〇〕，一切普誦摩訶般若波羅蜜〔一一〕。如來妙色身，世間無以（與）等〔一二〕，無彼（比）不思議〔一三〕，是故今敬禮；如來色無盡，智慧亦復然〔一四〕，一切法常住，時（是）故我歸〔依〕〔一五〕。敬禮常住三寶。

歎佛功德：佛有三十二相〔一六〕，八十隨形好〔一七〕，三界度衆生〔一八〕，一時成佛道〔一九〕。

南無東方須彌登（燈）光明如來十方佛等一切諸佛〔二〇〕，

南無毗婆尸如來過去七佛等一切諸佛，

南無普光如來五十三佛等一切諸佛，

南無東方善德如來十方無量佛等一切諸佛〔二一〕，

南無構那提如來賢劫千佛等一切諸佛，

南無釋迦牟尼如來三十五佛等一切諸佛，

南無東方阿閦如來一萬五千佛等一切諸佛〔二二〕，

南無保集如來二十五佛等一切諸佛〔二三〕，

南無法光明清淨開方（敷）蓮花佛〔二四〕。

　南無虛空功德清淨微塵等目端正功德相光明花波頭摩琉璃光寶體香最上香供養訖〔二五〕。種種莊嚴頂敬（髻）無量無邊日月光明願力莊嚴遍（變）化莊嚴法界出生無障閡（礙）王如來〔二六〕。

　南無豪相日月光明花焰寶蓮花堅如金剛身如毗盧遮那無障礙眼圓滿十方放光照一切佛刹相王如來〔二七〕。

　普爲上界天先（仙）〔二八〕，龍梵八部，帝主人王，師僧父母，十方施主及以（無）邊法界衆生〔二九〕，悉願斷持（除）知（諸）障〔三〇〕，歸命懺悔〔三一〕。一切業障海，皆從望（妄）相（想）生〔三二〕。若欲懺悔者，端坐觀實相〔三三〕，重（衆）罪如霜露〔三四〕，慧日能消除〔三五〕，是故應至心〔三六〕，勤懺六根罪〔三七〕。懺悔以（已）〔三八〕，歸命禮三寶。

至心發願：願我等生生是（值）諸佛〔三九〕，世世恒聞解脱音，弘誓平等度衆生，必（畢）竟速成無上道〔四〇〕。發願已〔四一〕，歸命禮三寶。一切普誦摩訶般若波羅蜜〔四二〕。處世界，如虚空〔四三〕，如蓮花〔四四〕，不著水〔四五〕，心清淨，超於彼。稽首禮，無上尊〔四六〕。

説偈發願：願以此功得（德）〔四七〕，普及於一切，我等與衆生〔四八〕，皆共成佛道〔四九〕。一切恭敬：自歸依佛〔五〇〕，當願衆生，聽學大道〔五一〕，發無上意〔五二〕；自歸依法〔五三〕，當願衆生，深入經藏，知惠如海〔五四〕；自歸依僧〔五五〕，當願衆生，統利（理）大衆〔五六〕，一切無礙。願諸衆生，諸惡莫作，諸善奉行〔五七〕，自淨其意〔五八〕，是諸佛教，和南一切賢聖。

白：衆等聽説黄昏無常偈〔五九〕：西方日已暮〔六〇〕，塵勞猶未除〔六一〕，老病死時至，相看不久居。念念催年促〔六二〕，由（猶）如少水魚〔六三〕。勸諸行道衆〔六四〕，勤學至無餘〔六五〕。各説無常偈〔六六〕：諸行無常〔六七〕，是生滅法，生滅滅已，寂滅爲樂。如來證涅槃，永斷於生死，若能至心聽，常受無量樂。

白〔六八〕：衆等聽説初夜無常偈：煩惱深無底〔六九〕，生死海無邊〔七〇〕。度苦船未至〔七一〕，云何樂睡眠〔七二〕？睡眠當覺悟〔七三〕，勿令睡覆心〔七四〕，勇猛勤精進〔七五〕，菩提道自然〔七六〕。

白〔七七〕：衆等聽説中夜無常偈：汝等勿抱醜尸卧〔七八〕，種種不淨假名身〔七九〕。如得重病箭入體〔八〇〕，種（衆）苦所集安可眠〔八一〕。

白〔八二〕：　衆等聽説後夜無常偈：　時光遷流轉，忽至五更初，無常念念至，恒與死王居〔八三〕。

白〔八四〕：　衆等聽説午時無常偈：　人生不精進，喻若樹無根〔八五〕。菜（采）花值日中〔八六〕，能得幾時鮮〔八七〕。花亦不久鮮〔八八〕，色亦非常好〔八九〕，人命一刹那〔九〇〕，須臾難可報（寶）〔九一〕。

寅朝禮懺〔九二〕

敬禮毗盧遮那佛〔九三〕，敬禮盧舍那佛，敬禮釋迦牟尼佛，敬禮東方善得（德）佛〔九四〕，敬禮東南方無憂得（德）佛〔九五〕，敬禮南方旃檀佛〔九六〕，敬禮西南方寶施佛〔九七〕，敬禮西方無量明佛，敬禮西北方花德佛〔九八〕，敬禮北方相德佛，敬禮東北方三乘行〔佛〕〔九九〕，敬禮上方廣衆德佛，敬禮下方明德佛〔一〇〇〕，敬禮當來下生彌勒尊佛，敬禮過現未來十方三世一切諸佛〔一〇一〕。

敬禮舍利形像無量寶塔〔一〇二〕，敬禮十二部尊經甚深法藏，敬禮諸大菩薩摩訶薩衆，敬禮聲聞員（緣）覺一切賢聖〔一〇三〕。

一切恭敬〔一〇四〕。爲天龍八部，諸善神王，敬禮常住三寶；爲二十八天釋梵王等〔一〇五〕，敬禮常住三寶；爲諸龍神等，風雨順時，敬禮常住三寶；爲過現之師〔一〇六〕，恒爲導首〔一〇七〕，敬禮常住三寶；爲帝主聖化無窮〔一〇八〕，敬禮常住三寶；爲太子儲（諸）

王〔一〇九〕，福延萬葉，敬禮常住三寶；爲文武百官〔一一〇〕，恆居祿位〔一一一〕，敬禮常住三寶；爲師僧父母，及善知識〔一一二〕，敬禮常住三寶；爲四威儀中〔一一三〕，悮賞（傷）含識〔一一四〕，敬禮常住三寶；爲十方施主，六度圓滿，敬禮常住三寶〔一一五〕；爲邊方無事〔一一六〕，永息干戈〔一一七〕，敬禮常住三寶；爲三塗八難〔一一八〕，受苦衆生，願皆離苦〔一一九〕，敬禮常住三寶〔一二〇〕；爲國土安寧〔一二一〕，法輪常轉，敬禮常住三寶〔一二二〕。爲法界有情，禮佛懺悔〔一二三〕。

至心懺悔〔一二四〕：十方無量佛，所知無不盡，我今悉於前〔一二五〕，發露悔諸惡〔一二六〕。三三合九種〔一二七〕，從三煩惱起，今身若前身〔一二八〕，有罪皆懺悔〔一二九〕，於三惡道中，若應受業報〔一三〇〕，願得今身賞（償）〔一三一〕，不入惡道受〔一三二〕。懺悔已〔一三三〕，歸命禮三寶。

至心勸請。十方諸如來，現在成道者，我請轉法輪，安樂諸衆生〔一三四〕。十方一切佛〔一三五〕，若欲捨壽命〔一三六〕，我今頭面禮，勸請令久住〔一三七〕。勸請已〔一三八〕，歸命禮三寶。

至心隨喜。所有布施福，持戒修禪惠〔一三九〕，從身口意生〔一四〇〕，去來今所有〔一四一〕，習學三乘人〔一四二〕，具足一乘者。無量人天福，衆等皆隨喜。隨喜已，歸命禮三寶。

至心迴向。我所作福業，一切皆和合〔一四三〕，爲度群生故〔一四四〕，正迴向佛道。罪應如是懺，勸請隨喜福，迴向於菩提〔一四五〕。迴向已，歸命禮三寶。

至心發願。願諸衆生等〔一四六〕，悉發菩提心，繫心常思念〔一四七〕，十方一切佛。復願諸衆生〔一四八〕，永破諸煩惱，了了見佛性〔一四九〕，猶如妙德等〔一五〇〕。發願已，歸命禮三寶。

白：衆等聽説寅朝清淨偈：欲求寂滅樂〔一五一〕，當學沙門法，衣食諸（支）身命〔一五二〕，精麤隨衆等。諸衆等今日〔一五三〕，寅朝清淨偈。各記六念〔一五四〕：第一念佛〔一五五〕，願得佛身；第二念法，法輪常轉；第三念僧，頭陀苦行；第四念施〔一五六〕，施根不絶〔一五七〕；第五念戒，戒根清淨〔一五八〕；第六念天，天施衆生〔一五九〕，得大涅槃，常樂我淨。

辛巳年十月二日弟子僧惠進寫記之耳〔一六〇〕。

説明

此件首尾完整，起首有原題，卷尾有題記。現知敦煌遺書中保存的與此件標題或内容大致相同的寫本尚有四件，其中斯五五六二、斯五六五一，有首尾題；伯三八四二，起『一切恭敬』，訖『常樂我淨』；伯三八二六，起『一切恭敬』，訖『上中下座各歸六念』。

此件是參考《七階佛名經》的部分内容改編而成，但其性質已非佛經，而是佛教舉行佛事活動的應用文本。《英國國家圖書館藏敦煌遺書》擬名爲『七階禮懺文』，此從原題。

此件題記中之『辛巳』，翟理斯推測是公元九八一年（參見 *Descriptive Catalogue of the Chinese Manuscripts from Tunhuang in the British Museum*, p. 204），其理由可能是斯坦因藏品中另有兩件與此件内容

相近的《禮懺文》，一件在開寶九年（公元九七六年）（斯五六五一），一件在太平興國五年（公元九八〇年）（斯五五六二）。但上列兩件與此件相比，都減少了一些内容，書法水準和抄寫的認真程度也不如此件。尤其是斯五六五一，書法稚拙，錯漏亦多。在敦煌寫本中，内容簡化，抄寫態度草率者多在十世紀中葉以後。與此件内容最接近的是伯三八四二號（兩件内容基本相同），該件有烏絲欄（此件亦有），書法亦頗佳。所以，此件和伯三八四二的抄寫年代應早於十世紀中葉，則此件之『辛巳』至遲應在公元九二一年。

以上釋文以斯二二三六爲底本，用斯五五六二（稱其爲甲本）、斯五六五一（稱其爲乙本）、伯三八四二（稱其爲丙本）和伯三八二六（稱其爲丁本）參校。

校記

〔一〕此句甲、乙本作『禮懺一本』，丙、丁本無。

〔二〕『智』，乙本作『諸』，當作『持』，據甲、丙、丁本改。

〔三〕『供』，甲、丙、丁本同，乙本作『恭』，『恭』爲『供』之借字。

〔四〕『香花』，甲、乙、丙本同，丁本無。

〔五〕『遍』，甲、丙、丁本同，乙本作『邊』，『邊』爲『遍』之借字。

〔六〕『化』，丙本同，甲、乙、丁本作『花』，『花』爲『化』之借字；『薩』，甲、乙、丙本同，丁本作『菩』，誤。

〔七〕『光』，甲、丙本同，丁本脱，乙本作『廣』，『廣』爲『光』之借字；『明』，甲、乙、丙本同，丁本脱。

〔八〕『光』，乙本同，當作『廣』，據甲、丙、丁本改，『光』爲『廣』之借字；『以』，乙本同，丁本作『意』，當作

『於』，據甲、丙本改，『以』『意』均爲『於』之借字；『無』，甲、丙、丁本同，乙本作『元』，因二字形近，在手書中易混，故可視作『無』，以下同，不另出校。

〔九〕『無邊』，甲、乙、丙本同，丁本脱；『是』，丁本脱，當作『事』，據甲、乙、丙本改，『是』爲『事』之借字。

〔一〇〕『與』，當作『以』，據甲、乙、丙、丁本改，『與』爲『以』之借字；『供』，丁本同，當作『恭』，據甲、乙、丙本改，『供』爲『恭』之借字。

〔一一〕『摩訶般若』，甲、丙本同，乙、丁本脱；『波』，丙本同，甲本作『彼』，誤，乙、丁本脱；『羅蜜』，甲、丙本同，乙、丁本脱。

〔一二〕『以』，甲、乙本同，當作『與』，據丙、丁本改，『以』爲『與』之借字。

〔一三〕『彼』，當作『比』，據甲、乙、丙、丁本改，『彼』爲『比』之借字；『議』，甲、丙本同，乙、丁本作『儀』，『儀』爲『議』之借字。

〔一四〕『慧』，甲本同，乙、丙、丁本作『惠』，『惠』通『慧』。

〔一五〕『時』，當作『是』，據甲、乙、丙、丁本改，『時』爲『是』之借字；『依』，乙本亦脱，據丙、丁本補，甲本作『衣』，『衣』爲『依』之借字。

〔一六〕『佛』，乙、丙本同，甲本作『又歎佛』。此句前甲本尚有七言讚文一首。此句至『一時成佛道』，丁本脱。

〔一七〕『形』，丙本同，乙本脱，底本、甲本原作『刑』，因二字形近，在手書中易混，故可視作『形』。

〔一八〕『三』，甲、丙本同，乙本作『號三』。

〔一九〕『一時』，乙本同，甲本作『見性』，丙本作『見聖』。

〔二〇〕『登』，當作『燈』，據甲、乙、丙、丁本改，『登』爲『燈』之借字；第一個『佛』，乙、丙、丁本同，甲本脱；『等』，甲、丙、丁本同，乙本脱。

〔二一〕「無量」，甲、丙、丁本同，乙本脱。

〔二二〕「一萬五千」，乙、丙、丁本同，甲本作「十方五十三無量」。

〔二三〕「保」，甲、乙、丙、丁本作「寶」；「諸」，甲、丙、丁本同，乙本作「諸諸」，一在行末，一在次行行首，此爲當時之提行添字抄寫體例，第二個「諸」字應不讀，可不釋。

〔二四〕「開」，甲、丙、丁本同，乙本作「關」，誤；「方」，當作「敷」，據甲、乙、丙、丁本改；「花」，乙、丁本同，甲、丙本作「華」，均可通。

〔二五〕「塵」，甲、丙、丁本同，乙本作「衆」；「目」，乙、丙、丁本同，甲本作「因」，誤；「正」，甲、丙、丁本同，乙本作「政」；「花」，甲、丙本同，丁本脱，乙本作「華」，均可通；「體」，甲、乙、丙本同，丁本作「禮」，誤。

〔二六〕第二個「種」，乙、丙、丁本同，甲本脱；「頂」，丙、丁本同，甲、乙本作「經」，誤；「敬」，乙本同，甲本作「已」，當作「髻」，據丙、丁本改；「無量」，乙、丙、丁本同，甲本無；「明」，乙、丙、丁本同，甲本脱；「遍」，當作「變」，據甲、乙、丙、丁本改，「遍」爲「變」之借字；「化」，丙本同，甲、乙、丁本作「花」，「花」爲「化」之借字；第三個「無」，丙、丁本同，甲本脱；「閡」，當作「礙」，據甲、乙、丙、丁本改。

〔二七〕第一個「無」，甲、丙本同，丁本脱；「豪」，甲、乙本同，丙、丁本作「毫」，「豪」通「毫」；「焰」，甲、丙本同，乙、丁本作「願」；「寶」，甲、乙、丙本同，丁本作「報」，「報」爲「寶」之借字；第二個「花」，甲、乙本同，丁本脱，丙本作「華花」；「金」，甲、乙、丙本同，丁本作「今」，「今」爲「金」之借字；第二個「如」，乙、丙本同，甲本作「以」，丁本脱；「盧」，甲、乙、丙本同，丁本作「爐」，「爐」爲「盧」之借字；「佛」，甲、丙、丁本同，乙本脱。

〔二八〕「普」，乙、丙、丁本同，甲本作「南無普」；「先」，甲、乙本同，當作「仙」，據丙、丁本改，「先」爲「仙」

之借字。

〔二九〕『以』，甲、乙、丙、丁本同，當作『無』，據文義改，《英國國家圖書館藏敦煌遺書》『條記目録』校改作『與』；『邊』，甲、乙、丁本作『變』，丙本作『遍』，『變』『遍』均爲『邊』之借字。

〔三〇〕『悉』，丙、丁本同，甲、乙本作『心』；『持』，當作『除』，據甲、乙、丙、丁本改，『持』爲『除』之借字；『知』，當作『諸』，據甲、乙、丙、丁本改，『知』爲『諸』之借字。

〔三一〕此句後甲、乙、丙、丁本有『至心懺悔』。

〔三二〕『望』，甲、乙本同，當作『妄』，據丙、丁本改，『望』爲『妄』之借字；『相』，甲、乙、丁本同，當作『想』，據丙本改，『相』爲『想』之借字。

〔三三〕『坐』，甲、乙、丙本同，丁本作『座』，『座』爲『坐』之借字。

〔三四〕『重』，當作『衆』，據甲、乙、丙、丁本改，『重』爲『衆』之借字。

〔三五〕『慧』，甲、乙、丙、丁本作『惠』，『惠』通『慧』；『消』，甲、丙、丁本同，乙本作『燒』，誤。

〔三六〕『應』，乙、丙、丁本同，甲本脱。

〔三七〕『懺』，甲、乙、丙本同，丁本作『悔』。

〔三八〕『以』，甲本同，當作『已』，據乙、丙、丁本改，『以』爲『已』之借字。

〔三九〕『是』，乙本同，當作『值』，據甲、丙、丁本改，『是』爲『值』之借字。

〔四〇〕『必』，當作『畢』，據甲、乙、丙、丁本改，『必』爲『畢』之借字；『成』，甲、乙、丙本同，丁本作『誠』，『誠』爲『成』之借字。

〔四一〕『已』，甲、乙、丙本同，丁本作『以』，『以』爲『已』之借字。

〔四二〕『一切普誦』，甲、乙、丙本同，丁本無；『摩訶般若波羅』，甲、丙本同，乙、丁本無；『蜜』，丙本同，乙、丁本無，甲本作『密』，『密』爲『蜜』之借字。

〔四三〕『如』，丙、丁本同，甲、乙本作『而』，『而』爲『如』之借字。

〔四四〕『花』，甲、乙、丁本同，丙本作『華』，均可通。

〔四五〕『不』，甲、丙、丁本同，乙本作『夫』，『夫』爲『不』之借字。

〔四六〕『無』，丙、丁本同，甲本脱；『上』，甲、丙、丁本同，乙本作『常』，『常』爲『上』之借字。

〔四七〕『願』，乙、丙、丁本同，甲本無；『以』，丙、丁本同，甲、乙本作『已』，『已』爲『以』之借字；『得』，當作『德』，據甲、乙、丙、丁本改，『得』爲『德』之借字。

〔四八〕『與』，甲、丙本同，丁本作『以』，『以』通『與』，乙本作『已』，誤。

〔四九〕『共』，甲、丙、丁本同，乙本作『供』，『供』爲『共』之借字；『成』，甲、乙、丙本同，丁本作『誠』，『誠』爲『成』之借字。

〔五〇〕『自』，甲、丙本同，乙本無，丁本作『敬自』；『歸』，乙、丙、丁本同，甲本脱；『依』，丙、丁本同，甲、乙本作『衣』，『衣』爲『依』之借字。

〔五一〕『聽學』，丙本同，甲本作『體解』，乙、丁本作『體學』；『道』，甲、丙、丁本同，乙本作『唐』，誤。

〔五二〕『上』，丙、丁本同，甲、乙本作『常』，『常』爲『上』之借字。

〔五三〕『依』，丙、丁本同，乙本作『衣』，『衣』爲『依』之借字。此句至『知惠如海』，甲本脱。

〔五四〕『知』，丁本同，乙、丙本作『智』，《英國國家圖書館藏敦煌遺書》『條記目録』校改作『智』，按『知』通『智』，不煩校改。

〔五五〕『依』，丙、丁本同，甲、乙本作『衣』，『衣』爲『依』之借字。

〔五六〕『利』，丙本同，當作『理』，據甲、丁本改，『利』爲『理』之借字。此句至『願諸衆生』，乙本脱。

〔五七〕『諸』，甲、乙、丙本同，丁本作『持』。
〔五八〕『意』，甲、丙、丁本同，乙本作『衣』，『衣』爲『意』之借字。
〔五九〕『昏』，乙、丙、丁本同，甲本作『氏』，誤；『常』，乙、丙、丁本同，甲本作『相』。
〔六〇〕『西』，甲、丙、丁本同，乙本作『惡』，誤；『日』，甲、丙、丁本同，乙本作『入』，『入』爲『日』之借字；『已』，丙本同，甲、乙本作『於』，丁本作『以』，『於』『以』均爲『已』之借字。
〔六一〕『猶』，甲、乙、丙本同，丁本作『由』，『由』爲『猶』之借字。
〔六二〕『念念』，甲、丙、丁本同，乙本作『年最』，誤；『催』，丙、丁本同，甲本作『崔』，『崔』爲『催』之借字，乙本作『足』，誤；『年』，甲、丙本同，丁本作『念』，『念』爲『年』之借字，乙本作『崔』，誤；『促』，丙、丁本同，甲本作『足』，乙本作『年』，均誤。
〔六三〕『由』，丁本作『油』，當作『猶』，據甲、乙、丙本改，『由』『油』均爲『猶』之借字；『如』，甲、丙、丁本同，乙本作『而』，『而』爲『如』之借字；『少』，丁本同，甲、乙、丙本作『小』，誤。
〔六四〕『諸』，丙本同，甲、丁本作『請』，乙本無。
〔六五〕『至』，丙、丁本同，甲、乙本作『諸』，誤。
〔六六〕此句至『常受無量樂』，甲、乙、丁本無。
〔六七〕『諸』，丙本作『智』，誤。此句至『常受無量樂』，丁本無。
〔六八〕『白』，乙、丙、丁本同，甲本作『自』，誤。
〔六九〕『深無底』，甲、乙、丙本同，丁本作『心無定』。
〔七〇〕『海』，甲、丙、丁本同，乙本作『每』，誤。
〔七一〕『度』，甲、乙、丙本同，丁本作『杜』，『杜』爲『度』之借字；『船』，乙、丙、丁本同，甲本作『般』，誤；

〔七二〕『至』，甲、丙、丁本同，乙本作『塵』，誤。

〔七三〕『云』，乙、丙、丁本同，甲本脱。

〔七四〕『睡眠』，甲、丁本同，乙本脱；『悟』，甲、丁本同，乙本作『伍』，『伍』爲『悟』之借字。此句及下句，丙本無。

〔七五〕『令』，甲、丁本同，乙本作『憐』，『憐』爲『令』之借字；『睡』，甲、丁本同，乙本作『水』，『水』爲『睡』之借字；『覆』，甲本同，乙本作『微』，誤，丁本作『敷』，『敷』爲『覆』之借字。

〔七六〕『勇』，甲、丙、丁本同，乙本作『某』，誤；『猛』，甲、丙、丁本同，乙本作『孟』，『孟』爲『猛』之借字；『勤』，丙、丁本同，乙本脱，甲本作『勸』，誤；『精』，甲、丙、丁本同，乙本脱。此句至下句之間，丙本有『攝心恆在禪，勤脩六度行』。

〔七七〕『自』，甲、丙、丁本同，乙本脱。

〔七八〕『白』，丙、丁本同，甲本作『自』，誤。此句至『須臾難可報（寶）』，甲本置於『常樂我淨』之後，此處則作『諸行無常，是生滅法，生滅已，寂滅爲樂。如來證涅般，永斷於生死，若能至心聽，常受無量樂。我等以（與）衆生，皆共成佛道』。此句至『常樂我淨』，乙本作『諸行無常，是生滅法，滅生生已，寂滅爲樂。如來證涅般，永斷於生死，若能至心聽，常受無量樂』。

〔七九〕此句丙本同，甲本作『汝等勿暴嗅時卧』，丁本作『汝等總寶醜盡書卧』。

〔八〇〕『假名』，甲、丙本同，丁本作『解迷』，誤。

〔八一〕『箭』，甲、丙本同，丁本作『煎』，『煎』爲『箭』之借字。

〔八二〕『種』，甲、丙本作『諸』，丁本作『至』，當作『衆』，據文義改，『種』爲『衆』之借字，《英國國家圖書館藏敦煌遺書》『條記目録』校改作『諸』；『所』，甲本作『病』，丙、丁本作『痛』。

〔八二〕『白』，丙、丁本同，甲本作『自』，誤。

〔八三〕『與』，丙、丁本同，甲本作『爲』；『死』，甲、丙、丁本作『四』；『居』，丙本同，甲、丁本作『俱』。此句後甲本有『勸請行道者，求學諸無餘』，丙本有『勸諸行道衆，勤脩至無餘』，丁本有『勸請行道衆，勤學諸無喻，各説無常偈。諸行無常，是生滅，生滅滅與（已），寂滅爲樂。如來證涅槃，永斷於生死，若能至心聽，常受無量樂。我等與衆生，皆共成佛道』。

〔八四〕『白』，丙、丁本同，甲本作『自』，誤。

〔八五〕『喻若樹』，甲、丙本同，丁本作『如若水』；『根』，丙、丁本同，甲本作『根』，誤。

〔八六〕『菜』，甲、丙、丁本同，當作『采』，《英國國家圖書館藏敦煌遺書》『條記目録』據文義校改，『菜』爲『采』之借字；『花』，丙、丁本同，甲本脱；『值』，丙本同，甲本脱，丁本作『至』，『至』爲『值』之借字；『日中』，丙、丁本同，甲本脱。

〔八七〕『鮮』，丙本同，丁本作『先』，『先』爲『鮮』之借字。此句甲本脱。

〔八八〕『亦』，甲本同，丁本作『赤』，誤。此句及下句丙本無。

〔八九〕『亦』，甲本同，丁本作『赤』，誤；『常』，甲本同，丁本作『相』。

〔九〇〕『人』，丙、丁本同，甲本脱；『一刹那』，甲、丁本同，丙本作『亦如是』。

〔九一〕『須臾難可』，甲、丁本同，丙本作『無常須臾』；『報』，甲本同，丙本作『間』，當作『寶』，據丁本改，『報』爲『寶』之借字，《英國國家圖書館藏敦煌遺書》『條記目録』校改作『保』。此句後丙本有『勸諸行道衆，勤脩乃至真』。

〔九二〕此句甲、丙本同，丁本無。

〔九三〕『遮』，甲、丙本同，丁本脱。

〔九四〕「得」，當作「德」，據甲、丙、丁本改，「得」爲「德」之借字。
〔九五〕「憂」，丙、丁本同，甲本作「幽」，「幽」爲「憂」之借字；「得」，當作「德」，據甲、丙、丁本改，「得」爲「德」之借字。
〔九六〕「旃」，甲、丁本同，丙本作「檀」；「檀」，丁本同，丙本作「旃」，甲本作「壇」，「壇」爲「檀」之借字。「檀」之後《英國國家圖書館藏敦煌遺書》「條記目録」補一「德」字。
〔九七〕「施」，甲、丙本同，丁本作「士」，「士」爲「施」之借字。
〔九八〕「花」，丙、丁本同，甲本作「華」，均可通。
〔九九〕「乘」，丙、丁本同，甲本作「十」；「佛」，據甲、丙、丁本補。
〔一〇〇〕「明」，丙本同，甲、丁本作「命」，「命」爲「明」之借字。
〔一〇一〕「佛」，乙、丙本同，甲本脱。
〔一〇二〕「形」，丙本同，甲、丁本作「刑」，因二字形近，在手書中易混，故可視作「形」。
〔一〇三〕「員」，當作「緣」，據甲、丙、丁本改，「員」爲「緣」之借字。
〔一〇四〕此句丙本同，甲、丁本無。
〔一〇五〕此句至「風雨順時，敬禮常住三寶」，甲、丁本無。
〔一〇六〕「之」，丙、丁本同，甲本作「諸」；「師」，甲、丙本同，丁本脱。
〔一〇七〕「恆」，丙、丁本同，甲本脱；「導」，丙本同，甲、丁本作「道」，「導」通「道」。
〔一〇八〕「化」，甲、丙本同，丁本作「花」，「花」爲「化」之借字。
〔一〇九〕「儲」，當作「諸」，據甲、丙、丁本改，「儲」爲「諸」之借字，《英國國家圖書館藏敦煌遺書》「條記目録」逕釋作「諸」。

〔一一〇〕此句及以下兩句丁本無。

〔一一一〕『居禄位』，丙本同，甲本作『爲道首』，誤。

〔一一二〕『知』，丙本同，甲本作『諸』，丁本作『之』，『諸』『之』均爲『知』之借字。

〔一一三〕此句及以下兩句甲、丁本無。

〔一一四〕『悮』，《英國國家圖書館藏敦煌遺書》『條記目録』校改作『誤』，按『悮』有『誤』義，不煩校改；『賞』，當作『傷』，據丙本改，『賞』爲『傷』之借字。

〔一一五〕『住』，甲、丙本同，丁本脱。

〔一一六〕此句及以下兩句甲、丁本無。

〔一一七〕『戈』，丙本作『過』，『過』爲『戈』之借字。

〔一一八〕『塗』，甲、丙本同，丁本作『度』，『度』爲『塗』之借字。

〔一一九〕『離』，甲、丙本同，丁本作『璃』，『璃』爲『離』之借字。

〔一二〇〕『寶』，丙、丁本同，甲本脱。

〔一二一〕『爲』，甲、丙本同，丁本原有兩個『爲』，一在行末，一在次行行首，此爲當時之提行添字抄寫體例，第二個『爲』字應不讀；『寧』，丙、丁本同，甲本作『儜』，『儜』爲『寧』之借字。

〔一二二〕『住』，甲、丙本同，丁本作『主』，『主』爲『住』之借字。

〔一二三〕『佛』，甲、丙本同，丁本作『服』，『服』爲『佛』之借字。

〔一二四〕『心』，甲、丙本同，丁本作『深』，『深』爲『心』之借字。

〔一二五〕『於』，甲、丙本同，丁本作『以』，『以』爲『於』之借字。

〔一二六〕『露』，甲、丙本同，丁本作『路』，『路』爲『露』之借字；『悔』，丙、丁本同，甲本作『懺』。

〔一二七〕「種」，丙本同，甲本作「衆」，丁本作「重」，「衆」「重」均爲「種」之借字。
〔一二八〕「若」，丙、丁本同，甲本作「如」，「如」爲「若」之借字。
〔一二九〕「悔」，甲、丙本同，丁本作「懺」，誤。
〔一三〇〕「受」，甲、丙本同，丁本作「罪」，誤。
〔一三一〕「得」，丙、丁本同，甲本作「德」，「德」爲「得」之借字；「賞」，甲本作「常」，丁本作「上」，當作「償」，據丙本改，「賞」「常」「上」均爲「償」之借字。
〔一三二〕「受」，丙、丁本同，甲本作「受者」。
〔一三三〕「已」，甲、丙本同，丁本作「以」，「以」爲「已」之借字。
〔一三四〕「諸」，甲、丙本同，丁本作「之」。
〔一三五〕「佛」，丙、丁本同，甲本原有兩個「佛」，一在行末，一在次行行首，此爲當時之提行添字抄寫體例，第二個「佛」字應不讀。
〔一三六〕「壽」，丙、丁本同，甲本作「受」，「受」爲「壽」之借字。
〔一三七〕「令」，甲、丙本同，丁本作「禮」，誤。
〔一三八〕「請」，丙、丁本同，甲本作「諸」，誤。
〔一三九〕「禪」，甲、丙本同，丁本作「善」，誤。
〔一四〇〕「身」，丙本同，甲本作「三卜」，丁本作「心」，均誤；「意」，丙本同，甲本作「業意」，丁本作「未」，均誤。
〔一四一〕「今」，丙、丁本同，甲本作「命」；「所」，甲、丙本同，丁本作「時」。
〔一四二〕「習」，甲、丙本同，丁本作「集」，「集」爲「習」之借字；「學」，甲、丙本同，丁本作「覺」，「覺」爲

「學」之借字。

〔一四三〕「皆」，丙、丁本同，甲本脱。

〔一四四〕「群」，甲、丙本同，丁本作「郡」，「郡」有「群」義。

〔一四五〕「於」，甲、丙本同，丁本作「已」，誤。

〔一四六〕「諸」，丙、丁本同，甲本作「我等生生諸」。

〔一四七〕「繫」，丙本同，甲、丁本作「敬」。

〔一四八〕「復」，丙、丁本同，甲本作「伏」。

〔一四九〕「了了」，丙、丁本同，甲本作重文符號。

〔一五〇〕「德」，甲、丙本同，丁本作「得」，「得」爲「德」之借字。

〔一五一〕「寂」，甲、丙本同，丁本作「盡」，「盡」爲「寂」之借字。

〔一五二〕「衣」，甲、丙本同，丁本作「依」，「依」爲「衣」之借字；「諸」，丁本作「祇」，當作「支」，據甲、丙本改。

〔一五三〕「諸衆等」，丙、丁本同，甲本無；「日」，甲、丁本同，丙本作「日今日」。

〔一五四〕「各」，丙本同，甲本作「上中下坐各」，丁本作「上中下座各」；「記」，甲、丙本同，丁本作「歸」。丁本止於此句。

〔一五五〕「第」，底本、甲本原作「弟」，丙本作「第」，因二字形近，在手書中易混，故據文義逕釋作「第」。以下甲本作「弟」，丙本作「第」，底本或作「第」、或作「弟」，均據文義釋作「第」，以下同，不另出校。

〔一五六〕「四」，丙本同，甲本脱。

〔一五七〕「施」，丙本同，甲本脱；「根」，丙本同，甲本作「心」。

〔一五八〕『根』，丙本同，甲本作『根』，誤；『清』，丙本同，甲本脱。

〔一五九〕此句甲本無。

〔一六〇〕此句甲本作『太平興國五年庚辰歲四月廿七日借請本寫者更錯決者後人核（？）者祭著記』，乙本作『維太宗開寶玖年乙卯歲次三月十九日舍禮懺一本』。

參考文獻

Descriptive Catalogue of the Chinese Manuscripts from Tunhuang in the British Museum, The Trustees of the British Museum, London 1957, p. 204 ；《敦煌寶藏》二册，臺北：新文豐出版公司，一九八一年，三七〇至三七三頁（圖）；《英藏敦煌文獻》一卷，成都：四川人民出版社，一九九〇年，八九至九〇頁（圖）；《英藏敦煌文獻》八卷，成都：四川人民出版社，一九九二年，二八至三一頁（圖）；《英藏敦煌文獻》九卷，成都：四川人民出版社，一九九四年，三五至三七頁（圖）；《敦煌佛學·佛事篇》，蘭州：甘肅民族出版社，一九九五年，九九至一〇一頁（録）；《法藏敦煌西域文獻》二八册，上海古籍出版社，二〇〇四年，二四八至二五一、三三五至三三九頁（圖）；《英國國家圖書館藏敦煌遺書》四册，桂林：廣西師範大學出版社，二〇一一年，一〇〇至一〇三頁（圖）、『條記目録』五頁（録）。

Дx 一九六二+Дx 二〇五二+伯二七二八+伯二八四八+斯二二三八　金真玉光八景飛經

釋文

（前缺）

目其上篇而四時名焉[一]。其道高妙，□□□匡御群仙[二]，玄符流映，洞明紫晨[三]，秘於九天之上大有之宮[四]，金輝紫殿，玉寶瓊房。鑄金爲簡，以撰靈文[五]，刻玉丹書，以明其篇，流光億（奕）億（奕）[六]，耀焕太空[七]，日月倏（遐）照[八]，五晨翼靈。金華之女[九]、玉晨之童各三千人，侍衛玉文，天妃典香[一〇]，靈風揚煙，巨龍毒狩（獸）[一一]，備守玉闕[一二]，瓊鳳撫翼，神變（鸞）廕玄[一三]，衆真/晏禮/[一四]，/萬/聖朝軒，玉陛虧（騁）蓋/於霄/庭[一五]，太帝屈/節於几前/，/玉/皇改度/以推運/，/旋/璣命斗以迴神[一六]，唱神州以齊景，變七轉以舞天，歷三五於神化，散軌度於九玄，策五行以招魂，御豁落以威靈，命八景以登空，攝天魔於金真，披隱書於寂室，詠妙章於天（無）間[一七]，理萬章（帝）於上上〔一八〕，總群下於生生。是時建氣之始〔一九〕，九天丈人坐命靈都，攜契玉仙，五老上真、卅九帝〔二〇〕、上皇先生、萬始道君、高聖大神〔二一〕、太上大道君、扶桑太帝湯谷神王〔二二〕、南極上元、紫素三元〔君〕〔二三〕、西龜王母、太素三元君，上登上上紫瓊宮玉寶臺七映朱房，施檄五帝四方司官，靈都神兵，輔衛上元。命上仙太和玉女，施金真招靈攝魔之符，置於五方。太極四真人，詠太空之章〔二四〕，妙唱朗撤（徹）〔二五〕，八景齊真，玉光焕霄，豁落洞明，三晨停暉，八風迴旋，玄鼓雲蓋，九氣映靈〔二六〕，三五翼讚，六六合并，翁（蓊）藹玄玄之上〔二七〕，焕赫鬱乎太冥，飛香繞日，流電激清〔二八〕，華光交灑，神燭合明，流緬千劫，得妙忘旋。於是九天丈人即臨玄臺之上，命左仙侍郎李羽非、監靈使者鄧元生，執九色之麾，瓊文帝章，告盟四明，啓付衆真，太上大道君八景飛經金真玉光豁落七元，位登至上，同遊玉清〔二九〕，金仙輔翼，五帝衛靈，啓命事悉，雲輪騁蓋，飛虯整駕，龍超霄際，儵頃之間〔三〇〕，億仙立會，瓊輿碧輦〔三一〕，流精翁（蓊）藹，衆吹雲歌，鳳鳴鸞邁，交煙互集，徘徊玄泰〔三二〕，蕭蕭太霞之上〔三三〕，放浪無崖之外〔三四〕，各反玉虚之館〔三五〕，豁若靈風之運氣〔三六〕。太上太道君還登峻鄫（層）之臺〔三七〕，九曲之房，引後聖九玄金闕帝君、上相青童〔三八〕，對齋三月，依盟授於二君〔三九〕，使各封一通於金闕上宮、方諸青宮。至大劫之周，三道虧盈，二炁離合，理物有期，承唐之世，陽九放災，翦除凶勃，搜採上賢。至此之年，若有脩行大洞之真經，精雌一之幽關，施八年以招無〔四〇〕，斫金華於三元〔四一〕，誦素靈於寂室，策五行以招魂，佩金神之虎文，移七星於天關，掌玄名於帝圖，建青録於上清，胞玉秀以結落〔四二〕，含瓊胎以内靈，絶世好於長阜〔四三〕，獨守默於自然，可得玄授於八景，告妙訣於金真，施招靈於曲宇，置豁落以御神，拔七祖於幽宫，免五苦於刀山，離八難於火鄉，滅負石於宿根。有得此文，超騰九玄，縱跡飛景〔四四〕，洞睹三清。自無其人，累劫勿傳。

《金真玉光八景飛經》，乃生九天之上，無影之先〔四五〕，玄光流映，若無若〔存〕〔四六〕，懸精奄藹〔四七〕，洞曜瓊宫，積七千餘年（劫）〔四八〕，其文甚明，仰著空玄之上，太虚之中，覽亦不測，毁亦不亡，焕赤洞耀〔四九〕，徹照十天。於是九天丈人以建始元年，歲在東維，天甲告（吉）晨（辰）〔五〇〕，清齋太空七寶瓊臺，以金青盟天，請受靈篇，招靈攝魔豁落七元，玄章既測，亦無師宗，不知從何忽然而生。案文施行，八景見形，光映瓊室〔五一〕，招致萬真，於時啓命帝皇，群仙莫不詣庭〔五二〕，〔施〕俯仰之禮〔五三〕，朝晏玉經也〔五四〕。此萬（乃）九天之帝信〔五五〕，玉皇之威章，左輔執節仙都，右置侍仙玉郎、五方靈官十億萬人，典衛寶文，營輔佩者之身。依太極四明，萬劫一傳，秘於九天之上大有之宫，金輝紫殿〔五六〕，玉寶瓊房。施羅（飛）飛（羅）自然之帳〔五七〕，玉几金牀，玉晨之童，執香侍左；金華之女，散煙於右。太妃侍前，玉仙輔後。玄雲紫蓋，廕乎堂宇，諸真仙人上聖〔五八〕，一月三登行禮。如是寶訣〔法〕造（告）〔五九〕，三五改運，大劫交周，七百年中當行世間。若有玄名帝簡，玉字紫青〔六〇〕，陰藏玉骨合真之人〔六一〕，聽得盟傳。輕泄帝寶，七祖、父母，及兆之身，被考三官，充刀山地獄，三塗之中〔六二〕，萬劫不原，奉者詳慎。

九天丈人受之於空玄〔六三〕，以傳元始天王〔六四〕、廣生太真太上大道君〔六五〕、青真小童、五老上真、卅九帝、上皇先生、萬始道君、南極上元、紫素三元君、西龜王母、太素三元君、太真夫人。上皇先生以傳紫清帝君，元（萬）始〔道〕王（君）以傳黃石先生〔六六〕、三天玉童，太上大道君以傳東海小童、紫微夫人、後聖九玄金闕帝君，帝君以付上相青童君、太極四真人、西城王君。如是寶訣，皆上真口口相傳，帝君料（科）校撰集施行呪説法度〔六七〕，先後相次，集爲寶卷。今封一通於王屋之山石室之中〔六八〕。若有勤尚高志，棄於世榮〔六九〕，登陟靈山，精脩苦念，名掌清宮〔七〇〕，當得此文，帝君當遣真人玄授兆身。兆得此文，五帝衛房，招靈攝魔，制精御神，脩道誦經，上應九天，無復試敗之凶。案法施用〔七一〕，真人下降，與兆共言，不過七年，能乘空而行〔七二〕，九年精感，白日登晨。上妙之道〔七三〕，不傳非真。

凡有得《金真玉光八景飛經》之身〔七四〕，皆玄挺應會，宿命當仙，每以別室燒香，朝夕禮拜，心學（存）神真玉光紫氣〔七五〕，滿於齋室之中〔七六〕，躬禮崇奉，如眼對神。帝遣金華之女、玉晨之童各廿四人〔七七〕，侍衛兆身，賞功糾過〔七八〕，分別善惡也。又有左右水火二官，糾察漏泄，違科犯禁，罰以風刀之考，連（愆）愆（連）七祖〔七九〕。生死之科，明慎脩行。

凡脩學上道，入山登齋〔八〇〕，誦詠靈章，而無此文，安施招靈攝魔之符〔八一〕、豁落七元上法，不得妄動於玉篇，真不爲降，天魔犯身。故此文爲九天之信，玉皇之章，無信而行，因致道真不得，輕以短見誦詠求仙，積勞無感，反收禍殃，三官執考，滅兆之身。兆欲脩學〔八二〕，當備衆經〔八三〕，令部數充足，上下相成，府仰之格〔八四〕，施行合度，齋誦一遍〔八五〕，便得真人降房〔八六〕，刻日成仙〔八七〕，不必萬遍，正在精研。

有佩招靈攝魔豁落七元之符，皆太一定生，司命改年，主録校籍，注上太玄，普告四司五帝靈官，五嶽九河神仙萬靈，皆稽首奉迎，營衛兆身。此帝皇章信〔八八〕，故得制神使靈也。凡行此道，不得冒淹入穢〔八九〕，履生死之汚〔九〇〕。犯此之禁，真靈高逝，反正上宫，施名不制，反誤兆身，子得其法，慎此爲先。

立春之日，三素元君上詣天皇，太帝遊晏（宴）之時〔九一〕，元景行道受仙之日也。兆脩《金真玉光八景飛經》之法，當以其日沐浴齋盛（戒）〔九二〕，清朝入室，燒香行禮，施安招靈致真攝魔之符，置於五方，兆於中央，東北向，叩齒十二通，仰思紫、緑、白三色之雲，東向而迴〔九三〕，便心念微言〔九四〕：三素元君，乞迴神駕，下降我身，右别我名，賜我神仙。畢，還思東北青微上府始陽宫中〔九五〕，元景司空〔司〕録道君〔九六〕，姓葛，諱太蠶〔九七〕，形長七寸八分，身著玄黄之綬，頭冠七色耀天玉冠，足躡五色之履，手執威神之策，乘八輿（景）之輪（輿）〔九八〕，飛軿玄雲之車，驂駕青龍，從太和仙童廿二人〔九九〕，下治兆身泥丸官中，乃微祝曰：

元景太神〔一〇〇〕，玄道迴精，上節告始，萬氣混生〔一〇一〕，九微上化，迴降我形，保固元吉，監總帝靈，招真制魔，我道威明，上致太和，玉芝充盈，通神撤（徹）視〔一〇二〕，洞觀玉清〔一〇三〕，得參乘飛景〔一〇四〕，俱升帝庭〔一〇五〕。畢，仰咽八氣〔一〇六〕。此元景之道，行之八年，則三素之雲、八輿飛輪，迎兆之身，上升帝晨。所謂八道元景招靈秘言，不傳非仙之人。

春分之日，太微天帝君上詣高上玉皇遊晏（宴）之時〔一〇七〕，始景行道受仙之日也。至其日，如上法，夜半東向，叩齒九通，仰思玄、青、黄三色之雲，東北而迴，便心念微言：太微天帝君，乞迴神駕，下降我身，上我帝簡〔一〇八〕，使我神仙〔一〇九〕。畢，還思東方青陽上府玄微宫中，始景老子大道君，姓羽，諱 幽寃，形長九寸，身著紫青之綬，頭戴九色通天寶冠，足躡九色之履，手執命神之章，從太陽仙童卅六人，乘八景之輿，青雲之車，驂駕倉龍〔一一〇〕，下治兆身明堂宫中，仍微呪曰〔一一一〕：

始景上元，招靈致真，承氣命節〔一一二〕，法典帝先，迴精玄蓋，上晏玉晨〔一一三〕，迴靈下降，鎮固我身，保精練（鍊）氣〔一一四〕，五藏潔鮮〔一一五〕，紫氣流映〔一一六〕，洞得御神，驂乘飛景，上晏瓊軒〔一一七〕。畢，仰咽九炁。此始景之道，行之八年，則玄雲飛輪來迎兆身，上升太清。八道始景秘言，勿傳非仙之人。

立夏之日，太極上真三元真人上詣紫微宫遊晏（宴）之時〔一一八〕，玄景行道受仙之日也。至其日，如上法，清旦東南向，叩齒九通，仰思紫〔一一九〕、青〔一二〇〕、黄三色之雲，西北而迴〔一二一〕，便心念微言：太極上真，三元真人，乞迴神駕，下降我房，書我玉名，使我神仙。畢，還思東南少陽上府太微宫中，玄景玉光無極道君〔一二二〕，姓王，諱 無英〔一二三〕，形長八寸八分，身著丹錦之綬，頭戴無極進賢玉冠，足躡九色之履，手執招靈之章，乘玄景緑輿，五色雲車，驂駕鳳皇〔一二四〕，從靈飛仙童卅九人，下治兆身洞房宫中，仍微祝曰：

玄景上靈，參晏八氣〔一二五〕，造景九玄，翺翔無外，迴真下降，解我宿滯，廕以飛雲，覆以紫蓋，得乘八景，上升霄際。畢，仰咽八氣止〔一二六〕。此玄景之道，行之八年，則紫、素（青）〔一二七〕、〔黄〕三色之雲〔一二八〕，玄景緑輿來迎兆身，上升太清。玄景八道秘言，勿傳非仙之人。

夏至之日，扶桑公太帝君上詣太微宫遊晏（宴）之時也〔一二九〕，虚景行道受仙之日。至其日，如上法，清旦南向，叩齒八通，仰思赤、白、青三色之雲，東南而迴，便心念微言：扶桑太帝君〔一三〇〕，乞迴神光，下眄兆身〔一三一〕，記名東華，得乘飛煙。畢，還南向，思太陽上府紫微宫中，虚景太尉元先道君，姓玄，諱 臽史〔一三二〕，形長八寸八分，身著絳錦丹綬，頭戴平天耀精玉冠〔一三三〕，足躡九色之履，手執制魔之章，乘光明八道之輿，赤雲氣之車〔一三四〕，驂駕鳳皇〔一三五〕，從丹靈上宮玉童卅六人〔一三六〕，下治兆身中元丹田宮中，仍微呪曰〔一三七〕：

虛景啓靈，乘氣旋迴〔一三八〕，迅駕八道，明光吐威〔一三九〕，下降我房，映我丹輝，攝魔御神，萬靈悉摧，使我洞幽，與景齋飛。畢，仰咽八氣止〔一四〇〕。此虛景之道，行之八年，則致光明八道之輿來迎兆身，上升太清。虛景八道秘言，勿傳非仙之人〔一四一〕。

立秋之日，太素上真白帝君上詣玉天玄皇高真遊晏（宴）之時〔一四二〕，元景行道受仙之日〔一四三〕。至其日，如上法，清旦西南向，叩齒十二通，仰思白、赤、紫三色之雲，正西而迴，便心念微言：太素真人，乞迴神光，下降兆身，奏名玉天，得爲真人。畢，思西南少陰上府靈微陽宮之中，元景太一淡天道君〔一四四〕，姓黃，諱　運珠，形長七寸八分，著玄黃素綬，頭戴七寶進賢之冠〔一四五〕，足躡九色之履，手執命神之策，乘倏倏玉輦〔一四六〕，五采朱蓋紫雲之車〔一四七〕，驂駕六龍，從黃素上宮仙童廿四人，下治兆身下丹田宮中〔一四八〕，仍微祝曰：

元景上真〔一四九〕，八道玄靈，上治黃母，下治兆形，徘徊神輦，流映紫清，歷運御氣，三五煥明〔一五〇〕，制神攝魔，我道洞精，長保上景，飛仙長生。畢，仰咽七氣止〔一五一〕。此元景之道〔一五二〕，行之八年，則致倏倏玉輦來迎兆身〔一五三〕，上升太清。元景八道秘言〔一五四〕，勿傳非仙之人。

秋分之日，南極上真赤帝君上詣閬風臺，詣九靈夫人遊晏（宴）之時也〔一五五〕，明景行道受仙之日。至其日，如上法，清旦西向，叩齒十二通，仰思青、黄、赤三色之雲，西南而迴，便心念微言：南極上真，上皇赤帝君，乞迴神光，下眄兆房，賜書玉簡，上奏九靈，得乘飛景，升入無形。畢，思正西太陰上府精微兑宫中，明景太和道君，姓浩，諱　仁儀〔一五六〕，形長六寸八分，身著白文素靈之綬，頭戴無極寶天之冠，足躡九色之履，手執度命保生玉章，乘絳琳碧輦白雲之車，驂駕白虎，從素靈上宫玉童廿二人，下治兆身華蓋宫中，仍微祝曰：

明景道宗，總統九天，匡落紫霄〔一五七〕，迅御八煙，迴停玉輦，下降我身，啓以光明，授以金真，豁落招靈，身無稽延，得乘飛景，上晏霄晨〔一五八〕。畢，仰咽七氣止〔一五九〕。此明景之道，行之八年，則/致/絳碧琳輿〔一六〇〕，來迎兆身，上升太清。明景八道秘言，勿傳非仙之人。

立冬之日，上清真人帝君皇祖上詣高上九天，玉帝子遊晏（宴）之時〔一六一〕，洞景行道受仙之日也。至其日，如上法，清旦西北向，叩齒九通，仰思緑、紫〔一六二〕、碧三色之雲〔一六三〕，西南迴，便心念微言：上清真人帝君皇祖，乞迴神駕，下降兆房，賜書玉名，上奏太清〔一六四〕，得乘飛景，升入無形。畢，思西北陰暉上府清微宫中〔一六五〕，洞景司録太陽道君〔一六六〕，姓玄，諱　元輔〔一六七〕，形長五寸八分，身著玄黄之綬，頭戴九玄飛晨玉冠，足躡五色之履，手執攝殺之律，乘玄景八光丹輿〔一六八〕，紫雲之車，驂駕玄武，從太玄仙童廿四人，下治兆身，倉命宮中，仍微祝曰：

洞景帝尊，玄靈陰神，乘霞御龍，驂駕飛煙，上遊玉清，下治太玄，迴降紫輦，來入我身，得乘八景，位同真人。畢，仰咽五氣止〔一六九〕。此洞景之道，行之八年，則致玄景八光丹輦，下迎兆身，上升太清。洞景八道秘言，勿傳非仙之人。

冬至之日，太霄玉妃太虛上真人上詣太皇宮，太微天帝君遊晏（宴）之時〔一七〇〕，清景行道受仙之日也。至其日，如上法。清旦正北向，叩齒十二通，仰思朱、碧、黄三色之雲，東北而迴，便心念微言：太霄玉妃，太虛真人，乞迴神駕，下降我房，賜書玉名，奏上太霄，得爲真人，遊晏（宴）上宮〔一七一〕。畢，思北方陰精上府道微宮中，諫議玄和道君，姓王〔一七二〕，諱陰精〔一七三〕，形長五寸八分，身著玄雲五色之綬，頭戴玄晨寶冠，足著五色師子之履〔一七四〕，手執照（招）靈之策〔一七五〕，〔乘〕徘徊玉輦〔一七六〕，皂雲氣珠玉之車〔一七七〕，驂駕玄鳳黑翮，從太玄上宮仙童卅六人，下治兆身玄谷宮中，仍微呪曰〔一七八〕：

清景素真，元始同靈，受化九元，含氣朱嬰〔一七九〕，徘徊玉輦，逍遥紫清，輪轉八節，緯度天經，削我死録，保命南生，得乘飛景，案轡緑軿〔一八〇〕。畢，仰咽五炁止。此清景之道，行之八年，致徘徊玉輦下迎兆身，上升太清。清景八道秘言，勿傳非仙之人。

行八景飛經八道秘訣，上皇玉帝告命諸天十方衆聖、五嶽靈仙，悉敬護兆身〔一八一〕，降致玄輿飛輦，得與真人同升上清。真皇守兆之命，太一防兆之身，出入遊行，無有凶横之患。若無仙名玉籍，列圖紫宫幽冥，亦不以此經啓悟兆心。兆得此經，即東華注簿，位同真人，惟寳惟秘〔一八二〕，不可輕宣。望（妄）泄秘言〔一八三〕，死滅兆門。

夫脩《金真玉光八景飛經》，安置招靈致真攝魔之符〔一八四〕，皆當先北向香爐，叩左齒卌六通，詠金真太空之章一通〔一八五〕，然後行事也。詠此一句，上嚮九天〔一八六〕，中徹無聞（間）〔一八七〕，外朗洞元，玉帝駭聽，群魔束身。此章至妙，故爲金真。其篇曰：

天魔承（乘）空發〔一八八〕，萬精駭神庭。託化謡歌章，隨變入無名。嚻氣何紛紛，穢道當塗生。雲中含朱宫〔一八九〕，北帝踊神兵。鼓洋（翔）自智道〔一九〇〕，玄運來相征。上景晏（按）飛轡〔一九一〕，迅駕檢雲營〔一九二〕。促校北帝録，收攝群魔名。豁落張天羅，放威擲流鈴。金真補空同（洞）〔一九三〕，玉光焕八冥。金玄守上宫，神虎戮天精。翦滅萬妖氣〔一九四〕，億億悉齊平。上承九天信，嘯命靡不傾。招真究三洞，慧誦朗且清。八道望玄霞，七轉緯天經。混合帝一真，拔度七祖呈〔一九五〕。削滅五苦根，反魂更受榮。金光耀寂室，神燭自然生。華香散玉宇，煙氣徹玉京。帝遺徘徊輦，三元降緑軿。迅駕騰九玄，朝禮玉皇庭。

畢，便脩所行。如此一遍，天兵輔真，玉帝攝精〔一九六〕，脩行上徹，招致真靈，學無此章，仙道不成，天魔所敗，反誤兆身，故撰爲篇，審而奉行。

招靈致真攝魔之符，一名九天信〔一九七〕。

青帝招靈致真攝魔之符，以黑書青木板上〔一九八〕，令廣九寸，長一尺二寸，置室東南（面）〔一九九〕，脩行誦經。入室百日，與神人共言，三年室生自然青霞之雲。欲致真人天仙，當書如法。置符北面〔二〇〇〕，精思百日。真人降形，仙人詣房〔二〇一〕，授子神真之道。兆欲攝魔，書符如法，安著中央，誦太空之章一遍，則北帝操兵，天魔喪形，萬精滅景，内外肅清。又黑書青繒九寸〔二〇二〕，佩身八年，帝降八輿之輪〔二〇三〕，下迎兆身，白日上升。九天之秘信，兆當寶密。脩行其道，道無不降，仙無不成。泄露宣傳，妄與非真，道則遠也，禍滅兆身〔二〇四〕。

赤帝招靈致真攝魔之符，以青書赤木板上〔二〇五〕，令廣九寸，長一尺二寸，置室南面，脩行誦經，入室百日，與神共言〔二〇六〕，三年室生自然赤霞之雲。欲致真人天仙，當書如法，著符東面，精思百日，真人降形，仙人詣房，授子神真之道。兆欲攝魔，書符如法〔二〇七〕，安著西方，誦太空之章一遍，則北帝操兵，天魔喪形，萬精滅景，内外肅清。又青書絳繒九寸，佩身八年，帝降八景之輿，下迎兆身，上升帝晨〔二〇八〕。九天秘信，兆當寶秘〔二〇九〕。脩行其道，道無不降，仙無不成。泄語三人，傳付非真，道則遠也，禍滅兆身〔二一〇〕。

白帝招靈致真攝魔之符，以黄書白木板上〔二一一〕，令廣九寸，長一尺二寸，置室西面〔二一二〕，脩行誦經，入室百日，與神共言〔二一三〕，三年室生自然白霞之雲。欲致真人天仙，當書如法〔二一四〕，著符中央，精思百日，真人降形，仙人詣房，授子神真之道。兆欲攝魔，當書符如法，安著東面，誦太空之章一遍〔二一五〕，則北帝操兵，天魔喪形，萬精滅影〔二一六〕，内外肅清。又黄書白繒九寸，佩身八年，帝降玄景緑輿，下迎兆身，上升太清。九天秘信，兆當寶密。脩行其道，道無不降，仙無不成。泄語三人，傳付非真，道則遠也，禍滅兆身〔二一七〕。

黑帝招靈致真攝魔之符，以白書黑木板上〔二一八〕，令廣九寸，長一尺二寸，置室北面，脩行誦經，入室百日，與神人共言，三年室生自然緑霞之雲〔二一九〕。欲致真人天仙，當書如上法，著著符西面〔二二〇〕，精思百日，真人降形，仙人詣房，授子神真之道。兆欲攝魔，當書符如法〔二二一〕，安著南面，誦太空之章一遍，則北帝操兵，天魔喪形，萬精滅景，内外肅清。又白書黑繒九寸，佩身八年，帝遣光明八道之輿，下迎兆身，上升太清。九天秘信，兆當寶密。脩行其道，道無不降，仙無不成。泄語三人，傳付非真，道則遠也，禍滅兆身〔二二二〕。

黃帝招靈致真攝魔之符，朱書黃木板上[二二三]，令廣九寸，長一尺二寸，置室中央，脩行誦經，入室百日，與神人共言，三年室生自然黃霞之雲。欲致真人天仙，當書如法[二二四]，著符南面，精思百日，真人降形，仙人詣房，授子神真之道。兆欲攝魔，當書如法，以著北面，誦太空之章一遍，則北帝操兵，天魔喪形，萬精滅景，内外肅清。又朱書黃繒九寸，佩身八年，帝遣徘徊之輦，下迎兆身，上升上清宮[二二五]。九天秘信，兆當寶密[二二六]，脩行其道，道無不降，仙無不成。泄語三人，傳付非真，道則遠也，禍滅兆身。

書符都畢，北向叩齒卅六通，微祝曰：

九天有命，普告萬靈，三代相推，五氣交并[二二七]，五帝顯駕[二二八]，匡轡霄庭[二二九]，施布正法，收魔束精，翦戮元妖[二三〇]，萬道齊平，道流後學，帝君記名，招真洞幽，氣交無形[二三一]，變景練骨[二三二]，道升三清，得迅飛輿，上造玉庭。畢，隨位置符，真仙立降，身無禍殃。學無此道，鮮不喪身。可謂妙法，不學自仙也。

帝君豁落七元上符，一名帝皇威章[二三三]。

右一元豁落日精之符。兆欲脩行，誦經求仙，當以雌黃書生碧佩身[二三四]。兆欲上致真人，朱書白紙，東向服之，精思百日，真人降房，與兆共言。兆欲制魔，青書黃木板九寸上[二三五]，著月建上，天魔自消，萬精束形。帝皇之章，慎勿泄揚[二三六]，秘而奉脩，七年飛仙〔二三七〕。

右二元豁落月精之符。兆欲脩行誦經求仙，當以空青書絳佩身〔二三八〕。兆欲通靈致神，黄書白紙，西向服之，精思百日，神人降形，與兆共言。兆欲制魔攝精，當以青書赤木九寸板上〔二三九〕，施著東北之上，百日，北帝捕魔，天元攝精，萬妖絶滅〔二四〇〕，内外蕩清。帝皇之章，秘而脩行，七年飛仙，白日升天〔二四一〕。

右三元豁落歲星精符。兆欲行道求仙，當以朱書生碧佩身。兆欲致東嶽真人仙官，當以黑書青紙，東向服之，精思百日，仙官立到，真人詣房，賜兆神仙之藥〔二四二〕。兆欲制青帝之魔，當以白書青木九寸板上，著東面百日，天魔束形，萬精自喪。帝皇之章，秘而脩行，七年飛仙，白日升天〔二四三〕。

右四元豁落太白星精符。兆欲行道求仙，當以雌黄書白素佩身。兆欲致西嶽真人仙官，當以黄書白紙，西向服之，精思百日，仙官立到，真人詣房，賜兆真書，與兆共言。兆欲制白帝之魔，當以朱書白木九寸板上，向西面百日，天魔束形，萬精自喪。帝皇之章，行之七年，神仙度世，白日升天〔二四四〕。

右五元豁落熒或（惑）星精符〔二四五〕。兆欲行道求仙，當以雌黄書生紫佩身。兆欲致南嶽真人仙官，當以青書赤紙，南向服之，精思百日，仙官立到，真人詣房，賜兆神芝寶文，與兆共言。兆欲制赤帝之魔，當以黑書赤木九寸板上，向南面百日，天魔束形，萬精自喪。帝皇之章，行之七年，神仙度世，白日升天〔二四六〕。

右六元豁落辰星精符。兆欲行道求仙，當以黑書黄素佩身。兆欲致北嶽真人仙官，當以白書黑紙，向北服之，精思百日，仙官立到〔二四七〕，真人詣房，授兆神仙之藥〔二四八〕，與兆共言。兆欲制黑帝之魔，當以黄書黑木九寸板上，向北面百日，天魔束形，萬精自喪。帝皇之章，行之七年，神仙度世〔二四九〕，白日升天〔二五〇〕。

右七元豁落填（鎮）星精符〔二五一〕。兆欲行道求仙，當以朱書青碧佩身。兆欲致中嶽真人仙官，當以朱書黄紙，向太歲上服之，精思百日，仙官立倒（到）〔二五二〕，真人詣房，授兆神仙之藥，五老真書。兆欲制黄帝之魔，當以青書黄木九寸板上，置於太歲之上百日，天魔束形，萬精自喪。帝皇之章，行之七年，神仙飛行，白日升天。

右高上玉帝元皇道君，受九天丈人豁落七元之符，主致上真飛仙之官，通靈徹視，與神交言，制魔伏靈，威攝十方，流火萬里，坐在立亡，行之九年，得乘玄輿，飛行上清。

施行上道，脩行求仙，攝魔御精，書符如法，北向叩左齒卅六通，〔存〕日月五星精光〔二五三〕，洞映兆身。微祝曰：

七元煥落，流威吐精，擲光萬里，神耀五靈，上攝北酆，檢録鬼名，天帝命章，翦戮賈生，我備煥落〔二五四〕，流金火鈴，内保六府，外引流精，飛仙上真〔二五五〕，與我齊并，洞觀空同（洞）〔二五六〕，三道合明，得御玄雲，参（驂）駕緑軿〔二五七〕，攜率五嶽，運我升清。畢，隨位施用七年，剋有真人來降，授兆上真寶文也。

夫有金骨玉名，紫字上清，得備招靈致真攝魔之符〔二五八〕、豁落七元之符，則九天紀名〔二五九〕，帝告萬真四司靈官，右别兆身，出入行來，涉登五嶽〔二六〇〕，仙官衛迎，萬魔伏首，群凶喪精。脩行百日，與神通靈，真人下降，授兆真經也。七年之中，得乘飛軿，遊戲五嶽，出入三清。泄語三人，傳不得真，七祖父母，下及兆身，並充三塗刀山之中〔二六一〕，萬劫不原。得者寶秘〔二六二〕，慎如四明〔二六三〕。

凡上學之士，道成飛升，而無此文，九天王亦司不過兆仙〔二六四〕，天關之門亦不可得前，五嶽之官亦不衛兆之身。故九天之信，帝皇之章，施於已成真人，不行於世。得者便仙，其有左輔執節，仙都右置，侍仙玉郎，五方靈官，典衛此文，不可輕慢，泄露上真，有犯其禁，死滅兆身。上古之科，萬劫一傳，今有其人，七百年中聽得三傳。依明科之法，師、弟子對齋九十日，資金魚玉龍各一枚〔二六五〕，紫文百尺〔二六六〕，上金三兩，以奉有經之師，誓於九天之信。無盟而傳，身被風刀之考。受而無信，輕道賤真，身没鬼官，連（愆）愆（連）七玄〔二六七〕。故四極明科有三分之信，師受不依科文，以營他用，死没三官，長充地獄，萬不得仙。

趙伯玄，昔師萬始先生，受書道成，當登金闕，而無招靈致真、焕落七元二符〔二六八〕，於府仰之格〔二六九〕，方退還戎山，七百年後，詣青責（真）小童〔二七〇〕，依盟受文〔二七一〕，誓於委羽之山，今升爲上清左司君。

王君以經於陽洛山，十一月上午子時，盟九天以傳南嶽夫人，今封於陽洛山中。

南嶽赤松子〔二七二〕，以陽羽之年〔二七三〕，於太華山傳經於谷希子，今封一通於烏鼠山〔二七四〕。

桐柏真人，以六月廿九日，以此文授許遠遊。

金真玉光八景飛經〔二七五〕

如意元年閏五月十三日經生郞忠寫〔二七六〕。

清都觀直歲輔思節諸用忌錢造。

用　紙　一　十　八　張。

Дх 一九六二＋Дх 二〇五二＋伯二七二八＋伯二八四八＋斯二三三八

説明

此件由Дх一九六二、Дх二〇五二、伯二七二八、伯二八四八與斯二三三八綴合而成，綴合後首缺尾全，有尾題和題記，題記中『年』『月』『日』三字原爲武周新字。大淵忍爾考出斯二三三八與Дх一九六二+Дх二〇五二、伯二七二八+伯二八四八等幾件，屬於同一寫卷，且文字連續，大淵忍爾還對以上各件做過校勘（參看《敦煌道經·目録篇》，一七三至一七六頁；《敦煌道經·圖録篇》，三六一至三六六頁）。王卡指出，以上各件綴合後，存經文四四〇行，其内容大致與《道藏》本相當，卷首稍有殘損（參見《敦煌道教文獻研究：綜述·目録·索引》，八五至八六頁）。

需要説明的是，此件似爲未完成的抄本，中間留有多處空白，本來是應畫有符的，均未完成。

以上釋文以Дх一九六二+Дх二〇五二+伯二七二八+伯二八四八+斯二三三八爲底本，用傳世《道藏》本《上清金真玉光八景飛經》（稱其爲甲本）參校。因伯二七二八+伯二八四八與斯二三三八綴合處呈斜線型，故綴合處用『/』表示，即其中兩『/』之間的文字存於伯二七二八+伯二八四八。

校記

〔一〕『目其上篇而四時』，據甲本補；『名焉』，據殘筆劃及甲本補。

〔二〕『匡御』，據甲本補。

〔三〕『紫晨』，據甲本補。

〔四〕『秘』，據甲本補；『之』，據殘筆劃及甲本補；『上』，據甲本補。

〔五〕『撰』，甲本作『譔』，均可通。

〔六〕兩個「億」，均當作「奕」，據甲本改，「億」爲「奕」之借字。

〔七〕「耀」，甲本作「輝」；「太」，甲本作「大」，「大」通「太」。

〔八〕「俠」，甲本同，當作「遐」，據文義改，「俠」爲「遐」之借字。

〔九〕「金」，甲本作「命金」。

〔一〇〕「天」，甲本作「玉」；「妃」，據甲本補。

〔一一〕「狩」，當作「獸」，據甲本改，「狩」爲「獸」之借字。

〔一二〕「闕」，甲本作「闕」。

〔一三〕「神」，據甲本補；「變」，當作「鸞」，據甲本改。

〔一四〕「晏」，甲本作「宴」。

〔一五〕「虧」，當作「騁」，據甲本改。

〔一六〕「旋」，甲本作「璇」，「旋」同「璇」。

〔一七〕「天」，當作「無」，據甲本改。

〔一八〕「章」，當作「帝」，據甲本改。

〔一九〕「氣」，甲本作「炁」，均可通。

〔二〇〕「卅」，甲本作「三十」。以下同，不另出校。

〔二一〕「大」，甲本作「太」。

〔二二〕「太」，甲本作「大」，「大」通「太」；「湯」，甲本作「暘」。

〔二三〕「君」，據甲本補。

〔二四〕「詠」，甲本作「誦」。

Дх 一九六二+Дх 二〇五二+伯二七二八+伯二八四八+斯二一三八

〔二五〕「朗」，據甲本補；「撤」，當作「徹」，據甲本改，「撤」爲「徹」之借字。
〔二六〕「氣」，甲本作「炁」，均可通。
〔二七〕「翁」，當作「蓊」，據甲本改，「翁」爲「蓊」之借字。以下同，不另出校。
〔二八〕「清」，甲本作「精」。
〔二九〕「同」，甲本作「洞」，誤。
〔三〇〕「儵」，甲本作「倏」，「儵」爲「倏」之本字。
〔三一〕「輿」，甲本作「輪」。
〔三二〕「泰」，甲本作「太」，「太」同「泰」。
〔三三〕「太」，甲本作「非太」，誤。
〔三四〕「無」，甲本作「於無」；「崖」，甲本作「涯」。
〔三五〕「反」，甲本作「返」，「返」通「反」。
〔三六〕「氣」，甲本作「炁」，均可通。
〔三七〕第二個「太」，甲本作「大」，「太」爲「大」之借字；「鄫」，當作「層」，據甲本改，「鄫」爲「層」之借字。
〔三八〕「童」，甲本作「君」。
〔三九〕「盟」，甲本作「盟啓」；「授」，甲本作「受」，「受」爲「授」之借字。
〔四〇〕「年」，甲本作「道」。
〔四一〕「斫」，甲本作「研」。
〔四二〕「落」，甲本作「絡」，「落」通「絡」。
〔四三〕「於」，甲本作「以」。

〔四四〕「景」，甲本作「影」，均可通。

〔四五〕「無」，甲本作「元」，因二字形近，在手書中易混，故可視作「無」；「影」，甲本作「景」，均可通。

〔四六〕「存」，據甲本補。

〔四七〕「奄」，甲本作「晻」。

〔四八〕「年」，當作「劫」，據甲本改。

〔四九〕「赤」，甲本作「赫」。

〔五〇〕「告」，當作「吉」，據甲本改；「晨」，當作「辰」，據甲本改，「晨」爲「辰」之借字。

〔五一〕「映」，甲本作「燭」。

〔五二〕「仙」，甲本作「僊」，均可通。

〔五三〕「施」，據甲本補。

〔五四〕「晏」，甲本作「宴」。

〔五五〕「萬」，當作「乃」，據甲本改。

〔五六〕「輝」，甲本作「暉」。

〔五七〕「羅飛」，當作「飛羅」，據甲本改。

〔五八〕「人」，甲本無。

〔五九〕「法」，據甲本補；「造」，當作「告」，據甲本改。

〔六〇〕「青」，甲本作「清」。

〔六一〕「陰」，甲本作「金」。

〔六二〕「塗」，甲本作「徒」，「徒」爲「塗」之借字。

〔六三〕『九』，甲本該字前有『元始天王啓之於空玄之上，以傳』；『受之於空玄』，甲本無。
〔六四〕此句甲本無。
〔六五〕『廣生』，甲本無。
〔六六〕『元』，當作『萬』，據甲本改；『道』，據甲本補；『王』，當作『君』，據甲本改。
〔六七〕『帝』，甲本作『上相帝』；『料』，當作『科』，據甲本改；『撰』，甲本作『譔』，『譔』同『撰』；『呪』，甲本作『祝』，均可通。
〔六八〕第一個『之』，甲本無。
〔六九〕『於』，甲本作『放』。
〔七〇〕『清』，甲本作『青』。
〔七一〕『案』，甲本作『按』，均可通。
〔七二〕『能』，甲本無。
〔七三〕『妙』，甲本作『上』。
〔七四〕『之』，甲本作『者』。
〔七五〕『學』，當作『存』，據甲本改；『氣』，甲本作『炁』，均可通。
〔七六〕『室』，甲本作『堂』。
〔七七〕『廿』，甲本作『二十』。以下同，不另出校。
〔七八〕『糺』，甲本作『罰』。
〔七九〕『連愆』，當作『愆連』，據甲本改。
〔八〇〕『入』，甲本作『人』，誤。

〔八一〕『安施』，甲本作『施安』。
〔八二〕『學』，甲本作『道』。
〔八三〕『經』，甲本作『聖』，誤。
〔八四〕『府』，甲本作『俯』，均可通。
〔八五〕『一』，甲本作『萬』。
〔八六〕『便』，甲本無。
〔八七〕『刻』，甲本作『剋』。
〔八八〕『帝』，甲本作『上帝』；『皇』，甲本作『真皇』。
〔八九〕『得』，甲本作『得至』。
〔九〇〕『洿』，甲本作『汙』。
〔九一〕『晏』，當作『宴』，據甲本改，『晏』爲『宴』之借字。
〔九二〕『盛』，當作『戒』，據甲本改。
〔九三〕『向』，甲本作『北』。
〔九四〕『念』，甲本作『合』，誤。
〔九五〕『青』，甲本作『清』。
〔九六〕『司』，據甲本補。
〔九七〕『諱』，甲本該字後有一道符，以下同，不另出校；『太嚚』，底本原係合文，甲本作『太呪獻』。
〔九八〕『輿』，當作『景』，據甲本改；『輪』，當作『輿』，據甲本改。
〔九九〕『二』，甲本作『三』。

〔一〇〇〕「太」，甲本作「大」。
〔一〇一〕「氣」，甲本作「炁」，均可通。
〔一〇二〕「撤」，當作「徹」，據甲本改，「撤」爲「徹」之借字。
〔一〇三〕「觀」，甲本作「睹」；「玉」，甲本作「三」。
〔一〇四〕「參」，甲本無。
〔一〇五〕「升」，甲本作「昇」。以下同，不另出校。
〔一〇六〕「氣」，甲本作「炁」，均可通。
〔一〇七〕「晏」，當作「宴」，據甲本改，「晏」爲「宴」之借字。
〔一〇八〕「帝」，甲本作「蒂」，「蒂」爲「帝」之借字。
〔一〇九〕「使」，甲本作「賜」。
〔一一〇〕「倉」，甲本作「蒼」，「倉」通「蒼」。
〔一一一〕「呪」，甲本作「祝」，均可通。
〔一一二〕「氣」，甲本作「炁」，均可通。
〔一一三〕「晏」，甲本作「宴」。
〔一一四〕「練」，當作「鍊」，據甲本改，「練」爲「鍊」之借字；「氣」，甲本作「炁」，均可通。
〔一一五〕「藏」，甲本作「華」；「潔」，甲本作「結」。
〔一一六〕「氣」，甲本作「炁」，均可通。
〔一一七〕「晏」，甲本作「宴」。
〔一一八〕「晏」，當作「宴」，據甲本改，「晏」爲「宴」之借字。

〔一一九〕「紫」，甲本作「青」。
〔一二〇〕「青」，甲本作「紫」。
〔一二一〕「而」，甲本無。
〔一二二〕「玉」，甲本作「工」，誤。
〔一二三〕「無英」，底本原係合文。
〔一二四〕「皇」，甲本作「凰」，「皇」通「凰」。
〔一二五〕「參」，甲本作「驂」；「晏」，甲本作「宴」；「氣」，甲本作「炁」，均可通。
〔一二六〕「氣」，甲本作「炁」，均可通。
〔一二七〕「素」，當作「青」，據甲本改。
〔一二八〕「黄」，據甲本補。
〔一二九〕「晏」，當作「宴」，據甲本改，「晏」爲「宴」之借字。
〔一三〇〕「太」，甲本作「大」，「大」通「太」。
〔一三一〕「昞」，甲本作「盼」。
〔一三二〕「臽史」，底本原係合文，甲本作「伯史」。
〔一三三〕「耀」，甲本作「曜」。
〔一三四〕「氣」，甲本無。
〔一三五〕「皇」，甲本作「凰」，「皇」通「凰」。
〔一三六〕「靈」，甲本作「臺」。
〔一三七〕「呪」，甲本作「祝」，均可通。

〔一三八〕『氣』，甲本作『炁』，均可通。
〔一三九〕『明光』，甲本作『光明』。
〔一四〇〕『氣』，甲本作『炁』，均可通。
〔一四一〕『人』，甲本作『人也』。
〔一四二〕『晏』，當作『宴』，據文義改，『晏』爲『宴』之借字。此句甲本作『也』。
〔一四三〕『元』，底本原作『無』，因二字形近，在手書中易混，故據文義逕釋作『元』。
〔一四四〕『元』，底本原作『無』，因二字形近，在手書中易混，故據文義逕釋作『元』。
〔一四五〕『戴』，甲本作『帶』。
〔一四六〕『脩』，甲本作『滫』。
〔一四七〕『采』，甲本作『彩』，均可通。
〔一四八〕第一個『下』，甲本無。
〔一四九〕『元』，底本原作『無』，因二字形近，在手書中易混，故據文義逕釋作『元』。
〔一五〇〕『五』，甲本作『炁』。
〔一五一〕『氣』，甲本作『炁』，均可通。
〔一五二〕『元』，底本原作『無』，因二字形近，在手書中易混，故據文義逕釋作『元』。
〔一五三〕『脩』，甲本作『滫』。
〔一五四〕『元』，底本原作『無』，因二字形近，在手書中易混，故據文義逕釋作『元』。
〔一五五〕『晏』，當作『宴』，據甲本改，『晏』爲『宴』之借字。
〔一五六〕『仁』，甲本作『二』，疑誤。

〔一五七〕「匡落」，甲本作「弘絡」。
〔一五八〕「晏」，甲本作「宴」。
〔一五九〕「氣」，甲本作「炁」，均可通。
〔一六〇〕「碧琳」，甲本作「琳碧」。
〔一六一〕「子」，甲本無；「晏」，當作「宴」，據甲本改，「晏」爲「宴」之借字；「時」，甲本作「時也」。
〔一六二〕「紫」，甲本作「青」。
〔一六三〕「碧」，甲本作「紫」。
〔一六四〕「太」，甲本作「上」。
〔一六五〕「宫中」，甲本作「中宫」。
〔一六六〕「太」，甲本作「大」，「大」通「太」。
〔一六七〕「元輔」，底本原係合文。
〔一六八〕「輿」，甲本作「輦」。
〔一六九〕「氣」，甲本作「炁」，均可通。
〔一七〇〕「晏」，當作「宴」，據甲本改，「晏」爲「宴」之借字。
〔一七一〕「晏」，當作「宴」，據甲本改，「晏」爲「宴」之借字。
〔一七二〕「王」，甲本作「玉」。
〔一七三〕「陰」，底本原係古文「侌」，今釋作今文。「陰精」，底本原係合文。
〔一七四〕「著」，甲本作「躡」；「師」，甲本作「獅」，「師」通「獅」。
〔一七五〕「照」，當作「招」，據甲本改，「照」爲「招」之借字。

〔一七六〕『乘』，據甲本補。
〔一七七〕『皂』，甲本作『錦』；『氣』，甲本作『炁』，均可通。
〔一七八〕『呪』，甲本作『祝』，均可通。
〔一七九〕『氣』，甲本作『炁』，均可通。
〔一八〇〕『案』，甲本作『按』，均可通。
〔一八一〕『敬』，甲本作『來』。
〔一八二〕兩個『惟』，甲本均作『唯』；『秘』，甲本作『必』。
〔一八三〕『望』，當作『妄』，據甲本改，『望』爲『妄』之借字。
〔一八四〕『安』，甲本作『案』。
〔一八五〕『通』，甲本作『遍』。
〔一八六〕『鄉』，甲本作『響』，『響』通『鄉』。
〔一八七〕『聞』，當作『間』，據甲本改。
〔一八八〕『承』，當作『乘』，據甲本改，『承』爲『乘』之借字。
〔一八九〕『含』，甲本作『合』。
〔一九〇〕『洋』，當作『翔』，據甲本改；『智』，甲本作『知』，均可通。
〔一九一〕『晏』，當作『按』，據甲本改，『晏』爲『按』之借字。
〔一九二〕『迅』，甲本作『飛』。
〔一九三〕『補』，甲本作『輔』；『同』，當作『洞』，據甲本改。
〔一九四〕『妖』，甲本作『袄』，均可通。

〔一九五〕「呈」，甲本作「程」，「呈」通「程」。
〔一九六〕「精」，甲本作「魔」。
〔一九七〕此句後原留有三行空白，甲本在此後畫有符。
〔一九八〕「黑」，甲本作「墨」；「板」，甲本作「簡」。
〔一九九〕「南」，當作「面」，據甲本改。
〔二〇〇〕「置」，甲本作「著」。
〔二〇一〕「仙人」，甲本作「諸仙」。
〔二〇二〕「黑」，甲本作「墨」。
〔二〇三〕「輿」，甲本作「轝」。
〔二〇四〕此句後原留有三行空白，甲本在此空白處畫有符。
〔二〇五〕「板」，甲本作「簡」。
〔二〇六〕「神」，甲本作「神人」。
〔二〇七〕「法」，甲本作「上法」。
〔二〇八〕「帝晨」，甲本作「太清」。
〔二〇九〕「秘」，甲本作「密」。
〔二一〇〕此句後原留有三行空白，甲本在此空白處畫有符。
〔二一一〕「板」，甲本作「簡」。
〔二一二〕「面」，甲本作「南」。
〔二一三〕「神」，甲本作「神人」。

〔二一四〕「法」，甲本作「上法」。

〔二一五〕「章」，甲本作「道章」。

〔二一六〕「影」，甲本作「景」，均可通。

〔二一七〕此句後原留有三行空白，甲本在此空白處畫有符。

〔二一八〕「板」，甲本作「簡」。

〔二一九〕「緑」，甲本作「黑」。

〔二二〇〕第二個「著」，據甲本係衍文，當删；「面」，甲本作「方」。

〔二二一〕「當」，甲本無。

〔二二二〕此句後原留有三行空白，甲本在此空白處畫有符。

〔二二三〕「朱」，甲本作「以朱」；「板」，甲本作「簡」。

〔二二四〕「法」，甲本作「上法」。

〔二二五〕第二個「上」，甲本作「太」。

〔二二六〕「竇密」，甲本作「密寶」。

〔二二七〕「氣」，甲本作「炁」，均可通。

〔二二八〕「五」，甲本作「玉」。

〔二二九〕「匡」，甲本作「控」。

〔二三〇〕「翦」，甲本作「剪」；「元妖」，甲本作「凶袄」。

〔二三一〕「氣」，甲本作「炁」，均可通。

〔二三二〕「練」，甲本作「鍊」。

〔二三三〕此句後原留有三行空白，甲本在此空白處畫有符。

〔二三四〕「佩」，甲本作「上佩」。

〔二三五〕「青」，甲本作「當以青」；「板九寸」，甲本作「九寸板」。

〔二三六〕「泄」，甲本作「洩」，「洩」同「泄」。

〔二三七〕此句後原留有三行空白，甲本在此空白處畫有符。

〔二三八〕「絳」，甲本作「絳繒」。

〔二三九〕「青」，甲本作「黑」。

〔二四〇〕「妖」，甲本作「祅」。

〔二四一〕此句後原留有三行空白，甲本在此空白處畫有符。

〔二四二〕「藥」，甲本作「藥也」。

〔二四三〕此句後原留有三行空白，甲本在此空白處畫有符。

〔二四四〕此句後原留有三行空白，甲本在此空白處畫有符。

〔二四五〕「或」，當作「惑」，據甲本改，「或」爲「惑」之借字。

〔二四六〕此句後原留有三行空白，甲本在此空白處畫有符。

〔二四七〕「到」，甲本作「致」。

〔二四八〕「授」，甲本作「賜」。

〔二四九〕「度世」，甲本作「飛行」。

〔二五〇〕此句後原留有三行空白，甲本在此空白處畫有符。

〔二五一〕「填」，當作「鎮」，據甲本改，《〈英藏敦煌社會歷史文獻釋録〉校讀》認爲「填」通「鎮」。按這裡「鎮星」

是專有名詞，應不適用於通假。

〔二五二〕『倒』，當作『到』，據甲本改，『倒』爲『到』之借字。

〔二五三〕『存』，據甲本補。

〔二五四〕『煥』，甲本作『豁』。

〔二五五〕『上真』，甲本作『真人』。

〔二五六〕『觀』，甲本作『睹』；『同』，當作『洞』，據甲本改。

〔二五七〕『參』，當作『驂』，據甲本改，『參』爲『驂』之借字。

〔二五八〕『備』，甲本作『佩』。

〔二五九〕『紀』，甲本作『記』，『紀』有『記』義。

〔二六〇〕『涉登』，甲本作『登陟』。

〔二六一〕『三塗刀山』，甲本作『刀山三徒』。

〔二六二〕『寶』，甲本作『保』。

〔二六三〕『如』，甲本作『負』，誤。

〔二六四〕『九』，甲本作『亦九』；『王』，甲本『玉』；『過』，甲本作『遺』。

〔二六五〕『資』，甲本作『齎』；『魚』，甲本作『龍』；『龍』，甲本作『魚』。

〔二六六〕『文』，甲本作『紋』，均可通。

〔二六七〕『連愆』，當作『愆連』，據甲本改。

〔二六八〕『煥』，甲本作『豁』。

〔二六九〕『府』，甲本作『俯』，『府』通『俯』。

〔二七〇〕「青」，甲本作「清」；「責」，當作「真」，據甲本改。

〔二七一〕「文」，甲本作「之」。

〔二七二〕「赤」，甲本脱。

〔二七三〕「羽」，甲本作「朔」。

〔二七四〕「山」，甲本作「山中」。

〔二七五〕「金」，甲本作「上清金」。

〔二七六〕此句及以下兩句甲本無。

參考文獻

Giles, *BSOS*, 8.1（1936）, p. 22；《大陸雜志》，一九六二年，二五卷一〇期，一〇頁；《スタイン將來大英博物館藏敦煌文獻分類目録・道教之部》，東京：東洋文庫，一九六九年，五七頁；《敦煌道經・目録編》，東京：福武書店，一九七八年，一七三至一七六頁；《敦煌道經・圖録編》，東京：福武書店，一九七九年，三六一至三六六頁（圖）；《敦煌宝藏》二册，臺北：新文豐出版公司，一九八一年，二八五至二九二頁（圖）；《世界宗教研究》一九八五年三期，六六頁；《莫高窟年表》，上海古籍出版社，一九八五年，二六〇頁；《道藏》三四册，文物出版社、上海書店、天津古籍出版社，一九八八年，五四至六二頁；《英藏敦煌文献》一卷，成都：四川人民出版社，一九九〇年，九一至九六頁（圖）；《俄藏敦煌文獻》八册，上海古籍出版社，一九九七年，四〇二頁（圖）；《法藏敦煌西域文獻》一七册，上海古籍出版社，二〇〇一年，三八二至三八七頁（圖）；《宗教學研究》二〇〇三年二期，一〇八至一一一頁；《中華道藏》一册，北京：華夏出版社，二〇〇四年，一六一至一七〇頁；《敦煌道教文獻研究：綜述・目録・索引》，北京：中國社會科學出版社，二〇〇四年，八五至八六頁；《英國國家圖書館藏敦煌遺書》四册，桂林：廣西師範大學出版社，二〇一一年，一一六至一二九頁（圖）。

Дх 一九六二＋Дх 二〇五二＋伯二七二八＋伯二八四八＋斯二三三八

斯二四六　妙法蓮華經卷第五題記

釋文

弟子李智通及法界衆生共同供養〔一〕。

説明

此件《英藏敦煌文獻》未收，現予增收。

校記

〔一〕『子』，據 *Descriptive Catalogue of the Chinese Manuscripts from Tunhuang in the British Museum* 補録，細審原件，尚有『子』字之下半；『智』，原件已無此字，據 *Descriptive Catalogue of the Chinese Manuscripts from Tunhuang in the British Museum* 補，該卷曾修補過，或者翟理斯作釋文時此字尚可見，以後在修補時將此字蓋住了；『供』，《英國國家圖書館藏敦煌遺書》『條記目録』釋作『拱』，校改作『供』。

參考文獻

Descriptive Catalogue of the Chinese Manuscripts from Tunhuang in the British Museum, The Trustees of the British Museum, London 1957, p. 79（録）；《敦煌寶藏》二册，臺北：新文豐出版公司，一九八一年，四三八頁（圖）；《中國古代寫本識語集録》，東京大學東洋文化研究所，一九九〇年，二五二頁（録）；《英國國家圖書館藏敦煌遺書》四册，桂林：廣西師範大學出版社，二〇一一年，一七七頁（圖）、『條記目録』七頁（録）。

斯二五一背　大般若波羅蜜多經卷第二一五勘經題記

釋文

無頭末。

説明

以上文字書寫於《大般若波羅蜜多經》卷第二一五卷背，應係對該經首尾均缺的記録。《敦煌寶藏》和《英藏敦煌文獻》均未收，現予增收。同卷背有蔣孝琬所書數碼及『破無名經』，未録。

參考文獻

《英國國家圖書館藏敦煌遺書》四册，桂林：廣西師範大學出版社，二〇一一年，三〇四頁（圖）、『條記目録』九頁（録）。

斯二五五背　　雜寫（社司轉帖等）

釋文

社司轉帖右年支春座局席

次至於主人家

太子讚釋迦住柱寶稞（？）〔一〕

種智合郗弗是諸佛俱化菩薩得以佛〔二〕

智見亦衆生故智山佛

迦迦有我是是大

説明

此件爲時人隨手所寫於《妙法蓮華經》卷背，有正書，有倒書，既非一時所寫，亦非一人所寫。另，同卷背尚有蔣孝琬所書佛經名和數碼，未録。

校記

〔一〕『稞』，《英國國家圖書館藏敦煌遺書》『條記目録』疑作『保』。

〔二〕『㭜』，《英國國家圖書館藏敦煌遺書》『條記目録』釋作『利』，雖義可通而字誤；第二個『佛』，《英國國家圖書館藏敦煌遺書》『條記目録』釋作『佛之』。此行及下行係倒書。

參考文獻

《敦煌寶藏》二册，臺北：新文豐出版公司，一九八一年，四八三頁（圖）；《英藏敦煌文獻》一卷，成都：四川人民出版社，一九九〇年，九七頁（圖）；《敦煌社邑文書輯校》，南京：江蘇古籍出版社，一九九七年，一五五頁（録）；《英國國家圖書館藏敦煌遺書》四册，桂林：廣西師範大學出版社，二〇一一年，二三〇頁（圖）、『條記目録』一〇頁（録）。

斯二五八　妙法蓮華經卷第九題記

釋文

三校竟。

十七。

比丘尼□[一]

説明

此件《英藏敦煌文獻》未收，現予增收。

校記

〔一〕『□』，《中國古代寫本識語集録》釋作『通』。此句殘缺處，《英國國家圖書館藏敦煌遺書》『條記目録』釋一『所』字。

參考文獻

Descriptive Catalogue of the Chinese Manuscripts from Tunhuang in the British Museum, The Trustees of the British Museum, London 1957, p. 82（録）；《敦煌寶藏》二册，臺北：新文豐出版公司，一九八一年，四九八頁（圖）；《中國古代寫本識語集録》，東京大學東洋文化研究所，一九九〇年，一五八至一五九頁（録）；《敦煌遺書總目索引新編》，北京：中華書局，二〇〇〇年，八頁（録）；《英國國家圖書館藏敦煌遺書》四册，桂林：廣西師範大學出版社，二〇一一年，二四五頁（圖）、『條記目録』一一頁（録）。

斯二五九背　彌勒下生經變白描粉本

釋文

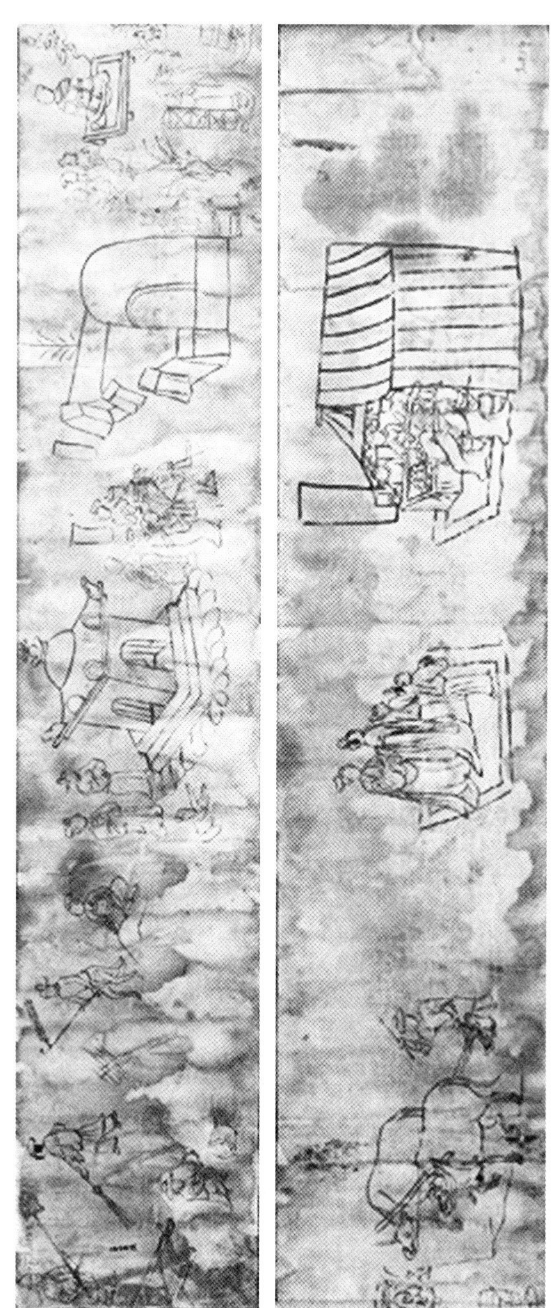

説明

此圖繪於《金剛般若波羅蜜經》卷背，秋山光和考定其爲『彌勒下生經變白描粉本』（參見《彌勒下生經變白描粉本斯二五九背和敦煌壁畫的製作》，《西域文化研究（六）·歷史と美術の諸問題》，四六至七四頁），兹從之。同卷背尚有蔣孝琬所書『破經並菩薩』和數碼，未録。

參考文獻

《西域文化研究（六）·歷史と美術の諸問題》，京都：法藏館，一九六三年，四六至七四頁；《敦煌遺書總目索引新編》，北京：中華書局，二〇〇〇年，八頁；《敦煌畫稿研究》，北京：民族出版社，二〇〇六年，五二至六〇頁；《英國國家圖書館藏敦煌遺書》四册，桂林：廣西師範大學出版社，二〇一一年，二四九至二五二頁（圖）。

斯二六三　一　無相禮

釋文

無相禮

南無清淨法身毗盧遮那佛。

南無圓滿寶身盧舍那佛〔一〕。

南無千百億化身同名釋迦牟尼佛〔二〕。

清涼山中有大聖文殊師利菩薩〔三〕。

端坐正看心，心亦不可得〔四〕，敬禮無所觀。至心歸命禮，真如法身佛〔五〕。

無色〔無〕形相〔六〕，無根無住處〔七〕，不生不滅故，敬禮無所觀〔八〕。至心歸命禮〔九〕，真如法身佛。

菩薩一地〔一〇〕，決定信斷。□□不來亦不去〔一一〕，不捨亦不取〔一二〕，遠離六入故，敬禮無所觀。至心歸命禮〔一三〕，真如〔法〕身佛〔一四〕。

菩薩二地〔一五〕，能進道行。出過於三界，等同於虚空〔一六〕，諸欲不染故，敬禮無所觀。至心歸命禮〔一七〕，真如法身佛。

菩薩三地〔一八〕，常念斷妄。於諸威儀中，去來及睡悟，常在寂靜故，敬禮無所觀。至心歸命禮〔一九〕，真如法身佛。

菩薩四地〔二〇〕，常定不散緣。入諸無相定〔二一〕，見諸法寂靜，常在寂靜故，敬禮無所觀。至心歸命禮〔二二〕，真如法身佛。

菩薩五地〔二三〕，智慧充滿。去來悉平等，以住於平等，不壞平〔等〕故〔二四〕，敬禮無所觀。至心歸命禮〔二五〕，真如法身佛。

菩薩六地〔二六〕，能依本師教命。諸佛虚空相，虚空亦無相，〔離〕諸因果故〔二七〕，敬禮無所觀。至心歸命禮〔二八〕，真如法身佛。

菩薩七地〔二九〕，紹立先宗。虚空無中邊〔三〇〕，諸佛身亦然，心同虚空故，敬禮無所觀。至心歸命禮〔三一〕，真如法身佛。

菩薩八地〔三二〕，不斷三寶體性。佛常在世間，如（而）不染世法〔三三〕，不分别世間故〔三四〕，敬禮無所觀。至心歸命禮〔三五〕，真如法身佛。

菩薩九地〔三六〕，萬行圓備。諸法猶如幻〔三七〕，如幻不可得，離諸幻法故，敬禮無所觀。至心歸命禮〔三八〕，真如法身佛。

菩薩十地〔三九〕，常樂我淨。菩薩一禮平等禮〔四〇〕，無禮亦不禮，〔一〕〔禮〕遍含識〔四一〕，同歸實相體。普爲四恩三有及法界衆生，同悟一如如〔四二〕。至心懺悔，歸命禮三寶〔四三〕。

至心懺悔〔四四〕：我於三時求罪性，内外中間心實無，既無心故諸法寂〔四五〕，三毒四倒悉皆無〔四六〕。罪福猶（由）來非一異〔四七〕，衆生迷執自纏軀。反照真心無住處〔四八〕，妄相（想）諸罪自然除〔四九〕。

至心歸懺悔〔五〇〕，歸命禮三寶。

至心觀（勸）諸（請）〔五一〕：一切諸法本無生〔五二〕，已（以）無生故何有滅〔五三〕。不生不滅性常住，唯願諸佛莫涅槃。令諸衆生照本性〔五四〕，自然清淨涅槃成。行者但能照五蘊，無邊無我兩邊空。

至心勸請〔五五〕，歸命禮三寶。

至心隨喜〔五六〕：法本不貪亦不嗔〔五七〕，勿（物）我不二亦不異〔五八〕。同觀一實悟無生，隨緣等觀盡（隨）喜〔五九〕。觀空照有如如性〔六〇〕，唯願衆生勤照心。心體猶（由）來性清淨〔六一〕，妄想虛空同至真。

至心隨喜〔六二〕，歸命禮三寶。

至心迴向〔六三〕：迷於一實隨迷（名）相〔六四〕，名相執故我塵生。今照我塵無自性，無住迴向涅槃成〔六五〕。五法含藏於寂靜〔六六〕，八識清淨了心王。迴向應身成佛道，四識一向，湛然常住。

〔至〕心迴向〔六七〕，歸命禮三寶。

至心發願〔六八〕：願諸衆生防六賊，悲智二照現前行〔六九〕。不斷不絶離如量〔七〇〕，非空非有非中行〔七一〕。四智圓備體〔七二〕，五眼長照朗三明。三種意生無障礙，菩提樹下度群迷。

至心發願〔七三〕，歸命禮三寶。

說明

此件首部右下角略殘，尾部完整，首部有原題。現知敦煌文獻中保存的『無相禮』尚有BD五九二〇B（重二〇）與BD八一七四（乃七四），均首尾完整，起首題『無相禮』，訖『歸命禮三寶』。

以上釋文以斯二六三爲底本，用BD五九二〇B（稱其爲甲本）、BD八一七四（稱其爲乙本）參校。

校記

〔一〕『寶』，據殘筆劃及甲、乙本補；『身盧』，據甲、乙本補。

〔二〕『億』，甲本同，乙本無。

〔三〕此句前《英國國家圖書館藏敦煌遺書》『條記目録』補『南無』二字。

〔四〕『亦』，據殘筆劃及甲、乙本補；『不可』，據甲、乙本補。

〔五〕『佛』，據殘筆劃及甲、乙本補。

〔六〕『無』，據甲、乙本補。

〔七〕『住』，據殘筆劃及甲、乙本補。

〔八〕『所觀』，據甲、乙本補。

〔九〕此句至『決定信斷』，甲本無。

〔一〇〕此句及下句，乙本無。

〔一一〕『□□』，底本此處殘損且存殘筆劃，《英國國家圖書館藏敦煌遺書》『條記目録』未録；此句甲本作『不住亦不去』，乙本作『不去亦不住』。

〔一二〕此句甲、乙本作『不取亦不捨』。

〔一三〕此句至『能進道行』，甲本無。

〔一四〕『法』，據乙本補。

〔一五〕此句及下句，乙本無。

〔一六〕『於』，甲本同，乙本作『如』。

〔一七〕此句至『常念斷妄』，甲本無。

〔一八〕此句及下句，乙本無。

〔一九〕此句至『常定不散緣』，甲本無。

〔二〇〕此句及下句，乙本無。

〔二一〕此句至『常在寂靜故。敬禮無所觀』，甲本置於『不壞平〔等〕故。敬禮無所觀』之後。

〔二二〕此句至『智慧充滿』，甲本無。

〔二三〕此句及下句，乙本無。
〔二四〕『等』，據甲、乙本補。
〔二五〕此句至『能依本師教命』，甲本無。
〔二六〕此句及下句，乙本無。
〔二七〕『離』，據甲、乙本補。
〔二八〕此句至『紹立先宗』，甲本無。
〔二九〕此句及下句，乙本無。
〔三〇〕『中邊』，甲本同，乙本作『邊中』。
〔三一〕此句至『不斷三寶體性』，甲本無。
〔三二〕此句及下句，乙本無。
〔三三〕『如』，當作『而』，據甲、乙本改，『如』爲『而』之借字。
〔三四〕『故』，乙本同，甲本無。
〔三五〕此句至『萬行圓備』，甲本無。
〔三六〕此句及下句，乙本無。
〔三七〕『猶』，乙本同，甲本作『由』，『由』爲『猶』之借字。
〔三八〕此句至『歸命禮三寶』，甲本無。
〔三九〕此句及下句，乙本無。
〔四〇〕『菩薩』，乙本無。
〔四一〕『一禮』，據乙本補。

〔四二〕『悟』，底本原作『忢』，今逕釋作『悟』。以下同，不另出校。
〔四三〕乙本止於此句。
〔四四〕『至』，甲本作『志』。
〔四五〕『既』，甲本作『已』。
〔四六〕『毒』，甲本作『恚』，誤；『無』，甲本作『如』，『如』爲『無』之借字。
〔四七〕『猶』，當作『由』，《英國國家圖書館藏敦煌遺書》『條記目録』據文義校改，『猶』爲『由』之借字。此句至『妄相（想）諸罪自然除』，甲本無。
〔四八〕『反』，《英國國家圖書館藏敦煌遺書》『條記目録』校改作『返』，按不改亦可通。
〔四九〕『相』，當作『想』，據文義改，『相』爲『想』之借字。
〔五〇〕『至心』，甲本無；『歸』，甲本無，據文義係衍文，當删；『悔』，甲本作『悔已』。
〔五一〕『至』，甲本作『志』；『觀』，當作『勸』，據甲本改；『諸』，當作『請』，據甲本改。
〔五二〕『本無』，甲本作『不自』。
〔五三〕『已』，當作『以』，據甲本改，『已』爲『以』之借字。
〔五四〕此句至『無邊無我兩邊空』，甲本無。
〔五五〕『至心』，甲本無；『請』，甲本作『請已』。
〔五六〕『至』，甲本作『志』。
〔五七〕『嗔』，甲本作『恚』，均可通。
〔五八〕『勿』，甲本同，當作『物』，《英國國家圖書館藏敦煌遺書》『條記目録』據文義校改，『勿』爲『物』之借字；『二』，甲本作『一』，誤。

〔五九〕第一個『隨』，甲本作『無』；第二個『隨』，據甲本補。
〔六〇〕此句至『妄想虚空同至真』，甲本無。
〔六一〕『猶』，當作『由』，《英國國家圖書館藏敦煌遺書》『條記目録』據文義校改，『猶』爲『由』之借字。
〔六二〕『至心』，甲本無；『喜』，甲本作『喜已』。
〔六三〕『至』，甲本作『志』。
〔六四〕第二個『迷』，當作『名』，據甲本改，『迷』爲『名』之借字。
〔六五〕『無住迴向』，甲本作『迴向不住』；『槃』，甲本作『盤』，寫本時代，『涅槃』並未成爲固定搭配，或作『涅槃』，或作『涅盤』，故『槃』『盤』均可通；『成』，甲本作『城』，『城』爲『成』之借字。
〔六六〕此句至『湛然常住』，甲本無。
〔六七〕『至』，據文義補；『心』，甲本無；『向』，甲本作『向已』。
〔六八〕『至』，甲本作『志』。
〔六九〕『現』，甲本作『見』。
〔七〇〕『絶』，甲本作『常』；『離』，甲本作『理』。
〔七一〕『中』，甲本作『行』。
〔七二〕此句後《英國國家圖書館藏敦煌遺書》『條記目録』補『□□』。此句至『菩提樹下度群迷』，甲本無。
〔七三〕『至心』，甲本無；『願』，甲本作『願已』。

參考文獻

Descriptive Catalogue of the Chinese Manuscripts from Tunhuang in the British Museum, The Trustees of the British Museum,

London 1957, p. 198；《敦煌寶藏》二册，臺北：新文豐出版公司，一九八一年，五二一頁（圖）；《英藏敦煌文獻》一卷，成都：四川人民出版社，一九九〇年，一〇一至一〇二頁（圖）；《國家圖書館藏敦煌遺書》七九册，北京圖書館出版社，二〇〇八年，三四五至三四六頁（圖）；《國家圖書館藏敦煌遺書》一〇一册，北京圖書館出版社，二〇〇八年，一二五頁（圖）；《英國國家圖書館藏敦煌遺書》四册，桂林：廣西師範大學出版社，二〇一一年，二六九至二七〇頁（圖）、『條記目録』一二頁（録）。

斯二二六三　二　大乘六根讚

釋文

大乘六根讚

我淨樂，我淨樂，照見心空空世間。

觀見眼根常清淨，色界元來本是空，色性本來無障礙，無來〔無〕去是真宗[一]。

觀見耳根常清淨，聲界元來大（本）是空[二]，聲性本來無障礙，無來無去是真宗。

觀見鼻根〔常〕〔清〕淨[三]，香界元來太（本）是空[四]，香性本來無障礙，（以下原缺文）

説明

此件首部完整，有原題，尾部原未抄完，只抄録了眼、耳、鼻三根。

校記

〔一〕『無』，據文義補。

〔二〕『元』，底本似『無』，因二字形近，在手書中易混，故據文義逕釋作『元』；『大』，當作『本』，據文義改。

〔三〕『常』，底本原未寫完，後塗抹，據文義補；『清』，據文義補。

〔四〕『元』，底本似『無』，因二字形近，在手書中易混，故據文義逕釋作『元』；『太』，當作『本』，據文義改。

參考文獻

Descriptive Catalogue of the Chinese Manuscripts from Tunhuang in the British Museum, The Trustees of the British Museum, London 1957, p. 198 ；《敦煌寶藏》二册，臺北：新文豐出版公司，一九八一年，五二一頁（圖）；《英藏敦煌文獻》一卷，成都：四川人民出版社，一九九〇年，一〇二頁（圖）；《英國國家圖書館藏敦煌遺書》四册，桂林：廣西師範大學出版社，二〇一一年，二七〇頁（圖）、『條記目録』一二頁（録）。

斯二一六三背　雜寫

釋文

辛卯年六月七日定千師屯者無礙
蝦蟆一貫爨雁委遺灰

説明

以上文字係時人隨手所寫。兩行文字間尚有蔣孝琬所書的數碼與題記，未録。

參考文獻

《敦煌寶藏》二册，臺北：新文豐出版公司，一九八一年，五二二頁（圖）；《英藏敦煌文獻》一卷，成都：四川人民出版社，一九九〇年，一〇二至一〇三頁（圖）；《英國國家圖書館藏敦煌遺書》四册，桂林：廣西師範大學出版社，二〇一一年，二七一頁（圖）、『條記目録』一二頁（録）。

斯二六四背　一　付法傳

釋文

聖者羅睺羅從尊者提婆菩薩承受一代教法時〔一〕

第十四代付法藏人聖者提婆菩薩〔二〕

龍樹菩薩臨去此世，告大弟子迦那提婆：『善男子〔三〕！佛以大悲，愍傷有情〔四〕，演甘露味，利益來世。次第相付，乃至於我。我欲去世，囑累於汝。汝當流布〔五〕，至心受持。』提婆敬諾：『當秉尊教〔六〕。』於是宣説真法寶藏，以智慧力，摧伏異學，傳（博）釋淵攬〔七〕，才辨（辯）超絶〔八〕，擅名天下，獨步諸國。

其初，訖（託）坐（生）南天竺士（土）婆羅門種〔九〕。尊貴豪勝，日與禪眼〔一〇〕，遂無一眼〔一一〕，因是號曰『迦那提婆』。智慧深遠，機名（明）内發〔一二〕。顧自觀察〔一三〕，無愧於心。唯以其言，人未信受，日道化不行〔一四〕，風（夙）夜憂念〔一五〕。於彼國中，有一天神，鍛金爲形，立高六丈，咸皆號曰『大自在天』。有求願者，令現獲報。提婆詣廟，求入拜現（覲）〔一六〕。主廟者言：『天像至神。有人見者〔一七〕，不敢而視〔一八〕。有（又）令退後〔一九〕，失魂百日。汝今但當詣門乞願，更復何求而欲見那（耶）〔二〇〕？』提婆答言：『神容照絶〔二一〕，吾乃欲見〔二二〕。設不如是，非我所欲。』時人聞之，其（咸）咸（奇）奇（其）意〔二三〕。追入廟者，數千萬人。提婆既至，稽首爲禮。天動其眼，怒目視諸〔二四〕。提婆語言〔二五〕：『天實神矣！然今相觀，甚大卑劣。夫爲神者，當汝（以）精靈偃伏群頻（類）〔二六〕，如（而）假黄金〔二七〕，頗梨爲芳（飾）〔二八〕，熒或人物〔二九〕，何其示（小）耶〔三〇〕？』即登高梯，鑿出其日（目）〔三一〕。

時諸觀者，咸有疑意：『大自在天，咸（威）得（德）高遠〔三二〕。云何如爲此少婆羅門之所毁槈（辱）〔三三〕？將無彼神，名過具（其）寶（實）〔三四〕。』爾時提婆曉衆人曰：『神名（明）遠大〔三五〕，近事誡（試）我〔三六〕。我深達彼心所念故，登金山叢〔三七〕，出頗梨殊（珠）〔三八〕，咸令一切，皆悉了知：精令（靈）純粹〔三九〕，不假形質。吾既非慢，神豈槈（辱）耶〔四〇〕？』作是語已，從廟而出，求諸俱（供）俗（備）〔四一〕，明日青（清）旦〔四二〕，敬祠天神〔四三〕。

迦那提婆，名得（德）素著〔四四〕，智與神會。其所發言，無不嚮應〔四五〕。一夜之中，供具期（斯）備〔四六〕。大自在天，實一肉形〔四七〕，高數四丈，左眼枯涸，徐步安祥，而來就座（坐）〔四八〕。遍觀飾（餚）膳〔四九〕，歎未曾有，嘉其德力，能有所致。而告之曰：『善哉大士！深得吾心，以智遍（見）役（供）〔五〇〕，汝金（今）真是敬信之者〔五一〕。世人愚癡，唯得吾形，以食奉獻，畏而誣戒（我）〔五二〕。以今供饌〔五三〕，美味具足。我知（之）左眼〔五四〕，宜常（當）〔垂〕給〔五五〕，若能見與，真是上施〔五六〕。』提婆答言：『善哉！受教。』即以左手出眼與之。天神力故，出而隨生，索之不已〔五七〕，出〔眼〕數萬〔五八〕。天神讚曰：『善哉！摩納！真上施也。欲求何願？必滿汝意。』足（是）時〔五九〕，提婆白天神曰：『我素明識〔六〇〕，不假於外。唯恨吾教〔六一〕，人莫信受，正願戒（我）言〔六二〕，後必流布〔六三〕。』神曰：『甚善。』即便起退。

於是，提婆詣龍樹所，剃除鬚髮〔六四〕，受出家法。周遊揚化，廣濟群生。南天竺國造《百論》等〔六五〕，以破邪見。由是之故〔六六〕，外道弟子〔六七〕，執刀破腹〔六八〕，吾（五）藏出外〔六九〕，因資（此）拾（捨）壽〔七〇〕，諸門徒等〔七一〕，起塔供養〔七二〕。

聖者羅睺羅從尊者提婆菩薩承受一代教法時〔七三〕

（以下爲空白）

説明

此號已斷裂爲兩片，第一片紙較厚，第二片紙較薄，兩片不能綴合。正面内容爲《大佛頂如來密因修證了義諸菩薩萬行首楞嚴經》卷六，背面爲『付法傳』。但背面的内容並不連續，筆跡亦不同。第一片尾部留有數行空白，第二片起首有雜寫，最後四行筆跡與前文有别。第一片第一行和第二片最後四行均應爲壁畫榜題。《英國國家圖書館藏敦煌遺書》認爲此件當爲畫『付法傳變相』所用。

現知敦煌文獻中保存的『付法傳』有二十多件，相關情況可參看本書第七卷斯一七三〇號説明，本書在釋録斯一七三〇時，曾以此件爲校本，此件與其他相關寫本之異同，均可見該件之校記。故以上釋文以斯二六四背爲底本，僅用《大正新脩大藏經》卷五〇之《付法藏因緣傳》（稱其爲甲本）參校。

校記

〔一〕此句爲從左向右逆寫轉行，甲本無，《英國國家圖書館藏敦煌遺書》『條記目録』未録。

〔二〕『第』，底本原作『弟』，因二字形近，在手書中易混，故據文義逕釋作『第』。此句甲本無。

〔三〕『子』，甲本作『子聽』。

〔四〕『有情』，甲本作『衆生』。以下同，不另出校。

〔五〕『布』，甲本同，《英國國家圖書館藏敦煌遺書》『條記目録』校改作『佈』。

〔六〕『秉』，甲本作『承』，《英國國家圖書館藏敦煌遺書》『條記目録』釋作『乘』。

〔七〕『傳』，當作『博』，據甲本改；『攬』，甲本作『覽』，『覽』通『攬』。

〔八〕『辨』，當作『辯』，據甲本改，『辨』爲『辯』之借字。

〔九〕『訖』，當作『託』，據甲本改；『坐』，當作『生』，據甲本改；『士』，當作『土』，據甲本改。

〔一〇〕『日與禪』，甲本作『由毁神』。

〔一一〕『眼』，甲本作『目』。
〔一二〕『名』，當作『明』，據甲本改，『名』爲『明』之借字。
〔一三〕『自』，甲本作『目』。
〔一四〕『日』，據甲本係衍文，當删，《英國國家圖書館藏敦煌遺書》『條記目録』釋作『故』。
〔一五〕『風』，當作『夙』，據甲本改。
〔一六〕『現』，當作『覯』，據甲本改，《英國國家圖書館藏敦煌遺書》『條記目録』逕釋作『覯』。
〔一七〕『有人』，甲本作『人有』。
〔一八〕『而』，甲本作『正』。
〔一九〕『有』，當作『又』，據甲本改，『有』爲『又』之借字。
〔二〇〕『更』，《英國國家圖書館藏敦煌遺書》『條記目録』釋作『又』；『那』，當作『耶』，據甲本改。
〔二一〕『容照絶』，甲本作『審若斯』。
〔二二〕『欲』，甲本作『願』。
〔二三〕『其咸奇』，當作『咸奇其』，據甲本改。
〔二四〕『諸』，甲本作『之』。
〔二五〕『言』，甲本作『曰』。
〔二六〕『汝』，當作『以』，據甲本改；『頻』，當作『類』，據甲本改。
〔二七〕『如』，當作『而』，據甲本改，『如』爲『而』之借字。
〔二八〕『芳』，當作『飾』，據甲本改。
〔二九〕『或』，甲本作『惑』，《英國國家圖書館藏敦煌遺書》『條記目録』校改作『惑』，按『或』有『惑』義，不煩校改；「人」，甲本作「民」。

〔三〇〕「其」，甲本作「期」；「示」，當作「小」，據甲本改；「耶」，甲本作「也」。

〔三一〕「日」，當作「目」，據甲本改，《英國國家圖書館藏敦煌遺書》「條記目録」逕釋作「目」。

〔三二〕「咸」，當作「威」，據甲本改；「得」，當作「德」，據甲本改，「得」爲「德」之借字。

〔三三〕「如」，甲本無；「少」，甲本作「小」；「槈」，當作「辱」，據甲本改。

〔三四〕「具賓」，當作「其實」，據甲本改。

〔三五〕「名」，當作「明」，據甲本改，「名」爲「明」之借字。

〔三六〕「誡」，當作「試」，據甲本改。

〔三七〕「叢」，甲本作「聚」，《英國國家圖書館藏敦煌遺書》「條記目録」釋作「聚」。

〔三八〕「殊」，當作「珠」，據甲本改，「殊」爲「珠」之借字。

〔三九〕「令」，當作「靈」，據甲本改，「令」爲「靈」之借字。

〔四〇〕「槈」，當作「辱」，據甲本改；「耶」，甲本作「也」。

〔四一〕「求」，甲本作「即於其夜求」；「俱俗」，當作「供備」，據甲本改。

〔四二〕「青」，當作「清」，據甲本改，「青」爲「清」之借字。

〔四三〕「祠」，甲本作「祀」。

〔四四〕「得」，當作「德」，據甲本改，「得」爲「德」之借字。

〔四五〕「嚮」，甲本作「響」，「響」通「嚮」。

〔四六〕「期」，當作「斯」，據甲本改。

〔四七〕「實」，甲本作「作」，《英國國家圖書館藏敦煌遺書》「條記目録」校改作「作」。

〔四八〕「座」，當作「坐」，據甲本改，「座」爲「坐」之借字。

〔四九〕「飾」，當作「餝」，據甲本改。

〔五〇〕「遍役」，當作「見供」，據甲本改。

〔五一〕「金」，當作「今」，據甲本改，「金」爲「今」之借字；「之」，甲本作「我」。

〔五二〕「戒」，當作「我」，據甲本改。

〔五三〕「以今」，甲本作「今汝」。

〔五四〕「我」，底本原有兩個「我」，一在行末，一在次行行首，此爲當時之提行添字抄寫體例，第二個「我」字應不讀，故未録；「知」，當作「之」，據甲本改，「知」爲「之」之借字。

〔五五〕「常」，當作「當」，據甲本改；「垂」，據甲本補。

〔五六〕「是」，甲本無；「施」，甲本作「施也」。

〔五七〕「索」，甲本同，《英國國家圖書館藏敦煌遺書》「條記目録」釋作「素」校改作「索」。

〔五八〕「眼」，底本爲留白，據甲本補。

〔五九〕「足」，當作「是」，據甲本改。

〔六〇〕「素」，甲本作「索」，誤。

〔六一〕「唯」，甲本同，《英國國家圖書館藏敦煌遺書》「條記目録」釋作「維」校改作「唯」。

〔六二〕「戒」，當作「我」，據甲本改。

〔六三〕「布」，甲本同，《英國國家圖書館藏敦煌遺書》「條記目録」校改作「佈」，不必。

〔六四〕「鬢」，甲本作「鬚」。

〔六五〕「國」，甲本作「王總御諸國」；「造百論等」，甲本作「造百論經」，此四字與前文間甲本尚有多行文字。

〔六六〕此句甲本作『弟子分散樹下思惟，提婆菩薩起定經行』。

〔六七〕『子』，甲本作『子往至其所』。

〔六八〕此句甲本作『執刀窮之，汝昔曾以智伏吾師，我於今者刀破汝腹，即便決之』。

〔六九〕『吾』，當作『五』，據甲本改，『吾』爲『五』之借字；『藏』，甲本同，《英國國家圖書館藏敦煌遺書》『條記目録』校改作『臟』，按不改亦可通。

〔七〇〕『資』，當作『此』，據文義改，『資』爲『此』之借字；『拾』，當作『捨』，據文義改。此句甲本無。

〔七一〕此句甲本無。

〔七二〕甲本雖有該句，但與前文並不連續。以上内容收於甲本卷六。

〔七三〕『菩薩』前底本有一『艹』。此句甲本無。

參考文獻

《大正新脩大藏經》五〇册，東京：大正一切經刊行會，一九三四年，三一八至三二〇頁；*Descriptive Catalogue of the Chinese Manuscripts from Tunhuang in the British Museum*, The Trustees of the British Museum, London 1957, p. 111；《初期禪宗史書の研究》，京都：法藏館，一九六七年，四〇四頁；《敦煌寶藏》二册，臺北：新文豐出版公司，一九八一年，五二七至五二八頁（圖）；《敦煌禪宗文獻の研究》，東京：大東出版社，一九八三年，八一、六四一頁；《英藏敦煌文獻》一卷，成都：四川人民出版社，一九九〇年，一〇三至一〇五頁（圖）；《英國國家圖書館藏敦煌遺書》四册，桂林：廣西師範大學出版社，二〇一一年，二七五至二七八頁（圖）、『條記目録』一三頁（録）。

斯二六四背　二　雜寫（上大夫）

釋文

否

上大夫，　孔

説明

此件爲時人隨手所寫於第二片起首部分，其後畫有一長柄蓮花狀白畫。其中『否』爲倒書，『上大夫』見於斯一三三三背，是幼學文的組成部分。

參考文獻

《敦煌寶藏》二册，臺北：新文豐出版公司，一九八一年，五二九頁（圖）；《英藏敦煌文獻》一卷，成都：四川人民出版社，一九九〇年，一〇五頁（圖）；《英國國家圖書館藏敦煌遺書》四册，桂林：廣西師範大學出版社，二〇一一年，二八一頁（圖）。

斯二二六四背　三　付法傳

釋文

摩訶迦葉[一]，頭陀第一[二]

善哉龜氏！積學資神。夫妻敬讓，處世無塵。心輝白玉[三]，體耀黄銀[四]。紹隆政教[五]，拯濟沈淪。火宅虚僞，牛車實真。頭陀蘭若，棄富從貧。王城集法，鷲嶺潛身。龍花樹下，冀奉慈仁。

第二代付法藏人聖者阿難陀

聖者大迦葉波臨涅盤時[六]，以最勝法付囑阿難，而作是言：『具受（壽）[七]！當知昔婆伽梵以法付我[八]。我我年老朽[九]，將欲涅盤。世間勝眼，今欲相付。汝可精勤，守護斯法。』阿難曰：『諾，唯然受教。』於是阿難宣唱妙法[一〇]，化諸有情。然其宿世有大功德，智惠淵廣[一一]，多聞博達。佛所咨嗟，總持第一。悉能聽受，諸佛法藏。譬如大海[一二]，百川悉納[一三]，名稱高遠，衆所知識。如是功德，不可窮盡。

聖者阿難化緣將畢〔一四〕，踊身虚空〔一五〕，作十八變。入風奮迅三昧，分身爲四〔一六〕：一分向刀（忉）利天與釋提丸（桓）因〔一七〕，一分與大海莎（娑）伽龍王〔一八〕，一分與波（彼）毗舍利子〔一九〕，一分受（授）與阿闍世王〔二〇〕。如是四處，各起寶塔，燒香散花〔二一〕，供養舍利。

第三代付法藏人聖者商那和修〔二二〕

聖者摩訶迦葉垂涅槃時〔二三〕，告阿難曰：『今以法寶，用相委累。長者於後若入涅槃，王舍城有一長者〔二四〕，名商那和修，高才勇猛，有大智惠〔二五〕。已於過去深種善根，發意入滿（海）〔二六〕，採取珍寶。迴還願作般遮於瑟，爲佛如來造經行處，復當建立高門樓屋。所爲既訖，可度出家。如來法藏悉囑之。』

是故，阿難陀臨當滅度〔二七〕，告商那和修曰〔二八〕：『佛以法眼，付大迦葉，〔迦〕〔葉〕以法囑累於我〔二九〕。如我今者，涅槃時至。以法寶藏，用付於汝。汝可精勤，守護斯法。令諸有情，服甘露味。』商那和修答言〔三〇〕：『奉教！我當擁護如斯妙法。普爲一切作大明登（燈）〔三一〕。』

商那和修獲阿羅歎（漢）果〔三二〕。聖者阿難入涅槃後〔三三〕，頻宣妙法〔三四〕，饒益有情。阿難所徐（持）八萬四千諸法藏門〔三五〕，悉能憶念〔三六〕。譬如寫（瀉）水〔三七〕，量之異器，彼能受持，亦復如是。

聖者商那和修於諸有情所應作已〔三八〕，飛騰虛空，作十八變。還就本坐而入涅槃〔三九〕。

優波鞠多與諸眷屬積諸香木〔四〇〕，以火耶唯（旬）〔四一〕，收取舍利，起塔供養。

第一代聖者羅漢比丘從尊者大迦葉波承受付囑時〔四二〕

第二代聖者羅漢比丘從尊者阿罰（難）陀承受付囑時〔四三〕

第三代聖者羅漢比丘從尊者商那和修承受付囑時〔四四〕

第十二代聖者羅漢比丘從尊者僧伽難提承受付囑〔時〕〔四五〕

説明

此卷之情況見本號『一、付法傳』『説明』。

現知敦煌文獻中保存的『付法傳』有二十多件，相關情況可參看本書第七卷斯一七三〇號説明，本書在釋録斯一七三〇時，曾以此件爲校本，此件與其他相關寫本之異同，均可見該件之校記。故以上釋文以斯二六四背爲底本，僅用《大正新脩大藏經》卷五〇之《付法藏因緣傳》（稱其爲甲本）參校，甲本未盡之處，用他本參校。

校記

〔一〕此句至『第二代付法藏人聖者阿難陀』，甲本無。

〔二〕『第』，底本原作『弟』，或作『第』，因二字形近，在手書中易混，故據文義逕釋作『第』。以下同，不另出校。

〔三〕「輝白玉」，據殘筆劃及斯二七六背《付法傳抄》補。

〔四〕「黄」，據殘筆劃及斯二七六背《付法傳抄》補；「銀」，《英國國家圖書館藏敦煌遺書》「條記目録」校改作「金」。

〔五〕「政」，據殘筆劃及斯二七六背《付法傳抄》補，《英國國家圖書館藏敦煌遺書》「條記目録」釋作「正」；「教」，據殘筆劃及斯二七六背《付法傳抄》補。

〔六〕「聖者大迦葉波臨」，甲本作「摩訶迦葉垂」；「盤」，甲本作「槃」，寫本時代「涅槃」並未成爲固定搭配，或作「涅槃」，或作「涅盤」，故「盤」「槃」均可通，以下同，不另出校。此句至「起塔供養」，收於甲本卷二。

〔七〕「具」，甲本作「長」；「受」，當作「壽」，《英國國家圖書館藏敦煌遺書》「條記目録」據文義校改，「受」爲「壽」之借字，甲本作「老」。

〔八〕「梵」，甲本作「婆」。

〔九〕第二個「我」，原係重文符號，據甲本係衍文，當删；「朽」，甲本同，《英國國家圖書館藏敦煌遺書》「條記目録」釋作「析」校改作「朽」。

〔一〇〕「宣唱」，甲本作「演暢」。

〔一一〕「惠」，甲本作「慧」，「惠」通「慧」。

〔一二〕此句甲本作「如大巨海」。

〔一三〕「悉」，甲本作「斯」。

〔一四〕此句甲本無。

〔一五〕此句至「起塔供養」，雖收於甲本卷二，但與前文並不連續。

〔一六〕「四」，甲本作「四分」。

〔一七〕「刀」，當作「切」，據甲本改；「丸」，當作「桓」，據甲本改。

〔一八〕『莎』，當作『娑』，據甲本改，『莎』爲『娑』之借字。
〔一九〕『波』，當作『彼』，據甲本改；『利』，甲本作『離』。
〔二〇〕『受』，當作『授』，據甲本改，『受』爲『授』之借字。
〔二一〕『花』，甲本作『華』，均可通。
〔二二〕此句甲本無。
〔二三〕『聖者』，甲本無。
〔二四〕『城』，甲本作『大城』。
〔二五〕『惠』，甲本作『慧』，『惠』通『慧』。
〔二六〕『滿』，當作『海』，據甲本改，《英國國家圖書館藏敦煌遺書》『條記目録』逕釋作『海』。
〔二七〕『陀』，甲本無。
〔二八〕『告商那和修』，甲本作『而告之』。
〔二九〕『迦葉』，據甲本補。
〔三〇〕『言』，甲本作『曰』。
〔三一〕『登』，甲本作『炬』，當作『燈』，據文義改，『登』爲『燈』之借字。
〔三二〕『歎』，當作『漢』，據文義改，《英國國家圖書館藏敦煌遺書》『條記目録』逕釋作『漢』。此句甲本無。
〔三三〕『聖者』，甲本作『逮及』。甲本此句與前文並不連續。
〔三四〕『頻』，甲本作『頒』。
〔三五〕『徐』，當作『持』，據甲本改，《英國國家圖書館藏敦煌遺書》『條記目録』釋作『作』。
〔三六〕『悉』，甲本作『商那和修悉』。

〔三七〕「寫」，當作「瀉」，據甲本改，「寫」爲「瀉」之借字。

〔三八〕「聖者」，甲本作「爾時尊者」。甲本此句與前文並不連續。

〔三九〕「坐」，甲本作「座」，《英國國家圖書館藏敦煌遺書》「條記目録」校改作「座」，按「坐」通「座」，不煩校改。

〔四〇〕「優」，甲本作「憂」；「鞠」，甲本作「毱」，「毱」同「鞠」。

〔四一〕「唯」，當作「旬」，據甲本改，《英國國家圖書館藏敦煌遺書》「條記目録」校改作「維」。

〔四二〕此句係自左向右逆寫轉行。此句至末句，甲本無。

〔四三〕「罰」，當作「難」，據文義改。此句係自左向右逆寫轉行。

〔四四〕此句係自左向右逆寫轉行。

〔四五〕「時」，據文義補。

參考文獻

《大正新脩大藏經》五〇册，東京：大正一切經刊行會，一九三四年，三〇一至三〇四頁；*Descriptive Catalogue of the Chinese Manuscripts from Tunhuang in the British Museum*, The Trustees of the British Museum, London 1957, p. 111；《初期禪宗史書の研究》，京都：法藏館，一九六七年，四〇四頁；《敦煌寶藏》二册，臺北：新文豐出版公司，一九八一年，五二九至五三〇頁（圖）；《敦煌禪宗文獻の研究》，東京：大東出版社，一九八三年，八一、六四一頁；《英藏敦煌文獻》一卷，成都：四川人民出版社，一九九〇年，一〇五至一〇六頁（圖）；《英國國家圖書館藏敦煌遺書》四册，桂林：廣西師範大學出版社，二〇一一年，二八一至二八三頁（圖）、「條記目録」一三至一四頁（録）。

斯二二六八　人名

釋文

張流信。

説明

此卷係一長卷，所抄内容爲《大乘百法明門論開宗義記》，殘損處經過時人修補，『張流信』三字書於修補佛教典籍的紙上。《英藏敦煌文獻》未收，現予增收。此卷背抄有『性境不從心偈』等内容。

參考文獻

《敦煌寶藏》二册，臺北：新文豐出版公司，一九八一年，五四〇頁（圖）；《英國國家圖書館藏敦煌遺書》四册，桂林：廣西師範大學出版社，二〇一一年，二九六頁（圖）、『條記目録』一五頁（録）。

斯二二六八背　　性境不從心偈

釋文

性境不從心〔一〕，獨影唯從見，帶質通情本，性種等隨應。

説明

以上内容抄寫於《大乘百法明門論開宗義記》卷背，除此偈外，同卷背還有其他佛教文獻，以及蔣孝琬書寫『忙未查』和數碼，均未録。

『性境不從心偈』又見於伯二五七六背。

校記

〔一〕『境』，底本原作『憢』，係涉上文『性』而成之類化俗字。

參考文獻

《敦煌寶藏》二册，臺北：新文豐出版公司，一九八一年，五五一頁（圖）；《英藏敦煌文獻》一卷，成都：四川人民出版社，一九九〇年，一〇七頁（圖）；《敦煌詩集殘卷輯考》，北京：中華書局，二〇〇〇年，八四五頁（録）；《法藏敦煌西域文獻》一六册，二〇〇一年，上海古籍出版社，七四頁（圖）；《英國國家圖書館藏敦煌遺書》四册，桂林：廣西師範大學出版社，二〇一一年，三一九頁（圖）、『條記目録』一五（録）。

斯二七四　戊子年（公元九八八年）四月十三日春座局席轉帖抄

釋文

社司轉帖　右緣年支春坐局席〔一〕，次至主人郭峭崙。人各粟壹斗，麵壹斤。幸請諸公等，帖至，限今月廿四目（日）卯時於主人家送納〔二〕。捉二人後到，罰酒壹角；全不來者，罰酒半瓮。其帖立遞相分付，不得亭（停）滯〔三〕；如滯帖者，准條科罰。帖周卻付本司，用憑告罰。

戊子年四月十三目（日）録事陰善盈帖〔四〕。社官安幸者者〔五〕　郭峭崙　弟再温

王苟住　陰豬狗〔六〕　賀全子　安保慶（？）〔七〕　竹子　唐定山

稱長遂　王佛奴　安幸子　馬遂子

（後缺）

説明

此件書於《佛説無常經》引首上，原爲從左向右逆寫。

此件題爲戊子年，其成員『陰豬狗』又見於伯四〇六三《丙寅年四月十六日官健社春座局席轉帖》，

該件中的丙寅年爲乾德四年（公元九六六年）（參見寧可、郝春文《敦煌社邑文書輯校》，一八二頁），『王佛奴』見於斯六〇六六背《春座局席轉帖抄》，此件年代爲十世紀末十一世紀初（參見《敦煌社邑文書輯校》，二〇四頁），則此件之『戊子年』當在靠近以上年代的端拱元年（公元九八八年）。

校記

〔一〕『坐』，《英國國家圖書館藏敦煌遺書》『條記目録』釋作『座』，誤。
〔二〕『目』，當作『日』，據文義改，《敦煌社邑文書輯校》逕釋作『日』。
〔三〕『亭』，當作『停』，《敦煌社邑文書輯校》據文義校改，『亭』爲『停』之借字。
〔四〕『目』，當作『日』，據文義改，《敦煌社邑文書輯校》逕釋作『日』。
〔五〕第二個『者』，應係本人簽押。
〔六〕『狗』，底本原作『拘』，因寫本中『扌』『犬』旁可以互代，故據文義逕釋作『狗』。
〔七〕『安』，《敦煌社邑文書輯校》於『安』字左側録一『因』字。

參考文獻

Descriptive Catalogue of the Chinese Manuscripts from Tunhuang in the British Museum, The Trustees of the British Museum, London 1957, p. 259 ；Mair, *Chinoperl Papers*, No. 10（1981）, p. 44 ；《敦煌寶藏》二册，臺北：新文豐出版公司，一九八一年，五六六頁（圖）；《英藏敦煌文獻》一卷，成都：四川人民出版社，一九九〇年，一〇七頁（圖）；《敦煌社邑文書輯校》，南京：江蘇古籍出版社，一九九七年，一九一至一九三頁（録）；《英國國家圖書館藏敦煌遺書》四册，桂林：廣西師範大學出版社，二〇一一年，二四八頁（圖）、『條記目録』一六頁（録）。

斯二七四背　　雜寫（樊富盈等）

釋文

五月十四日樊富盈、樊苟兒。

説明

以上文字係時人隨手所寫於『社司轉帖』紙背。

參考文獻

《敦煌寶藏》二册，臺北：新文豐出版公司，一九八一年，五六八頁（圖）；《英藏敦煌文獻》一卷，成都：四川人民出版社，一九九〇年，一〇八頁（圖）；《英國國家圖書館藏敦煌遺書》四册，桂林：廣西師範大學出版社，二〇一一年，二五一頁（圖）、『條記目録』一七頁（録）。

斯二七六　長興四年癸巳歲（公元九三三年）具注曆日

釋文

（前缺）

九日乙酉水執[一]　　在外乾宮　尻尾[二]

密十日丙戌土破[三]　田鼠化爲鴽[四]　　在外乾宮　腰背[五]

十一日丁亥土危　合德、不將，結婚、　在外乾宮　鼻柱[六]

安牀、伐木吉。

十二日戊子火成　歸忌、地李，（入）學[七]、　在外坎宮　髮際

買六畜奴婢吉。

十三日己丑火收　魁。　在外坎宮　牙齒

十四日庚寅木開　血忌、合對、不將，　在外坎宮　胃管

結婚、移徙、服藥吉。

十五日辛卯木閉〔八〕虹始見　九醜、不將，結婚、晝五十三〔刻〕〔九〕在外坎宮　遍身

起土、塞穴、斬草吉。夜卌七〔刻〕〔一〇〕

十六日壬辰水建〔一一〕望　入學、行碓磑〔一二〕、修造、　在外坎宮　在胸

解、厭吉。

密十七日癸巳水除〔一三〕　母倉，服藥、起土、　在內太微宮　氣衝

移徙、符吉。

十八日甲午金滿〔一四〕祭川原　母倉，修宅、移徙、　在內太微宮　股內

葬、斬、造宅吉。

十九日乙未金平〔一五〕　罡。　在內太微宮　在足

廿日丙申火定（穀雨三月中　萍始生）　葬殯、符解、鎮厭吉。　在內太微宮　內踝

廿一日丁酉火執　滅　大時、合德、不將，　在內太微宮　手小指

結婚、葬、斬吉。

廿二日戊戌木破　九焦、九坎、煞陰，　在內紫微宮　外踝

治病、符鎮吉。

廿三日乙（己）亥　下弦　不將，嫁娶、安牀、　在内紫微宫　在肝

木危〔一六〕　符鎮、解吉。

密廿四日庚子土成　歸忌，祭祀、入學、　在内紫微宫　手揚（陽）明〔一七〕

拜官、斬故、鎮吉。

廿五日辛丑土收　往亡　鳴鳩拂羽　魁。　在内紫微宫　足揚（陽）明

廿六日壬寅金開　血忌、合對，修宅倉庫、　在内紫微宫　在胸

治病、殯葬吉。

廿七日癸卯金閉　祭祀、塞穴、葬埋、符鎮吉。　在内太廟宫　在膝

廿八日甲辰火建　立夏〔一八〕　造車、立柱、修倉庫、　在内御女宫　在陰

符鎮吉。

廿九日乙巳火除　母倉，掃舍、服藥、　在内御女宫　膝脛

修造、符解吉。

卅日丙午水滿　戴勝降〔於〕桑〔一九〕　母倉，修造、葬殯、　在内御女宫　足趺

修城墎吉。

四月黄白紫（天道西行，宜修西方，宜向西行。）天德在辛，月德在庚，合德在乙，（乙、庚上取土及宜修造吉。）[月空]在甲〔二〇〕，

小建碧白綠　月厭在未，月煞在辰，月破在亥，月刑在申。用甲、庚、丙、壬時吉。
丁巳赤白黑　日出寅入戌。

日遊　人神

密一日丁未水平　罡。　在内御女宮　足大指
二日戊申土定　天恩〔二一〕，符鎮、入財、市買、出行吉。　在内御女宮　外踝
三日己酉土執　大時、不將、天恩，修造、符解吉。　在外艮宮　股内
四日庚戌金破　九焦、九坎、煞陰、天恩，壞牆、破屋吉。　在外艮宮　在腰
五日辛亥金破　四月節〔二二〕螻蟈鳴　天恩，壞屋、治病、解吉。　在外艮宮　在口
六日壬子木危　九醜、復、天恩，安牀、起土、伐木吉。　在外艮宮　手小指
七日癸丑木成　上弦　歸忌、天恩，修造、符解、洗頭吉。　在外艮宮　内踝
密八日甲寅水收　罡。　在外艮宮　脹（長）腕〔二三〕

九日乙卯水開　　合德，祭祀、修宅、葬殯　在外震宮　尻尾
吉。

十日丙辰土閉　蚯蚓出　塞穴、解、厭〔二四〕、剃頭吉。　在外震宮　腰背

十一日丁巳土建　天門、大敗，立柱、修車井竈吉。　在外震宮　鼻柱

十二日戊午火除　往亡　章光、九醜，治病、符鎮吉。　在外震宮　髮際

十三日己未火滿　九焦、九坎，符解、納財、　在外震宮　牙齒
修倉庫吉。

十四日庚申木平　没　祭雨師　魁。　在外巽宮　胃管

密十五日辛酉木定　望　天李、地李，葬殯、斬故、　在外巽宮　遍身
解吉。

十六日壬戌水執　王瓜生　修井竈門户、裁衣、沐浴　在外巽宮　在胸
吉。

十七日癸亥水破　服藥、療病、破屋、壞墻吉。　在外巽宮　氣衝

十八日甲子金危　不將，嫁娶、移徙、斬草吉　晝五十七〔刻〕〔二五〕　在外巽宮　股内
夜卌三〔刻〕〔二六〕

十九日乙丑金成　合德、母倉〔二七〕，修造、洗　在外巽宮　在足

頭、出行吉。

廿日丙寅火收　罡。　在外离宮　内踝

廿一日丁卯火開　小滿四月中，苦菜秀　天恩、母倉，治病、　在外离宮　手小指

修造、葬殯吉。

密廿二日戊辰木閉　下弦　塞穴、除手足甲、符吉。　在外离宮　外踝

廿三日己巳木建　天門，修車、立柱、符、厭鎮吉。　在外离宮　在肝

廿四日庚午土除　大時、章光，治病、葬殯吉。　在外离宮　手揚（陽）

明

廿五日辛未土滿　九焦、九坎，入財、市買吉。　在外坤宮　足揚（陽）

明

廿六日壬申金平　靡草死　魁。　在外坤宮　在胸

廿七日癸酉金定　天李、地李，葬殯、〔斬〕故[二八]、　在外坤宮　在膝

修碓、剃頭吉。

廿八日甲戌火執　不將，嫁娶、裁衣、解、厭吉。　在外坤宮　在陰

密廿九日乙亥火破　合德，治病、壞故舍、符吉。　在外坤宮　膝脛

五月緑紫白（天道西北行，宜修西北方，宜向西北行。）天德在乾，月德在丙，合德在辛，（丙、辛上取土及宜修造吉。）月空在壬，月厭在

大建黑赤碧　午，月煞在丑，月破在子，月刑在午。用乾、巽、坤、艮時吉。日出艮

戊午白黄白　入乾。　日遊　人神

一日丙子水危　不將，嫁娶、拜官、伐木吉。　在外坤宫　足大指

二日丁丑水成　小暑至　歸忌、合對，出行、入學、解、厭吉。　在外兑宫　在外踝

三日戊寅土收　罡。　在外兑宫　股内

四日己卯土開　地囊、不將，嫁娶、祭祀、拜官吉。　在外兑宫　在腰

五日庚辰金閉　天恩，塞穴、修造、解吉。　在外兑宫　在口

六日辛巳金建　天恩，加官、修造、造車吉。　在外兑宫　手小指

密七日壬午木建　芒種五月節螗（螳）螂生〔二九〕　地李、煞陰、天恩，拜官、修車、起土吉。　在外乾宫　内踝

八日癸未木除　上弦　不將，嫁娶、修造吉。　在外乾宫　脹（長）腕

九日甲申水滿　不將，嫁娶、修宅、符鎮、葬吉。　在外乾宫　尻尾

十日乙酉水平　罡。　在外乾宫　腰背

十一日丙戌土定　不將，嫁娶、修造、解、厭吉。　在外乾宮　鼻柱

十二日丁亥土執　鵙始鳴　入財、裁衣、洗頭吉。　在外乾宮　髮際

十三日戊子火破　天李、九醜，治病、破屋、符鎮吉。　在外坎宮　牙齒

密十四日己丑火危　安牀帳吉。　在外坎宮　胃管

十五日庚寅木成　望　歸忌、天門、母倉，起土、拜官吉。　在外坎宮　遍身

十六日辛卯木收　魁。　在外坎宮　在胸

十七日壬辰水開　反舌無聲　治病、通渠、入學、解、厭吉。　在外坎宮　氣衝

十八日癸巳水閉　章光、復，塞穴、符鎮吉。　在內太微宮　股內

十九日甲午金建　天赦。　晝六十刻　夜卌刻〔三〇〕　在內太微宮　在足

廿日乙未金除　解、厭、除服、剪手足甲吉。　在內太微宮　內踝

密廿一日丙申火滿　不將，嫁娶、修造、葬殯、符解吉。　在內太微宮　手小指

廿二日丁酉火平　夏至五月中，鹿角解　罡。　在内太微宫　外踝

廿三日戊戌木定　下弦　不將，祭祀、嫁娶、移徙、符鎮吉。　在内紫微宫　在肝

廿四日己亥木執　八魁〔三一〕，入財、符鎮、出行、洗頭吉。　在内紫微宫　手揚（陽）明

廿五日庚子木（土）破〔三二〕滅　天李、合對、月虛，治病、葬埋吉。　在内紫微宫　足揚（陽）明

廿六日辛丑土危　合對，安牀、伐木、解、厭吉。　在内紫微宫　在胸

廿七日壬寅金成　蜩始鳴　歸忌、母倉、不將，嫁娶、葬殯吉。　在内紫微宫　在膝

密廿八日癸卯金收　魁。　在内太廟宫　在陰

廿九日甲辰火開　治病、服藥、出行、符鎮吉。　在内御女宫　膝脛

卅日乙巳火閉　章光，塞穴、和酢、造酒醬吉。　在内御女宫　足趺

六月碧白赤　天道東行，宜修東方，宜向東行。　天德在甲，月德在甲，〔合〕〔德〕〔在〕〔己〕〔三三〕，甲、己上取土及〔宜〕修造吉〔三四〕。

大建白白黑　月空在庚，月厭在巳，月煞在戌，月破在丑，月刑在丑。用乙、辛、
己未黄緑紫　丁、癸時吉。　日出寅入戌。　日遊　人神

一日丙午水建　地李、煞陰，修車、安牀、　在内御女宮　足大指
符吉。

二日丁未水除　半夏生　八魁〔三五〕，解、厭、除手　在内御女宮　外踝
爪〔三六〕、解除吉。

三日戊申土滿　符鎮、内財、洗頭、入宅、　在内御女宮　在股内
裁衣吉。

四日己酉土平　罡。　在外艮宮　在腰

密五日庚戌金定　天恩，修造、解鎮、剃頭吉。　在外艮宮　在口

六日辛亥金執　合德、天恩，移徙、修造吉。　在外艮宮　手小指

七日壬子木執　小暑六月節，温風至　大時、歸忌、天恩，修造、　在外艮宮　在内踝
洗頭、沐浴吉。

八日癸丑木破　上弦　天恩，治病、修造、壞牆、　在外艮宮　脹（長）腕
符厭吉。

九日甲寅水危　修造、安牀、伐木、葬殯吉。　在外艮宮　尻尾

十日乙卯水成　天李，結婚、入學、沐浴、葬、斬吉。　在外震宮　腰背

十一日丙辰土收　罡。　在外震宮　鼻柱

密十二日丁巳土開　蟋蟀居壁　母倉，修造、治病、通河口吉。　在外震宮　髮際

十三日戊午火閉　九焦、九坎〔三七〕、母倉，起土、符鎮吉。　在外震宮　牙齒

十四日己未火建　地囊、合德，沐浴、造車、内財吉。　在外震宮　胃管

十五日庚申木除　初伏　掃舍、服藥、葬殯、斬故吉。　在外巽宮　遍身

十六日辛酉木滿　望　血忌，祭祀、裁衣、葬殯、解吉。　在外巽宮　在胸

十七日壬戌木平〔三八〕　鷹習學〔三九〕　魁。　在外巽宮　氣衝

十八日癸亥水定　合對、天門，移徙、入舍、修井、洗頭吉。　在外巽宮　股内

密十九日甲子金執　大時、歸忌、天恩，拜官、修井吉。　晝五十八刻　夜四十二〔刻〕〔四〇〕　在外巽宮　在足

廿日乙丑金破　天恩，治病、修造、洗頭、除足甲吉。　在外巽宮　内踝

廿一日丙寅火危　天恩，拜官、修宅、符鎮、斬草吉。　在外离宮　手小指

廿二日丁卯火成大暑六月中，腐草爲螢　天李、地李、天恩，修造、葬埋吉。　在外离宮　在外踝

廿三日戊辰木收　下弦　罡。　在外离宮　在肝

廿四日己巳木開　没　地囊、合德、母倉，祭祀、治病吉。　在外离宮　手揚（陽）明

廿五日庚午木閉〔四一〕中伏　九焦、九坎〔四二〕、母倉，修造、葬殯吉。　在外离宮　足揚（陽）明

密廿六日辛未土建　安牀、立柱、上梁〔四三〕、修碓磑吉。　在外坤宮　在胸

廿七日壬申金除　不將，嫁娶、葬殯、斬故吉。　在外坤宮　在膝

廿八日癸酉金滿　土潤溽暑　血忌、不將，結婚、葬殯、起土吉。　在外坤宮　在陰

廿九日甲戌火平 魁〔四四〕。 在外坤宮 膝脛

卅日乙亥火定 往亡 合對、天門，市買、符鎮、洗頭吉。 在外坤宮 足趺

七月黑赤白天道北行，宜修北方，宜向北行。天德在癸，月德在壬，合德在丁，丁、壬上取土，及宜修造吉。月空在丙，月厭

小建紫黃白 在辰，月煞在未，月破在寅，月刑在寅。用甲、庚、丙、壬時吉。日

庚申緑碧白 出甲入辛。 日遊 人神

一日丙子水執 大時、歸忌，起土、斬草、鎮吉。 在外坤宮 足大指

二日丁丑水破 大敗，治病、解除、剪手足甲吉。 在外兑宫 在外踝

密三日戊寅土危 大雨時行 拜官、安牀、符鎮吉。 在外兑宫 在股内

四日己卯土成 合德、九醜、天恩，修造、裁衣、入學吉。 在外兑宫 在腰

五日庚辰金收 罡。 在外兑宫 在口

六日辛巳金開 天恩、母倉，修宅、出行、解吉。 在外兑宫 手小指

七日壬午木閉〔四五〕 上弦　　九焦、九坎〔四六〕、天恩、不將，　在外乾宮　內踝
嫁娶、葬吉。

八日癸未木閉立秋七月節，涼風至　　不將〔四七〕、天恩、母倉，　在外乾宮　在脹（長）
腕
嫁娶、修造吉。

九日甲申水建　　不將〔四八〕，拜官、造車、　在外乾宮　在屍（尻）
嫁娶吉。　尾〔四九〕

密十日乙酉水除　　大時〔五〇〕、九焦、九坎、不將，　在外乾宮　在腰背
治病、葬殯吉。

十一日丙戌土滿　　合對、母倉，修造、移徙、　在外乾宮　在鼻柱
上梁〔五一〕、符鎮吉。

十二日丁亥土平　　罡。　在外乾宮　在髮際

十三日戊子火定　白露降　　地李、九醜，祭祀、裁衣、　在外坎宮　在牙齒
入財、符吉。

十四日己丑火執〔五二〕　　歸忌〔五三〕、反擊〔五四〕、母倉，　在外坎宮　在胃管

沐浴、符、剃頭吉。　　在外坎宮　在遍身〔五六〕

十五日庚寅木破〔五五〕　□

（後缺）

説明

此件首尾均缺，起『九日乙酉水執』，訖『在遍身』，存三月十日至七月十五日曆日及注記。密日、祭祀日及各月九宫、日遊、人神標題、晝夜刻數等均係朱筆所書。鄧文寬將其推定爲長興四年癸巳歲（公元九三三年）具注曆日（參見《敦煌天文曆法文獻輯校》，四二六頁），此從之。

校記

〔一〕『九日乙酉』，《敦煌天文曆法文獻輯校》據文義校補；『執』，據殘筆劃及文義補，《敦煌天文曆法文獻輯校》逕釋作『執』。

〔二〕『在外乾宮尻尾』，《敦煌天文曆法文獻輯校》據同類文書校補。

〔三〕『密』，《敦煌天文曆法文獻輯校》《〈敦煌天文曆法文獻輯校〉零拾》釋作『蜜』。以下同，不另出校。

〔四〕『鼠化爲鴽』，據殘筆劃及斯九五《顯德三年具注曆日》三月注補，《敦煌天文曆法文獻輯校》逕釋作『鼠化爲鴽』。

〔五〕『在外乾宮腰背』，《敦煌天文曆法文獻輯校》據同類文書校補。

〔六〕『外乾宮』，據殘筆劃及伯二九七三A《唐光化三年庚申歲具注曆日》四月注補，《敦煌天文曆法文獻輯校》逕釋作

『外乾宫』。

〔七〕『入』，《敦煌天文曆法文獻輯校》據文義校補。

〔八〕『十五日』，《敦煌天文曆法文獻輯校》據文義校補；『辛』，據殘筆劃及文義補，《敦煌天文曆法文獻輯校》逕釋作『辛』。

〔九〕『晝五十三』，底本係朱書，《敦煌天文曆法文獻輯校》漏録；『刻』，據文義補。

〔一〇〕『夜卌七』，底本係朱書，《敦煌天文曆法文獻輯校》漏録；『刻』，據文義補。

〔一一〕『十六日壬辰水建』，《敦煌天文曆法文獻輯校》據文義校補。

〔一二〕『行』，《敦煌天文曆法文獻輯校》疑作『作』。

〔一三〕『密十七日癸巳水除』，《敦煌天文曆法文獻輯校》據文義校補。

〔一四〕『十八日甲』，《敦煌天文曆法文獻輯校》據文義校補；『午』，據文義補，《敦煌天文曆法文獻輯校》補作『戌』，誤；『金』，《敦煌天文曆法文獻輯校》據文義校補。

〔一五〕『十九日乙未』，《敦煌天文曆法文獻輯校》據文義校補。

〔一六〕『乙』，當作『己』，《敦煌天文曆法文獻輯校》據文義校改，『乙』爲『己』之借字。

〔一七〕『揚』，當作『陽』，《敦煌天文曆法文獻輯校》據文義校改，『揚』爲『陽』之借字。以下同，不另出校。

〔一八〕『立夏』，《敦煌天文曆法文獻輯校》指出在此日與節氣日數和曆書慣例均不合。

〔一九〕『於』，《敦煌天文曆法文獻輯校》據文義校補。

〔二〇〕『月空』，《敦煌天文曆法文獻輯校》據文義校補。

〔二一〕『天恩』，《敦煌天文曆法文獻輯校》認爲注於此日誤。

〔二二〕『四』，《敦煌天文曆法文獻輯校》認爲在『四』前應補『立夏』二字。

〔二三〕『脹』，當作『長』，《敦煌天文曆法文獻輯校》據文義校改，『脹』爲『長』之借字。以下同，不另出校。

〔二四〕『厭』，《敦煌天文曆法文獻輯校》釋作『除』，誤。

〔二五〕『刻』，《〈敦煌天文曆法文獻輯校〉零拾》據文義校補。

〔二六〕『卌』，《〈敦煌天文曆法文獻輯校〉零拾》釋作『四十』，雖義可通而字誤；『刻』，據文義補，《〈敦煌天文曆法文獻輯校〉零拾》逕釋作『刻』。

〔二七〕『母倉』，《敦煌天文曆法文獻輯校》認爲注於此日誤。

〔二八〕『斬』，《敦煌天文曆法文獻輯校》據文義校補。

〔二九〕『螗』，當作『螳』，據文義改，『螗』爲『螳』之借字。

〔三〇〕『卌』，《〈敦煌天文曆法文獻輯校〉零拾》釋作『四十』，雖義可通而字誤。

〔三一〕『八魁』，《敦煌天文曆法文獻輯校》認爲注於此日誤。

〔三二〕『木』，當作『土』，《敦煌天文曆法文獻輯校》據文義校改。

〔三三〕『合德在己』，《敦煌天文曆法文獻輯校》據同類文書校補。

〔三四〕『宜』，《敦煌天文曆法文獻輯校》據文義校補。

〔三五〕『八魁』，《敦煌天文曆法文獻輯校》認爲注於此日誤。

〔三六〕『手』，《敦煌天文曆法文獻輯校》於其後補一『足』字。

〔三七〕『九坎』，《敦煌天文曆法文獻輯校》認爲注於此日誤。

〔三八〕『木』，《敦煌天文曆法文獻輯校》校改作『水』。

〔三九〕『習』，《敦煌天文曆法文獻輯校》於其前補一『乃』字。

〔四〇〕『刻』，《〈敦煌天文曆法文獻輯校〉零拾》據文義校補。

〔四一〕『木』，《敦煌天文曆法文獻輯校》校改作『土』。

〔四二〕『九坎』，《敦煌天文曆法文獻輯校》認爲注於此日誤。

〔四三〕『梁』，《敦煌天文曆法文獻輯校》校改作『樑』。

〔四四〕『魁』，該字下空白處寫有兩個『度』字，係後人所添加，未録。

〔四五〕『木』，《敦煌天文曆法文獻輯校》釋作『本』，誤。

〔四六〕『九坎』，《敦煌天文曆法文獻輯校》認爲注於此日誤。

〔四七〕『將』，《敦煌天文曆法文獻輯校》校補作『將』，按該字實可辨識。

〔四八〕『造』，《敦煌天文曆法文獻輯校》釋作『修』，誤。

〔四九〕『屍』，當作『尻』，據文義改，《敦煌天文曆法文獻輯校》逕釋作『尻』。

〔五〇〕『大』，據殘筆劃及文義補；『時』，《敦煌天文曆法文獻輯校》未能釋讀。

〔五一〕『梁』，《敦煌天文曆法文獻輯校》校改作『樑』。

〔五二〕『十四日己丑火』，《敦煌天文曆法文獻輯校》據文義校補。

〔五三〕『歸忌』，據殘筆劃及文義補，《敦煌天文曆法文獻輯校》逕釋作『歸忌』。

〔五四〕『反擊』，據殘筆劃及文義補，《敦煌天文曆法文獻輯校》逕釋作『反擊』。

〔五五〕『十五日庚寅木破』，《敦煌天文曆法文獻輯校》據文義校補。

〔五六〕『在外坎宫』，據殘筆劃及文義補，《敦煌天文曆法文獻輯校》逕釋作『在外坎宫』。

參考文獻

Descriptive Catalogue of the Chinese Manuscripts from Tunhuang in the British Museum, The Trustees of the British Museum,

London 1957, p. 228；《東方學報》四五册，京都：東方文化學院京都研究所，一九七三年，四一五至四一六頁，圖版一一；《敦煌寶藏》二册，臺北：新文豐出版公司，一九八一年，五七一至五七三頁（圖）；《一九八三年全國敦煌學術討論會文集·文史遺書編》，蘭州，甘肅人民出版社，一九八七年，三二九至三五九頁；《西北史地》一九八九年一期，三頁；《英藏敦煌文獻》一卷，成都：四川人民出版社，一九九〇年，一〇八至一〇九頁（圖）；《法國學者敦煌學論文選粹》，北京，中華書局，一九九三年，三〇一至三一一頁；《歸義軍史研究——唐宋時代敦煌歷史考索》，上海古籍出版社，一九九六年，二七頁；《敦煌天文曆法文獻輯校》，南京：江蘇古籍出版社，一九九六年，四二六至四四四、七二五、七三九頁（録）；《慶祝吴其昱先生八秩華誕敦煌學特刊》，臺北：文津出版社，二〇〇〇年，一五一至一五二頁；《英國國家圖書館藏敦煌遺書》四册，桂林：廣西師範大學出版社，二〇一一年，三五七至三六〇頁（圖）。

斯二一七六背　一　十大弟子讚抄（阿難總持第一）

釋文

阿難總持第一〔一〕

善哉，歡降摩夜（耶）生〔二〕。瑞應臻集，樹以其名。白淨猶子，難陀從兄。三願意滿，八歎心明。齒逾珂素，眼勝青蓮。如花恆茂，似月常盈。傳燈鹿苑，克果王城。總持無失，同瓶注瓶。

説明

此卷是利用《長興四年具注曆日》卷背抄寫的『十大弟子讚抄』『付法傳』等内容，這些内容既非一時所抄，亦非一人所抄。

此件爲第一件，有原題。

校記

〔一〕『第』，底本原作『弟』，因二字形近，在手書中易混，故據文義逕釋作『第』。

〔二〕「歡」，《英國國家圖書館藏敦煌遺書》「條記目録」在其後釋一「□」，並將其校改作「喜」；「夜」，當作「耶」，據文義改，「夜」爲「耶」之借字，《英國國家圖書館藏敦煌遺書》「條記目録」在其後補一「降」字。

參考文獻

Descriptive Catalogue of the Chinese Manuscripts from Tunhuang in the British Museum, The Trustees of the British Museum, London 1957, p. 228；《初期禪宗史書の研究》，京都：法藏館，一九六七年，一三、一三〇、三六一、三八八、三九〇、三九三至三九四、四〇〇、四一五、四七〇頁；《敦煌寶藏》二册，臺北：新文豐出版公司，一九八一年，五七三頁（圖）；《敦煌禪宗文獻の研究》，東京：大東出版社，一九八三年，八一至八二、九一、九二、六四一頁；《英藏敦煌文獻》一卷，成都：四川人民出版社，一九九〇年，一一〇頁（圖）；《英國國家圖書館藏敦煌遺書》四册，桂林：廣西師範大學出版社，二〇一一年，三六一頁（圖）、「條記目録」一七頁（録）。

斯二七六背　二　付法傳抄（第一代付法藏大迦葉波）

釋文

釋迦我師滅度之後〔一〕，第一代付法藏大迦葉波等〔二〕，如（？）□出見於世，成（咸）登正覺〔三〕，終至涅槃。化緣將畢，臨當滅〔度〕〔四〕，告摩訶迦葉〔五〕：『汝等當知我於無量劫〔六〕，爲諸有情勤修苦行〔七〕，一心專求無上勝法。如我昔願，今已滿足。迦葉〔八〕！譬如密雲，充滿世界，降注甘雨，生長萌芽。無上法雨，亦復如是。能令有情增善法故〔九〕，所〔以〕諸佛常加守護〔一〇〕。供（恭）敬讃歎〔一一〕，禮拜供養。如我今者，臨般涅槃〔一二〕，〔以〕〔此〕〔深〕〔法〕〔一三〕，用囑纍汝。汝當於後，敬順我意。廣宣流布〔一四〕，無令斷絶。』迦葉白言：『善哉！受教。〔我〕〔當〕〔如〕〔是〕〔一五〕，奉持正法。使未來世，饒益衆生〔一六〕。唯願世尊，不以爲慮。』

如來滅後〔一七〕，摩訶迦葉，次宣正教，集佛法藏，化諸有情〔一八〕。其所度脱，永不退轉。彼〔大〕迦葉〔一九〕，智惠淵廣〔二〇〕，名稱普聞，功德具足，不可具述〔二一〕。聖者迦葉〔二二〕，化緣已畢。向鷄足山〔二三〕，山自開闢〔二四〕。見在其中〔二五〕，全身不散。

持於釋迦如來袈裟〔二六〕，待於慈氏來至。後慈氏成（咸）登正覺〔二七〕。將諸徒衆九十六億〔二八〕，至此山下〔二九〕，過見於迦葉〔三〇〕。時諸衆會〔三一〕，皆作是念：『迦葉弟子〔三二〕，身形卑漏（陋）若此〔三三〕。比（彼）佛亦當與斯無異〔三四〕。』於是迦葉，踊身虚空，現十八遍（變）〔三五〕，遍（變）爲大形，充滿世界。時慈氏世尊就迦葉波取僧伽梨〔三六〕。是時大衆，見其神力，除憍慢心，皆成聖果〔三七〕。

說明

此件内容多見於傳世本《付法藏因緣傳》，但有所節略，所摘抄的内容有時並不連續。尾部數行因空間不夠，改爲用小字抄寫。文中『正』字使用的是武周新字。

以上釋文以斯二七六背爲底本，用《大正新脩大藏經》五〇册之《付法藏因緣傳》（稱其爲甲本）參校。

校記

〔一〕『我』，底本原作『大』，於右側修改作『我』，《英國國家圖書館藏敦煌遺書》『條記目録』釋作『我大』。

〔二〕『第』，底本原作『弟』，因二字形近，在手書中易混，故據文義逕釋作『第』。

〔三〕『成』，當作『咸』，《英國國家圖書館藏敦煌遺書》『條記目録』據文義校改。

〔四〕『臨』，甲本作『垂』；『度』，據甲本補。

〔五〕「告」，甲本作「告大弟子」。

〔六〕「等」，甲本作「今」；「無」，底本作「元」，因二字形近，在手書中易混，故據文義逕釋作「無」；「劫」，甲本作「阿僧祇劫」。

〔七〕「諸有情」，甲本作「衆生故」。

〔八〕「葉」，甲本作「葉當知」。

〔九〕「有情」，甲本作「衆生」；「法故」，甲本作「根子」。

〔一〇〕「以」，據甲本補。

〔一一〕「供」，當作「恭」，據甲本改，「供」爲「恭」之借字，《英國國家圖書館藏敦煌遺書》「條記目録」於「供」後校補一「恭」字，誤。

〔一二〕「臨」，甲本作「將」。

〔一三〕「以此深法」，據甲本補。

〔一四〕「布」，甲本同，《英國國家圖書館藏敦煌遺書》「條記目録」校改作「佈」，按「布」可通。

〔一五〕「我當如是」，據甲本補。

〔一六〕此句甲本作「等蒙饒益」。

〔一七〕此句甲本作「是故如來滅度之後」。

〔一八〕「有情」，甲本作「衆生」。

〔一九〕「大」，據甲本補。

〔二〇〕「惠」，甲本作「慧」，「惠」通「慧」。

〔二一〕此句甲本無。

〔二二〕此句及下句甲本無。

〔二三〕據甲本，底本在此句前略去了迦葉至鷄足山涅槃及阿闍世王欲前往供養等情節，現存文字易使人産生誤會。

〔二四〕「山」，甲本作「王既到已山」。

〔二五〕此句甲本作「迦葉在中」。

〔二六〕此句至「成（咸）登正覺」，甲本無。

〔二七〕「成」，當作「咸」，《英國國家圖書館藏敦煌遺書》「條記目録」據文義校改。

〔二八〕「將諸」，甲本作「當將」。

〔二九〕「下」，甲本作「上」。

〔三〇〕「過」，甲本無。

〔三一〕「諸衆會」，甲本作「彌勒衆」。

〔三二〕「迦葉」，甲本作「釋迦如來」。

〔三三〕「漏」，當作「陋」，據甲本改，「漏」爲「陋」之借字。

〔三四〕「比」，當作「彼」，據甲本改，「比」爲「彼」之借字。

〔三五〕「現」，甲本作「作」；「遍」，當作「變」，據甲本改，「遍」爲「變」之借字，以下同，不另出校。

〔三六〕「慈氏世尊」，甲本作「彌勒佛即」；「波」，甲本無。

〔三七〕此句甲本作「成阿羅漢」。據甲本，此段是阿難阻止阿闍世王火化迦葉時所説的話，因底本節略過甚，致使語義不能銜接。據甲本，將諸徒衆九十六億者爲彌勒佛，就迦葉取僧伽梨者亦爲彌勒，而底本中就迦葉取僧伽梨的是慈氏。

參考文獻

《大正新脩大藏經》五〇册，東京：大正一切經刊行會，一九三四年，二九七、三〇一頁；*Descriptive Catalogue of the Chinese Manuscripts from Tunhuang in the British Museum*, The Trustees of the British Museum, London 1957, p. 228；《敦煌寶藏》二册，臺北：新文豐出版公司，一九八一年，五七三至五七四頁（圖）；《敦煌禪宗文獻の研究》，東京：大東出版社，一九八三年，八一頁；《英藏敦煌文獻》一卷，成都：四川人民出版社，一九九〇年，一一〇頁（圖）；《英國國家圖書館藏敦煌遺書》四册，桂林：廣西師範大學出版社，二〇一一年，三六一頁（圖）、『條記目録』一八頁（録）。

斯二七六背　三　十大弟子讚抄（摩訶迦葉頭陀第一）

釋文

摩訶迦葉，頭陀第一

善哉龜氏！積學資神。夫妻敬讓，處世無塵，心輝白玉，體耀黄金。紹隆政教，拯濟沈淪。火宅虚僞，牛馬（車）實真〔一〕。頭陀蘭若，棄富從貧。王城集法〔二〕，鷲嶺潛身。龍花樹下，冀奉慈仁。

説明

此件應抄於其後之『靈州史和尚因緣記』之後，因寫下標題後已無空間，故讚文寫到了其前第一件和第二件的空白處，故讚文字型很小。

校記

〔一〕『馬』，當作『車』，據斯二六四背《付法傳》改。

〔二〕『王』字上有另筆所書『釋迦』二字，似抄寫下一段前練筆所爲，未録。

參考文獻

Descriptive Catalogue of the Chinese Manuscripts from Tunhuang in the British Museum, The Trustees of the British Museum, London 1957, p. 228；《敦煌寶藏》二册，臺北：新文豐出版公司，一九八一年，五七三至五七四頁（圖）；《敦煌禪宗文獻の研究》，東京：大東出版社，一九八三年，八二頁；《英藏敦煌文獻》一卷，成都：四川人民出版社，一九九〇年，一一〇頁（圖）；《英國國家圖書館藏敦煌遺書》四册，桂林：廣西師範大學出版社，二〇一一年，三六一頁（圖）。

斯二七六背　四　靈州史和尚因緣記抄

釋文

靈州吏（史）和尚因緣記〔一〕

靈州龍興寺白草院吏（史）和尚，俗姓史氏，法號憎（增）忍〔二〕。以（與）節度使李公度立難刺血寫經〔三〕。

尚書難曰：『教有「受之父母，不敢毁傷。」文儒刺血書經，實恐非善〔四〕，惡傷鳳（風）教〔五〕，必懷（壞）典墳〔六〕。幸請明宣，以戒來者。』

吏（史）和尚答曰：『此難前後雖繁，然道門未至，今以逆防三教〔七〕，以政（正）群言〔八〕。或小若（差）殊〔九〕，伏垂再詰。竊以夫子談經，志趣垂訓，積善之餘慶〔一〇〕，去小惡而無傷。何則擁佛教門〔一一〕，輒闢異義？子不聞古者以衣（求）聰慶（廢）目〔一二〕，奄致大身〔一三〕，干將之劍或非，角哀哀之墓誰讚〔一四〕？此儒教之毁傷也。又非（飛）羽客致屍林野〔一五〕，遊戲丹霄；群〔仙〕卦（掛）骨蓬萊〔一六〕，飛騰碧落。此則道教之毁傷也。

我《華嚴》有一句捉（投）火〔一七〕，《涅槃》有半偈捨身〔一八〕。至於慈力剜燈，尸毗救鴿，此鴿則佛教之毀傷也〔一九〕。伏緣彼文，不該三教〔二〇〕，聖跡徧（遍）在五形〔二一〕。今則權掩釋門，略開儒術。昔先賢以懸頭刺股，明載於典墳；當今割股奉親，必彰於旌表。別有直巨（臣）致死〔二二〕，烈士亡軀〔二三〕。不然者，謬立禮官，錯封太史，比干知虐，焉合再重陳？弁（卞）子遭辜〔二四〕，寧容再獻？韓朋初聞截耳，何不逃刑〔二五〕？蘇武既被髡頭，便合設（投）拜〔二六〕。且傅説虛陳，高祖曾不流行；韋題雖陳，玄宗全無忠（中）的〔二七〕。黃何（河）東注〔二八〕，誰置能迴？大教將行，請絕斯義。謹谷（答）〔二九〕。

説明

此件首尾完整，雖首題作『靈州吏（史）和尚因緣記』，但其内容是記述靈州史和尚與節度使李公度就刺血寫經事的問難與回答。據陳祚龍考證，釋增忍在《宋高僧傳》卷二六中有傳，據該傳，李公度勸諭增忍停止刺血寫經在唐大中七年，增忍遂撰『三教毀傷論』以明志（參看《新校重訂釋增忍答李難》，《敦煌學海探珠》三〇九至三一六頁）。這個『三教毀傷論』，應該就是此件中『史和尚答曰』以後的内容。故此『因緣記』當作於大中七年以後。此件係抄件。《英國國家圖書館藏敦煌遺書》將此件擬名作『三教毀傷論抄』，但如上所述，『三教毀傷論』僅是此件中『史和尚答曰』以後的内容，並非此件全部。而且，此件其他抄本的原題或與此件相同，或與此件相似，未有題作『三教毀傷論』者，故未從。

現知敦煌文獻中尚有伯二六八〇、伯三五七〇背、伯三七二七、斯五二八保存有相同内容，因本書第三卷在整理斯五二八時曾以此件參校，相關異文已見斯五二八校記，故以上釋文以斯二七六背爲底本，僅以斯五二八（稱其爲甲本）校改錯誤、校補缺文。

校記

〔一〕「吏」，當作「史」，《英國國家圖書館藏敦煌遺書》「條記目録」據文義校改，《敦煌遺書總目索引新編》逕釋作「史」。以下同，不另出校。

〔二〕「憎」，當作「增」，《英國國家圖書館藏敦煌遺書》「條記目録」據文義校改，「憎」爲「增」之借字，《敦煌遺書總目索引新編》逕釋作「增」。

〔三〕「以」，當作「與」，據文義改，「以」爲「與」之借字；「使」，《敦煌遺書總目索引新編》漏録。

〔四〕「恐」，《敦煌遺書總目索引新編》釋作「思」，誤。

〔五〕「鳳」，當作「風」，《英國國家圖書館藏敦煌遺書》「條記目録」據文義校改，「鳳」爲「風」之借字，《敦煌遺書總目索引新編》逕釋作「風」。

〔六〕「懷」，當作「壞」，據文義改，「懷」爲「壞」之借字，《英國國家圖書館藏敦煌遺書》「條記目録」、《敦煌遺書總目索引新編》均逕釋作「壞」。

〔七〕「以」，《英國國家圖書館藏敦煌遺書》「條記目録」校改作「已」。

〔八〕「政」，當作「正」，《英國國家圖書館藏敦煌遺書》「條記目録」據文義校改。

〔九〕「若」，當作「差」，據文義改，《敦煌遺書總目索引新編》逕釋作「差」，《英國國家圖書館藏敦煌遺書》「條記目録」於其後補「差」字。

〔一〇〕此句前《英國國家圖書館藏敦煌遺書》「條記目録」補一「擇」字。

〔一一〕「擁」，《英國國家圖書館藏敦煌遺書》「條記目録」於其後補「惟」字。

〔一二〕「衣」，當作「求」，據文義改，《敦煌遺書總目索引新編》逕釋作「求」；「慶」，當作「廢」，據文義改，《敦煌遺書總目索引新編》逕釋作「廢」。

〔一三〕「大」，《英國國家圖書館藏敦煌遺書》「條記目録」於其後補「文」字。

〔一四〕第二個「哀」，據文義係衍文，當删。

〔一五〕「非」，當作「飛」，據文義改，「非」爲「飛」之借字，《敦煌遺書總目索引新編》釋作「有」，誤。

〔一六〕「仙」，《敦煌佛學·佛事篇》據文義校補；「卦」，當作「掛」，據文義改，「卦」爲「掛」之借字，《敦煌遺書總目索引新編》逕釋作「掛」。

〔一七〕「捉」，當作「投」，據文義改，《敦煌遺書總目索引新編》逕釋作「投」。

〔一八〕「捨」，《敦煌遺書總目索引新編》釋作「舍」。

〔一九〕「鴿」，據文義係衍文，當删。

〔二〇〕「該」，《英國國家圖書館藏敦煌遺書》「條記目録」校改作「賅」。

〔二一〕「偏」，當作「遍」，據文義改，《敦煌遺書總目索引新編》逕釋作「遍」。

〔二二〕「巨」，當作「臣」，據文義改，《敦煌遺書總目索引新編》逕釋作「臣」。

〔二三〕「亡」，《敦煌遺書總目索引新編》釋作「忘」，誤。

〔二四〕「弁」，當作「卞」，《英國國家圖書館藏敦煌遺書》「條記目録」據文義校改，「弁」爲「卞」之借字。

〔二五〕「刑」，底本原作「形」，因二字形近，在手書中易混，故據文義逕釋作「刑」。

〔二六〕『設』，當作『投』，《英國國家圖書館藏敦煌遺書》『條記目録』據文義校改。

〔二七〕『忠』，當作『中』，《英國國家圖書館藏敦煌遺書》『條記目録』據文義校改，『忠』爲『中』之借字。

〔二八〕『何』，當作『河』，據文義改，『何』爲『河』之借字，《敦煌遺書總目索引新編》逕釋作『河』。

〔二九〕『谷』，當作『答』，據文義改，《敦煌遺書總目索引新編》逕釋作『答』。

參考文獻

Descriptive Catalogue of the Chinese Manuscripts from Tunhuang in the British Museum, The Trustees of the British Museum, London 1957, p. 228；《敦煌學海探珠》，臺北：商務印書館，一九七九年，三〇九至三一六頁（録）；《敦煌寶藏》一二册，臺北：新文豐出版公司，一九八一年，五七四頁（圖）；《敦煌禪宗文獻の研究》，東京：大東出版社，一九八三年，八二至八三頁；《敦煌遺書總目索引》，北京：中華書局，一九八三年，一一四頁（録）；《敦煌文學》，蘭州：甘肅人民出版社，一九八九年，二七七至二七八頁；《英藏敦煌文獻》一卷，成都：四川人民出版社，一九九〇年，一一〇至一一一頁（圖）；《西域文史論稿》，臺北：國文天地雜誌社，一九九一年，五二〇至五二一頁；《敦煌佛學·佛事篇》，蘭州：甘肅民族出版社，一九九五年，二八八頁（録）；《歸義軍史研究——唐宋時代敦煌歷史考索》，上海古籍出版社，一九九六年，一七五頁；《敦煌遺書總目索引新編》，北京：中華書局，二〇〇〇年，九頁（録）；《英國國家圖書館藏敦煌遺書》四册，桂林：廣西師範大學出版社，二〇一一年，三六二至三六三頁（圖）、『條記目録』一八頁（録）。

斯二七六背　　五　佛圖澄羅漢和尚讚抄

釋文

佛圖澄羅漢和尚讚

異哉釋種，作用難量。洞〔達〕奧（？）旨[一]，默識否臧。以油塗掌，探腹洗腸。盡（晝）還謀塞[二]，夜抽出光。自在生死，示現無常。葬石而起，後趙知亡。載《高僧傳》，千古騰芳。

又詩曰：

權實應無方，臨流每洗〔腸〕[三]。

腹〔孔〕明照室[四]，掌裏現興亡。

示滅無[五]，名常則不常[六]。

世人思賤（踐）跡[七]，猶想覺花香。

説明

上録佛圖澄之讃、詩均有脱文，係抄件。此讃係以梁釋慧皎《高僧傳》中之《晉鄴中竺佛圖澄傳》爲依據。

校記

〔一〕『達』，據文義補；『奥』，《英國國家圖書館藏敦煌遺書》『條記目録』釋作『興』。此句後，《英國國家圖書館藏敦煌遺書》『條記目録』補一『奥』字。

〔二〕『盡』，當作『晝』，據文義改。

〔三〕『腸』，據此詩韻脚及《高僧傳》所載佛圖澄事跡補。《高僧傳・晉鄴中竺佛圖澄傳》載『澄左乳傍先有一孔，圍四五寸，通徹腹内，有時腸從中出，或以絮塞孔。夜欲讀書，輒拔絮，則一室洞明』，《敦煌簡策訂存》逕釋作『腸』。

〔四〕『腹』，《敦煌簡策訂存》未能釋讀；『孔』，據文義及上注所引之『佛圖澄傳』補；『室』，《敦煌簡策訂存》釋作『空』，誤。

〔五〕此句疑有脱文。

〔六〕『常』，《敦煌簡策訂存》釋作『掌』，誤。

〔七〕『賤』，當作『踐』，《英國國家圖書館藏敦煌遺書》『條記目録』據文義校改，《敦煌簡策訂存》釋作『勝』，誤。

參考文獻

Descriptive Catalogue of the Chinese Manuscripts from Tunhuang in the British Museum, The Trustees of the British Museum,

London 1957, p. 228；《敦煌寶藏》二册，臺北：新文豐出版公司，一九八一年，五七四頁（圖）；《敦煌禪宗文獻の研究》，東京：大東出版社，一九八三年，八二至八三、九一頁；《敦煌簡册訂存》，臺北：商務印書館，一九八三年，一九二頁（録）；《敦煌學園零拾》，臺北：商務印書館，一九八六年，三八八頁（録）；《英藏敦煌文獻》一卷，成都：四川人民出版社，一九九〇年，一一一頁（圖）；《高僧傳》，北京：中華書局，一九九二年，三五六頁；《敦煌僧詩校輯》，蘭州：甘肅人民出版社，一九九四年，五四至五五頁（録）；《英國國家圖書館藏敦煌遺書》四册，桂林：廣西師範大學出版社，二〇一一年，三六三頁（圖）、『條記目録』一八頁（録）。

斯二七六背　六　羅什法師讚抄

釋文

羅什法師讚　釋金髻〔一〕

善哉，童壽！母腹標奇。四果玄記〔二〕，三十辟支〔三〕。呂氏起慢，五涼運衰。秦帝生信，雅合昌期〔四〕。草堂青眼，蔥領白眉〔五〕。瓶藏一鏡，針吞數匙。生肇受業，融睿爲資〔六〕。四方遊化，兩國仁（人）師〔七〕。

詩：誕跡本西方，利化遊東國〔八〕。毗贊士三千〔九〕，摳衣四聖德。内鏡澡（？）瓶裏〔一〇〕，洗滌秦王忒〔一一〕。吞針麼鉢中，機誡弟子色〔一二〕。傳譯草堂居〔一三〕，避地蔥山側。馳譽五百年，垂範四方則〔一四〕。

説明

此件墨跡多已脱落，甚難辨識，所幸相同内容還保存在斯六六三一背等號中，相互比讀有助於釋録此件之文字。徐俊《敦煌詩集殘卷輯考》已對其中之詩做過校録。

以上釋文以斯二七六背爲底本，用斯六六三一背（稱其爲甲本）參校。

校記

〔一〕『金』，甲本作『迦』。

〔二〕『玄』，甲本同，《英國國家圖書館藏敦煌遺書》『條記目録』校改作『懸』。

〔三〕『三』，甲本無；『辟』，《英國國家圖書館藏敦煌遺書》『條記目録』未能識讀；『支』，《英國國家圖書館藏敦煌遺書》『條記目録』釋作『命』，誤。

〔四〕『雅』，甲本作『示』；『期』，甲本作『彌』。

〔五〕『領』，甲本作『嶺』，『嶺』通『領』，《英國國家圖書館藏敦煌遺書》『條記目録』釋作『嶺』，誤。

〔六〕『睿』，甲本作『叡』；『爲』，《英國國家圖書館藏敦煌遺書》『條記目録』漏録。

〔七〕『仁』，當作『人』，據甲本改，『仁』爲『人』之借字。

〔八〕『利化』，據殘筆劃及甲本補。

〔九〕『贊』，《英國國家圖書館藏敦煌遺書》『條記目録』釋作『讚』。

〔一〇〕『瓶裹』，據甲本補。

〔一一〕『洗』，據殘筆劃及甲本補；『忒』，甲本作『或』，均可通，《英國國家圖書館藏敦煌遺書》『條記目録』釋作『或』，校改作『惑』。

〔一二〕『誡』，甲本作『戒』；『弟』，甲本作『第』，因二字形近，在手書中易混，故可視作『弟』。

〔一三〕『傳譯』，據甲本補。

〔一四〕『垂』，據甲本補。

參考文獻

《敦煌寶藏》二册，臺北：新文豐出版公司，一九八一年，五七四頁（圖）；《敦煌禪宗文獻の研究》，東京：大東出版社，一九八三年，八二頁；《英藏敦煌文獻》一卷，成都：四川人民出版社，一九九〇年，一一一頁（圖）；《英藏敦煌文獻》一一卷，成都：四川人民出版社，一九九四年，一四一頁（圖）；《敦煌詩集殘卷輯考》，北京：中華書局，二〇〇〇年，九〇四至九〇五頁（録）；《英國國家圖書館藏敦煌遺書》四册，桂林：廣西師範大學出版社，二〇一一年，三六三頁（圖）、『條記目録』一八頁（録）。

斯二七六背　七　第廿五代付法藏人聖者舍那波斯抄

釋文

第廿五代付法藏人聖者舍那波斯〔一〕

（後缺）

説明

此件後缺，僅存起首一行。

校記

〔一〕『第』，底本原作『弟』，因二字形近，在手書中易混，故據文義逕釋作『第』。

參考文獻

《敦煌寶藏》二册，臺北：新文豐出版公司，一九八一年，五七四頁（圖）；《敦煌禪宗文獻の研究》，東京：大東出版社，一九八三年，八一、九一至九二、一二八頁；《英藏敦煌文獻》一卷，成都：四川人民出版社，一九九〇年，一一一頁（圖）；《英國國家圖書館藏敦煌遺書》四册，桂林：廣西師範大學出版社，二〇一一年，三六三頁（圖）、『條記目録』一八頁（録）。

斯二八〇　大般若波羅蜜多經卷第七二題記

釋文

智照寫。

説明

此件《英藏敦煌文獻》未收，現予增收。

參考文獻

Descriptive Catalogue of the Chinese Manuscripts from Tunhuang in the British Museum, The Trustees of the British Museum, London 1957, p. 3（録）；《敦煌寶藏》二册，臺北：新文豐出版公司，一九八一年，六〇七頁（圖）；《中國古代寫本識語集録》，東京大學東洋文化研究所，一九九〇年，三五七頁（録）；《敦煌遺書總目索引新編》，北京：中華書局，二〇〇〇年，九頁（録）；《英國國家圖書館藏敦煌遺書》五册，桂林：廣西師範大學出版社，二〇一一年，一二頁（圖）、『條記目録』一頁（録）。

斯二八三　大般若波羅蜜多經卷第四五二題記

釋文

海淨第校。

張寺加寫。

説明

此件《英藏敦煌文獻》未收，現予增收。

參考文獻

Descriptive Catalogue of the Chinese Manuscripts from Tunhuang in the British Museum, The Trustees of the British Museum, London 1957, p. 11（録）；《敦煌寶藏》二册，臺北：新文豐出版公司，一九八一年，六三五頁（圖）；《中國古代寫本識語集録》，東京大學東洋文化研究所，一九九〇年，三七二頁（録）；《敦煌遺書總目索引新編》，北京：中華書局，二〇〇〇年，九頁（録）；《英國國家圖書館藏敦煌遺書》五册，桂林：廣西師範大學出版社，二〇一一年，四二頁（圖）、『條記目録』二頁（録）。

斯二八六　一　沙州某寺諸色斛斗入歷

釋文

（前缺）

白麵於□升〔一〕，麥五石〔二〕，粟三石四斗三升〔三〕，於前都師法淨手上迴殘便入〔四〕。黄麻兩石一斗〔五〕，於梁户安美兒手〔上〕便入〔六〕。麥玖石五斗〔七〕，於王押衙施入。白麵兩石〔八〕，粟麵四石四斗〔九〕，於前都師法淨手上便入〔一〇〕。麥兩石三斗〔一一〕，粟七石二斗〔一二〕，十二月八日佛出諸家施入。麥五石七斗〔一三〕，錦襦襠價便入〔一四〕。麥二斗〔一五〕，大阿磨施入。粟兩石〔一六〕，閻押牙施入。麥四石〔一七〕，於□□團便入〔一八〕。麥十五石〔一九〕，於後曹都頭□入〔二〇〕。麥五石〔二一〕，於張法佛手上便入〔二二〕。麥兩石〔二三〕，於寺主明戒手上便入〔二四〕。麥八石〔二五〕，於寺主明信手上便入〔二六〕。麥八石〔二七〕，於李都頭錦價便入〔二八〕。麥三石〔二九〕，於羅鎮使施入。麥九斗〔三〇〕，粟九斗〔三一〕，於使君齋便入〔三二〕。粟九斗〔三三〕，秋官齋施入。麥兩石〔三四〕，黄麻一石一斗〔三五〕，城上神佛食便入〔三六〕。麥八石〔三七〕，於張法律手上便入〔三八〕。粟十石〔三九〕，羅鎮使施入。麥十五石〔四〇〕，於陰馬步倉便入。麥兩石〔四一〕，張法律手上便入〔四二〕。黄麻一石四斗〔四三〕，於令狐都頭倉便入。白麵六十五石〔四四〕，春秋磑麵（？）〔四五〕。麵十九石壹斗一升〔四六〕，磑乾麥用。黄麻〔四七〕，油六斗七升〔四八〕，押（？）衙（？）□便入〔四九〕。黄麻兩碩〔五〇〕，磑户張富昌粿（課）入〔五一〕。油八升〔五二〕，梁户曹成子納入〔五三〕。黄麻壹石〔五四〕，粟一石〔五五〕，弓一張〔五六〕，折麥粟五石〔五七〕，磑户何願昌折債入〔五八〕。又白褐壹段〔五九〕，折麥粟兩石〔六〇〕，何願昌折債入。橛一束〔六一〕，磑户石盈昌折債入，准折麥粟七石。油伍升，於梁户李富德便入〔六二〕。黄麻兩石，張富昌磑粿（課）便入〔六三〕。

（後缺）

說明

此件首尾均缺，起『白麵』，訖『張富昌磑粿（課）便入』。唐耕耦已指出從其形式内容看，是敦煌寺院諸色入破歷算會牒的第二柱新附入的收入明細帳（參看《敦煌社會經濟文獻真蹟釋録》三輯，五六四頁），其所入物品名係用朱筆書寫，在影印圖版和縮微膠片上均看不到，原件亦極難辨識，故已發表的此件釋文多缺録。另，此件後尚有殘文多行，應與此件無關，前人多未注意。

此件中之『寺主明戒』、『明信』和『張法律』見於伯四〇〇四+斯四七〇六+伯三〇六七+伯四九〇八《庚子年（九四〇年）後報恩寺交割常住什物點檢歷》（參看郝春文《唐後期五代宋初敦煌僧尼的社會生活》，一二七至一二九頁），則此件亦當屬於報恩寺，其時代當在十世紀中葉。

校記

〔一〕「白麪」，《敦煌社會經濟文獻真蹟釋録》漏録；「升」，據殘筆劃及文義補。
〔二〕「麥」，據殘筆劃及文義補。
〔三〕「粟」，《敦煌社會經濟文獻真蹟釋録》漏録。
〔四〕「便」，《敦煌社會經濟文獻真蹟釋録》釋作「領」。
〔五〕「黄麻」，《敦煌社會經濟文獻真蹟釋録》漏録。
〔六〕「上」，《敦煌社會經濟文獻真蹟釋録》據文義校補；「便」，《敦煌社會經濟文獻真蹟釋録》釋作「領」。
〔七〕「麥」，《敦煌社會經濟文獻真蹟釋録》漏録。
〔八〕「白麪」，《敦煌社會經濟文獻真蹟釋録》漏録。
〔九〕「粟麪」，《敦煌社會經濟文獻真蹟釋録》漏録。
〔一〇〕「淨」，《敦煌社會經濟文獻真蹟釋録》釋作「律」，誤；「便」，《敦煌社會經濟文獻真蹟釋録》釋作「領」。
〔一一〕「麥」，《敦煌社會經濟文獻真蹟釋録》漏録。
〔一二〕「粟」，《敦煌社會經濟文獻真蹟釋録》漏録。
〔一三〕「麥」，《敦煌社會經濟文獻真蹟釋録》漏録。
〔一四〕「便」，《敦煌社會經濟文獻真蹟釋録》釋作「領」。
〔一五〕「麥」，《敦煌社會經濟文獻真蹟釋録》漏録。

〔一六〕「粟」，《敦煌社會經濟文獻真蹟釋録》漏録。
〔一七〕「麥」，《敦煌社會經濟文獻真蹟釋録》漏録。
〔一八〕「便」，《敦煌社會經濟文獻真蹟釋録》釋作「領」。
〔一九〕「麥十」，《敦煌社會經濟文獻真蹟釋録》漏録。
〔二〇〕「頭」，據殘筆劃及文義補，《敦煌社會經濟文獻真蹟釋録》逕釋作「頭」。「頭」之後，《敦煌社會經濟文獻真蹟釋録》釋有「施入」二字。
〔二一〕「麥」，《敦煌社會經濟文獻真蹟釋録》漏録。
〔二二〕「佛」，《敦煌社會經濟文獻真蹟釋録》釋作「律」；「便」，《敦煌社會經濟文獻真蹟釋録》釋作「領」。
〔二三〕「麥」，《敦煌社會經濟文獻真蹟釋録》漏録。
〔二四〕「便」，《敦煌社會經濟文獻真蹟釋録》釋作「領」。
〔二五〕「麥」，《敦煌社會經濟文獻真蹟釋録》漏録。
〔二六〕「便」，《敦煌社會經濟文獻真蹟釋録》釋作「領」。
〔二七〕「麥」，《敦煌社會經濟文獻真蹟釋録》漏録。
〔二八〕「頭」，《敦煌社會經濟文獻真蹟釋録》釋作「師」，誤；「便」，《敦煌社會經濟文獻真蹟釋録》釋作「領」。
〔二九〕「麥」，《敦煌社會經濟文獻真蹟釋録》漏録。
〔三〇〕「麥」，《敦煌社會經濟文獻真蹟釋録》漏録。
〔三一〕「粟」，《敦煌社會經濟文獻真蹟釋録》漏録。
〔三二〕「便」，《敦煌社會經濟文獻真蹟釋録》釋作「領」。
〔三三〕「粟」，《敦煌社會經濟文獻真蹟釋録》漏録。

〔三四〕「麥」，《敦煌社會經濟文獻真蹟釋録》漏録。
〔三五〕「黄麻」，《敦煌社會經濟文獻真蹟釋録》漏録。
〔三六〕「便」，《敦煌社會經濟文獻真蹟釋録》釋作「領」。
〔三七〕「麥」，《敦煌社會經濟文獻真蹟釋録》漏録。
〔三八〕「便」，《敦煌社會經濟文獻真蹟釋録》釋作「領」。
〔三九〕「粟」，《敦煌社會經濟文獻真蹟釋録》漏録。
〔四〇〕「麥」，《敦煌社會經濟文獻真蹟釋録》漏録。
〔四一〕「麥」，《敦煌社會經濟文獻真蹟釋録》漏録。
〔四二〕「便」，《敦煌社會經濟文獻真蹟釋録》釋作「領」。
〔四三〕「黄麻」，《敦煌社會經濟文獻真蹟釋録》漏録。
〔四四〕「白麵」，《敦煌社會經濟文獻真蹟釋録》釋作「麥」，按「白麵」係朱書，書於「麥」之右側，應係對「麥」之校改，故「麥」字應不録。
〔四五〕「麵」，《敦煌社會經濟文獻真蹟釋録》釋作「淘麥用」，按底本已用朱筆將「淘麥用」改爲「麵」。
〔四六〕「麵」，《敦煌社會經濟文獻真蹟釋録》釋作「麥」；「九」，《敦煌社會經濟文獻真蹟釋録》釋作「四」，按底本已用朱筆將「四」改爲「九」；「壹」，《敦煌社會經濟文獻真蹟釋録》釋作「七」，按底本已用朱筆將「七」改爲「壹」；「一升」，《敦煌社會經濟文獻真蹟釋録》漏録。
〔四七〕「黄麻」，《敦煌社會經濟文獻真蹟釋録》漏録。此句以下之收入細目已被塗抹。
〔四八〕「七」，《敦煌社會經濟文獻真蹟釋録》釋作「五」，誤。
〔四九〕「押衙」，《敦煌社會經濟文獻真蹟釋録》未能釋讀；「便」，《敦煌社會經濟文獻真蹟釋録》釋作「壓」，疑誤。

〔五〇〕『黄麻』，《敦煌社會經濟文獻真蹟釋録》漏録。

〔五一〕『稞』，當作『課』，據文義改，『稞』爲『課』之借字，《敦煌社會經濟文獻真蹟釋録》釋作『施』。

〔五二〕『升』，《敦煌社會經濟文獻真蹟釋録》釋作『斗』。

〔五三〕『曹成子』，《敦煌社會經濟文獻真蹟釋録》未能釋讀。

〔五四〕『黄麻』，《敦煌社會經濟文獻真蹟釋録》漏録。

〔五五〕『粟』，《敦煌社會經濟文獻真蹟釋録》漏録。

〔五六〕『弓』，《敦煌社會經濟文獻真蹟釋録》漏録；『張』，《敦煌社會經濟文獻真蹟釋録》釋作『川』。

〔五七〕『麥粟五石』，《敦煌社會經濟文獻真蹟釋録》未能釋讀。

〔五八〕『債』，《敦煌社會經濟文獻真蹟釋録》釋作『領』。

〔五九〕『白』，《敦煌社會經濟文獻真蹟釋録》漏録。

〔六〇〕『麥粟』，《敦煌社會經濟文獻真蹟釋録》漏録；『石』，《敦煌社會經濟文獻真蹟釋録》釋作『碩』。

〔六一〕『橛』，《敦煌社會經濟文獻真蹟釋録》釋作『掘』。

〔六二〕『便』，《敦煌社會經濟文獻真蹟釋録》釋作『領』。

〔六三〕『稞』，當作『課』，據文義改，『稞』爲『課』之借字。

參考文獻

Descriptive Catalogue of the Chinese Manuscripts from Tunhuang in the British Museum, The Trustees of the British Museum, London 1957, p. 261；《敦煌寶藏》二册，臺北：新文豐出版公司，一九八一年，六四七頁（圖）；《敦煌社會經濟文獻真

蹟釋録》三輯，北京：全國圖書館文獻縮微複製中心，一九九〇年，五六三至五六四頁（録）；《英藏敦煌文獻》一卷，成都：四川人民出版社，一九九〇年，一一一頁（圖）；《敦煌寺院會計文書研究》，臺北：新文豐出版公司，一九九七年，二八八至二九一頁（録）；《唐後期五代宋初敦煌僧尼的社會生活》，北京：中國社會科學出版社，一九九八年，一二七至一二九頁；《英國國家圖書館藏敦煌遺書》五册，桂林：廣西師範大學出版社，二〇一一年，五四頁（圖）。

斯二八六　二　斛斗抄

釋文

（前缺）

八斤〔一〕。

升二合〔二〕。

升五合。

二升二合。

（後缺）

説明

此件首尾和上半部均缺，僅存下半部底沿部分，寫於『沙州某寺諸色斛斗入歷』的左上方，其内容與『沙州某寺諸色斛斗入歷』不同，今予以單獨釋録。

校記

〔一〕『八』，據殘筆劃補。

〔二〕『升』，據殘筆劃及文義補。

參考文獻

《敦煌寶藏》二册，臺北：新文豐出版公司，一九八一年，六四七頁（圖）；《英藏敦煌文獻》一卷，成都：四川人民出版社，一九九〇年，一一一頁（圖）；《英國國家圖書館藏敦煌遺書》五册，桂林：廣西師範大學出版社，二〇一一年，五四頁（圖）。

斯二八七　律藏第三分卷第十題記

釋文

校竟。

説明

以上文字爲校經者所題，表示此經已校過。《英藏敦煌文獻》未收，現予增收。

參考文獻

Descriptive Catalogue of the Chinese Manuscripts from Tunhuang in the British Museum, The Trustees of the British Museum, London 1957, p. 118（録）；《敦煌寶藏》二册，臺北：新文豐出版公司，一九八一年，六五四頁（圖）；《敦煌遺書總目索引新編》，北京：中華書局，二〇〇〇年，九頁（録）；《英國國家圖書館藏敦煌遺書》五册，桂林：廣西師範大學出版社，二〇一一年，六一頁（圖）、『條記目録』三頁（録）。

斯二八九　一　報慈母十恩德

釋文

報慈母十恩德〔一〕　若有慈孝男女深報父母之恩〔二〕，得生天。

第一懷躭守護恩〔三〕，說著氣不蘇〔四〕。慈親身重力全無〔五〕，起坐待人扶〔六〕。如佯（恙）病〔七〕，喘息麤〔八〕，紅顏漸覺燋枯〔九〕。報恩十月莫相辜〔一〇〕，佛且勸門徒〔一一〕。

第二臨産受苦恩〔一二〕，今日説向君。苦哉母腹似刀分〔一三〕，禁（楚）痛不忍聞〔一四〕。如屠割〔一五〕，血成盆〔一六〕，性命只恐不存〔一七〕。勸君聞（問）取釋迦尊〔一八〕，慈母報無門。

第三生子忘憂恩〔一九〕，説著鼻頭酸〔二〇〕。阿孃腸肚似刀剜〔二一〕，寸寸斷腸肝〔二二〕。聞音樂，無心歡〔二三〕，任他羅綺千般〔二四〕。乞求母子面相看〔二五〕，只願早平安。

第四咽苦吐甘恩〔二六〕，今日各須知〔二七〕。可憐慈母自家飢〔二八〕，貪餧一孩兒〔二九〕。爲男女，母飢羸〔三〇〕，從（縱）食酒肉養不肥〔三一〕。大須孝順寄將歸〔三二〕，甘制（旨）莫交（教）虧〔三三〕。

第五乳飽（哺）養育恩〔三四〕，臺（擡）舉近三年〔三五〕。血成白乳與兒餐〔三六〕，由（猶）

恐怕飢寒〔三七〕。聞聲哭〔三八〕，坐不安，腸肚〔萬〕計難潘（翻）〔三九〕。任他筝歌百千般〔四〇〕，偷湊（眼）且（豈）須看〔四一〕。

第六迴乾就濕恩，乾處與兒眠。不嫌穢〔惡〕及腥膻〔四二〕，慈母卧濕氈。專須（心）縛〔四三〕，怕磨研〔四四〕，不離孩兒傍邊〔四五〕。記之父母苦憂憐〔四六〕，恩德過於天〔四七〕。

第七洗濯不淨恩〔四八〕，除母更交隨（誰）〔四九〕。三冬寒月洗孩兒〔五〇〕，十指被風吹〔五一〕。慈烏烏〔五二〕，遶林飛〔五三〕，銜食報母來歸〔五四〕。枝大（頭）頭（大）戲（有）百般飛〔五五〕，不孝應也飛（希）〔五六〕。

第八爲造惡業恩〔五七〕，爲男爲女作姻親〔五八〕。煞他豬羊屈閑人〔五九〕，酒肉會諸親〔六〇〕。倍卑（果）保（報）〔六一〕，下精神〔六二〕，阿孃不〔爲〕己身〔六三〕，榮他自造罪難陳〔六四〕，爲男爲女受沈淪〔六五〕。

第九遠行億（憶）念恩〔六六〕，此是實宜寄（記）〔六七〕。爲父母〔六八〕，宿因緣〔六九〕，腸肚悉拘（鉤）牽〔七〇〕。防秋去，往征邊〔七一〕，阿孃魂魄於先〔七二〕。兒身未出到門前〔七三〕，母意過關山〔七四〕。

第十究竟憐愍恩〔七五〕，流淚數〔千〕行〔七六〕，愛別離苦繼（繫）心腸〔七七〕，憶念似尋常〔七八〕。十恩德〔七九〕，説一場〔八〇〕，人聞爭不悲傷〔八一〕。善男子〔八二〕，善女人〔八三〕，審思量，莫交（教）辜負阿耶孃〔八四〕。十恩了〔八五〕。

第一懷躭守護恩（以下原缺文）〔八六〕

説明

此件首尾完整，第一通抄完後，第二通僅抄了起首第一句，起首題『報慈母十恩德』，訖『第一懷躭守護恩』。敦煌文獻中保存的『報慈母十恩德』，現知有十個寫本，説明其在敦煌曾十分流行。這類寫本有不少是在當時舉行的法事活動中念誦的，抄寫者和聽者可能文化水準均不高，故其中有很多同音字相互替代的現象。

敦煌文獻中與此件相關的同類寫本分別爲：斯五五六四首尾完整，原未抄完，起『第一懷躭守護恩』，訖『銜食報母來歸』；斯五五九一首尾完整，起首題『十恩得讚一本』，訖尾題『十恩德讚本』；斯五六〇一首全尾缺，起『第一懷躭守護恩』，訖『善』；斯五六八七首全尾缺，起『第一懷躭守護恩』，訖『誓願辜負阿』；伯二八四三首尾完整，起首題『十恩德讚一本』，訖『誓願辜負阿耶孃』；伯三四一一首尾完整，起首題『十恩德讚一本』，訖尾題『十恩讃一本』；斯六二七四首全尾缺，起首題『十恩德』，訖『家飢』；斯四四三八背首尾完整，中部略殘，起首題『十恩德』，訖『誓莫辜負阿耶孃』；BD九三六六（周八七）首尾完整，起首題『十恩德』，訖『莫交辜負阿耶孃』。

以上釋文以斯二八九爲底本，用斯五五六四（稱其爲甲本）、斯五五九一（稱其爲乙本）、斯五六〇一（稱其爲丙本）、斯五六八七（稱其爲丁本）、伯二八四三（稱其爲戊本）、伯三四一一（稱其爲己本）、斯六二七四（稱其爲庚本）、斯四四三八背（稱其爲辛本）和BD九三六六（稱其爲壬本）等諸本參校。

校記

〔一〕『報慈母十恩德』，甲、丙、丁本無，乙本作『十恩得讚一本』，戊、己本作『十恩德讚一本』，庚、辛、壬本作『十恩德』。此句至『報恩十月莫相辜』，辛本抄寫兩遍。

〔二〕此句及下句係小字，甲、乙、丙、丁、戊、己、庚、辛、壬本無。此句及下句《敦煌歌辭總編》未録。

〔三〕『第』，底本及甲、乙、丙、丁、戊、壬、辛本原作『弟』，己本作『第』，因二字形近，在手書中易混，故據文義逕釋作『第』，庚本作『二』，誤；『二』，甲、乙、丙、丁、戊、壬、辛本同，庚本作『弟』，誤；『懷』，乙、丙、丁、戊、己、庚、辛、壬本同，甲本作『壞』，『壞』爲『懷』之借字；『躭』，甲、乙、丙、丁、己、庚、辛、壬本同，戊本作『貪』，『貪』爲『躭』之借字，《敦煌歌辭總編》釋作『躬』，誤；『守護』，甲、乙、丙、丁、己、庚、辛、壬本同，戊本作『受苦』，誤。

〔四〕『氣』，乙、丙、丁、庚、辛本同，甲、己、壬本作『起』，戊本作『去』，『起』『去』均爲『氣』之借字；『蘇』，甲、乙、丙、丁、己、庚、辛、壬本同，戊本作『酥』，『酥』爲『蘇』之借字，《敦煌歌辭總編》釋作『舒』。

〔五〕『慈』，甲、乙、丙、庚、辛、壬本同，丁、戊、己本作『自』；『親』，甲、乙、丙、丁、己、辛、壬本同，戊本作『趁』，庚本作『母』，『趁』爲『親』之借字；『重』，甲、乙、丙、丁、己、庚、辛、壬本同，戊本作『仲』，『仲』爲『重』之借字。

〔六〕『起』，丙、戊、己、庚、辛、壬本同，甲、乙、丁本作『去』，『去』爲『起』之借字；『坐』，乙、丙、丁、戊、己、庚、辛、壬本同，甲本作『座』，『座』爲『坐』之借字；『待』，甲、乙、丙、丁、己、庚、辛、壬本作『大』，戊本作『代』，『大』『代』均爲『待』之借字；『扶』，甲、乙、丙、丁、戊、己、辛、壬本同，庚本作

「夫」，「夫」爲「扶」之借字。

〔七〕「如」，甲、乙、丙、丁、己、庚、辛、壬本同，戊本作「而」，「而」爲「如」之借字；「佯」，辛、壬本同，甲、戊、庚本作「羊」，丙、丁本作「楊」，乙、己本作「陽」，當作「恙」，《敦煌歌辭總編》據文義校改，「佯」「羊」「楊」「陽」均爲「恙」之借字。

〔八〕「喘」，甲、乙、丁、己、辛、壬本同，丙本作「川」，戊本作「痊」，「川」「痊」均爲「喘」之借字，庚本作「喻」，誤；「息」，甲、乙、丙、丁、戊、己、辛、壬本同，庚本脱。

〔九〕「紅」，乙、丙、丁、戊、己、辛、壬本同，甲、庚本作「弘」，「弘」爲「紅」之借字；「顏」，甲、乙、丙、丁、己、庚、辛、壬本同，戊本作「眼」，「眼」爲「顏」之借字；「覺」，甲、乙、丙、丁、己、庚、辛、壬本同，戊本作「角」，「角」爲「覺」之借字；「燋」，甲、乙、丙、丁、己、庚、辛、壬本同，戊本作「拈」，誤，《敦煌歌辭總編》釋作「焦」，雖義可通而字誤；「枯」，甲、乙、丁、戊、己、庚、辛、壬本同，丙本作「姑」，「姑」爲「枯」之借字。

〔一〇〕「恩」，甲、丙、丁、戊、己、庚、辛、壬本同，乙本脱；「相」，乙、丙、丁、戊、己、庚、辛、壬本同，甲本作「想」，「想」爲「相」之借字；「辜」，甲、乙、丙、丁、辛、壬本同，戊本作「扶」，己本作「專」，庚本作「呼」，「扶」「專」「呼」均爲「辜」之借字。

〔一一〕「徒」，甲、乙、丁、己、庚、辛、壬本同，戊本作「圖」，「圖」爲「徒」之借字，丙本作「從」，誤。

〔一二〕「第」，底本及甲、乙、丙、丁、戊、庚、壬本原作「弟」，己、辛本作「第」，因二字形近，在手書中易混，故據文義逕釋作「第」；「二」，甲、乙、丙、丁、戊、己、庚、壬本同，辛本作「一」，誤；「臨」，甲、乙、丙、丁、戊、庚、辛、壬本同，己本作「林」，「林」爲「臨」之借字；「受苦」，甲、乙、丙、丁、戊、己、庚、辛本同，壬本作「愛」，誤。

〔一三〕『哉』，甲、乙、丙、丁、己、庚、辛、壬本同，戊本作『裁』，誤；『母』，甲、乙、丙、丁、戊、庚、辛本同，己本作『每』，壬本作『腸』，均誤；『腹』，甲、乙、丁、己、辛本同，戊本作『服』，丙、庚本作『腸』，壬本作『母』，『服』爲『腹』之借字；『刀』，《英國國家圖書館藏敦煌遺書》『條記目録』釋作『刃』，誤。

〔一四〕『禁』，壬本同，當作『楚』，據甲、乙、丙、丁、己、辛本改，戊本作『初』，『初』爲『楚』之借字；『聞』，甲、乙、丙、丁、己、庚、辛、壬本同，戊本作『門』，誤。

〔一五〕『如』，甲、乙、丁、己、庚、辛、壬本同，丙、戊本作『而』，『而』爲『如』之借字；『屠』，甲、乙、丙、丁、己、庚、辛、壬本同，戊本作『圖』，『圖』爲『屠』之借字。

〔一六〕『成』，甲、乙、丙、丁、己、庚、辛、壬本同，戊本作『而』，誤。

〔一七〕『性』，甲、乙、丙、丁、己本同，戊本作『洗』，誤，庚、辛、壬本作『姓』，『姓』爲『性』之借字；『不』，甲、乙、丙、丁、戊、己、庚、辛、壬本作『難』。

〔一八〕『君』，甲、乙、丙、丁、戊、己、辛、壬本同，庚本脱；『聞』，甲、乙、丙、丁、己、壬本同，當作『問』，據戊、庚、辛本改，『聞』爲『問』之借字；『取』，甲、丙、戊、己、庚、辛、壬本同，乙、丁本作『趣』，『趣』爲『取』之借字；『釋』，甲、乙、丙、丁、己、庚、辛、壬本同，戊本作『阿』，誤；『迦』，甲、乙、丙、丁、戊、辛本同，己本作『加』，庚、壬本作『伽』；『尊』，甲、乙、丙、丁、己、庚、辛、壬本同，戊本作『存』，『存』爲『尊』之借字。

〔一九〕『第』，底本及甲、乙、丙、丁、戊、庚、辛、壬本原作『弟』，因二字形近，在手書中易混，故據文義逕釋作『第』，己本作『等』，誤；『忘』，甲、乙、丁、戊、辛、壬本同，丙、己本作『妄』，庚本作『罔』，『妄』『罔』均爲『忘』之借字；『憂』，甲、丙、丁、戊、己、辛、壬本同，乙本作『優』，『優』爲『憂』之借字，庚本作『愛』，疑誤。

〔二〇〕「鼻」，甲、乙、丙、丁、己、辛、壬本同，戊、庚本作「弼」，「弼」爲「鼻」之借字；「酸」，甲、乙、丙、丁、己、壬本同，戊本作「算」，「算」爲「酸」之借字，庚、辛本作「疫」，亦可通。

〔二一〕「阿」，甲、乙、丙、丁、己、庚、辛、壬本同，戊本作「耶」，誤；「腸」，甲、乙、丙、丁、戊、庚本同，己本作「長」，「長」爲「腸」之借字，辛本作「腹」，壬本作「肚」；「肚」，甲、乙、丙、丁、戊、己、庚、辛本同，壬本作「腸」；「似」，甲、乙、丙、丁、己、庚、辛、壬本同，戊本作「被」；「刀」，甲、乙、丙、丁、戊、己、辛、壬本同，庚本作「力」，誤；「剜」，甲、辛本同，乙、丁、戊、己、壬本作「割」，丙、辛本作「捥」，庚本作「挽」，「捥」「挽」均爲「剜」之借字。

〔二二〕「斷」，辛、壬本同，甲、乙、丙、丁、己、庚本作「割」，戊本作「擋（？）」；「腸」，甲、乙、丙、丁、戊、辛、壬本同，己本作「長」，「長」爲「腸」之借字，庚本脱。

〔二三〕「歡」，乙、丙、丁、戊、己、辛本同，甲、庚本作「勸」，疑誤，《敦煌歌辭總編》釋作「觀」。

〔二四〕「任」，甲、乙、丙、丁、戊、己、庚、壬本同，辛本作「住」，誤；「他」，甲、乙、丙、丁、己、庚、辛、壬本同，戊本作「你」；「綺」，丙、辛、壬本同，乙、丁本作「衣」，庚本作「倚」，「衣」「倚」均爲「綺」之借字，甲、戊本作「繡」，亦可通，己本作「手」，誤。

〔二五〕「乞」，甲、乙、丙、丁、戊、辛、壬本同，己本作「訖」，「訖」爲「乞」之借字，庚本作「説」；「母子」，丙、庚、壬本同，辛本作「子母」，甲、乙、丁、戊、己本作「慈母」，疑誤；「面」，甲、乙、丙、丁、己、庚、壬本同，戊本作「免」，「免」爲「面」之借字；「相」，甲、乙、丙、丁、己、壬本同，戊本作「向」，「向」爲「相」之借字。

〔二六〕「第」，底本及甲、乙、丙、丁、戊、壬本原作「弟」，己本作「第」，辛本或作「第」，或作「弟」，因二字形近，在手書中易混，故據文義逕釋作「第」，以下同，不另出校；「咽」，甲、丙、戊、己、辛、壬本同，乙、丁本作

『因』，誤；『吐』，甲、丙、戊、辛、壬本同，乙、丁本作『圡』，己本作『肚』，均誤；『甘』，甲、乙、丁、戊、己、辛、壬本同，丙本作『敢』，『敢』爲『甘』之借字。

〔二七〕『須』，甲、乙、丙、戊、己、庚、壬本同，丁本作『誰』；『知』，甲、乙、丁、戊、己、壬本同，丙本作『之』，『之』爲『知』之借字。

〔二八〕『可』，甲、乙、丙、丁、戊、辛、壬本同，己本作『阿』，誤；『憐』，乙、丙、丁、己、辛、壬本同，甲、戊本作『鄰』，誤；『飢』，甲、乙、丙、丁、戊、庚、壬本同，己本作『飲』，誤。庚本止於此句。

〔二九〕『餧』，甲、乙、丁、戊、己、辛、壬本同，丙本作『餵』；『一』，甲、乙、丁、戊、己、壬本同，丙本作『憶』，辛本作『阿』，『憶』爲『一』之借字；『孩』，乙、丙、丁、戊、己、辛、壬本同，甲本作『核』，誤。

〔三〇〕『母』，甲、乙、丙、丁、戊、辛、壬本同，己本作『某』，『某』爲『母』之借字。

〔三一〕『從』，乙、丁、己本作『蹤』，當作『縱』，據甲、丙、戊、壬本改；『養』，甲、乙、丙、丁、戊、己、壬本無。

〔三二〕『寄』，丙、戊、辛、壬本同，甲本作『己』，乙、丁、己本作『奇』；『歸』，乙、丙、丁、戊、己、辛、壬本同，甲本作『騁』，誤。

〔三三〕『甘』，乙、丙、丁、辛、壬本同，甲、戊、己本作『男』；『制』，甲、戊、己本作『女』，丙本作『正』，乙、丁、辛本作『止』，壬本作『脂』，當作『旨』，《敦煌歌辭總編》據文義校改，『制』『止』『脂』均爲『旨』之借字；『莫』，甲、乙、丙、丁、己、壬本同，戊本作『奠』，誤；『交』，甲、乙、丙、丁、戊、己、壬本同，當作『教』，《敦煌歌辭總編》據文義校改，『交』爲『教』之借字；『虧』，乙、丙、丁、戊、壬本同，甲本作『歸』，己本作『驅』，『歸』『驅』均爲『虧』之借字。

〔三四〕『飽』，戊、己、壬本同，甲本作『抱』，乙、丙、丁本作『胞』，當作『哺』，據文義改；『育』，甲、乙、丙、丁、戊、辛、壬本同，己本作『欲』，『欲』爲『育』之借字。

〔三五〕「臺」，甲、丙、戊、己、辛、壬本同，當作「擡」，據乙、丁本改，「臺」爲「擡」之借字；「三」，甲、乙、丁、戊、己、辛、壬本同，丙本作「叄」。

〔三六〕「成」，乙、丙、丁、戊、己、壬本同，甲本作「城」，「城」爲「成」之借字；「白」，乙、丙、丁、戊、己本同，甲、壬本作「自」，誤。

〔三七〕「由」，丙、壬本同，甲本作「怞」，當作「猶」，據乙、丁、戊、己本改，「由」「怞」均爲「猶」之借字；「恐」，壬本同，甲、乙、丙、丁、戊、己、辛本作「怕」；「怕」，壬本同，甲、乙、丙、丁、戊、己、辛本作「更」。

〔三八〕「聲」，甲本作「蹄」，乙、丁、己、辛、壬本作「啼」，戊本作「渧」，丙本作「亭」，甲、戊本誤。

〔三九〕「萬」，丙、壬本亦脱，據甲、乙、丁、戊、己本補；「潘」，乙、丙、丁、戊、己、壬本同，甲本作「幡」，當作「翻」，《敦煌歌辭總編》據文義校改，「潘」「幡」均爲「翻」之借字。

〔四〇〕「箏」，壬本同，甲、丙、戊、己、辛本作「生」，「生」爲「箏」之借字，《敦煌歌辭總編》釋作「笙」；「歌」，甲、丙、辛、壬本同，戊、己本作「個」，乙、丁本作「得個」，「個」爲「歌」之借字，「得」字衍。

〔四一〕「湊」，壬本同，丙、辛本作「走」，當作「眼」，據甲、乙、丁、戊、己本改；「且」，乙、丙、丁、戊、己、辛、壬本同，甲本作「具」，當作「豈」，《敦煌歌辭總編》據文義校改。

〔四二〕「穢」，乙、丁、戊、辛、壬本同，甲、己本作「⿰女歲」，應係涉上文而成之類化俗字，丙本作「烏」，「烏」爲「污」之借字；「惡」，據甲、乙、丁、戊、己、辛本補，丙本作「穢」，壬本作「污」；「及」，甲、乙、丙、丁、戊、己、辛本同，壬本脱；「腥」，丙、辛本同，甲、乙、丁、戊本作「醒」，「醒」爲「腥」之借字，己本作「西」，誤；「膻」，丙、辛本同，甲、乙、丁、戊本作「⿰酉亶」，己本作「氈」，均誤。

〔四三〕「專」，甲、乙、丁、戊、己、辛、壬本同，丙本作「傳」，「傳」爲「專」之借字；「須」，甲、乙、丙、丁、己、辛、壬本同，當作「心」，據戊本改，「須」爲「心」之借字。

〔四四〕「研」，甲、乙、丙、丁、戊、辛、壬本同，己本作「言」，「言」爲「研」之借字。

〔四五〕「孩」，乙、丙、丁、戊、己、辛、壬本同，甲本作「攫」，誤；「傍」，甲、乙、丙、丁、戊、己本同，壬本作「倚」，《敦煌歌辭總編》釋作「體」；「邊」，甲、乙、丙、丁、戊、壬本同，己本作「遍」，「遍」爲「邊」之借字。

〔四六〕「記」，甲、丙、辛、壬本同，乙、丁、己本作「己」，戊本作「既」，「己」「既」均爲「記」之借字；「之」，乙、丁、己、壬本同，甲、丙、戊、辛本作「知」，「知」爲「之」之借字；「父」，甲、乙、丙、丁、戊、己、辛、壬本同，《敦煌歌辭總編》釋作「慈」；「憂」，甲、乙、丁、辛、壬本同，丙本作「愛」，戊、己本作「恩」；「憐」，甲、乙、丙、丁、辛、壬本同，戊本作「連」，己本作「蓮」，「連」「蓮」均爲「憐」之借字。

〔四七〕「德」，甲、戊、己、辛、壬本同，乙、丙、丁本作「得」，「得」爲「德」之借字。

〔四八〕「洗」，乙、丙、丁、戊、己、辛、壬本同，甲本作「澆」，誤；「濯」，甲、丙、辛、壬本同，乙、丁本作「洛」，誤，戊本作「浴」，己本作「欲」，「欲」爲「浴」之借字。

〔四九〕「除」，丙、辛、壬本同，甲、乙、丁、戊、己本作「慈」；「母」，甲、乙、丙、丁、戊、己、辛本同，壬本作「父」，誤；「更」，乙、丙、丁、戊、己、辛、壬本同，甲本脱；「交」，甲、乙、丙、丁、戊、己、辛本同，《敦煌歌辭總編》校改作「教」；「隨」，壬本同，乙、丁、己本作「須」，當作「誰」，據甲、丙、戊、辛本改，「隨」「須」均爲「誰」之借字。

〔五〇〕「冬」，甲、乙、丙、丁、戊、辛、壬本同，己本作「各」，誤；「寒」，甲、乙、丙、丁、戊、辛、壬本作「十」，己本作「十二」；「孩」，乙、丙、丁、戊、己、辛本同，甲本作「核」，壬本作「孫」，均誤。

〔五一〕「被」，甲、丙、戊、辛、壬本同，乙、丁、己本作「備」，「備」爲「被」之借字。丁本在「十指備」右側有

「五甲」二字。

〔五二〕「鳥」，甲、乙、丙、丁、戊、己、辛本同，壬本作「馬」，誤。

〔五三〕「遶」，甲、乙、丁、戊、辛、壬本同，己本作「遠」，誤；「飛」，甲、乙、丙、丁、戊、己、辛、壬本同，《敦煌歌辭總編》釋作「啼」。

〔五四〕「食」，甲、乙、丙、丁、己、辛、壬本同，戊本作「貪」，誤；「母」，甲、乙、丙、丁、戊、辛、壬本同，己本作「命（？）」；「來」，甲、乙、丙、丁、戊、己、辛本同，壬本作「未」，誤。甲本止於此句。

〔五五〕「大」，當作「頭」，據乙、丙、丁、戊、己、辛、壬本改，《敦煌歌辭總編》釋作「枝」；「頭」，當作「大」，據乙、丙、丁、戊、己、辛、壬本改；「戲」，當作「有」，據乙、丙、丁、戊、己、辛、壬本改，《敦煌歌辭總編》釋作「更教」；「飛」，乙、丙、丁、己、辛、壬本同，戊本作「居」。

〔五六〕「應」，丙、壬本同，乙、丁、戊、辛本作「也」，己本作「夜」，誤；「也」，丙、壬本同，乙、丁、戊、己、辛本作「應」；「飛」，戊本作「飢」，壬本作「虚」，當作「希」，據乙、丙、丁、己、辛本改，「飛」「飢」「虚」均爲「希」之借字，《敦煌歌辭總編》釋作「師」。

〔五七〕「爲造」，乙、丙、丁、戊、己、辛、壬本同，《敦煌歌辭總編》釋作「造作」；「惡」，乙、丙、丁、戊、辛本同，壬本作「作惡」，己本作「遷」，誤。

〔五八〕「作」，乙、丙、丁、己、辛、壬本同，戊本作「結」；「姻」，丙、辛、壬本同，乙、丁本作「因」，「因」爲「姻」之借字，戊、己本脱；「親」，乙、丁、戊、己本同，丙、辛、壬本脱。

〔五九〕「煞」，乙、丙、丁、戊、己、辛、壬本同，《敦煌歌辭總編》《英國國家圖書館藏敦煌遺書》「條記目録」釋作「殺」，按「煞」有「殺」義；「他」，乙、丙、丁、戊、己、辛、壬本同，《敦煌歌辭總編》釋作「個」；「豬」，乙、丙、丁、戊、辛、壬本同，己本作「諸」，「諸」爲「豬」之借字。

〔六〇〕「酒肉」，乙、丙、丁、戊、辛、己本同，壬本作「須害」，誤；「諸」，乙、丙、丁、戊、辛、壬本同，己本作「之」，「之」爲「諸」之借字。

〔六一〕「倍」，乙、丙、丁、戊、己、辛本同，壬本作「倚」，《敦煌歌辭總編》釋作「信」；「卑」，丙、戊、辛、壬本同，乙、丁、己本作「悲」，當作「果」，《敦煌歌辭總編》據文義校改；「保」，壬本同，戊本作「布」，當作「報」，據乙、丙、丁、己、辛本改，「保」爲「報」之借字。

〔六二〕「神」，戊、辛、壬本同，乙、丙、丁、己本作「身」，「身」爲「神」之借字。

〔六三〕「阿」，壬本同，乙、丙、丁、戊、己、辛本作「耶」；「爲」，據乙、丙、丁、己、辛、壬本補，戊本作「委」，「委」爲「爲」之借字；「己」，丙、壬本同，乙、丁、戊、己本作「其」，辛本作「巳」，誤。

〔六四〕「榮」，乙、丁、己、辛、壬本同，丙本作「任」，戊本作「爲」，《敦煌歌辭總編》釋作「由」；「自」，己、辛本同，乙、丙、丁、戊、壬本作「造」，《敦煌歌辭總編》釋作「造」；「造」，己、辛本同，乙、丙、丁、戊本作「罪」，壬本作「自」，《敦煌歌辭總編》釋作「業」；「罪」，己、辛本同，乙、丁本作「白」，誤，丙本作「自」，戊本作「具」，壬本脱，《敦煌歌辭總編》釋作「自」。

〔六五〕「受」，乙、丙、丁、戊、己、辛本同，壬本作「愛」，誤；「沈」，乙、丙、丁、戊、己、辛本同，壬本作「汎」，誤；「淪」，壬本同，乙、丁、戊、己本作「論」，丙、辛本作「輪」，「論」「輪」均爲「淪」之借字。

〔六六〕「遠」，乙、丙、丁、戊、辛、壬本同，己本作「院」，「院」爲「遠」之借字；「億」，丙、戊、己本同，乙、丁本作「意」，當作「憶」，據辛、壬本改，「億」「意」均爲「憶」之借字。

〔六七〕「是」，乙、丙、丁、戊、己本同，辛、壬本作「事」，《英國國家圖書館藏敦煌遺書》「條記目録」校改作「事」，按不改亦可通；「宜」，乙、丙、丁、戊、己、辛、壬本作「難宜」，誤；「寄」，乙本作「己之」，丙、壬本作「宜」，丁本作「宜」，戊、辛本作「既」，己本作「己」，當作「記」，據文義改，「寄」「既」「己」均爲「記」

之借字。

〔六八〕『爲』，乙、丁、己本作『己之』，丙、戊、辛本作『既爲』，壬本作『寄爲』，『寄』爲『既』之借字。

〔六九〕『宿』，乙、丙、丁、戊、辛、壬本同，己本作『速』，『速』爲『宿』之借字。

〔七〇〕『腸』，乙、丙、丁、戊、壬本同，己、辛本作『腹』；『肚』，乙、丙、丁、戊、辛本同，己、壬本作『肚』，『肚』爲『肚』之借字；『悉』，乙、丁、戊、己、壬本同，丙、辛本作『塞』；『拘』，壬本同，丙本作『勾』，己本作『駒』，當作『鉤』，據乙、丁、戊、辛本改，『拘』『勾』均爲『鉤』之借字；『牽』，乙、丙、丁、戊、辛、壬本同，己本作『索』。此句前戊本還有『腸肚钓』三字，應係誤書。

〔七一〕『往』，乙、丙、丁、戊、辛、己本同，壬本作『任』，誤；『征』，戊、辛、壬本同，乙、丙、丁本作『正』，『正』爲『征』之借字，己本作『西』。

〔七二〕『阿』，壬本同，乙、丙、丁、戊、己、辛本作『耶』；『於』，丙、戊、己、壬本同，乙、丁本作『衣』，辛本作『依』，『衣』『依』均爲『於』之借字。

〔七三〕『兒』，乙、丙、丁、己、辛、壬本同，戊本作『如』，『如』爲『兒』之借字；『門』，乙、丙、丁、戊、辛、壬本同，己本脱。

〔七四〕『意』，乙、丁、壬本同，丙、戊、己本作『億』，辛本作『憶』，『億』『憶』均爲『意』之借字；『關山』，丙、丁、戊、己、辛本同，壬本作『山關』，乙本作『開土』，誤。

〔七五〕『究』，丙、丁、戊、辛、壬本同，乙、己本作『九』，『九』爲『究』之借字，《敦煌歌辭總編》釋作『寃』；『竟』，丙、戊、己、辛本同，乙、丁本作『境』，『境』爲『竟』之借字，壬本作『音』，誤，《敦煌歌辭總編》釋作『憎』；『憐』，丙、壬本同，乙、丁本作『鄰』，戊本作『唯』，己本作『年』，均誤，《敦煌歌辭總編》釋作『會』；『愍』，乙、丙、丁、戊、己、壬本同，《敦煌歌辭總編》釋作『憫』。

〔七六〕『數』，壬本同，乙、丙、丁、戊、己、辛本作『百』；『千』，據乙、丙、丁、戊、己、辛、壬本補。

〔七七〕『離』，乙、丙、丁、戊、辛本同，己本脱；『繼』，壬本同，乙、丙、丁本作『計』，己本作『針』，當作『繫』，據戊本改，『計』『繼』均爲『繫』之借字；『心腸』，乙、丙、丁、戊、壬本同，己本作『尋常』，誤。

〔七八〕『憶』，乙、丁、壬本同，丙、戊本作『億』，己本作『意』，『億』『意』均爲『憶』之借字；『似』，丙、戊、己、壬本同，乙、丁、辛本作『是』。

〔七九〕『德』，乙、戊、己、辛、壬本同，丙、丁本作『得』，『得』爲『德』之借字。

〔八〇〕『場』，丙、戊、辛、壬本同，丁本作『長』，己本作『腸』，『長』『腸』均爲『場』之借字，乙本作『張』，誤。

〔八一〕『聞』，丙、戊、己、辛、壬本同，乙、丁本作『問』，『問』爲『聞』之借字；『爭』，乙、丁、己、辛、壬本同，丙、戊本作『諍』，『諍』爲『爭』之借字；『傷』，乙、丁、辛本同，戊、己本作『常』，丙本作『揚』，壬本作『場』，均誤。

〔八二〕『善』，乙、丙、丁、戊、己、辛本同，壬本作『若』；『子』，乙、丁、戊本同，己、辛、壬本無。丙本止於此句。

〔八三〕『人』，乙、丁、戊、己本同，辛、壬本無。

〔八四〕『莫』，壬本同，乙、丁、戊、己、辛本作『誓』；『交』，壬本同，乙、丁、戊、己本作『願』，辛本作『莫』，當作『教』，《敦煌歌辭總編》據文義校改，『交』爲『教』之借字；『辜』，乙、丁、戊、辛、壬本同，己本作『故』，『故』爲『辜』之借字；『負』，乙、丁、辛、壬本同，戊、己本作『父』，『父』爲『負』之借字；『孃』，乙、丁、戊、辛、壬本同，己本作『郎』，誤。丁、戊、辛、壬本止於此句。

〔八五〕『了』，乙本作『德讚本』，己本作『讚一本』。此句及下句《敦煌歌辭總編》未録。乙、己本止於此句。

〔八六〕此句爲淡墨隨手所寫。

參考文獻

Giles, *BSOS*, 11. 1（1943），pp. 163 – 165 ；*Descriptive Catalogue of the Chinese Manuscripts from Tunhuang in the British Museum*, The Trustees of the British Museum, London 1957, p. 193 ；《敦煌文物隨筆》，臺北：臺灣商務印書館，一九七九年，二九三至二九八頁（録）；《敦煌寶藏》二册，臺北：新文豐出版公司，一九八一年，六五八頁（圖）；《華岡文科學報》一九八一年一三期，二二九至二七九頁；《敦煌孝道文學研究》，臺北：石門圖書公司，一九八二年，六三一至六六二頁（録）；《敦煌歌辭總編》，上海古籍出版社，一九八七年，七四八至七六六頁（録）；《英藏敦煌文獻》一卷，成都：四川人民出版社，一九九〇年，一一二頁（圖）；《英藏敦煌文獻》六卷，成都：四川人民出版社，一九九二年，七四頁（圖）；《英藏敦煌文獻》八卷，成都：四川人民出版社，一九九二年，三二至三三、一〇二、一二八至一二九頁（圖）；《敦煌文獻與文學》，臺北：新文豐出版公司，一九九三年，一五至一九頁；《英藏敦煌文獻》九卷，成都：四川人民出版社，一九九四年，七一至七二頁（圖）；《英藏敦煌文獻》一〇卷，成都：四川人民出版社，一九九四年，二四四頁（圖）；《敦煌佛學・佛事篇》，蘭州：甘肅民族出版社，一九九五年，二三三至二三四頁（録）；《敦煌文獻研究》，蘭州：甘肅文化出版社，一九九五年，一〇八至一〇九頁；《法藏敦煌西域文獻》一九册，上海古籍出版社，二〇〇一年，八五至八七頁（圖）；《法藏敦煌西域文獻》二四册，上海古籍出版社，二〇〇二年，一三一頁（圖）；《國家圖書館藏敦煌遺書》一〇五册，北京圖書館出版社，二〇〇八年，三一一至三一二頁（圖）；《英國國家圖書館藏敦煌遺書》五册，桂林：廣西師範大學出版社，二〇一一年，六五至六六頁（圖）、『條記目録』三頁（録）。

斯二八八九　二　當身勇猛無敵等詩稿

釋文

當身勇猛無敵，自有（幼）耽志皆從[一]。神兵開山拔劍，横行振地威風。會陵騰空沙漠，終須永定西東。一去由來無敵，諸侯須（誰）敢諍（爭）工（功）[二]。戰馬先驅北狄，揚兵後押西戎。南蠻摽如落葉[三]，東夏卷似飛崩（蓬）[四]。壠上曾經拔劍，何（河）邊須（幾）度彎弓[五]。是以名星（書）竹白（帛）[六]，能令萬國皆通。胸（匈）奴遶（擾）亂四方[七]，丈夫鞍（按）劍而王[八]。鐵衣年年不卸，龍馬歲歲長韁[九]。腰間寶劍長拔，手裏遮月恆張。一去掃除蕩盡，爲須歌樂還鄉[一〇]。

説明

此件爲詩稿，原件上有多處塗抹、修改的痕跡，以上釋文基本上是以作者修改後的文字爲依據。

校記

〔一〕『有』，當作『幼』，據文義改，『有』爲『幼』之借字。

〔二〕「須」，當作「誰」，據文義改，《敦煌歌辭總編》認爲底本作「復」，並校改作「誰」，《敦煌詩集殘卷輯考》釋作「復」；「諍」，當作「爭」，《敦煌歌辭總編》據文義校改，「諍」爲「爭」之借字；「工」，當作「功」，《敦煌歌辭總編》據文義校改，「工」爲「功」之借字。

〔三〕「葉」，《敦煌詩集殘卷輯考》《全敦煌詩》釋作「業」，校改作「葉」，按底本實爲「葉」。

〔四〕「萠」，當作「蓬」，《敦煌歌辭總編》據文義校改，「萠」爲「蓬」之借字。

〔五〕「何」，當作「河」，《敦煌詩集殘卷輯考》據文義校改，「何」爲「河」之借字；「須」，當作「鋑」，《敦煌歌辭總編》據文義校改，《敦煌詩集殘卷輯考》校改作「數」。

〔六〕「星」，當作「書」，《敦煌歌辭總編》據文義校改；「白」，當作「帛」，據文義改，《敦煌歌辭總編》逕釋作「帛」，《敦煌詩集殘卷輯考》《全敦煌詩》據《敦煌歌辭總編》校補作「帛」。

〔七〕「胸」，當作「匈」，《敦煌歌辭總編》據文義校改，「胸」爲「匈」之借字；「遶」，當作「擾」，《敦煌歌辭總編》據文義校改，「遶」爲「擾」之借字。

〔八〕「鞍」，當作「按」，《敦煌詩集殘卷輯考》據文義校改，「鞍」爲「按」之借字，《敦煌歌辭總編》逕釋作「按」。

〔九〕「韁」，《敦煌詩集殘卷輯考》校改作「繮」，按「韁」同「繮」，不煩校改。

〔一〇〕此句原寫作「歌樂爲須還鄉」，後在此句下又改爲「爲須歌樂還鄉」。

參考文獻

Descriptive Catalogue of the Chinese Manuscripts from Tunhuang in the British Museum, The Trustees of the British Museum, London 1957, p. 193 ；《敦煌寶藏》二册，臺北：新文豐出版公司，一九八一年，六五八頁（圖）；《敦煌歌辭總編》，上

海古籍出版社，一九八七年，四八〇至四八一、六九七至六九九頁（録）；《英藏敦煌文獻》一卷，成都：四川人民出版社，一九九〇年，一一二頁（圖）；《敦煌詩集殘卷輯考》，北京：中華書局，二〇〇〇年，八四六至八四八頁（録）；《全敦煌詩》九册，北京：作家出版社，二〇〇六年，四〇一六至四〇二一頁（録）；《英國國家圖書館藏敦煌遺書》五册，桂林：廣西師範大學出版社，二〇一一年，六六頁（圖）。

斯二八九背　一　雜寫

釋文

若有在子不者昔（？）　節度都頭銀青光禄大夫檢校[一]

説明

此件係時人隨手所寫，倒書於李存惠邈真讚前所留空白處。

校記

〔一〕『昔』，《英國國家圖書館藏敦煌遺書》『條記目録』釋作『若』。

參考文獻

《敦煌寶藏》二册，臺北：新文豐出版公司，一九八一年，六五九頁（圖）；《英藏敦煌文獻》一卷，成都：四川人民出版社，一九九〇年，一一三頁（圖）；《英國國家圖書館藏敦煌遺書》五册，桂林：廣西師範大學出版社，二〇一一年，六七頁（圖）、『條記目録』四頁（録）。

斯二八八九背　二　宋李存惠邈真讚並序抄

釋文

府君諱　存惠[一]，字察遠。早懷氣義，夙抱温柔。文武之道相兼，寛猛之誠共濟。善乘鞍馬，弓開而猿玃先啼；頗曉陣圖，施設而縱擒自在。故得入於儕輩，折旋以越於常倫。凡居朋寮，起（去）就獨彰於群彦[二]。僉諧衆口，舉薦人多。尋沐　君主慎求，遂乃超昇班袟[三]，不注司局，清畏人知。讓實越於前賢，知足過於後輩。將謂轅門之内，分　君主之多憂；州府之中，設機謀之（以）佐國[四]，豈期地火暗背，靈性歸常。空留白玉之肌膚，不聞黄金之美語。妻居孀室，血淚交流。此世難遇於魚（頬）腮[五]，别後須憑於鳥字。遂請丹筆，輒會（繪）容儀[六]。又邀儒生，以讚芳美。乃讚曰：

府君天然貌，神理有多般。入衆人皆敬，出君（群）他比難[七]。文清孔氏學，武拜楚王壇。榮禄君恩重，功勞自有千。彈絃五音足，歌唱四聲全。綜核於州府，神謀著在邊。豈期逝水早，暗地鬼來先。堂上空有步，庭前見没緣。官寮皆慟哭，妻室又悲煎。邈畫生前貌，貴徒（圖）後人看[八]。他年蒿里下，永鎮向黄泉。鳥字須憑遠，蟲文輒要傳。

説明

此件首尾完整，原無題，《中華佛教文化史散策》據其内容確定其爲『宋李存惠邈真讃並序』，但此件明顯爲抄件，故擬題爲『宋李存惠邈真讃並序抄』。此件後抄有『宋李存惠殯銘』，筆跡與此件相同，兩件當爲同一人所抄。該件尾題『於時太平興國五〔年〕庚辰歲（公元九八〇年）二月三日題記』。李存惠是敦煌大族李氏家族的重要成員，故此件及下件對研究歸義軍晚期的歷史具有一定價值。

校記

〔一〕此句前《中華佛教文化史散策》補『宋李存惠邈真讃並序』。
〔二〕『起』，當作『去』，《敦煌社會經濟文獻詞語論考》據文義校改。
〔三〕『袟』，《敦煌邈真讃校録並研究》釋作『袟』。
〔四〕『之』，當作『以』，據文義改。
〔五〕『魚』，當作『頰』，據文義改。
〔六〕『會』，當作『繪』，《敦煌遺書總目索引》據文義校改，『會』爲『繪』之借字。
〔七〕『君』，當作『群』，據文義改。
〔八〕『徒』，當作『圖』，《敦煌遺書總目索引》據文義校改，『徒』爲『圖』之借字。

參考文獻

《大正新脩大藏經》八五册，東京：大正一切經刊行會，一九三二年，一三二〇頁（録）；*Descriptive Catalogue of the Chinese Manuscripts from Tunhuang in the British Museum*, The Trustees of the British Museum, London 1957, p. 193；《東方學報》四五册，京都大学人文科学研究所，一九七三年，四二七頁；《大陸雜志》一九八一年六三卷四期，二三頁（録）；《敦煌寶藏》二册，臺北：新文豐出版公司，一九八一年，六五九頁（圖）；《敦煌遺書總目索引》，北京：中華書局，一九八三年，一一四頁；《中華佛教文化史散策》四集，一九八六年，三〇五至三〇七頁（録）；《英藏敦煌文獻》一卷，成都：四川人民出版社，一九九〇年，一一三頁（圖）；《敦煌碑銘讚輯釋》，蘭州：甘肅教育出版社，一九九二年，五四九至五五二頁（録）；《敦煌邈真讚校録並研究》，臺北：新文豐出版公司，一九九四年，三五〇至三五一頁（録）；《歸義軍史研究——唐宋時代敦煌歷史考索》，上海古籍出版社，一九九六年，二一〇頁；《英國國家圖書館藏敦煌遺書》五册，桂林：廣西師範大學出版社，二〇一一年，六七至六八頁（圖）；《敦煌社會經濟文獻詞語論考》，上海人民出版社，二〇一一年，四九〇至四九一頁。

斯二八九背　三　宋李存惠殯銘抄

釋文

府君諱存惠，字察遠，其先著姓，殷王武丁之派，隴西伯陽之苗。譜牒頗明，略而言矣。而乃指樹命氏，射虎留芳。白馬東來，青牛西去，因化胡國，以留子孫，至今爲敦煌人也。曾祖墨釐軍事（使）守瓜州刺史金紫光禄大夫檢校尚書左僕射兼御史大夫上柱國諱〔一〕。皇祖管内都計使銀青光禄大夫檢校兵部常侍兼御史大夫上柱國諱紹丘。皇考歸義軍節度都頭攝石城鎮遏使銀青光禄大夫檢校左散騎常侍上騎都尉諱安。亡男内親從都頭知右（左）右兩廂馬步軍都校練使檢校兵部尚書兼御史大夫上柱國陰住延〔二〕。皇妣小娘子武威郡陰氏。亡叔節度押衙銀青光禄大夫檢校國〔子〕祭酒兼御史中丞諱安定〔三〕。亡男内親從都頭銀青光禄大夫檢校右散騎常侍兼御史大夫陰住千。兄釋門僧正臨壇供奉大德兼義學法師賜紫沙門法定。府君武功早備，文業夙彰，纔伸理國之方，不遂匡君之道。豈期齊歌暗唱，魯句先吟，魄引驚波，魂隨逝水，於太平興國五年庚辰歲正月乙亥朔廿六日庚子枕疾，終於修文坊之私第矣〔四〕。取其年二月甲辰朔三日丙午，權殯莫高里陽開河北原之禮也。別卜年華，葬於先塋矣。　妹婿都頭鄧慶順、□外弟都頭曹祐崇，並宗連骨血，義重親枝。或早逝於泉臺，或現存於内外。倚廬痛切，牽仍弟妹之腸；枕塊魂消，交流女男之淚。世事逐年華私改，聲名隨日月消亡。貴憑鳥跡之文，以記龍頭之碣。銘曰：

天列星辰兮，必膺賢才。風雲契會兮，君臣偶諧。不入衙庭兮，冰清玉潔。一方斷割兮，列直難迴。將謂村巷兮，永爲綜核。何期風送兮，魄赴夜臺。松楸寂寂兮，空睹狐兔。窀穸傳遠兮，唯石是碑（？）。千秋記遐兮，莫非鳥字。萬載流芳兮，筆墨者哉〔五〕。

於時太平興國五〔年〕庚辰歲二月三日題記〔六〕。

說明

此件首尾完整，其中之『存惠』與上件『宋李存惠邈真讚並序抄』之『存惠』應爲同一人。所以學術界一般認爲此件之存惠應姓李。但《敦煌遺書總目索引新編》指出文中提到的兩個亡男均姓陰，故此文之主人公是否姓李仍有待進一步研究（參見《敦煌遺書總目索引新編》，九頁）。

校記

〔一〕『事』，當作『使』，據文義改，『事』爲『使』之借字。按『諱』後原未抄人名。

〔二〕第一個『右』，當作『左』，據文義改。

〔三〕『子』，《敦煌碑銘讚輯釋》據文義校補。

〔四〕『第』，底本原作『弟』，因二字形近，在手書中易混，故據文義逕釋作『第』。

〔五〕『者』，底本原有兩個『者』，一在行末，一在次行行首，此爲當時之提行添字抄寫體例，第二個『者』字應不讀，故未釋。

〔六〕『年』，《敦煌碑銘讚輯釋》據文義校補。

參考文獻

《大正新脩大藏經》八五册，東京：大正一切經刊行會，一九三二年，一三二〇頁（録）；*Descriptive Catalogue of the Chinese Manuscripts from Tunhuang in the British Museum*, The Trustees of the British Museum, London 1957, p. 193；《香港中文大學中國文化研究所學報》一九七六年八卷一期，九一至九三頁（録）；《大陸雜志》一九八一年六三卷四期，二三頁（録）；《敦煌寶藏》二册，臺北：新文豐出版公司，一九八一年，六五九頁（圖）；《中華佛教文化史散策》四集，一九八六年，二八四至二八六頁（録）；《英藏敦煌文獻》一卷，成都：四川人民出版社，一九九〇年，一一三頁（圖）；《敦煌碑銘讚輯釋》，蘭州：甘肅教育出版社，一九九二年，二九七、五五三至五五七頁（録）；《敦煌邈真讚校録並研究》，臺北：新文豐出版公司，一九九四年，一六頁（録）；《歸義軍史研究——唐宋時代敦煌歷史考索》，上海古籍出版社，一九九六年，二一〇頁；《段文傑敦煌研究五十年紀念文集》，北京：世界圖書出版公司，一九九六年，四〇七至四〇八頁（録）；《歸義軍史專題研究》，蘭州大學出版社，一九九七年，八至九頁；《敦煌遺書總目索引新編》，北京：中華書局，二〇〇〇年，九頁；《英國國家圖書館藏敦煌遺書》五册，桂林：廣西師範大學出版社，二〇一一年，六七至六八頁（圖）。

斯二九五　大方等大集經卷第六題記

釋文

清信女垣法臻所供養經一部廿七卷。□〔一〕

説明

此件《英藏敦煌文獻》未收，現予增收。

校記

〔一〕『□』，《英國國家圖書館藏敦煌遺書》『條記目録』釋作『了』，似絶止符號。

參考文獻

Descriptive Catalogue of the Chinese Manuscripts from Tunhuang in the British Museum, The Trustees of the British Museum, London 1957, p. 38（録）；《敦煌寶藏》二册，臺北：新文豐出版公司，一九八一年，六九七頁（圖）；《敦煌遺書總目

索引》，北京：中華書局，一九八三年，一一四頁（録）；《中國古代寫本識語集録》，東京大學東洋文化研究所，一九九〇年，一五八頁（録）；《敦煌遺書總目索引新編》，北京：中華書局，二〇〇〇年，九頁（録）；《英國國家圖書館藏敦煌遺書》五册，桂林：廣西師範大學出版社，二〇一一年，一〇六頁（圖）、『條記目録』五頁（録）。

斯二九八　太上靈寶洞玄滅度五鍊生尸經

釋文

（前缺）

子〔一〕，赤帝領籍，七月受炁，丹天稟陽〔二〕，先功未滿。履在穢世，塵濁所染，應在滅度，託命太陽陰〔三〕，寄形土官。今於中天某郡里中〔四〕，安宫立室，以爲住止。功微德妙（少）〔五〕，未能自還。今爲土府，所見驅逼〔六〕，不相容安。魂飛魄碭（颺）〔七〕，尸形無寧〔八〕。謹依明真大法金券玉書之文〔九〕，上清（請）諸天自然玉字女青符命〔一〇〕，告下某天中九土靈官，安鎮〔某〕甲身形骸宅地〔一一〕。請下九炁青天倉靈生神真人〔一二〕，從東嶽仙人，乘倉龍九千萬騎〔一三〕，齎九炁天文青帝女青符命〔一四〕，下東鄉九土諸靈官，開長夜之府九幽地獄，拔出某甲魂神，還付故宅。應轉者轉，應度者度，應生者生，應還者還。未得生者，明安尸形，撫卹營衛，不得摇動。如女青文，以青文之繒九十尺〔一五〕，或九尺，以奉九炁天君，爲拔度之信。又請下三炁丹天赤靈生神真人，從南嶽仙人，乘赤龍三千萬騎，齎三炁天文赤帝女青符命，下南鄉九土諸靈官，開長夜之府九幽地獄，拔出某甲魂神，還付故宅。應轉者轉，應度者度，應生者生，應還者還。未得生者，明安尸形，撫衈營衛，不得搖動。如女青文，以絳文之繒八十尺〔一六〕，或八尺〔一七〕，以奉三炁天君，爲拔度之信。又請下一炁黃天黃靈主魁神劍（鈕）總生真人〔一八〕，從中嶽仙人，乘黃龍萬二千騎，齎一炁天文黃帝女青符命，下中央無極無窮無高無下無深無遠無邊無際〔土〕府一切靈官〔一九〕，開長夜之府九幽地獄，拔出某甲魂神，還付故宅。應轉者轉，應度者度〔二〇〕，應生者生，應還者還，未得生者，明安尸形，撫衈營衛，不得搖動。如女青文，以黃文之繒一百廿尺〔二一〕，或一十二尺，以奉一炁文（天）君〔二二〕，爲拔度之信。又請下七炁素天白靈生神真人，從西嶽仙人，乘素龍七千萬騎〔二三〕，齎七炁天文白帝女青符命，下西極九土諸靈官〔二四〕，開長夜之府九幽地獄，拔出某甲魂神，還付故宅。應轉者轉，應度者度，應生者生，應還者還。未得生者，明安尸形，撫衈營衛，不得搖動。如女青文，以白文之繒七十尺〔二五〕，或七尺，以奉七炁天君，爲拔度之信。又請下五炁玄天玄靈生神真人，從北嶽仙人，乘玄龍五千萬騎，齎五炁天文黑帝女青符命，下北鄉九土諸靈官，開長夜之府九幽地獄，拔出某甲魂神，還付故宅。應轉者轉，應度者度，應生者生，應還者還。未得生者，明安尸形，撫衈營衛，不得搖動。如女青文，以玄文之繒五十尺〔二六〕，或五尺，以奉五炁天君，爲拔度之信〔二七〕。又以上金五兩，或鐵五十斤，以奉五帝，安鎮五方。〔某〕甲今應在開度之例〔二八〕，九土地官，各依部界，經營侍衛，供給有無，令形安神守，魄不得分散〔二九〕。須待功成，當反舊宅，受津而生。願五帝哺飴太和元精，導炁養神，飲以三光，玄注供（洪）淥〔三〇〕，玉芝自充，光華早營（瑩）〔三一〕，澧液早香〔三二〕。魂遊上清，衣食自然，下附宫宅，與景合并，不相遠離，同受化生。今日大慶，度人無量，土（開）府（度）一切〔三三〕，莫不咸從，尊承舊法，列功諸天。有違女青，削官罰形，明如舊制〔三四〕，金龍驛行。謹以表聞，伏須告報。臣甲誠惶誠恐〔三五〕，死罪死罪。稽首再拜以聞。

臣姓某〔三六〕，屬某郡某縣〔三七〕

上上上一炁一炁〔三八〕，上上上無極無頂，無色無光〔三九〕，遼廓至真大道元始天尊、卅二帝〔四〇〕、太上大道君泰清玉陛下〔四一〕。某屬某郡縣鄉里秦（奏）〔四二〕，太歲某子某月某日某子於某時〔四三〕，於某郡縣鄉里中〔四四〕，黄繒素章表一通〔四五〕，金龍上呈。

女青舊典，以朱筆書此文於黄繒上，師於亡人所在，子時北向，燒五香火，施安五鎮而奏上黄繒章。露文一宿，明日平旦，各埋文方面，以鎮神安形。行之者，女青文曰九祖幽魂，皆即出長夜，身入光明，三官削對〔四六〕，天當（堂）記名〔四七〕，供其廚飯，卌二年皆還某（其）故形而更生也〔四八〕。未得還者，形骸故宅則爲五帝侍衛，地祇營護，安慰撫衈，無有動摇，不出百年，無不化生，而得還於人道也。三界簿録，甚有分明。智者洞其至理，考其善惡，緣對報應，明不虚言。愚者任命，謂之不然，三官徒（塗）炭〔四九〕，甚可哀哉。

天真皇人曰：昔赤明天中有道士姓鄭，字仁安，功德未滿，死於長山北戎之阿〔五〇〕。

其子仲明，師玄和先生，以此文鎮仁安尸形宫宅卅年，仁安被度，應還人中，而爲獵人所燒，形骸鬱燃（然）而起〔五一〕，今爲上宫南帝老君。得道之跡，今題太極上宫南軒，甚有分明也。

天真皇人曰：昔善忍國有道士姓琨，字信然，師無常童子，受靈寳滅度升天之傳〔五二〕，功德未足，死於清元天中〔五三〕，埋尸於流生之州〔五四〕。無常童子以此文鎮其尸形，百年而遇洪水所蕩，於此化生，今受號爲元靈老君。南宫書其道跡，在紫微之館。

天真皇人曰：昔棄賢世界有道士姓浩，字敷明，少好山水，棄家遠學〔五五〕。功德未滿，死於地鏡山下。其子少信，就北郭先生受此文，鎮敷明形（尸）尸（形）〔五六〕，七百年被水火練（鍊）度〔五七〕，而得還生人中。後師里（黑）文子〔五八〕，受升天之傳，今爲玄老之帝。南宫今書其道跡，在北元玄窗。

天真皇人曰：中元天中南浮梨世界〔五九〕，有道士姓王，字度明，少出遊學，從屠真公受五篇文升仙之傳，功德未足，死於東山廣靈之阿。其子景秀，詣戴仲君受此文，以鎮尸形九十年，遭東大荒，人民掘土覓食，發其死尸，而即化生，後道成升天，爲景霄真人。

天真皇人曰：此諸君皆積學滅度，道業垂成，而受此文〔六〇〕，以還生人中，皆超虚步空，上拜金闕〔六一〕，受號自然也。其並悠遠〔六二〕，世人所不能明。考其近者〔六三〕，衍門子師夜光，高丘子師石公，洪崖先生師金母，並受靈寳滅度五練（鍊）之法〔六四〕，升天之傳。

衍門子死於漁陽路縣長丘山〔六五〕，高丘子死於中山聞憙縣高附山〔六六〕，洪崖先生死於武威姑蘇（臧）縣浪山中〔六七〕，並受此文，以鎮其墓。衍門子卌年墓崩而形化〔六八〕，後入蒙山大洞黄金之庭，受書爲仙卿。高丘子七十二年墓崩〔六九〕，爲人所發，搰棺而形飛〔七〇〕，今爲中嶽真人。洪崖先生百廿年墓開，尸形飛騰，受書爲青城真人。此之諸賢，並受滅度之法，升天之傳，鎮靈之道，而得崇虚淩清〔七一〕，策空高霞，遊晏（宴）紫微〔七二〕，受　號真人也。此之近事，非復悠遠之傳。元始天王令披元始之寶藏〔七三〕，以告太極上仙，過之者，將前生萬劫，録名上清，應得仙道也〔七四〕。諸天男女，可不承女青之旨〔七五〕，秘而寶之焉〔七六〕。

太上靈寶洞玄滅度五練（鍊）生尸經〔七七〕

説明

此件首缺尾全，起『子，赤帝領籍』，訖尾題『太上靈寶洞玄滅度五練（鍊）生尸經』，大淵忍爾推斷其抄寫年代在公元六〇〇年左右（參看《敦煌道經·目録編》，六〇頁）。此經名見於《靈寶經目》，屬古《靈寶經》。王卡指出，該經《正統道藏》分作兩種經書，其一爲《太上洞玄靈寶滅度五鍊生尸妙經》；其二爲《靈寶鍊度五仙安靈鎮神黄繒章法》（參見《敦煌道教文獻研究：綜述·目録·索引》，一〇二頁）。

敦煌文獻中還有伯二八六五號亦保存了此經，該件首缺尾全，起『拂□』，訖『秘而寶之焉』。

王卡指出該件前半篇一三四行經文，相當於《道藏》《滅度五鍊生尸妙經》的部分内容，後半篇一三五行小標題『靈寶鍊度五仙安靈鎮神黄繒章法』至卷末，相當於《道藏》所收同名經文的内容（參見《敦煌道教文獻研究：綜述·目録·索引》，一〇二頁）。

此件與伯二八六五内容相關者，係伯二八六五後半篇一五四行至卷尾部分（參見《敦煌道教文獻研究：綜述·目録·索引》，一〇三頁），該部分亦見於傳世本《道藏》之《靈寶鍊度五仙安靈鎮神黄繒章法》。

以上釋文以斯二九八爲底本，用伯二八六五（稱其爲甲本）、傳世本《道藏》之《靈寶鍊度五仙安靈鎮神黄繒章法》（稱其爲乙本）參校。

校記

〔一〕『子』，甲、乙本作『午』。

〔二〕『陽』，甲本同，乙本脱。

〔三〕『陽』，甲、乙本無，疑係衍文，當刪。

〔四〕『郡』，甲、乙本作『鄉』。

〔五〕『妙』，當作『少』，據甲、乙本改。

〔六〕『驅』，甲本同，乙本作『馳』。

〔七〕『碭』，甲本同，當作『颺』，據乙本改，『碭』爲『颺』之借字。

〔八〕『寧』，甲本同，乙本作『寄』。

〔九〕『券』，甲本同，乙本作『篆』；『書』，乙本同，甲本作『字』。

〔一〇〕『清』，當作『請』，據甲、乙本改，『清』爲『請』之借字。

〔一一〕『某』，甲本亦脱，據乙本補；『宅地』，甲、乙本作『地宅』。

〔一二〕『倉』，甲本同，乙本作『蒼』，『倉』通『蒼』。

〔一三〕『倉』，甲本同，乙本作『蒼』，『倉』通『蒼』。

〔一四〕『齎』，甲本同，乙本脱。

〔一五〕『青』，乙本同，甲本脱；『文』，甲本同，乙本作『紋』，均可通。

〔一六〕『絳』，甲本同，乙本作『赤』；『文』，甲本同，乙本作『紋』，均可通；『八』，甲本同，乙本作『三』。

〔一七〕『八』，甲本同，乙本作『三』。

〔一八〕『劍』，當作『鈕』，據甲、乙本改。

〔一九〕『土』，據甲、乙本補；『靈』，甲、乙本作『諸靈』。

〔二〇〕『應』，乙本同，甲本脱。

〔二一〕『文』，甲本同，乙本作『紋』，均可通；『廿』，甲本同，乙本作『二十』，以下同，不另出校。

〔二二〕『文』，當作『天』，據甲、乙本改。

〔二三〕『素』，甲、乙本作『白』。

〔二四〕『極』，甲、乙本作『鄉』。

〔二五〕『文』，甲本同，乙本作『紋』，均可通。

〔二六〕『玄』，甲本同，乙本作『黑』；『文』，甲本同，乙本作『紋』，均可通。

〔二七〕『爲』，乙本同，甲本脱。

〔二八〕「某」，甲本亦脱，據乙本補。

〔二九〕「得分」，甲本作「碭」，乙本作「颺」。

〔三〇〕「供」，當作「洪」，據甲、乙本改。

〔三一〕「營」，當作「瑩」，據甲、乙本改，「營」爲「瑩」之借字。

〔三二〕「液」，甲本同，乙本作「溢」，誤。

〔三三〕「土府」，甲本同，當作「開度」，據乙本改。

〔三四〕「明」，甲本同，乙本作「盟」。

〔三五〕「甲」，甲本同，乙本作「某」。

〔三六〕「臣」，甲本同，乙本該字上有「空三行」三字。

〔三七〕「某郡某縣」，甲、乙本作「郡縣鄉里」。

〔三八〕「炁」，甲本同，乙本作「氣」，均可通。

〔三九〕「光」，底本、甲本原作「先」，乙本作「光」，因二字形近，手書中易混，故據文義逕釋作「光」。

〔四〇〕「卅」，甲本同，乙本作「三十」。以下同，不另出校。

〔四一〕「泰」，甲本同，乙本作「太」，「太」通「泰」。

〔四二〕「秦」，當作「奏」，據文義改。此句甲、乙本無。

〔四三〕第一個「某」，甲本同，乙本作「某甲」；「月」，乙本同，甲本有「月某子朔」；第二個「某子」，甲本同，乙本無；「於」，甲、乙本無。

〔四四〕「某」，甲本作「某天」；「郡縣鄉里中」，甲本同，乙本作「處」。

〔四五〕「繒」，甲、乙本無；「素」，《中華道藏》認爲底本無，誤。

〔四六〕『削』，甲本同，乙本作『判』。

〔四七〕『當』，當作『堂』，據甲、乙本改。

〔四八〕『某』，當作『其』，據甲、乙本改。

〔四九〕『徒』，甲本同，當作『塗』，據乙本改，『徒』爲『塗』之借字。

〔五〇〕『長』，甲本同，乙本作『常』。

〔五一〕『燃』，當作『然』，據甲、乙本改，『燃』爲『然』之借字。

〔五二〕『升』，甲本同，乙本作『昇』。以下同，不另出校。

〔五三〕『清』，甲、乙本作『青』；『元』，底本原作『無』，因二字形近，手書中易混，今據文義逕釋作『元』；『天』，甲本同，乙本作『山』。

〔五四〕『州』，甲本同，乙本作『洲』。

〔五五〕『學』，甲本同，乙本作『游』。

〔五六〕『形尸』，甲本同，當作『尸形』，據乙本改。

〔五七〕『練』，甲本同，當作『鍊』，據乙本改，『練』爲『鍊』之借字。

〔五八〕『里』，當作『黑』，據甲、乙本改；『子』，甲本同，乙本無。

〔五九〕『梨』，甲本同，乙本作『黎』。

〔六〇〕『受』，甲、乙本作『得受』。

〔六一〕『拜』，甲本作『升』，乙本作『昇』。

〔六二〕『並』，甲本同，乙本作『並非』，誤。

〔六三〕『者』，甲本同，乙本無。

〔六四〕「練」，甲本同，當作「鍊」，據乙本改，「練」爲「鍊」之借字。

〔六五〕「子」，甲本同，乙本脱；「路」，甲、乙本作「洛」。

〔六六〕「憙」，甲本同，乙本作「喜」，「喜」同「憙」。

〔六七〕「蘇」，甲、乙本同，當作「臧」，據文義改。

〔六八〕「卌」，甲本同，乙本作「四十」。

〔六九〕「崩」，甲、乙本無。

〔七〇〕「掚」，甲本同，乙本作「腐」。

〔七一〕「淩」，乙本同，甲本作「陵」，「陵」爲「淩」之借字。

〔七二〕「晏」，甲本同，當作「宴」，據乙本改。

〔七三〕第一個「元」，乙本同，甲本作「文」，誤。

〔七四〕「也」，乙本同，甲本作「者也」。

〔七五〕「旨」，甲本同，乙本作「音」。

〔七六〕甲本止於此句。

〔七七〕「練」，當作「鍊」，據文義改，「練」爲「鍊」之借字，《中華道藏》逕釋作「鍊」；「經」，《中華道藏》釋作「妙經」，並於其後補「卷下」二字。此句乙本作「靈寶鍊度五仙安靈鎮神黄繒章法」。

參考文獻

《敦煌道經目録》，京都：法藏館，一九六〇年，一〇至一一頁；《スタィン將來大英博物館藏敦煌文獻分類目録·道教之部》，東京：東洋文庫，一九六九年，一七至一八頁；《敦煌道經·目録篇》，東京：福武書店，一九七八年，五九至六一頁；《敦煌道經·圖録篇》，東京：福武書店，一九七九年，七七頁（圖）；《敦煌寶藏》三册，臺北：新文豐出版公司，一九八一年，一七至二〇頁（圖）；《道藏》三二册，文物出版社、上海書店、天津古籍出版社，一九八八年，七三二至七三四頁；《英藏敦煌文獻》一卷，成都：四川人民出版社，一九九〇年，一一四至一一六頁（圖）；《法藏敦煌西域文獻》一九册，上海古籍出版社，二〇〇一年，一八一至一八九頁（圖）；《敦煌道教文獻研究：綜述·目録·索引》，北京：中國社會科學出版社，二〇〇四年，一〇二至一〇三頁；《中華道藏》三册，北京：華夏出版社，二〇〇四年，七六〇至七六二頁（録）；《英國國家圖書館藏敦煌遺書》五册，桂林：廣西師範大學出版社，二〇一一年，一二七至一三二頁（圖）。

斯三〇四　大方等大集經卷第廿五題記

釋文

用紙廿三張。

説明

此件《英藏敦煌文獻》未收，現予增收。

參考文獻

Descriptive Catalogue of the Chinese Manuscripts from Tunhuang in the British Museum, The Trustees of the British Museum, London 1957, p. 39（録）；《敦煌寶藏》三册，臺北：新文豐出版公司，一九八一年，三一一頁（圖）；《英國國家圖書館藏敦煌遺書》五册，桂林：廣西師範大學出版社，二〇一一年，一四四頁（圖）、『條記目録』六頁（録）。

斯三〇八　法集經卷第五勘經題記

釋文

兑。

説明

以上文字書寫於《法集經》卷第五經文天頭上，表示此紙佛經抄寫有誤，已作廢。《英藏敦煌文獻》未收，現予增收。

參考文獻

《敦煌寶藏》三册，臺北：新文豐出版公司，一九八一年，四九頁（圖）；《英國國家圖書館藏敦煌遺書》五册，桂林：廣西師範大學出版社，二〇一一年，一六二頁（圖）、『條記目録』七頁（録）。

斯三一一二　妙法蓮華經卷第四題記

釋文

咸亨四年九月廿一日門下省群書手封安昌寫。

用　紙　廿　二　張。

裝　潢　手　解　集〔一〕。

初　校　大　莊　嚴　寺　僧　懷　福。

再　校　西　明　寺　僧　玄　真。

三　校　西　明　寺　僧　玄　真。

詳　閲　太　原　寺　大　德　神　符。

詳　閲　太　原　寺　大　德　嘉　尚。

詳　閲　太　原　寺　主　慧　立。

詳　閲　太　原　寺　上　座　道　成。

判　官　司　農　寺　上　林　署　令　李　德。

使太中大夫守工部侍郎攝兵部侍郎永興縣開國公虞昶監[二]。

説明

此件《英藏敦煌文獻》未收，現予增收。此件對瞭解唐代的寫經制度具有一定價值。咸亨四年即公元六七三年。

校記

〔一〕『解集』，據其他同類寫本其全名應作『解善集』，此處當係略稱。

〔二〕『太』，《敦煌遺書總目索引》《敦煌遺書總目索引新編》釋作『大』，雖義可通而字誤。

參考文獻

Descriptive Catalogue of the Chinese Manuscripts from Tunhuang in the British Museum, The Trustees of the British Museum, London 1957, p. 75；《敦煌寶藏》三册，臺北：新文豐出版公司，一九八一年，五九頁（圖）；《敦煌遺書總目索引》，北京：中華書局，一九八三年，一一四至一一五頁（録）；《中國古代寫本識語集録》，東京大學東洋文化研究所，一九九〇年，二一七至二一八頁（録）；《敦煌遺書總目索引新編》，北京：中華書局，二〇〇〇年，一〇頁（録）；《英國國家圖書館藏敦煌遺書》五册，桂林：廣西師範大學出版社，二〇一一年，一七三頁（圖）、『條記目録』八頁（録）。

斯三一六　大乘起信論題記

釋文

勘同〔一〕。

天寶二年八月十三日超俗寺僧靈暉寫。

説明

此件《英藏敦煌文獻》未收，現予增收。『勘同』二字係朱書，筆跡與題記不同。另，經文原件上有朱色和銀白色兩種墨跡之句讀。天寶二年即公元七四三年。

校記

〔一〕『勘同』，《敦煌遺書總目索引》《敦煌遺書總目索引新編》漏録。

參考文獻

Descriptive Catalogue of the Chinese Manuscripts from Tunhuang in the British Museum, The Trustees of the British Museum,

London 1957, p. 126（録）；《敦煌寶藏》三册，臺北：新文豐出版公司，一九八一年，八一頁（圖）；《敦煌遺書總目索引》，北京：中華書局，一九八三年，一一五頁（録）；《中國古代寫本識語集録》，東京大學東洋文化研究所，一九九〇年，二九八頁（録）；《敦煌遺書總目索引新編》，北京：中華書局，二〇〇〇年，一〇頁（録）；《英國國家圖書館藏敦煌遺書》五册，桂林：廣西師範大學出版社，二〇一一年，一九五頁（圖）、『條記目録』八頁（録）。

斯三一八　洞淵神呪經斬鬼品第七

釋文

（前缺）

道言：壬午、辛巳年[有]赤蓋〔一〕，三名阿駒，各各將三□刃〔二〕，煞鬼之刀〔三〕，刀長七尺，仍入人宅中〔四〕，專取人命，行百廿種病〔五〕，病煞人民〔六〕。有六十種惡鬼炁〔七〕，[入]人身中〔八〕，[令]人卒死〔九〕。自今壬午之年〔一〇〕，已有如此病者〔一一〕，得三洞之師轉經行道之處，悉令得差〔一二〕。若復不降〔一三〕，令主人病人不損〔一四〕、官事不了者，九天魔王等及十方主者〔一五〕，斬之不恕矣〔一六〕。

道言：若壬午年，已有三萬七千赤烏，行三萬九千種病，病煞人（惡）惡（人）〔一七〕。復有八十二種病，病下（不）痢（利）惡人〔一八〕。不信經寶〔一九〕，不崇聖言，呰毀靈文，其有斯人。若遺染此疾病時〔二〇〕，時請三洞法師轉經行道者〔二一〕，卅可得差耳〔二二〕。若轉經行道者〔二三〕，卅六梵天王天王來助護子等也〔二四〕。疫鬼鬼兵〔二五〕，自然消散。若有不去者〔二六〕，我遣三天力士、十方赤兵收而斬之煞也〔二七〕。道士有得奉三洞者〔二八〕，但急化人〔二九〕，化一人入道〔三〇〕，天人欣憙〔三一〕；壞一人之心〔三二〕，天人誅汝，汝後不得人身〔三三〕，有何仙也〔三四〕？自今以去，若有救療人病之處〔三五〕，天人自來，往護子耳〔三六〕。三天王（玉）女要進〔三七〕，將五千萬人〔三八〕，一合來下，與麻姑遊在杜陽山中〔三九〕。過歷五嶽，見中國之人〔四〇〕，疾病死亡，不惟一人〔四一〕。玄女驚曰：叱叱天災〔四二〕，人民遺染病死盡〔四三〕，當何以救之乎〔四四〕？相與悲嗟〔四五〕，來詣玄都，具白太山（上）〔四六〕。太上曰：汝等往中國化一切人〔四七〕，令奉三洞之經〔四八〕，能度衆生〔四九〕。諸汝等悉來中國〔五〇〕，化人經典，能令敬信者〔五一〕，有疾病〔五二〕、官事，若有轉經〔五三〕，轉經宿昔〔五四〕，死人更生，官事自解。若自今以去，有法師救病轉經之處〔五五〕，我當遣人化之〔五六〕，疫鬼自然去矣〔五七〕。

道言：此三天女〔五八〕，先有太福〔五九〕，今得聖女〔六〇〕，教化一切人，十方之尊也〔六一〕。一日〔百〕變〔六二〕，莫有及者矣。今後世人有聞見此三女名字者，此女等亦來救子也。若有疫病〔六三〕、官事者，〔轉〕此經〔六四〕，十方大神，自來救之耳，不令有惡也。子等化人善焉〔六五〕，若有化人之善〔六六〕，天自知之耳〔六七〕。

道言：自庚辰年，已有九十億萬黑煞鬼〔六八〕。鬼長六丈，各將八萬四千小鬼，共赤頭疫鬼〔六九〕，來伺人。鬼名盈女，一名貧子〔七〇〕。悉赤目，專行十方，入人宅中，取人小口，行百種病，病煞人〔七一〕。自今以去，有法師轉此經治病之處〔七二〕，疫鬼急去千里。若不去者，三天大師喻之〔七三〕。若復不去者〔七四〕，力士縛之，不復恕矣〔七五〕。

道言：壬午年三月十日，有赤大（天）疫鬼十二萬頭〔七六〕，各各領三萬九千力士大兵〔七七〕，復有七十萬里（黑）民鬼〔七八〕，鬼名蛇舍，悉有八萬六千，從天上來下〔七九〕，煞中國惡人〔八〇〕。若自今以去，至壬午年〔八一〕，急痛之處〔八二〕，道士經行道〔八三〕，救疾治病者〔八四〕，此鬼不得住也〔八五〕。若須臾不去者〔八六〕，九天力士斬煞之〔八七〕，不復恕矣。

道言：自今以去，中國有八十萬三足鬼〔八八〕，十二頭疫鬼。鬼來煞人〔八九〕，行七十九種病。病人有得三洞法師行道之者〔九〇〕，此鬼等自然天人收卻之〔九一〕。若復不去者〔九二〕，三天力士必斬之耳〔九三〕。

道言：中國辛巳年九月〔九四〕，有三千萬赤目鬼，鬼名角子，各將卌九億小鬼〔九五〕，鬼來煞人〔九六〕。人有值此病者，急求三洞法師〔九七〕，師來入宅中〔九八〕，鬼亦自去。若不去者，天丁力士〔九九〕，九千萬人〔一〇〇〕，次次斬之，終不恕矣。

道言：甲午之歲，有八千萬小陵鬼，鬼名赤頭，各各自將八十萬人，下九十種病〔一〇一〕，病人煞民〔一〇二〕，令人臃腫疽病〔一〇三〕。若自今以去，有法師救病之處，此等鬼自然速走萬里〔一〇四〕。若復不去者，三天力士斬煞汝鬼〔一〇五〕，無有遺脱也〔一〇六〕。道士化人，令此鬼喻去焉〔一〇七〕。

道言：自庚辰之年到壬午歲九月十日〔一〇八〕，中國人多有病〔一〇九〕。有九十三萬黄身鬼，鬼名百龍，各各自有十二萬小王〔一一〇〕，來病人〔一一一〕。自今以去，若有法師轉經之處〔一一二〕，此鬼自去。若不去者，天丁力士〔一一三〕、三天大兵，來共收斬汝等〔一一四〕。九天魔王將汝治罪也〔一一五〕。

道言：自今辛巳、壬午年，已有九十六種煞鬼〔一一六〕，鬼來煞人〔一一七〕。村村有卌六萬黄旦鬼〔一一八〕，鬼來入人村中〔一一九〕，令人吐血，下痢霍亂〔一二〇〕，卒死心痛，身著黄病〔一二一〕，咽喉塞痛，以致死亡。若有得法師經行救者，三天大神，和喻此鬼，令斥去他方萬里之外。若有不去者，此鬼等頭破作十六分矣。三天大兵、九天力士，終不置汝也，道士化人喻鬼焉〔一二二〕。

道言：自大漢之後，有五尺大鬼〔一二三〕，鬼名王揃（翦）〔一二四〕、白起、韓章、樂陽、楚狂、郝景〔一二五〕、女媧、祝融，三萬九千人，人領八億萬人〔一二六〕。此鬼從伏義（羲）以來〔一二七〕，帝王枉（相）承〔一二八〕。此大鬼主，各領十二萬人〔一二九〕。天下小鬼，依憑求食，與此鬼王作兵刀〔一三〇〕，來耗動萬民，萬民患之。各各伺人之處〔一三一〕，取人男女，疾病厄急〔一三二〕，口舌、官事、水火，田蠶不收〔一三三〕，子孫暴死，六畜不盛。鬼兵熬熬，千萬爲衆，枉其良人〔一三四〕，病煞無辜〔一三五〕，勑人家親〔一三六〕，催促竈君〔一三七〕。令人宅中神不安〔一三八〕，每事不果，行萬種病痛急疾〔一三九〕。乘風駕雀，妄作光怪。自須（頃）以來〔一四〇〕，不唯一條。今遣正一功曹，太明使者〔一四一〕、監神使者〔一四二〕、迴煞使者〔一四三〕，各領鐵騎九億萬人〔一四四〕，手持大戟煞鬼之具〔一四五〕。太上强力健士卌九萬人，一合來下〔一四六〕，收捕此土中國死將之鬼〔一四七〕、一切魔邪。百千萬媚（魅）〔一四八〕，不政（正）之祥〔一四九〕，來病痛主人之家者〔一五〇〕，一一爲主人等收捕打煞之〔一五一〕，令蕩除宅中煞鬼。生民鬼王等〔一五二〕，悉加用力，次次縛之。若有一鬼不去者，鬼王等千斬不恕。急急如律令！

道言：中國有大鬼王鄧艾〔一五三〕、鍾士季、趙凶〔一五四〕、王莽、李哉〔一五五〕、杜周、劉斗〔一五六〕、王雖〔一五七〕、夏侯嬰、蔣公琰、南陽葉公、北里夏支〔一五八〕、蕭何、申白〔一五九〕、韓信、田進〔一六〇〕、梁洪、高沛、孫温、司馬迴〔一六一〕、劉元達。有此鬼主〔一六二〕，今世人或有祀者〔一六三〕。與五帝〔一六四〕、武王〔一六五〕、文王，人人悉立祠祠之〔一六六〕。今世間傳養〔一六七〕，立祀不絶〔一六八〕。各各有兵馬百萬〔一六九〕，爲天下人作祟，祟痛〔一七〇〕，煞人年命〔一七一〕，年年日月〔一七二〕，行千萬種病。或四支沈重，寒熱䞑（赤）色下痢〔一七三〕，臃腫腹黑〔一七四〕，頭目悉痛，匈（胸）背懊熟（熱）〔一七五〕。或有黄疸〔一七六〕、咳謦〔一七七〕，咽喉不通。一切萬病，煞人無度矣。

道言：此等之人，皆悉是往時大將，在（任）事之人〔一七八〕，死亡之後，各有人立祠，祠之不止〔一七九〕。今專有百鬼附之〔一八〇〕，唯成大衆，仍伺人形〔一八一〕，便煞害百姓，令人水火、口舌，官事萬凶。凶來奄人〔一八二〕，人口多死〔一八三〕，死者從來非一〔一八四〕。今遣赤盧大葉兵〔一八五〕，身長萬丈，八十萬人，人領三億萬衆〔一八六〕，來下收捕此等之鬼主〔一八七〕，得便斬煞之，不恕矣。

道言：今此三洞法師轉經救人之處，當令言（神）兵九十億萬人〔一八八〕，護此主人之家大小口數〔一八九〕。若有病人〔一九〇〕、官事、刑獄之者，一一令解了得出，病愈無他。無他之日，鬼王上遷。若不差〔一九一〕，委（危）厄者〔一九二〕，大魔王毛帝等，頭破作九十分矣。

道言：自今有病者，及轉此神呪經之處，當遣萬和力士卌萬人〔一九三〕、百舌吏卅六萬人，爲此主人疾病之家、刑獄囚徒之人，和喻家親太祖父母、内外猶祥及祠之者〔一九四〕。不應祠者〔一九五〕，悉爲分别遣之，悉令了了。又告刑獄之鬼〔一九六〕、皐陶木索之君、十二令史、八十九待〔一九七〕、一切長侯〔一九八〕、三公九卿、上下大夫、十方主者，急開獄門，出有事之人〔一九九〕。迴化和喻，令時君懽憘〔二〇〇〕，放之令出。亡人上遷，去離三塗，得在米鬼輩中〔二〇一〕。〔道〕遥無爲〔二〇二〕，祐利生人〔二〇三〕，生人疾病者差〔二〇四〕，萬民解了。自今吾與鬼王判決，若復故來不差者〔二〇五〕，大魔犁洪等〔二〇六〕，頭破作三千五百分矣〔二〇七〕。

道言：大魔伏仁〔二〇八〕，今有主人疾病〔二〇九〕，苦四支五體〔二一〇〕，唯（喉）咽不利〔二一一〕，頭痛目眩，匈（胸）背懊疼〔二一二〕，手足不收〔二一三〕，五藏燋燃〔二一四〕，炁來愴心〔二一五〕，奄奄不樂〔二一六〕，目不能開，飲食欲吐〔二一七〕，夢悟不靜〔二一八〕，但與死人相逐，肉（害）人大小〔二一九〕，無不全生〔二二〇〕。死亡之期，奄至不久。今告丹誠，哀情可愍。今遣大煞侯王大兵八十億萬人，候取地下鬼兵。病疾主人之家者〔二二一〕，爲是何鬼？若主人太祖父母〔二二二〕，不應來祟。若非所祠〔二二三〕，自有所係。若是社竈，祠祀有時〔二二四〕。若是宅鬼，不應害人。今世清鬼（吉）〔二二五〕，苦（鬼）不得妄來〔二二六〕。若有宅中故炁〔二二七〕，四面殃祥〔二二八〕，一切惡鬼，山林池澤之鬼者，一一收之，付三天地獄鬼律，女青詔書治之，不得令來下〔二二九〕，急病良善也。自今以去，急收汝下人〔二三〇〕。若主人不差〔二三一〕，官事不了，大魔王千斬之〔二三二〕，不得恕之〔二三三〕。

道言：甲子之旬年〔二三四〕，八十萬赤病〔鬼〕煞人〔二三五〕，卅六萬黑鬼王〔二三六〕，各各將六夷之鬼十二萬人，入人家宅，令人寒熱浮腫，四支赤熟（熱）〔二三七〕，不宜小兒，産婦暴死，三公自罰，天下亂流〔二三八〕，水旱不調，虐鬼旦來捕人〔二三九〕。國主自病，坐有枉攬（濫）〔二四〇〕。萬民嘷天，天恕（怒）〔二四一〕，遣三萬黑面小鬼煞人。汝等欲得脱此鬼苦者〔二四二〕，各各受三洞真經。若有一將軍録者〔二四三〕，鬼不敢妄煞之也〔二四四〕。

道言：有病人之家，若犯事刑獄〔二四五〕，無元恐死者〔二四六〕，當先立此齋。齋有人（三）三（人）〔二四七〕、五人、十人、八人，張好簿帳〔二四八〕，若淨屋之中〔二四九〕，備廚具〔二五〇〕，令辯（辦）集人〔二五一〕，令淨潔〔二五二〕。請三洞法師，法師〔二五三〕，務取一上聽（聰）明〔二五四〕、了了分明者爲法師。法師與主人唱道〔二五五〕，布一高座〔二五六〕。高座上一人，稱和爲主〔二五七〕，其餘導（道）士〔二五八〕，次次旋行耳。高座上法師，執步虚立成〔二五九〕。稱唱之下人〔二六〇〕，旋行徐徐，高趣而望天〔二六一〕，若聽雲中有鴻鵠聲〔二六二〕。又各聽遼遼〔二六三〕，若似玄之（中）有天人歌矣〔二六四〕。

道言：有病之家轉此經〔二六五〕，一切大魔王與小王〔二六六〕、鬼王要誓曰〔二六七〕：自今有人作齋行道〔二六八〕，救疾治病〔二六九〕，病人甚危篤〔二七〇〕，兼有口舌、官事、刑徒、囚獄〔二七一〕，汝等令差〔二七二〕。召喚萬鬼對之，何鬼爲也？佐汝驅之〔二七三〕，令自然得差〔二七四〕，官事了了，百願從心。無他之日，大鬼小鬼，悉令上遷耳。若自今以去，官事不解、疾病不愈者，大魔王及大小鬼主〔二七五〕，斬之終不恕矣〔二七六〕。

道言：中國甲戌之旬年〔二七七〕，有三千九百白鳥，來行病〔二七八〕，病煞人〔二七九〕。國中大小，各卒死〔二八〇〕，多有温（瘟）炁〔二八一〕，八十種病。古之死主〔二八二〕，孟達、馬授（援）〔二八三〕、李卯〔二八四〕、王鳳、閻振、左兵（丘）〔二八五〕、盜者、魚父、華元、古成供等〔二八六〕，各領萬人〔二八七〕，專行下利（痢）赤病〔二八八〕。令人少炁〔二八九〕，宅中不安。倚人門户，取人小口，恐人家親。家親畏之〔二九〇〕，逐隨使令〔二九一〕，是以不祐〔二九二〕，病痛生人。生人今合門疾病，仕宦不遷〔二九三〕，宅中虚耗〔二九四〕，口舌妄起，觸物不吉，連遭〔刑〕獄〔二九五〕，囚徒來久〔二九六〕，田蠶不得，萬願不果。悉此等鬼王不攝〔二九七〕，縱其下人〔二九八〕，令主人如此〔二九九〕。自今以去，各各執持汝等鬼兵，勿令暴虐。當令主人官事了散〔三〇〇〕，疾病輕差〔三〇一〕。輕差之日〔三〇二〕，汝等上遷。若一旦不差〔三〇三〕，汝等萬斬，頭破作八十六分矣。

道言：甲申之旬，歲中大災〔三〇四〕，災起西北，水來病死〔三〇五〕，十有八九耳〔三〇六〕。三千九萬赤鬼等〔三〇七〕，專來病人，〔病〕〔人〕身黄〔三〇八〕，不宜婦女、小兒也。時國主往往有信法受持經書者，但疫鬼甚衆〔三〇九〕，三千九萬種病，病煞人〔三一〇〕。人有入山者，千千萬矣〔三一一〕。中國荒流〔三一二〕，人民不安，刀兵鬼賊〔三一三〕，煞人無道。天遣赤倅七十萬人〔三一四〕，持銅戟斬煞邪鬼〔三一五〕，收世間一切强祥〔三一六〕。三天大魔王，若有枉煞地下之人者〔三一七〕，各各斬此大魔王烏九（丸）等〔三一八〕，不恕之矣，促去萬里。急急如律令！

道言：中國多惡人〔三一九〕，天遣力士誅之，不問善惡也〔三二〇〕。天兵無（大）衆〔三二一〕，何可制止乎〔三二二〕？但道士轉經救者〔三二三〕，令生，勿復煞之也。若自今以始〔三二四〕，天下人有疾病〔三二五〕，及其刑獄囚徒，道士行章轉經療救之處〔三二六〕，大魔王與小鬼王救之令差〔三二七〕，萬事了了。若有不差不解〔三二八〕，口舌連綿，大鬼義真等，斬之萬段，一一不恕矣。如太上口勑律令〔三二九〕。

道言：大門鬼吏真公〔三三〇〕，小門鬼吏小真〔三三一〕，房門守吏哀父〔三三二〕，後門守吏萬倫，竈門守吏炎景，廁上守吏奴之〔三三三〕，道上守吏尸供，内外大鬼，宅中强祥〔三三四〕，男女客民〔三三五〕，水火金木之所煞害者，各各自約。令何鬼來病主人〔三三六〕，主人今危厄〔三三七〕。太上遣力士赤倅〔三三八〕，煞鬼之衆萬億。孔子執刀〔三三九〕，武王縛之〔三四〇〕。鍾馗打煞，得便付之辟邪，傳與天一北獄〔三四一〕。恐其有枉，今勑汝下萬民〔三四二〕。若有疾病主人之家者差〔三四三〕，來放之令去〔三四四〕，使主人病愈〔三四五〕，人鬼無他。若復不出鬼者〔三四六〕，令病人不差〔三四七〕，大魔王小王等〔三四八〕，身斬百段〔三四九〕，必不恕矣。一一如兒（呪）語〔三五〇〕，如太上口勑，不得留停。急急如律令！

道言：世人今多疫炁〔三五一〕，自今以去，與大魔王夏銀〔三五二〕、烏九（丸）〔三五三〕、延赤波〔三五四〕、洪兵等誓曰〔三五五〕：今人多病〔三五六〕，中國罪人死至不覺〔三五七〕，不知自度。吾今令三洞法師化示愚人〔三五八〕，愚人往往有一人信者〔三五九〕，男女之官。若世間持此呪文〔三六〇〕，民間齋講，一日一夜〔三六一〕，六時行道，布施禪思〔三六二〕。有此之處，汝等鬼王，助之化愚人〔三六三〕，令疾病差愈〔三六四〕，勿令百邪干之也。一一如吾言，可得上遷。若不信吾教，汝等頭破作十分矣，不恕之〔三六五〕。一一如太上口中示律令〔三六六〕。

道言：甲午之旬年，多有氐蛯（獠）羌胡之鬼流行〔三六七〕，行萬六千種病，病煞人〔三六八〕。中國亂不安〔三六九〕，萬民危厄〔三七〇〕，温（瘟）炁〔多〕〔三七一〕，女人死。鄧艾鬼主與劉斗來行十二種下土公煞人〔三七二〕。神龍上天，大水來〔三七三〕，五行不運〔三七四〕，鬼賊害人，人多暴死，死不以理。自今以去，太上與太魔王卅六王〔三七五〕、旬谷等十二萬鬼主〔三七六〕，自今以始，若中國有男女之人家〔三七七〕，家有病者，汝助爲卻之〔三七八〕。令官事散解〔三七九〕，人民平安〔三八〇〕。若一旦不如法〔三八一〕，汝等先斬萬碎，不恕矣。一一如女青詔書口勑律令。

道言：大運交會，鬼兵縱泆，自今以去〔三八二〕，中國之人〔三八三〕，若男若女〔三八四〕，疾病彌日〔三八五〕，一切惡鬼家神不祐人〔三八六〕。山林爲百邪所爲者〔三八七〕，一一爲令差愈〔三八八〕，未使枉命也〔三八九〕。自今以去〔三九〇〕，故令枉死妄夭人命者，大魔王及小王王女〔三九一〕，一一悉斬首萬段〔三九二〕，以謝往愆〔三九三〕，如太上口勑，不復恕之矣〔三九四〕。一一如鬼法〔三九五〕，收付天一北獄持罪〔三九六〕，律令〔三九七〕。

道言：三界之中，大魔王領卌六天小王〔三九八〕，王有卌八萬億小王〔三九九〕，王有無數大兵，横行天下。今與吾共誓〔四〇〇〕，誓治萬姓〔四〇一〕，不得枉攬（濫）〔四〇二〕、妄誅無罪〔四〇三〕、因人凶衰〔四〇四〕、爲人作祟也〔四〇五〕。自今以去，世間有急疾之人〔四〇六〕，官事危厄之者，一一往視之，助作福力〔四〇七〕，迴化口舌。國主大臣，一切惡鬼，悉使歡憘〔四〇八〕。令疾病除愈〔四〇九〕，官事解了，門族和穆〔四一〇〕，天下安隱〔四一一〕，五穀豐熟，君民欣悅〔四一二〕，鬼兵自伏，無病無痛，萬願從心。如此之者，鬼王等上遷，天人悉憘〔四一三〕。若風雨不時〔四一四〕，五穀不熟，人民不安，國主暴逆，官事不了，疾病不差者〔四一五〕，汝等大魔王、王及夫人〔四一六〕、百億鬼王等悉斬之〔四一七〕，一一不恕汝等矣〔四一八〕。

洞淵神呪經斬鬼品第七〔四一九〕

説明

此件首缺尾全，起『道言』，訖尾題『洞淵神呪經斬鬼品第七』，大淵忍爾推測其抄寫年代在八世紀（參看《敦煌道經·目録篇》，二七八頁）。敦煌文獻中還有兩件亦爲該道經卷七的寫本，其中伯二四四四首尾完整，存首尾題，且尾部有題記，該件中『世』『民』字皆缺筆；Ch. 八六.iv首尾均缺，起『不運』，訖『王有卌八萬億小』。另，傳世本《道藏》六册，也保存了此經。

以上釋文以斯三一八爲底本，用伯二四四四（稱其爲甲本）、《正統道藏》六册之《太上洞淵神呪經》卷七（稱其爲乙本）、Ch. 八六.iv（稱其爲丙本）參校。

校記

〔一〕『辛』，甲本同，乙本作『年』；『年』，甲、乙本無；『有』，據殘筆劃及甲、乙本補。
〔二〕『刃』，甲本同，乙本作『棒』。
〔三〕『煞』，甲本同，乙本作『殺』，『煞』有『殺』義。
〔四〕『仍』，甲本同，乙本無。
〔五〕『廿』，甲本同，乙本作『二十』。
〔六〕『煞』，甲本同，乙本作『殺』，『煞』有『殺』義；『人民』，甲本作『人』，乙本作『惡人』。
〔七〕『鬼』，甲本同，乙本無；『炁』，甲本同，乙本作『氣』，均可通。
〔八〕『入』，據殘筆劃及甲、乙本補。
〔九〕『令』，據殘筆劃及甲、乙本補。

〔一〇〕『壬午之年』，甲本同，乙本作『以去』。
〔一一〕『已』，甲本同，乙本無。
〔一二〕『差』，甲本同，乙本作『瘥』，均可通。
〔一三〕『降』，乙本同，甲本作『除』。
〔一四〕『主』，甲本同，乙本作『生』；第二個『人』，據甲、乙本係衍文，當删。
〔一五〕『九天魔』，甲本同，乙本作『大梵天』。
〔一六〕『矣』，乙本同，甲本無。
〔一七〕『煞』，甲本同，乙本作『殺』，『煞』有『殺』義；『人惡』，當作『惡人』，據甲、乙本改。
〔一八〕『病』，甲本同，乙本無；『下』，當作『不』，據甲、乙本改；『痢』，當作『利』，據甲、乙本改，『痢』爲『利』之借字。
〔一九〕此句至『其有斯人』，甲、乙本無。
〔二〇〕『遺染此疾』，甲、乙本作『得此』。
〔二一〕『時』，甲本同，乙本無；『請』，甲本無，乙本作『有』。
〔二二〕『卅』，乙本無；『差』，乙本作『瘥』，均可通。此句甲本無。
〔二三〕此句乙本同，甲本無。
〔二四〕『卅』，甲本同，乙本作『三十』，以下同，不另出校；第一個『王』，據甲、乙本係衍文，當删。
〔二五〕第二個『鬼』，甲本同，乙本作『之』。
〔二六〕『有』，甲、乙本無。
〔二七〕『方』，甲本同，乙本作『萬』；『兵』，甲本同，乙本作『壞兵』；『煞也』，甲本同，乙本無。

〔二八〕『有』，甲、乙本無；『得』，甲本同，乙本作『既』。
〔二九〕『化人』，甲、乙本無。
〔三〇〕『一』，甲本同，乙本作『一切』。
〔三一〕『欣』，甲、乙本皆作『亦』；『憙』，甲、乙本作『喜』，『憙』同『喜』。
〔三二〕『壞』，甲本同，乙本作『若壞』；『之』，甲本同，乙本作『善』。
〔三三〕『後』，甲、乙本無。
〔三四〕『有何』，甲本同，乙本作『何有』。
〔三五〕『人病』，甲本同，乙本作『病人』。
〔三六〕『往』，甲本同，乙本作『佐』。
〔三七〕『王』，當作『玉』，據甲、乙本改。
〔三八〕『將』，甲本同，乙本無。
〔三九〕『在』，甲本同，乙本作『於』；『中』，甲本同，乙本無。
〔四〇〕『中國』，甲本同，乙本作『天下』。
〔四一〕『惟』，甲本同，乙本作『唯』。
〔四二〕兩個『叱』，甲本同，乙本均作『咄』，均可通。
〔四三〕『遺染病』，甲、乙本無。
〔四四〕『何以』，甲本同，乙本作『奈何』。
〔四五〕『嗟』，甲本同，乙本作『歎』。
〔四六〕『山』，當作『上』，據甲、乙本改。

〔四七〕『中國』，甲本同，乙本作『世間』。
〔四八〕『洞』，甲、乙本作『洞三洞』。
〔四九〕『生』，甲本同，乙本作『生諸難』。
〔五〇〕『諸』，甲本同，乙本作『如』；『汝』，乙本同，甲本作『女』，『女』有『汝』義；『中國』，甲本同，乙本作『國土』。
〔五一〕『能令』，甲本同，乙本作『乃能』；『者』，甲本同，乙本無。
〔五二〕『疾』，甲、乙本無。
〔五三〕『若有』，甲本同，乙本作『爲之』。
〔五四〕『宿昔』，甲本同，乙本作『一宿』。
〔五五〕『病轉經』，甲本同，乙本作『人』。
〔五六〕『人』，甲本同，乙本作『天人』；『之』，甲、乙本作『喻之』。
〔五七〕『然』，乙本同，甲本無。
〔五八〕『天女』，甲本同，乙本作『女兒者』。
〔五九〕『有』，甲本同，乙本作『身有』；『太』，甲、乙本作『大』，『太』有『大』義。
〔六〇〕『得』，甲、乙本作『得爲』。
〔六一〕『尊』，甲本同，乙本作『尊大』。
〔六二〕『百』，據甲、乙本補。
〔六三〕『疫』，甲本同，乙本作『疾』。
〔六四〕『轉』，據甲、乙本補；『此』，甲本同，乙本作『誦此』。

〔六五〕『化人善焉』，甲本同，乙本無。
〔六六〕『之』，乙本同，甲本脱；『善』，甲本同，乙本作『功』。
〔六七〕『耳』，甲、乙本作『矣』。
〔六八〕『煞』，甲本同，乙本作『殺』，『煞』有『殺』義。
〔六九〕『共』，甲本作『共領』，乙本無。
〔七〇〕『一名』，甲、乙本無；『貧子』，甲本作『瓮子』，乙本無。
〔七一〕『病』，甲本同，乙本無；『煞』，甲本同，乙本作『殺』，『煞』有『殺』義。
〔七二〕『此』，乙本同，甲本無。
〔七三〕『師』，甲、乙本作『神』。
〔七四〕『者』，甲本同，乙本無。
〔七五〕『不』，甲本同，乙本作『不得』。
〔七六〕『大』，當作『天』，據甲、乙本改。
〔七七〕第二個『各』，乙本同，甲本無。
〔七八〕『里』，當作『黑』，據甲、乙本改；『民』，甲本同，乙本作『尾』，疑乙本爲是。
〔七九〕『天上』，甲本脱，乙本作『上』。
〔八〇〕『煞』，甲本同，乙本作『殺』，『煞』有『殺』義；『中國』，甲本同，乙本作『滅』。
〔八一〕此句甲本同，乙本無。
〔八二〕『急』，甲、乙本作『有急』；『痛』，甲本同，乙本作『病』。
〔八三〕第二個『道』，甲、乙本無。

〔八四〕『疾治病』，甲本脱，乙本作『人之』。
〔八五〕此句甲本同，乙本作『此鬼收卻縛之，若復不去，三天力士必斬之耳』。
〔八六〕『若』，甲本同，乙本無；『臾』，底本原作『洩』，係涉上文而成之類化俗字，今逕釋作『臾』；『不去者』，甲、乙本無。
〔八七〕『斬』，甲本同，乙本作『亦斬』；『煞』，甲本同，乙本作『殺』，『煞』有『殺』義。
〔八八〕『中國』，甲本同，乙本無。
〔八九〕『煞』，甲本同，乙本作『殺』，『煞』有『殺』義。
〔九〇〕『病人』，甲本同，乙本無。
〔九一〕『鬼等』，甲本同，乙本作『等鬼』；『卻』，乙本同，甲本作『去』。
〔九二〕『者』，甲本同，乙本無。
〔九三〕『耳』，甲本同，乙本作『耳終不恕矣』。
〔九四〕『中國』，甲本同，乙本無。
〔九五〕『卌』，甲本同，乙本作『四十』。以下同，不另出校。
〔九六〕『煞』，甲本同，乙本作『殺』，『煞』有『殺』義。
〔九七〕『法』，乙本同，甲本作『之』。
〔九八〕『中』，甲本同，乙本無。
〔九九〕『丁』，乙本同，甲本作『釘』，『釘』爲『丁』之借字。
〔一〇〇〕『千』，甲、乙本作『十』。
〔一〇一〕『下』，甲本同，乙本作『下行』。

〔一〇二〕『人』，據甲、乙本，係衍文，當删；『煞』，甲本同，乙本作『殺』，『煞』有『殺』義；『民』，甲本作『人』，乙本作『惡人』。

〔一〇三〕『疸』，甲本作『疸』，乙本作『瘡疸』。

〔一〇四〕『然』，甲本同，乙本作『伏』。

〔一〇五〕『斬』，甲本同，乙本作『當斬』；『煞』，甲本同，乙本作『殺』，『煞』有『殺』義；『鬼』，甲、乙本無。

〔一〇六〕『遺』，乙本同，甲本作『解』，誤。

〔一〇七〕『此』，乙本同，甲本無；『喻』，甲本同，乙本作『自』；『焉』，甲本同，乙本作『矣』。

〔一〇八〕『歲』，甲本無，乙本作『年』；『日』，甲、乙本作『月』。

〔一〇九〕『中國』，甲本同，乙本無。

〔一一〇〕『小』，甲本同，乙本無；『王』，乙本同，甲本作『王鬼』。

〔一一一〕『來』，甲本同，乙本作『來下』。

〔一一二〕『有』，甲本同，乙本脱。

〔一一三〕『丁』，乙本同，甲本作『釘』，『釘』爲『丁』之借字。

〔一一四〕『收』，甲、乙本無；『汝』，甲本同，乙本作『之』；『等』，甲、乙本無。

〔一一五〕『也』，甲、乙本作『矣』。

〔一一六〕『煞』，甲本同，乙本作『殺』，『煞』有『殺』義。

〔一一七〕『煞』，甲本同，乙本作『殺』，『煞』有『殺』義。

〔一一八〕『旦』，甲本作『疸』，乙本作『瘴』。

〔一一九〕『村』，乙本同，甲本作『宅』；『中』，甲、乙本無。

〔一二〇〕「痢」，乙本同，甲本作「利」，「利」爲「痢」之借字。
〔一二一〕「著」，甲本同，乙本作「染」。
〔一二二〕「焉」，甲、乙本作「矣」。
〔一二三〕「尺」，甲本同，乙本作「通」，疑誤。
〔一二四〕「揃」，甲本作「煎」，當作「翦」，據乙本改，「揃」「煎」均爲「翦」之借字。
〔一二五〕「郝」，甲本同，乙本作「又有郝」。
〔一二六〕第一個「人」，甲本同，乙本作「各」。
〔一二七〕「義」，乙本作「犧」，當作「羲」，據甲本改。
〔一二八〕「枉」，當作「相」，據甲、乙本改；「承」，甲本同，乙本作「丞」，「丞」爲「承」之借字。
〔一二九〕「各」，甲本同，乙本作「召」。
〔一三〇〕「此」，甲本同，乙本作「其」；「刀」，甲本同，乙本無。
〔一三一〕「之」，甲本同，乙本無；「處」，甲、乙本作「家」。
〔一三二〕「疾」，乙本同，甲本作「病」，疑誤；「厄急」，甲本同，乙本作「急厄」。
〔一三三〕此句至「鬼兵熬熬」，乙本無。
〔一三四〕「人」，甲本同，乙本作「民」。
〔一三五〕「煞」，甲本同，乙本作「殺」，「煞」有「殺」義。
〔一三六〕「勑人」，甲本同，乙本作「訴斥」。
〔一三七〕「催」，乙本同，甲本作「摧」，「摧」爲「催」之借字；「促」，乙本同，甲本作「捉」。
〔一三八〕「中」，甲本同，乙本無。

〔一三九〕『病』，甲本同，乙本作『病病』。
〔一四〇〕『須』，當作『頃』，據甲、乙本改。
〔一四一〕『太』，甲本同，乙本作『大』。
〔一四二〕『監』，甲本同，乙本作『驗』。
〔一四三〕此句甲本同，乙本無。
〔一四四〕『鐵騎』，甲本同，乙本作『鐵面騎吏』。
〔一四五〕『煞』，甲本同，乙本作『殺』，『煞』有『殺』義。以下同，不另出校。
〔一四六〕『來下』，甲本同，乙本作『下來』。
〔一四七〕『中國』，甲本同，乙本作『國中』。
〔一四八〕『媚』，甲本同，當作『魅』，據乙本改，『媚』爲『魅』之借字。
〔一四九〕『政』，甲本同，當作『正』，據乙本改。
〔一五〇〕『病痛主』，甲本同，乙本作『害生』。
〔一五一〕『爲主人等』，甲本作『爲災人等』，乙本無。
〔一五二〕『生民』，甲本同，乙本無。
〔一五三〕『中國』，甲本同，乙本作『國土』；『王』，甲、乙本作『主』。
〔一五四〕『凶』，甲本同，乙本作『山』。
〔一五五〕『哉』，甲本同，乙本作『敖』。
〔一五六〕『斗』，甲本同，乙本作『斗烏』。
〔一五七〕『雖』，甲、乙本作『離』。

〔一五八〕『北里夏』，甲本同，乙本作『里夏檀』。
〔一五九〕『申白』，甲本作『由白』，乙本作『申屠伯』。
〔一六〇〕『田』，乙本同，甲本作『佃』，誤。
〔一六一〕『迴』，甲本同，乙本作『迴』。
〔一六二〕『此』，甲、乙本作『此大』。
〔一六三〕『令』，甲、乙本作『令』，因二字形近，在手書中易混，故可視作『令』；『祀者』，甲本同，乙本作『祠祀』。
〔一六四〕『與』，甲本同，乙本脱；『五』，甲、乙本作『武』。
〔一六五〕『武王』，甲、乙本無。
〔一六六〕此句甲本同，乙本無。
〔一六七〕『令』，甲本同，乙本無；『傳』，甲本同，乙本作『供』。
〔一六八〕『祀』，甲本同，乙本作『祠』。
〔一六九〕『百萬』，甲本同，乙本無。
〔一七〇〕『痛』，甲、乙本作『病』。
〔一七一〕『年命』，甲本同，乙本無。
〔一七二〕『年年』，乙本同，甲本無；『日月』，甲本作『月日』，乙本作『月月』。
〔一七三〕『勑』，甲本同，乙本無，當作『赤』，據文義改，『勑』爲『赤』之借字；『色』，甲本同，乙本無；『痢』，乙本同，甲本作『利』，『利』爲『痢』之借字。
〔一七四〕『腹』，甲本同，乙本作『水腹』；『黑』，甲本同，乙本作『黑病』。
〔一七五〕『匈』，當作『胸』，據甲、乙本改，『匈』爲『胸』之借字；『熟』，甲本同，當作『熱』，據乙本改。

〔一七六〕「疸」，甲本同，乙本作「癉」。
〔一七七〕「咳」，甲本同，乙本作「謦」；「謦」，甲本作「聲」，乙本作「欬」，均誤。
〔一七八〕「在」，甲本同，當作「任」，據乙本改；「人」，乙本同，甲本作「後」，疑誤。
〔一七九〕「祠」，甲本同，乙本作「祀」。
〔一八〇〕「專」，甲、乙本作「傳」。
〔一八一〕「形」，乙本同，底本、甲本原作「刑」，因二字形近，手書中易混，故據文義逕釋作「形」。
〔一八二〕「奄」，甲本同，乙本作「奄殺」。
〔一八三〕「死」，乙本同，甲本作「卒死」。
〔一八四〕「死者」，甲、乙本無。
〔一八五〕「葉」，甲、乙本作「禁」。
〔一八六〕「人」，甲本同，乙本作「各」。
〔一八七〕「收」，乙本同，甲本作「將」；「主」，甲本同，乙本作「王」。
〔一八八〕「令」，乙本同，甲本作「今」，因二字形近，在手書中易混，故據文義逕釋作「令」；「言」，當作「神」，據乙本改，甲本作「訞」；「十」，甲本同，乙本無。
〔一八九〕「主」，甲本同，乙本作「生」。
〔一九〇〕「病人」，甲本同，乙本作「疾病」。
〔一九一〕「差」，甲本同，乙本作「瘥」，均可通。
〔一九二〕「委」，甲本同，當作「危」，據乙本改，乙本「危」前有「令」字。
〔一九三〕「力士」，乙本同，甲本脱。

〔一九四〕「猶」，甲本作「强」，乙本作「殃」，疑乙本爲是。
〔一九五〕「應」，甲本同，乙本無；「者」，甲本同，乙本作「之者」。
〔一九六〕「告」，甲本同，乙本作「造」，疑誤。
〔一九七〕「九待」，甲本作「卒侍」，乙本作「九萬將」。
〔一九八〕「侯」，乙本同，甲本作「候」，「候」爲「侯」之借字。
〔一九九〕「有事」，甲本同，乙本作「其囚繫」。
〔二〇〇〕「懽」，甲、乙本作「歡」，「懽」同「歡」；「憘」，甲、乙本作「喜」，「憘」同「喜」。
〔二〇一〕「米」，甲本同，乙本作「道」。
〔二〇二〕「道」，據甲、乙本補。
〔二〇三〕「利」，乙本同，甲本作「和」。
〔二〇四〕「生人」，甲本同，乙本無；「者」，甲本同，乙本作「除」；「差」，甲本同，乙本作「瘥」，均可通。
〔二〇五〕「故來」，甲本同，乙本無；「差」，甲本同，乙本作「瘥」，均可通。
〔二〇六〕「犁」，甲本同，乙本作「梨」。
〔二〇七〕「作」，乙本同，甲本無。
〔二〇八〕「大」，甲、乙本作「告大」；「魔」，甲本同，乙本有「魔王」。
〔二〇九〕「令」，底本原作「令」，因二字形近，在手書中易混，故據文義逕釋作「令」；「主」，甲本同，乙本作「生」。
〔二一〇〕「苦」，甲本同，乙本作「困苦」；「支」，甲本同，乙本作「肢」，「支」通「肢」；「五」，甲本同，乙本作「八」，疑誤。
〔二一一〕「唯」，甲本作「咽」，乙本作「口」，當作「喉」，據文義改；「咽」，甲、乙本作「喉」。

〔二一二〕『匈』，當作『胸』，據甲、乙本改，『匈』爲『胸』之借字；『懊』，甲本作『奥』，乙本作『燠』，『奥』『燠』均爲『懊』之借字；『疼』，乙本同，甲本作『痛』。

〔二一三〕『收』，乙本作『拘』。此句至『目不能開』，甲本無。

〔二一四〕『藏』，乙本作『臓』，『藏』通『臓』；『燋』，乙本作『焦』，均可通；『燃』，乙本作『然』，均可通。

〔二一五〕『炁』，乙本作『氣』，均可通。

〔二一六〕『奄奄』，乙本作『厭厭』。

〔二一七〕『飲』，甲本同，乙本作『不用飲』；『欲吐』，甲本同，乙本作『但欲吐逆』。

〔二一八〕『悟』，甲本同，乙本作『寤』，『寤』通『悟』。

〔二一九〕『肉』，甲本同，乙本作『内』，當作『害』，據文義改；『人』，甲本同，乙本作『外』。

〔二二〇〕『無』，甲本作『無無恐』，乙本作『元元恐』。

〔二二一〕『病疾』，乙本同，甲本作『疾病』；『主』，甲本同，乙本作『生』。

〔二二二〕『主』，甲本無，乙本作『生』。

〔二二三〕『祠』，甲本同，乙本作『祀』。

〔二二四〕『祀』，甲本同，乙本作『者』。

〔二二五〕『鬼』，甲本同，當作『吉』，據乙本改。

〔二二六〕『苦』，甲本同，當作『鬼』，據乙本改。

〔二二七〕『炁』，甲本同，乙本作『氣』，均可通。

〔二二八〕『面』，甲本同，乙本作『向』。

〔二二九〕『下』，甲本同，乙本無。

〔二三〇〕「人」，甲本同，乙本作「鬼」。

〔二三一〕「主」，甲本同，乙本作「生」；「人」，甲本同，乙本無；「差」，甲本同，乙本作「瘥」，均可通。

〔二三二〕「之」，乙本同，甲本作「之畢矣」。

〔二三三〕此句甲本作「不恕之也」，乙本作「必不恕矣」。

〔二三四〕「之」，甲本同，乙本無。

〔二三五〕「鬼」，甲本亦脱，據乙本補。

〔二三六〕「鬼」，甲本同，乙本作「鬼鬼」。

〔二三七〕「支」，甲本同，乙本作「肢」，「支」通「肢」；「熟」，甲本同，當作「熱」，據乙本改。

〔二三八〕「亂流」，甲本同，乙本作「流亂」。

〔二三九〕「虐」，甲本同，乙本作「瘧」；「曰」，甲本同，乙本作「但」。

〔二四〇〕「攬」，當作「濫」，據甲、乙本改，「攬」爲「濫」之借字。

〔二四一〕「恕」，當作「怒」，據甲、乙本改。

〔二四二〕「脱」，甲本同，乙本作「免」。

〔二四三〕「有」，甲本同，乙本作「有受」；「録」，甲本同，乙本作「籙」。

〔二四四〕「之」，甲本同，乙本作「人」。

〔二四五〕「犯事」，甲本同，乙本作「有犯入」。

〔二四六〕「無」，甲本同，乙本作「元」，因二字形近，在手書中易混，故可視作「無」。

〔二四七〕「有」，甲本同，乙本作「官或」；「人」，當作「三」，據甲、乙本改；「三」，當作「人」，據甲、乙本改。

〔二四八〕「簿」，甲本同，乙本作「籍」。

〔二四九〕「屋」，甲本同，乙本作「室」。
〔二五〇〕「備廚具」，甲本同，乙本作「備安三寶香燈供養之具」。
〔二五一〕「辯」，甲本作「辨」，當作「辦」，據乙本改；「人」，甲本同，乙本無。
〔二五二〕「令」，甲本同，乙本無。
〔二五三〕「師」，甲本同，乙本作「師中」。
〔二五四〕「上」，甲本同，乙本作「人」；「聽」，當作「聰」，據甲、乙本改。
〔二五五〕「法師」，甲本同，乙本無；「道」，乙本同，甲本作「導」，「導」通「道」。
〔二五六〕「布」，甲本同，乙本作「並安」。
〔二五七〕「和」，甲本同，乙本作「揚聖號」；「爲主」，甲本同，乙本作「爲其主人」。
〔二五八〕「導」，當作「道」，據甲、乙本改。
〔二五九〕「立成」，甲本同，乙本無。
〔二六〇〕「稱」，甲本同，乙本無；「之」，甲本同，乙本作「和座」。
〔二六一〕「趣」，甲本同，乙本作「越」。
〔二六二〕「若」，甲本同，乙本無；「有」，甲本同，乙本無；「鵠」，甲本同，乙本無。
〔二六三〕「又各」，甲本同，乙本作「若」；「遼遼」，甲本作「遼遼嚮」，乙本作「嘹嘹之響」。
〔二六四〕「若」，甲本同，乙本無；「玄」，甲本同，乙本作「玄景」；「之」，乙本作「之宫」，當作「中」，據甲本改；「有」，甲本同，乙本無；「人」，甲本同，乙本作「人之」。
〔二六五〕「經」，甲本同，乙本作「經處」。
〔二六六〕「小王」，甲本同，乙本無。

〔二六七〕『鬼』，甲、乙本作『小鬼』；『要』，甲本同，乙本無。
〔二六八〕『自』，乙本同，甲本無；『有』，乙本同，甲本無。
〔二六九〕此句甲本作『救病』，乙本作『救治病人』。
〔二七〇〕『篤』，甲、乙本無。
〔二七一〕『獄』，甲本同，乙本作『繫』。
〔二七二〕『汝』，甲本同，乙本無；『令』，底本原作『今』，因二字形近，手書中易混，故據文義逕釋作『令』。
〔二七三〕『佐』，甲、乙本無。
〔二七四〕『差』，甲本同，乙本作『瘥』，均可通。
〔二七五〕第二個『大』，甲本同，乙本無；『主』，甲、乙本作『王』。
〔二七六〕『終』，甲、乙本無。
〔二七七〕『中國』，甲本同，乙本無。
〔二七八〕『來』，甲本同，乙本作『來下』。
〔二七九〕『人』，甲本同，乙本作『惡人』。
〔二八〇〕『各』，甲本同，乙本作『男女』。
〔二八一〕『温』，甲本同，當作『瘟』，據乙本改，『温』爲『瘟』之借字；『炁』，甲本同，乙本作『氣』，均可通。
〔二八二〕『主』，甲本同，乙本作『將』。
〔二八三〕『授』，甲本同，當作『援』，據乙本改。
〔二八四〕『卯』，甲本同，乙本作『卿』。
〔二八五〕『兵』，當作『丘』，據甲、乙本改。

〔二八六〕『古』，甲本同，乙本作『吉』；『供』，甲本同，乙本作『洪』。

〔二八七〕『萬』，甲本同，乙本作『千萬』。

〔二八八〕『利』，甲本同，乙本作『赤』，當作『痢』，據文義改，『利』爲『痢』之借字；『赤』，甲本同，乙本作『痢』。

〔二八九〕『炁』，甲本同，乙本作『氣』，均可通。

〔二九〇〕『之』，乙本同，甲本作『人』，疑誤。

〔二九一〕『隨』，甲本同，乙本作『遂』；『使』，甲本同，乙本作『合仕』，『仕』爲『使』之借字。

〔二九二〕此句至『生人今合門疾病』，乙本無。

〔二九三〕『仕』，乙本同，甲本作『士』，『士』通『仕』。

〔二九四〕『耗』，乙本同，甲本作『秏』，『秏』通『耗』。

〔二九五〕『刑』，據甲、乙本補。

〔二九六〕『徒』，甲本同，乙本作『繫』。

〔二九七〕『悉』，甲本同，乙本作『悉是』。

〔二九八〕『人』，甲本同，乙本作『鬼』。

〔二九九〕『主』，甲本同，乙本作『生』。

〔三〇〇〕『主』，甲本同，乙本作『生』。

〔三〇一〕『差』，甲本同，乙本作『瘥』，均可通。

〔三〇二〕『差』，甲本同，乙本作『瘥』，均可通。

〔三〇三〕『差』，甲本同，乙本作『瘥』，均可通。

〔三〇四〕『大』，甲本同，乙本作『有大』；『災』，甲、乙本無。

〔三〇五〕『病死』，甲本同，乙本作『疾病人死』。

〔三〇六〕『十』，甲本同，乙本作『十中』。

〔三〇七〕『等』，乙本同，甲本無。

〔三〇八〕『病人』，據乙本補。此句甲本無。

〔三〇九〕此句甲本作『但疫鬼甚放』，乙本作『度矣，疫氣薰蒸』。

〔三一〇〕『病』，甲本同，乙本無。

〔三一一〕『萬』，甲本同，乙本作『萬萬』。

〔三一二〕此句甲本同，乙本無。

〔三一三〕『鬼賊』，甲本作『鬼』，乙本作『疫鬼殺人』。

〔三一四〕『倅』，甲、乙本作『卒』，均可通。

〔三一五〕『持』，甲本同，乙本作『手持』。

〔三一六〕『强』，甲本同，乙本作『殃』。

〔三一七〕『地下』，甲本同，乙本無；『人』，甲本同，乙本無。

〔三一八〕『九』，當作『丸』，據甲、乙本改。

〔三一九〕『中國』，甲本同，乙本作『世』。

〔三二〇〕『不』，甲本同，乙本作『先』。

〔三二一〕『無』，當作『大』，據甲、乙本改。

〔三二二〕『止』，甲本同，乙本無。

〔三二三〕「救」，甲本同，乙本作「救之」。

〔三二四〕「始」，甲本同，乙本作「去」。

〔三二五〕「人有」，甲本同，乙本作「有人」。

〔三二六〕「療救」，甲本同，乙本作「救療」。

〔三二七〕「鬼」，乙本同，甲本無；「救」，甲本同，乙本作「助救」；「差」，甲本同，乙本作「瘥」，均可通。

〔三二八〕「差」，甲本同，乙本作「瘥」，均可通。

〔三二九〕「如」，甲本同，乙本作「急急如」。

〔三三〇〕「真」，甲本同，乙本作「大真」。

〔三三一〕「真」，甲本同，乙本作「真公」。

〔三三二〕「門」，甲本同，乙本作「守」；「守」，甲本同，乙本作「門」；「哀」，甲本同，乙本作「衣」；「父」，甲、乙本作「文」。

〔三三三〕此句甲本同，乙本無。

〔三三四〕「强」，甲本同，乙本作「殃」。

〔三三五〕「民」，甲本作「死」，乙本作「亡」。

〔三三六〕「令」，甲本同，乙本作「今」，因二字形近，在手書中易混，故可視作「令」；「主」，甲本同，乙本作「生」。

〔三三七〕「主」，甲本同，乙本無。

〔三三八〕「倅」，甲、乙本作「卒」，均可通。

〔三三九〕「孔子」，甲本同，乙本無。

〔三四〇〕「武王」，甲本同，乙本無；「之」，甲本同，乙本作「鬼」。

〔三四一〕『傳』，甲本同，乙本作『所付』。
〔三四二〕『汝』，甲、乙本無。
〔三四三〕『主』，甲本同，乙本作『生』；『差』，甲本同，乙本無。
〔三四四〕『來』，甲本同，乙本作『速令』；『去』，甲本同，乙本作『如法』。
〔三四五〕『主』，甲本同，乙本作『生』。
〔三四六〕『鬼』，甲本同，乙本無。
〔三四七〕『差』，甲本同，乙本作『瘥』，均可通。
〔三四八〕『小』，甲本同，乙本作『小鬼』。
〔三四九〕『段』，甲本同，乙本作『碎』。
〔三五〇〕『如』，甲本同，乙本無；『兒』，乙本無，當作『呪』，據甲本改；『語』，甲本同，乙本無。
〔三五一〕『炁』，甲本同，乙本作『氣惡死』。
〔三五二〕『大』，甲本同，乙本無。
〔三五三〕『九』，當作『丸』，據甲、乙本改。
〔三五四〕『延』，甲本同，乙本作『烏延』。
〔三五五〕『兵』，甲、乙本作『丘』。
〔三五六〕『人』，甲本同，乙本作『世』。
〔三五七〕『中國』，甲本同，乙本無。
〔三五八〕『今』，乙本同，甲本無。
〔三五九〕第二個『往』，乙本同，甲本脱。

〔三六〇〕「若」，甲本同，乙本無。

〔三六一〕第二個「一」，甲本同，乙本無。

〔三六二〕「禪思」，乙本同，甲本作「精心」。

〔三六三〕「之」，甲本同，乙本無；「人」，乙本同，甲本無。

〔三六四〕「令」，甲本作「致令」，乙本作「莫令」，誤；「疾病」，甲本同，乙本作「疾病疾病」；「差」，甲本同，乙本作「瘥」，均可通。

〔三六五〕「之」，甲本同，乙本作「之也」。

〔三六六〕「中」，甲、乙本無。

〔三六七〕「氏」，甲本同，乙本作「六夷氏」；「蛯」，當作「獠」，據甲、乙本改。

〔三六八〕「人」，甲本同，乙本作「惡人」。

〔三六九〕「中國亂」，甲本同，乙本作「大災」。

〔三七〇〕「萬」，甲本無，乙本作「人」；「厄」，乙本同，甲本無。

〔三七一〕「温」，甲本同，當作「瘟」，據乙本改，「温」爲「瘟」之借字；「炁」，甲、乙本作「氣」；「多」，甲本亦脱，據乙本補。

〔三七二〕「主」，甲本同，乙本作「王」；「斗」，甲本同，乙本作「斗烏」；「來」，甲本同，乙本作「亦來」；「下」，甲本同，乙本作「下痢病」。

〔三七三〕「來」，甲本同，乙本作「來至」。

〔三七四〕丙本始於此句。

〔三七五〕第二個「太」，甲、乙、丙本作「大」，「太」通「大」。

〔三七六〕『旬』，甲、丙本同，乙本作『荀』；『萬』，乙、丙本同，甲本無。

〔三七七〕『中國』，甲、丙本同，乙本無；『家』，甲、丙本同，乙本無。

〔三七八〕『助』，甲、丙本同，乙本作『等』。

〔三七九〕『散解』，甲、丙本同，乙本作『解散』。

〔三八〇〕『平安』，甲、丙本同，乙本作『安泰』。

〔三八一〕『若』，甲、丙本同，乙本無；『法』，丙本同，甲本脱。

〔三八二〕『自』，甲、丙本同，乙本作『汝自』。

〔三八三〕『中國』，甲、丙本同，乙本作『天下』。

〔三八四〕兩個『若』，甲、丙本同，乙本無。

〔三八五〕『彌』，甲、丙本同，乙本作『引』，誤；『日』，甲、丙本同，乙本作『日沈困者』。

〔三八六〕『祐』，甲、丙本同，乙本作『佑』，『佑』同『祐』。

〔三八七〕『山林爲』，甲、丙本同，乙本作『爲山林』；第二個『爲』，甲、丙本同，乙本作『害』。

〔三八八〕『爲』，甲、丙本同，乙本無；『差』，甲、丙本同，乙本作『瘥』，均可通。

〔三八九〕『未』，丙本同，甲、乙本作『勿』。

〔三九〇〕『自』，甲、丙本同，乙本作『若自』。

〔三九一〕第二個『王』，甲、丙本同，乙本作『鬼』；第三個『王』，甲、乙本同，丙本無；『女』，甲、丙本同，乙本作『汝』。

〔三九二〕『悉』，甲、丙本同，乙本無。

〔三九三〕『往』，甲、丙本同，乙本作『枉』；『愆』，甲、乙本同，丙本作『衍』，誤。

〔三九四〕『復』，甲、丙本同，乙本無。
〔三九五〕『法』，甲、丙本同，乙本作『律』。
〔三九六〕『持』，甲、丙本同，乙本作『治』。
〔三九七〕『律』，甲、丙本同，乙本作『急急如律』。此句後乙本尚有：『道言：自今以去，有八十萬三足鬼，十二頭疫鬼來殺人，行七十九種病。病人有得三洞法師行道之者，此鬼等自然天人收去之。若復不去，三天力士必斬之耳。』
〔三九八〕『天』，甲、丙本同，乙本無。
〔三九九〕『萬』，甲、丙本同，乙本無。丙本止於此句。
〔四〇〇〕『令』，甲本同，乙本作『令』，因二字形近，在手書中易混，故可視作『令』。
〔四〇一〕『誓』，甲本脱，乙本作『一』；『萬』，甲本同，乙本作『百』。
〔四〇二〕『攬』，當作『濫』，據甲、乙本改，『攬』爲『濫』之借字。
〔四〇三〕『罪』，甲本同，乙本作『罪之人』。
〔四〇四〕『人』，甲本同，乙本作『此』。
〔四〇五〕『人』，甲本同，乙本無。
〔四〇六〕『之人』，甲本同，乙本無。
〔四〇七〕『作』，甲本同，乙本作『之』。
〔四〇八〕『憘』，甲、乙本作『喜』，『憘』同『喜』。
〔四〇九〕『愈』，甲本作『差』，乙本作『瘥』，均可通。
〔四一〇〕『穆』，甲本同，乙本作『睦』。

〔四一一〕『隱』，甲本同，乙本作『穩』，『隱』有『穩』義。
〔四一二〕『欣』，甲本同，乙本作『忻』。
〔四一三〕『憘』，甲本同，乙本作『喜』，『憘』同『喜』。
〔四一四〕『若』，甲本同，乙本作『若令』。
〔四一五〕『差』，甲本同，乙本作『瘥』，均可通。
〔四一六〕『王』，甲本同，乙本無。
〔四一七〕『悉』，甲本同，乙本作『悉以』；『之』，甲本同，乙本作『之矣』。
〔四一八〕此句甲本同，乙本無。
〔四一九〕『洞』，甲本同，乙本作『太上洞』；『斬鬼』，甲本同，乙本無；『品第七』，甲本作『第七』，乙本作『卷之七』。此句後甲本尚有題記。

參考文獻

《道教經典史論》，東京：道教刊行會，一九五五年，一八三至二六三頁；*Descriptive Catalogue of the Chinese Manuscripts from Tunhuang in the British Museum*, The Trustees of the British Museum, London 1957, p. 219；《敦煌道經目録》，京都：法藏館，一九六〇年，六八至六九頁；《道教史の研究》，岡山大學，一九六四年，四三五至五四七頁（録）；《スタイン將來大英博物館藏敦煌文獻分類目録・道教之部》，東京：東洋文庫，一九六九年，八至九頁；《敦煌道經・目録篇》，東京：福武書店，一九七八年，二七八至二八〇頁；《敦煌寶藏》三册，臺北：新文豐出版公司，一九八一年，八六至九二頁（圖）；《中國佛教史研究》二，東京：大東出版社，一九八四年，二二至二三頁；《道藏》六册，一九八八年，二三至二七頁；《英藏敦煌文獻》一卷，成都：四川人民出版社，一九九〇年，一一六至一二一頁（圖）；《英藏敦煌文獻》一四卷，成都：四川人民出版社，一九九五年，二六八頁（圖）；《法藏敦煌西域文獻》一四册，上海古籍出版社，二〇〇一年，六四至七〇頁（圖）；《敦煌道教文獻研究：綜述·目録·索引》，北京：中國社會科學出版社，二〇〇四年，一四四頁；《中華道藏》三〇册，北京：華夏出版社，二〇〇四年，一〇〇至一〇五頁（録）；《英國國家圖書館藏敦煌遺書》五册，桂林：廣西師範大學出版社，二〇一一年，二〇四至二一六頁（圖）。

斯三二二三　大順二年（公元八九一年）四月十日團頭名目

釋文

大順貳〔年〕四月十日於索□〔一〕

頭名自（目）如後〔二〕：

第一團索善善〔三〕　索□

第二團索醜奴　索□

第三團索□□〔四〕　陽什德

第四團氾章六　氾幸恩

第五團索□義〔五〕　氾忠信

第六團索咄兒〔六〕　索章七〔七〕

第七團陰悉初（押）〔八〕　索賢君

第八團王懷德〔九〕　吴和君

第九團張小德〔一〇〕

説明

此件僅一紙，前下部殘。

唐代敦煌地區被編爲『團』的社會組織不止一類。僧團管理機構都僧統司在組織僧人從事活動時，有時將僧人劃分爲團；僧團的依附人口亦被編成團進行組織和管理；民間團體社邑人數較多者亦在一社之内分成數團。從此件所列人名來看，顯然不屬於僧人之『團』；而現知此時寺院之依附人口『常住百姓』的數量没有九個團；社邑中的『團』一般也達不到九個。推測此件之『團』當與官府有關，但因此件僅列有團頭之姓名，未記事由，故以上推測尚待進一步證明。大順二年即公元八九一年。

校記

〔一〕『年』，《倫敦漢文敦煌卷子目録提要（二）》據文義校補。

〔二〕『自』，當作『目』，《英國國家圖書館藏敦煌遺書》『條記目録』據文義校改。

〔三〕『第』，底本原作『弟』，因二字形近，在手書中亦混，故據文義逕釋作『第』。以下同，不另出校。

〔四〕『索』，《倫敦漢文敦煌卷子目録提要（二）》釋作『陳』，誤。

〔五〕『索』，《倫敦漢文敦煌卷子目録提要（二）》未能釋讀；『□』，《英國國家圖書館藏敦煌遺書》『條記目録』疑作『友』；『義』，《倫敦漢文敦煌卷子目録提要（二）》未能釋讀。

〔六〕『咄』，《倫敦漢文敦煌卷子目録提要（二）》釋作『出』，誤。

〔七〕『七』，《倫敦漢文敦煌卷子目録提要（二）》釋作『亡』，誤。
〔八〕『初』，《倫敦漢文敦煌卷子目録提要（二）》釋作『祈』，誤。
〔九〕『懷』，《倫敦漢文敦煌卷子目録提要（二）》釋作『像』，誤。
〔一〇〕『小』，《倫敦漢文敦煌卷子目録提要（二）》釋作『十』，誤。

參考文獻

Giles, *BSOS*, 9.4（1937）, p. 1041 ；*Descriptive Catalogue of the Chinese Manuscripts from Tunhuang in the British Museum*, The Trustees of the British Museum, London 1957, p. 275 ；《敦煌資料》一輯，北京：中華書局，一九六一年，一四七頁（録）；《敦煌寶藏》三册，臺北：新文豐出版公司，一九八一年，一〇八頁（圖）；《敦煌學》一五輯，臺北：新文豐出版公司，一九八九年，一一八頁（録）；《英藏敦煌文獻》一卷，成都：四川人民出版社，一九九〇年，一二二頁（圖）；《英國國家圖書館藏敦煌遺書》五册，桂林：廣西師範大學出版社，二〇一一年，二三四頁（圖）、『條記目録』一一頁（録）。